吳鎮烽　編著

商周青銅器銘文暨圖像集成　上　索引

高明題

上海古籍出版社

圖書在版編目(CIP)數據

商周青銅器銘文暨圖像集成索引／吳鎮烽編著. —
上海：上海古籍出版社，2019.4（2025.3重印）
ISBN 978-7-5325-9108-4

Ⅰ.①商… Ⅱ.①吳… Ⅲ.①青銅器(考古)—金文
—商周時代—圖集—索引 Ⅳ.①Z89：K877.32

中國版本圖書館 CIP 數據核字(2019)第 033615 號

責任編輯:顧莉丹
裝幀設計:嚴克勤
技術編輯:耿瑩禕

商周青銅器銘文暨圖像集成索引

（全二册）

吳鎮烽　編著

上海古籍出版社出版發行

（上海市閔行區號景路159弄1-5號A座5F　郵政編碼201101）

（1）網址:www.guji.com.cn

（2）E-mail:guji1@guji.com.cn

（3）易文網網址:www.ewen.co

上海世紀嘉晋數字信息技術有限公司印刷

開本 889×1194　1/16　印張 102.75　插頁 10

2019 年 4 月第 1 版　2025 年 3 月第 4 次印刷

ISBN 978-7-5325-9108-4

K·2599　定價：498.00 元

如有質量問題,請與承印公司聯繫

前　言

　　《商周青銅器銘文暨圖像集成》（簡稱《銘圖》）2012 年出版後，頗受讀者的好評，學者們認爲該書是目前我國最完整的商周青銅器銘文和圖像的綜合性工具書，它的出版在學術上具有重要價值，爲古文字和上古史研究提供了第一手資料。所以，當年就獲得了全國優秀古籍圖書一等獎和第三屆（2013 年）中國出版政府提名獎；2018 年又獲得第三屆全球華人國學成果獎，這是對筆者辛勤勞動給予了充分的肯定和讚揚，也是對筆者極大的鼓勵和鞭策。

　　首發式暨研討會上，有位先生提出，洋洋 35 卷，沒有索引使用起來可能不太方便。於是上海古籍出版社與我商議再編一本《索引》，作爲《商周青銅器銘文暨圖像集成》的配套書，以方便使用者。

　　《商周青銅器銘文暨圖像集成》這個巨大工程幹得確實很累，回家後本想休息一段時間再編《索引》，後來一想，年歲大了，時不我待，還是抓緊時間早早把它完成爲好。於是還和過去一樣，不分節假日，每天工作 10 個小時，用了半年時間，於 2014 年 6 月終於完成了這個任務。在此過程中又收集到 1500 多件青銅器銘文資料，有一半多爲尚未公布的新資料，於是編著了《商周青銅器銘文暨圖像集成續編》（簡稱《銘續》，共 4 卷），經與上海古籍出版社商定先出版《銘續》，再將《銘圖》與《銘續》的索引合在一起出版，以利於讀者使用。於是 2016 年《銘續》出版之後，我又把《銘續》的索引編出一起出版，敬奉諸位讀者。

吳鎮烽

2018 年 10 月 30 日於西安豐景佳園書齋

凡　　例

　　一、本書是拙著《商周青銅器銘文暨圖像集成》（以下簡稱《銘圖》）和《商周青銅器銘文暨圖像集成續編》（以下簡稱《銘續》）的配套書。

　　二、本書由族氏族徽索引、人名索引、地名索引、器物出土地索引、器物現藏地索引、《集成》與《銘圖》器號對照表、《三代》與《銘圖》器號對照表、《總集》與《銘圖》器號對照表、《新收》與《銘圖》器號對照表、《近出》與《銘圖》器號對照表、《銘圖》首次著録器物名録，以及《銘圖》補正組成。

　　三、《銘圖》族氏族徽 6442 條，《銘續》族氏族徽 455 條；《銘圖》人名 17740 餘條，《銘續》人名 1620 餘條；《銘圖》地名 5320 餘條，《銘續》地名 410 條。均按筆畫多少順序編排。

　　四、商代和西周早期器物中，單字銘文一般均爲族氏名（有些既是族氏名，也是族長名），有些不能隸定，有的可能是壞字，本《索引》均列入。兩字或多字組成的複合族氏，有的雖然單個族氏相同，但排序不同，可能體現了組合中的地位不同，所以均按首字分條排列，不作合併。

　　五、族氏族徽中設置族氏族徽名稱、器號、器名、卷數頁碼、時代，以及出土地，以便使用者分析族屬的所在地以及組合關係等。

　　六、人名索引中的人名係廣義人名，也就是把銘文中出現的代表某一具體人的名稱都當作人名。這些人名大體可分爲兩種四類。第一種是稱呼在世人的，可叫作在世人名；第二種是稱呼過世人的，可叫作過世人名。在世人名又可分爲私名和通名（如太保、邢侯、秦公等），過世人名又可分爲日名和謚號。上述四種人名本索引一一收録。但在日名中如祖甲、父乙之類，爲了節省篇幅，有族氏族徽者收録，無族氏族徽者研究價值不大，故不予收録。

　　七、人名索引中設置人名所在器物的名稱、器號、卷數頁碼、時代及備注。其中時代是指器物的時代，而不是人物所處的時代。備注中的内容主要是人物簡介、别稱或一些人物之間的關係等。

　　八、地名索引中設置器物出現的地名、器號、卷數頁碼、時代及現今所在地。因地名時間變化不是很大，所以在時代中只列舉朝代，如商代、西周、春秋、戰國等，不再細列分期。

九、地名索引中的"現今所在地"是説明古代地名在現在的某省某縣(市)某鄉鎮。該項的内容是利用前人研究成果及編著者的見解，不一定準確，僅供參考，不知今地者暫付闕如。

十、同一人名、同一地名在不同器物中出現，一一收録，分别排列，不做合併。

十一、器物出土地索引分省(直轄市、自治區)，以市、縣爲單位，羅列出該地出土的器物編號。

十二、器物現藏地索引，國内的分省(自治區、直轄市、特别行政區)，以所在該省的公私收藏機構爲單位，羅列器物編號，未具名的個人收藏的器物，以"不知名收藏家"羅列器物編號。 國外收藏的器物，分國别，以該國公私收藏機構以及個人爲單位，羅列器物編號，未具名的個人收藏的器物，也以"不知名收藏家"羅列器物編號，放在該國的最後。

十三、《銘圖》收録從未公開發表過的青銅器銘文701件，其中有許多重要資料，對於古文字和上古史研究有重要的價值，故作"首次著録器物名録"一節，以便讀者方便查找、使用。

十四、《銘續》大部分是首次著録，故不再作"首次著録器物名録"表。

十五、《銘圖》、《銘續》中時代、釋文、出土地等方面的一些錯誤，《索引》中涉及者，均作了改正。

十六、器物具有流動性，由於移交、調撥、捐贈、拍賣等原因，收藏單位會有變動，《索引》中一般爲編著時的所在單位，能知其新單位者，均改之。

十七、改革開放以來，行政區劃和名稱不斷變動，《索引》的"出土地"市、縣、區一般使用新區劃和新名稱，其後括注原名，如"青州市(原益都縣)"。國内文博系統的名稱最近幾年變化也很大，《索引》中的收藏單位均使用新單位、新名稱。

十八、《銘圖》中只有拓本而没有圖像的器物，在出版之後陸續發現了160件圖像，有的還得到了收藏者、尺寸、新拓本等資料，同時糾正了原來著録中個别器物的拓本和圖像以及類别名稱等錯誤，故取名"《銘圖》補正"，以便讀者使用。

總 目 録

一、《銘圖》族氏族徽

族氏族徽首字筆畫檢字表

一、《銘圖》族氏族徽

一、《銘圖》族氏族徽

單個未隸定者

族氏族徽索引

二　畫

族氏族徽	器　號	器　名	卷數頁碼	時　代	出土地
丩	10595	爻觶	19.418	西周早期	
丩	19078	丩當盧	34.512	西周早期	河南濬縣辛村
丩干	01134	丩干父乙鼎	2.373	商代晚期	
丩干	01392	丩干鼎	3.88	商代晚期	
丩干	02290	堇鼎	5.33	西周早期前段	
丩干	03980	丩干父戊簋	8.264	商代晚期	
丩干	08370	丩干父乙爵	16.459	西周早期	河南洛陽
丩干	08497	癶丩干祖辛爵	17.55	西周早期	
丩干	08777	丩干角	17.212	商代晚期	
丩干	08778	丩干角	17.213	商代晚期	
丩干	09463	丩干觚	18.195	商代晚期	
丩干	09738	丩干父乙觚	18.406	商代晚期	
丩干	09799	丩干觚	18.458	商代晚期	
丩干	11050	丩干斝	20.145	商代晚期	
丩干	11241	丩干尊	20.283	商代晚期	
丩干	11444	丩干父戊尊	20.453	商代晚期	
丩干	12910	丩干父乙卣	23.341	商代晚期	
丩干	12911	丩干父乙卣	23.342	商代晚期	
丩干	12921	丩干父戊卣	23.350	商代晚期	
丩干	13138	丩干卣	24.48	商代晚期	
丩干	13972	丩干父戊瓿	25.146	商代晚期	
丩干	14671	丩干父乙盉	26.85	商代晚期	

族氏族徽	器　號	器　名	卷數頁碼	時　代	出土地
丩魚	03715	丩魚簋	8.39	西周早期前段	
又	06633	又爵	14.182	商代晚期	
又	11142	又尊	20.199	商代晚期	
又	11143	又尊	20.200	商代晚期	
又敄	00647	又敄鼎	1.503	商代晚期	
又敄	00978	又敄癸鼎	2.247	商代晚期	河南安陽
又敄	00979	又敄癸鼎	2.248	商代晚期	
又敄	01188	又敄父己鼎	2.413	商代晚期	河南安陽
又敄	01214	又敄父癸鼎	2.433	商代晚期	
又敄	04024	又敄父己簋	8.302	商代晚期	
又敄	07005	又敄爵	14.456	商代晚期	西安灞橋區袁家崖
又敄	07006	又敄爵	14.457	商代晚期	
又敄	07007	又敄爵	14.457	商代晚期	
又敄	08534	又敄父癸爵	17.86	商代晚期	
又敄	08535	又敄父癸爵	17.87	商代晚期	
又敄	09830	又敄父癸觚	18.481	商代晚期	
又敄	11445	又敄父己尊	20.454	商代晚期	河南安陽
又敄	12825	又敄癸卣	23.261	商代晚期	
又敄	12922	又敄父己卣	23.351	商代晚期	
又敄	13750	又敄罍	25.44	商代晚期	
又敄	13963	又敄瓿	25.138	商代晚期	
刀	00808	刀父丁鼎	2.111	商代晚期	
刀	06443	刀爵	14.45	商代晚期	
刀	06444	刀爵	14.46	商代晚期	
刀	09081	刀觚	17.412	商代晚期	
刀	10302	刀祖癸觶	19.193	商代晚期	河南安陽
刀	12072	刀父己壺	21.427	西周早期	陝西寶雞市竹園溝
刀	13291	耳卣	24.219	西周早期	
刀口	07480	刀口爵	15.289	商代晚期	
刀宫	09516	刀宫觚	18.231	商代晚期	
卩	00213	卩鼎	1.173	商代晚期	
卩	06409	卩爵	14.12	商代晚期	

族氏族徽	器 號	器 名	卷數頁碼	時 代	出土地
卩	06410	卩爵	14.13	商代晚期	
卩	07795	卩父丁爵	16.25	商代晚期	
卩	08180	卩父己爵	16.315	西周早期	
卩	08366	卩冊父甲爵	16.455	西周早期	
卩	09585	卩父戊觚	18.287	商代晚期	
冂	07712	冂祖丙爵	15.472	商代晚期	河北鄂城縣碧石村
冂	07963	冂父癸爵	16.145	商代晚期	
冂戈	07438	冂戈爵	15.261	商代晚期	河南安陽
冂戈	07439	冂戈爵	15.262	商代晚期	
冂龍	07437	冂龍爵	15.260	商代晚期	
冂粦	09334	冂粦觚	18.94	商代晚期	河南安陽侯家莊
匚	07813	匚父丁爵	16.39	商晚周早	
匚宁（報寶）	01610	報寶鼎	3.281	西周早期	傳山西出土
匚宁（報寶）	01924	乃孫鼎	4.81	商代晚期	
匚宁（報寶）	07460	寶報爵	15.276	商代晚期	河南安陽
匚宁（報寶）	07460	寶報爵	15.276	商代晚期	同上
卜	00142	卜鼎	1.116	商代晚期	
卜	18519	卜冑	34.104	商代晚期	河南安陽市侯家莊
卜畗	09486	卜畗觚	18.213	商代晚期	
八干	03845	八干父癸簋	8.152	西周早期	陝西周至縣終南鎮
八干	09760	八干父庚觚	18.425	商代晚期	
力	09747	力冊父丁觚	18.413	商代晚期	
匕田干	11026	匕田干斝	20.127	商代晚期	河南安陽薛家莊

三　畫

族氏族徽	器 號	器 名	卷數頁碼	時 代	出土地
丫冉	07671	丫冉爵	15.443	西周早期	陝西鳳翔縣化原村
之矢	12013	之个壺	21.374	商代晚期	
子	00064	子鼎	1.57	西周早期前段	
子	00065	子鼎	1.58	西周早期前段	
子	00066	子鼎	1.59	商代晚期	
子	00067	子鼎	1.59	商代晚期	

族氏族徽	器　號	器　名	卷數頁碼	時　代	出土地
子	00068	子鼎	1.60	商代晚期	
子	00069	子鼎	1.60	商代晚期	
子	00070	子鼎	1.61	商代晚期	
子	00071	子鼎	1.61	商代晚期	
子	00072	子鼎	1.61	西周早期	
子	00457	子乙鼎	1.354	商代晚期	
子	00458	子戊鼎	1.355	商代晚期	
子	00459	子癸鼎	1.355	商代晚期	
子	00460	子妥鼎	1.356	商代晚期	
子	00776	子父乙鼎	2.88	西周早期	
子	00810	子父丁鼎	2.113	商代晚期	
子	00831	子父丁鼎	2.130	商代晚期	
子	00854	子父己鼎	2.147	西周早期	
子	00913	子父辛鼎	2.191	商代晚期	
子	01177	子父戊鼎	2.404	商代晚期	
子	01516	子父癸鼎	3.196	商代晚期	
子	01532	子鼎	3.212	西周早期後段	山西曲沃縣曲村
子	02020	臣高鼎	4.185	西周早期前段	
子	03560	子簋	7.390	西周早期前段	河南鹿邑縣太清宮
子	03561	子簋	7.391	西周早期前段	
子	03785	子父丁簋	8.99	商代晚期	
子	03786	子父丁簋	8.100	商代晚期	
子	03806	子父戊簋	8.117	商代晚期	
子	04268	子簋	9.40	西周早期	
子	06665	子爵	14.201	商代晚期	
子	06666	子爵	14.202	商代晚期	陝西寶雞縣
子	06667	子爵	14.203	商代晚期	河南安陽市孝民屯
子	06668	子爵	14.204	商代晚期	河南安陽
子	06669	子爵	14.205	商代晚期	山東滕州市級索鎮
子	06670	子爵	14.206	商代晚期	
子	06671	子爵	14.207	商代晚期	
子	06672	子爵	14.208	商晚周早	
子	06673	子爵	14.208	商晚周早	

族氏族徽	器　號	器　名	卷數頁碼	時　代	出土地
子	06915	子爵	14.379	西周早期	
子	06916	子爵	14.380	西周早期	
子	06917	子爵	14.380	西周早期	
子	07335	子癸爵	15.181	商代晚期	
子	07397	子庚爵	15.227	商晚周早	
子	07664	子父爵	15.436	西周早期	
子	07727	子祖辛爵	15.482	商代晚期	
子	07817	子父丁爵	16.41	商晚周早	
子	07818	子父丁爵	16.42	商代晚期	
子	07870	子父己爵	16.79	商代晚期	
子	07884	子父庚爵	16.87	商代晚期	
子	07933	子父壬爵	16.119	商代晚期	
子	07935	子父癸爵	16.121	商代晚期	
子	08163	子父戊爵	16.303	西周早期	
子	08164	子父戊爵	16.303	西周早期	
子	08165	子父戊爵	16.304	西周早期	
子	08166	子父戊爵	16.304	西周早期	
子	08205	子父辛爵	16.338	西周早期	
子	08206	子父辛爵	16.339	西周早期	
子	08207	子父辛爵	16.340	西周早期	
子	08208	子父辛爵	16.341	西周早期	
子	08209	子父辛爵	16.341	西周早期	
子	08236	子父癸爵	16.360	西周早期	
子	08237	子父癸爵	16.361	西周早期	
子	08277	子父乙爵	16.391	西周中期前段	陝西扶風縣莊白村
子	08738	子父乙角	17.174	商代晚期	
子	08887	子觚	17.264	商代晚期	山西石樓縣義牒村
子	08888	子觚	17.265	商代晚期	河南輝縣褚邱村
子	08889	子觚	17.266	商代晚期	同上
子	08890	子觚	17.267	商代晚期	
子	08891	子觚	17.268	商代晚期	
子	08892	子觚	17.269	商代晚期	陝西
子	08893	子觚	17.269	商代晚期	

族氏族徽	器　號	器　名	卷數頁碼	時　代	出土地
子	08894	子觚	17.269	商代晚期	
子	09548	子祖辛觚	18.257	商代晚期	
子	09551	子祖癸觚	18.259	商代晚期	
子	09589	子父己觚	18.289	商代晚期	
子	09600	子父庚觚	18.298	商代晚期	
子	09605	子父辛觚	18.301	商代晚期	
子	09616	子父癸觚	18.311	商代晚期	
子	10087	子觶	19.35	商代晚期	河南安陽市戚家莊
子	10088	子觶	19.36	商代晚期	
子	10120	子觶	19.57	西周早期	湖北隨州縣羊子山
子	10121	子觶	19.58	西周中期前段	
子	10299	子祖己觶	19.191	商代晚期	
子	10300	子祖己觶	19.192	商代晚期	
子	10301	子祖壬觶	19.192	商代晚期	
子	10346	子父庚觶	19.224	商代晚期	
子	10351	子父辛觶	19.228	商代晚期	
子	10352	子父辛觶	19.229	商代晚期	
子	10396	子祖丁觶	19.264	西周早期	
子	10426	子父丙觶	19.289	西周早期	
子	10432	子父丁觶	19.294	西周早期	
子	10466	子父癸觶	19.322	西周早期	湖北隨縣羊子山
子	11014	子父辛斝	20.115	商代晚期	安徽嘉山縣泊崗
子	11308	子父乙尊	20.340	商代晚期	
子	11981	子壺	21.345	西周中期	
子	12036	子父乙壺	21.395	商代晚期	
子	12055	子祖壬壺	21.413	西周早期	
子	12524	子卣	23.6	商代晚期	
子	12751	子祖丁卣蓋	23.200	商代晚期	
子	12753	子祖己卣	23.201	商代晚期	
子	12785	子父丁卣	23.226	商代晚期	
子	12803	子父庚卣	23.241	商代晚期	
子	13189	徹卣	24.99	西周早期	山西曲沃縣曲村
子	13190	徹卣	24.100	西周早期	同上

族氏族徽	器　號	器　名	卷數頁碼	時　代	出土地
子	14152	子勺	25.272	商代晚期	河南安陽大司空
子	14629	子父乙盉	26.48	商代晚期	陝西寶雞市鬥雞臺
子	14630	子父乙盉	26.49	商代晚期	
子	14634	子父丁盉	26.54	商代晚期	
子	14648	子祖辛盉	26.65	西周早期	
子	14651	子父乙盉	26.68	西周早期	
子	14652	子父乙盉	26.68	西周早期	
子	15874	子鐃	29.432	商代晚期	
子	16090	子戈	30.85	商代晚期	河南安陽市大司空
子	16091	子戈	30.86	商代晚期	
子	16092	子戈	30.87	商代晚期	
子	16093	子戈	30.88	商代晚期	
子斝	00478	子斝鼎	1.370	商晚周早	
子斝	00479	子斝鼎	1.371	西周早期前段	
子斝	01160	子斝父丁鼎	2.391	西周早期前段	
子斝	01161	子斝父丁鼎	2.392	西周早期前段	
子斝	01897	寫男鼎	4.58	西周早期前段	
子斝	01898	寫男黽鼎	4.59	西周早期前段	
子斝	01930	寫邑司鼎	4.89	西周早期前段	
子斝	04013	子斝父丁簋	8.293	西周早期前段	
子斝	06111	子斝父丁豆	13.360	西周早期前段	
子斝	08786	子斝父乙角	17.223	西周早期前段	
子斝	08787	子斝父乙角	17.224	西周早期前段	
子斝	09762	子斝父辛觚	18.427	西周早期前段	
子斝	10534	子斝父乙觶	19.370	西周早期前段	
子斝	11207	子斝尊	20.255	商代晚期	
子斝	11349	子斝圖尊	20.372	商代晚期	
子斝	11666	魁尊	21.144	西周早期後段	
子斝	11702	喿尊	21.176	西周早期後段	
子斝	11832	子斝圖卣	23.267	商代晚期	
子斝	11952	子斝父丁卣	23.381	西周早期後段	
子竊	12264	子竊寵壺	22.139	西周早期後段	
子斝	12832	子斝圖卣	23.267	商代晚期	

族氏族徽	器　號	器　名	卷數頁碼	時　代	出土地
子廟	12952	子廟父丁卣	23.381	西周早期前段	
子廟	13231	嘼卣	24.146	西周早期後段	
子廟	13508	子廟圖方彝	24.383	商代晚期	
子𡉉	08406	子𡉉父辛爵	16.488	西周早期	
子媚	00469	子媚鼎	1.363	商代晚期	河南安陽
子媚	03650	子媚簋	7.463	商代晚期	
子媚	07340	子媚爵	15.185	商代晚期	河南安陽
子媚	07341	子媚爵	15.186	商代晚期	同上
子媚	07342	子媚爵	15.187	商代晚期	同上
子媚	07343	子媚爵	15.188	商代晚期	同上
子媚	07344	子媚爵	15.189	商代晚期	同上
子媚	07345	子媚爵	15.190	商代晚期	同上
子媚	07346	子媚爵	15.191	商代晚期	同上
子媚	07347	子媚爵	15.191	商代晚期	同上
子媚	07348	子媚爵	15.192	商代晚期	
子媚	09313	子媚觚	18.78	商代晚期	
子媚	09314	子媚觚	18.78	商代晚期	
子媚	10177	子媚觶	19.100	商代晚期	河南安陽市大司空
子媚	10967	子媚斝	20.81	商代晚期	
子媚	13758	子媚罍	25.52	商代晚期	河南安陽
子媚	13759	子媚罍	25.53	商代晚期	
子▲	07377	子▲爵	15.212	商代晚期	河南安陽市郭家莊
子▲	07378	子▲爵	15.213	商代晚期	同上
子▲	07379	子▲爵	15.214	商代晚期	
子▲	07380	子▲爵	15.215	商代晚期	河南安陽市劉家莊
子▲	07381	子▲爵	15.216	商代晚期	
子▲	08354	子▲乙辛爵	16.445	商代晚期	
子▲	09328	子▲觚	18.88	商代晚期	
子▲	10517	子▲父辛觶	19.357	商代晚期	
子▲	12715	子▲卣	23.167	商代晚期	
子▲	13081	子▲父己卣	23.505	商代晚期	
子▲	16350	子▲戈	30.320	商代晚期	河南安陽
子▲	16351	子▲戈	30.321	商代晚期	

族氏族徽	器　號	器　名	卷數頁碼	時　代	出土地
子▲	16352	子▲戈	30.322	商代晚期	
子▲	18244	子▲鉞	33.516	商代晚期	
子▲	19493	子▲涉器	35.250	商代晚期	
子△	10377	子△乙觶	19.248	商代晚期	河南安陽市劉家莊
子衛	00471	子衛鼎	1.365	商代晚期	河南安陽市孝民屯
子衛	00472	子衛鼎	1.366	商代晚期	
子衛	00473	子衛鼎	1.367	商代晚期	
子衛	07350	子衛爵	15.193	商代晚期	河南安陽殷墟西區
子衛	07351	子衛爵	15.194	商代晚期	河南安陽
子衛	07352	子衛爵	15.195	商代晚期	同上
子衛	07353	子衛爵	15.196	商代晚期	
子衛	08395	子衛父己爵	16.479	商代晚期	河南洛陽市洛陽東站
子衛	09319	子衛觚	18.83	商代晚期	河南安陽殷墟西區
子衛	09320	子衛觚	18.84	商代晚期	
子衛	09321	子衛觚	18.85	商代晚期	
子衛	09322	子衛觚	18.85	商代晚期	
子衛	10520	子衛父癸觶	19.359	商代晚期	
子蝠	00470	子蝠鼎	1.364	商代晚期	
子蝠	07354	子蝠爵	15.196	商代晚期	
子蝠	07355	子蝠爵	15.197	商代晚期	
子蝠	07356	子蝠爵	15.198	商代晚期	
子蝠	07357	子蝠爵	15.199	商代晚期	
子蝠	07358	子蝠爵	15.199	商代晚期	
子蝠	07359	子蝠爵	15.200	商代晚期	
子蝠	07360	子蝠爵	15.200	商代晚期	
子蝠	09315	子蝠觚	18.79	商代晚期	
子蝠	10965	子蝠斝	20.79	商代晚期	
子蝠	13504	子蝠方彝	24.379	西周早期	
子蝠	14609	子蝠盉	26.29	商代晚期	
子刀	01132	子刀父乙鼎	2.371	商代晚期	
子刀	01190	子刀父己鼎	2.414	商晚周早	
子刀	01195	子刀父辛鼎	2.418	西周早期	
子刀	01196	子刀父辛鼎	2.419	西周早期	

族氏族徽	器　號	器　名	卷數頁碼	時　代	出土地
子刀	03654	子刀簋	7.466	西周早期	
子刀	07365	子刀爵	15.205	商代晚期	河北正定縣城崗
子刀	09746	子刀父丁觚	18.412	商代晚期	
子刀	10180	子刀觶	19.101	商代晚期	
子刀	14326	子刀盤	25.341	商代晚期	
子🌲	00975	子🌲鼎	2.245	商代晚期	
子🌲	00976	子🌲鼎	2.246	商代晚期	
子🌲	07384	子🌲爵	15.218	商代晚期	
子🌲	07385	子🌲爵	15.219	商代晚期	河南安陽
子🌲	09325	子🌲觚	18.87	商代晚期	
子🌲	09326	子🌲觚	18.87	商代晚期	
子🌲	11779	鳴士卿尊	21.246	西周早期	河南洛陽
子翌	00476	子翌鼎	1.369	商代晚期	山西長子縣西旺村
子翌	08300	子翌父乙爵	16.409	商代晚期	
子翌	08338	子翌父壬爵	16.434	商代晚期	
子翌	11474	子翌父乙尊	20.480	西周早期	安徽屯溪市弈棋鄉
子翌	11485	子翌父己尊	20.491	西周早期	
子翌	12959	子翌父庚卣	23.388	西周早期	
子妥	00461	子妥鼎	1.357	商代晚期	
子妥	00462	子妥鼎	1.358	商代晚期	
子妥	00463	子妥鼎	1.358	商代晚期	
子妥	00464	子妥鼎	1.359	商代晚期	
子妥	03648	子妥簋	7.462	商代晚期	
子妥	09312	子妥觚	18.77	商代晚期	
子𤰞	00466	子𤰞鼎	1.360	商代晚期	
子𤰞	00467	子𤰞鼎	1.361	商代晚期	
子𤰞	00468	子𤰞鼎	1.362	商代晚期	河南輝縣市
子𤰞	03653	子𤰞簋	7.465	商代晚期	
子𤰞	11206	子𤰞尊	20.254	商代晚期	
子𤰞	16348	子𤰞戈	30.318	商代晚期	
子𣪊	07372	子𣪊爵	15.210	商代晚期	
子𣪊	09310	子𣪊觚	18.76	商代晚期	
子𣪊	09311	子𣪊觚	18.77	商代晚期	

族氏族徽	器　號	器　名	卷數頁碼	時　代	出土地
子龣	10178	子龣觶	19.100	商代晚期	
子龣	10179	子龣觶	19.101	商代晚期	
子妟	00477	子妟鼎	1.370	商代晚期	傳出河南洛陽市
子妟	04017	子妟父丁簋	8.297	西周早期	山東
子妟	08556	寶爵	17.105	西周早期前段	西安市長安區
子妟	12714	子妟卣	23.166	商代晚期	
子妟	12909	子妟父乙卣	23.340	商代晚期	
子夌	03645	子夌簋	7.461	商代晚期	
子夌	03646	子夌簋	7.461	商代晚期	
子夌	03647	子夌簋	7.462	商代晚期	
子夌	11275	子夌尊	20.312	西周早期	
子槀	00474	子槀鼎	1.367	商代晚期	陝西寶雞市竹園溝
子槀	00475	子槀鼎	1.368	商代晚期	
子槀	07376	子槀爵	15.212	商代晚期	
子槀	11209	子槀尊	20.257	商代晚期	
子雨	00974	子雨己鼎	2.244	商代晚期	
子雨	07370	子雨爵	15.209	商代晚期	
子雨	07371	子雨爵	15.209	商代晚期	
子雨	09316	子雨觚	18.80	商代晚期	
子皀	08003	子皀母爵	16.172	商代晚期	河南安陽市小屯村
子皀	08004	子皀母爵	16.173	商代晚期	同上
子皀	08005	子皀母爵	16.174	商代晚期	同上
子皀	08006	子皀母爵	16.174	商代晚期	同上
子由	07361	子由爵	15.201	商代晚期	河南安陽市花園莊
子申	01186	子申父己鼎	2.411	西周早期前段	河南伊川縣寺後村
子申	14332	子申盤	25.347	西周早期	
子糸	07367	子糸爵	15.207	商代晚期	河南安陽
子糸	07368	子糸爵	15.208	商代晚期	同上
子糸	07369	子糸爵	15.208	商代晚期	
子鼎	01133	子鼎父乙鼎	2.372	商代晚期	
子鼎	07363	子鼎爵	15.203	商代晚期	
子鼎	07364	子鼎爵	15.204	商代晚期	
子嬴	03998	子嬴父癸簋	8.280	商代晚期	

族氏族徽	器　號	器　名	卷數頁碼	時　代	出土地
子嬴	07362	子嬴爵	15.202	商代晚期	
子嬴	09323	子嬴瓠	18.86	商代晚期	
子龍	00465	子龍鼎	1.359	商代晚期	河南輝縣市
子龍	12007	子龍壺	21.370	商代晚期	
子守	07387	子守爵	15.221	商代晚期	
子守	07388	子守爵	15.222	商代晚期	
子步	11431	子步祖辛尊	20.443	商代晚期	
子步	11433	子步父乙尊	20.445	商代晚期	
子每	07349	子每爵	15.192	商代晚期	
子偶	09308	子偶瓠	18.74	商代晚期	
子偶	09309	子偶瓠	18.75	商代晚期	
子漁	10966	子漁斝	20.80	商代晚期	河南安陽市小屯村
子漁	11205	子漁尊	20.253	商代晚期	同上
子禾	07373	子禾爵	15.210	商代晚期	
子禾	07374	子禾爵	15.211	商代晚期	
子𫠜	11208	子𫠜尊	20.256	商代晚期	
子𫠜	11210	子𫠜尊	20.258	商代晚期	
子X	09329	子X瓠	18.89	商代晚期	
子X	09330	子X瓠	18.90	商代晚期	
子八	08310	子八父丁爵	16.416	商代晚期	
子弓	10176	子弓觶	19.99	商代晚期	
子天	13782	子天父丁罍	25.73	商代晚期	
子不	07366	子不爵	15.206	商代晚期	
子左	07337	子左爵	15.182	商代晚期	
子犬	03205	子父乙甗	7.93	商代晚期	
子正	07339	子正爵	15.184	商代晚期	
子戊	01224	子戊日乙鼎	2.439	商代晚期	
子光	09324	子光瓠	18.86	商代晚期	
子克	01373	子克冊父辛鼎	3.72	商代晚期	
子巫	03643	子巫簋	7.459	商代晚期	河南安陽郊區
子孤	03649	子孤簋	7.463	商代晚期	
子馬	13497	子馬方彝	24.373	商代晚期	河南安陽市花園莊
子南	03644	子南簋	7.460	商代晚期	

族氏族徽	器　號	器　名	卷數頁碼	時　代	出土地
子保	09318	子保瓠	18.82	商代晚期	山東鄒縣化肥廠
子侯	12712	子侯卣	23.165	商代晚期	
子癸	09317	子癸瓠	18.81	商代晚期	
子臭	12713	子臭卣	23.166	商代晚期	
子离	15884	子离鐃	29.440	商代晚期	河南安陽
子員	03652	子員簋	7.464	商代晚期	
子義	07338	子義爵	15.183	商代晚期	山東平陰縣臧莊
子銅	12831	子辛銅卣	23.266	商代晚期	
子鼻	01223	子鼻君鼎	2.438	商代晚期	
子龄	16349	子龄戈	30.319	商代晚期	河南安陽
子疊	10382	子疊癸觶	19.253	商代晚期	
子𠂤	07383	子𠂤爵	15.217	商代晚期	河南安陽市花園莊
子𦥑	07382	子𦥑爵	15.216	商代晚期	
子𦥑	03651	子𦥑簋	7.464	商代晚期	
子𦥑	09327	子𦥑瓠	18.88	商代晚期	
子𦥑	09331	子𦥑瓠	18.91	商代晚期	
子𣏾	07391	子𣏾爵	15.223	商代晚期	
子𣏾	07392	子𣏾爵	15.224	商代晚期	
子𣏾	07394	子𣏾爵	15.225	商代晚期	
子𦥑	07386	子𦥑爵	15.220	商代晚期	河南安陽市大司空
子𤔲	10516	子𤔲父己觶	19.356	商代晚期	
子何	07375	子何爵	15.211	商晚周早	
子昇	00955	子父昇鼎	2.227	商晚周早	
子𦥑	07389	子𦥑爵	15.222	商晚周早	
子𦥑	07390	子𦥑爵	15.223	商晚周早	
子巿	08015	子丁巿爵	16.182	商晚周早	
子車	16500	子車戈	30.455	西周早期	
子束泉	09636	子束泉瓠	18.327	商代晚期	河南安陽市小屯村
子束泉	09637	子束泉瓠	18.328	商代晚期	同上
子束泉	09638	子束泉瓠	18.329	商代晚期	同上
子束泉	11020	子束泉斝	20.121	商代晚期	同上
子束泉	11292	子束泉尊	20.327	商代晚期	同上
子束泉	11293	子束泉尊	20.328	商代晚期	同上

族氏族徽	器　號	器　名	卷數頁碼	時　代	出土地
子蝠何	09639	子蝠何觚	18.330	商代晚期	
子蝠何	09640	子蝠何觚	18.331	商代晚期	
子眉▴	04144	子眉▴父乙簋	8.404	商代晚期	陝西寶雞縣代家灣
子眉▴	09628	子眉▴觚	18.319	商代晚期	
子妣心	09641	子妣心觚	18.332	商代晚期	
子眉壬	04217	子眉壬父乙簋	8.465	西周早期	陝西寶雞縣戴家灣
子厶單	08007	子厶單爵	16.175	商代晚期	
子▲木	09777	子▲冊木觚	18.439	商代晚期	
子▲單	08008	子▲單爵	16.176	商代晚期	
子▲單	19276	子▲單箕	35.63	商代晚期	
子▲萬	08009	子▲萬爵	16.177	商代晚期	
子▲萬	08010	子▲萬爵	16.178	商代晚期	
子▲目	08011	子▲目爵	16.179	商代晚期	河南安陽市苗圃北地
子▲卿	08012	子▲卿爵	16.180	商代晚期	
子東▲	08461	子東▲父辛爵	17.28	商代晚期	
子◆𠚕	14699	子◆𠚕父甲盉	26.111	商代晚期	
子妥㕣	08013	子妥㕣爵	16.181	商代晚期	
子卲爰	08014	子卲爰爵	16.181	商晚周早	
子𦐂(翌)亼	08507	子冊爵	17.62	商代晚期	
山	00789	山父乙鼎	2.100	西周早期	
山	00790	山父乙鼎	2.101	商代晚期	
山	00820	山父丁鼎	2.123	西周早期前段	
山	03562	山簋	7.392	西周早期前段	陝西岐山縣賀家村
山	03691	山癸簋	8.21	西周早期	陝西岐山縣
山	04264	山簋	9.37	西周早期	
山	06910	山爵	14.375	西周早期	西安長安區張家坡
山	06911	山爵	14.375	西周早期	同上
山	07298	山丁爵	15.154	商代晚期	
山	07299	山丁爵	15.155	商代晚期	河南安陽市孝民屯
山	07734	山祖壬爵	15.486	商晚周早	
山	08077	山祖丁爵	16.231	西周早期	陝西
山	09547	山祖庚觚	18.256	商代晚期	
山	09576	山父丁觚	18.280	商代晚期	

族氏族徽	器　號	器　名	卷數頁碼	時　代	出土地
山	09577	山父丁觚	18.281	商代晚期	
山	09578	山父丁觚	18.282	商代晚期	
山	10186	山婦觶	19.105	商代晚期	
山	10435	山父丁觶	19.295	西周早期	
山	11007	山父乙斝	20.111	商代晚期	
山	11306	山父乙尊	20.339	商代晚期	
山	11318	山父戊尊	20.348	商代晚期	
山	12069	山父丁壺	21.425	西周早期	陝西寶雞市紙坊頭
山	12768	山父乙卣	23.213	商代晚期	
山	13626	山父乙觥	24.466	商代晚期	
山	13774	山父己罍	25.67	商代晚期	陝西城固縣陳邸村
山	14348	山父丁盤	25.362	西周早期前段	
山口	11041	山口父辛斝	20.139	商代晚期	
山午	18242	山午鉞	33.514	商代晚期	
弓	00938	弓父癸鼎	2.213	西周早期	
弓	08246	弓父癸爵	16.367	西周早期	
弓	09040	弓觚	17.379	商代晚期	
弓	10467	弓父癸觶	19.323	西周早期	
弓	11670	獸尊	21.148	西周早期後段	
弓	11954	弓壺	21.322	商代晚期	
弓	12074	弓父庚壺	21.429	西周早期後段	
弓韋	00621	弓韋鼎	1.486	商代晚期	
弓韋	01171	弓韋父丁鼎	2.399	商代晚期	陝西西安
弓韋	01189	弓韋父己鼎	2.414	商代晚期	
弓韋	07479	弓韋爵	15.289	商代晚期	
弓韋	08380	弓韋父丁爵	16.467	西周早期	
弓韋	08404	弓韋父辛爵	16.487	西周早期	
弓韋	10289	弓韋觶	19.185	西周早期	
弓韋	10552	弓韋父辛觶	19.385	西周早期	
弓韋	11614	弓韋尊	21.102	西周早期	
弓韋	13171	弓韋卣	24.82	西周早期	河南
弓衛	08287	弓衛祖己爵	16.399	商代晚期	
弓衛	09487	弓衛觚	18.214	商代晚期	河南安陽苗圃北地

族氏族徽	器　號	器　名	卷數頁碼	時　代	出土地
弓衛	08399	弓衛父庚爵	16.482	西周早期	
弓㚔	11457	弓㚔父癸尊	20.464	商代晚期	
弓[illegible]	13083	弓[illegible]卣	23.507	商代晚期	
弓丁囗	09672	弓丁囗觚	18.357	商代晚期	浙江安吉縣周家灣
弓丁囗	09673	弓丁囗觚	18.358	商代晚期	同上
干	06769	干爵	14.275	商晚周早	
干	06770	干爵	14.276	商晚周早	
干	09082	干觚	17.413	商代晚期	
干	11327	干父辛尊	20.356	商代晚期	
干	16133	干戈	30.127	商代晚期	
干	16240	干戈	30.214	西周早期	陝西藍田縣安村
干	16241	干戈	30.215	西周早期	
干	18712	干斧	34.202	商代晚期	
干[illegible]	07468	干[illegible]爵	15.281	商晚周早	
干得	07424	干得爵	15.248	商代晚期	
干得	07425	干得爵	15.249	商代晚期	
干得	09472	干得觚	18.202	商代晚期	河南安陽豫北紡織廠
干得	09473	干得觚	18.203	商代晚期	
干得	09474	干得觚	18.204	商代晚期	
干得	13751	干得罍	25.45	商代晚期	
干偁	02295	商鼎	5.40	商代晚期	
干偁	08289	干偁祖己爵	16.401	商代晚期	
干偁	08290	干偁父甲爵	16.401	商晚周早	
干偁	08305	干偁父乙爵	16.412	商晚周早	
干偁	08349	干偁父癸爵	16.442	商晚周早	
干偁	08393	干偁父己爵	16.477	西周早期	
干偁	13788	干偁父乙罍	25.79	西周早期	陝西扶風縣張黃村
干單	08332	干單父己爵	16.431	商代晚期	
夨	00281	夨鼎	1.217	西周早期	
夨	08194	夨父辛爵	16.327	西周早期	河南襄城縣霍莊村
夨	08924	夨觚	17.288	商代晚期	
夨	14717	夨盉	26.127	西周早期	甘肅靈臺縣寶萬川
夨	16233	夨戈	30.207	西周早期	

族氏族徽	器　號	器　名	卷數頁碼	時　代	出土地
矢	16234	矢戈	30.208	西周早期	
矢	16391	矢仲戈	30.357	西周早期	
矢	19066	矢當盧	34.501	西周早期	
矢	19067	矢當盧	34.502	西周早期	陝西寶雞市鬥雞臺
矢	19068	矢當盧	34.503	西周早期	陝西隴縣曹家灣
矢	19069	矢當盧	34.504	西周早期	同上
矢	19070	矢當盧	34.505	西周早期	陝西寶雞市境內
矢	19071	矢當盧	34.506	西周早期	同上
矢	19072	矢丁當盧	34.507	西周早期	陝西鳳翔縣長青鎮
矢	19073	矢丁當盧	34.508	西周早期	同上
矢	19074	矢丁當盧	34.509	西周早期	同上
矢	19075	矢泡	34.510	西周早期	陝西寶雞陳倉區賈村
矢	19084	矢丁當盧	34.516	西周早期	陝西鳳翔縣長青鎮
矢	19085	矢丁當盧	34.516	西周早期	同上
矢	19086	矢↑當盧	34.517	西周早期	陝西隴縣曹家灣
矢良	01201	矢良父辛鼎	2.423	西周早期	河南襄城縣霍莊村
大	00838	大父丁鼎	2.134	商晚周早	
大	00948	大父癸鼎	2.222	商代晚期	
大	06674	大爵	14.209	商代晚期	
大	06907	大爵	14.372	西周早期	
大	07902	大父辛爵	16.102	商代晚期	
大	09256	大辛觚	18.34	商代晚期	
大	09618	大父癸觚	18.313	商代晚期	
大棘	08303	大棘父乙爵	16.411	商晚周早	
大棘	08341	大棘父癸爵	16.437	商代晚期	
大禾	00370	天禾鼎	1.288	商代晚期	湖南寧鄉縣黃材鎮
大中	09727	大中祖己觚	18.398	商代晚期	河南安陽市孝民屯
叉	00252	叉鼎	1.203	商代晚期	
叉	12549	叉卣	23.32	商代晚期	
叉宁	00639	叉沐鼎	1.499	商代晚期	
叉宁	00640	叉沐鼎	1.499	商代晚期	
叉宁	03614	叉宁簋	7.438	商代晚期	
叉宁	03615	叉宁簋	7.438	商代晚期	

族氏族徽	器　號	器　名	卷數頁碼	時　代	出土地
叉宀	09436	叉宀瓿	18.176	商代晚期	
叉宀	09437	叉宀瓿	18.177	商代晚期	
叉宀	09438	叉宀瓿	18.177	商代晚期	
叉宀	07008	叉宀爵	14.458	商晚周早	
中	04053	中簋	8.326	西周早期	
中	04275	中簋	9.45	西周早期	
中	04620	引簋	9.366	西周中期	
中	07851	中父己爵	16.64	商代晚期	
中	11515	中尊	21.17	西周中期前段	
中	14694	中盂	26.106	西周早期	
中啟	00651	中啟鼎	1.506	商代晚期	河北磁縣下七營村
万	07820	万父丁爵	16.43	商晚周早	
万封	14690	万封父丁盂	26.102	商代晚期	陝西延長縣岔口村
万舟	12919	万舟父丁卣	23.349	商代晚期	
万甫	13505	万甫方彝	24.380	西周早期	河南
万甫	13604	万甫觥	24.446	西周早期	同上
万甫	14624	万甫盂	26.43	西周早期	
己	11294	己祖乙尊	20.329	商代晚期	
己	11295	己祖乙尊	20.329	商代晚期	
己竝	08307	己竝父丙爵	16.413	商代晚期	河南安陽
己竝	08308	己竝父丙爵	16.414	商代晚期	
己竝	08309	己竝父丙爵	16.415	商代晚期	
巳	06423	巳爵	14.26	商代晚期	
巳	15865	巳鐃甲	29.423	商代晚期	河南安陽殷墟
巳	15866	巳鐃乙	29.424	商代晚期	同上
巳	15867	巳鐃丙	29.425	商代晚期	同上
口	07857	口父己爵	16.70	商代晚期	
口	08162	口父戊爵	16.302	西周早期	
口	11141	口尊	20.199	商代晚期	
工	09421	工冊瓿	18.166	商代晚期	
工天	12130	工冊天父己壺	22.4	商代晚期	
工衛	07469	工衛爵	15.282	商晚周早	
丌	16265	丌戟	30.237	西周早期	北京昌平白浮龍山

族氏族徽	器　號	器　名	卷數頁碼	時　代	出土地
丌	16266	丌戟	30.238	西周早期	北京昌平白浮龍山
夕	08926	夕觚	17.290	商代晚期	河南安陽市劉家莊
夕	10194	夕冊觶	19.110	商代晚期	
宀	07934	宀父癸爵	16.120	商代晚期	
宀	11114	宀尊	20.176	商代晚期	
女子	09731	女子妣丁觚	18.402	商代晚期	
女亞	10955	女亞斝	20.69	商代晚期	河南安陽
勺	00185	勺鼎	1.147	商代晚期	
川	00953	川父癸鼎	2.225	商代晚期	湖北江陵縣易家嶺
土	07962	土父癸爵	16.144	商代晚期	
才	07845	才父戊爵	16.60	商代晚期	
及	06412	及爵	14.15	商代晚期	河南南陽市十里廟
个冉	09419	个冉觚	18.164	商代晚期	
阝云	01501	祖辛父辛鼎	3.183	商代晚期	河南安陽殷墟西區
毛田舌	12827	毛田舌卣	23.263	商代晚期	河南安陽薛家莊

四　畫

族氏族徽	器　號	器　名	卷數頁碼	時　代	出土地
戈	00046	戈鼎	1.43	商代晚期	
戈	00047	戈鼎	1.44	商代晚期	
戈	00048	戈鼎	1.45	商代晚期	
戈	00049	戈鼎	1.46	商代晚期	
戈	00050	戈鼎	1.47	商代晚期	
戈	00051	戈鼎	1.48	商代晚期	
戈	00052	戈鼎	1.49	商代晚期	
戈	00053	戈鼎	1.50	商代晚期	
戈	00054	戈鼎	1.50	商代晚期	
戈	00055	戈鼎	1.51	商代晚期	
戈	00056	戈鼎	1.51	商代晚期	
戈	00057	戈鼎	1.52	商代晚期	
戈	00058	戈鼎	1.52	商代晚期	
戈	00059	戈鼎	1.53	商代晚期	

族氏族徽	器　號	器　名	卷數頁碼	時　代	出土地
戈	00060	戈鼎	1.53	商代晚期	
戈	00061	戈鼎	1.54	西周早期前段	
戈	00062	戈鼎	1.55	西周早期前段	山東滕州市官橋鎮
戈	00063	戈鼎	1.56	西周早期前段	陝西寶雞市竹園溝
戈	00429	戈乙鼎	1.332	商代晚期	
戈	00430	戈乙鼎	1.332	商代晚期	河北武漢新洲區界埠
戈	00431	戈己鼎	1.333	商代晚期	
戈	00432	戈己鼎	1.334	商晚周早	
戈	00745	戈祖己鼎	2.63	商代晚期	
戈	00746	戈祖辛鼎	2.64	商代晚期	
戈	00749	戈祖癸鼎	2.67	商代晚期	
戈	00750	戈祖癸鼎	2.67	西周早期	
戈	00751	戈姚辛鼎	2.68	商代晚期	
戈	00755	戈父甲鼎	2.71	西周早期	
戈	00756	戈父甲鼎	2.72	西周早期	
戈	00757	戈父甲鼎	2.73	商晚周早	
戈	00824	戈父丁鼎	2.126	商代晚期	
戈	00866	戈父己鼎	2.158	西周早期	
戈	00867	戈父己鼎	2.159	西周早期	
戈	00907	戈父辛鼎	2.188	西周早期	
戈	00908	戈父辛鼎	2.189	西周早期	
戈	00950	戈父癸鼎	2.223	商代晚期	
戈	00951	戈父癸鼎	2.224	西周早期	
戈	01290	戈鼎	3.6	西周中期	江蘇揚州市邗上村
戈	02657	戈父壬鬲	6.48	西周早期前段	北京房山琉璃河村
戈	03102	戈甗	7.4	商代晚期	
戈	03103	戈甗	7.5	商代晚期	
戈	03104	戈甗	7.6	商代晚期	陝西岐山縣賀家村
戈	03105	戈甗	7.7	西周早期	陝西寶雞縣戴家灣
戈	03106	戈甗	7.8	西周早期	
戈	03165	戈父甲甗	7.60	西周早期前段	北京房山琉璃河村
戈	03176	戈父戊甗	7.70	西周早期	
戈	03185	戈父癸甗	7.77	西周早期前段	陝西涇陽縣高家堡

族氏族徽	器　號	器　名	卷數頁碼	時　代	出土地
戈	03513	戈簋	7.354	商代晚期	河南安陽
戈	03514	戈簋	7.355	商代晚期	
戈	03515	戈簋	7.356	商代晚期	
戈	03516	戈簋	7.357	商代晚期	
戈	03517	戈簋	7.358	商代晚期	
戈	03518	戈簋	7.358	商代晚期	
戈	03519	戈簋	7.359	商代晚期	
戈	03520	戈簋	7.359	商代晚期	
戈	03521	戈簋	7.360	商代晚期	
戈	03522	戈簋	7.360	西周早期前段	陝西銅川市紅土鎮
戈	03523	戈簋	7.361	西周早期前段	陝西旬邑縣下魏洛村
戈	03524	戈簋	7.362	西周早期	甘肅慶陽
戈	03525	戈簋	7.363	西周早期	陝西寶雞祀雞臺
戈	03682	戈乙簋	8.13	商代晚期	河南安陽
戈	03683	戈乙簋	8.14	商代晚期	
戈	03688	戈己簋	8.19	商代晚期	
戈	03719	戈丁簋	8.43	西周早期	
戈	03751	戈祖己簋	8.70	商代晚期	
戈	03756	戈父甲簋	8.74	商代晚期	
戈	03774	戈父乙簋	8.90	商代晚期	
戈	03795	戈父丁簋	8.107	商代晚期	
戈	03796	戈父丁簋	8.108	商代晚期	陝西關中
戈	03797	戈父丁簋	8.109	西周早期前段	
戈	03798	戈父丁簋	8.109	西周早期	
戈	03809	戈父戊簋	8.120	商代晚期	
戈	03819	戈父己簋	8.130	西周早期前段	陝西涇陽縣高家堡
戈	03838	戈父癸簋	8.146	西周早期	湖北隨州市葉家山
戈	03854	戈母丁簋	8.160	商代晚期	陝西武功縣柴家嘴
戈	04054	戈簋	8.327	西周早期	
戈	04055	戈簋	8.328	西周早期	
戈	04122	戈簋	8.384	西周中期前段	陝西扶風縣王郡村
戈	04167	凡簋	8.424	西周早期	
戈	04260	戈簋	9.34	西周早期	

族氏族徽	器　號	器　名	卷數頁碼	時　代	出土地
戈	04481	戈厚簋	9.238	商代晚期	
戈	06678	戈爵	14.212	商代晚期	
戈	06679	戈爵	14.213	商代晚期	
戈	06680	戈爵	14.214	商代晚期	
戈	06681	戈爵	14.214	商代晚期	
戈	06682	戈爵	14.215	商代晚期	
戈	06683	戈爵	14.214	商代晚期	
戈	06684	戈爵	14.216	商代晚期	
戈	06685	戈爵	14.216	商代晚期	
戈	06686	戈爵	14.217	商代晚期	
戈	06687	戈爵	14.217	商代晚期	
戈	06688	戈爵	14.218	商代晚期	
戈	06689	戈爵	14.218	商晚周早	
戈	06690	戈爵	14.219	商晚周早	
戈	06948	戈爵	14.409	西周早期	
戈	06949	戈爵	14.410	西周早期	
戈	06950	戈爵	14.410	西周早期	
戈	06951	戈爵	14.411	西周早期	
戈	06952	戈爵	14.411	西周早期	
戈	06953	戈爵	14.412	西周早期	
戈	07280	戈乙爵	15.142	商代晚期	河南安陽市郭家灣
戈	07281	戈乙爵	15.143	商代晚期	
戈	07282	戈乙爵	15.144	商代晚期	
戈	07297	戈丁爵	15.154	商晚周早	
戈	07318	戈辛爵	15.169	商代晚期	
戈	07319	戈辛爵	15.170	商代晚期	
戈	07320	戈辛爵	15.171	商代晚期	
戈	07652	戈己爵	15.425	西周早期	
戈	07663	戈父爵	15.435	西周早期	
戈	07720	戈祖戊爵	15.477	商代晚期	
戈	07728	戈祖辛爵	15.482	商代周早	
戈	07768	戈父乙爵	16.9	商代晚期	
戈	07769	戈父乙爵	16.10	商晚周早	

族氏族徽	器　號	器　名	卷數頁碼	時　代	出土地
戈	07770	戈父乙爵	16.10	商晚周早	
戈	07771	戈父乙爵	16.11	商代晚期	
戈	07804	戈父丁爵	16.33	商代晚期	
戈	07805	戈父丁爵	16.33	商代晚期	
戈	07806	戈父丁爵	16.34	商代晚期	
戈	07862	戈父己爵	16.74	商晚周早	
戈	07863	戈父己爵	16.75	商代晚期	
戈	07864	戈父己爵	16.75	商晚周早	
戈	07865	戈父己爵	16.76	商晚周早	
戈	07900	戈父辛爵	16.100	商代晚期	湖北隨縣羊子山
戈	07901	戈父辛爵	16.101	商晚周早	
戈	07944	戈父癸爵	16.130	商代晚期	
戈	07945	戈父癸爵	16.131	商代晚期	
戈	07987	戈母乙爵	16.159	商代晚期	河南上蔡縣田莊村
戈	08074	戈祖丁爵	16.228	西周早期前段	
戈	08081	戈祖己爵	16.235	西周早期	
戈	08099	戈父乙爵	16.251	西周早期	
戈	08100	戈父乙爵	16.252	西周早期	
戈	08135	戈父丁爵	16.282	西周早期	
戈	08178	戈父己爵	16.314	西周早期	
戈	08179	戈父己爵	16.315	西周早期	河南洛陽市北窰村
戈	08196	戈父辛爵	16.329	西周早期	
戈	08197	戈父辛爵	16.330	西周早期	
戈	09042	戈觚	17.381	商代晚期	河南羅山縣後李村
戈	09043	戈觚	17.382	商代晚期	同上
戈	09044	戈觚	17.383	商代晚期	
戈	09045	戈觚	17.384	商代晚期	
戈	09046	戈觚	17.385	商代晚期	
戈	09047	戈觚	17.386	商代晚期	
戈	09048	戈觚	17.387	商代晚期	
戈	09049	戈觚	17.388	商代晚期	
戈	09050	戈觚	17.388	商代晚期	
戈	09051	戈觚	17.389	商代晚期	

族氏族徽	器　號	器　名	卷數頁碼	時　代	出土地
戈	09052	戈觚	17.389	商代晚期	
戈	09053	戈觚	17.390	商代晚期	
戈	09054	戈觚	17.390	商代晚期	
戈	09055	戈觚	17.390	商代晚期	
戈	09226	戈甲觚	18.12	商代晚期	
戈	09233	戈乙觚	18.17	商代晚期	河南安陽
戈	09234	戈乙觚	18.18	商代晚期	
戈	09257	戈辛觚	18.34	商代晚期	
戈	09544	戈祖丁觚	18.254	商代晚期	
戈	09549	戈祖辛觚	18.257	商代晚期	
戈	09552	戈祖癸觚	18.260	商代晚期	
戈	09617	戈父癸觚	18.312	商代晚期	
戈	09700	戈父己觚	18.378	西周早期	
戈	10067	戈觶	19.18	商代晚期	河南安陽市郭家莊
戈	10068	戈觶	19.19	商代晚期	
戈	10069	戈觶	19.20	商代晚期	
戈	10070	戈觶	19.21	商代晚期	
戈	10071	戈觶	19.22	商代晚期	山東長清縣興復河北
戈	10072	戈觶	19.22	商代晚期	
戈	10073	戈觶	19.23	商代晚期	
戈	10074	戈觶	19.23	商代晚期	
戈	10123	戈觶	19.60	西周早期	河南洛陽市北窰村
戈	10124	戈觶	19.61	西周早期	陝西隴縣楊莊村
戈	10125	戈觶	19.62	西周早期	
戈	10126	戈觶	19.63	西周早期	
戈	10127	戈觶	19.64	西周早期	
戈	10128	戈觶	19.64	西周早期	
戈	10129	戈觶	19.65	西周早期	
戈	10130	戈觶	19.65	西周早期	
戈	10131	戈觶	19.66	西周早期	
戈	10132	戈觶	19.66	西周早期	
戈	10133	戈觶	19.67	西周早期	
戈	10134	戈觶	19.68	西周中期前段	湖南湘潭縣青山橋鎮

族氏族徽	器　號	器　名	卷數頁碼	時　代	出土地
戈	10135	戈觶	19.68	西周中期前段	河南洛陽
戈	10274	戈辛觶	19.175	西周早期	
戈	10275	戈母觶	19.176	西周早期	
戈	10298	戈祖己觶	19.190	商晚周早	
戈	10319	戈父丙觶	19.204	商代晚期	
戈	10340	戈父己觶	19.219	商代晚期	
戈	10347	戈父庚觶	19.225	商代晚期	
戈	10355	戈父辛觶	19.230	商代晚期	
戈	10356	戈父辛觶	19.231	商代晚期	
戈	10400	戈祖辛觶	19.267	西周早期	
戈	10425	戈父丙觶	19.288	西周早期	
戈	10441	戈父己觶	19.301	西周早期前段	陝西涇陽縣高家堡
戈	10473	戈父癸觶	19.327	西周早期	
戈	10901	戈斝	20.23	商代晚期	河南輝縣褚邱村
戈	10996	戈丁斝	20.102	西周早期前段	河南鹿邑縣太清宮
戈	11055	戈卬斝	20.149	商晚周早	
戈	11128	戈尊	20.188	商代晚期	
戈	11129	戈尊	20.189	商代晚期	河南安陽
戈	11130	戈尊	20.190	商代晚期	
戈	11131	戈尊	20.191	商代晚期	山西靈石縣旌介村
戈	11176	戈尊	20.227	西周早期	
戈	11177	戈尊	20.228	西周早期	
戈	11178	戈尊	20.229	西周早期前段	
戈	11179	戈尊	20.230	西周早期	
戈	11332	戈父壬尊	20.360	商代晚期	陝西周至縣
戈	11336	戈父癸尊	20.362	商代晚期	
戈	11354	戈祖己尊	20.377	西周早期	陝西楊凌區徐家灣
戈	11364	戈父乙尊	20.386	西周早期	
戈	11379	戈父辛尊	20.400	西周早期	西安長安區新旺村
戈	11497	戈尊	20.501	西周早期	
戈	11498	戈尊	20.502	西周早期	河南洛陽
戈	11499	戈尊	20.503	西周中期前段	
戈	11559	戈尊	21.55	西周早期後段	

族氏族徽	器　號	器　名	卷數頁碼	時　代	出土地
戈	11952	戈壺	21.320	商代晚期	
戈	11953	戈壺	21.322	商代晚期	河南安陽市四盤磨村
戈	11977	戈壺	21.341	西周早期	
戈	11978	戈壺	21.342	西周早期	
戈	12076	戈父癸壺	21.431	西周早期前段	
戈	12077	戈父癸壺	21.432	西周早期前段	陝西涇陽縣高家堡
戈	12566	戈卣	23.49	商代晚期	
戈	12567	戈卣	23.50	商代晚期	湖南寧鄉縣黃材鎮
戈	12568	戈卣	23.51	商代晚期	
戈	12569	戈卣	23.52	商代晚期	
戈	12570	戈卣	23.53	商代晚期	
戈	12634	戈卣	23.100	西周早期	
戈	12635	戈卣	23.101	西周早期	
戈	12636	戈卣	23.102	西周早期	
戈	12637	戈卣	23.103	西周早期	陝西鳳翔縣
戈	12795	戈父己卣	23.234	商代晚期	浙江龍游縣
戈	12796	戈父己卣	23.235	商代晚期	
戈	12948	戈卣	23.378	商代晚期	湖南衡陽市杏花村
戈	13012	戈卣	23.437	西周早期後段	
戈	13013	戈卣	23.438	西周早期後段	
戈	13339	龘卣	24.304	西周中期前段	
戈	13468	戈方彝	24.346	商代晚期	
戈	13469	戈方彝	24.347	商代晚期	
戈	13470	戈方彝	24.348	商代晚期	
戈	13710	戈罍	25.12	商代晚期	
戈	13711	戈罍	25.12	商代晚期	
戈	13712	戈罍	25.13	商代晚期	
戈	13727	戈罍	25.23	西周早期	
戈	13822	繁罍	25.111	西周中期前段	西安長安區普渡村
戈	13955	戈瓿	25.131	商代晚期	
戈	14304	戈盤	25.319	商代晚期	
戈	14335	戈父辛盤	25.350	西周早期後段	陝西寶雞市竹園溝
戈	14345	戈父辛盤	25.359	商代晚期	山西曲沃縣曲村

族氏族徽	器　號	器　名	卷數頁碼	時　代	出土地
戈	14372	戈盤	25.385	西周中期前段	
戈	14639	戈父戊盉	26.58	西周早期前段	陝西涇陽縣高家堡
戈	14720	戈卬盉	26.130	商代晚期	
戈	16075	戈戈	30.74	商代晚期	
戈	16076	戈戈	30.75	商代晚期	
戈	16077	戈戈	30.76	商代晚期	
戈	16078	戈戈	30.77	商代晚期	
戈	16079	戈戈	30.78	商代晚期	
戈	16080	戈戈	30.78	商代晚期	
戈	18210	戈鉞	33.481	商代晚期	
戈	18750	戈鑿	34.239	商代晚期	
戈	19464	戈器	35.236	商代晚期	
戈畧	04076	戈畧簋	8.345	西周早期	
戈畧	04077	戈畧簋	8.345	西周早期	
戈畧	04078	戈畧簋	8.346	西周早期	
戈畧	08427	戈畧爵	17.3	西周早期	陝西三原縣
戈畧	08428	戈畧爵	17.4	西周早期	
戈畧	09792	戈畧觚	18.453	西周早期	
戈畧	10560	戈畧觶	19.391	西周早期	
戈畧	12994	戈畧卣	23.420	西周早期	
戈畧	14692	戈畧盉	26.104	西周早期	
戈宁	11724	竝尊	21.197	西周早期	
戈宁	13656	竝觥	24.494	西周早期	
戈宁	14680	戈宁父丁盉	26.92	商代晚期	
戈涉	07697	戈涉茲爵	15.464	商代晚期	
戈亳	03734	戈亳冊簋	8.55	商代晚期	
戈亳	04147	戈亳冊父丁簋	8.405	商代晚期	
戈天	07419	戈天爵	15.245	商代晚期	
戈⋈（五）	03141	戈五甗	7.40	商代晚期	
戈⋈（五）	12706	戈五卣	23.160	西周早期前段	陝西涇陽縣高家堡
戈叀	07396	戈叀爵	15.227	商代晚期	
戈腐	10991	戈腐斝	20.98	商代晚期	
戈☺	01899	鬲陶鼎	4.60	西周早期	

族氏族徽	器　號	器　名	卷數頁碼	時　代	出土地
戈◍◍	09513	戈◍◍瓿	18.230	商代晚期	
戈⊕	09514	戈⊕瓿	18.230	商代晚期	
戈◍	13969	戈◍瓵	25.143	商代晚期	河南安陽市孝民屯
戈孔宁	08353	戈孔甲宁爵	16.444	商代晚期	
戈孔宁	11044	戈孔甲宁斝	20.141	商代晚期	
戈北單	13309	僕麻卣	24.244	西周早期	西安長安區新旺村
戈北單	14700	戈北單父丁盉	26.111	商代晚期	
天	00005	天鼎	1.9	商代中期	陝西綏德縣墕頭村
天	00006	天鼎	1.10	商代晚期	
天	00007	天鼎	1.10	商代晚期	
天	00849	天父己鼎	2.142	商代晚期	
天	01135	天冊父乙鼎	2.373	商晚周早	
天	03402	天簋	7.258	商代晚期	陝西長武縣劉主河村
天	03403	天簋	7.259	商代晚期	天津薊縣張家園
天	03404	天簋	7.260	商代晚期	
天	03405	天簋	7.261	商代晚期	
天	03689	天己簋	8.19	商代晚期	
天	03743	天己丁簋	8.62	商代晚期	浙江龍游縣
天	03777	天父乙簋	8.92	西周早期	
天	03778	天父乙簋	8.93	西周早期	
天	06218	天盂	13.444	西周晚期	陝西眉縣楊家村
天	06675	天爵	14.210	商代晚期	山西靈石縣旌介村
天	06676	天爵	14.211	商晚周早	
天	06677	天爵	14.210	商晚周早	
天	06908	天爵	14.373	西周早期前段	西安長安區馬王村
天	07552	天乙爵	15.341	西周早期	陝西涇陽縣高家堡
天	07747	天父乙爵	15.493	商代晚期	
天	08912	天瓿	17.281	商代晚期	
天	08913	天瓿	17.282	商代晚期	
天	08914	天瓿	17.283	商代晚期	
天	08915	天瓿	17.284	商代晚期	
天	08916	天瓿	17.284	商代晚期	
天	09537	天祖甲瓿	18.249	商代晚期	陝西洛南縣廟地村

族氏族徽	器 號	器 名	卷數頁碼	時 代	出土地
天	09757	天冊父己瓺	18.422	商代晚期	河南安陽市孝民屯
天	10404	天父乙觶	19.270	西周早期	陝西寶雞市鬥雞臺
天	11101	天尊	20.163	商代晚期	
天	11270	天己尊	20.307	西周早期	河南
天	11319	天父戊尊	20.349	商代晚期	
天	11422	天尊	20.436	西周中期前段	
天	11777	日己尊	21.244	西周中期前段	陝西扶風縣齊家村
天	12521	天卣	23.3	商代晚期	河南羅山縣後李村
天	12522	天卣	23.4	商代晚期	
天	12523	天卣	23.5	商代晚期	
天	12764	天父乙卣	23.210	商代晚期	廣西
天	12765	天父乙卣	23.211	商代晚期	
天	12804	天父辛卣	23.242	商代晚期	
天	13537	日己方彝	24.413	西周中期前段	陝西扶風縣齊家村
天	13635	天父丁觥	24.472	西周早期	河南孟州市
天	13664	日己觥	24.504	西周中期前段	陝西扶風縣齊家村
天	16001	天戈	30.5	商代晚期	山西長子縣
天	16002	天戈	30.6	商代晚期	
天	16003	天戈	30.7	商代晚期	
天	16004	天戈	30.8	商代晚期	
天	16005	天戈	30.9	商代晚期	
天	16228	天戈	30.201	西周早期	陝西扶風縣北呂村
天黽	00364	天黽鼎	1.284	商代晚期	即岷冥氏
天黽	00365	天黽鼎	1.285	商代晚期	
天黽	01116	天黽父乙鼎	2.360	商代晚期	
天黽	01117	天黽父乙鼎	2.361	西周早期	
天黽	01118	天黽父乙鼎	2.362	商代晚期	
天黽	01119	天黽父乙鼎	2.360	商代晚期	
天黽	01120	天黽父乙鼎	2.363	商代晚期	
天黽	01121	天黽父乙鼎	2.363	商代晚期	
天黽	01202	天黽父癸鼎	2.424	商代晚期	
天黽	01203	天黽父癸鼎	2.425	商代晚期	
天黽	01204	天黽父癸鼎	2.426	商代晚期	

族氏族徽	器　號	器　名	卷數頁碼	時　代	出土地
天黽	01496	天黽鼎	3.178	商晚周早	
天黽	01691	天黽鼎	3.355	商代晚期	
天黽	01692	天黽鼎	3.356	商代晚期	
天黽	01808	勅鼎	3.471	西周早期	
天黽	02181	獻侯鼎	4.378	西周早期	
天黽	02182	獻侯鼎	4.379	西周早期	
天黽	02183	玑鼎	4.380	西周早期	
天黽	02184	玑鼎	4.382	西周早期	
天黽	02267	征人鼎	5.4	西周早期	
天黽	03154	天黽甗	7.50	西周早期	
天黽	03284	天黽甗	7.161	商代晚期	
天黽	03716	天黽簋	8.40	西周早期	
天黽	03964	天黽父乙簋	8.252	商代晚期	
天黽	03965	天黽父乙簋	8.253	商代晚期	
天黽	03966	天黽父乙簋	8.253	商代晚期	
天黽	03968	天黽父丁簋	8.254	商代晚期	
天黽	03979	天黽父戊簋	8.263	商代晚期	
天黽	04949	征簋	10.282	西周早期	
天黽	07010	天黽爵	14.459	商代晚期	
天黽	08342	天黽父癸爵	16.437	商代晚期	
天黽	08343	天黽父□爵	16.438	商代晚期	河南安陽市梅園莊
天黽	08367	天黽父乙爵	16.456	西周早期	
天黽	08368	天黽父乙爵	16.457	西周早期	
天黽	08369	天黽父乙爵	16.458	西周早期	
天黽	08388	天黽父庚爵	16.474	西周早期	
天黽	08423	天黽母庚爵	16.501	西周早期	
天黽	08537	貝爵	17.89	西周早期	
天黽	08538	貝爵	17.90	西周早期	
天黽	08539	貝爵	17.91	西周早期	
天黽	08754	天黽父乙角	17.191	商代晚期	河南
天黽	08755	天黽父乙角	17.192	商代晚期	
天黽	08762	天黽父戊角	17.199	商代晚期	
天黽	08765	天黽父庚角	17.201	商代晚期	

族氏族徽	器　號	器　名	卷數頁碼	時　代	出土地
天黽	08782	天黽角	17.219	西周早期	
天黽	08792	天黽觚角	17.229	商代晚期	
天黽	09266	天黽觚	18.41	商代晚期	
天黽	09735	天黽父乙觚	18.405	商代晚期	
天黽	09736	天黽父乙觚	18.405	商代晚期	
天黽	09737	天黽父乙觚	18.406	商代晚期	
天黽	09785	天黽父癸觚	18.447	西周早期	
天黽	09795	天黽祖丁觚	18.455	商代晚期	
天黽	09851	貝觚	18.499	商代晚期	
天黽	10513	天黽父己觶	19.355	商代晚期	
天黽	10535	天黽父乙觶	19.371	西周早期	
天黽	10539	天黽父乙觶	19.375	西周早期	
天黽	10547	天黽父己觶	19.381	西周早期	
天黽	10974	天黽斝	20.87	商代晚期	
天黽	11040	天黽父乙斝	20.138	商代晚期	
天黽	11059	天黽斝	20.152	商代晚期	
天黽	11429	天黽祖乙尊	20.441	商代晚期	
天黽	11448	天黽父辛尊	20.457	商代晚期	陝西岐山縣
天黽	11454	天黽父癸尊	20.462	商代晚期	
天黽	11473	天黽父乙尊	20.479	西周早期	
天黽	11480	天黽父丁尊	20.486	西周早期	
天黽	11550	天黽尊	21.47	西周早期	河南孟津縣
天黽	11764	殳尊	21.232	西周早期	
天黽	12097	天黽父乙壺	21.450	西周早期前段	
天黽	12642	天黽卣	23.108	商代晚期	
天黽	12643	天黽卣	23.109	商代晚期	
天黽	12906	天黽父乙卣	23.337	商代晚期	
天黽	12907	天黽父乙卣	23.338	商代晚期	
天黽	12908	天黽父乙卣	23.339	商代晚期	
天黽	12920	天黽父戊卣	23.349	商代晚期	
天黽	12926	天黽父辛卣	23.355	商代晚期	
天黽	12932	天黽父癸卣	23.362	商代晚期	
天黽	13140	作丁玑卣	24.50	商代晚期	

族氏族徽	器　號	器　名	卷數頁碼	時　代	出土地
天黽	13264	靴卣	24.185	西周早期	
天黽	13269	腦卣	24.193	西周早期	
天黽	13640	天黽父乙觥	24.476	商代晚期	
天黽	13641	天黽父癸觥	24.476	商代晚期	
天黽	14354	天黽父乙盤	25.368	商代晚期	
天黽	14607	天黽盉	26.27	夏晚商早	
天黽	14608	天黽盉	26.28	商代晚期	
天黽	14673	天黽父乙盉	26.87	西周早期	
天黽	14674	天黽父戊盉	26.88	商代晚期	
天黽	14675	天黽父癸盉	26.88	商代晚期	
天黽	16315	天黽戈	30.287	商早或商中	
天黽	19478	天黽器	35.243	商代晚期	
天黽	19479	天黽器	35.243	商代晚期	
天豕	00366	天豕鼎	1.285	商代晚期	
天豕	00367	天豕鼎	1.286	商代晚期	
天豕	00368	天豕鼎	1.287	商代晚期	
天豕	00369	天豕鼎	1.287	商代晚期	
天豕	01144	天豕父丁鼎	2.378	商代晚期	
天豕	03999	天豕妘辛簋	8.281	商代晚期	
天豕	04616	辨簋	9.363	西周中期	河南洛陽
天豕	04617	辨簋	9.364	西周中期	同上
天豕	04618	辨簋	9.365	西周中期	同上
天豕	07011	天豕爵	14.459	商代晚期	
天豕	07012	天豕爵	14.460	商代晚期	
天豕	07013	天豕爵	14.460	商代晚期	
天豕	08042	天豕乙爵	16.202	商代晚期	河南羅山縣後李村
天豕	08381	天豕父丁爵	16.468	西周早期	河南洛陽
天豕	09264	天豕觚	18.41	商代晚期	
天豕	09265	天豕觚	18.41	商代晚期	
天豕	09734	天豕父乙觚	18.404	商代晚期	
天豕	11038	天豕父甲斝	20.137	商代晚期	
天豕	11439	天豕父丁尊	20.449	商代晚期	
天豕	11440	天豕父丁尊	20.450	商代晚期	

族氏族徽	器　號	器　名	卷數頁碼	時　代	出土地
天豕	11441	天豕父丁尊	20.451	商代晚期	
天豕	13642	天豕父乙觥	24.477	商代晚期	
天豕	16316	天豕戈	30.288	商代晚期	
天豕	18315	天豕刀	33.542	商代晚期	
天黽	11748	雞尊	21.216	西周早期	西安長安區馬王鎮
天黽	13277	雞卣	24.202	西周早期	同上
天工	04220	天工冊父己簋	8.468	西周早期	
天犬	12008	天犬壺	21.370	商代晚期	
天舟	09267	天舟觚	18.42	商代晚期	
天㐱	00848	天㐱乙鼎	2.141	西周晚期	
天啟	01122	天攵父乙鼎	2.364	商代晚期	
天㿟	13029	天㿟冊父癸卣	23.453	商代晚期	
天乚	07497	天乚爵	15.301	商代晚期	
弔	00409	叔丁鼎	1.314	商代晚期	傳出河南安陽
弔	00747	弔祖辛鼎	2.65	西周早期前段	
弔	00806	弔父丙鼎	2.110	西周早期	
弔	00821	弔父丁鼎	2.124	西周中期	
弔	00822	弔父丁鼎	2.125	西周中期	
弔	00823	弔父丁鼎	2.126	西周中期	
弔	00925	弔父癸鼎	2.200	西周早期	山東新泰市府前街
弔	02647	弔父乙鬲	6.40	西周早期	
弔	02651	弔父丁鬲	6.43	商代晚期	
弔	02652	弔父丁鬲	6.44	西周早期	
弔	02653	弔父丁鬲	6.45	西周中期	
弔	02658	弔父癸鬲	6.49	西周早期	山東新泰市府前街
弔	03109	弔甗	7.11	商代晚期	
弔	03418	弔簋	7.268	商代晚期	
弔	03419	弔簋	7.269	商代晚期	
弔	03804	弔父丁簋	8.115	西周中期	
弔	03805	弔父丁簋	8.116	西周中期	
弔	03857	弔母癸簋	8.162	西周早期	
弔	04012	叔眩父乙簋	8.292	西周早期	
弔	04242	仲子日乙簋	9.17	西周早期後段	

族氏族徽	器　號	器　名	卷數頁碼	時　代	出土地
弔	06532	弔爵	14.117	商代晚期	
弔	06533	弔爵	14.118	商代晚期	
弔	06534	弔爵	14.119	商代晚期	
弔	06535	弔爵	14.120	商代晚期	
弔	06536	弔爵	14.120	商代晚期	
弔	06537	弔爵	14.121	商代晚期	
弔	06538	弔爵	14.121	商代晚期	
弔	06539	弔爵	14.122	商代晚期	
弔	07792	弔父丙爵	16.22	商代晚期	
弔	07919	弔父辛爵	16.111	商晚周早	
弔	08230	弔父癸爵	16.355	西周早期	山東新泰市府前街
弔	08939	弔觚	17.300	商代晚期	
弔	08940	弔觚	17.301	商代晚期	
弔	09106	弔觚	17.432	商代晚期	
弔	09202	弔觚	17.503	西周早期	
弔	09242	弔丁觚	18.24	商晚周早	
弔	09609	弔父辛觚	18.304	商代晚期	
弔	09807	弔觚	18.463	西周早期	
弔	11175	弔尊	20.227	西周早期	
弔	11967	弔壺	21.333	商代晚期	
弔	12068	弔父丁壺	21.424	西周早期	
弔	12545	弔卣	23.28	商代晚期	
弔	12807	弔父辛卣	23.245	商代晚期	
弔	13216	弔卣	24.130	西周早期	
弔	13476	弔方彝	24.352	西周早期	
弔	14337	弔父丁盤	25.351	商代晚期	
弔	16063	弔戈	30.64	商代晚期	河南安陽
弔	16064	弔戈	30.65	商代晚期	
弔	16065	弔戈	30.66	商代晚期	河南安陽
弔	16066	弔戈	30.67	商代晚期	
弔	16067	弔戈	30.67	商代晚期	
弔	18494	弔弓柲	34.88	商代晚期	
弔黽	00410	叔黽鼎	1.315	商代晚期	河南安陽

族氏族徽	器　號	器　名	卷數頁碼	時　代	出土地
弔龜	00411	叔龜鼎	1.316	商代晚期	河南安陽
弔龜	03630	弔龜簋	7.449	商代晚期	
弔龜	07442	弔龜爵	15.265	商代晚期	
弔龜	07443	弔龜爵	15.266	商代晚期	
弔龜	07444	弔龜爵	15.267	商代晚期	
弔龜	07445	弔龜爵	15.267	商代晚期	
弔龜	07446	弔龜爵	15.268	商代晚期	
弔龜	09491	弔龜觚	18.218	商代晚期	
弔龜	09492	弔龜觚	18.219	商代晚期	
弔龜	09493	弔龜觚	18.219	商代晚期	
弔龜	09730	弔龜祖癸觚	18.401	商代晚期	
弔龜	10217	弔龜觶	19.128	商代晚期	
弔龜	10218	弔龜觶	19.129	商代晚期	山東桓臺縣田莊鎮
弔龜	10968	弔龜罍	20.81	商代晚期	
弔龜	13962	弔龜瓿	25.137	商代晚期	
弔龜	16357	弔龜戈	30.326	商代晚期	河南安陽
弔龜	18722	弔龜斧	34.211	商代晚期	同上
弔龜	18723	弔龜斧	34.213	商代晚期	同上
弔車	07441	弔車爵	15.264	商代晚期	
弔車	09489	弔車觚	18.216	商代晚期	
弔玹	11486	弔玹父己尊	20.492	西周早期	
弔菲	09490	弔菲觚	18.217	商代晚期	
木	00770	木父乙鼎	2.83	西周早期前段	
木	00919	木父壬鼎	2.195	商代晚期	
木	00931	目父癸鼎	2.206	西周早期	陝西寶雞市竹園溝
木	01355	木祖辛父丙鼎	3.57	商代晚期	西安長安區張家坡
木	03108	木甗	7.10	商代晚期	
木	03784	木父丙簋	8.98	西周早期	
木	06745	木爵	14.260	商代晚期	河南安陽市侯家莊
木	06746	木爵	14.261	商代晚期	
木	06747	木爵	14.261	商代晚期	
木	06912	木爵	14.376	西周早期	西安長安區北張村
木	07802	木父丁爵	16.31	商代晚期	

族氏族徽	器　號	器　名	卷數頁碼	時　代	出土地
木	07922	木父辛爵	16.113	西周早期	
木	07961	木父癸爵	16.144	商代晚期	
木	08085	木祖辛爵	16.239	西周早期	河南洛陽東郊塔西村
木	08228	木父壬爵	16.354	西周早期	
木	08245	木父癸爵	16.366	西周早期	
木	09097	木觚	17.424	商代晚期	
木	09098	木觚	17.425	商代晚期	
木	09245	木戊觚	18.26	商代晚期	
木	09692	木父丁觚	18.373	西周早期	
木	10333	木父己觶	19.215	商代晚期	
木羊	04551	木羊簋甲	9.301	西周早期	
木羊	04552	木羊簋乙	9.302	西周早期	
木羊	08532	木羊冊父辛爵	17.84	西周中期前段	陝西扶風縣莊白村
木羊	08559	豐爵	17.108	西周中期前段	同上
木羊	08560	豐爵	17.109	西周中期前段	同上
木羊	08561	豐爵	17.110	西周中期前段	同上
木羊	11796	豐尊	21.270	西周中期前段	同上
木羊	11800	作冊折尊	21.274	西周早期	同上
木羊	13316	豐卣	24.256	西周中期前段	同上
木羊	13542	作冊折方彝	24.422	西周早期後段	同上
木羊	13665	作冊折觥	24.506	西周早期後段	同上
木工	01731	木工冊鼎	3.389	西周早期	
木工	01780	木工冊鼎	3.446	商代晚期	
木工	04562	木工冊簋	9.310	西周早期	
木工	10645	木工冊觶	19.461	西周早期	
木工	11696	髓尊	21.171	商代晚期	
木戊	09726	木戊祖戊觚	18.397	商代晚期	
木竝	07429	木竝爵	15.253	商代晚期	河南安陽
木翌	16343	木翌戈	30.313	商代晚期	
木叜	07461	木叜爵	15.277	商代晚期	河南安陽市郭家灣
木見齒	01225	木見齒冊鼎	2.440	商代晚期	
木見齒	11466	木見齒冊尊	20.473	商代晚期	河南安陽
木見齒	13785	木見齒冊罍	25.77	商代晚期	

族氏族徽	器　號	器　名	卷數頁碼	時　代	出土地
木見齒	15920	木見齒冊鐃甲	29.476	商代晚期	
木見齒	15921	木見齒冊鐃乙	29.477	商代晚期	
木見齒	15922	木見齒冊鐃丙	29.478	商代晚期	
木口見	16589	木口見冊戈	31.33	商代晚期	
木子工	08462	木子工父癸爵	17.29	商代晚期	
爻	00259	爻鼎	1.206	商代晚期	
爻	00781	爻父乙鼎	2.93	西周早期前段	
爻	03766	爻父乙簋	8.84	商代晚期	
爻	03767	爻父乙簋	8.85	西周早期	
爻	03801	爻父丁簋	8.112	西周早期	
爻	06474	爻爵	14.72	商代晚期	河南安陽市孝民屯
爻	06475	爻爵	14.73	商代晚期	
爻	06476	爻爵	14.74	商代晚期	
爻	06477	爻爵	14.75	商代晚期	
爻	06478	爻爵	14.75	商代晚期	
爻	07827	爻父丁爵	16.47	商代晚期	山東滕州市井亭村
爻	07828	爻父丁爵	16.47	商晚周早	
爻	08169	爻父戊爵	16.306	西周早期	
爻	08173	爻父己爵	16.309	西周早期	
爻	08258	爻妣辛爵	16.376	西周早期	
爻	09120	爻觚	17.442	商代晚期	
爻	09121	爻觚	17.443	商代晚期	山東滕州市井亭村
爻	10138	爻觶	19.72	西周早期	
爻	10326	爻父丁觶	19.210	商代晚期	山東滕州市井亭村
爻	10373	爻父癸觶	19.244	商代晚期	山東滕州市後黃莊
爻	10913	爻斝	20.35	商代晚期	
爻	11000	爻祖丁斝	20.105	商代晚期	
爻	11028	爻父乙斝	20.128	商代晚期	陝西寶雞縣戴家灣
爻	11116	爻尊	20.178	商代晚期	山東滕州市井亭村
爻	11968	爻壺	21.334	商代晚期	
爻	12553	爻卣	23.36	商代晚期	
爻	12790	爻父丁卣	23.229	商代晚期	山東滕州市井亭村
爻	12863	爻母辛卣	23.298	西周早期	

族氏族徽	器　號	器　名	卷數頁碼	時　代	出土地
爻	13539	顺方彝	24.416	西周早期後段	
爻	14153	爻斗	25.273	商代晚期	
爻	14588	爻盉	26.9	商代晚期	
爻鬲	13284	小臣系卣	24.210	商代晚期	
爻鬲	13285	小臣系卣	24.212	商代晚期	
爻敢	01139	爻敢父乙鼎	2.375	商晚周早	
尹	04083	作旅簋	8.350	西周早期	
尹	11369	尹父丁尊	20.391	西周早期	
尹舟	00678	尹舟鼎	2.11	商代晚期	
尹舟	00679	尹舟鼎	2.12	西周早期	
尹舟	01169	尹舟父丁鼎	2.398	商代晚期	
尹舟	03639	尹舟簋	7.456	商代晚期	
尹舟	03640	尹舟簋	7.457	商代晚期	
尹舟	03641	尹舟簋	7.457	商代晚期	
尹舟	03983	尹舟父己簋	8.266	商代晚期	
尹舟	07672	尹舟爵	15.444	西周早期前段	西安長安區馬王村
尹舟	08311	尹舟父丁爵	16.417	商代晚期	
尹舟	08350	尹舟父癸爵	16.442	商代晚期	
尹舟	08391	尹舟父己爵	16.475	西周早期	
尹舟	09441	尹舟觚	18.178	商代晚期	
尹舟	09752	尹舟父丁觚	18.417	商代晚期	
尹舟	10234	尹舟觶	19.143	西周早期前段	
尹舟	10494	尹舟父甲觶	19.343	商代晚期	
尹舟	10521	尹舟父癸觶	19.359	商代晚期	
尹舟	10533	尹舟父甲觶	19.369	西周早期	
尹舟	10541	尹舟父丙觶	19.376	西周早期	
尹舟	11446	尹舟父己尊	20.455	商代晚期	
尹舟	11489	尹舟父癸尊	20.494	西周早期	
尹舟	13169	尹舟卣	24.80	西周早期	
尹木亞	08454	尹木亞父丁爵	17.23	商代晚期	
五（㐅）	00353	五鼎	1.275	商代晚期	
五	00354	五鼎	1.276	西周早期	
五	00355	五鼎	1.277	西周早期	

族氏族徽	器　號	器　名	卷數頁碼	時　代	出土地
五	01591	公伯鼎	3.265	西周早期前段	
五	01782	伯雍俪鼎	3.447	西周早期	
五	03106	戈甗	7.8	西周早期	
五	03526	五簋	7.363	商代晚期	
五	03527	五簋	7.364	西周早期	
五	04330	芮姞簋	9.94	西周早期後段	
五	04412	似簋	9.166	西周早期前段	
五	04954	覞公簋	10.288	西周早期前段	
五	06970	五爵	14.426	西周早期	
五	06971	五爵	14.426	西周早期	
五	10086	五觶	19.34	商代晚期	
五	12594	五卣	23.69	西周早期	
五	12706	戈五卣	23.160	西周早期前段	陝西涇陽縣高家堡
五	13135	獻卣	24.45	西周早期	
五	13211	伯卪卣	24.123	西周早期	
五	16242	五戈	30.215	西周早期	陝西武功縣
五	16243	五戈	30.216	西周早期	陝西扶風縣任家村
五	18462	五泡	34.50	西周早期	陝西岐山縣賀家村
五	18463	五泡	34.50	西周早期	陝西扶風縣
五葡	07436	五葡爵	15.259	商代晚期	
中	00279	中鼎	1.216	西周早期	
中	03586	中簋	7.413	西周晚期	
中	07777	中父乙爵	16.14	商晚周早	
中	08192	中父辛爵	16.325	西周早期	
中	10140	中觶	19.74	西周早期	陝西寶雞縣戴家灣
中	12234	𡴀壺	22.108	西周早期	
中	15851	中鐃甲	29.407	商代晚期	河南安陽市孝民屯
中	15852	中鐃乙	29.408	商代晚期	同上
中	15853	中鐃丙	29.409	商代晚期	同上
中	15854	中鐃	29.410	商代晚期	
中	15855	中鐃	29.412	商代晚期	
中	15917	中鐃甲	29.473	商代晚期	河南安陽市郭家莊
中	15918	中鐃乙	29.474	商代晚期	同上

族氏族徽	器　號	器　名	卷數頁碼	時　代	出土地
中	15919	中鐃丙	29.475	商代晚期	河南安陽市郭家莊
中	16152	中戈	30.140	商代晚期	
中中	18725	中中斧	34.215	商代晚期	
犬	00804	犬父丙鼎	2.108	西周早期	
犬	01499	犬祖辛祖癸鼎	3.181	商代晚期	
犬	03421	犬簋	7.271	商代晚期	河南安陽市新安莊
犬	06506	犬爵	14.98	商代晚期	河南安陽
犬	06507	犬爵	14.99	商代晚期	
犬	06508	犬爵	14.99	商代晚期	
犬	08997	犬觚	17.348	商代晚期	
犬	08998	犬觚	17.349	商代晚期	
犬	09553	犬父甲觚	18.261	商代晚期	
犬	12674	犬丁卣	23.134	商代晚期	
犬王	01107	犬王祖甲鼎	2.353	西周早期	
犬牢	03308	牢犬冊甗	7.185	西周早期後段	陝西寶雞市紙坊頭
犬魚	02320	戍嗣子鼎	5.77	商代晚期	河南安陽市後崗
犬山	08304	犬山父乙爵	16.411	商代晚期	
犬山収	10635	子觶	19.452	商代晚期	
允	01215	允冊父癸鼎	2.433	西周早期	
允	01862	奪鼎	4.19	西周早期後段	河南洛陽
允	03627	允冊簋	7.446	商代晚期	
允	04011	允冊父乙簋	8.292	西周早期	
允	04023	允冊父戊簋	8.301	西周早期	
允	04550	遹邎簋	9.300	西周早期	
允	09627	允冊丁觚	18.319	商代晚期	
允	09845	妏觚	18.495	西周早期	
允	11703	奪尊	21.176	西周早期後段	
允	12232	奪壺	22.106	西周早期後段	
允	12233	奪壺	22.107	西周早期後段	
允	13031	允冊卣	23.455	商代晚期	
允	13233	奪卣	24.149	西周早期後段	
允	13234	奪卣	24.150	西周早期後段	
牛	00008	牛鼎	1.11	商代晚期	河南安陽市侯家莊

族氏族徽	器　號	器　名	卷數頁碼	時　代	出土地
牛	00009	牛鼎	1.12	商代晚期	
牛	00010	牛鼎	1.13	商代晚期	
牛	03422	牛簋	7.272	商代晚期	
牛	04212	祖乙簋	8.460	西周早期	陝西寶雞市紙坊頭
牛	08160	牛父戊爵	16.300	西周早期	
牛	08562	達爵	17.111	西周早期	
牛	11514	牛尊	21.16	西周早期	
牛	12560	牛卣	23.43	商晚周早	
牛	12630	牛卣	23.96	西周早期前段	
牛	16259	牛戟	30.231	西周早期	甘肅靈臺縣白草坡
牛	16260	牛戈	30.232	西周早期	河南濬縣辛村
戶	00356	戶鼎	1.278	西周早期	陝西寶雞市紙坊頭
戶	09255	戶庚瓿	18.33	商代晚期	
戶	12728	戶卣	23.179	西周早期前段	
戶	12729	戶卣	23.180	西周早期前段	
戶	14160	戶勺	25.279	西周早期前段	
戶	16220	戶戈	30.196	西周早期前段	陝西西安
戶	16221	戶戈	30.197	西周早期前段	
戶	19076	戶當盧	34.510	西周早期	陝西寶雞市石嘴頭
戶	19087	戶當盧	34.518	西周早期	同上
戶罟	17556	戶罟矛	32.516	西周早期前段	
夆	07964	夆父癸爵	16.145	商代晚期	
夆刀	09729	夆刀祖壬瓿	18.400	商代晚期	
夆亞	01131	夆亞父乙鼎	2.371	商晚周早	
夆亞	11762	小子夫尊	21.230	商代晚期	
夆亞	12941	夆亞母彝卣	23.372	商代晚期	
夆亞勹	01066	夆亞勹鼎	2.318	西周早期	
夆亞勹	12820	夆亞勹卣	23.256	商代晚期	
夆亞登	00980	夆亞登鼎甲	2.249	商代晚期	河南安陽
夆亞登	00981	夆亞登鼎乙	2.250	商代晚期	同上
夆亞登	03742	夆亞登簋	8.61	商代晚期	
夫	02420	亢鼎	5.236	西周早期後段	
夫	06954	夫爵	14.413	西周早期	

族氏族徽	器　號	器　名	卷數頁碼	時　代	出土地
夫	06955	夫爵	14.413	西周早期	
夫	08917	夫觚	17.284	西周早期	
夫	08918	夫觚	17.285	西周早期	
夫	10089	夫觶	19.36	商代晚期	
夫	11140	夫尊	20.198	商晚周早	
夫	15901	夫冊鐃	29.457	商代晚期	
丮	06620	丮爵	14.174	商代晚期	
丮	09427	丮冊觚	18.171	商代晚期	
丮	10918	丮斝	20.39	商代晚期	
丮	12541	丮卣	23.24	商代晚期	
丮舟	16367	丮舟戈	30.336	商代晚期	河南安陽
丮天	16368	丮天戈	30.337	商代晚期	
丮申	08425	丮申爵	16.505	西周早期	河南安陽
兮	06752	兮爵	14.265	商代晚期	
兮	06905	兮爵	14.370	西周早期	
兮	16146	兮戈	30.137	商代晚期	
兮	18219	兮鉞	33.490	商代晚期	
兮	18220	兮鉞	33.491	商代晚期	
兮	18515	兮胄	34.102	商代晚期	河南安陽市侯家莊
月	06441	月爵	14.43	商代晚期	山東滕州市大韓村
月	07306	月己爵	15.160	商代晚期	安徽潁上縣王拐村
月	07307	月己爵	15.161	商代晚期	同上
月戎	01108	月戎祖丁鼎	2.354	商代晚期	河北新樂縣中同村
月魚儿	01076	月魚儿鼎	2.325	西周早期	
亢	06753	亢爵	14.266	商代晚期	
亢	06958	亢爵	14.415	西周早期	
亢	09112	亢觚	17.435	商代晚期	
亢	16129	亢戈	30.123	商代晚期	
丰	06436	丰爵	14.39	商代晚期	河南安陽
丰	11650	丰尊	21.131	西周早期	
丰	12676	丰丁卣	23.136	商代晚期	
丰	12761	丰父甲卣	23.207	商代晚期	
心	07705	心祖乙爵	15.468	商代晚期	

族氏族徽	器　號	器　名	卷數頁碼	時　代	出土地
心	07869	心父己爵	16.78	商代晚期	
心	17513	心矛	32.478	商代晚期	
心守	12011	心守壺	21.372	商代晚期	河北藁城縣前西關
元	03182	元父辛甗	7.75	西周早期	
元	07966	元父癸爵	16.146	商晚周早	
元	10883	元斝	20.5	商代晚期	
𠬝	11380	𠬝父辛尊	20.401	西周早期	
𠬝	16109	𠬝戈	30.103	商代晚期	
𠬝	18507	𠬝胄	34.97	商代晚期	河南安陽市侯家莊
从	06773	从爵	14.277	商晚周早	
从	11649	司尊	21.130	西周早期	
从	12824	从丁癸卣	23.260	商代晚期	
囚	06658	囚爵	14.196	商代晚期	
囚	06659	囚爵	14.197	商代晚期	
囚	06660	囚爵	14.198	商代晚期	
仇	00771	仇父乙鼎	2.84	西周早期	
仇	00772	仇父乙鼎	2.85	西周早期	
欠	00773	欠父乙鼎	2.85	西周早期	
欠	08129	欠父丁爵	16.277	西周早期	
壬	08322	壬冊父丁爵	16.426	商晚周早	
壬	08323	壬冊父丁爵	16.426	商代晚期	
夭	09721	夭觚	18.393	西周早期	
夭	09722	夭觚	18.394	西周早期	
印	06411	印爵	14.14	商代晚期	陝西綏德縣後任家溝
印興	13959	印興瓿	25.134	商代晚期	河南安陽
火𠂤	16374	火𠂤戈	30.342	商代晚期	河南安陽市郭家莊
火𠂤	16375	火𠂤戈	30.342	商代晚期	
文	00267	文鼎	1.208	商晚周早	
文夏	03969	文夏父丁簋	8.255	商代晚期	
化	00264	化鼎	1.207	商代晚期	
奴	00265	奴鼎	1.208	商晚周早	
日	07733	日祖壬爵	15.485	商代晚期	
丹	12558	丹卣	23.41	商代晚期	河南安陽

族氏族徽	器　號	器　名	卷數頁碼	時　代	出土地
止	06760	止爵	14.270	商代晚期	
卝	06442	卝爵	14.44	商代晚期	
叱	06664	叱爵	14.200	商代晚期	
艮	10094	艮觶	19.39	商代晚期	
卯	09543	卯祖丁瓿	18.253	商代晚期	
友束	13613	友束觥蓋	24.454	商代晚期	河南安陽市後崗
内耳	07447	内耳爵	15.268	商代晚期	
宋	06782	宋爵	14.282	商晚周早	

五　畫

族氏族徽	器　號	器　名	卷數頁碼	時　代	出土地
冉	00230	冉鼎	1.188	商代晚期	河南安陽市侯家莊
冉	00231	冉鼎	1.189	商代晚期	
冉	00232	冉鼎	1.190	商代晚期	
冉	00233	冉鼎	1.191	商代晚期	
冉	00234	冉鼎	1.192	商代晚期	
冉	00235	冉鼎	1.193	商晚周早	
冉	00236	冉鼎	1.194	商代晚期	
冉	00237	冉鼎	1.195	商代晚期	
冉	00238	冉鼎	1.196	商代晚期	
冉	00239	冉鼎	1.196	西周早期	
冉	00240	冉鼎	1.197	西周早期	山西曲沃縣曲村
冉	00241	冉鼎	1.198	西周早期	
冉	00242	冉鼎	1.199	西周早期	
冉	00243	冉鼎	1.200	西周早期	
冉	00244	冉鼎	1.200	西周早期	
冉	00412	冉乙鼎	1.317	商代晚期	
冉	00413	冉丁鼎	1.317	商代晚期	
冉	00414	冉己鼎	1.318	商代晚期	
冉	00415	冉己鼎	1.319	商代晚期	湖南寧鄉縣黃材鎮
冉	00416	冉己鼎	1.320	商代晚期	
冉	00417	冉辛鼎	1.321	商代晚期	

族氏族徽	器　號	器　名	卷數頁碼	時　代	出土地
冉	00418	冉辛鼎	1.322	商代晚期	
冉	00419	冉辛鼎	1.323	商代晚期	
冉	00420	冉癸鼎	1.324	商代晚期	
冉	00421	冉癸鼎	1.325	商代中期	
冉	00422	冉癸鼎	1.326	商代晚期	
冉	00787	冉父乙鼎	2.99	西周早期	
冉	00788	冉父乙鼎	2.100	商代晚期	
冉	00805	冉父丙鼎	2.109	商代晚期	
冉	00812	冉父丁鼎	2.115	西周早期	
冉	00813	冉父丁鼎	2.116	商代晚期	
冉	00896	冉父辛鼎	2.180	商代晚期	遼寧喀左縣北洞村
冉	00897	冉父辛鼎	2.181	商代晚期	
冉	00898	冉父辛鼎	2.182	西周早期	
冉	00899	冉父辛鼎	2.182	西周早期	
冉	00900	冉父辛鼎	2.183	商代晚期	
冉	00901	冉父辛鼎	2.183	西周早期	
冉	00936	冉父癸鼎	2.211	西周早期	
冉	00937	冉父癸鼎	2.212	西周早期	
冉	02611	冉鬲	6.9	西周早期前段	傳出山西
冉	02659	冉父癸鬲	6.50	商代晚期	
冉	03116	冉甗	7.16	商代晚期	
冉	03117	冉甗	7.16	商代晚期	
冉	03155	冉辛甗	7.51	西周早期	
冉	03163	冉祖丁甗	7.58	西周早期	河南洛陽市東郊
冉	03170	冉父乙甗	7.65	西周早期	陝西隴縣楊家莊
冉	03171	冉父乙甗	7.66	西周早期	
冉	03172	冉父乙甗	7.66	西周早期	
冉	03204	彭母甗	7.92	商代晚期	
冉	03237	北子甗	7.121	西周中期前段	湖北江陵縣萬城
冉	03528	冉簋	7.365	商代晚期	河北遷安縣馬哨村
冉	03529	冉簋	7.366	商代晚期	
冉	03530	冉簋	7.367	商代晚期	
冉	03531	冉簋	7.368	商代晚期	

族氏族徽	器　號	器　名	卷數頁碼	時　代	出土地
冉	03532	冉簋	7.368	商代晚期	
冉	03533	冉簋	7.369	西周早期	
冉	03534	冉簋	7.370	西周早期	
冉	03535	冉簋	7.371	西周早期	陝西寶雞市竹園溝
冉	03536	冉簋	7.372	西周早期	
冉	03537	冉簋	7.372	西周中期	
冉	03677	冉乙簋	8.9	商代晚期	
冉	03678	冉丁簋	8.10	商代晚期	
冉	03679	冉己簋	8.11	商代晚期	
冉	03680	冉癸簋	8.12	商代晚期	河南安陽
冉	03749	冉祖丁簋	8.68	西周早期	
冉	03770	冉父乙簋	8.88	西周早期前段	西安長安區大原村
冉	03771	冉父乙簋	8.89	西周早期前段	
冉	03815	冉父己簋	8.126	商代晚期	河南安陽
冉	03816	冉父己簋	8.128	商代晚期	
冉	03849	冉父癸簋	8.156	商代晚期	
冉	03850	冉父癸簋	8.157	西周早期前段	
冉	03851	冉父癸簋	8.158	西周早期	
冉	03852	冉父癸簋	8.159	西周早期	
冉	04222	陝簋	8.471	西周中期	
冉	04558	叔宿簋	9.307	西周中期	
冉	06724	冉爵	14.245	商代晚期	河南安陽市小屯村
冉	06725	冉爵	14.246	商代晚期	河南安陽市侯家莊
冉	06726	冉爵	14.247	商代晚期	
冉	06727	冉爵	14.248	商代晚期	河南安陽
冉	06728	冉爵	14.249	商代晚期	
冉	06729	冉爵	14.250	商代晚期	
冉	06730	冉爵	14.251	商代晚期	
冉	06731	冉爵	14.252	商代晚期	山西靈壽縣西木佛村
冉	06732	冉爵	14.252	商代晚期	
冉	06733	冉爵	14.253	商代晚期	
冉	06734	冉爵	14.253	商代晚期	
冉	06735	冉爵	14.254	商代晚期	

族氏族徽	器　號	器　名	卷數頁碼	時　代	出土地
冉	06736	冉爵	14.254	商代晚期	
冉	06934	冉爵	14.396	西周早期	陝西寶雞市竹園溝
冉	06935	冉爵	14.397	西周早期	河南洛陽市五女冢
冉	06936	冉爵	14.398	西周早期	同上
冉	06937	冉爵	14.399	西周早期	
冉	06938	冉爵	14.400	西周早期	
冉	06939	冉爵	14.400	西周早期	
冉	07283	冉乙爵	15.145	商代晚期	
冉	07284	冉乙爵	15.146	商代晚期	
冉	07285	冉乙爵	15.147	商代晚期	
冉	07286	冉乙爵	15.148	商代晚期	
冉	07287	冉乙爵	15.149	商代晚期	
冉	07288	冉乙爵	15.149	商代晚期	
冉	07289	冉乙爵	15.150	商晚周早	
冉	07290	冉丙爵	15.150	商晚周早	
冉	07291	冉丁爵	15.151	商代晚期	
冉	07292	冉丁爵	15.151	商代晚期	
冉	07293	冉丁爵	15.152	商代晚期	
冉	07294	冉丁爵	15.152	商代晚期	
冉	07295	冉丁爵	15.153	商晚周早	
冉	07296	冉丁爵	15.153	商晚周早	
冉	07302	冉戊爵	15.157	商代晚期	
冉	07305	冉己爵	15.159	商代晚期	
冉	07321	冉辛爵	15.171	商代晚期	
冉	07322	冉辛爵	15.172	商代晚期	
冉	07323	冉辛爵	15.173	商代晚期	
冉	07328	冉癸爵	15.177	商代晚期	
冉	07329	冉癸爵	15.177	商代晚期	
冉	07653	冉乙爵	15.426	西周早期	
冉	07654	冉丁爵	15.427	西周早期	西安長安區灃家莊
冉	07700	冉祖乙爵	15.465	商晚周早	
冉	07701	冉祖乙爵	15.466	商晚周早	
冉	07711	冉祖丙爵	15.472	商晚周早	

族氏族徽	器　號	器　名	卷數頁碼	時　代	出土地
冉	07772	冉父乙爵	16.11	商代晚期	
冉	07773	冉父乙爵	16.12	商代晚期	
冉	07774	冉父乙爵	16.12	商代晚期	
冉	07775	冉父乙爵	16.13	商晚周早	
冉	07776	冉父乙爵	16.13	商晚周早	
冉	07807	冉父丁爵	16.34	商代晚期	
冉	07808	冉父丁爵	16.35	商代晚期	
冉	07809	冉父丁爵	16.36	商代晚期	
冉	07810	冉父丁爵	16.36	商代晚期	湖南湘鄉縣
冉	07843	冉父戊爵	16.58	商代晚期	湖北襄陽市
冉	07844	冉父戊爵	16.59	商代晚期	
冉	07866	冉父己爵	16.76	商代晚期	
冉	07867	冉父己爵	16.77	商代晚期	湖北鄂城縣王家灣
冉	07868	冉父己爵	16.78	商晚周早	
冉	07908	冉父辛爵	16.105	商代晚期	
冉	07909	冉父辛爵	16.106	商晚周早	
冉	07910	冉父辛爵	16.106	商晚周早	
冉	07911	冉父辛爵	16.107	商晚周早	
冉	07952	冉父癸爵	16.138	商代晚期	山東膠縣西庵村
冉	07953	冉父癸爵	16.139	商代晚期	
冉	07954	冉父癸爵	16.140	商代晚期	
冉	07955	冉父癸爵	16.141	商代晚期	
冉	07956	冉父癸爵	16.141	商代晚期	
冉	08106	冉父乙爵	16.257	西周早期	湖南湘潭縣老屋村
冉	08121	冉父丙爵	16.269	西周早期	
冉	08138	冉父丁爵	16.284	西周早期	
冉	08139	冉父丁爵	16.285	西周早期	陝西寶雞縣強家莊
冉	08140	冉父丁爵	16.286	西周早期	
冉	08141	冉父丁爵	16.287	西周早期	
冉	08142	冉父丁爵	16.288	西周早期	
冉	08143	冉父丁爵	16.289	西周早期	
冉	08181	冉父己爵	16.316	西周早期	
冉	08203	冉父辛爵	16.336	西周早期	

族氏族徽	器　號	器　名	卷數頁碼	時　代	出土地
冉	08229	冉父壬爵	16.354	西周早期	
冉	08241	冉父癸爵	16.364	西周早期	
冉	08748	冉祖庚角	17.186	西周早期	
冉	09107	冉觚	17.433	商代晚期	
冉	09108	冉觚	17.434	商代晚期	
冉	09205	冉觚	17.506	西周早期	
冉	09206	冉觚	17.507	西周早期	
冉	09207	冉觚	17.508	西周早期	
冉	09208	冉觚	17.508	西周早期	
冉	09235	冉乙觚	18.18	商代晚期	
冉	09236	冉乙觚	18.19	商代晚期	
冉	09239	冉丁觚	18.22	商代晚期	河南安陽
冉	09240	冉丁觚	18.23	商代晚期	
冉	09258	冉辛觚	18.35	商代晚期	
冉	09260	冉癸觚	18.37	商代晚期	
冉	09550	冉祖癸觚	18.258	商代晚期	
冉	09555	冉父乙觚	18.263	商代晚期	陝西岐山縣禮村
冉	09556	冉父乙觚	18.264	商代晚期	河南
冉	09573	冉父丁觚	18.277	商代晚期	
冉	09693	冉父丁觚	18.374	西周早期	西安市長安區
冉	09694	冉父丁觚	18.375	西周早期	陝西扶風縣
冉	09699	冉父己觚	18.379	西周早期	
冉	09706	冉父辛觚	18.383	西周早期	
冉	09707	冉父辛觚	18.383	西周早期	
冉	10100	冉觶	19.42	商代晚期	山東滕州市前掌大
冉	10101	冉觶	19.43	商代晚期	河北隨州市葉家山
冉	10102	冉觶	19.44	商代晚期	
冉	10147	冉觶	19.78	西周早期	
冉	10148	冉觶	19.79	西周早期	
冉	10149	冉觶	19.80	西周早期	
冉	10150	冉觶	19.80	西周早期	
冉	10151	冉觶	19.81	西周中期前段	湖南湘潭縣青山橋鎮
冉	10197	冉丁觶	19.113	商代晚期	

族氏族徽	器　號	器　名	卷數頁碼	時　代	出土地
冉	10198	冉戊觶	19.114	商代晚期	山東
冉	10199	冉辛觶	19.115	商代晚期	
冉	10270	冉癸觶	19.171	西周早期後段	
冉	10328	冉父丁觶	19.211	商代晚期	
冉	10335	冉父己觶	19.217	商代晚期	
冉	10397	冉祖丁觶	19.265	西周早期	
冉	10401	冉父甲觶	19.267	西周早期	
冉	10431	冉父丁觶	19.293	西周早期	
冉	10443	冉父己觶	19.303	西周早期	河南鶴壁市龐村
冉	10444	冉父己觶	19.304	西周早期	
冉	10464	冉父辛觶	19.321	西周中期前段	
冉	10476	冉父癸觶	19.329	西周早期	
冉	10477	冉父癸觶	19.329	西周早期	
冉	10570	冉觶	19.398	西周中期	
冉	10925	冉斝	20.42	商代晚期	
冉	10992	冉辛斝	20.98	商代晚期	
冉	10997	冉辛斝	20.103	西周早期	
冉	11005	冉父丁斝	20.109	商代晚期	湖北隨州市葉家山
冉	11008	冉父乙斝	20.111	商代晚期	
冉	11012	冉父辛斝	20.114	商代晚期	山東臨朐縣
冉	11013	冉父辛斝	20.115	商代晚期	同上
冉	11029	冉父乙斝	20.129	西周早期	
冉	11030	冉父乙斝	20.130	西周早期	
冉	11111	冉尊	20.173	商代晚期	
冉	11112	冉尊	20.174	商代晚期	
冉	11181	冉尊	20.232	西周中期	
冉	11194	冉乙尊	20.243	商代晚期	
冉	11195	冉丁尊	20.244	商代晚期	
冉	11196	冉丁尊	20.245	商代晚期	
冉	11197	冉丁尊	20.246	商代晚期	
冉	11199	冉己尊	20.248	商代晚期	
冉	11271	冉己尊	20.308	西周早期	
冉	11272	冉己尊	20.308	西周早期	

族氏族徽	器　號	器　名	卷數頁碼	時　代	出土地
冉	11296	冉祖丁尊	20.330	商代晚期	
冉	11304	冉父乙尊	20.337	商代晚期	陝西長安
冉	11343	冉父癸尊	20.368	商代晚期	
冉	11359	冉祖辛尊	20.381	西周早期	
冉	11371	冉父丁尊	20.393	西周早期	河南洛陽市東郊
冉	11381	冉父辛尊	20.402	西周早期	西安長安區張家坡
冉	11624	冉尊	21.109	西周早期	
冉	11680	仲子尊	21.156	西周早期	
冉	11756	員尊	21.224	西周早期	
冉	12001	冉丁壺	21.365	商代晚期	
冉	12046	冉父己壺	21.405	商代晚期	
冉	12066	冉父丁壺	21.422	西周早期	河南信陽縣溮河港
冉	12095	彭母壺	21.448	商代晚期	
冉	12582	冉卣	23.62	商代晚期	河南
冉	12583	冉卣	23.63	商代晚期	
冉	12584	冉卣	23.64	商代晚期	
冉	12585	冉卣	23.65	商代晚期	
冉	12586	冉卣蓋	23.66	商代晚期	
冉	12670	冉乙卣	23.131	商代晚期	
冉	12672	冉丙卣	23.133	商代晚期	
冉	12673	冉丁卣	23.133	商代晚期	
冉	12678	冉己卣	23.137	商代晚期	
冉	12683	冉辛卣	23.141	商代晚期	
冉	12684	冉癸卣	23.142	商代晚期	河南寧鄉縣黃材鎮
冉	12736	冉辛卣	23.187	西周早期	
冉	12809	冉父辛卣	23.247	商代晚期	
冉	12844	冉父乙卣	23.280	西周早期	西安長安區大原村
冉	13048	北子卣	23.472	西周早期	
冉	13466	冉方彝	24.344	商代晚期	
冉	13467	冉方彝	24.345	商代晚期	
冉	13507	冉癸方彝	24.382	商代晚期	
冉	13650	冉父辛觥	24.485	西周早期	
冉	13713	冉罍	25.13	商代晚期	

族氏族徽	器　號	器　名	卷數頁碼	時　代	出土地
冉	13772	冉父乙罍	25.65	商代晚期	河南寧鄉縣黃材鎮
冉	13776	冉父己罍	25.69	西周早期	
冉	13808	冉罍	25.96	西周早期	
冉	13812	冉罍	25.99	西周早期	
冉	13829	對罍	25.120	西周中期	陝西鳳翔縣勸讀村
冉	13953	冉瓴	25.129	商代晚期	
冉	13964	冉己瓴	25.139	商代晚期	河南安陽市徐家樓
冉	13968	冉癸瓴	25.142	商代晚期	
冉	14325	冉丁盤	25.340	商代晚期	
冉	14585	冉盉	26.6	商代晚期	
冉	14601	冉盉	26.22	西周早期	
冉	14602	冉盉	26.23	西周早期	
冉	14623	冉乙盉	26.42	西周早期	
冉	14635	冉父丁盉	26.55	商代晚期	
冉	14643	冉父癸盉	26.61	商代晚期	
冉	14696	冉盉	26.108	西周早期後段	
冉	16054	冉戈	30.57	商代晚期	河南安陽市孝民屯
冉	16055	冉戈	30.58	商代晚期	
冉	16056	冉戈	30.58	商代晚期	
冉	19466	冉器	35.237	商代晚期	
冉	19467	冉器	35.238	商代晚期	
冉	19472	冉癸器	35.240	商代晚期	
冉🏃	00423	冉🏃鼎	1.327	商代晚期	
冉🏃	00424	冉🏃鼎	1.328	商代晚期	
冉🏃	00425	冉🏃鼎	1.329	商代晚期	傳出河南安陽
冉🏃	00426	冉🏃鼎	1.330	商代晚期	
冉🏃	00427	冉🏃鼎	1.329	商代晚期	
冉🏃	09496	冉🏃瓠	18.220	商代晚期	
冉🏃	10200	冉🏃觶	19.115	商代晚期	
冉🏃	10201	冉🏃觶	19.116	商代晚期	
冉🏃	12014	冉🏃壺	21.375	商代晚期	河南安陽
冉🏃	12717	冉🏃卣	23.169	商代晚期	
冉🏃	12718	冉🏃卣	23.170	商代晚期	

族氏族徽	器　號	器　名	卷數頁碼	時　代	出土地
冉𤝗	12823	冉𤝗丁卣	23.259	商代晚期	
冉𤝗	13502	冉𤝗方彝	24.377	商代晚期	
冉𤝗	13616	冉𤝗觥	24.456	商代晚期	
冉𤝗	03978	冉𤝗父丁簋	8.262	商代晚期	
冉𤝗	10502	冉𤝗父乙觶	19.348	商代晚期	
冉𤝗	10505	冉𤝗父丙觶	19.350	商代晚期	
冉𤝗	10510	冉𤝗父丁觶	19.353	商代晚期	
冉𤝗	11477	冉𤝗父乙尊	20.483	西周早期	
冉𤝗	12954	冉𤝗父丁卣	23.383	西周早期	
冉𤝗	12955	冉𤝗父丁卣	23.384	西周早期	西安長安區張家坡
冉𤝗	01138	冉𤝗父乙鼎	2.375	西周早期	
冉𤝗	02676	冉𤝗父丁鬲	6.63	西周早期	傳出河南洛陽
冉𤝗	04402	作父乙簋	9.157	商代晚期	
冉𤝗	04731	微簋	10.3	西周早期	
冉𤝗	11758	微尊	21.226	西周早期	
冉𢓊	07395	冉𢓊爵	15.226	商代晚期	
冉𢓊	00958	冉𢓊丁鼎	2.229	商晚周早	
冉𢓊	08043	冉𢓊丁爵	16.203	商晚周早	
冉𢓊	08044	冉𢓊丁爵	16.203	商晚周早	
冉𢓊	09714	冉𢓊丁觚	18.388	西周早期	
冉𢓊	09715	冉𢓊丁觚	18.389	西周早期	
冉𢓊	09716	冉𢓊丁觚	18.390	西周早期	
冉𢓊	09717	冉𢓊丁觚	18.391	西周早期	
冉𢓊	11037	冉𢓊丁斝	20.136	西周早期	
冉蟲	09494	冉蟲觚	18.219	商代晚期	
冉蟲	09495	冉蟲觚	18.220	商代晚期	
冉蟲	10271	冉蟲觶	19.172	商晚周早	
冉蟲	11243	冉蟲尊	20.284	商代晚期	
冉蟲	12691	冉蟲卣	23.147	商代晚期	
冉蟲	14610	冉蟲盂	26.30	商代晚期	
冉𩵋	04014	冉𩵋父丁簋	8.294	西周早期	陝西扶風縣楊家堡
冉攸	08373	冉攸父乙爵	16.462	西周早期	
冉鵙	01137	冉鵙父乙鼎	2.374	商晚周早	

族氏族徽	器　號	器　名	卷數頁碼	時　代	出土地
冉↓	09536	冉↓觚	18.248	西周早期	
冉夫糜	08046	冉夫糜爵	16.204	商代晚期	河南安陽
史	00017	史鼎	1.18	商代晚期	
史	00018	史鼎	1.19	商代晚期	山東滕州市官橋鎮
史	00019	史鼎	1.20	商代晚期	同上
史	00020	史鼎	1.21	商代晚期	同上
史	00021	史鼎	1.22	商代晚期	同上
史	00022	史鼎	1.23	商代晚期	同上
史	00023	史鼎	1.24	商代晚期	同上
史	00024	史鼎	1.25	商代晚期	同上
史	00025	史鼎	1.26	商代晚期	同上
史	00026	史鼎	1.27	商代晚期	同上
史	00027	史鼎	1.28	商代晚期	同上
史	00028	史鼎	1.29	商代晚期	
史	00029	史鼎	1.30	商代晚期	
史	00030	史鼎	1.31	商代晚期	
史	00031	史鼎	1.32	商代晚期	
史	00032	史鼎	1.33	商代晚期	
史	00033	史鼎	1.34	商代晚期	
史	00034	史鼎	1.35	商代晚期	
史	00035	史鼎	1.36	商代晚期	
史	00036	史鼎	1.37	商代晚期	
史	00037	史鼎	1.38	商代晚期	
史	00038	史鼎	1.39	商代晚期	
史	00039	史鼎	1.39	商代晚期	
史	00040	史鼎	1.40	商代晚期	
史	00041	史鼎	1.40	商代晚期	
史	00042	史鼎	1.41	商代晚期	
史	00043	史鼎	1.41	商代晚期	
史	00044	史鼎	1.42	商代晚期	
史	00045	史鼎	1.43	商代晚期	
史	00809	史父丁鼎	2.112	西周早期	
史	00873	史父庚鼎	2.163	商代晚期	

族氏族徽	器　號	器　名	卷數頁碼	時　代	出土地
史	00874	史父庚鼎	2.163	西周早期	
史	00875	史父庚鼎	2.164	西周早期	
史	00903	史父辛鼎	2.184	西周早期	鄭州市重陽街窪劉村
史	01368	史父丁鼎	3.67	商晚周早	陝西岐山縣北寨子
史	02412	榮仲鼎甲	5.225	西周早期後段	
史	02413	榮仲鼎乙	5.226	西周早期後段	
史	02613	史鬲	6.11	商代晚期	山東滕州市前掌大
史	02614	史鬲	6.12	商代晚期	同上
史	03128	史甗	7.26	商代晚期	同上
史	03129	史甗	7.27	商代晚期	同上
史	03130	史甗	7.28	商代晚期	同上
史	03540	史簋	7.374	商代晚期	同上
史	03541	史簋	7.375	商代晚期	
史	03542	史簋	7.376	商代晚期	
史	03543	史簋	7.377	商代晚期	
史	03544	史簋	7.378	商代晚期	
史	03545	史簋	7.379	商代晚期	
史	03546	史簋	7.379	商代晚期	
史	03547	史簋	7.380	西周早期	
史	03548	史簋	7.381	西周早期	
史	03858	史母癸簋	8.163	西周早期	
史	06109	史父乙豆	13.359	西周早期	陝西寶雞市竹園溝
史	06691	史爵	14.219	商代晚期	山東滕州市前掌大
史	06692	史爵	14.220	商代晚期	同上
史	06693	史爵	14.221	商代晚期	同上
史	06694	史爵	14.222	商代晚期	同上
史	06695	史爵	14.223	商代晚期	同上
史	06696	史爵	14.224	商代晚期	同上
史	06697	史爵	14.225	商代晚期	同上
史	06698	史爵	14.226	商代晚期	同上
史	06699	史爵	14.227	商代晚期	同上
史	06700	史爵	14.228	商代晚期	同上
史	06701	史爵	14.229	商代晚期	同上

族氏族徽	器　號	器　名	卷數頁碼	時　代	出土地
史	06702	史爵	14.230	商代晚期	山東滕州市前掌大
史	06703	史爵	14.231	商代晚期	
史	06704	史爵	14.232	商代晚期	
史	06705	史爵	14.233	商代晚期	
史	06706	史爵	14.234	商代晚期	
史	06707	史爵	14.234	商代晚期	
史	06708	史爵	14.235	商代晚期	
史	06709	史爵	14.235	商晚周早	
史	06710	史爵	14.236	商晚周早	
史	06922	史爵	14.385	西周早期後段	
史	06923	史爵	14.386	商晚周早	
史	06924	史爵	14.387	西周早期	山東鄒城縣西丁村
史	07331	史癸爵	15.179	商代晚期	
史	07758	史父乙爵	15.501	商代晚期	山東滕州市前掌大
史	07759	史父乙爵	15.502	商代晚期	同上
史	07793	史父丁爵	16.23	商代晚期	
史	07890	史父辛爵	16.91	商代晚期	
史	08702	史角	17.140	商代晚期	山東滕州市前掌大
史	08703	史角	17.141	商代晚期	同上
史	08739	史父乙角	17.176	商代晚期	同上
史	08853	史觚	17.237	商代晚期	河南安陽市劉家莊
史	08854	史觚	17.238	商代晚期	山東滕州市前掌大
史	08855	史觚	17.239	商代晚期	同上
史	08856	史觚	17.240	商代晚期	同上
史	08857	史觚	17.241	商代晚期	同上
史	08858	史觚	17.242	商代晚期	同上
史	08859	史觚	17.243	商代晚期	同上
史	08860	史觚	17.244	商代晚期	
史	08861	史觚	17.245	商代晚期	
史	08862	史觚	17.246	商代晚期	
史	08863	史觚	17.247	商代晚期	
史	08864	史觚	17.248	商代晚期	
史	08865	史觚	17.249	商代晚期	

族氏族徽	器　號	器　名	卷數頁碼	時　代	出土地
史	08866	史觚	17.250	商代晚期	
史	08868	史觚	17.251	商代晚期	
史	08869	史觚	17.252	商代晚期	
史	08870	史觚	17.252	商代晚期	
史	08871	史觚	17.253	商代晚期	
史	08872	史觚	17.253	商代晚期	
史	08873	史觚	17.254	商代晚期	
史	08874	史觚	17.254	商代晚期	
史	08875	史觚	17.255	商代晚期	
史	08876	史觚	17.255	商代晚期	
史	08877	史觚	17.256	商代晚期	
史	09575	史父丁觚	18.279	商代晚期	
史	09635	史母癸觚	18.326	商代晚期	山東泗水縣窖堌堆
史	09691	史父丙觚	18.372	西周早期	陝西耀縣丁家溝
史	10058	史觶	19.10	商代晚期	山東滕州市前掌大
史	10059	史觶	19.11	商代晚期	同上
史	10060	史觶	19.12	商代晚期	同上
史	10061	史觶	19.13	商代晚期	
史	10062	史觶	19.14	商代晚期	
史	10063	史觶	19.15	商代晚期	
史	10064	史觶	19.16	商代晚期	
史	10065	史觶蓋	19.16	商代晚期	
史	10143	史觶	19.76	西周早期	
史	10195	史乙觶	19.111	商代晚期	山東滕州市前掌大
史	10277	史農觶	19.177	西周早期	
史	10292	史祖乙觶	19.187	商代晚期	
史	10337	史父己觶	19.218	商代晚期	陝西長武縣二十里鋪
史	10338	史父己觶蓋	19.218	商代晚期	
史	10398	史祖己觶	19.265	西周早期前段	西安市長安區引鎮
史	10475	史父癸觶	19.328	西周早期	
史	10481	史妣庚觶	19.333	西周早期	陝西寶雞市石壩河
史	10921	史斝	20.40	商代晚期	
史	10940	史斝	20.55	商代晚期	山東滕州市前掌大

族氏族徽	器　號	器　名	卷數頁碼	時　代	出土地
史	11133	史尊	20.193	商代晚期	
史	11134	史尊	20.194	商代晚期	
史	11135	史尊	20.195	商代晚期	
史	11136	史尊	20.196	商代晚期	
史	11137	史尊	20.196	商代晚期	
史	11138	史尊	20.197	商代晚期	
史	11173	史尊	20.225	西周早期	
史	11301	史父乙尊	20.334	商代晚期	山東滕州市前掌大
史	11331	史父壬尊	20.359	商代晚期	
史	11362	史父乙尊	20.384	西周早期前段	山東滕州市前掌大
史	11386	史父癸尊	20.407	西周早期前段	
史	11387	史父癸尊	20.408	西周早期	
史	11976	史壺	21.340	商代晚期	山東滕州市前掌大
史	12037	史父乙壺	21.396	商代晚期	
史	12042	史父丁壺	21.401	商代晚期	
史	12056	史父乙壺	21.414	西周早期前段	山東滕州市前掌大
史	12064	史父丁壺蓋	21.420	西周早期	
史	12081	史父癸壺	21.436	西周早期	
史	12215	西壺	22.87	西周早期	
史	12571	史卣	23.53	商代晚期	山東滕州市前掌大
史	12572	史卣	23.54	商代晚期	同上
史	12573	史卣	23.55	商代晚期	河南安陽殷墟西區
史	12574	史卣	23.56	商代晚期	
史	12575	史卣	23.57	商代晚期	
史	12576	史卣	23.58	商代晚期	
史	12577	史卣	23.59	商代晚期	
史	12578	史卣	23.59	商代晚期	
史	12579	史卣蓋	23.60	商代晚期	
史	12631	史卣	23.97	商代晚期	山東滕州市前掌大
史	12632	史卣	23.98	商代晚期	同上
史	12775	史父乙卣	23.220	商代晚期	
史	12840	史祖庚卣蓋	23.276	西周早期	
史	12848	史父丁卣	23.284	西周早期前段	

族氏族徽	器　號	器　名	卷數頁碼	時　代	出土地
史	12949	史卣	23.379	商代晚期	
史	13221	交卣	24.134	西周早期	
史	13452	史方彝	24.330	商代晚期	
史	13453	史方彝	24.331	商代晚期	
史	13728	史罍	25.24	商代晚期	山東滕州市前掌大
史	13729	史罍	25.25	西周早期	遼寧喀左縣山灣子
史	14157	史勺	25.277	商代晚期	河南安陽
史	14301	史盤	25.316	商代晚期	山東滕州市前掌大
史	14586	史盉	26.7	商代晚期	同上
史	14650	史父乙盉	26.67	西周早期	陝西寶雞市紙坊頭
史	14660	史父癸盉	26.76	西周早期	
史	14766	首乇盉	26.174	西周早期	
史	15868	史鐃	29.426	商代晚期	
史	15869	史鐃	29.427	商代晚期	
史	16048	史戈	30.52	商代晚期	
史	16049	史戈	30.53	商代晚期	山東滕州市前掌大
史	16050	史戈	30.54	商代晚期	同上
史	16363	史冊戈	30.331	商代晚期	
史	19251	史三筒器	35.35	西周早期	
史	19462	史器	35.235	商代晚期	
史	19463	史器	35.236	商代晚期	
史子	08767	史子日癸角	17.203	商代晚期	山東滕州市前掌大
史子	08768	史子日癸角	17.204	商代晚期	同上
史子	12096	史子日癸壺	21.449	西周早期前段	同上
史犬	07426	史犬爵	15.250	商代晚期	河南安陽
史犬	10276	史犬觶	19.176	西周早期	
史午	09420	史午觚	18.165	商代晚期	山東滕州市前掌大
史矢	16393	史矢戈	30.359	西周早期	河南洛陽市龐家溝
史叟	12953	史叟父丁卣	23.382	西周早期前段	西安長安區大原村
正	00097	正鼎	1.85	商代晚期	
正	00098	正鼎	1.85	商代晚期	
正	00099	正鼎	1.86	商代晚期	
正	00100	正鼎	1.86	商代晚期	

族氏族徽	器　號	器　名	卷數頁碼	時　代	出土地
正	00101	正鼎	1.86	商代晚期	
正	00102	正鼎	1.87	商代晚期	
正	00103	正鼎	1.88	商代晚期	
正	00104	正鼎	1.88	商代晚期	
正	00105	正鼎	1.89	商代晚期	河南安陽市侯家莊
正	00106	正鼎	1.90	商代晚期	
正	00456	正癸鼎	1.353	商代晚期	
正	03107	正甗	7.9	商代晚期	河南安陽市小屯村
正	03460	正簋	7.307	商代晚期	
正	03461	正簋	7.308	商代晚期	
正	03462	正簋	7.309	商代晚期	河南安陽
正	03463	正簋	7.310	商代晚期	
正	03464	正簋	7.311	商代晚期	
正	04272	鬵簋	9.42	西周早期	
正	04523	田簋	9.276	西周早期	
正	06498	正爵	14.92	商代晚期	河南安陽市侯家莊
正	06499	正爵	14.93	商代晚期	同上
正	06500	正爵	14.94	商代晚期	
正	06501	正爵	14.95	商代晚期	
正	06502	正爵	14.95	商代晚期	
正	06503	正爵	14.96	商代晚期	
正	06718	正爵	14.241	商代晚期	
正	06719	正爵	14.242	商代晚期	
正	06720	正爵	14.242	商代晚期	
正	06721	正爵	14.243	商代晚期	
正	06722	正爵	14.243	商代晚期	
正	06931	正爵	14.393	西周早期	
正	06982	正爵	14.437	商代晚期	
正	08985	正觚	17.337	商代晚期	河南安陽
正	08986	正觚	17.338	商代晚期	
正	08987	正觚	17.339	商代晚期	
正	08988	正觚	17.340	商代晚期	
正	08989	正觚	17.341	商代晚期	

族氏族徽	器　號	器　名	卷數頁碼	時　代	出土地
正	09228	正乙觚	18.13	商代晚期	
正	09229	正乙觚	18.14	商代晚期	
正	10055	正觶	19.7	商代晚期	河南安陽市侯家莊
正	10896	正斝	20.18	商代晚期	
正	10897	正斝	20.19	商代晚期	
正	10898	正斝	20.20	商代晚期	河南安陽市郊區
正	10899	正斝	20.21	商代晚期	
正	11106	正尊	20.168	商代晚期	
正	11547	作龍母尊	21.45	西周早期	
正	11969	正壺	21.334	商代晚期	
正	11970	正壺	21.335	商代晚期	河南安陽市侯家莊
正	13718	正罍	25.16	商代晚期	
正	15882	正鐃	29.438	商代晚期	
正	16144	正戈	30.135	商代晚期	
正	16145	正戈	30.136	商代晚期	
正	18209	正鉞	33.480	商代晚期	
正	18505	正冑	34.96	商代晚期	河南安陽市侯家莊
正	19465	正器	35.237	商代晚期	
正束	02728	祖辛父甲鬲	6.110	商代晚期	
正卲	07554	正卲爵	15.343	西周早期	
正綌	09435	正綌觚	18.175	商代晚期	李學勤改釋爲“而”
宁	00191	宁鼎	1.153	商代晚期	
宁	00627	宁父鼎	1.491	商代晚期	
宁	02787	子出鬲	6.170	西周早期	
宁	06419	宁爵	14.22	商代晚期	
宁	07748	宁父乙爵	15.494	商代晚期	河南安陽市劉家莊
宁	08970	宁觚	17.324	商代晚期	河南安陽市郭家莊
宁	08971	宁觚	17.325	商代晚期	河南安陽市劉家莊
宁	08972	宁觚	17.326	商代晚期	同上
宁	10942	宁斝	20.57	西周早期	陝西扶風縣莊李村
宁	11057	狽斝	20.151	西周早期	
宁	16118	宁戈	30.112	商代晚期	
宁	18304	宁刀	33.531	商代晚期	

族氏族徽	器　號	器　名	卷數頁碼	時　代	出土地
宁戈	00625	宁戈鼎	1.490	西周晚期	
宁戈	00626	宁戈鼎	1.491	西周晚期	
宁戈	01083	宁戈冊鼎	2.331	西周晚期	西安市長安區新旺村
宁戈	01084	宁戈冊鼎	2.332	西周晚期	同上
宁戈	01085	宁戈冊鼎	2.333	西周晚期	同上
宁戈	01086	宁戈冊鼎	2.334	西周晚期	同上
宁戈	03206	宁戈父乙甗	7.94	西周早期	
宁戈	04020	宁戈父丁簋	8.299	西周早期	
宁戈	08385	宁戈父丁爵	16.471	西周早期	
宁戈	09453	宁戈觚	18.188	商代晚期	
宁戈	12018	宁戈壺	21.378	西周晚期	西安長安區新旺村
宁戈	12100	宁戈父乙壺蓋	21.453	西周早期	
宁戈	12101	宁戈父乙壺蓋	21.454	西周早期	
宁狗	00624	宁狗鼎	1.489	商代晚期	河南安陽市范家莊
宁狗	03604	宁狗簋	7.431	商代晚期	同上
宁狗	06972	宁狗爵	14.428	商代晚期	同上
宁狗	06973	宁狗爵	14.429	商代晚期	同上
宁狗	12704	宁狗卣	23.158	商代晚期	同上
宁葡	03605	宁葡簋	7.432	商代晚期	河南安陽市徐家橋
宁葡	06974	宁葡爵	14.430	商代晚期	河南安陽市戚家莊
宁葡	09454	宁葡觚	18.190	商代晚期	同上
宁葡	10971	宁葡斝	20.84	商代晚期	同上
宁矢	00622	宁矢鼎	1.487	商代晚期	
宁矢	00623	宁矢鼎	1.488	商代晚期	
宁矢	04021	宁矢父丁簋	8.300	西周早期	
宁刕	00628	宁刕鼎	1.492	商代晚期	
宁刕	09455	宁刕觚	18.191	商代晚期	
宁未	08054	宁未爵	16.211	商晚周早	
宁未	14702	宁未父乙盂	26.113	西周早期	
宁羊	01141	宁羊父丙鼎	2.376	西周早期前段	北京房山縣琉璃河村
宁朋	09456	宁朋觚	18.192	商代晚期	
宁址	01173	宁址父戊鼎	2.400	商代晚期	河南安陽市苗圃北地
宁墉	03137	宁墉甗	7.34	商代中期	內蒙古翁牛特旗

族氏族徽	器　號	器　名	卷數頁碼	時　代	出土地
宁壺	09457	宁壺瓶	18.192	商代晚期	
宁劢	12016	宁劢壺	21.377	西周早期	
宁竹	14852	宁竹冊匜	26.235	西周晚期	
宁⌒	13118	宁⌒卣	24.29	西周早期後段	
戉	00174	戉鼎	1.139	商代晚期	
戉	00175	戉鼎	1.140	商晚周早	
戉	01236	戉鼎	2.449	西周早期	傳出河南洛陽
戉	03684	戉乙簋	8.15	商代晚期	河南安陽市孝民屯
戉	06445	戉爵	14.46	商代晚期	
戉	10307	戉父乙觶	19.197	商代晚期	
戉	11139	戉尊	20.198	商代晚期	
戉	11765	覵爾尊	21.233	西周早期後段	山西絳縣橫水鎮
戉	13322	稐卣	24.268	西周中期前段	
戉	13535	覵爾方彝	24.410	西周早期後段	山西絳縣橫水鎮
戉	13662	覵爾觥	24.501	西周早期	同上
戉葡	01801	串鼎	3.464	西周早期後段	
戉葡	03215	戉葡父癸甗	7.102	商代晚期	
戉葡	09475	戉葡瓶	18.205	商代晚期	河南安陽市戚家莊
戉葡	10226	戉葡觶	19.137	西周早期	
戉葡	10227	戉葡觶	19.138	商代晚期	
戉葡	10228	戉葡觶	19.139	商代晚期	
戉葡	11672	佳尊	21.150	西周中期前段	
戉葡	11778	啟尊	21.245	西周早期後段	山東龍口市小劉家
戉葡	12709	戉葡卣	23.163	商代晚期	河南安陽市戚家莊
戉葡	12894	戉葡祖乙卣	23.325	商代晚期	
戉葡	12945	戉葡卣	23.375	商代晚期	
戉葡	13024	冊戉葡父辛卣	23.449	商代晚期	
戉葡	13321	啟卣	24.266	西周早期後段	山東龍口市小劉家
戉享	03967	戉享父乙簋	8.254	商代晚期	
戉母	10542	戉母父丁觶	19.377	西周早期	
戉未	09759	戉未父己瓶	18.424	商代晚期	
戉木	07451	戉木爵	15.271	商代晚期	
戉刋	09728	戉刋祖辛瓶	18.399	商代晚期	

族氏族徽	器　號	器　名	卷數頁碼	時　代	出土地
戉尸正	03242	戉尸正父己甗	7.125	商代晚期	陝西涇陽縣高家堡
戉夲鳥	07699	戉夲鳥爵	15.465	商代晚期	
北單	01618	北單鼎	3.287	西周早期	
北單	03608	北單簋	7.435	商代晚期	
北單	04010	北單父乙簋	8.291	西周早期	
北單	07409	北單爵	15.236	商代晚期	
北單	09466	北單觚	18.196	商代晚期	河南安陽
北單	09467	北單觚	18.197	商代晚期	
北單	10223	北單觶	19.134	商代晚期	
北單	15898	北單鐃甲	29.454	商代晚期	
北單	15899	北單鐃乙	29.455	商代晚期	
北單	15900	北單鐃丙	29.456	商代晚期	
北單	17550	北單矛	32.510	商代晚期	
北單	17551	北單矛	32.511	商代晚期	河南安陽市武官村
北𠬝（尋）	03981	北𠬝父己簋	8.265	商代晚期	
北𠬝（尋）	03982	北𠬝父己簋	8.266	商代晚期	
北𠬝（尋）	08347	北𠬝父癸爵	16.441	商代晚期	
北𠬝（尋）	08392	北𠬝父己爵	16.476	西周早期	河南鶴壁市龐村
北單戈	00982	北單戈鼎	2.251	商代晚期	
北單戈	00983	北單戈鼎	2.252	商代晚期	
北單戈	00984	北單戈鼎	2.253	商代晚期	
北單戈	00985	北單戈鼎	2.254	商代晚期	
北單戈	08039	北單戈爵	16.200	商代晚期	河南安陽市武官村
北單戈	09678	北單戈觚	18.362	商代晚期	同上
北單戈	12029	北單戈壺	21.388	商代晚期	河南安陽
北單戈	13309	僕麻卣	24.244	西周早期	西安市長安區新旺村
北單戈	13510	北單戈方彝	24.385	商代晚期	
北單戈	14342	北單戈盤	25.356	商代晚期	
北單戠	03732	北單戠簋	8.53	商代晚期	河南安陽市武官村
北單戠	04581	𢍰簋	9.328	商代晚期	
北單戕	08040	北單戕爵	16.201	商代晚期	
田	00881	田父辛鼎	2.169	商代晚期	
田	03755	田父甲簋	8.73	商代晚期	山東長清縣崮山鎮

族氏族徽	器　號	器　名	卷數頁碼	時　代	出土地
田	06657	田爵	14.195	商代晚期	
田	07743	田父甲爵	15.491	商代晚期	山東長清縣崗山鎮
田	11004	田父甲斝	20.108	商代晚期	同上
田	12757	田父甲卣	23.204	商代晚期	同上
田	13770	田父甲罍	25.64	商代晚期	
田	16057	田戈	30.59	商代晚期	河南安陽
田	16058	田戈	30.60	商代晚期	同上
田	16059	田戈	30.61	商代晚期	
田	18214	田鉞	33.485	商代晚期	河南安陽
田	19078	田當盧	34.512	西周早期	河南濬縣辛村
田告	01158	田告父丁鼎	2.389	西周早期	
田告	01608	田告鼎	3.280	西周早期	陝西寶雞縣戴家灣
田告	02021	矍鼎	4.186	西周早期	
田告	03262	田告甗	7.141	西周早期	
田告	04022	田告父丁簋	8.300	西周早期	
田告	08384	田告父丁爵	16.471	西周早期	
田告	09459	田告觚	18.193	西周早期	
田告	12951	田告父乙卣	23.380	西周早期	
田告	13172	田告父丁卣	24.83	西周早期	
田告	13766	田告罍	25.60	西周早期	
田農	03263	田農甗	7.142	西周早期前段	
田兔	09458	田兔觚	18.192	商代晚期	
申	09624	申父癸觚	18.317	商代晚期	
申	12854	申父庚卣	23.288	西周早期	西安長安區馬王鎮
矢	00219	矢鼎	1.178	商代晚期	河北武安市趙窯村
矢	06613	矢爵	14.170	商代晚期	同上
矢	06614	矢爵	14.171	商代晚期	河南安陽市侯家莊
矢	06615	矢爵	14.172	商代晚期	
矢	07969	矢父癸爵	16.148	商晚周早	
矢	07970	矢父癸爵	16.148	商晚周早	
矢	09041	矢觚	17.380	商代晚期	河北武安市趙窯村
矢	10470	矢父癸觶	19.325	西周早期	
矢	14592	矢盂	26.13	商代晚期	

族氏族徽	器　號	器　名	卷數頁碼	時　代	出土地
矢	16128	矢戈	30.122	商代晚期	
矢宁	01127	矢宁父乙鼎	2.368	商代晚期	陝西岐山縣禮村
矢宁	07458	矢宁爵	15.274	商代晚期	
矢宁	07459	矢宁爵	15.275	商代晚期	
矢宁	09450	矢宁觚	18.186	商代晚期	河南安陽
矢宁	09451	矢宁觚	18.187	商代晚期	同上
矢宁	09452	矢宁觚	18.188	商代晚期	
矢宁	11048	矢宁父丁斝	20.143	西周早期	
矢宁	13606	矢宁觥	24.448	商代晚期	
矢戎	10515	矢戎父己觶	19.356	商代晚期	
母	08244	母父癸爵	16.366	西周早期	
母	11310	母父丁尊	20.342	商代晚期	
母	11311	母父丁尊	20.343	商代晚期	
母寏	08753	母嫊祖丁角	17.190	商代晚期	
母寏	08773	母寏日辛角	17.209	商代晚期	
母寏	09769	母寏日辛觚	18.434	商代晚期	
母寏	11460	母寏日辛尊	20.467	商代晚期	
母寏	11461	母寏日辛尊	20.468	商代晚期	
母寏	12937	母寏日辛卣	23.367	商代晚期	
母寏	13516	母寏日辛方彝	24.391	商代晚期	
母宰帯帚	12942	母宰帯帚卣	23.372	商代晚期	
母寏帯帚	13517	母宰帯帚方彝	24.392	商代晚期	
目	06401	目爵	14.5	商代早期	
目	06402	目爵	14.6	商代早期	河南鄭州市楊莊
目	06403	目爵	14.7	商代晚期	
目	06404	目爵	14.8	商代晚期	
目	06957	目爵	14.414	西周早期	陝西扶風縣雲塘村
目	13454	目方彝	24.332	商代晚期	
目果	13965	目果瓿	25.140	商代晚期	
目朵	09505	目朵觚	18.225	商代晚期	
目🚶	11036	目辛🚶斝	20.135	西周早期	陝西寶雞縣鬥雞臺
目◇民	08059	目◇民爵	16.215	商代晚期	
皿	04196	皿屖簋	8.446	西周早期	陝西隴縣韋家莊

族氏族徽	器　號	器　名	卷數頁碼	時　代	出土地
皿	06757	皿爵	14.269	商晚周早	
皿	06758	皿爵	14.269	商代晚期	
皿	07821	皿父丁爵	16.44	商晚周早	
皿	07822	皿父丁爵	16.44	商晚周早	
皿	07920	皿父辛爵	16.111	商晚周早	
皿	13813	皿而全罍	25.100	商代晚期	
皿❽	07495	皿❽爵	15.300	商代晚期	
禾	06416	禾爵	14.19	商代晚期	
禾	08125	禾父丁爵	16.273	西周早期	
禾	08174	禾父己爵	16.310	西周早期	陝西隴縣梁甫村
禾	12535	禾卣	23.18	商代晚期	
禾干	07014	禾干爵	14.461	商代晚期	河南安陽市苗圃北地
禾枏	09484	禾枏瓡	18.211	商代晚期	
禾又	07015	禾又爵	14.462	商晚周早	
禾子	08414	禾子父癸爵	16.494	西周早期	陝西寶雞市竹園溝
句	00440	句戊鼎	1.340	商代晚期	
句	00816	句父丁鼎	2.119	商晚周早	
句	00902	句父辛鼎	2.184	商代晚期	
句	13637	句父庚瓡	24.473	西周早期	河南
句須	03712	句須簋	8.36	西周早期	
句須	03713	句須簋	8.37	西周早期	
句歈	12930	句歈父辛卣	23.359	商代晚期	
立	07324	立辛爵	15.173	商代晚期	
立	10353	立父辛觶	19.229	商代晚期	
立	16099	立戈	30.92	商代晚期	河南安陽
立䇂	03609	立夲簋	7.435	商代晚期	
立䇂	12913	立夲父丁卣	23.343	商代晚期	
立䇂	12914	立夲父丁卣	23.344	商代晚期	
未	00794	未父乙鼎	2.103	西周早期	
未	10941	未斝	20.56	西周早期前段	山東滕州市前掌大
未	11738	彭尊	21.208	商代晚期	河南安陽市大司空
未	12750	未祖丁卣	23.199	商代晚期	陝西扶風縣紅衛村
未	16148	未戈	30.138	商代晚期	

族氏族徽	器　號	器　名	卷數頁碼	時　代	出土地
厽	06621	厽爵	14.175	商代晚期	
厽	08922	厽觚	17.287	商代晚期	
厽	08923	厽觚	17.288	商代晚期	
厽	09230	厽乙觚	18.14	商代晚期	
厽成	10969	厽成斝	20.82	商代晚期	
玉	07308	玉己爵	15.162	商代晚期	
玉	09227	玉乙觚	18.13	商代晚期	
玉	09248	玉己觚	18.28	商代晚期	
玉	11117	玉尊	20.179	商代晚期	
玉孔	09340	玉孔觚	18.99	商代晚期	
㓞	03835	㓞父辛簋	8.144	西周早期	
㓞	07872	㓞父己爵	16.80	商代晚期	
㓞	11340	㓞父癸尊	20.366	商代晚期	
㓞	13176	㓞卣	24.88	西周早期	
氏	00152	氏鼎	1.122	商代晚期	
氏	00153	氏鼎	1.123	商代晚期	
氏	03814	氏父己簋	8.125	商代晚期	陝西武功縣渠子村
氏	07794	氏父丁爵	16.24	商代晚期	
生	04119	生簋	8.382	西周中期	
生	06435	生爵	14.38	商代晚期	
生	16153	生戈	30.141	商代晚期	
由	08993	由觚	17.344	商代晚期	河南安陽市大司空
由	15871	由鐃	29.429	商代晚期	同上
由力	09476	由力觚	18.206	商代晚期	河南鄭州侯寨張李堈
令	03177	令父己甗	7.71	商代晚期	
令	06573	令爵	14.147	商代晚期	
令▲	12931	令▲父辛卣	23.361	商代晚期	
乎子	08374	乎子父乙爵	16.463	西周早期	山東滕縣莊里西村
乎子	08375	乎子父乙爵	16.464	西周早期	同上
古	02648	古父丁鬲	6.41	西周早期	
古	06780	古爵	14.281	商晚周早	
厈	11641	厈尊	21.122	西周早期後段	
厈	13182	厈卣	24.94	西周早期後段	

族氏族徽	器　號	器　名	卷數頁碼	時　代	出土地
井	02028	伯靪父鼎	4.192	西周晚期	陝西西安
井	03318	伯烄父甗	7.195	西周中期	
玄	03997	冊玄父癸簋	8.279	商代晚期	
玄	07972	玄父癸爵	16.149	商晚周早	
疌	01213	疌冊父癸鼎	2.432	商代晚期	
疌未	00652	疌未鼎	1.507	商代晚期	河南安陽市戚家莊
甘	00002	甘鼎	1.6	商代早期	
弁	08048	弁日辛爵	16.206	商代晚期	河南安陽市孝民屯
付	00266	付鼎	1.208	商代晚期	
甲	03563	甲簋	7.393	西周早期	陝西寶雞縣戴家灣
永	08218	永父辛爵	16.347	西周早期	
左	08202	左父辛爵	16.335	西周早期	
召	08144	召父丁爵	16.289	西周早期	
屮	03813	屮父己簋	8.124	商代晚期	河南安陽
另	12815	另父癸卣	23.252	商代晚期	
凸	11009	凸父丁罍	20.112	商代晚期	
宀	18239	宀父鉞	33.511	商代晚期	河南安陽
丘刀	07455	丘刀爵	15.273	商代晚期	
坦刀	12899	坦刀祖己卣	23.330	商代晚期	
戉木	12707	戉木卣	23.161	商代晚期	
印	08928	印觚	17.292	商代晚期	
夊甗	07450	夊甗爵	15.270	商代晚期	
冬臣單	09682	冬臣單觚	18.365	商代中期	河南安陽
囝☉羍	08061	囝☉羍爵	16.217	商代晚期	

六　畫

族氏族徽	器　號	器　名	卷數頁碼	時　代	出土地
臣辰彡	01270	臣辰彡冊鼎	2.477	西周早期	
臣辰彡	01271	臣辰彡冊鼎	2.478	西周早期	
臣辰彡	01360	辰彡父乙鼎	3.6	西周早期	河南洛陽
臣辰彡	08503	臣辰彡父乙爵	17.6	西周早期	河南洛陽市馬坡村
臣辰彡	08504	臣辰彡父乙爵	17.6	西周早期	同上

族氏族徽	器　號	器　名	卷數頁碼	時　代	出土地
臣辰𠂤	11535	臣辰𠂤父乙尊	21.34	商代晚期	陝西禮泉縣
臣辰𠂤	11540	臣辰𠂤父乙尊	21.39	西周早期	
臣辰𠂤	11798	士上尊	21.272	西周早期	河南洛陽市馬坡村
臣辰𠂤	12102	臣辰𠂤冊壺	21.454	西周早期	
臣辰𠂤	12136	臣辰𠂤父乙壺	22.1	西周早期	河南洛陽市馬坡村
臣辰𠂤	12137	臣辰𠂤父乙壺	22.11	西周早期	同上
臣辰𠂤	12138	臣辰𠂤父乙壺	22.12	西周早期	同上
臣辰𠂤	13036	臣辰𠂤祖乙卣	23.46	西周早期前段	
臣辰𠂤	13037	臣辰𠂤祖乙卣	23.461	西周早期	河南洛陽市馬坡村
臣辰𠂤	13038	臣辰𠂤祖乙卣	23.462	西周早期	同上
臣辰𠂤	13333	士上卣	24.291	西周早期	同上
臣辰𠂤	13334	士上卣	24.293	西周早期	同上
臣辰𠂤	14356	臣辰𠂤冊盤	25.37	西周早期	同上
臣辰𠂤	14691	臣辰𠂤冊盂	26.103	西周早期	同上
臣辰𠂤	14703	臣辰𠂤父癸盂	26.114	西周早期後段	
臣辰𠂤	14792	士上盂	26.213	西周早期	河南洛陽市馬坡村
臣辰𠂤	01361	臣辰𠂤父乙鼎	3.61	商代晚期	
臣辰𠂤	01362	臣辰𠂤父乙鼎	3.62	商代晚期	
臣辰𠂤	01363	臣辰𠂤父乙鼎	3.62	商代晚期	
臣辰𠂤	01503	臣辰𠂤冊父乙鼎	3.185	西周早期	河南洛陽市馬坡村
臣辰𠂤	01504	臣辰𠂤冊父乙鼎	3.186	西周早期	同上
臣辰𠂤	01505	臣辰𠂤冊父乙鼎	3.187	西周早期	同上
臣辰𠂤	01702	辰𠂤冊父癸鼎	3.365	西周早期	
臣辰𠂤	04082	臣辰𠂤冊簋	8.349	西周早期	河南洛陽市馬坡村
臣辰𠂤	04214	臣辰𠂤父乙簋	8.462	西周早期	
臣辰𠂤	04215	臣辰𠂤父乙簋	8.463	西周早期	
臣辰𠂤	04216	臣辰𠂤父乙簋	8.464	西周早期	河南洛陽
臣辰𠂤	04383	臣辰𠂤冊父乙簋	9.138	西周早期	
臣辰𠂤	04384	臣辰𠂤冊父癸簋	9.138	西周早期	
臣辰𠂤	04385	臣辰𠂤冊父癸簋	9.139	西周早期	
臣辰𠂤	08501	臣辰𠂤父乙爵	17.58	西周早期	河南洛陽市馬坡村
臣辰𠂤	08502	臣辰𠂤父乙爵	17.59	西周早期	同上
臣辰𠂤	08505	臣辰𠂤父乙爵	17.61	西周早期	

族氏族徽	器　號	器　名	卷數頁碼	時　代	出土地
臣辰𢆶	09812	臣辰𢆶父辛觚	18.467	西周早期	
臣辰𢆶	09813	臣辰𢆶父辛觚	18.468	西周早期	
臣辰𢆶	11587	小臣辰𢆶尊	21.79	西周早期	
臣辰𢆶	11588	臣辰𢆶冊父癸尊	21.8	西周早期	
臣辰𢆶	11739	元尊	21.209	西周早期後段	
臣辰𢆶	13270	元卣	24.195	西周早期後段	
羊	00011	羊鼎	1.13	商代晚期	
羊	00012	羊鼎	1.14	商代晚期	
羊	00879	羊父庚鼎	2.167	商晚周早	
羊	01906	甚鼎	4.66	西周中期	
羊	01988	叀鼎	4.148	西周中期後段	
羊	02313	寢麄鼎	5.66	商代晚期	
羊	06509	羊爵	14.100	商代晚期	
羊	06510	羊爵	14.101	商代晚期	
羊	06511	羊爵	14.101	商代晚期	
羊	06512	羊爵	14.102	商代晚期	
羊	07317	羊庚爵	15.169	商代晚期	
羊	07737	羊祖癸爵	15.488	商晚周早	
羊	08047	羊己妊爵	16.205	商代晚期	河南安陽
羊	08080	羊祖己爵	16.234	西周早期	
羊	08517	卿爵	17.70	西周早期	西安長安區張家坡
羊	09007	羊觚	17.356	商代晚期	河南安陽市郭家莊
羊	09008	羊觚	17.357	商代晚期	
羊	09009	羊觚	17.358	商代晚期	
羊	09010	羊觚	17.358	商代晚期	
羊	09247	羊己觚	18.28	商代晚期	
羊	09538	羊祖甲觚	18.250	商代晚期	
羊	10359	羊父辛觶	19.233	商代晚期	
羊	12559	羊卣	23.42	商代晚期	河南安陽市郭家莊
羊	13183	羊卣	24.95	西周早期	
羊	13306	盂卣	24.241	西周早期	
羊	13625	羊父甲觥	24.465	商代晚期	
羊	14597	羊盉	26.18	西周早期前段	

族氏族徽	器　號	器　名	卷數頁碼	時　代	出土地
羊	16117	羊戈	30.111	商代晚期	河南安陽
羊	18740	羊鎛	34.230	商代晚期	河南安陽市武官村
羊朋	16344	羊朋戈	30.314	商代晚期	河南安陽
羊葡	00653	羊葡鼎	1.508	商代晚期	河南安陽市梯家口
羊建	08318	羊建父丁爵	16.424	商代晚期	
羊建	09338	羊建觚	18.97	商代晚期	
羊建	09744	羊建父丁觚	18.410	商代晚期	
羊建	09745	羊建父丁觚	18.411	商代晚期	河南安陽
羊𡚾	00654	羊𡚾鼎	1.509	商代晚期	
羊𡚾	04606	𢼊簋	9.352	西周早期前段	
羊𡚾	09780	羊𡚾父乙觚	18.442	西周早期	
羊𣎤	09339	羊𣎤觚	18.98	商代晚期	
羊貝車	08053	羊貝車爵	16.210	商代晚期	
羊貝車	09684	羊貝車觚	18.366	商代晚期	
羊𡚾獸	08456	羊𡚾獸父丁爵	17.24	西周早期	
舌	00156	舌鼎	1.124	商代晚期	
舌	00157	舌鼎	1.125	商代晚期	
舌	00158	舌鼎	1.126	商代晚期	
舌	00159	舌鼎	1.127	商代晚期	
舌	00160	舌鼎	1.128	商代晚期	
舌	00161	舌鼎	1.129	商代晚期	河南鄭州市黃河大觀
舌	00162	舌鼎	1.130	商代晚期	
舌	00871	舌父己鼎	2.162	商代晚期	
舌	03423	舌簋	7.273	商代晚期	
舌	03820	舌父己簋	8.131	商代晚期	河南安陽薛家莊
舌	06479	舌爵	14.76	商代晚期	河南安陽
舌	06480	舌爵	14.77	商代晚期	河南鄭州市西北郊
舌	06481	舌爵	14.78	商代晚期	
舌	06482	舌爵	14.79	商代晚期	
舌	06483	舌爵	14.79	商代晚期	
舌	07842	舌父戊爵	16.57	商代晚期	
舌	07852	舌父己爵	16.65	商代晚期	
舌	07853	舌父己爵	16.66	商代晚期	

族氏族徽	器　號	器　名	卷數頁碼	時　代	出土地
舌	08441	舌爵	17.14	西周早期	
舌	08442	舌爵	17.14	西周早期	
舌	08946	舌觚	17.306	商代晚期	
舌	08947	舌觚	17.307	商代晚期	
舌	08996	舌觚	17.347	商代晚期	
舌	09442	父舌觚	18.179	商代晚期	
舌	09591	舌父己觚	18.291	商代晚期	
舌	10090	舌觶	19.37	商代晚期	
舌	10324	舌父丁觶	19.208	商代晚期	
舌	11363	舌父乙尊	20.385	西周早期	河南鶴壁市辛村
舌	12539	舌卣	23.22	商代晚期	河南安陽
舌	12540	舌卣	23.23	商代晚期	同上
舌	15878	舌鐃	29.434	商代晚期	
舌	15879	舌鐃	29.435	商代晚期	
舌	16137	舌戈	30.131	商代晚期	河南鄭州黃河大觀
舌	16138	舌戈	30.132	商代晚期	河南滎陽市小胡村
舌曾	09629	舌曾戊觚	18.320	商代晚期	河南安陽
舌亞韋	08021	舌亞韋爵	16.185	商代晚期	同上
舌韋亞	08022	舌韋亞爵	16.185	商代晚期	河南鄭州市西北郊
夸	03111	夸甗	7.12	商代晚期	
夸	03112	夸甗	7.12	商代晚期	
夸	06472	夸爵	14.70	商代晚期	
夸	06473	夸爵	14.71	商代晚期	
夸	11145	夸尊	20.200	商代晚期	
夸	12597	夸卣	23.71	商代晚期	
夸	16009	夸戈	30.12	商代晚期	河南安陽
夸	16010	夸戈	30.13	商代晚期	
夸	16011	夸戈	30.14	商代晚期	河南安陽
夸	16012	夸戈	30.15	商代晚期	同上
夸	16013	夸戈	30.16	商代晚期	
夸	16014	夸戈	30.17	商代晚期	
夸	16015	夸戈	30.18	商代晚期	
夸	16016	夸戈	30.19	商代晚期	

族氏族徽	器　號	器　名	卷數頁碼	時　代	出土地
夸	16017	夸戈	30.20	商代晚期	
夸	16018	夸戈	30.21	商代晚期	
夸	17501	夸矛	32.467	商代晚期	
夸	17502	夸矛	32.468	商代晚期	
夸	17503	夸矛	32.469	商代晚期	
夸	17504	夸矛	32.470	商代晚期	河南安陽
夸	17505	夸矛	32.471	商代晚期	同上
夸	17506	夸矛	32.472	商代晚期	
夸	17507	夸矛	32.473	商代晚期	
夸	17508	夸矛	32.474	商代晚期	
夸	17509	夸矛	32.474	商代晚期	
夸	17510	夸矛	32.475	商代晚期	河南安陽
夸	17511	夸矛	32.476	商代晚期	
守	00335	守鼎	1.264	商代晚期	石家莊藁城區西關村
守	00454	守辛鼎	1.351	商代晚期	
守	03173	守父丁甗	7.67	商代晚期	
守	03476	守簋	7.323	商代晚期	
守	03477	守簋	7.324	商代晚期	
守	03600	守婦簋	7.427	商代晚期	
守	06810	守爵	14.304	商代晚期	石家莊藁城區西關村
守	06811	守爵	14.305	商代晚期	
守	07527	守乙爵	15.323	商代晚期	河南安陽市武官村
守	08156	守父丁爵	16.297	西周早期	
守	08397	守冊父己爵	16.481	西周早期	
守	08398	守冊父己爵	16.481	西周早期	
守	09139	守觚	17.456	商代晚期	河南安陽市侯家莊
守	09140	守觚	17.457	商代晚期	同上
守	09141	守觚	17.458	商代晚期	
守	09142	守觚	17.459	商代晚期	
守	09143	守觚	17.460	商代晚期	
守	10187	守婦觶	19.106	商代晚期	
守	10188	守婦觶	19.106	商代晚期	
守	10311	守父乙觶	19.199	西周早期	湖北隨州市葉家山

族氏族徽	器　號	器　名	卷數頁碼	時　代	出土地
守	10344	守父己觶	19.222	商代晚期	河南安陽市大司空
守	10363	守父辛觶	19.236	商代晚期	陝西寶雞縣戴家灣
守	12621	守卣	23.91	商代晚期	
守	16195	守戈	30.176	商代晚期	
守戈	07502	守戈爵	15.305	商代晚期	河南安陽市侯家莊
守雰	00641	守雰鼎	1.500	商代晚期	
束	00180	束鼎	1.144	商代晚期	
束	00181	束鼎	1.144	商代晚期	
束	00182	束鼎	1.145	商代晚期	
束	02352	厚趠鼎	5.122	西周早期	
束	03281	作祖己甗	7.159	西周早期	
束	03282	作祖己甗	7.160	西周早期	
束	03288	弳甗	7.165	西周早期	
束	07277	束乙爵	15.140	商代晚期	河南安陽市孝民屯
束	07310	束己爵	15.163	商代晚期	河南安陽
束	07800	束父丁爵	16.29	商代晚期	
束	08124	束父丁爵	16.272	西周早期	陝西旬邑縣魏洛村
束	09099	束觚	17.426	商代晚期	河南安陽市孝民屯
束	10418	束父乙觶	19.282	西周早期	
束	10455	束父辛觶	19.314	西周早期	
束	12788	束父丁卣	23.228	商代晚期	
束	12846	束父乙卣	23.286	西周早期	
束	13164	束叔卣	24.74	西周早期	
束	13165	束叔卣	24.75	西周早期	
束	16229	束戈	30.202	西周早期	河南
束	16230	束戈	30.204	西周早期	河南洛陽市龐家溝
束	16231	束戈	30.205	西周早期	同上
束夋	01396	束夋鼎	3.92	西周早期	
束夋	04205	束夋簋	8.454	西周早期	
耳	00183	耳鼎	1.145	商代晚期	河南安陽市
耳	03861	耳伯陪簋	8.166	西周早期	
耳	03862	耳伯陪簋	8.167	西周早期	
耳	06647	耳爵	14.190	商代晚期	

族氏族徽	器　號	器　名	卷數頁碼	時　代	出土地
耳	11964	耳壺	21.331	商代晚期	
耳	13455	耳方彝	24.333	商代晚期	
耳	16094	耳戈	30.88	商代晚期	
耳	16095	耳戈	30.89	商代晚期	
耳	19485	耳父丁器	35.246	商代晚期	
耳衛	01128	耳衛父乙鼎	2.369	商代晚期	
耳衛	01129	耳衛父乙鼎	2.370	商代晚期	
耳衛	01165	耳衛父丁鼎	2.395	商代晚期	
耳衛	03992	耳衛父癸簋	8.274	商代晚期	
耳衛	19501	耳衛父癸器	35.254	商代晚期	
耳竹	07471	耳竹爵	15.283	商代晚期	河南安陽
耳竹	07472	耳竹爵	15.284	商代晚期	
耳奠	07476	耳奠爵	15.287	商代晚期	
耳奠	16361	耳奠戈	30.329	商代晚期	河南安陽
耳𡧃	07473	耳𡧃爵	15.285	商代晚期	
耳𡧃	07474	耳𡧃爵	15.286	商代晚期	
耳夊	01166	耳夊父丁鼎	2.395	商代晚期	
耳日	07475	耳日爵	15.287	商代晚期	
耳衛天	08533	耳衛天父庚爵	17.85	商代晚期	
屰	00154	屰鼎	1.123	商代晚期	
屰	00155	屰鼎	1.124	商代晚期	
屰	00877	屰父庚鼎	2.165	商代晚期	
屰	06556	屰爵	14.134	商代晚期	
屰	06557	屰爵	14.134	商代晚期	
屰	06909	屰爵	14.374	商代晚期	山東青州市蘇埠屯
屰	07301	屰丁爵	15.156	商晚周早	
屰	07330	屰癸爵	15.178	商代晚期	
屰	07840	屰父戊爵	16.56	商代晚期	
屰	07905	屰父辛爵	16.104	商代晚期	
屰	08919	屰觚	17.286	商代晚期	
屰	09261	屰癸觚	18.38	商代晚期	
屰	16006	屰戈	30.9	商代晚期	
屰	16007	屰戈	30.10	商代晚期	河南安陽

族氏族徽	器　號	器　名	卷數頁碼	時　代	出土地
屰	16008	屰戈	30.11	商代晚期	河南安陽
屰目	08420	屰目父癸爵	16.500	西周早期	
屰目	08421	屰目父癸爵	16.501	西周早期	
屰目	08422	屰目父癸爵	16.501	西周早期	
屰征	07427	屰征爵	15.251	商代晚期	
屰子干	00977	屰子干鼎	2.246	商代晚期	
西	07311	西己爵	15.164	商代晚期	
西單	07481	西單爵	15.290	商代晚期	河南安陽
西單	07482	西單爵	15.291	商代晚期	
西單	07483	西單爵	15.291	商晚周早	
西單	08306	西單父丙爵	16.412	商晚周早	
西單	09468	西單觚	18.198	商代晚期	
西單	09469	西單觚	18.199	商代晚期	
西單	09675	西單己觚	18.359	商代晚期	
西單	10497	西單父乙觶	19.345	商代晚期	河南安陽
西單	10509	西單父丁觶	19.352	商代晚期	
西單	10973	西單罪	20.86	商代晚期	
西單	11049	西單父丁罪	20.144	西周早期	
西單干	13020	西單干父丁卣	23.444	商代晚期	
西單光	01358	西單光父乙鼎	3.59	商代晚期	
西單光	09674	西單光觚	18.358	商代晚期	
西單舋	08041	西單舋爵	16.201	商代晚期	
西單舋	10388	西單舋觶	19.258	商代晚期	
西單凸	09676	西單凸觚	18.360	商代晚期	
西隻單	03733	西隻單簋	8.54	商代晚期	
西隻單	12833	西隻單卣	23.268	商代晚期	
光	00768	光父乙鼎	2.81	西周早期	
光	03626	光冊簋	7.445	商代晚期	河南安陽
光	03832	光父辛簋	8.141	西周早期	河南臨汝縣大張村
光	04072	光簋	8.341	西周早期	
光	06570	光爵	14.145	商代晚期	河南安陽
光	07892	光父辛爵	16.93	商代晚期	同上
光	10052	光觶	19.4	商代晚期	同上

族氏族徽	器　號	器　名	卷數頁碼	時　代	出土地
光	10529	光觶	19.366	商代晚期	
光	11045	光斝	20.141	西周早期	
光	12748	光祖甲卣	23.196	商代晚期	河南安陽市梅園莊
光	12767	光父乙卣	23.212	商代晚期	河南安陽
光	14653	光父乙盉	26.69	西周早期	
光（𥫗）	00148	光鼎	1.120	商代晚期	
光（𥫗）	00149	光鼎	1.121	商代晚期	
光（𥫗）	00150	光鼎	1.121	西周早期	
光（𥫗）	00151	光鼎	1.122	西周早期	
光（𥫗）	00765	光父乙鼎	2.80	商代晚期	
光（𥫗）	00766	光父乙鼎	2.80	商代晚期	
光（𥫗）	00767	光父乙鼎	2.81	商代晚期	
光（𥫗）	07893	光父辛爵	16.94	商代晚期	河南安陽
舟	00192	舟鼎	1.154	商代晚期	河南安陽市武官村
舟	00453	舟辛鼎	1.350	商代晚期	
舟	00972	舟冊婦鼎	2.242	商代晚期	
舟	04735	洰秦簋	10.7	西周中期前段	
舟	06662	舟爵	14.199	商代晚期	
舟	07470	舟壬爵	15.282	商晚周早	
舟	07757	舟父乙爵	15.500	商晚周早	
舟	07874	舟父己爵	16.81	商晚周早	
舟	08470	舟父戊爵	17.34	西周早期	山東長山縣
舟	08471	舟父戊爵	17.35	西周早期	同上
舟	10295	舟祖丁觶	19.189	商代晚期	
舟	10612	敊觶	19.433	西周早期	
舟	11333	舟父壬尊	20.360	商代晚期	
舟	12843	舟父甲卣蓋	23.279	西周早期	遼寧喀左縣山灣子
舟	14303	舟盤	25.317	商代晚期	河南安陽
舟	16086	舟戈	30.81	商代晚期	
舟	16087	舟戈	30.82	商代晚期	河南安陽市武官村
舟	18518	舟冑	34.103	商代晚期	河南安陽市侯家莊
舟般	10229	舟般觶	19.139	商代晚期	
耒	00868	耒父己鼎	2.159	西周中期	

族氏族徽	器　號	器　名	卷數頁碼	時　代	出土地
耒	03426	耒簋	7.276	商代晚期	
耒	03427	耒簋	7.277	商代晚期	
耒	07655	耒己爵	15.428	西周早期	
耒	08110	耒父乙爵	16.261	西周早期	
耒	08172	耒父己爵	16.308	西周早期	西安長安區馬王村
耒	08234	耒父癸爵	16.359	西周早期	
耒	08235	耒父癸爵	16.359	西周早期	
耒	11377	耒父丁尊	20.399	西周早期	
耒	12786	耒父丁卣	23.226	商代晚期	
耒	12787	耒父丁卣	23.227	商代晚期	
耒	13017	耒卣	23.441	西周早期	
耒	13734	耒罍	25.30	西周中期	西安長安區馬王村
耒叟	09801	耒冊父辛叟觚	18.459	商代晚期	
耒卩	18243	耒卩鉞	33.516	商代晚期	河南安陽
亦車	03607	亦車簋	7.434	商代晚期	
亦車	07021	亦車爵	14.466	商代晚期	河南安陽
亦車	07022	亦車爵	14.467	商代晚期	
亦車	09498	亦車觚	18.221	商代晚期	
亦車	09499	亦車觚	18.222	商代晚期	河南安陽
亦車	09500	亦車觚	18.223	商代晚期	
亦車	09501	亦車觚	18.224	商代晚期	
亦車	16340	亦車戈	30.311	商代晚期	河南安陽
亦車	16341	亦車戈	30.312	商代晚期	同上
亦車	16381	亦車戈	30.347	西周早期	
亦車	17552	亦車矛	32.512	商代晚期	河南安陽
亦車	17553	亦車矛	32.513	商代晚期	
聿	00195	聿鼎	1.157	商代晚期	
聿	06737	聿爵	14.255	商代晚期	
聿	06738	聿爵	14.255	商代晚期	
聿	06739	聿爵	14.256	商代晚期	
聿	06740	聿爵	14.256	商代晚期	
聿	06930	聿爵	14.392	西周早期	
聿	09249	聿己觚	18.28	商代晚期	

族氏族徽	器　號	器　名	卷數頁碼	時　代	出土地
聿	10095	聿觶	19.39	商代晚期	
聿	10920	聿斝	20.40	商代晚期	
聿	11010	聿父戊斝	20.113	商代晚期	
聿	11200	聿辛尊	20.248	商代晚期	
聿	13457	聿方彝	24.335	商代晚期	河南安陽
聿	16149	聿戈	30.139	商代晚期	
竹	00428	竹父乙鼎	1.331	商代晚期	
竹	03746	竹祖丁簋	8.65	商代晚期	
竹	08204	竹父辛爵	16.337	西周早期	
竹	09091	竹觚	17.420	商代晚期	
竹冬	03612	竹冬簋	7.437	商代晚期	
竹旅	12705	竹旅卣	23.159	商代晚期	
竹司	07478	竹司爵	15.288	商代晚期	
竹宝告永	13523	告永方彝	24.398	商代晚期	
竹宝告永	13524	告永方彝	24.399	商代晚期	
伐	00222	伐鼎	1.181	商代晚期	
伐	06604	伐爵	14.165	商代晚期	
伐	08132	伐父丁爵	16.280	西周早期	
伐	09065	伐觚	17.398	商代晚期	
伐	16101	伐戈	30.95	商代晚期	山西石樓縣義牒村
伐	18206	伐鉞	33.477	商代晚期	
伐甗	16359	伐甗戈	30.328	商代晚期	河南安陽
伐甗	16360	伐甗戈	30.329	商代晚期	
伐甗	18241	伐甗鉞	33.513	商代晚期	河南安陽
戎	00436	戎乙鼎	1.337	商代晚期	河南洛陽或安陽
戎	03681	戎簋	8.13	商代晚期	河南洛陽
戎	13011	戎卣	23.436	西周早期後段	
戎	13471	戎方彝	24.348	商代晚期	山東惠民縣大郭村
戎	15873	戎鐃	29.431	商代晚期	同上
戎虎	09485	戎虎觚	18.212	商代晚期	
戎虎	09739	戎虎父乙觚	18.407	商代晚期	
戎甼（翌）	07457	戎翌爵	15.274	商代晚期	
糸	07703	糸祖乙爵	15.467	商代晚期	

族氏族徽	器　號	器　名	卷數頁碼	時　代	出土地
糸	07824	糸父丁爵	16.45	商晚周早	
糸	08227	糸父壬爵	16.353	西周早期	
糸保	09440	糸保觚	18.178	商代晚期	
糸子▲刀	04003	糸子▲刀簋	8.285	商代晚期	
糸子♣刀	08508	糸子爵	17.63	商代晚期	河南安陽
糸子ㄊ刀	09775	糸子ㄊ刀觚	18.439	商代晚期	
糸子ㄊ刀	09776	子糸刀▲觚	18.439	商代晚期	河南安陽
先	00206	先鼎	1.167	商代晚期	同上
先	00207	先鼎	1.168	商代晚期	
先	06413	先爵	14.16	商代晚期	
先	10912	先斝	20.34	商代晚期	
先	11963	先壺	21.331	商代晚期	
先	13464	先方彝	24.342	商代晚期	
先	18497	先弓柲	34.91	商代晚期	
囷	00260	囷鼎	1.206	商代晚期	
囷	00261	囷鼎	1.206	商代晚期	
囷	06918	囷爵	14.381	西周早期	
囷	06919	囷爵	14.382	西周早期	
囷	07891	囷父辛爵	16.92	商代晚期	
囷	08896	囷觚	17.271	商代晚期	
囷	08897	囷觚	17.272	商代晚期	
弜	06784	弜爵	14.283	商晚周早	
弜	07749	弜父乙爵	15.495	商代晚期	
弜	08131	弜父丁爵	16.279	西周早期	
弜	08784	弜冊角	17.221	商代晚期	
合	18508	合胄	34.98	商代晚期	河南安陽市侯家莊
合	18509	合胄	34.98	商代晚期	同上
合	18510	合胄	34.99	商代晚期	同上
合	18511	合胄	34.99	商代晚期	同上
合	18512	合胄	34.100	商代晚期	同上
忍	00204	忍鼎	1.165	商代晚期	河南安陽市孝民屯
忍	03452	忍簋	7.300	商代晚期	同上
忍	06567	忍爵	14.143	商代晚期	同上

族氏族徽	器　號	器　名	卷數頁碼	時　代	出土地
忍	13952	忍瓶	25.128	商代晚期	河南安陽市孝民屯
西宮	12688	西宮卣	23.145	商代晚期	
西宮	12689	西宮卣	23.146	商代晚期	
西宮	12690	西宮卣	23.147	商代晚期	
并	08960	并觚	17.315	商代晚期	河南安陽
并✹	09510	并✹觚	18.228	商代晚期	
并✹	09511	并✹觚	18.229	商代晚期	
弍	04524	耳簋	9.276	西周早期	
弍	06559	弍爵	14.136	商代晚期	河南羅山縣後李村
弍耳	09432	弍耳觚	18.174	商代晚期	
杒	00196	杒鼎	1.158	商代晚期	河南安陽市侯家莊
杒	03413	杒簋	7.266	商代晚期	
杒	13473	杒方彝	24.349	商代晚期	
戌	09056	戌觚	17.391	商代晚期	
戌	13632	戌父辛觥	24.471	商晚周早	
戌宁	09840	戌宁無壽觚	18.490	商代中期	山東桓臺縣史家村
此	00832	此父丁鼎	2.131	西周早期	
此	14154	此勺	25.274	商代晚期	
此	14695	此盉	26.107	西周早期	
虫	06788	虫爵	14.285	商晚周早	
虫	07266	甲虫爵	15.132	商晚周早	
虫	10196	虫乙觶	19.112	商代晚期	西安長安區馬王鎮
字	08895	字觚	17.270	商代晚期	
字	10330	字父己觶	19.212	商代晚期	河南安陽
字	10331	字父己觶	19.213	商代晚期	
行	09709	行父辛觚	18.384	西周早期	
行	10458	行父辛觶	19.316	西周早期	
行天	12933	行天父癸卣	23.363	商代晚期	
攸	06623	攸爵	14.176	商代晚期	
攸	08941	攸觚	17.302	商代晚期	
攸燕	12716	攸燕卣	23.168	商代晚期	河南安陽市孝民屯
叐興	08337	叐興父辛爵	16.433	商代晚期	
叐珥	09433	叐珥觚	18.174	商代晚期	

族氏族徽	器　號	器　名	卷數頁碼	時　代	出土地
叏瑡	09434	叏瑡觚	18.175	商代晚期	
夷	09084	夷觚	17.414	商代晚期	
夷	09085	夷觚	17.415	商代晚期	
戔	19487	戔父辛器	35.247	商代晚期	
戔	19488	戔父辛器	35.248	商代晚期	
辛	00211	辛鼎	1.172	商代晚期	
辛	00212	辛鼎	1.172	商代晚期	
交	00643	交鼎	1.501	商代晚期	
交	10453	交父辛觶	19.312	西周早期	河南洛陽市唐城花園
交	16044	交戈	30.47	商代晚期	
交	16045	交戈	30.48	商代晚期	
交	17512	交矛	32.477	商代晚期	河南安陽市孝民屯
交开	09341	交开觚	18.100	商代晚期	
交車	16499	交車戈	30.454	西周晚期	
豈	00208	微鼎	1.169	商代晚期	河南安陽市
豈	06549	豈爵	14.129	商代晚期	
自	03758	自父甲簋	8.76	西周早期	
自	07825	自父丁爵	16.46	商晚周早	
狄	09124	狄觚	17.445	商代晚期	河南安陽市孝民屯
狄⊐	03740	狄⊐乙簋	8.60	商代晚期	
伊	11174	伊尊	20.226	西周早期	
伊𝕄	12216	鬼壺	22.88	西周中期前段	
劦竹	04218	劦冊竹父丁簋	8.466	西周早期	
劦竹	04219	劦冊竹父丁簋	8.467	西周早期	
向	00187	向鼎	1.149	商代晚期	河南安陽市梅園莊
亦	16100	亦戈	30.93	商代晚期	
夋	14589	夋盉	26.10	商代晚期	
旬	10103	旬觶	19.44	商代晚期	
州	16121	州戈	30.115	商代晚期	河南安陽
开	09123	开觚	17.444	商代晚期	河南安陽市侯家莊
曲	07812	曲父丁爵	16.38	商代晚期	
共	08954	共觚	17.310	商代晚期	
曳	11570	虘尊	21.65	西周中期前段	

族氏族徽	器　號	器　名	卷數頁碼	時　代	出土地
件	08943	件觚	17.304	商代晚期	
夼	08944	夼觚	17.304	商代晚期	
休	06618	休爵	14.173	商晚周早	
名	06779	名爵	14.280	商晚周早	
朿	11390	朿父癸尊	20.409	西周早期	
至	08992	至觚	17.343	商代晚期	
妁	13703	妁罍	25.5	商代晚期	陝西寶雞市戴家灣
弜	12763	弜父乙卣	23.209	商代晚期	
攸	10306	攸父乙觶	19.196	商代晚期	
兮	06617	兮爵	14.173	商代晚期	
吳	06455	吳爵	14.56	商代晚期	河南安陽市孝民屯
匠	09541	匠祖乙觚	18.251	商代晚期	
疋	09741	冊疋父乙觚	18.409	商代晚期	
划	06429	划爵	14.32	商代晚期	
夰	06432	夰爵	14.35	商代晚期	
宅止	07990	宅止癸爵	16.161	商代晚期	山東濰坊市南郊
考獸	16346	敖獸戈	30.316	商代晚期	河南安陽
穷寮	10554	穷寮父辛觶	19.386	西周早期	
朱戈	10482	母朱戈觶	19.334	西周早期	
羽叟	11732	犀尊	21.203	西周中期前段	
亘弜耒	03859	亘弜耒簋	8.164	西周早期	河南鄭州市窪劉村

七　畫

族氏族徽	器　號	器　名	卷數頁碼	時　代	出土地
吳	00270	吳鼎	1.209	商晚周早	
吳	00271	吳鼎	1.210	商晚周早	
吳	00934	吳父癸鼎	2.209	商晚周早	
吳	04895	芺馭簋	10.216	西周早期後段	
吳	13661	芺馭觥蓋	24.500	西周早期	陝西扶風縣上康村
何	00221	何鼎	1.180	商代晚期	河南安陽市郭家灣
何	00839	何父丁鼎	2.135	商代晚期	
何	03451	何簋	7.299	商代晚期	河南安陽市郭家灣

族氏族徽	器　號	器　名	卷數頁碼	時　代	出土地
何	03687	何戊簋	8.18	商代晚期	陝西岐山縣
何	06568	何爵	14.144	商代晚期	河南安陽市郭家灣
何	06569	何爵	14.145	商代晚期	
何	07276	何乙爵	15.139	商晚周早	
何	07803	何父丁爵	16.32	商代晚期	
何	08942	何觚	17.303	商代晚期	河南安陽郭家灣
何	10525	何兄日壬觶	19.363	商代晚期	
何	10915	何斝	20.37	商代晚期	汗南安陽市郭家灣
何	10916	何斝	20.38	商代晚期	
何	11102	何尊	20.164	商代晚期	
何	12762	何父乙卣	23.208	商代晚期	
何	13702	何罍	25.4	商代晚期	河南安陽市郭家灣
何	18204	何鉞	33.475	商代晚期	河南安陽
何	18205	何鉞	33.476	商代晚期	
何	18751	何鑿	34.240	商代晚期	
何牀	01207	何父癸牀鼎	2.427	商代晚期	
何牀	01208	何父癸牀鼎	2.428	商代晚期	
何牀	04026	何父癸牀簋	8.304	西周早期	河南洛陽
何牀	08344	何父癸牀爵	16.439	商代晚期	
何牀	08345	何父癸牀爵	16.440	商代晚期	
何牀	08346	何父癸牀爵	16.440	商代晚期	
何牀	09767	何牀父癸觚	18.432	商代晚期	
何牀	09768	何牀父癸觚	18.433	商代晚期	
何牀	10523	何父癸牀觶	19.361	商代晚期	
何牀	11042	何父癸牀斝	20.139	商代晚期	
何牀	11458	何父癸牀尊	20.465	商代晚期	
何牀	11459	何父癸牀尊	20.466	商代晚期	
何牀	12936	何父癸牀卣	23.366	商代晚期	
何牀	13790	何牀父癸罍	25.81	西周早期	
何馬	09443	何馬觚	18.180	商代晚期	河南安陽市大司空
何馬	09444	何馬觚	18.181	商代晚期	
何車	11769	奠尊	21.236	西周早期	
何華	08045	何禽戊爵	16.204	商代晚期	

族氏族徽	器　號	器　名	卷數頁碼	時　代	出土地
車	00853	車父己鼎	2.146	商代晚期	
車	03459	車簋	7.306	商代晚期	
車	03812	車父己簋	8.123	商代晚期	
車	07717	車祖丁爵	15.476	商晚周早	
車	07744	車父甲爵	15.492	商晚周早	
車	07829	車父丁爵	16.48	商晚周早	
車	09102	車觚	17.429	商代晚期	河南安陽
車	09103	車觚	17.430	商代晚期	
車	09104	車觚	17.431	商代晚期	
車	09105	車觚	17.431	商代晚期	
車	10636	諫觶	19.452	西周早期	
車	12556	車卣	23.39	商代晚期	
車	13461	車方彝	24.339	商代晚期	
車	13956	車瓶	25.132	商代晚期	
車	14307	車盤	25.324	商代晚期	
車	19033	車車飾	34.472	商代晚期	
車𠂤	00674	車屰鼎	2.8	商代晚期	
車𠂤	09483	車屰觚	18.211	商代晚期	
車𢓊	10972	車屰斝	20.85	商代晚期	
車𢓊	13749	車屰罍	25.43	商代晚期	
車買	07463	車買爵	15.279	商代晚期	
車買	07464	車買爵	15.279	商代晚期	
車徙	03625	車徙簋	7.444	商代晚期	河南安陽
車徙	09740	車徙父乙觚	18.408	商代晚期	同上
車敔	16342	車敔戈	30.313	商代晚期	
車敔	16371	車敔戈	30.339	商代晚期	
車豕	08389	車豕父戊爵	16.474	西周早期	
車豕	08390	車豕父戊爵	16.475	西周早期	
車从	00673	車从鼎	2.8	商代晚期	
車犬	07462	車犬爵	15.278	商代晚期	
車馬	10193	車馬觶	19.110	商代晚期	
車觥	16396	車觥戈	30.362	西周早期	山西洪洞縣楊岳村
車木	11488	車木父辛尊	20.494	西周早期	

族氏族徽	器　號	器　名	卷數頁碼	時　代	出土地
告	09246	告己瓿	18.27	商代晚期	
告	12697	告冊壺	23.152	商代晚期	
告	16313	告戈	30.285	商代晚期	
告	18303	告刀	33.530	商代晚期	
告田	00635	告田鼎	1.497	商代晚期	
告田	00636	告田鼎	1.497	商代晚期	
告田	04602	告田祖乙簋	9.348	商代晚期	
告田	10225	告田觶	19.136	商代晚期	
告田	10286	告田觶	19.182	西周中期前段	
告田	10543	告田父丁觶	19.378	西周早期	陝西關中
告田	13605	告田觥	24.447	西周早期	陝西寶雞縣戴家灣
告宁	00634	告宁鼎	1.496	商代晚期	
告宁	07484	告宁爵	15.292	商代晚期	河南安陽市孝民屯
告宁	07485	告宁爵	15.293	商代晚期	
告宁	09448	告宁瓿	18.184	商代晚期	
告宁	09449	告宁瓿	18.185	商代晚期	河南安陽市孝民屯
告宁	10511	告宁父戊觶	19.353	商代晚期	
告正	11490	告正父癸尊	20.495	西周早期	
告亞	07109	亞沚爵	15.30	商代晚期	
告囗	07486	告囗爵	15.293	商代晚期	
狄（犾）	00215	狄鼎	1.175	商代晚期	
狄	00216	狄鼎	1.176	商代晚期	
狄	00217	狄鼎	1.176	商代晚期	
狄	03183	狄父辛甗	7.76	西周早期	
狄	03831	狄父辛簋	8.140	西周早期前段	西安長安區普渡村
狄	07894	狄父辛爵	16.95	商代晚期	
狄	07968	狄父癸爵	16.147	商晚周早	
狄	09058	狄瓿	17.393	商代晚期	
狄	10450	狄父庚觶	19.309	西周早期	
狄	10468	狄父癸觶	19.324	西周早期	
狄	10469	狄父癸觶	19.325	西周早期	
狄	12063	狄父丙壺	21.420	西周早期	西安長安區張家坡
狄	14644	狄父癸盉	26.62	商代晚期	

族氏族徽	器　號	器　名	卷數頁碼	時　代	出土地
犾	16082	犾戈	30.79	商代晚期	
犾	16244	犾戈	30.217	西周早期	
犾	19483	犾父甲器	35.245	商晚周早	
犾虎	18724	犾虎斧	34.214	商代晚期	河南安陽市大司空
戉	06428	戉爵	14.31	商代晚期	
戉	09057	戉觚	17.392	商代晚期	河南安陽市郭家莊
戉	09059	戉觚	17.394	商代晚期	河南安陽市孝民屯
戉	09060	戉觚	17.395	商代晚期	河南安陽市小屯村
戉	09061	戉觚	17.395	商代晚期	陝西寶雞縣
戉	12860	戉父癸卣	23.295	西周早期	
戉	16081	戉戈	30.79	商代晚期	
串	00273	串鼎	1.210	商晚周早	
串	00906	串父辛鼎	2.187	西周早期	
串	00923	串父癸鼎	2.198	商代晚期	
串	03823	串父辛簋	8.134	商代晚期	
串	03824	串父辛簋	8.135	商代晚期	
串	06595	串爵	14.160	商代晚期	河南安陽時侯家莊
串	06596	串爵	14.160	商代晚期	
串	07742	串父甲爵	15.490	商晚周早	
串	08094	串父甲爵	16.247	西周早期	
串	09100	串觚	17.427	商代晚期	
串	09101	串觚	17.428	商代晚期	
串	10104	串觶	19.44	商代晚期	
串	10907	串斝	20.29	商代晚期	
串	11115	串尊	20.177	商代晚期	
串	11172	串尊	20.224	西周早期	
串	12051	串父癸壺	21.409	商代晚期	
串雟	01689	串雟鼎	3.353	商代晚期	
串雟	06110	串雟父丁豆	13.359	商代晚期	
串雟	12917	串雟父丁卣	23.347	商代晚期	遼寧喀左縣山灣子
串雟	12918	串雟父丁卣	23.348	商代晚期	
串雟	16356	串雟戈	30.325	商代晚期	
束	00864	束父己鼎	2.156	西周早期	湖北隨州市葉家山

族氏族徽	器　號	器　名	卷數頁碼	時　代	出土地
束	00905	束父辛鼎	2.186	西周早期	河南濬縣辛村
束	07760	束父乙爵	16.3	商代晚期	
束	14315	束盤	25.330	西周中期	
束泉	06996	束泉爵	14.450	商代晚期	河南安陽市小屯村
束泉	06997	束泉爵	14.451	商代晚期	同上
束泉	06998	束泉爵	14.452	商代晚期	同上
束泉	06999	束泉爵	14.453	商代晚期	同上
束泉	07000	束泉爵	14.453	商代晚期	同上
束泉	07001	束泉爵	14.454	商代晚期	同上
束泉	07002	束泉爵	14.454	商代晚期	同上
束泉	07003	束泉爵	14.455	商代晚期	同上
束泉	07004	束泉爵	14.455	商代晚期	同上
束泉	09268	束泉觚	18.43	商代晚期	同上
束泉	09269	束泉觚	18.44	商代晚期	同上
束泉	09270	束泉觚	18.45	商代晚期	同上
束泉	09271	束泉觚	18.46	商代晚期	同上
束泉	09272	束泉觚	18.46	商代晚期	同上
酉	00278	酉鼎	1.215	西周早期	湖南望城縣高家溪
酉	00434	酉乙鼎	1.335	商代晚期	
酉	03629	酉己簋	7.448	商代晚期	河南安陽市徐家橋
酉	03837	酉父癸簋	8.145	商代晚期	
酉	06446	酉爵	14.47	商代晚期	陝西耀縣丁家灣
酉	06447	酉爵	14.48	商代晚期	安徽潁上縣王拐村
酉	07778	酉父乙爵	16.14	商晚周早	
酉	08217	酉父辛爵	16.346	西周早期	
酉	12071	酉父己壺	21.426	西周早期	
酉	12789	酉父丁卣	23.228	商代晚期	
酉	12797	酉父己卣	23.235	商代晚期	
酉	12810	酉父辛卣	23.248	商代晚期	
酉	12852	酉父己卣	23.287	西周早期	
酉	12891	酉卣	23.322	西周早期後段	
酉	12923	隻婦父庚卣蓋	23.351	商代晚期	
酉凸	07465	酉凸爵	15.280	商代晚期	

族氏族徽	器　號	器　名	卷數頁碼	時　代	出土地
酉凸	07466	酉凸爵	15.280	商代晚期	
酉凸	16365	酉凸戈	30.334	商代晚期	
帆	03417	帆簋	7.267	商代晚期	
帆	03818	帆父己簋	8.129	商代晚期	
帆	03833	帆父辛簋	8.142	西周早期	
帆	08510	徎爵	17.69	西周早期	
帆	08952	執觚	17.309	商代晚期	
帆	09560	帆父乙觚	18.268	商代晚期	
帆	10334	帆父己觶	19.216	商代晚期	河南安陽
帆	12805	帆父辛卣	23.243	商代晚期	陝西寶雞市峪泉村
帆公	12916	帆公父丁卣	23.346	商代晚期	
帆戈	08325	帆戈父丁爵	16.427	商晚周早	
帆戊	09843	帆戊觚	18.493	西周早期	
豕	06517	豕爵	14.106	商晚周早	
豕	06518	豕爵	14.106	商晚周早	
豕	06519	豕爵	14.107	商晚周早	
豕	07278	豕乙爵	15.141	商代晚期	
豕	07702	豕祖乙爵	15.467	商晚周早	
豕	07917	豕父辛爵	16.110	商晚周早	
豕	09001	豕觚	17.351	商代晚期	
豕	11342	豕父癸尊	20.367	商代晚期	
豕	12687	豕癸卣	23.144	商晚周早	
豕	16140	豕戈	30.133	商代晚期	
我	08177	我父己爵	16.313	西周早期	
我	10294	我祖丁觶	19.188	商代晚期	
我	10415	我父乙觶	19.280	西周早期	
我	11108	我尊	20.170	商代晚期	
我	16083	我戈	30.80	商代晚期	
我	16084	我戈	30.81	商代晚期	
我	16085	我戈	30.81	商代晚期	
我齒	16370	我齒戈	30.338	商代晚期	
辰	03731	辰寢出簋	8.52	商代晚期	河南安陽市大司空
辰	10412	辰父乙觶	19.278	西周早期	

族氏族徽	器　號	器　名	卷數頁碼	時　代	出土地
辰衛	08331	辰衛父己爵	16.430	商代晚期	
辰衛	09758	辰衛父己瓠	18.423	商代晚期	河南安陽市郊區
辰衛	10512	辰衛父己觶	19.354	商代晚期	河南安陽
辰𢆶	08377	辰𢆶父乙爵	16.465	西周早期	
辰行吳	01359	辰行吳父乙鼎	3.60	商代晚期	
見	00202	見鼎	1.163	商代晚期	河南安陽
見	03178	見父己甗	7.71	西周早期	
見	06571	見爵	14.146	商代晚期	
見	06572	見爵	14.147	商代晚期	河南安陽
見爻	09430	見爻瓠	18.173	商代晚期	
皀	00220	皀鼎	1.179	商代晚期	
皀	10327	皀父丁觶	19.210	商代晚期	
皀	12108	夾壺	21.459	西周早期	
皀	13228	皀丞卣	24.141	西周早期	
皀	14657	皀父丁盉	26.73	西周早期	
夆	00274	夆鼎	1.211	西周早期後段	
夆	10152	夆觶	19.82	西周早期後段	山東濟陽縣劉臺子
夆	14314	夆盤	25.329	西周早期後段	同上
夆	14600	夆盉	26.21	西周早期後段	同上
邑	00134	邑鼎	1.109	商代晚期	山西靈石縣旌介村
邑	06767	邑爵	14.274	商晚周早	
邑	06768	邑爵	14.275	商晚周早	
邑	10599	邑祖辛父辛觶	19.421	商代晚期	河南安陽市小屯村
克	06591	克爵	14.157	商代晚期	
克	06592	克爵	14.158	商代晚期	
克	06593	克爵	14.159	商代晚期	
克	16245	克戈	30.218	西周早期	
巫	10139	巫觶	19.73	西周早期	
巫鳥	11280	巫鳥尊	20.317	西周早期	
巫囧	00649	巫囧鼎	1.504	商代晚期	河南正陽縣傅寨劉樓
巫𤰾	01109	巫𤰾祖丁鼎	2.355	商代晚期	
㕈	10354	㕈父辛觶	19.230	商代晚期	
㕈	18707	㕈斧	34.198	商代晚期	

族氏族徽	器　號	器　名	卷數頁碼	時　代	出土地
癹	18708	癹斧	34.198	商代晚期	
甫	00759	甫父甲鼎	2.75	西周早期	
甫	00962	甫母丁鼎	2.232	西周早期	
甫	11367	甫父乙尊	20.389	西周中期前段	
步	06588	步爵	14.155	商代晚期	
步	06589	步爵	14.155	商代晚期	
步	08982	步觚	17.335	商代晚期	
戒	09062	戒觚	17.396	商代晚期	河南安陽市小屯村
戒	09063	戒觚	17.397	商代晚期	同上
戒	09064	戒觚	17.398	商代晚期	同上
知	07713	知祖丙爵	15.473	商代晚期	
知	07714	知祖丙爵	15.474	商代晚期	
知	07715	知祖丙爵	15.474	商代晚期	
宰	07826	宰父丁爵	16.46	商晚周早	
宰	10410	宰父乙觶	19.276	西周早期	
宰豕	09428	宰豕觚	18.172	商代晚期	
癹矢	08326	癹矢父戊爵	16.428	商晚周早	
癹矢	08327	癹矢父戊爵	16.428	商晚周早	
癹矢	08328	癹矢父戊爵	16.429	商晚周早	
吞糸	03210	吞糸父丁甗	7.98	西周早期	陝西隴縣梁甫村
吞糸	03211	吞糸父丁甗	7.99	西周早期	
叙	09250	叙己觚	18.29	商代晚期	
叙	09251	叙己觚	18.30	商代晚期	
皀	07729	皀祖辛爵	15.483	商代晚期	
皀旅	11993	皀旅壺	21.357	商代晚期	
征	18711	征斧	34.201	商代晚期	河南安陽
征中	10303	征中祖觶	19.194	商代晚期	
沚	06484	沚爵	14.80	商代晚期	河南安陽
沚	06485	沚爵	14.81	商代晚期	河南濬縣
扶	06605	扶爵	14.165	商代晚期	
扶	09808	扶冊觚	18.464	西周早期	
吳	08925	吳觚	17.289	商代晚期	
吳	13514	吳父乙方彝	24.389	西周早期	

族氏族徽	器 號	器 名	卷數頁碼	時 代	出土地
芈	06643	禽爵	14.188	商代晚期	
芈（禽）	06800	禽爵	14.294	商代晚期	山東濟南市大辛莊
豆	14355	豆冊父丁盤	25.369	商代晚期	河南洛陽市馬坡村
狄	06790	狄爵	14.286	商晚周早	
妥	03409	妥簋	7.263	商代晚期	
角万	13501	万角方彝	24.376	商代晚期	
角字	01176	角字父戊鼎	2.403	商代晚期	
角單冊	04140	角單冊祖己簋	8.400	商代晚期	
免	00210	免鼎	1.171	商代晚期	
㧉	10457	㧉父辛觶	19.316	西周早期	
兒	10917	兒斝	20.38	商代晚期	
臣	09037	臣瓡	17.376	商代晚期	山東鄒縣南關窰場
权	06636	权爵	14.183	商代晚期	
困	08321	困冊父丁爵	16.425	商晚周早	
耴	08951	耴瓡	17.309	商代晚期	
休	11305	休父乙尊	20.338	商代晚期	
弃	11956	弃壺	21.324	商代晚期	河南安陽
攴	10075	攴觶	19.24	商代晚期	
枼	07923	枼父辛爵	16.113	商晚周早	
生	06424	生爵	14.27	商代晚期	
貝車	07440	貝車爵	15.263	商代晚期	
礽	09632	礽母甲瓡	18.323	商代晚期	陝西鳳翔縣董家莊
礽	09633	礽母甲瓡	18.324	商代晚期	河南安陽

八 畫

族氏族徽	器 號	器 名	卷數頁碼	時 代	出土地
亞	00078	亞鼎	1.67	商代晚期	河南安陽市郭家莊
亞	00079	亞鼎	1.68	商代晚期	
亞	00080	亞鼎	1.69	商代晚期	
亞	00081	亞鼎	1.70	商代晚期	
亞	00082	亞鼎	1.71	商代晚期	
亞	00514	亞鼎	1.403	商代晚期	

族氏族徽	器　號	器　名	卷數頁碼	時　代	出土地
亞	00882	亞父辛鼎	2.170	商代晚期	陝西鳳翔南指揮西村
亞	00957	亞乙丁鼎	2.228	商晚周早	
亞	01388	亞伯禾獲鼎	3.84	商晚周早	
亞	02656	亞父辛鬲	6.47	西周早期前段	
亞	03285	亞無昌甗	7.162	商代晚期	
亞	03289	又甗	7.166	西周早期	
亞	03420	亞簋	7.270	商代晚期	
亞	03802	亞父丁簋	8.113	西周早期	陝西周至縣
亞	03829	亞父辛簋	8.139	商代晚期	
亞	04273	亞簋	9.43	西周早期	
亞	04921	卿簋	10.246	商代晚期	
亞	07074	亞辛爵	15.6	商代晚期	
亞	07103	亞丙爵	15.26	商代晚期	
亞	07716	亞祖丁爵	15.475	商晚周早	
亞	07766	亞父乙爵	16.8	商代晚期	
亞	07767	亞父乙爵	16.9	商晚周早	
亞	07906	亞父辛爵	16.104	商代晚期	
亞	07907	亞父辛爵	16.105	商晚周早	
亞	08095	亞父甲爵	16.248	西周早期	
亞	08108	亞父乙爵	16.260	西周早期	河南洛陽市龐家溝
亞	08109	亞父乙爵	16.261	西周早期	
亞	08494	亞父癸爵	17.53	西周早期	
亞	08495	亞父癸爵	17.53	西周早期	
亞	08701	亞角	17.139	商代晚期	河南安陽市劉家莊
亞	08851	亞觚	17.235	商代晚期	同上
亞	08852	亞觚	17.236	商代晚期	同上
亞	09565	亞父乙觚	18.272	商代晚期	
亞	09595	亞父己觚	18.295	商代晚期	
亞	09695	亞父丁觚	18.375	西周早期	
亞	09770	亞母辛觚	18.435	西周早期	西安長安區普渡村
亞	09831	亞觚	18.482	西周早期	
亞	09832	亞觚	18.482	西周早期	
亞	10325	亞父丁觶	19.209	商代晚期	山東滕州市前掌大

族氏族徽	器　號	器　名	卷數頁碼	時　代	出土地
亞	10417	亞父乙觶	19.281	西周早期	
亞	10904	亞斝	20.26	商代晚期	河南安陽市大司空
亞	11299	亞妣辛尊	20.332	商代晚期	
亞	11634	耳尊	21.116	西周早期前段	
亞	12038	亞父乙壺	21.397	商代晚期	
亞	12565	亞卣	23.48	商代晚期	
亞	12737	亞母卣	23.188	西周早期	河南上蔡縣田莊村
亞	13181	敢卣	24.93	西周早期	
亞	13277	牎伯諆卣	24.202	商晚周早	
亞	13289	岡刞卣	24.216	西周早期	
亞	13345	高卣蓋	24.318	西周早期	
亞	13653	旛觥	24.489	西周早期	
亞	14587	亞盉	26.8	商代晚期	
亞	18236	亞父鉞	33.507	商代晚期	河南安陽
亞	18237	亞父鉞	33.508	商代晚期	
亞醜（酌）	17543	亞醜矛	32.503	商代晚期	山東青州市蘇埠屯
亞醜	00543	亞醜鼎	1.429	商代晚期	
亞醜	00544	亞醜鼎	1.430	商代晚期	
亞醜	00545	亞醜鼎	1.431	商代晚期	
亞醜	00546	亞醜鼎	1.432	商代晚期	
亞醜	00547	亞醜鼎	1.433	商代晚期	
亞醜	00548	亞醜鼎	1.434	商代晚期	
亞醜	00549	亞醜鼎	1.435	商代晚期	
亞醜	00550	亞醜鼎	1.436	商代晚期	
亞醜	00551	亞醜鼎	1.437	商代晚期	
亞醜	00552	亞醜鼎	1.438	商代晚期	
亞醜	00553	亞醜鼎	1.439	商代晚期	
亞醜	00554	亞醜鼎	1.440	商代晚期	
亞醜	00555	亞醜鼎	1.440	商代晚期	傳出河南安陽
亞醜	00556	亞醜鼎	1.440	商代晚期	
亞醜	00557	亞醜鼎	1.440	商代晚期	
亞醜	01123	亞醜父乙鼎	2.365	商代晚期	
亞醜	01142	亞醜父丙鼎	2.377	商代晚期	

族氏族徽	器號	器名	卷數頁碼	時代	出土地
亞醜	01146	亞醜父丁鼎	2.380	商代晚期	
亞醜	01147	亞醜父丁鼎	2.381	商代晚期	
亞醜	01148	亞醜父丁鼎	2.382	商代晚期	
亞醜	01180	亞醜父己鼎	2.406	商代晚期	
亞醜	01197	亞醜父辛鼎	2.420	商代晚期	
亞醜	01198	亞醜父辛鼎	2.421	商代晚期	
亞醜	01366	亞醜父丁鼎	3.65	商代晚期	
亞醜	01779	亞醜季鼎	3.445	商代晚期	
亞醜	03258	亞醜甗	7.138	商代晚期	
亞醜	03669	亞醜簋	8.3	商代晚期	
亞醜	03670	亞醜簋	8.4	商代晚期	
亞醜	03671	亞醜簋	8.5	商代晚期	
亞醜	03672	亞醜簋	8.6	商代晚期	
亞醜	03673	亞醜簋	8.6	商代晚期	
亞醜	03674	亞醜簋	8.7	商代晚期	
亞醜	03675	亞醜簋	8.8	商代晚期	
亞醜	03676	亞醜簋	8.8	商代晚期	
亞醜	03971	亞醜父丁簋	8.257	商代晚期	
亞醜	03989	亞醜父辛簋	8.272	商代晚期	
亞醜	03990	亞醜父辛簋	8.273	商代晚期	
亞醜	03991	亞醜父辛簋	8.274	商代晚期	
亞醜	07063	亞醜爵	14.501	商代晚期	山東青州市蘇埠屯
亞醜	07064	亞醜爵	14.502	商代晚期	同上
亞醜	07065	亞醜爵	14.503	商代晚期	
亞醜	07066	亞醜爵	14.504	商代晚期	
亞醜	07067	亞醜爵	14.505	商代晚期	
亞醜	07068	亞醜爵	14.506	商代晚期	
亞醜	07069	亞醜爵	14.507	商代晚期	
亞醜	07070	亞醜爵	14.507	商代晚期	
亞醜	07558	亞醜爵	15.345	西周早期	
亞醜	08568	者姛爵	17.117	商代晚期	
亞醜	08758	亞醜父丙角	17.195	商代晚期	
亞醜	09375	亞醜觚	18.128	商代晚期	

族氏族徽	器　號	器　名	卷數頁碼	時　代	出土地
亞醜	09376	亞醜瓴	18.129	商代晚期	
亞醜	09377	亞醜瓴	18.130	商代晚期	
亞醜	09378	亞醜瓴	18.131	商代晚期	
亞醜	09379	亞醜瓴	18.132	商代晚期	
亞醜	09380	亞醜瓴	18.133	商代晚期	
亞醜	09381	亞醜瓴	18.134	商代晚期	
亞醜	09748	亞醜父丁瓴	18.414	商代晚期	
亞醜	10206	亞醜觶	19.120	商代晚期	
亞醜	10207	亞醜觶	19.121	商代晚期	山東青州市蘇埠屯
亞醜	10208	亞醜觶	19.122	商代晚期	
亞醜	10948	亞醜斝	20.63	商代晚期	
亞醜	11217	亞醜尊	20.265	商代晚期	
亞醜	11218	亞醜尊	20.266	商代晚期	
亞醜	11219	亞醜尊	20.267	商代晚期	
亞醜	11220	亞醜尊	20.268	商代晚期	
亞醜	11221	亞醜尊	20.268	商代晚期	
亞醜	11222	亞醜尊	20.269	商代晚期	
亞醜	11434	亞醜父乙尊	20.446	商代晚期	
亞醜	11443	亞醜父丁尊	20.453	商代晚期	
亞醜	11589	亞醜尊	21.80	商代晚期	
亞醜	11590	亞醜尊	21.81	商代晚期	
亞醜	11591	亞醜𠚢尊	21.82	西周早期	
亞醜	11663	酌尊	21.142	商代晚期	
亞醜	11693	者姤尊	21.168	商代晚期	
亞醜	11694	者姤尊	21.169	商代晚期	
亞醜	12003	亞醜壺	21.367	商代晚期	
亞醜	12654	亞醜卣	23.119	商代晚期	
亞醜	12655	亞醜卣	23.120	商代晚期	
亞醜	12656	亞醜卣	23.121	商代晚期	
亞醜	12657	亞醜卣	23.122	商代晚期	
亞醜	12658	亞醜卣	23.122	商代晚期	
亞醜	12659	亞醜卣	23.123	商代晚期	
亞醜	12660	亞醜卣	23.123	商代晚期	

族氏族徽	器號	器名	卷數頁碼	時代	出土地
亞醜	12928	亞醜父辛卣	23.357	商代晚期	
亞醜	13084	亞醜卣	23.508	商代晚期	
亞醜	13485	亞醜方彝	24.361	商代晚期	
亞醜	13486	亞醜方彝	24.362	商代晚期	
亞醜	13487	亞醜方彝	24.363	商代晚期	
亞醜	13654	者女觥	24.490	商代晚期	
亞醜	13655	者女觥	24.492	商代晚期	
亞醜	13743	亞醜罍	25.38	商代晚期	
亞醜	13744	亞醜罍	25.39	商代晚期	
亞醜	13745	亞醜罍	25.40	商代晚期	
亞醜	13746	亞醜罍	25.41	商代晚期	
亞醜	13747	亞醜罍	25.42	商代晚期	
亞醜	13748	亞醜罍	25.43	商代晚期	
亞醜	13815	者姛罍	25.103	商代晚期	
亞醜	13816	者姛罍	25.105	商代晚期	
亞醜	14619	亞醜盉	26.39	商代晚期	
亞醜	14620	亞醜盉	26.40	商代晚期	
亞醜	14646	亞醜母盉	26.64	商代晚期	
亞醜	14676	亞醜父丁盉	26.89	商代晚期	
亞醜	15893	亞醜鐃	29.449	商代晚期	
亞醜	16332	亞醜戈	30.304	商代晚期	
亞醜	17544	亞醜矛	32.504	商代晚期	山東青州市蘇埠屯
亞醜	17545	亞醜矛	32.505	商代晚期	
亞醜	17546	亞醜矛	32.506	商代晚期	山東青州市蘇埠屯
亞醜	17547	亞醜矛	32.507	商代晚期	同上
亞醜	17548	亞醜矛	32.508	商代晚期	同上
亞醜	18229	亞醜鉞	33.499	商代晚期	同上
亞醜	18721	亞醜斧	34.210	商代晚期	
亞醜	18747	亞醜錛	34.236	商代晚期	山東青州市蘇埠屯
亞醜	18748	亞醜錛	34.237	商代晚期	
亞醜	19476	亞醜器	35.242	商代晚期	
亞醜	19477	亞醜器	35.242	商代晚期	
亞矣	00562	亞矣鼎	1.445	商代晚期	河南安陽市武官村

族氏族徽	器　號	器　名	卷數頁碼	時　代	出土地
亞㚇	00563	亞㚇鼎	1.446	商代晚期	
亞㚇	00564	亞㚇鼎	1.447	商代晚期	
亞㚇	00565	亞㚇鼎	1.448	商代晚期	河南安陽市武官村
亞㚇	00566	亞㚇鼎	1.449	商代晚期	
亞㚇	00567	亞㚇鼎	1.450	商代晚期	
亞㚇	00568	亞㚇鼎	1.450	商代晚期	
亞㚇	00569	亞㚇鼎	1.451	商代晚期	
亞㚇	00570	亞㚇鼎	1.451	商代晚期	
亞㚇	00740	亞㚇鼎	2.60	西周早期	
亞㚇	01857	夅鼎	4.15	西周早期前段	北京順義縣金牛山
亞㚇	03152	亞㚇甗	7.49	商代晚期	
亞㚇	03153	亞㚇甗	7.50	西周早期	
亞㚇	03666	亞㚇簋	7.476	商代晚期	
亞㚇	03667	亞㚇簋	7.477	商代晚期	
亞㚇	03668	亞㚇簋	7.477	商代晚期	
亞㚇	03961	亞㚇父乙簋	8.251	商代晚期	
亞㚇	06103	亞㚇豆	13.353	商代晚期	
亞㚇	07048	亞㚇爵	14.491	商代晚期	
亞㚇	07049	亞㚇爵	14.492	商代晚期	
亞㚇	07050	亞㚇爵	14.493	商代晚期	
亞㚇	07051	亞㚇爵	14.494	商代晚期	
亞㚇	07052	亞㚇爵	14.495	商代晚期	
亞㚇	07053	亞㚇爵	14.496	商代晚期	
亞㚇	07054	亞㚇爵	14.497	商代晚期	
亞㚇	07055	亞㚇爵	14.497	商代晚期	
亞㚇	07056	亞㚇爵	14.498	商代晚期	
亞㚇	07057	亞㚇爵	14.498	商晚周早	
亞㚇	07058	亞㚇爵	14.499	商晚周早	
亞㚇	07059	亞㚇爵	14.499	商晚周早	
亞㚇	08498	亞㚇父乙爵	17.55	西周早期	
亞㚇	08499	亞㚇父乙爵	17.56	西周早期	河南洛陽市馬坡村
亞㚇	08500	亞㚇父乙爵	17.57	西周早期	
亞㚇	08723	亞㚇角	17.160	商代晚期	

族氏族徽	器　號	器　名	卷數頁碼	時　代	出土地
亞吳	08791	征角	17.228	商代晚期	
亞吳	09366	亞吳觚	18.121	商代晚期	
亞吳	09367	亞吳觚	18.122	商代晚期	
亞吳	09368	亞吳觚	18.123	商代晚期	河南安陽市大司空
亞吳	09369	亞吳觚	18.124	商代晚期	同上
亞吳	09370	亞吳觚	18.125	商代晚期	河南安陽市劉家莊
亞吳	09371	亞吳觚	18.126	商代晚期	
亞吳	09372	亞吳觚	18.126	商代晚期	
亞吳	09373	亞吳觚	18.127	商代晚期	
亞吳	09374	亞吳觚	18.127	商代晚期	
亞吳	09783	亞吳父己觚	18.445	西周早期	河北邢臺市
亞吳	09822	亞吳觚	18.475	西周早期	河南上蔡縣田莊村
亞吳	10202	亞吳觶	19.116	商代晚期	
亞吳	10537	亞吳父乙觶	19.373	西周早期	
亞吳	10600	亞吳妣辛觶	19.422	商代晚期	
亞吳	10945	亞吳斝	20.60	商代晚期	
亞吳	10946	亞吳斝	20.61	商代晚期	河南安陽市侯家莊
亞吳	10947	亞吳斝	20.62	商代晚期	河南安陽市武官村
亞吳	11065	小臣邑斝	20.159	商代晚期	
亞吳	11227	亞吳尊	20.272	商代晚期	
亞吳	11228	亞吳尊	20.273	商代晚期	河南安陽市侯家莊
亞吳	12650	亞吳壺	23.115	商代晚期	河南安陽市武官村
亞吳	13128	羣卣	24.39	西周早期	河南濬縣辛村
亞吳	13479	亞吳方彝	24.355	商代晚期	
亞吳	13480	亞吳方彝	24.356	商代晚期	
亞吳	13740	亞吳罍	25.36	商代晚期	
亞吳	13741	亞吳罍	25.37	商代晚期	
亞吳	13742	亞吳罍	25.37	商代晚期	
亞吳	13784	亞吳鴻婦罍	25.75	商代晚期	
亞吳	13966	亞吳瓿	25.141	商代晚期	河南安陽西北崗大墓
亞吳	13967	亞吳瓿	25.142	商代晚期	
亞吳	14320	亞吳盤	25.335	商代晚期	
亞吳	14321	亞吳盤	25.336	商代晚期	河南安陽

族氏族徽	器　號	器　名	卷數頁碼	時　代	出土地
亞吳	14322	亞吳盤	25.338	商代晚期	
亞吳	14346	亞吳妃盤	25.360	西周早期前段	北京房山區琉璃河
亞吳	15885	亞吳鐃	29.441	商代晚期	河南安陽
亞吳	15886	亞吳鐃	29.442	商代晚期	同上
亞吳	15887	亞吳鐃	29.443	商代晚期	
亞吳	15951	亞吳鈴	29.485	商代晚期	河南安陽
亞吳	15952	亞吳鈴	29.486	商代晚期	河南安陽市大司空
亞吳	15953	亞吳鈴	29.487	商代晚期	同上
亞吳	15954	亞吳鈴	29.487	商代晚期	同上
亞吳	16324	亞吳戈	30.297	商代晚期	河南安陽
亞吳	16325	亞吳戈	30.298	商代晚期	同上
亞吳	16326	亞吳戈	30.299	商代晚期	
亞吳	16327	亞吳戈	30.300	商代晚期	
亞吳	16328	亞吳戈	30.301	商代晚期	
亞吳	16329	亞吳戈	30.302	商代晚期	
亞吳	16330	亞吳戈	30.302	商代晚期	
亞吳	17538	亞吳矛	32.500	商代晚期	
亞吳	17539	亞吳矛	32.501	商代晚期	
亞吳	17540	亞吳矛	32.502	商代晚期	
亞吳	17541	亞吳矛	32.502	商代晚期	
亞吳	17542	亞吳矛	32.503	商代晚期	
亞吳	18233	亞吳鉞	33.504	商代晚期	
亞吳	18234	亞吳鉞	33.504	商代晚期	河南安陽市大司空
亞吳	18235	亞吳鉞	33.506	商代晚期	
亞吳	18318	亞吳刀	33.544	商代晚期	
亞吳	18469	亞吳泡	34.55	商代晚期	河南安陽
亞吳	18470	亞吳泡	34.56	商代晚期	同上
亞吳	18661	亞吳耛	34.188	商代晚期	同上
亞吳	18720	亞吳斧	34.209	商代晚期	
亞吳	18745	亞吳錛	34.235	商代晚期	河南安陽
亞吳	18746	亞吳錛	34.236	商代晚期	
亞吳	18755	亞吳鑿	34.244	商代晚期	
亞吳	19224	亞吳罐	35.5	商代晚期	

族氏族徽	器　號	器　名	卷數頁碼	時　代	出土地
亞吳	19273	亞吳箕	35.60	商代晚期	
亞長	00517	亞長鼎	1.405	商代晚期	河南安陽市花園村
亞長	00518	亞長鼎	1.406	商代晚期	同上
亞長	00519	亞長鼎	1.407	商代晚期	同上
亞長	03151	亞長甗	7.48	商代晚期	同上
亞長	06203	亞長盂	13.429	商代晚期	同上
亞長	06204	亞長盂	13.430	商代晚期	同上
亞長	07027	亞長爵	14.471	商代晚期	同上
亞長	07028	亞長爵	14.472	商代晚期	同上
亞長	07029	亞長爵	14.473	商代晚期	同上
亞長	07030	亞長爵	14.474	商代晚期	同上
亞長	09389	亞長觚	18.141	商代晚期	同上
亞長	09390	亞長觚	18.142	商代晚期	同上
亞長	10962	亞長斝	20.76	商代晚期	同上
亞長	11215	亞長尊	20.263	商代晚期	同上
亞長	11216	亞長尊	20.264	商代晚期	同上
亞長	13484	亞長方彝	24.360	商代晚期	同上
亞長	13610	亞長觥	24.452	商代晚期	同上
亞長	14173	亞長勺	25.292	商代晚期	同上
亞長	15894	亞長鐃	29.450	商代晚期	同上
亞長	16317	亞長戈	30.289	商代晚期	同上
亞長	16318	亞長戈	30.290	商代晚期	同上
亞長	16319	亞長戈	30.291	商代晚期	同上
亞長	16320	亞長戈	30.292	商代晚期	同上
亞長	16321	亞長戈	30.293	商代晚期	同上
亞長	16322	亞長戈	30.295	商代晚期	同上
亞長	16323	亞長戈	30.296	商代晚期	同上
亞長	17530	亞長矛	32.492	商代晚期	同上
亞長	17531	亞長矛	32.493	商代晚期	同上
亞長	17532	亞長矛	32.494	商代晚期	同上
亞長	17533	亞長矛	32.495	商代晚期	同上
亞長	17534	亞長矛	32.496	商代晚期	同上
亞長	17535	亞長矛	32.497	商代晚期	同上

族氏族徽	器號	器名	卷數頁碼	時代	出土地
亞長	17536	亞長矛	32.498	商代晚期	河南安陽市花園村
亞長	17537	亞長矛	32.499	商代晚期	同上
亞長	18230	亞長鉞	33.501	商代晚期	同上
亞長	18231	亞長鉞	33.502	商代晚期	同上
亞長	18232	亞長鉞	33.503	商代晚期	同上
亞長	18319	亞長刀	33.545	商代晚期	同上
亞長	18320	亞長刀	33.547	商代晚期	同上
亞長	18501	亞長弓柲	34.94	商代晚期	同上
亞址	00530	亞址鼎	1.416	商代晚期	河南安陽市郭家莊
亞址	00531	亞址鼎	1.417	商代晚期	同上
亞址	00532	亞址鼎	1.418	商代晚期	同上
亞址	08333	亞址父己爵	16.431	商代晚期	
亞址	08713	亞址角	17.151	商代晚期	河南安陽市郭家莊
亞址	08714	亞址角	17.152	商代晚期	同上
亞址	08715	亞址角	17.153	商代晚期	同上
亞址	08716	亞址角	17.154	商代晚期	同上
亞址	08717	亞址角	17.155	商代晚期	同上
亞址	08718	亞址角	17.156	商代晚期	同上
亞址	08719	亞址角	17.157	商代晚期	同上
亞址	08720	亞址角	17.158	商代晚期	同上
亞址	08721	亞址角	17.159	商代晚期	同上
亞址	08722	亞址角	17.159	商代晚期	同上
亞址	09343	亞址觚	18.102	商代晚期	同上
亞址	09344	亞址觚	18.103	商代晚期	同上
亞址	09345	亞址觚	18.104	商代晚期	同上
亞址	09346	亞址觚	18.105	商代晚期	同上
亞址	09347	亞址觚	18.106	商代晚期	同上
亞址	09348	亞址觚	18.107	商代晚期	同上
亞址	09349	亞址觚	18.108	商代晚期	同上
亞址	09350	亞址觚	18.109	商代晚期	同上
亞址	09351	亞址觚	18.109	商代晚期	同上
亞址	09352	亞址觚	18.110	商代晚期	同上
亞址	10205	亞址觶	19.119	商代晚期	同上

族氏族徽	器　號	器　名	卷數頁碼	時　代	出土地
亞址	10624	中觶	19.443	西周早期前段	陝西寶雞縣鬥雞臺
亞址	10960	亞址斝	20.74	商代晚期	河南安陽市郭家莊
亞址	10961	亞址斝	20.75	商代晚期	同上
亞址	11211	亞址尊	20.259	商代晚期	同上
亞址	11212	亞址尊	20.260	商代晚期	同上
亞址	12647	亞址卣	23.112	商代晚期	同上
亞址	12958	亞址父己壺	23.387	西周早期	陝西關中
亞址	13651	舢觥	24.486	商代晚期	
亞址	13737	亞址罍	25.33	商代晚期	河南安陽市郭家莊
亞址	14318	亞址盤	25.333	商代晚期	同上
亞址	14617	亞址盂	26.37	商代晚期	同上
亞止	13736	亞止罍	25.32	商代晚期	河南安陽
亞沚	02994	卸鬲	6.430	商代晚期	
亞沚	07107	亞沚爵	15.29	商晚周早	
亞沚	07108	亞沚爵	15.29	商晚周早	
亞弜	00520	亞弜鼎	1.408	商代晚期	河南安陽市小屯村
亞弜	00521	亞弜鼎	1.410	商代晚期	同上
亞弜	00522	亞弜鼎	1.411	商代晚期	同上
亞弜	00523	亞弜鼎	1.412	商代晚期	
亞弜	00524	亞弜鼎	1.413	商代晚期	
亞弜	00525	亞弜鼎	1.414	商代晚期	
亞弜	00526	亞弜鼎	1.414	商代晚期	
亞弜	00527	亞弜鼎	1.415	商代晚期	
亞弜	00528	亞弜鼎	1.415	商代晚期	
亞弜	00529	亞弜鼎	1.415	商代晚期	
亞弜	03663	亞弜簋	7.474	商代晚期	
亞弜	03994	亞弜父癸簋	8.276	商代晚期	
亞弜	07036	亞弜爵	14.480	商代晚期	
亞弜	07037	亞弜爵	14.481	商代晚期	河南安陽市劉家莊
亞弜	07098	亞弜爵	15.22	商代晚期	
亞弜	07099	亞弜爵	15.23	商代晚期	
亞弜	07100	亞弜爵	15.24	商代晚期	
亞弜	08760	亞弜父丁角	17.198	商晚周早	

族氏族徽	器　號	器　名	卷數頁碼	時　代	出土地
亞弜	08761	亞弜父丁角	17.198	商晚周早	
亞弜	09363	亞弜瓠	18.119	商代晚期	
亞弜	09364	亞弜瓠	18.119	商代晚期	
亞弜	09365	亞弜瓠	18.120	商代晚期	
亞弜	10380	婦亞弜觶	19.251	商代晚期	
亞弜	11039	亞弜父丁斝	20.137	商代晚期	
亞弜	12005	亞弜壺	21.369	商代晚期	
亞弜	12006	亞弜壺	21.369	商代晚期	
亞弜	13483	亞弜方彝	24.359	商代晚期	河南安陽市劉家莊
亞弜	14170	亞弜斗	25.289	商代晚期	
亞弜	15888	亞弜鐃	29.444	商代晚期	河南安陽市小屯村
亞弜	15889	亞弜鐃	29.445	商代晚期	同上
亞弜	18316	亞弜刀	33.542	商代晚期	
亞弜	18317	亞弜刀	33.543	商代晚期	
亞弜	19272	亞弜箕	35.59	商代晚期	河南安陽市劉家莊
亞弜	19474	亞弜器	35.241	商代晚期	
亞其	00586	亞其鼎	1.461	商代晚期	
亞其	01124	亞其父乙鼎	2.366	西周早期	河南鄭州市窪劉村
亞其	01400	旲鼎	3.96	西周早期前段	北京房山琉璃河村
亞其	04543	見簋	9.294	西周早期	
亞其	07038	亞其爵	14.482	商代晚期	河南安陽市小屯村
亞其	07039	亞其爵	14.483	商代晚期	同上
亞其	07040	亞其爵	14.484	商代晚期	同上
亞其	07041	亞其爵	14.485	商代晚期	同上
亞其	07042	亞其爵	14.486	商代晚期	同上
亞其	07043	亞其爵	14.487	商代晚期	同上
亞其	07044	亞其爵	14.488	商代晚期	同上
亞其	07045	亞其爵	14.489	商代晚期	同上
亞其	07046	亞其爵	14.489	商代晚期	同上
亞其	07047	亞其爵	14.490	商代晚期	同上
亞其	09362	亞其瓠	18.119	商代晚期	
亞其	10950	亞其斝	20.65	商代晚期	河南安陽市小屯村
亞其	12644	亞其卣	23.109	商代晚期	河南安陽

族氏族徽	器　號	器　名	卷數頁碼	時　代	出土地
亞其	14174	亞其勺	25.294	商代晚期	
亞獏	01149	亞獏父丁鼎	2.382	商代晚期	
亞獏	01150	亞獏父丁鼎	2.383	商代晚期	
亞獏	01151	亞獏父丁鼎	2.384	商代晚期	傳河南安陽出土
亞獏	01152	亞獏父丁鼎	2.384	商代晚期	
亞獏	02679	亞獏父己鬲	6.65	商代晚期	
亞獏	03664	亞獏簋	7.475	商代晚期	
亞獏	04000	亞獏母辛簋	8.282	商代晚期	
亞獏	08315	亞獏父丁爵	16.421	商代晚期	
亞獏	08759	亞獏父丁角	17.197	商代晚期	
亞獏	09749	亞獏父丁瓠	18.415	商代晚期	河南安陽
亞獏	10951	亞獏斝	20.66	商代晚期	同上
亞獏	11442	亞獏父丁尊	20.452	商代晚期	同上
亞獏	12929	亞獏父辛卣	23.358	商代晚期	
亞獏	13312	作冊嬜卣	24.249	商代晚期	河南安陽
亞獏	13323	二祀切其卣	24.270	商代晚期	同上
亞獏	14677	亞獏父丁盉	26.90	商代晚期	
亞獏	19225	亞獏罐	35.6	商代晚期	河南安陽市小莊村
亞束	01904	禽鼎	4.65	西周中期前段	西安長安區花園村
亞束	02047	禽鼎	4.217	西周中期前段	同上
亞束	02337	歸𤸯進鼎	5.104	西周早期	同上
亞束	02338	歸𤸯進鼎	5.105	西周早期	同上
亞束	02339	歸𤸯進鼎	5.106	西周早期	同上
亞束	03307	歸𤸯甗	7.184	西周早期	同上
亞束	08563	雀釐爵	17.112	西周早期	同上
亞束	08563	雀釐爵	17.112	西周早期	
亞束	10860	歸𤸯進飲壺	19.487	西周早期	西安長安區花園村
亞束	10860	歸𤸯進飲壺	19.487	西周早期	同上
亞束	12256	歸𤸯壺	22.131	西周早期	同上
亞束	12256	歸𤸯壺	22.131	西周早期	同上
亞束	13223	亞束壺	24.136	商代晚期	
亞束	13223	亞束壺	24.136	西周早期	西安長安區花園村
亞鵨	00533	亞鵨鼎	1.419	商代晚期	

族氏族徽	器　號	器　名	卷數頁碼	時　代	出土地
亞觥	01690	曆鼎	3.354	商晚周早	
亞觥	01852	父庚祖辛鼎	4.11	商晚周早	
亞觥	01853	父庚祖辛鼎	4.12	商晚周早	
亞觥	02827	林瓲鬲	6.211	西周早期	
亞觥	02907	鼻鬲	6.313	西周早期	
亞觥	04407	曆簋	9.161	西周早期前段	
亞觥	04574	亞觥祖辛簋	9.321	西周早期	
亞觥	10538	亞觥父乙觶	19.374	西周早期	
亞觥	10550	亞觥父辛觶	19.384	西周早期	
亞觥	12830	亞觥林卣	23.266	商代晚期	
亞觥	12904	亞觥父乙卣	23.335	商代晚期	
亞觥	13215	畬卣	24.128	西周早期	
亞骨	07060	亞其爵	14.500	商代晚期	
亞骨	07061	亞其爵	14.500	商代晚期	
亞骨	07062	亞其爵	14.501	商代晚期	
亞骨	09353	亞其瓠	18.110	商代晚期	河南安陽市小屯村
亞骨	09354	亞其瓠	18.111	商代晚期	同上
亞骨	09355	亞其瓠	18.112	商代晚期	同上
亞骨	09356	亞其瓠	18.113	商代晚期	同上
亞骨	09357	亞其瓠	18.114	商代晚期	同上
亞骨	09358	亞其瓠	18.115	商代晚期	同上
亞骨	09359	亞其瓠	18.116	商代晚期	同上
亞骨	09360	亞其瓠	18.117	商代晚期	河南安陽
亞骨	09361	亞其瓠	18.118	商代晚期	
亞寏	00578	亞寏鼎	1.456	商代晚期	
亞寏	01219	亞寏𢑑鼎	2.436	商代晚期	
亞寏	01894	亞寏鼎	4.56	商代晚期	
亞寏	08724	亞寏角	17.161	商代晚期	
亞寏	08725	亞寏角	17.162	商代晚期	
亞寏	09392	亞寏瓠	18.144	商代晚期	
亞寏	09829	亞寏父丁瓠	18.480	商代晚期	
亞寏	10210	亞寏觶	19.124	商代晚期	河南南陽地區
亞寏	12939	亞寏皇祈卣	23.369	商代晚期	江西遂川縣洪門村

族氏族徽	器　號	器　名	卷數頁碼	時　代	出土地
亞寏	13139	亞寏卣	24.49	商代晚期	
亞寏	15891	亞寏鐃	29.447	商代晚期	
亞寏	17549	亞寏矛	32.509	商代晚期	河南安陽市武官村
亞若	00534	亞若鼎	1.420	商代晚期	河南安陽市劉家莊
亞若	01891	亞若癸鼎	4.53	商代晚期	
亞若	01892	亞若癸鼎	4.54	商代晚期	
亞若	01893	亞若癸鼎	4.55	商代晚期	
亞若	02399	我鼎	5.195	西周早期後段	
亞若	07026	亞若爵	14.470	商代晚期	河南安陽市劉家莊
亞若	08334	亞若父己爵	16.432	商晚周早	
亞若	09388	亞若觚	18.140	商代晚期	河南安陽市劉家莊
亞若	09846	亞若癸觚	18.495	商代晚期	
亞若	09847	亞若癸觚	18.496	商代晚期	
亞若	10546	亞若父己觶	19.380	西周早期	河南洛陽
亞若	13611	亞若觥蓋	24.453	商代晚期	
亞䀇	00537	亞䀇鼎	1.423	商代晚期	河南安陽市劉家莊
亞䀇	00538	亞䀇鼎	1.424	商代晚期	同上
亞䀇	00539	亞䀇鼎	1.425	商代晚期	同上
亞䀇	00540	亞䀇鼎	1.426	商代晚期	同上
亞䀇	00541	亞䀇鼎	1.427	商代晚期	同上
亞䀇	03660	亞䀇簋	7.472	商代晚期	同上
亞䀇	07025	亞䀇爵	14.469	商代晚期	同上
亞䀇	11213	亞䀇尊	20.261	商代晚期	同上
亞䀇	11214	亞䀇尊	20.262	商代晚期	同上
亞䀇	12648	亞䀇卣	23.113	商代晚期	同上
亞䀇	13738	亞䀇罍	25.34	商代晚期	同上
亞䀇	14319	亞䀇盤	25.334	商代晚期	同上
亞牧	02678	亞牧父戊鬲	6.65	商代晚期	
亞牧	01805	作父乙鼎	3.468	西周早期	
亞牧	01816	亞牧鼎	3.477	西周早期	
亞牧	02674	亞牧父乙鬲	6.61	西周早期後段	陝西扶風縣齊家村
亞牧	04538	䣇簋	9.289	西周早期後段	同上
亞牧	04539	䣇簋	9.290	西周早期後段	同上

族氏族徽	器　號	器　名	卷數頁碼	時　代	出土地
亞牧	09781	亞牧父乙觚	18.443	西周早期後段	陝西扶風縣齊家村
亞牧	09782	亞牧父乙觚	18.444	西周早期後段	同上
亞牧	11696	傳尊	21.171	西周早期	山東青州
亞牧	11706	卹尊	21.179	西周早期後段	陝西扶風縣齊家村
亞牧	13235	卹卣	24.151	西周早期	同上
亞徵	02618	亞徵鬲	6.16	商代晚期	河北豐寧縣
亞徵	10204	亞徵觶	19.118	商代晚期	
亞舟	00542	亞舟鼎	1.428	商代晚期	
亞舟	00581	亞舟鼎	1.458	商代晚期	
亞舟	00582	亞舟鼎	1.459	商代晚期	
亞舟	04812	奮徽簋	10.102	商代晚期	
亞舟	07031	亞舟爵	14.475	商代晚期	
亞舟	07101	亞舟爵	15.25	商代晚期	
亞舟	07102	亞舟爵	15.25	商代晚期	
亞舟	08034	亞冊舟爵	16.196	商代晚期	
亞舟	13481	亞舟方彝	24.357	商代晚期	
亞舟	14171	亞舟斗	25.290	商代晚期	
亞旂	01155	亞旂父丁鼎	2.387	商代晚期	
亞旂	01185	亞旂父己鼎	2.41	商代晚期	
亞旂	08771	亞旂父丁角蓋	17.207	西周早期	
亞旂	12230	刺壺	22.104	商代晚期	
亞觚	03287	亞觚作父己甗	7.164	西周早期	陝西鳳翔
亞觚	09815	亞觚觚	18.469	商代晚期	
亞觚	09849	魄觚	18.497	商晚周早	
亞觚	11392	亞觚斝尊	20.411	西周早期	
亞觚	11695	旅莫尊	21.17	商代晚期	陝西寶雞縣戴家灣
亞觚	11714	亞觚尊	21.188	商代晚期	同上
亞芦	04607	𰻞簋	9.353	西周早期	
亞芦	07075	亞芦爵	15.7	商代晚期	
亞芦	07076	亞芦爵	15.8	商代晚期	
亞芦	08382	亞芦父丁爵	16.469	西周早期	
亞芦	12651	亞芦卣	23.116	商代晚期	
亞芦	12652	亞芦卣	23.117	商代晚期	

族氏族徽	器　號	器　名	卷數頁碼	時　代	出土地
亞茊	13478	亞茊方彝	24.354	商代晚期	河南安陽
亞茊	14172	亞茊斗	25.291	商代晚期	同上
亞隻	03661	亞隻簋	7.473	商代晚期	河南安陽市郭家莊
亞隻	07092	亞隻爵	15.17	商代晚期	
亞隻	07093	亞隻爵	15.18	商代晚期	河南安陽市郊區
亞隻	07094	亞隻爵	15.19	商代晚期	
亞隻	09396	亞隻瓠	18.148	商代晚期	河南安陽市大司空
亞隻	09397	亞隻瓠	18.149	商代晚期	
亞隻	09398	亞隻瓠	18.150	商代晚期	
亞隻	10214	亞隻觶蓋	19.126	商代晚期	
亞戉	03962	亞戉父乙簋	8.251	商代晚期	
亞啟	09387	亞啟瓠	18.139	商代晚期	
亞啟	11476	亞啟父乙尊	20.482	西周早期	
亞啟	13080	亞啟父乙卣	23.504	商代晚期	
亞啟	13482	亞啟方彝	24.358	商代晚期	河南安陽市小屯村
亞啟	16338	亞啟戈	30.309	商代晚期	河南安陽
亞啟	16581	亞啟左戈	31.19	商代晚期	
亞啟	18228	亞啟鉞	33.498	商代晚期	
亞啟	19475	亞啟器	35.241	商代晚期	
亞狀	07035	亞狀爵	14.479	商代晚期	
亞狀	07097	亞狀爵	15.21	商代晚期	
亞狀	09410	亞狀瓠	18.156	商代晚期	
亞狀	09411	亞狀瓠	18.157	商代晚期	
亞狀	09412	亞狀瓠	18.157	商代晚期	
亞狀	16335	亞狀戈	30.307	商代晚期	
亞狀	18499	亞狀弓柲	34.92	商代晚期	
亞狀	18500	亞狀弓柲	34.93	商代晚期	
亞羌	00585	亞羌鼎	1.460	商代晚期	
亞羌	03240	子商甗	7.123	商代晚期	
亞羌	08026	亞乙羌爵	16.189	商代晚期	
亞羌	12131	亞羌壺	22.5	商代晚期	
亞俲	01175	亞俲父戊鼎	2.402	商代晚期	
亞俲	07071	亞俲爵	15.3	商代晚期	山西靈石縣旌介村

族氏族徽	器 號	器 名	卷數頁碼	時 代	出土地
亞僥	07072	亞僥爵	15.4	商代晚期	山西靈石縣旌介村
亞僥	07073	亞僥爵	15.5	商代晚期	
亞離	03972	亞離父丁簋	8.258	商代晚期	
亞離	03996	亞離父癸簋	8.278	西周早期	
亞離	07503	亞離爵	15.306	商代晚期	
亞離	10392	亞離示觶	19.261	商代晚期	
亞離	11043	亞離示辛斝	20.140	商代晚期	
亞離	11475	亞離父乙尊	20.481	西周早期	
亞離	19184	亞離示璽	34.564	商代晚期	河南安陽
亞異	01688	鼍鼎	3.352	商代晚期	同上
亞異	02257	斝鼎	4.485	商代晚期	遼寧喀左縣北洞村
亞異	08394	亞異父己爵	16.478	西周早期	北京順義縣金牛山
亞異	09786	亞異父己觚	18.448	西周早期	同上
亞異	10545	亞異父己觶	19.379	西周早期	同上
亞異	11484	亞異父己尊	20.490	西周早期	同上
亞異	12957	亞異父己卣	23.386	西周早期	同上
亞毘	01182	亞毘父己鼎	2.408	西周早期	陝西渭南市南堡村
亞毘	04007	亞毘父乙簋	8.288	商代晚期	遼寧喀左縣灣子村
亞毘	07083	亞毘爵	15.12	商晚周早	
亞毘	07084	亞毘爵	15.12	商代晚期	
亞毘	09725	亞毘祖乙觚	18.396	商代晚期	陝西岐山縣
亞毘	14621	亞毘盉	26.40	西周早期	
亞毘	16334	亞毘戈	30.306	商代晚期	
亞夫	01372	亞夫父辛鼎	3.71	西周早期前段	陝西涇陽縣高家堡
亞夫	03655	亞夫簋	7.467	商代晚期	
亞夫	09823	亞夫觚	18.476	西周早期	
亞夫	09824	亞夫觚	18.476	西周早期	
亞夫	14317	亞夫盤	25.332	商代晚期	
亞夫	14708	亞夫盉	26.119	西周早期	
亞夫	15890	亞夫鐃	29.446	商代晚期	河南安陽
亞告	00579	亞告鼎	1.457	商代晚期	
亞告	00580	亞告鼎	1.457	商代晚期	
亞告	03658	亞告簋	7.470	商代晚期	河南安陽

族氏族徽	器　號	器　名	卷數頁碼	時　代	出土地
亞告	07032	亞告爵	14.476	商代晚期	
亞告	09385	亞告觚	18.137	商代晚期	
亞告	12645	亞告卣	23.110	商代晚期	
亞古	04729	亞古簋	9.482	商代晚期	河南洛陽
亞古	08763	亞古父己角	17.200	商代晚期	
亞古	08764	亞古父己角	17.201	商代晚期	
亞古	09756	亞古父己觚	18.421	商代晚期	河南安陽殷墟
亞古	13079	亞古父己卣	23.503	商代晚期	
亞古	14682	亞古父己盉	26.94	商代晚期	
亞得	01191	亞得父庚鼎	2.415	商代晚期	
亞得	01192	亞得父庚鼎	2.416	商代晚期	傳出河南安陽
亞得	03212	亞得父己甗	7.100	商代晚期	
亞得	10648	何觶	19.463	商代晚期	
亞得	12934	亞得父癸卣	23.364	商代晚期	
亞得	14678	亞得父丁盉	26.91	商代晚期	
亞盤	00558	亞盤鼎	1.441	商代晚期	
亞盤	02638	亞盤母鬲	6.33	商代晚期	甘肅涇川縣蒜李村
亞盤	03662	亞盤簋	7.474	商代晚期	
亞盤	07087	亞盤爵	15.14	商代晚期	陝西寶雞縣鬥雞臺
亞盤	07088	亞盤爵	15.15	商代晚期	
亞盤	08295	亞盤父乙爵	16.406	商代晚期	
亞盉	01696	亞盉鼎	3.359	西周早期前段	北京房山琉璃河村
亞盉	03207	亞盉父丁甗	7.95	西周早期	
亞盉	04137	亞盉父丁簋	8.397	商代晚期	
亞盉	09751	亞盉父丁觚	18.416	西周早期	
亞盉	11231	亞盉尊	20.275	商代晚期	
亞盉	14686	亞盉父乙盉	26.97	西周早期前段	北京房山區琉璃河
亞冀	01184	亞冀父己鼎	2.410	商代晚期	
亞冀	03213	亞冀父己甗	7.100	西周早期	
亞冀	08372	亞冀父乙爵	16.461	西周早期	陝西
亞冀	09625	亞冀乙觚	18.318	商代晚期	
亞冀	09779	亞冀姒己觚	18.441	西周早期	陝西寶雞縣鬥雞臺
亞冀	12900	亞冀父甲卣	23.331	商代晚期	

族氏族徽	器　號	器　名	卷數頁碼	時　代	出土地
亞盥	00535	亞盥鼎	1.421	商代晚期	河南安陽市苗圃北地
亞盥	03659	亞盥簋	7.471	商代晚期	同上
亞盥	07079	亞盥爵	15.9	商代晚期	同上
亞盥	09391	亞盥瓠	18.143	商代晚期	同上
亞盥	12653	亞盥卣	23.118	商代晚期	同上
亞戈	00515	亞戈戈	1.403	商代晚期	
亞戈	01181	亞戈父己鼎	2.407	商代晚期	
亞戈	04025	亞戈父己簋	8.303	西周早期	
亞戈	07104	亞戈爵	15.27	商代晚期	
亞戈	08298	亞戈父乙爵	16.408	商晚周早	
亞天	00588	亞天鼎	1.462	商晚周早	
亞天	08401	亞天父辛爵	16.484	西周早期	
亞天	09384	亞天瓠	18.136	商代晚期	
亞天	10555	亞天父癸觶	19.387	西周早期	
亞天	11453	亞天父癸尊	20.462	商代晚期	
亞酉	01156	亞酉父丁鼎	2.388	商代晚期	
亞酉	09400	亞酉瓠	18.151	商代晚期	
亞酉	09401	亞酉瓠	18.152	商代晚期	
亞酉	09402	亞酉瓠	18.153	商代晚期	
亞酉	10952	亞酉斝	20.67	商代晚期	
亞犬	00516	亞犬鼎	1.404	商代中期	
亞犬	01153	亞犬父丁鼎	2.385	商代晚期	
亞犬	01154	亞犬父丁鼎	2.386	商代晚期	
亞犬	10213	亞犬觶	19.126	商代晚期	
亞犬	16333	亞犬戈	30.305	商代晚期	
亞奚	03657	亞奚簋	7.469	商代晚期	河南安陽
亞奚	09382	亞奚瓠	18.134	商代晚期	
亞奚	09383	亞奚瓠	18.135	商代晚期	
亞奚	11229	亞奚尊	20.274	商代晚期	
亞奚	12662	亞奚卣	23.124	商代晚期	
亞佣	00536	亞佣鼎	1.422	商代晚期	
亞佣	07096	亞佣爵	15.21	商代晚期	
亞佣	12004	亞佣壺	21.368	商代晚期	

族氏族徽	器　號	器　名	卷數頁碼	時　代	出土地
亞佣	16331	亞佣戈	30.303	商代晚期	河南安陽
亞雉	07091	亞雉爵	15.16	商代晚期	
亞雉	09393	亞雉觚	18.145	商代晚期	河南羅山縣後李村
亞雉	09394	亞雉觚	18.146	商代晚期	同上
亞雉	09395	亞雉觚	18.147	商代晚期	
亞憲	02632	亞憲鬲	6.28	西周早期	
亞憲	10209	亞憲觶	19.123	商代晚期	
亞憲	11225	亞憲尊	20.271	商代晚期	
亞憲	11226	亞憲尊	20.272	商代晚期	
亞覃	08314	亞覃父丁爵	16.420	商晚周早	
亞覃	11660	亞覃尊	21.139	商代晚期	河南安陽市孝民屯
亞覃	11661	亞覃尊	21.140	商代晚期	同上
亞覃	12903	亞覃父乙卣	23.334	商代晚期	
亞橐	00591	亞橐鼎	1.464	商代晚期	
亞橐	08288	亞橐祖己爵	16.400	商代晚期	
亞橐	09408	亞橐觚	18.156	商代晚期	
亞橐	10518	亞橐父辛觶	19.358	商晚周早	
亞虹	10540	亞虹父乙觶	19.375	西周早期	
亞虹	15912	亞虹左鐃	29.468	商代晚期	
亞虹	15913	亞虹右鐃	29.470	商代晚期	
亞㐭	10390	亞㐭觶	19.260	商代晚期	
亞㐭	11224	亞㐭尊	20.270	商代晚期	
亞㐭	13488	亞㐭方彝	24.364	商代晚期	
亞受	02138	歐鼎	4.328	商代晚期	
亞受	07034	亞受爵	14.478	商代晚期	
亞受	16337	亞受戈	30.309	商代晚期	
亞弁	01206	亞弁父癸鼎	2.427	商代晚期	
亞弁	03995	亞弁父癸簋	8.277	商代晚期	
亞弁	13075	亞弁祖乙父己壺	23.498	商代晚期	
亞万	03208	万亞父丁甗	7.96	西周早期	河南安陽
亞万	10508	亞万父丁觶	19.352	商代晚期	
亞万	12663	亞万卣	23.125	商代晚期	
亞伐	08402	亞伐父辛爵	16.485	西周早期	

族氏族徽	器　號	器　名	卷數頁碼	時　代	出土地
亞伐	12646	亞伐卣	23.111	商代晚期	河北靈壽縣木佛村
亞伐	13739	亞伐罍	25.35	商代晚期	陝西城固縣蘇村
亞佣	15909	亞佣姗鐃甲	29.465	商代晚期	河南安陽市大司空
亞佣	15910	亞佣姗鐃乙	29.466	商代晚期	同上
亞佣	15911	亞佣姗鐃丙	29.467	商代晚期	同上
亞耑	01157	亞耑父丁鼎	2.389	西周早期	
亞耑	03973	亞耑父丁簋	8.258	商代晚期	
亞耑	14618	亞耑盉	26.38	商代晚期	
亞魚	08312	亞魚父丁爵	16.418	商代晚期	河南安陽市孝民屯
亞魚	08313	亞魚父丁爵	16.419	商代晚期	同上
亞魚	08424	亞魚兄丁爵	16.502	西周早期	
亞魚	08582	寢魚爵	17.131	商代晚期	河南安陽市孝民屯
亞敢	01220	亞敢女子鼎	2.436	商代晚期	
亞敢	08371	亞敢父乙爵	16.460	西周早期	西安長安區張家坡
亞敢	08770	亞敢父乙角	17.206	西周早期	陝西隴縣韋家莊
亞趲	00572	亞趲鼎	1.452	商代晚期	
亞趲	00573	亞趲鼎	1.453	商代晚期	
亞趲	11223	亞趲尊	20.269	商代晚期	
亞鳥	01114	亞鳥父甲鼎	2.358	商代晚期	
亞鳥	07089	亞鳥爵	15.15	商代晚期	
亞鳥	11722	效尊	21.195	西周早期	
亞獸	07081	亞獸爵	15.11	商代晚期	河南安陽
亞獸	07082	亞獸爵	15.11	商晚周早	
亞獸	09404	亞獸觚	18.154	商代晚期	
亞干	08030	亞干示爵	16.193	商代晚期	
亞干	09668	亞干示觚	18.354	商代晚期	河南安陽
亞大	10495	亞大父乙觶	19.343	商晚周早	
亞大	10496	亞大父乙觶	19.344	商晚周早	
亞正	04404	作父戊簋	9.158	商代晚期	
亞正	10631	作父戊觶	19.449	西周早期	
亞厷	00590	亞厷鼎	1.463	商代晚期	
亞厷	12098	亞厷父乙壺	21.451	商代晚期	
亞守	00593	亞守鼎	1.465	商代晚期	河南安陽市侯家莊

族氏族徽	器　號	器　名	卷數頁碼	時　代	出土地
亞守	11230	亞守尊	20.274	商代晚期	
亞次	11051	亞次斝	20.146	商代晚期	
亞次	11052	亞次斝	20.147	商代晚期	
亞豕	00592	亞豕鼎	1.464	商代晚期	
亞豕	08291	亞豕父甲爵	16.402	商代晚期	
亞敕	07077	亞敕爵	15.8	商代晚期	
亞敕	07078	亞敕爵	15.9	商代晚期	
亞敄	07080	亞敄爵	15.10	商代晚期	河南安陽
亞敄	09403	亞敄觚	18.153	商代晚期	
亞智	01178	亞智父己鼎	2.405	商代晚期	
亞智	01179	亞智父己鼎	2.405	商代晚期	
亞奔	10514	亞奔父己觶	19.355	商代晚期	
亞奔	10519	亞奔父辛觶	19.358	商晚周早	
亞登	03665	亞登簋	7.475	商代晚期	
亞登	09802	亞登兄日庚觚	18.460	商代晚期	
亞罍	08463	亞罍爵	17.29	商代晚期	
亞罍	08483	亞罍爵	17.45	西周早期	
亞輦	03987	亞輦父辛簋	8.270	商代晚期	
亞輦	11451	亞輦父辛尊	20.460	商代晚期	
亞旅	03985	亞旅父己簋	8.268	西周早期	
亞旅	09784	亞旅父己觚	18.446	西周早期	
亞又	13477	亞又方彝	24.353	商代晚期	
亞犬	07085	亞犬爵	15.13	商晚周早	
亞勺	08299	亞勺父乙爵	16.409	商晚周早	
亞子	07090	亞子爵	15.16	商晚周早	
亞矢	12166	亞矢𡉈壺	22.36	商代晚期	
亞及	10638	諫觶	19.454	西周早期	
亞不	19296	亞冊不獸面	35.82	商代晚期	
亞井	10212	亞井觶	19.125	商代晚期	
亞史	09413	亞史觚	18.158	商代晚期	
亞宁	09765	亞宁父癸觚	18.430	商代晚期	
亞刊	00560	亞刊鼎	1.443	商代晚期	
亞弗	09386	亞弗觚	18.138	商代晚期	

族氏族徽	器　號	器　名	卷數頁碼	時　代	出土地
亞尹	18238	亞尹鉞	33.510	商代晚期	
亞矢	03960	亞矢父乙簋	8.250	商代晚期	
亞卯	10532	亞卯祖辛觶蓋	19.368	西周早期	
亞卯	00577	亞卯鼎	1.455	商代晚期	
亞耳	09407	亞耳瓠	18.155	商代晚期	
亞开	10621	亞开觶	19.440	商代晚期	
亞此	11273	亞此尊	20.309	西周早期	傳出山東
亞屰	13810	亞屰父丁罍	25.98	西周早期	遼寧喀左縣北洞溝
亞光	03656	亞光簋	7.468	商代晚期	陝西鳳翔縣河北村
亞亢	00737	亞亢鼎	2.57	商代晚期	
亞聿	08296	亞聿父乙爵	16.407	商代晚期	河南安陽
亞癸	09406	亞癸瓠	18.155	商代晚期	
亞狀	01815	亞狀鼎	3.476	商晚周早	山西曲沃縣曲村
亞弜	01811	亳鼎	3.473	西周早期	
亞宋	09409	亞宋瓠	18.156	商代晚期	
亞夰	00595	亞夰鼎	1.467	西周早期	
亞叀	01697	亞叀鼎	3.360	西周早期前段	
亞朙	01115	朙亞祖癸鼎	2.359	商代晚期	
亞明	00596	亞明鼎	1.466	西周早期	
亞兴	10203	亞兴觶	19.117	商代晚期	河南安陽
亞甾	02200	豊鼎	4.405	商代晚期	
亞竝	03984	亞竝父己簋	8.267	商代晚期	
亞食	10556	亞食父癸觶	19.388	西周早期	
亞夵	10640	遽仲觶	19.456	西周早期	
亞魕	15908	亞魕媥鐃	29.464	商代晚期	
亞夏	09405	亞夏瓠	18.154	商代晚期	
亞重	10211	亞重觶	19.125	商代晚期	
亞保	01370	亞保父辛鼎	3.69	商代晚期	甘肅禮縣城關鎮
亞宣	01365	亞宣父乙鼎	3.64	商代晚期	
亞壴	01817	亞壴鼎	3.478	西周早期	
亞馬	07086	亞馬爵	15.13	商代晚期	
亞昰	07095	亞昰爵	15.20	商代晚期	
亞咸	09771	亞咸癸□瓠	18.436	商代晚期	

族氏族徽	器號	器名	卷數頁碼	時代	出土地
亞㱿	10949	亞㱿斝	20.64	商代晚期	河南安陽
亞皋	08336	亞皋父辛爵	16.433	商代晚期	
亞高	04511	亢簋	9.266	西周早期前段	
亞旁	13765	亞旁罍	25.59	西周早期	
亞殺	04009	亞殺父乙簋	8.290	西周早期前段	陝西長武縣張家灣
亞脁	08297	亞脁父乙爵	16.408	商晚周早	
亞雀	13041	亞雀父己卣	23.465	西周早期	河南鶴壁市龐村
亞鹿	08413	亞鹿父壬爵	16.493	西周早期	
亞鳥	09750	亞鳥父丁觚	18.416	商代晚期	
亞豖	09399	亞豖觚	18.150	商代晚期	
亞豚	01818	亞豚鼎	3.478	西周早期	
亞羍	14734	亞羍盉	26.142	商代晚期	
亞集	12274	莫壺	22.149	西周早期	
亞奠	12649	亞奠卣	23.114	商代晚期	
亞䣱	15892	亞䣱鐃	29.448	商代晚期	河南安陽
亞萬	15923	亞萬父己鐃	29.479	商代晚期	
亞御	14732	吴盉	26.141	西周早期	
亞酤	11232	亞酤尊	20.275	商代晚期	河南安陽
亞䠶	07559	亞䠶爵	15.346	西周早期	
亞僕	08294	亞僕父乙爵	16.405	商代晚期	河南安陽
亞寢	13078	亞寢父乙卣	23.502	商代晚期	
亞㸚	11483	亞㸚父丁尊	20.489	西周早期	内蒙古寧城縣黑石溝
亞衡	00571	亞衡鼎	1.452	商代晚期	
亞𩰫	03988	亞𩰫父辛簋	8.271	商代晚期	陝西武功縣渠子村
亞桼	03209	亞桼父丁甗	7.97	西周早期	
亞羲	13489	亞羲方彝	24.365	商代晚期	
亞鷹	09837	皿合觚	18.487	西周早期	
亞䫉	08788	召角	17.225	西周早期	
亞敵	00574	亞敵鼎	1.453	商代晚期	
亞敵	12661	亞敵卣	23.124	商代晚期	
亞畬	00575	亞畬鼎	1.454	商代晚期	
亞畬	00576	亞畬鼎	1.454	商代晚期	
亞巽	11487	亞巽父辛尊	20.493	西周早期	

族氏族徽	器　號	器　名	卷數頁碼	時　代	出土地
亞膚	00583	亞膚鼎	1.459	商代晚期	
亞膚	00584	亞膚鼎	1.460	商代晚期	
亞櫐	16336	亞櫐戈	30.308	商代晚期	河南安陽
亞㺇	00594	亞㺇鼎	1.466	西周早期	
亞敧	01125	亞敧父乙鼎	2.367	商代晚期	
亞橐	03970	亞橐父丁簋	8.256	商代晚期	
亞橐	10215	亞橐觶	19.127	商晚周早	陝西鳳翔縣
亞鬢	14683	亞鬢父辛盉	26.94	商代晚期	
亞孿	10551	亞孿父辛觶	19.385	西周早期	
亞ᗉ	01183	亞ᗉ父己鼎	2.409	商代晚期	
亞ᗉ	10953	亞ᗉ斝	20.67	商代晚期	
亞ᗉ	12135	亞ᗉ壺	22.9	西周早期	
亞未	11707	對尊	21.180	西周中期前段	
亞未	11708	對尊	21.181	西周早期後段	
亞未	13239	對卣	24.155	西周中期前段	
亞象（象）	04008	亞象父乙簋	8.289	西周早期前段	
亞昂（昂）	06303	亞昂匕	13.500	商代晚期	
亞非	00587	亞非鼎	1.462	商代晚期	
亞刂	00559	亞刂鼎	1.442	商代晚期	
亞魚	00561	亞魚鼎	1.444	商代晚期	
亞朋	01500	祖辛父乙鼎	3.182	西周早期	西安長安區進步村
亞怴	02673	亞怴母乙鬲	6.60	商代晚期	
亞皿	19226	亞皿罐	35.7	商代晚期	
亞孝	08407	亞孝父辛爵	16.489	西周早期	
亞屮	08419	亞屮父癸爵	16.499	西周早期	河南安陽
亞刺	08729	亞刺角	17.165	西周早期	
亞※	09841	羌廟向瓤	18.491	商代晚期	
亞筝	10485	亞筝婦觶	19.337	西周早期	
亞屮屮	07033	亞屮屮爵	14.477	商代晚期	
亞ਲ਼	07105	亞ਲ਼爵	15.28	商代晚期	
亞大	07106	亞大爵	15.28	商代晚期	
亞ᖱ	07537	亞ᖱ爵	15.330	商晚周早	
亞ᏽ	07560	亞ᏽ爵	15.346	西周早期	

族氏族徽	器　號	器　名	卷數頁碼	時　代	出土地
亞⬥	10544	亞⬥父己觶	19.378	西周早期	
亞禹	11452	亞禹父辛尊	20.461	商代晚期	
亞剛	12216	夾壺	22.88	西周早期	
亞殳	13268	乎渭卣	24.192	西周早期	
亞ㄅ	16339	亞ㄅ戈	30.310	商代晚期	山東青州市蘇埠屯
亞末	13203	無憂卣	24.114	西周早期	
亞末爨	13258	窥盘卣	24.179	商代晚期	
亞異矣	00741	亞異矣鼎	2.61	西周早期	
亞異矣	04379	亞異矣簋	9.135	西周早期	
亞異矣	04573	亞異矣旒簋	9.320	西周早期	
亞異矣	08536	鼄爵	17.88	商代晚期	
亞異矣	10583	亞異矣觶	19.408	商代晚期	山東滕州市莊里西
亞異矣	11060	鼄斝	20.153	商代晚期	
亞異矣	11623	鼄尊	21.109	商代晚期	
亞異矣	13147	鼄卣	24.57	商代晚期	
亞異矣	13227	對卣	24.140	西周早期前段	
亞異侯	11717	亞異侯尊	21.191	西周早期	
亞異侯	11718	亞異侯尊	21.191	西周早期	
亞㞢衛	00738	亞㞢衛鼎	2.58	西周早期	
亞㞢衛	03190	亞㞢衛甗	7.81	西周早期	
亞㞢衛	03865	亞㞢衛簋	8.170	西周早期	
亞㞢衛	09712	亞㞢衛觚	18.386	西周早期	
亞㞢衛	09713	亞㞢衛觚	18.387	西周早期	
亞㞢衛	11022	亞㞢衛斝	20.123	商代晚期	
亞㞢衛	11393	亞㞢衛尊	20.412	西周早期	
亞㞢衛	12033	亞㞢衛壺	21.392	商代晚期	
亞又斀	16582	亞又斀戈	31.20	商代晚期	
亞又斀	16583	亞又斀戈	31.22	商代晚期	
亞又斀	16584	亞又斀戈	31.24	商代晚期	
亞又斀	16585	亞又斀戈	31.26	商代晚期	
亞又斀	16586	亞又斀戈	31.28	商代晚期	
亞又斀	16587	亞又斀戈	31.30	商代晚期	
亞又⬤	08023	亞又⬤爵	16.187	商代晚期	陝西淳化縣黑豆嘴

族氏族徽	器　號	器　名	卷數頁碼	時　代	出土地
亞𤰶覃	01356	亞𤰶覃父甲鼎	3.58	商代晚期	
亞𤰶覃	04142	亞𤰶覃父乙簋	8.402	商代晚期	
亞𤰶覃	19456	亞𤰶辛栖	35.230	商代晚期	河南安陽殷墟西區
亞吳𡥈	03191	亞吳𡥈甗	7.82	西周早期	河南上蔡縣田莊村
亞吳叡	10578	亞吳叡父乙觶	19.405	西周早期	
亞吳晨	09826	鼉瓿	18.478	商代晚期	
亞吳晨	09827	鼉瓿	18.478	商代晚期	
亞其吳	13150	亞其吳卣	24.59	西周早期前段	
亞其吳	13151	亞其吳卣	24.60	西周早期前段	
亞其吳	13152	亞其吳卣	24.61	西周早期	
亞𣥐衍	08028	亞𣥐衍爵	16.191	商代晚期	
亞𣥐衍	08029	亞𣥐衍爵	16.192	商代晚期	
亞木守	09664	亞木守瓿	18.350	商代晚期	
亞木守	09665	亞木守瓿	18.351	商代晚期	
亞弁叔	08779	亞弁叔父丁角	17.214	商代晚期	
亞弁叔	08780	亞弁叔父丁角	17.216	商代晚期	
亞龜舟	08031	亞龜舟爵	16.194	商代晚期	山東壽張縣梁山
亞龜舟	08032	亞龜舟爵	16.194	商代晚期	
亞丁孔	09669	亞丁孔瓿	18.355	商代晚期	
亞八貝	10391	亞八貝觶	19.261	商代晚期	
亞卩犬	09666	亞卩犬瓿	18.352	商代晚期	
亞女方	08025	亞女方爵	16.188	商代晚期	
亞禾𡆥	08027	亞禾𡆥爵	16.190	商代晚期	
亞夫敫	08033	亞夫敫爵	16.195	商代晚期	河南南陽市十里廟
亞𠂤乂	08035	亞𠂤乂爵	16.196	商代晚期	
亞父𤔲	01694	亞父𤔲鼎	3.357	西周早期前段	陝西涇陽縣高家堡
亞父𤔲	01695	亞父𤔲鼎	3.358	西周早期前段	同上
亞𠦪爾	09663	亞𠦪爾瓿	18.349	商代晚期	
亞宜𦤺	11024	亞宜𦤺尊	20.125	商代晚期	河南安陽市劉家莊
亞宜𦤺	13509	亞宜𦤺方彝	24.384	商代晚期	同上
亞切其	11025	亞切其尊	20.126	商晚周早	陝西岐山縣樊村
亞圩虎	11035	𡥈父癸尊	20.134	西周早期	
亞𢆶言	13971	亞𢆶言瓿	25.145	商代晚期	

族氏族徽	器　號	器　名	卷數頁碼	時　代	出土地
亞車邑	13973	亞車丙邑瓶	25.147	商代晚期	
亞虍柜	12129	亞虍柜父乙壺	22.3	商代晚期	
亞豕馬	09667	亞豕馬觚	18.353	商代晚期	
亞鳥宁	14719	亞鳥宁盉	26.129	商代晚期	
亞𦥑亢	09670	亞𦥑亢觚	18.355	商代晚期	
亞向丸	08457	亞向丸父戊爵	17.25	商晚周早	
亞鼎其	02698	亞鼎其父己鬲	6.81	西周早期前段	
亞其戈	13022	亞其戈父辛卣	23.447	商代晚期	
亞𦥑亢	11549	亢父癸尊	21.46	西周早期	
亞址蠼	00734	亞址蠼鼎	2.54	商代晚期	
亞受𠬝	00736	亞受𠬝鼎	2.56	商代晚期	
亞屵莫	09798	亞父乙屵莫觚	18.457	商代晚期	
亞㚔憂	00742	亞㚔憂鼎	2.62	西周早期	
亞保酉	03864	亞保酉簋	8.169	西周早期	
亞鳥魚	00735	亞鳥魚鼎	2.55	商代晚期	
亞若冉	10526	亞若癸觶	19.363	商代晚期	
亞帝丶	08460	亞帝父己丶爵	17.28	商代晚期	河南上蔡縣田莊村
亞智蛭	11536	亞智蛭父乙尊	21.35	商代晚期	
亞𩵋爵	09772	亞𩵋辛爵觚	18.437	商代晚期	
亞亩市	08024	亞亩市爵	16.188	商代晚期	
亞亩止	00730	亞亩止鼎	2.50	商代晚期	河南安陽市郭家莊
亞亩止	00731	亞亩止鼎	2.51	商代晚期	同上
亞亩止	00732	亞亩止鼎	2.52	商代晚期	
亞亩止	00733	亞亩止鼎	2.53	商代晚期	河南安陽市郭家莊
亞亩止	03730	亞亩止簋	8.51	商代晚期	同上
亞亩址	11023	亞亩址斝	20.124	商代晚期	同上
亞亩孤竹	01218	亞亩孤竹鼎	2.435	商代晚期	
亞亩孤竹	01387	亞亩孤竹鼎	3.83	商代晚期	
亞亩鄉宁	01693	亞亩鄉宁鼎	3.356	商代晚期	
亞𦥑侯矣	04380	亞𦥑侯矣簋	9.136	西周早期	
亞𦥑侯矣	04381	亞𦥑侯矣簋	9.137	西周早期	
亞𦥑侯矣	04382	亞𦥑侯矣簋	9.137	西周早期	
亞𦥑侯矣	08358	亞𦥑侯矣爵	16.449	商代晚期	陝西洛南縣

族氏族徽	器　號	器　名	卷數頁碼	時　代	出土地
亞異侯吳	13281	孝卣	24.207	商代晚期	
亞从鳥宁	02729	亞从父丁鬲	6.111	商代晚期	
亞聿萬豕	10603	亞聿萬豕父乙觶	19.424	西周早期	
亞或其興	09848	說觚	18.497	商代晚期	
亞羊子祉	11574	亞羊子尊	21.68	西周早期	
亞𢀳天黽獻	04138	亞𢀳天黽獻簋	8.398	商代晚期	
亞若自受旅止	04582	亞若癸簋	9.329	商代晚期	
亞若受旅沚自	10862	亞若癸杯	19.489	商代晚期	
亞若自受放沚	13531	亞若癸方彝	24.406	商代晚期	
亞若自受放沚	13532	亞若癸方彝	24.407	商代晚期	
亞旅止受若癸自	11691	亞旅止乙尊	21.167	商代晚期	
亞旅止受若癸自	11692	亞旅止乙尊	21.167	商代晚期	
夙	11123	夙尊	20.185	商代晚期	四川廣漢市古雒城
夙	16141	夙戈	30.134	商代晚期	
夆（夅）	08974	夆觚	17.328	商代晚期	河北正定縣新城鋪
夆	00793	夆父乙鼎	2.103	西周早期	
夆	00878	夆父庚鼎	2.166	商晚周早	
夆	02000	圉窝鼎	4.160	西周晚期	
夆	03790	夆父丁簋	8.103	商代晚期	
夆	06754	夆爵	14.267	商代晚期	
夆	06755	夆爵	14.268	商代晚期	
夆	07303	夆戊爵	15.157	商代晚期	
夆	07657	夆辛爵	15.430	西周早期	
夆	07878	夆父己爵	16.83	商晚周早	
夆	08189	夆父己爵	16.322	西周早期	
夆	08248	夆父癸爵	16.368	西周早期	
夆	08249	夆父癸爵	16.369	西周早期	
夆	08544	由爵	17.94	西周早期	
夆	08975	夆觚	17.329	商代晚期	
夆	09755	夆父戊觚	18.420	商代晚期	
夆	10416	夆父乙觶	19.281	西周早期	
夆	10430	夆父丁觶	19.292	西周早期	
夆	11198	夆丁尊	20.247	商代晚期	

族氏族徽	器　號	器　名	卷數頁碼	時　代	出土地
夆	11307	夆父乙尊	20.340	商晚周早	
夆	12343	蘇觸壺	22.237	西周中期後段	
夆	12638	夆卣	23.104	西周早期後段	
夆	13529	匝方彝	24.404	西周早期後段	陝西長安（今西安市）
夆	13530	匝方彝	24.405	西周早期後段	
夆	13652	匝觥	24.487	西周早期後段	
夆	18212	夆鉞	33.483	商代晚期	
夆	18530	夆干首	34.110	商代晚期	
夆旅	03162	夆旅祖丁甗	7.57	商代晚期	
夆旅	03750	夆旅祖丁簋	8.69	西周早期	陝西扶風縣西塬村
夆旅	06470	夆旅爵	14.69	商代晚期	
夆旅	07876	夆旅父己爵	16.82	商晚周早	
夆旅	07957	夆旅父癸爵	16.142	商代晚期	
夆旅	08075	夆旅祖丁爵	16.229	西周早期	
夆旅	08145	夆旅父丁爵	16.290	西周早期	
夆旅	08175	夆旅父己爵	16.311	西周早期	
夆旅	08904	夆旅觚	17.277	商代晚期	
夆旅	09689	夆旅父乙觚	18.370	西周早期後段	陝西扶風縣莊白村
夆旅	09704	夆旅父辛觚	18.382	西周早期	
夆旅	10146	夆旅觶	19.78	西周早期	
夆旅	10911	夆旅斝	20.33	商代晚期	
夆旅	11126	夆旅尊	20.187	商代晚期	
夆旅	11361	夆旅父甲尊	20.383	西周早期	湖南湘潭縣老屋村
夆旅	12075	夆旅父辛壺	21.430	西周早期	
夆旅	12845	夆旅父乙卣	23.281	西周早期	
夆旅	13465	夆旅方彝	24.343	商代晚期	
夆旅	13607	夆旅觥	24.449	商代晚期	
夆旅	14305	夆旅盤	25.321	商代晚期	河南安陽
夆何	07658	夆何爵	15.431	西周早期	
夆何	07659	夆何爵	15.432	西周早期	
夆葡	07477	夆葡爵	15.288	商晚周早	
夆葡	09766	夆葡父癸觚	18.431	商代晚期	
夆圅	08348	夆圅父癸爵	16.441	商代晚期	

族氏族徽	器　號	器　名	卷數頁碼	時　代	出土地
堯	00124	堯鼎	1.102	商代晚期	
堯	00125	堯鼎	1.103	商代晚期	
堯	00126	堯鼎	1.104	商代晚期	
堯	00127	堯鼎	1.105	商代晚期	
堯	00128	堯鼎	1.105	商代晚期	
堯	00791	堯父乙鼎	2.102	商代晚期	
堯	00850	堯父己鼎	2.143	商代晚期	
堯	00915	堯父辛鼎	2.192	西周早期	
堯	00949	堯父癸鼎	2.223	商代晚期	
堯	07735	堯祖癸爵	15.486	商代晚期	
堯	07738	堯祖癸爵	15.488	商晚周早	
堯	07779	堯父乙爵	16.15	商晚周早	
堯	07914	堯父辛爵	16.108	商晚周早	
堯	07958	堯父癸爵	16.142	商代晚期	
堯	08072	堯祖乙爵	16.226	西周早期	
堯	09072	堯觚	17.404	商代晚期	
堯	09073	堯觚	17.405	商代晚期	
堯	09074	堯觚	17.406	商代晚期	
堯	09607	堯父辛觚	18.302	商代晚期	
堯	09839	堯万羃觚	18.489	西周早期	
堯	11180	堯尊	20.231	西周中期前段	
堯	11576	作父乙尊	21.70	西周早期後段	
堯	11577	作父丁尊	21.70	西周中期前段	
堯	13125	堯卣	24.36	西周早期	
堯	13175	堯卣	24.87	西周早期	
堯	14632	堯父乙盂	26.51	商晚周早	
堯	18246	堯父乙鉞	33.518	商代晚期	
堯万	08405	堯万父辛爵	16.488	西周早期	
兴	00438	兴丁鼎	1.339	商代晚期	
兴	06551	兴爵	14.131	商代晚期	山東長清縣興復河北
兴	06552	兴爵	14.132	商晚周早	
兴	06553	兴爵	14.132	商晚周早	
兴	07797	兴父丁爵	16.26	商代晚期	河南新鄭

族氏族徽	器　號	器　名	卷數頁碼	時　代	出土地
兴	07871	兴父己爵	16.79	商代晚期	
兴	07940	兴父癸爵	16.126	商代晚期	河南安陽市劉家莊
兴	08136	兴父丁爵	16.282	西周早期	
兴	08238	兴父癸爵	16.361	西周早期	
兴	08239	兴父癸爵	16.362	西周早期	
兴	08570	豐爵	17.119	西周中期前段	河南
兴	08908	兴觚	17.279	商代晚期	山東長清縣興復河北
兴	08909	兴觚	17.280	商代晚期	
兴	08910	兴觚	17.280	商代晚期	
兴	09806	兴觚	18.463	西周早期	
兴	10105	兴觶	19.45	商代晚期	山東長清縣興復河北
兴	10365	兴父癸觶	19.237	商代晚期	
兴	13244	𣪘卣	24.160	西周中期前段	
兴	13627	兴父乙觥	24.467	商代晚期	
兴ᴰ	07496	兴ᴰ爵	15.301	商晚周早	
兴ᴿ	01515	兴ᴿ日戊鼎	3.195	商晚周早	
兴行	07666	兴行爵	15.438	西周早期	
臤	00076	臤鼎	1.64	商代晚期	
臤	00077	臤鼎	1.66	商代晚期	河南安陽市殷墟
臤	01164	臤父丁鼎	2.394	西周早期	陝西寶雞縣戴家灣
臤	01777	污鼎	3.444	商代晚期	
臤	03840	臤父癸簋	8.147	商代晚期	
臤	04579	鳳簋	9.326	商代晚期	
臤	06942	臤爵	14.403	西周早期	西安長安區馬王鎮
臤	07718	臤祖丁爵	15.476	商晚周早	
臤	08097	臤父乙爵	16.249	西周早期	
臤	08193	臤父辛爵	16.326	西周早期	陝西岐山縣禮村
臤	08957	臤觚	17.313	商代晚期	山西永和縣下辛角村
臤	08958	臤觚	17.314	商代晚期	山東長清縣興復河北
臤	09854	麋婦觚	18.502	商代晚期	
臤	10369	臤父癸觶	19.240	商代晚期	河南安陽市孝民屯
臤	10424	臤父丙觶	19.287	西周早期前段	
臤	12550	臤卣	23.33	商代晚期	

族氏族徽	器　號	器　名	卷數頁碼	時　代	出土地
秉	08967	秉瓿	17.322	商代晚期	
秉	16127	秉戈	30.121	商代晚期	
秉干	00963	秉干戊鼎	2.233	商代晚期	
秉干	01193	秉干父辛鼎	2.417	西周早期	陝西寶雞市竹園溝
秉干	03692	秉干簋	8.22	商代晚期	
秉干	03693	秉干簋	8.22	商代晚期	
秉干	04143	秉冊干父乙簋	8.403	商代晚期	
秉干	07467	秉干爵	15.281	商代晚期	
秉干	08049	秉干辛爵	16.207	商代晚期	
秉干	08301	秉干父乙爵	16.410	商代晚期	
秉干	09462	秉干瓿	18.194	商代晚期	
秉干	10381	秉干戊觶	19.252	商代晚期	
秉干	12822	秉干丁卣	23.258	商代晚期	
秉干	16355	秉干戈	30.324	商代晚期	
受	03431	受簋	7.281	商代晚期	河北磁縣七垣村
受	04139	受祖己父辛簋	8.399	商晚周早	
受	06640	受爵	14.186	商代晚期	
受	08962	受瓿	17.317	商代晚期	河北磁縣七垣村
受	08963	受瓿	17.318	商代晚期	
受	08964	受瓿	17.319	商代晚期	
受	10056	受觶	19.8	商代晚期	
受	10308	受父乙觶	19.197	商代晚期	
受	12532	受卣	23.14	商代晚期	河北磁縣七垣村
受	12799	受父己卣	23.237	商代晚期	
受	15877	受鐃	29.433	商代晚期	
牧	06516	牧爵	14.105	商代晚期	河南安陽
牧	08098	牧父乙爵	16.250	西周早期後段	陝西扶風縣齊家村
牧	10305	牧父乙觶	19.195	商代晚期	
牧	12782	牧父丙卣	23.224	商代晚期	
牧	12783	枚父丁壺	23.224	商代晚期	
牧正	10548	牧正父己觶	19.382	西周早期	四川彭縣竹瓦街
牧正	11277	牧正尊	20.314	西周早期	陝西隴縣韋家莊
牧▲	07405	牧丙爵	15.233	商代晚期	河南安陽豫北紡織廠

族氏族徽	器　號	器　名	卷數頁碼	時　代	出土地
虎	03555	虎簋	7.386	商代晚期	
虎	03556	虎簋	7.387	西周晚期	傳陝西扶風法門鎮
虎	03557	虎簋	7.388	西周晚期	同上
虎	03558	虎簋	7.389	西周晚期	同上
虎	03559	虎簋蓋	7.390	西周晚期	同上
虎	06548	虎爵	14.128	商代晚期	
虎未	09763	虎未父辛觚	18.428	商代晚期	
虎重	01194	虎重父辛鼎	2.418	西周早期	河南洛陽市玻璃廠
叀	00607	叀冊鼎	1.476	商代晚期	
叀	06456	叀爵	14.57	商代晚期	
叀	12544	叀卣	23.27	商代晚期	山東濱州市蘭家村
叀	16147	叀戈	30.138	商代晚期	
叀♠	07406	叀皀爵	15.234	商代晚期	山東滕州市前掌大
叀庚	08316	叀庚父丁爵	16.422	商代晚期	山東鄒縣小西韋村
昪	00269	昪鼎	1.209	商晚周早	
昪	00455	昪壬鼎	1.352	商代晚期	甘肅靈臺縣古城村
昪	06644	昪爵	14.188	商代晚期	
昪	07790	昪父丙爵	16.21	商晚周早	
昪	14631	昪父乙盂	26.50	商代晚期	
昪亞	08020	昪亞父爵	16.184	商代晚期	
庚	09090	庚觚	17.420	商代晚期	
庚壴	08340	庚壴父癸爵	16.436	商代晚期	
庚豖	01167	庚豖父丁鼎	2.396	商代晚期	河南安陽市小屯西地
庚豖馬	04141	庚豖馬父乙簋	8.401	商代晚期	河南安陽
庚豖馬	09797	庚豖馬父乙觚	18.456	商代晚期	河南安陽市小屯村
析	00782	析父乙鼎	2.94	西周早期	河南洛陽
析	06774	析爵	14.278	商晚周早	
析	12041	析父丙壺	21.400	商代晚期	
析	18495	析弓柲	34.89	商代晚期	
炋	00599	炋冊鼎	1.470	商代晚期	
炋	03822	炋父辛簋	8.133	商代晚期	
炋	06632	炋爵	14.181	商晚周早	
炋	09066	炋觚	17.399	商代晚期	河南安陽

族氏族徽	器 號	器 名	卷數頁碼	時 代	出土地
祈	06653	祈爵	14.193	商代晚期	
祈	06654	祈爵	14.194	商代晚期	
祈	08091	祈祖癸爵	16.241	西周早期	
祈	13462	祈方彝	24.340	商代晚期	
烖	07885	烖父庚爵	16.88	商代晚期	
烖	07886	烖父庚爵	16.89	商代晚期	
烖	09601	烖父庚觚	18.299	商代晚期	
烖	10414	烖父乙觶	19.280	西周早期	
來	03347	作冊般甗	7.227	商代晚期	
來	12534	來卣	23.17	商代晚期	
來	13660	凯万函觥	24.499	西周早期	
來干	16354	來干戈	30.323	商代晚期	
弗刀	00661	弗刀鼎	1.515	商代晚期	
弗刀	09479	弗刀觚	18.208	商代晚期	
弗刀	11242	弗刀尊	20.283	商代晚期	
弗刀	12708	弗刀卣	23.162	商代晚期	
者◇	01073	者◇鼎	2.323	西周早期前段	陝西岐山縣雙庵村
者◇	01074	者◇鼎	2.324	西周早期前段	
者◇	01075	者◇鼎	2.325	西周早期前段	
佳壺	12731	佳壺壺	23.182	西周早期	
佳壺	12732	佳壺壺	23.183	西周早期	
佳🚶	10999	佳🚶斝	20.105	西周早期	
京	03817	京父己簋	8.128	商代晚期	
京	10144	京觶	19.76	西周早期	山東濟陽縣劉臺子
京	14410	陝仲僕盤	25.425	西周早期	
周兔	07420	周兔爵	15.245	商代晚期	
周兔	07421	周兔爵	15.246	商代晚期	
周兴大	08459	周兴大父己爵	17.27	商代晚期	河南安陽市梅園莊
長佳壺	08263	長佳壺爵	16.380	西周早期	
長佳壺	08264	長佳壺爵	16.381	西周早期	
長佳壺	11394	長佳壺尊	20.413	西周早期前段	
明亞	00956	明亞乙鼎	2.228	商代晚期	
明亞賣	10572	明亞賣父乙觶	19.400	商代晚期	陝西隴縣

族氏族徽	器　號	器　名	卷數頁碼	時　代	出土地
辵	07312	辵己爵	15.165	商代晚期	
辵	07313	辵己爵	15.166	商代晚期	
紉	06586	紉爵	14.154	商代晚期	
紉	06587	紉爵	14.154	商代晚期	
武	13709	武罍	25.11	商代晚期	
武	14628	武父乙盉	26.47	商代中期	河南安陽市小屯村
或	11730	呂仲僕尊	21.201	西周早期後段	
或	13343	繁卣	24.313	西周中期前段	
攷	01130	攷冊父乙鼎	2.370	商代晚期	
攷	07959	攷父癸爵	16.143	商代晚期	
困	06920	困爵	14.383	西周早期	北京房山縣琉璃河
困	06921	困爵	14.384	西周早期	同上
困	10893	其斝	20.15	商代晚期	河南安陽市小屯村
枚	03821	枚父辛簋	8.132	商代晚期	
戔	16232	戔戈	30.206	西周早期	河南洛陽市龐家溝
孟	09554	孟父乙觚	18.262	商代晚期	
東	02605	東鬲	6.6	商代晚期	
具	00797	具父乙鼎	2.105	西周早期	
戕	07799	戕父丁爵	16.28	商代晚期	
幷	11105	幷尊	20.167	商代晚期	河南安陽
易	06661	易爵	14.198	商代晚期	
芾	08128	芾父丁爵	16.276	西周早期	陝西寶雞市竹園溝
若	08182	若父己爵	16.317	西周早期	
益	00214	益鼎	1.174	商代晚期	
台	09587	台父戊觚	18.288	商代晚期	
此	14306	此盤	25.323	商代晚期	
夋	16142	夋戈	30.134	商代晚期	
念	08999	念觚	17.350	商代晚期	
取	12816	取父癸卣	23.253	商代晚期	
囧	03564	囧簋	7.394	西周早期前段	陝西寶雞縣上官村
卬	08126	卬父丁爵	16.274	西周早期	西安長安區河迪村
和	07873	和父己爵	16.80	商晚周早	
瓶	03791	瓶父丁簋	8.104	商代晚期	

族氏族徽	器　號	器　名	卷數頁碼	時　代	出土地
攴	03453	攴簋	7.301	商代晚期	陝西清澗縣解家溝
俠	03186	俠父癸甗	7.78	西周早期	
㐱	16105	㐱戈	30.99	商代晚期	
㰦	01806	作長鼎	3.469	西周中期前段	
粜	09623	粜父癸觚	18.317	商代晚期	
妻雋	08339	妻雋父癸爵	16.435	商代晚期	
宗彫	08055	宗彫妣爵	16.211	商代晚期	
非合	09515	非合觚	18.231	商代晚期	
典弜	10507	典弜父丁觶	19.351	商代晚期	
㚔羊	10288	㚔羊觶	19.184	西周早期	
朋五㚔	13799	朋五㚔父庚罍	25.88	商代晚期	遼寧喀左縣波汰溝
孤竹亞賣	13783	孤竹亞賣罍	25.74	商代晚期	
門	03745	門祖丁簋	8.64	商代晚期	

九　畫

族氏族徽	器　號	器　名	卷數頁碼	時　代	出土地
重	00095	重鼎	1.83	商代晚期	傳出安陽
重	00096	重鼎	1.84	商代晚期	
重	00918	重父壬鼎	2.194	商代晚期	河南安陽市小屯西地
重	02649	重父丙鬲	6.42	商代晚期	
重	03450	重簋	7.298	商代晚期	河南安陽
重	06581	重爵	14.151	商代晚期	
重	06582	重爵	14.152	商代晚期	
重	06583	重爵	14.152	商代晚期	
重	07309	重己爵	15.162	商晚周早	
重	07789	重父丙爵	16.21	商代晚期	
重	08937	重觚	17.299	商代晚期	
重	08938	重觚	17.300	商代晚期	
重	09259	重癸觚	18.36	商代晚期	
重	09620	重父癸觚	18.315	商代晚期	
重	09621	重父癸觚	18.316	商代晚期	
重	10318	重父丙觶	19.204	商代晚期	

族氏族徽	器　號	器　名	卷數頁碼	時　代	出土地
重	10374	重父癸觶	19.245	商代晚期	
重	10375	重父癸觶	19.246	商代晚期	
重	12062	重父乙壺	21.419	西周早期	
保	00132	保鼎	1.108	商代晚期	
保	00133	保鼎	1.109	商代晚期	
保	00825	保父丁鼎	2.127	商代晚期	
保	00921	保父癸鼎	2.196	商代晚期	河南安陽市賽格金地
保	03799	保父丁簋	8.110	西周早期	
保	03800	保父丁簋	8.111	西周早期	
保	06611	保爵	14.168	商代晚期	
保	06612	保爵	14.169	商代晚期	山東鄒縣
保	07899	保父辛爵	16.99	商代晚期	
保	10360	保父辛觶	19.234	商代晚期	
保	10429	保父丁觶	19.291	西周早期	陝西涇陽縣高家堡
保	11011	保父己斝	20.114	商代晚期	
保	11015	保父癸斝	20.116	商代晚期	河南安陽市郭家莊
保	13184	𢼄卣	24.95	西周早期	
保亼	00648	保亼鼎	1.503	商代晚期	
保亼	03986	保亼父庚簋	8.269	商代晚期	河南安陽市郭家莊
保亼	07493	保亼爵	15.298	商代晚期	
保束	07432	保束爵	15.255	商代晚期	
亯	02642	亯祖癸鬲	6.36	商代晚期	
亯	03538	亯簋	7.373	商代晚期	
亯	03539	亯簋	7.373	西周早期	
亯	06944	亯爵	14.405	西周早期	
亯	07946	亯父癸爵	16.132	商代晚期	河北臨城縣
亯	09422	亯冊觚	18.167	商代晚期	西安長安區馬王鎮
亯	10434	亯父丁觶	19.295	西周早期	
亯	13045	冊亯卣	23.469	西周早期	
亯	13720	亯罍	25.17	商代晚期	
亯	15108	亯冊鐘	27.12	西周晚期	
亯戉	11481	亯戉父丁尊	20.487	西周早期	西安長安區張家坡
亯戉	11482	亯戉父丁尊	20.488	西周早期	同上

族氏族徽	器　號	器　名	卷數頁碼	時　代	出土地
亯[illegible]	13615	亯[illegible]觥	24.455	商代晚期	
亯[illegible]	13622	冊享丮觥	24.462	商代晚期	陝西西安
亯[illegible]	19492	冊享丮器	35.250	商代晚期	
亯[illegible]	13778	冊享[illegible]罍	25.70	商代晚期	
亯干	00657	享干鼎	1.511	商代晚期	
南	18529	南干首	34.109	西周早期	河南洛陽市龐家溝
南	19081	南當盧	34.515	西周早期	
南	19082	南當盧	34.515	西周早期	
南	19083	南當盧	34.515	西周早期	
南[illegible]	00646	南[illegible]鼎	1.502	商代晚期	
南[illegible]	06992	南[illegible]爵	14.446	商代晚期	
南[illegible]	06993	南[illegible]爵	14.447	商代晚期	
南[illegible]	06994	南[illegible]爵	14.448	商代晚期	
南[illegible]	06995	南[illegible]爵	14.449	商代晚期	
南[illegible]	13753	南[illegible]罍	25.47	商代晚期	
南單	03225	南單母癸甗	7.111	西周早期	
南單	09465	南單觚	18.196	商代晚期	
南門	01143	南門父丙鼎	2.378	商晚周早	
南單冓	09677	南單冓觚	18.361	商代晚期	
剢（[illegible]）	03408	剢簋	7.263	商代晚期	
剢	06524	剢爵	14.110	商代晚期	
剢	06525	剢爵	14.111	商代晚期	
剢	07798	剢父丁爵	16.27	商代晚期	
剢	07855	剢父己爵	16.68	商代晚期	
剢	09002	剢觚	17.352	商代晚期	
剢	11119	剢尊	20.181	商代晚期	山東泗水縣窖堌堆村
皀	07452	皀冊爵	15.271	商代晚期	
皀	07453	皀冊爵	15.272	商代晚期	
皀	16130	皀戈	30.124	商代晚期	
皀重	08411	皀重父辛爵	16.492	西周早期	
皀重	08412	皀重父辛爵	16.492	西周早期	
毘	11795	由伯尊	21.269	西周早期前段	
毘	12792	毘父己卣	23.231	商代晚期	

族氏族徽	器　號	器　名	卷數頁碼	時　代	出土地
毘	16239	毘戈	30.213	西周早期	
毘卒	12927	毘卒父辛壺蓋	23.356	商代晚期	
毘宁	07454	毘宁爵	15.272	商代晚期	
壴	00209	壴鼎	1.170	商代晚期	
壴	00892	壴父辛鼎	2.176	商代晚期	
壴	03776	壴父乙簋	8.91	商代晚期	
壴	03830	壴父辛簋	8.140	商代晚期	
壴	11370	壴父丁尊	20.392	西周早期	
咸	00758	咸父甲鼎	2.74	西周早期	
咸	03773	咸父乙簋	8.90	商代晚期	
咸	06609	咸爵	14.167	商代晚期	
咸	11300	咸妣癸尊	20.333	商代晚期	
眉	00003	眉鼎	1.7	商代中期	
眉	06772	眉爵	14.277	商晚周早	
眉	16135	眉戈	30.129	商代晚期	
眉■	02639	眉■子鬲	6.34	商代晚期	山東滕州市種寨村
豸	00889	豸父辛鼎	2.175	商代晚期	
豸	00890	豸父辛鼎	2.175	商代晚期	
豸	09003	豸觚	17.353	商代晚期	
豸	12752	豸祖戊卣	23.201	商代晚期	
亘	03779	亘父乙簋	8.94	西周早期	湖南石門縣
亘	07951	亘父癸爵	16.137	商代晚期	
亘	09619	亘父癸觚	18.314	商代晚期	湖北隨州市葉家山
弜	03428	弜簋	7.278	商代晚期	
弜	03429	弜簋	7.279	商代晚期	
弜	10474	弜父癸觶	19.328	西周早期	甘肅靈臺縣白草坡
來	00869	來父己鼎	2.160	西周早期	
來干	09460	來干觚	18.193	商代晚期	
來干	09461	來干觚	18.194	商代晚期	
逆	06558	逆爵	14.135	商代晚期	
逆歃	01200	逆歃父辛鼎	2.422	西周早期	
逆斻	10553	逆斻父辛觶	19.386	西周早期	
敄■	07489	敄■爵	15.296	商代晚期	山東青州市

族氏族徽	器　號	器　名	卷數頁碼	時　代	出土地
敊▲	07490	敊▲爵	15.296	商代晚期	
敊▲	13789	敊▲父己罍	25.80	西周早期前段	北京房山區琉璃河
美宁	00630	美宁鼎	1.493	商代晚期	
美宁	09445	美宁瓽	18.181	商代晚期	
面	07849	面父己爵	16.63	商代晚期	
面	07850	面父己爵	16.63	商代晚期	
畐	07897	畐父辛爵	16.98	商代晚期	
畐	07898	畐父辛爵	16.99	商代晚期	
梻	08086	梻祖辛爵	16.240	西周早期	西安長安區普渡村
梻	08087	梻祖辛爵	16.241	西周早期	同上
宎	00872	宎父庚鼎	2.162	商代晚期	
宎	09764	宎冊父辛瓽	18.429	商代晚期	
祔	06574	祔爵	14.148	商代晚期	
祔	14590	祔盉	26.11	商代晚期	陝西關中
窍	07949	窍父癸爵	16.135	商代晚期	
窍	07950	窍父癸爵	16.136	商代晚期	
忈	09000	忈瓽	17.351	商代晚期	
忈	13719	忈罍	25.17	商代晚期	
耴	00184	耴鼎	1.146	商代晚期	
旻	08543	旻爵	17.94	西周早期	
囼	18516	囼胄	34.102	商代晚期	河南安陽市侯家莊
耿	11341	耿父癸尊	20.367	商代晚期	
施	06771	施爵	14.276	商晚周早	
戛	06763	戛爵	14.272	商晚周早	
係	09567	係父乙瓽	18.273	商代晚期	
崇	00883	崇父辛鼎	2.171	商代晚期	
啬	09109	啬瓽	17.434	商代晚期	
岏	06540	岏爵	14.122	商代晚期	
舣	13085	采卣	23.509	商代晚期	
佚	12562	佚卣	23.45	商代晚期	
燉	12749	燉祖乙卣	23.197	商代晚期	
宰	06515	宰爵	14.104	商代晚期	河南安陽
冟	07754	冟父乙爵	15.499	商代晚期	

族氏族徽	器　號	器　名	卷數頁碼	時　代	出土地
羌柔	09431	羌柔觚	18.173	商代晚期	
韋舌	07423	韋舌爵	15.247	商代晚期	
沫秌伊	15924	沫秌伊辛鐃	29.480	商代晚期	河南安陽
爰	00073	爰鼎	1.62	商代晚期	河南安陽市戚家莊
爰	00074	爰鼎	1.63	商代晚期	同上
爰	00075	爰鼎	1.64	商代晚期	同上
爰	03184	爰父癸甗	7.76	商代晚期	
爰	03432	爰簋	7.282	商代晚期	河南安陽市戚家莊
爰	06637	爰爵	14.184	商代晚期	同上
爰	06638	爰爵	14.185	商代晚期	同上
爰	06639	爰爵	14.186	商代晚期	
爰	08965	爰觚	17.320	商代晚期	河南安陽市戚家莊
爰	08966	爰觚	17.321	商代晚期	同上
爰	10370	爰父癸觶	19.241	商代晚期	
爰	10891	爰斝	20.13	商代晚期	河南安陽市侯家莊
爰	10892	爰斝	20.14	商代晚期	河南安陽市戚家莊
爰	12533	爰卣	23.15	商代晚期	
爰	13463	爰方彝	24.341	商代晚期	河南安陽市戚家莊
爰	13706	爰罍	25.8	商代晚期	同上
爰	15856	爰鐃甲	29.414	商代晚期	同上
爰	15857	爰鐃乙	29.415	商代晚期	同上
爰	15858	爰鐃丙	29.416	商代晚期	同上
爰	16110	爰戈	30.104	商代晚期	河南安陽
爰	16111	爰戈	30.105	商代晚期	河南安陽市戚家莊
爰冬	10231	爰冬觶	19.141	商代晚期	
爰舟	07494	爰舟爵	15.299	商代晚期	河南安陽殷墟西區

十　畫

族氏族徽	器　號	器　名	卷數頁碼	時　代	出土地
馬	07704	馬祖乙爵	15.468	商代晚期	
馬	10119	馬觶	19.56	西周早期前段	西安長安區馬王村
馬	11323	馬父己尊	20.353	商代晚期	

族氏族徽	器　號	器　名	卷數頁碼	時　代	出土地
馬	11997	馬永壺	21.361	商代晚期	河南安陽
馬	16311	馬戈	30.283	商代晚期	
馬	16312	馬戈	30.284	商代晚期	
馬ㄣ	00480	馬ㄣ鼎	1.372	商代晚期	河南安陽市大司空
馬ㄣ	00481	馬ㄣ鼎	1.373	商代晚期	同上
馬ㄣ	00482	馬ㄣ鼎	1.374	商代晚期	同上
馬ㄣ	00483	馬ㄣ鼎	1.375	商代晚期	同上
馬ㄣ	00484	馬ㄣ鼎	1.376	商代晚期	同上
馬ㄣ	00485	馬ㄣ鼎	1.377	商代晚期	同上
馬ㄣ	00486	馬ㄣ鼎	1.378	商代晚期	同上
馬ㄣ	00487	馬ㄣ鼎	1.379	商代晚期	同上
馬ㄣ	03150	馬ㄣ甗	7.47	商代晚期	同上
馬ㄣ	03603	馬ㄣ簋	7.430	商代晚期	同上
馬ㄣ	06975	馬ㄣ爵	14.431	商代晚期	同上
馬ㄣ	06976	馬ㄣ爵	14.432	商代晚期	同上
馬ㄣ	06977	馬ㄣ爵	14.433	商代晚期	同上
馬ㄣ	09415	馬ㄣ觚	18.160	商代晚期	同上
馬ㄣ	09416	馬ㄣ觚	18.161	商代晚期	同上
馬ㄣ	09417	馬ㄣ觚	18.162	商代晚期	同上
馬ㄣ	09418	馬ㄣ觚	18.163	商代晚期	同上
馬ㄣ	10219	馬ㄣ觶	19.130	商代晚期	同上
馬ㄣ	10963	馬ㄣ斝	20.77	商代晚期	同上
馬ㄣ	10964	馬ㄣ斝	20.78	商代晚期	同上
馬ㄣ	11236	馬ㄣ尊	20.279	商代晚期	同上
馬ㄣ	11998	馬ㄣ壺	21.362	商代晚期	同上
馬ㄣ	12702	馬ㄣ卣	23.156	商代晚期	同上
馬ㄣ	12703	馬ㄣ卣	23.157	商代晚期	同上
馬ㄣ	13757	馬ㄣ罍	25.51	商代晚期	同上
馬ㄣ	15895	馬ㄣ鐃甲	29.451	商代晚期	同上
馬ㄣ	15896	馬ㄣ鐃乙	29.452	商代晚期	同上
馬ㄣ	15897	馬ㄣ鐃丙	29.453	商代晚期	同上
馬天豕	01369	馬天豕父辛鼎	3.68	商代晚期	
馬天豕	02048	屯鼎	4.219	西周中期	

族氏族徽	器　號	器　名	卷數頁碼	時　代	出土地
馬天豕	02049	屯鼎	4.220	西周中期	
馬天豕	04146	馬天豕父丁簋	8.405	商代晚期	
馬天豕	04349	馬天豕簋	9.109	西周早期	
馬天豕	04350	馬天豕簋	9.110	西周早期	
馬天豕	10483	馬天豕觶	19.335	西周早期	
馬天豕	10579	馬天豕父己觶	19.405	西周早期	
馬天豕	11537	馬天豕父乙尊	21.36	商代晚期	
馬天豕	11538	天豕父乙尊	21.37	商代晚期	安徽潁上縣鄭家灣
馬天豕	11584	馬天豕尊	21.77	西周早期	
馬天豕	11719	馬天豕尊	21.192	西周早期	
馬天豕	11727	屯尊	21.199	西周中期前段	
馬天豕	12140	馬天豕父丁壺	22.14	西周早期	
馬天豕	13039	馬天豕父丁卣	23.463	西周早期	安徽潁上縣鄭家灣
馬天豕	13040	馬天豕父丁卣	23.464	西周早期	
馬天豕	13232	屯卣	24.147	西周早期	
馬天豕	13519	馬天豕父丁方彝	24.394	商代晚期	
馬天豕	13796	馬天豕父丁罍	25.85	商代晚期	河南安陽
馬天豕	13797	馬天豕父丁罍	25.86	商代晚期	
馬羊𠨞	01357	馬羊𠨞父乙鼎	3.58	商代晚期	
旅	00176	旅鼎	1.141	商代晚期	
旅	00177	旅鼎	1.142	商代晚期	
旅	00178	旅鼎	1.142	商代晚期	
旅	00179	旅鼎	1.143	商代晚期	
旅	00891	旅父辛鼎	2.176	商晚周早	
旅	03441	旅簋	7.290	商代晚期	
旅	03442	旅簋	7.291	商代晚期	
旅	03443	旅簋	7.290	商代晚期	
旅	04516	歋簋	9.271	西周中期前段	
旅	04517	歋簋	9.272	西周中期前段	
旅	04518	歋簋	9.272	西周中期前段	
旅	04540	歋簋	9.291	西周中期前段	
旅	04706	改敔簋	9.455	西周中期前段	
旅	04868	臭簋	10.179	西周中期前段	西安長安區馬王村

族氏族徽	器　號	器　名	卷數頁碼	時　代	出土地
旅	05140	緋簋	11.90	商代晚期	
旅	06463	旅爵	14.63	商代晚期	
旅	06464	旅爵	14.64	商代晚期	
旅	06465	旅爵	14.65	商代晚期	
旅	06466	旅爵	14.66	商代晚期	河南安陽市郊
旅	06467	旅爵	14.67	商代晚期	
旅	06468	旅爵	14.68	商代晚期	
旅	06469	旅爵	14.68	商代晚期	
旅	06471	旅爵	14.69	商代晚期	
旅	06983	旅爵	14.438	商代晚期	河南南陽市白河鎮
旅	07816	旅父丁爵	16.41	商晚周早	
旅	08176	旅父己爵	16.312	西周早期	山東泰安縣黃花嶺
旅	08242	旅父癸爵	16.365	西周早期	
旅	08243	旅父癸爵	16.365	西周早期	
旅	08898	旅觚	17.272	商代晚期	
旅	08899	旅觚	17.273	商代晚期	
旅	08900	旅觚	17.274	商代晚期	
旅	08901	旅觚	17.275	商代晚期	
旅	08902	旅觚	17.276	商代晚期	
旅	08903	旅觚	17.277	商代晚期	
旅	08905	旅觚	17.278	商代晚期	
旅	08906	旅觚	17.278	商代晚期	
旅	09612	旅父辛觚	18.307	商代晚期	
旅	09705	旅父辛觚	18.382	西周早期	
旅	10079	旅觶	19.28	商代晚期	
旅	10145	旅觶	19.77	西周早期	
旅	11125	旅尊	20.187	商代晚期	
旅	11127	旅尊	20.188	商代晚期	
旅	11478	旅作父乙尊	20.484	西周早期	
旅	11668	歟尊	21.146	西周早期	
旅	11959	旅壺	21.327	商代晚期	
旅	12080	旅父癸壺	21.435	西周早期	
旅	13220	歟卣	24.134	西周早期	

族氏族徽	器　號	器　名	卷數頁碼	時　代	出土地
旅	13522	旅祖辛方彝	24.397	商代晚期	
旅	16104	旅戈	30.98	商代晚期	
旅▲	09517	旅▲觚	18.232	商代晚期	
旅止冉	00986	旅止冉鼎	2.255	商代晚期	河南安陽市郭家莊
旅止冉	08036	旅止冉爵	16.197	商代晚期	同上
旅止冉	08037	旅止冉爵	16.198	商代晚期	同上
旅止冉	08038	旅止冉爵	16.199	商代晚期	同上
旅止冉	09654	旅止冉觚	18.342	商代晚期	同上
旅止冉	13511	旅止冉方彝	24.386	商代晚期	同上
旅止冉	19274	旅止冉箕	35.61	商代晚期	同上
旅止冉	19275	旅止冉箕	35.62	商代晚期	同上
竝	00441	竝己鼎	1.340	商代晚期	山東壽光市古城村
竝	00442	竝己鼎	1.341	商代晚期	同上
竝	00443	竝己鼎	1.342	商代晚期	同上
竝	06610	竝爵	14.168	商代晚期	
竝	07402	竝己爵	15.231	商代晚期	
竝	07985	竝妣乙爵	16.158	商代晚期	
竝	08259	竝母戊爵	16.376	西周早期	
竝	08945	竝觚	17.305	商代晚期	
竝	09606	竝父辛觚	18.301	商代晚期	
竝	10919	竝斝	20.39	商代晚期	
竝	12527	竝卣	23.9	商代晚期	
竝	13456	竝方彝	24.334	商代晚期	
竝	13717	竝罍	25.16	商代晚期	
竝开	16347	竝开戈	30.317	商代晚期	山西石樓縣蕭家塌
佣	00120	佣鼎	1.100	商代晚期	
佣	00121	佣鼎	1.100	商代晚期	
佣	00122	佣鼎	1.101	商代晚期	
佣	00123	佣鼎	1.102	商代晚期	
佣	00743	佣祖丁鼎	2.62	商晚周早	
佣	00840	佣父丁鼎	2.135	西周早期	
佣	03735	佣辛簋	8.56	商代晚期	陝西武功縣滻沱村
佣	03748	佣祖丁簋	8.67	西周早期前段	

族氏族徽	器　號	器　名	卷數頁碼	時　代	出土地
倗	03752	倗祖己簋	8.70	西周早期	
倗	03846	倗父癸簋	8.153	西周早期	陝西寶雞市桑園堡
倗	06594	倗爵	14.159	商代晚期	
倗	07764	倗父乙爵	16.6	商代晚期	湖南衡陽市東漢墓
倗	07913	倗父辛爵	16.108	商代晚期	
倗	08929	倗觚	17.293	商代晚期	
倗	08930	倗觚	17.294	商代晚期	
倗	11348	倗兄丁尊	20.371	商代晚期	
倗	12054	倗兄丁壺	21.412	商代晚期	
倗	12864	倗兄丁卣	23.299	西周早期	
倗	12865	倗兄丁卣	23.300	西周早期前段	
倗	14336	倗父乙盤	25.351	西周早期	
倗	14636	倗父丁盉	26.56	商晚周早	
倗	19253	倗四筒器	35.36	商代晚期	
倗	19484	倗父乙器	35.246	商代晚期	
倗舟	00689	倗舟鼎	2.18	西周早期	
倗舟	01145	倗舟父丁鼎	2.379	商代晚期	
倗舟	07016	倗舟爵	14.462	商代晚期	
倗舟	07017	倗舟爵	14.463	商代晚期	
倗舟	07018	倗舟爵	14.464	商代晚期	
倗舟	09480	倗舟觚	18.209	商代晚期	
倗舟	09481	倗舟觚	18.210	商代晚期	
倗舟	09482	倗舟觚	18.210	商代晚期	
倗舟	10224	倗舟觶	19.135	商代晚期	
倗舟	12699	倗舟卣	23.153	商代晚期	
倗舟	17554	倗舟矛	32.514	商代晚期	
倗舟	19765	倗舟玉矛	35.375	商代晚期	
倗舟◇	07698	倗舟◇爵	15.464	商晚周早	
息	00092	息鼎	1.80	商代晚期	河南羅山縣後李村
息	00093	息鼎	1.81	商代晚期	同上
息	00094	息鼎	1.82	商代晚期	同上
息	00780	息父乙鼎	2.92	商代晚期	同上
息	00818	息父丁鼎	2.121	西周早期前段	陝西岐山縣王家嘴

族氏族徽	器　號	器　名	卷數頁碼	時　代	出土地
息	00884	息父辛鼎	2.172	商代晚期	河南羅山縣後李村
息	06425	息爵	14.28	商代晚期	同上
息	06426	息爵	14.29	商代晚期	同上
息	06427	息爵	14.30	商代晚期	同上
息	07279	息乙爵	15.142	商代晚期	同上
息	07314	息己爵	15.166	商代晚期	同上
息	07315	息庚爵	15.167	商代晚期	同上
息	07325	息辛爵	15.174	商代晚期	同上
息	07326	息辛爵	15.175	商代晚期	同上
息	07858	息父己爵	16.71	商代晚期	河南安陽市劉家莊
息	07982	息父口爵	16.156	商代晚期	河南羅山縣後李村
息	09231	息乙觚	18.15	商代晚期	同上
息	09232	息乙觚	18.16	商代晚期	同上
息	09298	息母觚	18.67	商代晚期	同上
息	09559	息父乙觚	18.267	商代晚期	同上
息	09593	息父己觚	18.293	商代晚期	河南安陽市劉家莊
息	09683	息尊彝觚	18.366	商代晚期	河南羅山縣後李村
息	10085	息觶	19.33	商代晚期	同上
息	11288	息尊	20.324	商代晚期	同上
息	16051	息戈	30.55	商代晚期	河南羅山縣天湖村
息	16052	息戈	30.56	商代晚期	同上
息	16053	息戈	30.56	商代晚期	河南羅山縣後李村
息	17514	息矛	32.479	商代晚期	河南羅山縣天湖村
息斤	11237	息斤尊	20.280	商代晚期	河南羅山縣後李村
葡	00088	葡鼎	1.77	商代晚期	
葡	00089	葡鼎	1.78	商代晚期	
葡	00090	葡鼎	1.79	商代晚期	
葡	00091	葡鼎	1.79	商代晚期	
葡	00611	葡榮鼎	1.478	商代晚期	
葡	00876	葡父庚鼎	2.164	商代晚期	
葡	03775	葡父乙簋	8.91	商代晚期	
葡	06202	葡盂	13.428	商代晚期	
葡	06606	葡爵	14.166	商代晚期	

族氏族徽	器號	器名	卷數頁碼	時代	出土地
葡	06607	葡爵	14.166	商代晚期	
葡	10066	葡觶	19.17	商代晚期	
葡	10903	葡斝	20.25	商代晚期	河南安陽
葡	11107	葡尊	20.169	商代晚期	
葡	12580	葡卣	23.60	商代晚期	
葡	12581	葡卣	23.61	商代晚期	
葡	14308	葡盤	25.324	商代晚期	
葡	16122	葡戈	30.116	商代晚期	河南安陽
葡貝	11245	葡貝尊	20.285	商代晚期	
葡貝	12701	葡貝卣	23.155	商代晚期	
葡貝	12961	葡貝父辛卣	23.390	西周早期	
葡戉	07400	葡戉爵	15.229	商代晚期	河南南陽市十里廟
葡戉	10504	葡戉父乙觶	19.350	商代晚期	
葡亞	08793	葡亞囂角	17.230	商代晚期	
葡参	14672	葡参父乙盉	26.86	商代晚期	
葡[illegible]	07487	葡[illegible]爵	15.294	商代晚期	
葡[illegible]	08330	葡[illegible]父己爵	16.430	商代晚期	
葡[illegible]	07488	葡[illegible]爵	15.295	商代晚期	
葡[illegible]	12012	葡[illegible]壺	21.373	商代晚期	
葡[illegible]	12194	葡[illegible]壺	22.65	商代晚期	
朋	01506	朋父丁鼎	3.188	商代晚期	
朋	01540	疑鼎	3.219	西周早期	河南濬縣
朋	01541	疑鼎	3.220	西周早期	
朋	01730	朋鼎	3.388	西周早期	
朋	01822	涾伯逘鼎	3.481	西周早期	
朋	03275	寮伯訇甗	7.153	西周早期	
朋	04327	年姒簋	9.92	西周早期	
朋	05020	沬司土疑簋	10.384	西周早期	河南濬縣辛村
朋	07555	朋涾爵	15.344	西周早期	
朋	07556	朋涾爵	15.344	西周早期	
朋	07557	朋涾爵	15.345	西周早期	
朋	08948	朋觚	17.307	商代晚期	
朋	09201	朋觚	17.502	西周早期	山東鄒縣西丁村

族氏族徽	器　號	器　名	卷數頁碼	時　代	出土地
皿	10615	遳觶	19.436	西周早期	
皿	11339	皿父癸尊	20.365	商代晚期	陝西麟遊縣後坪村
皿	11735	濬伯遳尊	21.205	西周早期	河南濬縣
皿	12044	皿父丁壺	21.403	商代晚期	
皿	12262	濬伯遳壺	22.137	西周早期	
皿	12263	濬伯遳壺	22.138	西周早期	河南濬縣辛村
皿	13830	季姒竇罍	25.121	西周中期前段	
皿	14398	疑盤	25.411	西周早期	
皿	14745	遳盉	26.152	西周早期	
皿子	14681	皿子父己盉	26.93	商代晚期	
皿中	09342	皿中觚	18.101	商代晚期	
皿聿	12692	皿聿卣	23.148	商代晚期	
皿子弓葡	12940	皿子弓葡壺	23.371	商代晚期	
華	02113	仲義父鼎	4.297	西周晚期	陝西扶風縣任家村
華	02114	仲義父鼎	4.298	西周晚期	同上
華	02115	仲義父鼎	4.299	西周晚期	同上
華	02116	仲義父鼎	4.300	西周晚期	同上
華	02117	仲義父鼎	4.301	西周晚期	同上
華	02746	仲姞鬲	6.127	西周晚期	
華	02747	仲姞鬲	6.128	西周晚期	
華	02748	仲姞鬲	6.129	西周晚期	
華	02749	仲姞鬲	6.130	西周晚期	
華	02750	仲姞鬲	6.131	西周晚期	
華	02751	仲姞鬲	6.132	西周晚期	
華	02752	仲姞鬲	6.133	西周晚期	
華	02753	仲姞鬲	6.134	西周晚期	
華	02754	仲姞鬲	6.135	西周晚期	
華	02755	仲姞鬲	6.136	西周晚期	
華	02756	仲姞鬲	6.137	西周晚期	
華	02757	仲姞鬲	6.138	西周晚期	
華	02758	仲姞鬲	6.139	西周晚期	
敉	02607	敉鬲	6.7	商代晚期	
敉	03469	敉簋	7.316	商代晚期	

族氏族徽	器　號	器　名	卷數頁碼	時　代	出土地
敄	09013	敄瓿	17.361	商代晚期	
敄	09014	敄瓿	17.361	商代晚期	
敄	09557	敄父乙瓿	18.265	商代晚期	
敄	09572	敄父丙瓿	18.277	商代晚期	
敄	10372	敄父癸觶	19.243	商代晚期	
敄	12590	敄卣	23.67	商代晚期	
敄	12760	敄父甲卣	23.206	商代晚期	
敄	12776	敄父乙卣	23.220	商代晚期	
敄	19738	敄氏佩	35.344	商代晚期	
敄亞高	13800	敄亞高父丁罍	25.89	商代晚期	
射	04526	觥簋	9.278	西周中期前段	
射	06941	射爵	14.402	西周早期	
射	16248	射戈	30.221	西周早期	陝西武功縣
射	16249	射戟	30.221	西周早期	
射彗	00727	射婦彗鼎	2.47	商代晚期	
射彗	00728	射婦彗鼎	25.48	商代晚期	
射彗	00729	射婦彗鼎	25.49	商代晚期	
射彗	09653	射婦彗瓿	18.341	商代晚期	
射彗	14343	射婦彗盤	25.357	商代晚期	
射獸	01209	射獸父癸鼎	2.429	商代晚期	
射仐	02145	雍伯原鼎	4.336	西周晚期	
匡	06576	匡爵	14.149	商代晚期	
匡	06577	匡爵	14.149	商代晚期	
匡	06578	匡爵	14.150	商代晚期	
匡	06579	匡爵	14.150	商代晚期	
匡	06580	匡爵	14.151	商代晚期	
匡	10886	匡斝	20.8	商代晚期	
匡	10887	匡斝	20.9	商代晚期	
匡	11193	匡乙尊	20.242	商代晚期	
匡	15875	匡鐃	29.432	商代晚期	河南安陽
匡	15876	匡鐃	29.433	商代晚期	同上
羞	00114	羞鼎	1.95	商代晚期	
羞	00115	羞鼎	1.96	商代晚期	

族氏族徽	器　號	器　名	卷數頁碼	時　代	出土地
羞	00116	羞鼎	1.97	商代晚期	
羞	07300	羞丁爵	15.156	商代晚期	
羞	10053	羞觶	19.5	商代晚期	
羞	18211	羞鉞	33.482	商代晚期	
羞	18713	羞斧	34.202	商代晚期	
隻	00165	隻鼎	1.133	商代晚期	
隻	00166	隻鼎	1.133	商代晚期	
隻	07938	隻父癸爵	16.124	商代晚期	
隻	09622	隻父癸觚	18.316	商代晚期	
隻	12547	隻卣	23.30	商代晚期	
隻	12923	隻婦父庚卣蓋	23.351	商代晚期	
家	06523	家爵	14.109	商代晚期	
家	09540	家祖乙觚	18.251	商代晚期	
家	18215	家鉞	33.486	商代晚期	
家	19490	家父辛器	35.249	商代晚期	
家戈	07422	家戈爵	15.246	商代晚期	
家戈	12925	家戈父庚卣	23.353	商代晚期	
家戌	07009	家戌爵	14.458	商代晚期	河南羅山縣後李村
㲃	03424	㲃簋	7.274	商代晚期	河南安陽
㲃	03425	㲃簋	7.275	商代晚期	
㲃	09115	㲃觚	17.437	商代晚期	河南安陽
㲃	09116	㲃觚	17.438	商代晚期	同上
㲃	09117	㲃觚	17.439	商代晚期	
㲃	09118	㲃觚	17.440	商代晚期	
陸	00602	陸冊鼎	1.473	商晚周早	
陸	08737	陸父甲角	17.173	商晚周早	
陸	08756	陸冊父乙角	17.193	商代晚期	
陸	12901	陸冊父甲卣	23.332	商代晚期	
陸	12902	陸冊父甲卣	23.333	商代晚期	
陸	12924	陸冊父庚卣	23.352	商代晚期	
奚	06584	奚爵	14.153	商代晚期	
奚	06585	奚爵	14.153	商代晚期	
奚	08927	奚觚	17.291	商代晚期	

族氏族徽	器　號	器　名	卷數頁碼	時　代	出土地
奚	10885	奚斝	20.7	商代晚期	
奚	12528	奚卣	23.10	商代晚期	
夆	00194	夆鼎	1.156	商代晚期	
夆	03466	夆簋	7.313	商代晚期	
夆	03467	夆簋	7.314	商代晚期	
夆	03468	夆簋	7.315	商代晚期	
𩜁	11710	述尊	21.183	西周中期前段	
𩜁	13240	述卣	24.156	西周中期前段	
𩜁	14654	父乙𩜁盉	26.70	西周早期	
唐子	08284	唐子祖乙爵	16.396	商代晚期	
唐子	08285	唐子祖乙爵	16.397	商代晚期	
唐子	10492	唐子祖乙觶	19.342	商代晚期	
媒冉串	09679	媒冉串觚	18.363	商代晚期	
媒冉串	09680	媒冉串觚	18.364	商代晚期	
媒冉串	09681	媒冉串觚	18.364	商代晚期	
亳	16364	亳冊戈	30.332	商代晚期	
亳戈	09773	亳戈冊乙觚	18.437	商代晚期	
亳戈	09796	亳戈冊父乙觚	18.455	商代晚期	
衍大	03718	衍大簋	8.42	西周早期	
衍要	01210	衍要父癸鼎	2.430	商代晚期	
逐	03569	逐簋	7.399	西周早期	
逐𡞪	08352	逐𡞪母丙爵	16.443	商晚周早	
㘡	09004	㘡觚	17.354	商代晚期	
㘡	09005	㘡觚	17.354	商代晚期	
罞	06608	罞爵	14.167	商代晚期	
罞	18492	罞弓柲	34.85	商代晚期	
敬	06759	敬爵	14.270	商代晚期	
敬	18222	敬鉞	33.492	商代晚期	
祓	09110	祓觚	17.435	商代晚期	
祓	09111	祓觚	17.435	商代晚期	
朕	09299	朕母觚	18.68	商代晚期	
朕	09300	朕母觚	18.69	商代晚期	
㝰	00952	㝰父癸鼎	2.225	商代晚期	

族氏族徽	器　號	器　名	卷數頁碼	時　代	出土地
狁	11344	狁父癸尊	20.368	商代晚期	
涉	06433	涉爵	14.36	商代晚期	河南羅山縣後李村
涉車	09488	涉車瓶	18.215	商代晚期	
乘	16098	乘戈	30.91	商代晚期	
浴	00186	浴鼎	1.148	商代晚期	河南安陽市侯家莊
倉	00256	倉鼎	1.204	商代晚期	
衒	19461	衒器	35.235	商代晚期	
盉	07706	盉祖乙爵	15.469	商代晚期	
貯	09092	貯瓶	17.421	商代晚期	河南安陽
配	14155	配勺	25.275	商代晚期	
盉	18221	盉鉞	33.491	商代晚期	
亭	12769	亭父乙壺	23.215	商代晚期	山西洪洞縣坊堆村
垷	16107	垷戈	30.101	商代晚期	
圓	03565	圓簋	7.395	西周早期	
宝	07811	宝父丁爵	16.37	商晚周早	河南洛陽
嫄	04950	琴簋	10.283	西周早期	
鬥戈	13217	守卣	24.131	西周早期	
秝冉	13499	秝冉方彝	24.375	商代晚期	
衒要	01210	衒要父癸鼎	2.430	商代晚期	
宰儼宝	01367	宰儼宝父丁鼎	3.66	西周早期	
旁艮宁	01364	旁艮宁父乙鼎	3.63	商晚周早	
狷	10634	凡觶	19.451	商晚周早	
狷	18202	狷鉞	33.473	商代晚期	

十　一　畫

族氏族徽	器　號	器　名	卷數頁碼	時　代	出土地
魚	00143	魚鼎	1.117	商代晚期	
魚	00144	魚鼎	1.118	商代晚期	
魚	00784	魚父乙鼎	2.96	西周早期	
魚	00785	魚父乙鼎	2.97	西周早期	
魚	00786	魚父乙鼎	2.98	西周早期	
魚	00830	魚父丁鼎	2.130	西周早期	

族氏族徽	器　號	器　名	卷數頁碼	時　代	出土地
魚	00916	魚父辛鼎	2.193	西周早期	
魚	00939	魚父癸鼎	2.214	西周早期	
魚	01376	魚父癸鼎	3.73	商代晚期	山東諸城縣巴山村
魚	02377	坂鼎	5.162	商代晚期	
魚	02603	魚鬲	6.5	商代晚期	
魚	03577	魚簋	7.405	西周早期	
魚	03578	魚簋	7.406	西周中期前段	西安市長安區
魚	03579	魚簋	7.407	西周中期前段	同上
魚	03685	魚乙簋	8.16	商代晚期	
魚	03783	魚父乙簋	8.98	西周早期	
魚	03848	魚父癸簋	8.155	西周早期	遼寧喀左縣嘴頭鎮
魚	06711	魚爵	14.237	商代晚期	陝西鳳翔縣董家莊
魚	06712	魚爵	14.238	商代晚期	
魚	06713	魚爵	14.239	商代晚期	
魚	06714	魚爵	14.239	商代晚期	
魚	06715	魚爵	14.240	商代晚期	
魚	06716	魚爵	14.240	商代晚期	
魚	06717	魚爵	14.241	商代晚期	
魚	06928	魚爵	14.390	西周早期	
魚	06929	魚爵	14.391	西周早期	河北易縣
魚	07752	魚父乙爵	15.497	商代晚期	
魚	07753	魚父乙爵	15.498	商代晚期	
魚	07788	魚父丙爵	16.20	商代晚期	
魚	07814	魚父丁爵	16.39	商代晚期	
魚	07815	魚父丁爵	16.40	商代晚期	河南南陽市白河鎮
魚	08101	魚父乙爵	16.253	西周早期	
魚	08102	魚父乙爵	16.254	西周早期	湖北隨縣羊子山
魚	08134	魚父丁爵	16.281	西周早期	
魚	08198	魚父辛爵	16.331	西周早期	
魚	08199	魚父辛爵	16.332	西周早期	
魚	09033	魚觚	17.374	商代晚期	
魚	09034	魚觚	17.374	商代晚期	
魚	09304	魚母觚	18.71	商代晚期	

族氏族徽	器　號	器　名	卷數頁碼	時　代	出土地
魚	09305	魚母觚	18.72	商代晚期	
魚	09634	魚母乙觚	18.325	商代晚期	
魚	09688	魚祖己觚	18.369	西周早期	山東青州市涝窪村
魚	10371	魚父癸觶	19.242	商代晚期	陝西岐山縣禮村
魚	10419	魚父乙觶	19.282	西周早期	
魚	10986	魚乙斝	20.94	商代晚期	
魚	11315	魚父丁尊	20.346	商代晚期	
魚	11368	魚父丙尊	20.390	西周早期前段	陝西旬邑縣下魏洛村
魚	11560	魚尊	21.56	西周早期	
魚	11561	魚尊	21.57	西周早期後段	
魚	11642	魚尊	21.123	西周早期	
魚	12061	魚父乙壺	21.419	西周早期	
魚	12078	魚父癸壺	21.433	西周早期	
魚	12587	魚卣	23.66	商代晚期	
魚	12671	魚乙卣	23.132	商代晚期	
魚	12771	魚父乙卣	23.217	商代晚期	
魚	12772	魚父乙卣	23.218	商代晚期	
魚	12773	魚父乙卣	23.219	商代晚期	
魚	12774	魚父乙卣	23.217	商代晚期	
魚	12817	魚父癸卣	23.254	商代晚期	
魚	12862	魚母乙卣	23.297	西周早期	
魚	13198	魝伯罰卣	24.109	西周早期	
魚	13781	魚父庚罍	25.73	西周早期	遼寧喀左縣馬廠溝
魚	14313	魚盤	25.328	西周早期	
魚	14598	魚盉	26.19	西周早期	
魚從	00669	魚從鼎	2.5	西周早期	河南洛陽
魚從	03623	魚從簋	7.443	商代晚期	
魚從	03624	魚從簋	7.443	商代晚期	
魚從	09535	魚從觚	18.247	西周早期	河南洛陽
魚從	11281	魚從尊	20.318	西周早期	同上
魚從	14333	魚從盤	25.348	西周早期	同上
魚從	14625	魚從盉	26.44	西周早期	
魚正	15914	魚乙正鐃甲	29.471	商代晚期	

族氏族徽	器 號	器 名	卷數頁碼	時 代	出土地
魚正	15915	魚乙正鐃乙	29.471	商代晚期	
魚正	15916	魚乙正鐃丙	29.472	商代晚期	
魚羌	00670	魚羌鼎	2.5	商晚周早	
魚丨	11238	魚丨尊	20.281	商代晚期	遼寧喀左縣灣子村
象	00748	象祖辛鼎	2.66	商代晚期	
象	03753	象祖辛簋	8.71	商代晚期	
象	06629	象爵	14.179	商代晚期	河南南陽市薛家莊
象	06630	象爵	14.180	商代晚期	
象	06631	象爵	14.181	商代晚期	河南安陽
象	09019	象觚	17.364	商代晚期	同上
象	11358	象祖辛尊	20.380	西周早期	
象	12842	象祖辛卣	23.278	西周早期	
鳥	00920	鳥父癸鼎	2.196	商代晚期	
鳥	01227	鳥母癸鼎	2.442	商代晚期	
鳥	02644	鳥父乙鬲	6.38	商代晚期	
鳥	03131	鳥甗	7.29	西周早期前段	陝西旬邑縣下魏洛村
鳥	03550	鳥簋	7.382	西周早期	傳西安出土
鳥	03551	鳥簋	7.383	西周早期	
鳥	04006	鳥癸簋	8.287	商代晚期	河南安陽市郭家莊
鳥	06541	鳥爵	14.123	商代晚期	
鳥	06542	鳥爵	14.124	商代晚期	
鳥	06543	鳥爵	14.124	商代晚期	
鳥	06544	鳥爵	14.125	商代晚期	
鳥	07736	鳥祖癸爵	15.487	商代晚期	甘肅青陽縣西莊村
鳥	07936	鳥父癸爵	16.122	商代晚期	
鳥	07937	鳥父癸爵	16.123	商代晚期	
鳥	09023	鳥觚	17.367	商代晚期	
鳥	09024	鳥觚	17.368	商代晚期	
鳥	09025	鳥觚	17.368	商代晚期	
鳥	09026	鳥觚	17.369	商代晚期	
鳥	09558	鳥父乙觚	18.266	商代晚期	
鳥	10081	鳥觶	19.30	商代晚期	
鳥	10349	鳥父辛觶	19.226	商代晚期	陝西麟遊縣後坪村

族氏族徽	器　號	器　名	卷數頁碼	時　代	出土地
鳥	10618	尚觶	19.439	西周早期	
鳥	10922	鳥斝	20.41	商代晚期	
鳥	11184	鳥祖尊	20.234	西周早期	
鳥	11338	鳥父癸尊	20.364	商代晚期	
鳥	12747	鳥祖甲卣	23.195	商代晚期	
鳥	12758	鳥父甲卣	23.205	商代晚期	
鳥	14339	鳥父辛盤	25.353	商代晚期	
鳥	16114	鳥戈	30.108	商代早期	
鳥	16115	鳥戈	30.109	商代早期	山東沂水縣信家莊
鳥宁	02672	鳥宁祖癸鬲	6.60	商代晚期	
鳥宁	11543	鳥冊宁父辛尊	21.41	西周早期	
鳥卯	07434	鳥卯爵	15.257	商代晚期	
鳥𢀛	09518	鳥𢀛瓠	18.233	商代晚期	河南安陽市小屯村
鳥𦰩夒	12835	鳥𦰩夒卣	23.270	商代晚期	河南安陽市郭家灣
鄉	06624	卿爵	14.176	商代晚期	
鄉	18201	鄉鉞	33.471	商代晚期	陝西綏德縣墕頭村
鄉宁	00631	鄉宁鼎	1.494	商代晚期	河南安陽
鄉宁	00632	鄉宁鼎	1.495	商代晚期	
鄉宁	00633	鄉宁鼎	1.495	商代晚期	
鄉宁	00959	鄉宁乙鼎	2.229	商代晚期	
鄉宁	00960	鄉宁癸鼎	2.230	商代晚期	
鄉宁	00961	鄉宁癸鼎	2.231	商代晚期	
鄉宁	01126	鄉宁父乙鼎	2.367	商代晚期	
鄉宁	03631	鄉宁簋	7.450	商代晚期	
鄉宁	03632	鄉宁簋	7.451	商代晚期	
鄉宁	03633	鄉宁簋	7.451	商代晚期	
鄉宁	03993	鄉宁父癸簋	8.275	商代晚期	
鄉宁	07414	鄉宁爵	15.241	商代晚期	
鄉宁	07415	鄉宁爵	15.242	商代晚期	河南安陽
鄉宁	07416	鄉宁爵	15.243	商代晚期	
鄉宁	07417	鄉宁爵	15.244	商代晚期	
鄉宁	08050	鄉宁辛爵	16.208	商代晚期	
鄉宁	08415	鄉宁父癸爵	16.495	西周早期	

族氏族徽	器　號	器　名	卷數頁碼	時　代	出土地
鄉宁	09446	鄉宁瓿	18.182	商代晚期	河南安陽
鄉宁	09447	鄉宁瓿	18.183	商代晚期	
鄉宁	09630	鄉宁己瓿	18.321	商代晚期	
鄉宁	09631	鄉宁辛瓿	18.322	商代晚期	河南安陽
鄉宁	10500	鄉宁父乙觶	19.347	商代晚期	
鄉宁	10970	鄉宁斝	20.83	商代晚期	河南安陽
鄉宁	11279	鄉宁尊	20.316	商代晚期	同上
鄉宁	11994	鄉宁壺	21.358	商代晚期	
鄉宁	11995	鄉宁壺	21.359	商代晚期	河南安陽
鄉宁	12960	鄉宁父辛卣	23.389	西周早期	
鄉宁	13490	鄉宁方彝	24.366	商代晚期	河南安陽
鄉宁	13491	鄉宁方彝	24.367	商代晚期	同上
鄉宁	13492	鄉宁方彝	24.368	商代晚期	
鄉宁	16366	鄉宁戈	30.335	商代晚期	河南安陽市郭家莊
鄉俙冉	03863	鄉俙冉簋	8.168	西周早期	
徙	00109	徙鼎	1.92	商代晚期	河南温縣小南張村
徙	00110	徙鼎	1.93	商代晚期	
徙	00935	徙父癸鼎	2.210	商晚周早	
徙	03465	徙簋	7.312	商代晚期	河南温縣小南張村
徙	06590	徙爵	14.156	商代晚期	同上
徙	07960	徙父癸爵	16.143	商代晚期	
徙	08980	徙瓿	17.333	商代晚期	
徙	08981	徙瓿	17.334	商代晚期	
徙	10093	徙觶	19.38	商代晚期	
徙	10900	徙斝	20.22	商代晚期	河南温縣小南張村
徙	12551	徙卣	23.34	商代晚期	
徙邊	14731	巖盉	26.140	西周早期	甘肅靈臺縣白草坡
得	00111	得鼎	1.93	商代晚期	
得	00112	得鼎	1.94	商代晚期	
得	00113	得鼎	1.95	商代晚期	
得	00642	得鼎	1.500	商代晚期	
得	00922	得父癸鼎	2.197	商代晚期	
得	06635	得爵	14.183	商代晚期	

族氏族徽	器　號	器　名	卷數頁碼	時　代	出土地
得	08983	得瓠	17.335	商代晚期	
得	08984	得瓠	17.336	商代晚期	
得	09564	得父乙瓠	18.271	商代晚期	
得	12595	得卣	23.70	商代晚期	
得	13716	得罍	25.15	商代晚期	河南洛陽
啟	03445	啟簋	7.293	商代晚期	
啟	06486	啟爵	14.82	商代晚期	河北磁縣七垣村
啟	06487	啟爵	14.83	商代晚期	同上
啟	07745	啟父甲爵	15.492	商代晚期	
啟	07746	啟父甲爵	15.493	商代晚期	
啟	07763	啟父乙爵	16.5	商代晚期	
啟	08183	啟父己爵	16.317	西周早期	
啟	08955	啟瓠	17.311	商代晚期	河北磁縣七垣村
啟	08956	啟瓠	17.312	商代晚期	同上
啟	09611	啟父辛瓠	18.306	商代晚期	
啟宁享	08458	啟宁享父戊爵	17.26	商代晚期	
竟	00262	竟鼎	1.207	商代晚期	
竟	03411	竟簋	7.264	商代晚期	
竟	10350	竟父辛觶	19.227	商代晚期	
竟	12841	竟祖辛卣	23.277	西周早期	河南
竟	13133	竟卣	24.43	西周早期	
竟	13149	竟卣蓋	24.58	商代晚期	
竟	13631	竟父戊觥	24.470	商代晚期	
竟	13794	竟罍	25.83	西周早期	
竟	14667	竟盉	26.81	西周早期	
竟	16235	竟戈	30.209	西周早期	
奔	06421	奔爵	14.24	商代晚期	
奔	06422	奔爵	14.25	商代晚期	
奔	07273	奔甲爵	15.137	商代晚期	
奔	08976	奔瓠	17.330	商代晚期	
奔	08977	奔瓠	17.331	商代晚期	
奔	08978	奔瓠	17.331	商代晚期	
奔	10057	奔觶	19.9	商代晚期	

族氏族徽	器　號	器　名	卷數頁碼	時　代	出土地
奔	12530	奔卣	23.12	商代晚期	
奔	13612	庚奔觥蓋	24.453	商代晚期	
奔	18302	奔刀	33.530	商代晚期	
翌	08200	翌父辛爵	16.333	西周早期	
翌	10405	翌父乙觶	19.271	西周早期	
翌	12049	翌父辛壺	21.408	商代晚期	
翌	16143	翌戈	30.135	商代晚期	
翌子	03720	翌子簋	8.43	西周早期	
翌正	07433	翌正爵	15.256	商代晚期	河南安陽
翌鳳	10524	翌鳳母戊觶	19.362	商代晚期	河南安陽市高樓莊
凱	04636	鼟簋	9.382	西周早期	河南信陽市溮河港
凱	08789	鼟角	17.226	西周早期	同上
凱	08790	鼟角	17.227	西周早期	同上
凱	09853	鼟觚	18.501	西周早期	同上
凱	11545	父乙尊	21.43	西周早期	
凱	13272	卣蓋	24.197	西周早期	河南信陽市溮河港
亯	06431	亯爵	14.34	商代晚期	河南安陽
亯	09093	亯觚	17.422	商代晚期	
亯	09094	亯觚	17.422	商代晚期	
亯	10905	亯斝	20.27	商代晚期	
亯	11667	酤尊	21.145	西周早期	
亯	16123	亯戈	30.117	商代晚期	
受	00167	受鼎	1.134	商代晚期	河南安陽市殷墟
受	00168	受鼎	1.135	商代晚期	河南安陽市郭家莊
受	00169	受鼎	1.135	商代晚期	
受	12856	受父辛卣蓋	23.290	西周早期	西安長安區張家坡
受川	09512	受川觚	18.229	商代晚期	
專	00253	專鼎	1.203	商代晚期	
專	03430	專簋	7.280	商代晚期	
專	15859	專鐃甲	29.417	商代晚期	河南安陽
專	15860	專鐃乙	29.418	商代晚期	同上
專	15861	專鐃丙	29.419	商代晚期	同上
寅	10902	寅斝	20.24	商代晚期	

族氏族徽	器　號	器　名	卷數頁碼	時　代	出土地
寅	11955	寅壺	21.323	商代晚期	
寅	18217	寅鉞	33.488	商代晚期	
寅从	16369	寅从戈	30.337	商代晚期	
鹿	00016	鹿鼎	1.17	商代晚期	河南安陽市侯家莊
鹿	09018	鹿觚	17.363	商代晚期	
鹿射	07456	鹿射爵	15.273	商代晚期	
戠	03444	戠簋	7.292	商代晚期	
戠	10411	戠父乙觶	19.277	西周早期	
戠	13286	馭卣	24.213	商代晚期	
旋	00190	旋鼎	1.152	商代晚期	
旋	18517	旋冑	34.103	商代晚期	河南安陽市侯家莊
雫	06430	雫爵	14.33	商代晚期	河南安陽市四盤磨
雫	09113	雫觚	17.436	商代晚期	
恩	06547	恩爵	14.127	商代晚期	河南洛陽
恩	06789	恩爵	14.285	商晚周早	
菰	06497	菰爵	14.91	商代晚期	河南安陽市侯家莊
菰	18493	菰弓柲	34.87	商代晚期	河南安陽
柬	09114	柬觚	17.436	商代晚期	
柬	09615	柬父壬觚	18.310	商代晚期	
耺	16261	耺戈	30.233	西周早期	河南濬縣辛村
耺	16262	耺戈	30.234	西周早期	同上
屖	10091	屖觶	19.37	商代晚期	
屖	10092	屖觶蓋	19.38	商代晚期	
莘	00254	莘鼎	1.204	商代晚期	
莘	11383	莘父辛尊	20.404	西周早期	
羍	06756	羍爵	14.268	商晚周早	
圍	08979	圍觚	17.332	商代晚期	河北趙縣雙廟村
欶	16102	欶戈	30.96	商代晚期	河北邢臺市草演莊
柛	09610	柛父辛觚	18.305	商代晚期	
蓙	08111	蓙父乙爵	16.262	西周早期	
亞	06785	亞爵	14.283	商晚周早	
給	00777	給父乙鼎	2.89	西周早期	山西洪洞廣勝寺鎮
疝	12060	疝父乙壺	21.418	西周早期	河南信陽縣溮河港

族氏族徽	器　號	器　名	卷數頁碼	時　代	出土地
奞	10384	奞兄丁觶	19.255	商代晚期	
殳	06526	殳爵	14.112	商代晚期	
彗	07332	彗癸爵	15.180	商代晚期	
旎	16103	旎戈	30.97	商代晚期	
責戈	00954	責戈父鼎	2.226	商代晚期	湖南長沙市
偶戉	01703	偶戉冊鼎	3.366	西周早期	陝西寶雞市竹園溝
敢爻	08757	敢父乙爻角	17.194	商代晚期	

十 二 畫

族氏族徽	器　號	器　名	卷數頁碼	時　代	出土地
堯	12090	堯壺	21.444	西周中期前段	
聑	00893	聑父辛鼎	2.177	商代晚期	
聑	04170	聑簋	8.425	西周早期	
聑	06415	聑爵	14.18	商代晚期	
聑	07791	聑父丙爵	16.22	商晚周早	
聑	12675	聑丁卣	23.135	商代晚期	
聑	13126	義卣	24.37	西周早期	
聑賓	01217	聑賓婦彔鼎	2.434	商代晚期	河南輝縣褚邱村
聑賓	04002	聑賓婦彔簋	8.284	商代晚期	同上
聑賓	04920	聽簋	10.245	商代晚期	
聑賓	08355	聑賓婦彔爵	16.446	商代晚期	河南輝縣褚邱村
聑賓	08356	聑賓婦彔爵	16.447	商代晚期	同上
聑賓	08357	聑賓婦彔爵	16.448	商代晚期	同上
聑賓	08769	聑賓婦彔角	17.205	商代晚期	同上
聑賓	09506	聑賓觚	18.225	商代晚期	
聑賓	09774	聑賓婦彔觚	18.438	商代晚期	
聑賓	11467	聑賓婦彔尊	20.474	商代晚期	河南輝縣褚邱村
聑賓	12938	聑賓婦彔卣	23.368	商代晚期	同上
聑日	07024	聑日爵	14.468	商晚周早	
聑日	08524	隻爵	17.75	西周早期	
聑日	08545	夾爵	17.95	西周早期	
聑日	10501	聑日父乙觶	19.347	商代晚期	

族氏族徽	器　號	器　名	卷數頁碼	時　代	出土地
聑日	12912	聑日父乙卣	23.342	商代晚期	
聑日	13170	聑日卣	24.81	西周早期	河北束鹿縣
聑日	13515	聑日父乙方彝	24.390	商代晚期	
聑日	14178	聑日斗	25.296	商代晚期	
聑竹	07448	聑竹爵	15.269	商代晚期	
聑竹	07449	聑竹爵	15.270	商代晚期	
聑竹	09508	聑竹觚	18.227	商代晚期	河南安陽
聑嘼	03616	聑嘼簋	7.439	商代晚期	
聑嘼	03617	聑嘼簋	7.439	商代晚期	
聑干	16353	聑干戈	30.322	商代晚期	
聑及	03606	聑及簋	7.433	商代晚期	
聑佣	09507	聑佣觚	18.226	商代晚期	
聑帆	07023	聑帆爵	14.468	商代晚期	
聑兆	10216	聑兆觶	19.127	商代晚期	
聑𤕨	09509	聑𤕨觚	18.228	商代晚期	
聑秉干	00987	聑秉干鼎	2.256	商代晚期	
聑印佣	00988	聑印佣鼎	2.256	商代晚期	
萬	00170	萬鼎	1.136	商代晚期	
萬	03118	萬甗	7.17	商代晚期	
萬	06493	萬爵	14.88	商代晚期	
萬	06494	萬爵	14.89	商代晚期	
萬	06495	萬爵	14.9	商代晚期	
萬	06496	萬爵	14.9	商代晚期	
萬	07316	萬庚爵	15.168	商代晚期	
萬	07859	萬父己爵	16.72	商代晚期	
萬	07860	萬父己爵	16.73	商代晚期	河南安陽
萬	07861	萬父己爵	16.74	商代晚期	
萬	08096	萬父甲爵	16.249	西周早期	
萬	09032	萬觚	17.373	商代晚期	
萬	09594	萬父己觚	18.294	商代晚期	
萬	10098	萬觶	19.41	商代晚期	
萬	10137	萬觶	19.71	西周早期	
萬	10322	萬父丁觶	19.207	商晚周早	

族氏族徽	器　號	器　名	卷數頁碼	時　代	出土地
萬	10323	萬父丁觶	19.208	商代晚期	
萬	10339	萬父己觶	19.219	商代晚期	
萬	10402	萬父甲觶	19.268	西周早期	
萬	12073	萬父己壺	21.428	西周早期	山西翼城縣鳳家坡
萬	12633	萬卣	23.99	西周早期	
萬	13620	萬癸觥	24.460	西周早期	
萬	16068	萬戈	30.68	商代早期	
萬	16069	萬戈	30.69	商代晚期	河南安陽市大司空
萬	16070	萬戈	30.70	商代晚期	
萬	16071	萬戈	30.71	商代晚期	河南安陽
萬	16072	萬戈	30.72	商代晚期	
萬	16073	萬戈	30.73	商代晚期	
萬	16074	萬戈	30.74	商代晚期	
萬	18218	萬鉞	33.489	商代晚期	
盉其雟	00990	盉其雟鼎	2.258	商代晚期	
盉其雟	11027	盉其雟斝	20.128	商代晚期	
盉其雟	12829	盉其雟卣	23.265	商代晚期	
鼎	00129	鼎鼎	1.106	商代晚期	陝西鳳翔南指揮西村
鼎	00130	鼎鼎	1.107	商代晚期	
鼎	00131	鼎鼎	1.107	商代晚期	
鼎	03439	鼎簋	7.288	商代晚期	
鼎	04872	是駹簋	10.183	西周中期	
鼎	04974	卓林父簋蓋	10.315	西周晚期	
鼎	05605	改盨	12.335	西周中期	
鼎	07875	鼎父己爵	16.81	商晚周早	
鼎	07903	鼎父辛爵	16.103	商代晚期	
鼎	08103	鼎父乙爵	16.255	西周早期	
鼎	08104	鼎父乙爵	16.256	西周早期	
鼎	08122	鼎父丙爵	16.270	西周早期	
鼎	08210	鼎父辛爵	16.342	西周早期	
鼎	08211	鼎父辛爵	16.343	西周早期	
鼎	09083	鼎觚	17.413	商代晚期	
鼎	10914	鼎斝	20.36	商代晚期	

族氏族徽	器　號	器　名	卷數頁碼	時　代	出土地
鼎	11113	鼎尊	20.175	商代晚期	陝西寶雞市鬥雞臺
鼎	11321	鼎父己尊	20.351	商代晚期	
鼎	11322	鼎父己尊	20.352	商代晚期	
鼎	12525	鼎卣	23.7	商代晚期	陝西寶雞縣鬥雞臺
鼎	12526	鼎卣	23.8	商代晚期	同上
鼎	13458	鼎方彝	24.336	商代晚期	
鼎	13459	鼎方彝	24.337	商代晚期	
鼎	13708	鼎罍	25.10	商代晚期	
鼎	18506	鼎冑	34.97	商代晚期	河南安陽市侯家莊
鼎秝	04027	鼎刕父癸簋	8.305	西周早期後段	
鼎秝	16373	鼎秝戈	30.340	商代晚期	
單	01804	單鼎	3.467	西周早期	
單	04613	單簋	9.360	西周中期	山東黃縣周家村
單	04614	單簋	9.361	西周中期	同上
單	06940	單爵	14.401	西周早期	河南洛陽
單	08480	單爵	17.42	西周早期	
單	09020	單觚	17.365	商代晚期	河南安陽市梅園莊
單	11006	單父丁罍	20.110	商代晚期	
單	11675	貍尊	21.153	西周中期前段	
單	13214	齹卣	24.127	西周早期	
單	18314	單刀	33.541	商代晚期	山東長清縣興復河北
單光	09464	單光觚	18.196	商代晚期	
單笊（光）	01425	單光鼎	3.115	西周早期	
單笊（光）	01426	單光鼎	3.116	西周早期	河南河清
單笊（光）	04197	單光簋	8.447	西周早期	
單笊（光）	07431	單光爵	15.254	商晚周早	
單笊（光）	09809	單光觚	18.465	西周早期	河南河清
單笊（光）	13310	壴卣	24.246	西周早期	河南孟縣白波村
單笊（光）	14716	單盂	26.126	西周早期	
單竝	07430	單竝爵	15.254	商代晚期	
單子▲	11542	單子▲父戊尊	21.40	西周早期	
單子▲	13047	單子卣	23.471	西周早期前段	北京房山區琉璃河
秝（刕）	03628	秝冊簋	7.447	商代晚期	

族氏族徽	器 號	器 名	卷數頁碼	時 代	出土地
秣	04019	秣冊父丁簋	8.299	西周早期	
秣	06980	劜冊爵	14.435	商代晚期	
秣	08772	秣冊父丁角	17.208	西周早期	甘肅靈臺縣白草坡
秣	11056	闖罌	20.150	西周早期	
秣	11455	秣冊父癸尊	20.463	商代晚期	
秣	11456	秣冊父癸尊	20.464	商代晚期	
秣	11979	秣壺	21.343	西周中期	西安長安區馬王村
秣	11980	秣壺	21.344	西周中期	同上
秣竹	08781	秣冊竹祖癸角	17.218	西周早期	陝西寶雞縣鬥雞臺
秣竹	10581	秣冊竹父丁觶	19.407	西周早期	
秣竹	12139	秣冊竹父丁壺	22.13	西周早期	陝西扶風縣召李村
秣竹	12834	秣冊竹卣	23.269	商代晚期	
秣冉	13621	冊秣夵觥	24.461	商代晚期	
秣丿	01305	秣冊丿辛鼎	3.19	商代晚期	
敊	00612	敊象鼎	1.479	商代晚期	河南安陽市薛家莊
敊	00613	敊氏鼎	1.480	商代晚期	
敊	06634	敊爵	14.182	商代晚期	
敊	09439	敊瓟	18.177	商代晚期	
敊	12531	敊卣	23.13	商代晚期	河南安陽
敊	14309	敊盤	25.325	商代晚期	
敊	16060	敊戈	30.62	商代晚期	河南安陽市武官村
敊	16061	敊戈	30.63	商代晚期	
敊	16062	敊戈	30.64	商代晚期	
敊▲	13763	敊▲罍	25.57	商代晚期	
敊▲	13764	敊▲罍	25.58	商代晚期	河南安陽
敊天	07418	敊天爵	15.244	商代晚期	
敊令	18245	敊令鉞	33.517	西周早期前段	陝西涇陽縣高家堡
貯	00224	貯鼎	1.183	商代晚期	
貯	00225	貯鼎	1.184	商代晚期	或釋爲"賈"
貯	00226	貯鼎	1.185	商代晚期	
貯	06648	貯爵	14.190	商代晚期	
貯	06649	貯爵	14.191	商代晚期	
貯	06650	貯爵	14.190	商代晚期	河南羅山縣後李村

族氏族徽	器　號	器　名	卷數頁碼	時　代	出土地
貯	06651	貯爵	14.192	商代晚期	
貯	08973	貯觚	17.327	商代晚期	
貯	11962	貯壺	21.330	商代晚期	
貯	15870	貯鐃	29.428	商代晚期	
貯	16119	貯戈	30.113	商代晚期	河南羅山縣天湖村
貯	18207	貯鍼	33.478	商代晚期	
貯	18513	貯胄	34.100	商代晚期	河南安陽市侯家莊
貯	18514	貯胄	34.101	商代晚期	同上
黍	11124	黍尊	20.186	商代晚期	
僥	00247	僥鼎	1.201	商代晚期	
僥	03412	僥簋	7.265	商代晚期	
僥	06616	僥爵	14.172	商代晚期	
僥	07841	僥父戊爵	16.57	商代晚期	
僥	08931	僥觚	17.295	商代晚期	
僥	08932	僥觚	17.296	商代晚期	
僥	08933	僥觚	17.297	商代晚期	
僥	08934	僥觚	17.297	商代晚期	
僥	12593	僥卣	23.69	商代晚期	
僥	13472	僥方彝	24.349	商代晚期	
僥	16096	僥戈	30.89	商代晚期	
僥	16097	僥戈	30.90	商代晚期	
羍	00013	羍鼎	1.15	商代晚期	
羍	00014	羍鼎	1.15	商代晚期	河南安陽市殷墟
羍	00015	羍鼎	1.16	商代晚期	
羍	06513	羍爵	14.102	商代晚期	
羍	06514	羍爵	14.103	商代晚期	河南安陽市大司空
羍	09011	羍觚	17.359	商代晚期	
羍	09012	羍觚	17.360	商代晚期	
羍	11033	羍父辛斝	20.132	西周早期	甘肅靈臺縣白草坡
奠丼（鄭邢）	02809	鄭邢叔歔父鬲	6.193	西周晚期	
奠丼	02810	鄭邢叔歔父鬲	6.194	西周晚期	
奠丼	03320	鄭邢叔簋	7.197	西周晚期	
奠丼	03333	鄭邢伯寿父簋	7.211	西周晚期	

族氏族徽	器　號	器　名	卷數頁碼	時　代	出土地
無終	00618	無終鼎	1.483	商代晚期	
無終	00619	無終鼎	1.484	商代晚期	傳出河南安陽
無終	00620	無終鼎	1.485	商代晚期	同上
無終	07019	無終爵	14.465	商代晚期	河南安陽
無終	07020	無終爵	14.465	商代晚期	
無終	09470	無終觚	18.200	商代晚期	
無終	09471	無終觚	18.201	商代晚期	
無終	16314	無終戈	30.286	商代早期	陝西綏德縣墕頭村
集	04512	屖簋	9.267	西周早期	
集	04513	屖簋	9.268	西周早期	
集	04514	屖簋	9.269	西周早期	
集	04515	屖簋	9.270	西周早期	
集	08231	集父癸爵	16.356	西周早期	陝西
集	09030	集觚	17.371	商代晚期	
集	13127	集卣	24.38	西周早期	
買	00258	買鼎	1.205	商代晚期	
買車	09497	買車觚	18.220	商代晚期	
買車	10975	買車斝	20.87	商代晚期	
買車	11244	買車尊	20.284	商代晚期	
買車	12700	買車卣	23.154	商代晚期	河南安陽
虓	06452	虓爵	14.53	商代晚期	河南安陽市後崗
虓	06453	虓爵	14.54	商代晚期	同上
虓	06454	虓爵	14.55	商代晚期	同上
剌	07973	剌父癸爵	16.150	商晚周早	山東兗州縣李宮村
剌	07984	剌妣乙爵	16.157	商代晚期	
剌	12099	剌冊父癸壺	21.452	商晚周早	山東兗州縣李宮村
眴	06641	眴爵	14.187	商代晚期	
眴	06642	眴爵	14.187	商代晚期	
眴	16120	眴戈	30.114	商代晚期	
梐	07921	梐父辛爵	16.112	商晚周早	
梐	09608	梐父辛觚	18.303	商代晚期	
堯	06521	堯爵	14.108	商代晚期	
堯	09006	堯觚	17.355	商代晚期	

族氏族徽	器　號	器　名	卷數頁碼	時　代	出土地
剹	16046	剹戈	30.49	商代晚期	
剹	16047	剹戈	30.51	商代晚期	
登	06645	登爵	14.189	商代晚期	
登芦	13752	登芦罍	25.46	商代晚期	遼寧喀左縣波汰溝
裸丼	09754	裸丼父戊觚	18.419	商代晚期	
裸丼	11248	裸丼尊	20.287	商代晚期	
萹	06663	萹爵	14.199	商代晚期	
萹⊥旅	08060	萹⊥旅爵	16.216	商代晚期	
煏（偪）	03245	作父庚甗	7.127	西周早期	
煏	02608	煏鬲	6.7	商代晚期	
腐	07761	腐父乙爵	16.4	商代晚期	
腐	07762	腐父乙爵	16.5	商代晚期	
曾㜱㐁	07991	曾㜱㐁爵	16.162	商代晚期	山東滕州市前掌大
曾㜱㐁	09642	曾㜱㐁觚	18.333	商代晚期	同上
圍	14176	圍冊勺	25.294	商代晚期	
猖	14161	猖斗	25.280	西周早期前段	
畺	06764	畺爵	14.273	商晚周早	
埜	06761	埜爵	14.271	商代晚期	
敨	00904	敨父辛鼎	2.185	西周早期	
發	00914	發父辛鼎	2.192	商代晚期	
舷	09122	舷觚	17.443	商代晚期	
黃	08961	黃觚	17.316	商代晚期	
隻	09031	隻觚	17.372	商代晚期	河南安陽
寐	10459	寐父辛觶	19.317	西周早期	
埶	06560	埶爵	14.137	商代晚期	
虤	11109	虤尊	20.171	商代晚期	河南安陽市侯家莊
徝	12698	徝冊卣	23.153	商代晚期	
雁	09574	雁父丁觚	18.278	商代晚期	山東滕州市前掌大
馬	10097	馬觶	19.40	商代晚期	
晃	10136	晃觶	19.70	西周中期前段	
覃	07856	覃父己爵	16.69	商代晚期	
貁	08493	貁父癸爵	17.52	西周早期	
雩	03414	雩簋	7.266	商代晚期	

族氏族徽	器　號	器　名	卷數頁碼	時　代	出土地
幾𤈪	09662	幾庚冊瓯	18.349	商代晚期	
畣大	10536	畣大父乙觶	19.372	西周早期	

十 三 畫

族氏族徽	器　號	器　名	卷數頁碼	時　代	出土地
黽	00828	黽父丁鼎	2.129	西周早期	
黽	00829	黽父丁鼎	2.129	商代晚期	
黽	03214	黽瓹	7.101	商代晚期	
黽	06528	黽爵	14.114	商晚周早	
黽	07895	黽父辛爵	16.96	商代晚期	
黽	09539	黽祖乙瓯	18.250	商代晚期	
黽	12806	黽父辛卣	23.244	商代晚期	
黽	13701	黽罍	25.3	商代早期	河南鄭州市白家莊
腐（枲）	06978	腐爵	14.434	商代中期	河北正定縣新城鋪
腐	00197	腐鼎	1.159	商代晚期	
腐	00198	腐鼎	1.160	商代晚期	
腐	00608	腐冊鼎	1.477	商代晚期	
腐	00811	腐父丁鼎	2.114	商代晚期	
腐	01159	腐冊父丁鼎	2.390	商代晚期	
腐	01211	腐冊父癸鼎	2.431	商代晚期	
腐	01507	父庚鼎	3.190	商代晚期	
腐	02101	孃鼎	4.284	商代晚期	陝西扶風縣任家村
腐	03179	腐父己瓹	7.72	西周早期	
腐	03810	腐父戊簋	8.121	西周早期	遼寧喀左縣灣子村
腐	03834	腐父辛簋	8.143	西周早期	
腐	04626	敫祿祋簋	9.372	西周早期	
腐	06563	腐爵	14.140	商代晚期	
腐	06564	腐爵	14.141	商代晚期	
腐	06793	腐爵	14.289	商代晚期	
腐	06979	腐爵	14.435	商代晚期	
腐	07750	腐父乙爵	15.496	商代晚期	
腐	07751	腐父乙爵	15.497	商代晚期	

族氏族徽	器　號	器　名	卷數頁碼	時　代	出土地
腐	07989	腐兄癸爵	16.160	商代晚期	
腐	08170	腐父戊爵	16.306	西周早期	
腐	08293	腐冊父乙爵	16.404	商代晚期	河南安陽
腐	08319	腐冊父丁爵	16.424	商代晚期	
腐	08320	腐冊父丁爵	16.425	商代晚期	
腐	08379	腐冊父丙爵	16.466	西周早期	
腐	08766	腐冊父庚角	17.202	商代晚期	
腐	08794	宰㭱角	17.231	商代晚期	
腐	09087	腐觚	17.417	商代晚期	
腐	09088	腐觚	17.418	商代晚期	
腐	09089	腐觚	17.419	商代晚期	
腐	09424	腐冊觚	18.169	商代晚期	河北正定縣新城鋪
腐	09425	腐冊觚	18.170	商代晚期	
腐	09426	腐冊觚	18.171	商代晚期	
腐	09742	腐冊父乙觚	18.409	商代晚期	
腐	10221	腐冊觶	19.132	商代晚期	
腐	10498	腐冊父乙觶	19.346	商代晚期	
腐	10595	鷬觶	19.418	西周早期	陝西寶雞市竹園溝
腐	10976	腐冊罌	20.88	商代晚期	
腐	11118	腐尊	20.180	商代晚期	
腐	11382	腐父辛尊	20.403	西周早期	陝西耀縣丁家溝
腐	11961	腐壺	21.329	西周早期前段	
腐	12059	腐父乙壺	21.417	西周早期	甘肅靈臺縣白草坡
腐	12141	腐冊父庚壺	22.15	西周中期前段	
腐	12198	叔壺	22.69	西周早期	
腐	12555	腐卣	23.38	商代晚期	
腐	13247	寓卣	24.163	商代晚期	
腐	13954	腐瓿	25.130	商代晚期	陝西岐山縣賀家村
腐	14687	腐冊父乙盂	26.98	西周早期	
腐豕	08292	腐豕父乙爵	16.403	商代晚期	
腐豕	10220	腐豕觶	19.131	商代晚期	河南安陽市小屯村
腐豕	10499	腐豕父乙觶	19.346	商代晚期	同上
腐宁	10580	腐宁冊父丁觶	19.406	西周早期	

族氏族徽	器　號	器　名	卷數頁碼	時　代	出土地
腐正	09800	腐冊父庚正瓤	18.458	商代晚期	
贵	03836	贵父辛簋	8.144	西周早期	
贵	08161	贵父戊爵	16.301	西周早期	
贵	08212	贵父辛爵	16.344	西周早期	
贵	08213	贵父辛爵	16.344	西周早期	
贵	08214	贵父辛爵	16.345	西周早期	
贵	08215	贵父辛爵	16.345	西周早期	
贵	10456	贵父辛觶	19.315	西周早期	
贵	12855	贵父辛卣	23.289	西周早期	
贵	13755	贵甲罍	25.49	商代晚期	山西武功縣滹沱村
贵引	09803	贵引瓤	18.461	商代晚期	陝西
贵引	14177	贵引斗	25.295	商代晚期	
戚	09834	戚瓤	18.484	西周早期	
戚	09835	戚瓤	18.485	西周早期	
傲	00744	傲祖戊鼎	2.63	商代晚期	
傲	03415	傲簋	7.266	商代晚期	
羌	00141	羌鼎	1.115	商代晚期	
磁	16112	磁戈	30.106	商代晚期	河南安陽
祺	00783	祺父乙鼎	2.95	西周早期	
豖	06522	豖爵	14.108	商代晚期	
鼓	10096	鼓觶	19.40	商代晚期	
嗇	06914	嗇爵	14.378	西周早期	

十 四 畫

族氏族徽	器　號	器　名	卷數頁碼	時　代	出土地
叟	00117	叟鼎	1.97	商代晚期	
叟	00118	叟鼎	1.98	商代晚期	
叟	00119	叟鼎	1.99	商代晚期	
叟	00779	叟父乙鼎	2.91	西周早期	
叟	00926	叟父癸鼎	2.201	商代晚期	
叟	00927	叟父癸鼎	2.202	商代晚期	
叟	00932	叟父癸鼎	2.207	西周早期	

族氏族徽	器　號	器　名	卷數頁碼	時　代	出土地
叟	06748	叟爵	14.262	商代晚期	河南安陽市軋鋼廠
叟	06749	叟爵	14.263	商代晚期	
叟	06750	叟爵	14.264	商代晚期	
叟	06751	叟爵	14.264	商代晚期	
叟	06932	叟爵	14.394	西周早期	
叟	08949	叟觚	17.308	商代晚期	
叟	08950	叟觚	17.308	商代晚期	
叟	09596	叟父己觚	18.295	商代晚期	
叟	10077	叟觶	19.26	商代晚期	河南安陽
叟	10078	叟觶	19.27	商代晚期	
叟	10890	叟斝	20.12	商代晚期	河南安陽
叟	11965	叟壺	21.332	商代晚期	
叟	11966	叟壺	21.333	商代晚期	
叟	13525	冊叟方彝	24.400	商代晚期	
叟	16032	叟戈	30.36	商代晚期	
叟	16033	叟戈	30.37	商代晚期	河南安陽
叟	16034	叟戈	30.38	商代晚期	
叟	16035	叟戈	30.39	商代晚期	河內定州城區北莊子
叟	16036	叟戈	30.40	商代晚期	
叟	16037	叟戈	30.41	商代晚期	
鳶	00138	鳶鼎	1.112	商代晚期	
鳶	00139	鳶鼎	1.113	商代晚期	
鳶	03433	鳶簋	7.283	商代晚期	
鳶	03739	鳶旅女簋	8.60	商代晚期	
鳶	03828	鳶父辛簋	8.139	商代晚期	
鳶	06545	鳶爵	14.125	商代晚期	河南安陽
鳶	06546	鳶爵	14.126	商代晚期	同上
鳶	09027	鳶觚	17.369	商代晚期	
鳶	09028	鳶觚	17.370	商代晚期	
鳶	09029	鳶觚	17.371	商代晚期	
鳶	09579	鳶父丁觚	18.283	商代晚期	
鳶	10099	鳶觶	19.41	商代晚期	河南洛陽
鳶	12035	鳶祖辛壺	21.394	商代晚期	

族氏族徽	器 號	器 名	卷數頁碼	時 代	出土地
鳶	12546	鳶卣	23.29	商代晚期	
鳶	13460	鳶方彝	24.338	商代晚期	
鳶	13704	鳶罍	25.6	商代晚期	河南安陽
鳶	13705	鳶罍	25.7	商代晚期	
鳶	14156	鳶勺	25.276	商代晚期	
鳶	15880	鳶鐃	29.436	商代晚期	
鳶	15881	鳶鐃	29.438	商代晚期	
聝	00084	聝鼎	1.73	商代晚期	
聝	00085	聝鼎	1.74	商晚周早	
聝	00086	聝鼎	1.76	商代晚期	河南安陽市小屯村
聝	00087	聝鼎	1.76	商代晚期	
聝	06448	聝爵	14.49	商代晚期	
聝	06449	聝爵	14.50	商代晚期	
聝	06450	聝爵	14.51	商代晚期	河南安陽市後崗
聝	06451	聝爵	14.52	商代晚期	
聝	09076	聝觚	17.408	商代晚期	
聝	09077	聝觚	17.409	商代晚期	
聝	09078	聝觚	17.410	商代晚期	
聝	09079	聝觚	17.411	商代晚期	
聝	09080	聝觚	17.411	商代晚期	
鼻	00145	鼻鼎	1.118	商代晚期	
鼻	03407	鼻簋	7.262	商代晚期	
鼻	06489	鼻爵	14.85	商代晚期	
鼻	06490	鼻爵	14.86	商代晚期	
鼻	06491	鼻爵	14.87	商代晚期	
鼻	06492	鼻爵	14.87	商代晚期	
鼻	09035	鼻觚	17.375	商代晚期	
鼻	09036	鼻觚	17.376	商代晚期	
鼻	12588	鼻卣	23.66	商代晚期	
鼻	13714	鼻罍	25.14	商代晚期	
舞	00263	舞鼎	1.207	商代晚期	
舞	00933	舞父癸鼎	2.208	商晚周早	
舞	03847	舞父癸簋	8.154	西周早期	

族氏族徽	器　號	器　名	卷數頁碼	時　代	出土地
龔	03860	龔虘祕簋	8.165	西周早期前段	陝西寶雞市峪泉村
龔	09708	龔父辛觚	18.384	西周早期	
龔	12861	龔父癸卣	23.296	西周早期	
需	00885	需父辛鼎	2.173	商代晚期	
需	00886	需父辛鼎	2.173	商代晚期	
需	16038	需戈	30.42	商代晚期	
需	16039	需戈	30.43	商代晚期	
需索	16345	需索戈	30.315	商代晚期	河南寶豐縣前營村
齊	08001	齊京母爵	16.170	商代晚期	
齊	08002	齊京母爵	16.171	商代晚期	
齊	08084	齊祖辛爵	16.238	西周早期	
齊豩	10522	齊豩父癸觶	19.360	商代晚期	
萧	09015	萧觚	17.362	商代晚期	
萧	09016	萧觚	17.362	商代晚期	
萧	09017	萧觚	17.363	商代晚期	
魡	00146	魡鼎	1.119	商代晚期	
魡	00147	魡鼎	1.120	商代晚期	
榭	10452	榭父辛觶	19.311	西周早期	陝西隴縣韋家莊
漉	00171	漉鼎	1.136	商晚周早	
圜	08704	圜角	17.142	商代晚期	
亶	08195	亶父辛爵	16.328	西周早期	陝西千陽縣
微	11146	微尊	20.201	商代晚期	
監	10296	監祖丁觶	19.189	商代晚期	
鳴	10054	鳴觶	19.6	商代晚期	
棄	06913	棄爵	14.377	西周早期	北京房山區琉璃河
鼻	06420	鼻爵	14.23	商代晚期	山東滕州市前掌大
�	03166	豢父乙甗	7.61	商代晚期	
獄盧	12915	獄盧父丁卣	23.345	商代晚期	
鴻豕	07435	鴻豕爵	15.258	商代晚期	
歔亞	04953	弥簋	10.286	西周中期	

十 五 畫

族氏族徽	器 號	器 名	卷數頁碼	時 代	出土地
衛	00107	衛鼎	1.91	商代晚期	
衛	00108	衛鼎	1.92	商代晚期	
衛	00815	衛父丁鼎	2.118	商代晚期	
衛	03458	衛簋	7.305	商代晚期	
衛	06504	衛爵	14.97	商代晚期	
衛	06505	衛爵	14.97	商代晚期	
衛	07333	衛癸爵	15.180	商代晚期	
衛	07796	衛父丁爵	16.25	商代晚期	
衛	08552	衛冊爵	17.101	商代晚期	
衛	08990	衛觚	17.341	商代晚期	
衛	08991	衛觚	17.342	商代晚期	河南安陽市小屯村
衛	09423	衛冊觚	18.168	商代晚期	河南安陽市梅園莊
衛	11314	衛父丁尊	20.345	商代晚期	
衛	12963	衛冊父癸卣	23.392	西周早期	
衛	13498	衛冊方彝	24.374	商代晚期	
衛	16113	衛戈	30.107	商代晚期	
衛	18208	衛鉞	33.479	商代晚期	
衛	19277	衛冊乑箕	35.63	商代晚期	
衛典	00610	衛典鼎	1.477	商代晚期	
衛典	12826	衛典癸卣	23.262	商代晚期	
衛典	12905	衛典父乙卣	23.336	商代晚期	
衛典	14341	衛典乑盤	25.354	商代晚期	
衛典	19228	衛典罐	35.9	商代晚期	
衛辰	11239	衛辰尊	20.282	商代晚期	
衛葡	11449	衛簾父辛尊	20.458	商代晚期	
衛子	19473	衛子器	35.240	商代晚期	
歂	00439	歂丁鼎	1.339	商代晚期	
歂	00650	歂示鼎	1.505	商代晚期	河南安陽市苗圃北地
歂	06622	歂爵	14.175	商代晚期	
歂	07428	歂示爵	15.252	商代晚期	河南洛陽

族氏族徽	器　號	器　名	卷數頁碼	時　代	出土地
歙	08935	歙觚	17.298	商代晚期	
歙	08936	歙觚	17.298	商代晚期	
歙	10399	歙祖己觶	19.266	西周早期	河南洛陽市東車站
歙	12685	歙癸卣	23.143	商代晚期	
歙	12686	歙癸卣	23.144	商代晚期	
歙止	11283	歙止尊	20.320	西周中期前段	
趰（㞢）	03164	趰祖癸甗	7.59	商代晚期	
趰	03764	趰父乙簋	8.82	商代晚期	
趰	07967	趰父癸爵	16.147	商代晚期	
趰	08735	趰祖癸角	17.172	商代晚期	
趰	08736	趰祖癸角	17.172	商代晚期	
趰	12798	趰父己卣	23.236	商代晚期	
趰	12057	趰父乙壺	21.415	西周早期	陝西寶雞市竹園溝
趰	12058	趰父乙壺	21.416	西周早期	
趰	12798	趰父己卣	23.236	商代晚期	
辜	00203	辜鼎	1.164	商代晚期	
辜	00437	辜丁鼎	1.338	商代晚期	
辜	09095	辜觚	17.423	商代晚期	
辜	12536	辜卣	23.19	商代晚期	
辜	19028	辜車器	34.469	商代晚期	
辜車	09502	辜車觚	18.224	商代晚期	
辜車	09504	辜車觚	18.224	商代晚期	
虩	01800	士鼎	3.463	西周早期	
虩	12213	沬壺	22.83	商代晚期	
虩	14740	沬盉	26.148	商代晚期	
虩	14741	沬盉	26.149	商代晚期	
虩	14742	沬盉	26.149	商代晚期	
盨	00257	盨鼎	1.205	商代晚期	
盨	01354	盨祖庚父辛鼎	3.56	商代晚期	
盨	01856	盨婦鼎	4.14	商代晚期	
盨	08907	盨觚	17.279	商代晚期	
盨	13144	盨卣	24.54	商代晚期	
齒	07304	齒戊爵	15.158	商代晚期	

族氏族徽	器　號	器　名	卷數頁碼	時　代	出土地
齒	10383	齒兄丁觶	19.254	商代晚期	
齒	16150	齒戈	30.139	商代晚期	
齒木	09504	齒木觚	18.225	商代晚期	
齒受	11430	齒受祖丁尊	20.442	商晚周早	
虧	01140	虧父乙鼎	2.376	商代晚期	
虧	08130	虧父丁爵	16.278	西周早期	
虧辰	13506	虧辰方彝	24.381	西周早期	
畬（畬）	06889	畬爵	14.362	商代晚期	
畬	06440	畬爵	14.42	商代晚期	
畬	09164	畬觚	17.475	商代晚期	
曂	19077	曂當盧	34.511	西周早期	河南洛陽市龐家溝
蓇	00004	蓇鼎	1.8	商代中期	
敩	11749	敩尊	21.217	西周早期	
瞗	08090	瞗祖壬爵	16.243	西周早期	陝西隴縣黃花峪
梟	07918	梟父辛爵	16.110	商晚周早	
蝠天	07669	蝠天爵	15.441	西周早期	

十 六 畫

族氏族徽	器　號	器　名	卷數頁碼	時　代	出土地
遽	09203	遽觚	17.504	西周早期	河南洛陽
遽	09204	遽觚	17.505	西周早期	同上
遽	10413	遽父乙觶	19.279	西周早期	
遽	11374	遽父丁尊	20.396	西周早期	
遽	12045	遽父己壺	21.404	商代晚期	
遽	12995	遽冊卣	23.421	西周早期	
遽從	00680	遽從鼎	2.13	西周早期	
遽從	00681	遽從鼎	2.14	西周早期	
遽從	00682	遽從鼎	2.14	西周早期	
遽從	00683	遽從鼎	2.15	西周早期	
遽從	00684	遽從鼎	2.13	西周早期	
遽從	03156	遽從甗	7.52	西周早期	
遽從	03721	遽從簋	8.44	西周早期	

族氏族徽	器　號	器　名	卷數頁碼	時　代	出土地
邊從	08731	邊從角	17.168	西周早期	
邊從	08732	邊從角	17.169	西周早期	
邊徙	10549	邊徙父辛觶	19.383	西周早期	
邊從	14334	邊從盤	25.349	西周早期	
融	00135	融鼎	1.110	商代晚期	山東青州市蘇埠屯
融	00600	融冊鼎	1.471	商代晚期	同上
融	00601	融冊鼎	1.472	商代晚期	同上
融	03448	融簋	7.296	商代晚期	同上
融	03449	融簋	7.297	商代晚期	
融	06434	融爵	14.37	商代晚期	山東青州市蘇埠屯
融	07877	融父己爵	16.82	商代晚期	
融	09038	融觚	17.377	商代晚期	山東青州市蘇埠屯
融	09039	融觚	17.378	商代晚期	同上
融	10051	融觶	19.3	商代晚期	同上
融	11120	融尊	20.182	商代晚期	
融	11121	融尊	20.183	商代晚期	山東青州市蘇埠屯
融	12563	融卣	23.46	商代晚期	同上
融	13707	融罍	25.9	商代晚期	同上
興	06741	興爵	14.257	商代晚期	
興	06742	興爵	14.258	商代晚期	
興	06743	興爵	14.258	商代晚期	
興	06744	興爵	14.259	商代晚期	河南安陽
興	06945	興爵	14.406	西周早期	
興	07916	興父辛爵	16.109	西周早期	
興	08968	興觚	17.322	西周早期	
興	10894	興斝	20.16	商代晚期	
興	10895	興斝	20.17	商代晚期	
興	11957	興壺	21.325	商代晚期	
興	11958	興壺	21.326	商代晚期	
鼻	00827	鼻父丁鼎	2.128	商代晚期	
鼻	09545	鼻祖己觚	18.255	商代晚期	
鼻	09582	鼻父丁觚	18.285	商代晚期	
鼻	10445	鼻父己觶	19.304	西周早期	

族氏族徽	器號	器名	卷數頁碼	時代	出土地
鼻	10923	鼻斝	20.41	商代晚期	
鼻	12766	鼻父乙卣	23.210	商代晚期	
鼻	18498	鼻弓柲	34.91	商代晚期	
鼻（✦）	03765	雋父乙簋	8.83	商代晚期	
鼻	02390	作冊大鼎	5.183	西周早期前段	河南洛陽市馬坡村
鼻	02391	作冊大鼎	5.184	西周早期前段	同上
鼻	02393	作冊大鼎	5.186	西周早期前段	同上
鼻	05352	作冊矢令簋	12.96	西周早期	同上
鼻	05353	作冊矢令簋	12.98	西周早期	同上
鼻	07334	鼻癸爵	15.181	商代晚期	
鼻	07780	鼻父乙爵	16.15	商晚周早	
鼻	10651	尹觶	19.466	西周早期	
鼻	11821	矢令尊	21.315	西周早期	河南洛陽市馬坡村
鼻	13548	矢令方彝	24.438	西周早期	同上
鼻	14379	令盤	25.392	西周早期後段	
墉（墉）	00449	墉己鼎	1.347	商代晚期	
墉	00450	墉辛鼎	1.348	商晚周早	
墉	00451	墉青鼎	1.349	商代晚期	
墉	06439	墉爵	14.41	商代晚期	河南安陽市梅園莊
墉	11328	墉父辛尊	20.356	商代晚期	
墉	16124	墉戈	30.118	商代晚期	
龍	00272	龍鼎	1.210	商晚周早	
龍	03434	龍簋	7.284	商代晚期	
龍	03435	龍簋	7.284	商代晚期	
龍	06405	龍爵	14.8	商代晚期	
龍	06903	龍爵	14.369	西周早期	
龍	06904	龍爵	14.370	西周早期	
龍	12543	龍卣	23.26	商代晚期	山西保德縣林遮峪
盥	06652	盥爵	14.192	商代晚期	
盥	07971	盥父癸爵	16.149	商晚周早	
盥〕	00637	盥〕鼎	1.498	商代晚期	
盥〕	00638	盥〕鼎	1.498	商代晚期	
盥〕	07491	盥〕爵	15.297	商代晚期	

族氏族徽	器　號	器　名	卷數頁碼	時　代	出土地
盥丿	07492	盥丿爵	15.298	商代晚期	
橐	06786	橐爵	14.284	商晚周早	
橐	07924	橐父辛爵	16.114	商晚周早	
橐	11144	橐尊	20.200	商代晚期	
橐	11302	橐父乙尊	20.335	商代晚期	
橐	12596	橐卣	23.70	商代晚期	
雔	07939	雔父癸爵	16.125	商代晚期	
雔	09592	雔父己觚	18.292	商代晚期	
雔	10433	雔父丁觶	19.294	西周早期	
雔	10454	雔父辛觶	19.313	西周早期	
雔卯	03291	卯勹甗	7.168	西周早期	
嘗	16237	嘗戈	30.211	西周早期	甘肅崇信縣于家灣
嘗	16238	嘗戈	30.212	西周早期	北京房山區琉璃河
嘗	18461	嘗泡	34.49	西周早期	陝西寶雞市竹園溝
冀	08191	冀父辛爵	16.324	西周早期前段	陝西旬邑縣魏洛村
冀	13281	子卣	24.207	商代晚期	
冀	11313	冀父丁尊	20.344	西周早期前段	
桦	06646	桦爵	14.189	商代晚期	
莝	10332	莝父己觶	19.214	商代晚期	
譽	07819	譽父丁爵	16.43	商晚周早	
飆	11001	飆祖丁罍	20.106	商代晚期	
霱	03440	霱簋	7.289	商代晚期	

十　七　畫

族氏族徽	器　號	器　名	卷數頁碼	時　代	出土地
聚	00603	聚冊鼎	1.474	西周早期	
聚	00604	聚冊鼎	1.475	商晚周早	
聚	00605	聚冊鼎	1.475	西周早期	
聚	00606	聚冊鼎	1.476	西周早期	
聚	00819	聚父丁鼎	2.122	西周早期前段	
聚	01168	聚冊父丁鼎	2.397	商代晚期	
聚	04018	聚冊父丁簋	8.298	西周早期	

族氏族徽	器　號	器　名	卷數頁碼	時　代	出土地
𦅫	04403	宝父丁簋	9.158	商代晚期	河南洛陽
𦅫	06520	𦅫爵	14.107	商代晚期	
𦅫	08317	𦅫冊父丁爵	16.423	商代晚期	
𦅫	10506	𦅫冊父丁觶	19.351	商代晚期	
𦅫	10977	𦅫冊斝	20.88	商代晚期	
𦅫	11233	𦅫冊尊	20.276	商代晚期	
𦅫	12696	𦅫冊卣	23.151	商代晚期	河南洛陽
𦅫	12895	𦅫冊祖丁卣	23.326	商代晚期	
𦅫	12896	𦅫冊祖丁卣	23.327	商代晚期	
𦅫	14330	𦅫冊盤	25.345	商代晚期	
𦅫	14615	𦅫冊盉	26.35	商代晚期	
𦅫	14679	𦅫冊父丁盉	26.91	商代晚期	
𦅫	16106	𦅫戈	30.100	商代晚期	
襄（丫）	10884	襄斝	20.6	商代晚期	河南安陽市侯家莊
襄	00199	襄鼎	1.160	商代晚期	
襄	00200	襄鼎	1.161	西周早期	
襄	00817	襄父丁鼎	2.120	西周早期	
襄	03217	射甗	7.104	西周早期	河南洛陽市東郊
襄	04460	作父丁簋	9.208	西周早期	河南信陽縣溮河港村
襄	06775	襄爵	14.278	商晚周早	
襄	06776	襄爵	14.279	商晚周早	
襄	06777	襄爵	14.279	商晚周早	
襄	06778	襄爵	14.280	商晚周早	
襄	07722	襄祖己爵	15.479	商晚周早	
襄	07723	襄祖己爵	15.479	商晚周早	
襄	07823	襄父丁爵	16.45	商晚周早	
襄	07925	襄父辛爵	16.114	商晚周早	
襄	07948	襄父癸爵	16.134	商代晚期	
襄	08525	襄庚爵	17.76	西周早期	
襄	08920	襄觚	17.286	商代晚期	
襄	08921	襄觚	17.287	商代晚期	
襄	09546	襄祖己觚	18.256	商代晚期	
襄	10297	襄祖戊觶	19.190	商代晚期	

族氏族徽	器　號	器　名	卷數頁碼	時　代	出土地
襄	10321	襄父丁觶	19.206	商代晚期	河南洛陽
襄	10336	襄父己觶	19.217	商代晚期	
襄	11003	襄祖己斝	20.107	商代晚期	
襄	12564	襄卣	23.47	商代晚期	
襄	13773	襄父丁罍	25.66	西周早期	
襄	14158	襄勺	25.278	商代晚期	
襄未	09337	襄未瓠	18.96	商代晚期	
襄射	07553	襄射爵	15.342	西周早期	河南洛陽市東郊
襄射	11276	襄射尊	20.313	西周早期	
爵	08267	爵寶彝爵	16.384	西周早期	
爵	08268	爵寶彝爵	16.385	西周早期	
爵	11351	爵祖丙尊	20.374	西周早期	
爵	11388	爵父癸尊	20.409	西周早期	
爵	12065	爵父丁壺	21.421	西周早期	
爵	12079	爵父癸壺	21.434	西周早期	
爵	12818	爵父癸壺蓋	23.255	商代晚期	
爵	14661	爵父癸盉	26.77	西周早期	
爵万	13644	爵万父癸觥	24.479	西周早期	
爵聑佣	08455	爵聑佣祖丁爵	17.24	商代晚期	
霝	00136	霝鼎	1.111	商代晚期	
霝	00137	霝鼎	1.111	商代晚期	
霝	03416	霝簋	7.267	商代晚期	河南彰德府
霝	07926	霝父辛爵	16.115	商晚周早	
霝	12552	霝卣	23.35	商代晚期	河南安陽
駱	16116	駱戈	30.110	商代晚期	山西石樓縣褚家峪
舊	03808	舊父戊簋	8.119	商代晚期	
豪	10309	豪父乙觶	19.198	商代晚期	
燮	12589	燮卣	23.67	商代晚期	
麋癸	08396	麋癸父己爵	16.480	西周早期	

十 八 畫

族氏族徽	器　號	器　名	卷數頁碼	時　代	出土地
鶒	00163	鶒鼎	1.131	商代晚期	
鶒	00164	鶒鼎	1.132	商代晚期	
鶒	03549	鶒簋	7.381	商代晚期	
鶒	10080	鶒觶	19.29	商代晚期	
鶒	11960	鶒壺	21.328	西周早期前段	
離	00193	離鼎	1.155	商代晚期	
離	16136	離戈	30.130	商代晚期	
鼄	06527	鼄爵	14.113	商代晚期	
鼄	09710	鼄父癸觚	18.385	西周早期	
豐邢	03322	犀甗	7.199	西周晚期	陝西扶風縣齊村
豐邢	04879	豐邢叔簋	10.195	西周晚期	同上
獿	06781	獿爵	14.281	商晚周早	
蘲	09096	蘲觚	17.423	商代晚期	
蕎	06783	蕎爵	14.282	商晚周早	
象	12548	象卣	23.31	商代晚期	
龜	00807	龜父丙鼎	2.110	商代晚期	
龜	06529	龜爵	14.114	商代晚期	河南安陽
龜	08127	龜父丁爵	16.275	西周早期	甘肅靈臺縣白草坡
龜	12561	龜卣	23.44	商代晚期	河南羅山縣後李村
盧夷	08416	盧夷父癸爵	16.496	西周早期	
喬登串	10573	串喬父丁觶	19.400	商代晚期	

十 九 畫

族氏族徽	器　號	器　名	卷數頁碼	時　代	出土地
嚳(嚳)	00929	嚳父癸鼎	2.204	商代晚期	河南安陽市劉家莊
嚳	00277	嚳鼎	1.214	西周早期前段	西安市長安區張家坡
嚳	00752	嚳姚癸鼎	2.69	商代晚期	
嚳	00753	嚳父甲鼎	2.70	商代晚期	
嚳	00760	嚳父乙鼎	2.76	商代晚期	

族氏族徽	器 號	器 名	卷數頁碼	時 代	出土地
冀	00761	冀父乙鼎	2.77	商代晚期	
冀	00762	冀父乙鼎	2.78	商代晚期	
冀	00763	冀父乙鼎	2.79	商代晚期	
冀	00764	冀父乙鼎	2.79	商代晚期	
冀	00769	冀父口鼎	2.82	商代晚期	
冀	00833	冀父丁鼎	2.132	商代晚期	
冀	00834	冀父丁鼎	2.132	商晚周早	
冀	00835	冀父丁鼎	2.132	商晚周早	
冀	00836	冀父丁鼎	2.133	西周早期	河南鄭州市窪劉村
冀	00837	冀父丁鼎	2.134	商代晚期	
冀	00851	冀父己鼎	2.144	商代晚期	
冀	00852	冀父己鼎	2.145	商晚周早	
冀	00928	冀父癸鼎	2.203	商代晚期	
冀	00930	冀父癸鼎	2.205	商代晚期	陝西麟遊縣後坪村
冀	01221	無敄鼎	2.436	商代晚期	
冀	01233	文鼎	2.446	西周早期	
冀	01375	冀兄戊父癸鼎	3.73	商代晚期	
冀	01524	向鼎	3.204	西周早期	
冀	01533	韋鼎	3.213	西周早期後段	
冀	01537	宁鼎	3.217	西周中期	
冀	01802	玑鼎	3.465	西周早期	河南洛陽
冀	01927	無敄鼎	4.85	西周早期	
冀	02046	復鼎	4.217	西周早期	北京房山琉璃河村
冀	02202	小子𡨦鼎	4.407	商代晚期	
冀	02224	小臣缶鼎	4.442	商代晚期	
冀	02258	旂鼎	4.487	西周早期	
冀	02293	員鼎	5.37	西周早期後段	
冀	02620	冀母鬲	6.17	商代晚期	
冀	02646	冀父乙鬲	6.40	西周早期	
冀	02650	冀父丁鬲	6.42	西周早期	
冀	03143	冀敄甗	7.42	商代晚期	
冀	03187	冀父癸甗	7.79	西周早期	
冀	03241	商婦甗	7.124	商代晚期	

族氏族徽	器　號	器　名	卷數頁碼	時　代	出土地
冀	03306	者夫甗	7.183	西周早期	
冀	03314	婦闌甗	7.190	商代晚期	
冀	03349	昔須甗	7.229	西周中期前段	
冀	03454	冀簋	7.302	西周早期	
冀	03455	冀簋	7.303	西周中期	
冀	03456	冀簋	7.304	商代晚期	河南安陽
冀	03457	冀簋	7.305	商代晚期	同上
冀	03635	冀姍簋	7.453	商代晚期	河南安陽市侯家莊
冀	03636	冀踊簋	7.454	商代晚期	
冀	03760	冀父乙簋	8.78	商代晚期	
冀	03761	冀父乙簋	8.79	商代晚期	
冀	03762	冀父乙簋	8.80	商代晚期	
冀	03763	冀父乙簋	8.81	商代晚期	
冀	03787	冀父丁簋	8.100	商代晚期	
冀	03788	冀父丁簋	8.101	商代晚期	
冀	03789	冀父丁簋	8.102	商代晚期	
冀	03853	冀母乙簋	8.159	西周早期	
冀	03856	冀母辛簋	8.162	商代晚期	
冀	04213	冀父辛簋	8.461	西周早期	
冀	04262	向簋	9.36	西周早期	
冀	04263	向簋	9.37	西周早期	
冀	04280	冀簋	9.50	西周早期	
冀	04409	懋簋	9.163	西周早期	
冀	04521	敪簋	9.275	西周早期	
冀	04559	庚姬簋	9.307	西周早期	
冀	04865	小子爵簋	10.174	商代晚期	
冀	05128	小子网簋	11.71	商代晚期	
冀	06108	冀父癸豆	13.358	商代晚期	西安灞橋區老牛坡
冀	06554	冀爵	14.133	商晚周早	
冀	06555	冀爵	14.133	商晚周早	
冀	07404	冀婦爵	15.232	商代晚期	
冀	07847	冀父己爵	16.61	商代晚期	
冀	07848	冀父己爵	16.62	商代晚期	

族氏族徽	器　號	器　名	卷數頁碼	時　代	出土地
冀	07888	冀父庚爵	16.90	商代晚期	
冀	07915	冀父辛爵	16.109	商晚周早	
冀	07941	冀父癸爵	16.127	商代晚期	
冀	07942	冀父癸爵	16.128	商代晚期	
冀	07943	冀父癸爵	16.129	商代晚期	
冀	08107	冀父乙爵	16.258	西周早期	
冀	08137	冀父丁爵	16.283	西周早期	
冀	08572	婦闌爵	17.121	商代晚期	
冀	08573	婦闌爵	17.122	商代晚期	
冀	08574	婦闌爵	17.123	商代晚期	
冀	08707	冀角	17.145	商代晚期	
冀	08734	冀祖己角	17.171	商代晚期	
冀	08740	冀父丁角	17.178	商代晚期	山東滕州市前掌大
冀	08741	冀父丁角	17.179	商代晚期	
冀	08742	冀父丁角	17.180	商代晚期	
冀	08743	冀父丁角	17.181	商代晚期	
冀	08744	冀父戊角	17.182	商代晚期	
冀	08745	冀父戊角	17.183	商晚周早	
冀	08746	冀父己角	17.184	商代晚期	
冀	08747	冀父辛角	17.185	商代晚期	
冀	08749	冀父乙角	17.186	西周早期	
冀	09561	冀父乙觚	18.269	商代晚期	
冀	09562	冀父乙觚	18.270	商代晚期	
冀	09563	冀父乙觚	18.271	商代晚期	
冀	09580	冀父丁觚	18.284	商代晚期	
冀	09581	冀父丁觚	18.284	商代晚期	
冀	09586	冀父戊觚	18.288	商代晚期	
冀	09602	冀父庚觚	18.299	商代晚期	
冀	09604	冀父庚觚	18.300	商代晚期	
冀	09787	冀作父丁觚	18.448	西周早期	
冀	10107	冀觶	19.47	商代晚期	
冀	10108	冀觶蓋	19.48	商代晚期	
冀	10110	冀觶	19.49	商代晚期	

族氏族徽	器　號	器　名	卷數頁碼	時　代	出土地
冀	10111	冀觶	19.50	商代晚期	
冀	10304	冀父乙觶	19.194	商晚周早	
冀	10320	冀父丁觶	19.205	商代晚期	
冀	10357	冀父辛觶	19.232	商代晚期	河南洛陽
冀	10358	冀父辛觶	19.233	商代晚期	
冀	10366	冀父癸觶	19.238	商代晚期	河南安陽市劉家莊
冀	10367	冀父癸觶	19.239	商代晚期	
冀	10368	冀父癸觶	19.239	商代晚期	
冀	10378	冀母己觶蓋	19.249	商代晚期	
冀	10379	冀母辛觶	19.250	商代晚期	
冀	10406	冀父乙觶	19.272	西周早期	
冀	10407	冀父乙觶	19.273	西周早期	
冀	10408	冀父乙觶	19.274	西周早期前段	
冀	10630	虉斝觶	19.448	西周早期	
冀	10910	冀斝	20.32	商代晚期	
冀	11016	冀父癸斝	20.117	商代晚期	
冀	11063	婦闌斝	20.157	商代晚期	
冀	11064	婦闌斝	20.158	商代晚期	
冀	11104	冀尊	20.166	商代晚期	
冀	11234	冀婦尊	20.277	商代晚期	
冀	11298	冀祖癸尊	20.331	商晚周早	
冀	11303	冀父乙尊	20.336	商晚周早	
冀	11312	冀父丁尊	20.343	商代晚期	
冀	11347	冀母己尊	20.370	商代晚期	
冀	11640	枃尊	21.121	西周早期	
冀	11652	戀尊	21.132	西周早期	
冀	11678	子夋尊	21.155	西周早期	甘肅靈臺縣白草坡
冀	11751	啟尊	21.219	西周早期	
冀	11761	賓尊	21.229	西周早期	
冀	11780	能匋尊	21.247	西周早期	
冀	11784	京師畯尊	21.253	西周早期後段	
冀	11791	商尊	21.265	西周早期前段	
冀	11797	子黃尊	21.271	商代晚期	西安長安區大原村

族氏族徽	器　號	器　名	卷數頁碼	時　代	出土地
冀	12039	冀父乙壺	21.398	商代晚期	
冀	12043	冀父丁壺	21.402	商代晚期	
冀	12048	冀父庚壺	21.407	商代晚期	
冀	12053	冀兄辛壺	21.411	商代晚期	
冀	12067	冀父丁壺	21.423	西周早期	
冀	12169	向壺	22.38	西周中期前段	
冀	12193	冀父己壺	22.64	西周早期	
冀	12202	冀酰甖壺	22.73	西周中期前段	
冀	12214	冀壺	22.84	西周早期	
冀	12258	小臣兒壺	22.133	商代晚期	陝西長安
冀	12374	小子省壺	22.280	商代晚期	
冀	12537	冀卣	23.20	商代晚期	
冀	12538	冀卣	23.21	商代晚期	
冀	12711	冀婦卣	23.165	商代晚期	
冀	12755	冀祖癸卣	23.203	商代晚期	
冀	12784	冀父丁卣	23.225	商代晚期	
冀	12793	冀父己卣	23.232	商代晚期	
冀	12794	冀父己卣	23.233	商代晚期	
冀	12808	冀父辛壺蓋	23.246	商代晚期	
冀	12819	冀父癸卣	23.256	商代晚期	
冀	12821	冀母己卣	23.257	商代晚期	
冀	12849	冀父丁卣	23.285	西周早期前段	山東滕州市前掌大
冀	13028	冀父癸卣	23.452	商代晚期	
冀	13030	冀父己母癸卣蓋	23.454	商代晚期	
冀	13034	冀卣	23.458	商代晚期	
冀	13035	冀卣	23.459	商代晚期	
冀	13076	冀禹祖辛卣	23.499	商代晚期	
冀	13131	向卣	24.42	西周早期	
冀	13132	向卣	24.43	西周早期	
冀	13245	婦闌卣	24.161	商代晚期	
冀	13246	婦闌卣	24.162	商代晚期	
冀	13259	戀卣	24.180	商代晚期	
冀	13276	冀卣	24.201	商代晚期	

族氏族徽	器　號	器　名	卷數頁碼	時　代	出土地
冀	13313	商卣	24.251	西周早期前段	陝西扶風縣莊白村
冀	13326	小子齋卣	24.278	商代晚期	
冀	13628	冀父乙觥	24.468	商代晚期	
冀	13629	冀父乙觥	24.468	商代晚期	
冀	13643	冀文父丁觥	24.478	商代晚期	陝西寶雞縣戴家灣
冀	13663	文嫀己觥	24.503	商代晚期	
冀	13731	冀罍	25.27	西周早期	
冀	13819	婦闌罍	25.108	商代晚期	
冀	14347	冀父甲盤	25.361	西周早期	
冀	14599	冀盉	26.20	西周早期	
冀	14718	冀盉	26.128	西周早期	北京房山區琉璃河
冀	15902	冀嫨鐃	29.458	商代晚期	河南安陽
冀	15903	冀嫨鐃	29.459	商代晚期	
冀	19223	冀罐蓋	35.5	商代晚期	
冀	19491	冀父癸器	35.249	商代晚期	
冀（🜚）	07656	冀己爵	15.429	西周早期	
冀（🜚）	10109	冀觶	19.49	商代晚期	
冀（🜚）	11770	復尊	21.237	西周早期前段	北京房山區琉璃河
冀（🜚）	17515	冀矛	32.480	商代晚期	河南
冀（東—㐱）	01819	貝鼎	3.479	西周早期	
冀（東—㐱）	02641	齊婦鬲	6.36	西周早期前段	
冀（東—㐱）	07403	冀亞爵	15.232	商代晚期	
冀（東—㐱）	08240	冀父癸爵	16.363	西周早期	
冀（東—㐱）	08257	冀妣己爵	16.375	西周早期	
冀（東—㐱）	08705	冀角甲	17.143	商代晚期	
冀（東—㐱）	08706	冀角乙	17.144	商代晚期	
冀（東—㐱）	08911	冀觚	17.281	商代晚期	
冀（東—㐱）	09125	冀觚	17.446	商代晚期	河南鄭州黃河大觀
冀（東—㐱）	09603	冀父庚觚	18.300	商代晚期	
冀（東—㐱）	10106	冀觶	19.46	商代晚期	
冀（東—㐱）	11103	冀尊	20.165	商代晚期	
冀（東—㐱）	11337	㐱父癸尊	20.363	商代晚期	
冀（東—㐱）	15862	冀鐃甲	29.420	商代晚期	

族氏族徽	器　號	器　名	卷數頁碼	時　代	出土地
冀（東一�戎）	15863	冀鐃乙	29.421	商代晚期	
冀（東一㐱）	15864	冀鐃丙	29.422	商代晚期	
冀（東一㐱）	16042	冀戈	30.45	商代晚期	河南安陽
冀（東一㐱）	16043	冀戈	30.46	商代晚期	
冀（東一㐱）	18203	冀鉞	33.474	商代晚期	河南安陽
冀戲	00644	冀戲鼎	1.502	商代晚期	山東費縣
冀戲	00645	冀戲鼎	1.502	商代晚期	同上
冀戲	03142	冀戲甗	7.41	商代晚期	同上
冀戲	03634	戲冀簋	7.452	商代晚期	同上
冀戲	06102	冀戲豆	13.352	商代晚期	同上
冀戲	07667	冀戲爵	15.439	商代晚期	同上
冀戲	07668	冀戲爵	15.440	商代晚期	同上
冀戲	08726	冀戲角	17.163	商代晚期	同上
冀戲	08727	冀戲角	17.164	商代晚期	同上
冀戲	09335	冀戲觚	18.95	商代晚期	同上
冀戲	09336	冀戲觚	18.96	商代晚期	同上
冀戲	10222	戲冀觶	19.133	商代晚期	同上
冀戲	10954	戲冀斝	20.68	商代晚期	同上
冀戲	11235	冀戲尊	20.278	商代晚期	同上
冀戲	11996	冀戲壺	21.360	商代晚期	同上
冀戲	12694	冀戲卣	23.149	商代晚期	同上
冀戲	12695	冀戲卣	23.150	商代晚期	同上
冀戲	13754	冀戲罍	25.48	商代晚期	同上
冀戲	14614	冀戲盉	26.34	商代晚期	同上
冀禹	01497	冀禹祖辛鼎	3.179	商代晚期	山東長清縣歸德鎮
冀禹	01498	冀禹祖辛鼎	3.180	商代晚期	同上
冀微	00671	冀微鼎	2.6	商代晚期	
冀微	12693	冀微卣	23.148	商代晚期	
冀登	00672	冀登鼎	2.7	商代晚期	
冀爯	01374	冀母爯父癸鼎	3.72	商代晚期	
冀叔	13026	冀叔父辛卣	23.450	商代晚期	
冀大	08051	冀大辛爵	16.208	商代晚期	
冀稅	12828	冀稅卣	23.264	商代晚期	山東長清縣興復河北

族氏族徽	器　號	器　名	卷數頁碼	時　代	出土地
龏亞稅	08016	龏亞稅爵	16.182	商代晚期	山東長清縣興復河北
龏亞稅	08017	龏亞稅爵	16.183	商代晚期	同上
龏亞稅	08018	龏亞稅爵	16.183	商代晚期	同上
龏亞稅	08019	龏亞稅爵	16.184	商代晚期	同上
龏亞稅	12828	龏稅卣	23.264	商代晚期	同上
龏亞次	09671	龏亞次瓿	18.356	商代晚期	
龏禹稅	13798	龏禹祖辛罍	25.87	商代晚期	山東長清縣興復河北
龏禹亞額	13076	龏禹祖辛卣	23.499	商代晚期	同上
龏禹亞額	13077	龏禹祖辛卣	23.501	商代晚期	同上
獸	00887	獸父辛鼎	2.173	商代晚期	
獸	00888	獸父辛鼎	2.174	商晚周早	
獸	03839	獸父癸簋	8.147	商代晚期	
獸	08247	獸父癸爵	16.367	西周早期	
獸	09021	獸瓿	17.366	商代晚期	
獸	09022	獸瓿	17.366	商代晚期	
獸	11110	獸尊	20.172	商代晚期	
獸	13006	獸卣	23.431	西周早期	
獸	13251	由伯卣	24.169	西周早期	
彔	08201	彔父辛爵	16.334	西周早期	
巖	07887	巖父庚爵	16.89	商代晚期	
𡘋	12529	𡘋卣	23.11	商代晚期	
𡘋子	09332	𡘋子瓿	18.92	商代晚期	
𡘋子	09333	𡘋子瓿	18.93	商代晚期	
𡘋子	11991	𡘋子壺	21.355	商代晚期	
𡘋子	11992	𡘋子壺	21.356	商代晚期	
𡘋子	14175	𡘋子勺	25.294	商代晚期	
𡘋子	18240	𡘋子鉞	33.512	商代晚期	
𡘋同	18535	𡘋同鐵	34.114	商代晚期	
𡘋戈	10192	𡘋戈觶	19.109	商代晚期	
鼎	00795	鼎父乙鼎	2.104	商代晚期	
鼎	00796	鼎父乙鼎	2.105	商代晚期	
鼎	03772	鼎父乙簋	8.89	商代晚期	
鼎	07755	鼎父乙爵	15.499	商代晚期	

族氏族徽	器　號	器　名	卷數頁碼	時　代	出土地
鼎	07756	鼎父乙爵	15.500	商代晚期	
䲹	03792	䲹父丁簋	8.105	商代晚期	

二 十 畫

族氏族徽	器　號	器　名	卷數頁碼	時　代	出土地
甂	16125	甂戈	30.119	商代晚期	
甂	18216	甂鉞	33.487	商代晚期	
甂萑	06991	甂萑爵	14.445	商代晚期	
甂萑	09478	甂萑瓢	18.208	商代晚期	
甂征	09477	甂征瓢	18.207	商代晚期	
甂∪	03611	甂∪簋	7.436	商代晚期	
譬	08216	譬父辛爵	16.346	西周早期	
競	03576	競簋	7.404	西周早期	

二 十 一 畫

族氏族徽	器　號	器　名	卷數頁碼	時　代	出土地
黿	06530	黿爵	14.115	商代晚期	河南安陽市武官村
黿	06531	黿爵	14.116	商代晚期	同上
衢	12542	衢壺	23.25	商代晚期	河南安陽市武官村
麝	07801	麝父丁爵	16.30	商代晚期	

二 十 二 畫

族氏族徽	器　號	器　名	卷數頁碼	時　代	出土地
饔	00245	饔鼎	1.200	商代晚期	
饔	00246	饔鼎	1.201	商代晚期	傳出河南安陽
贏	03436	贏簋	7.285	商代晚期	山西靈石縣㫖介村
龞	00001	龞鼎	1.5	商代早期	北京平谷區劉家河

二十三畫以上

族氏族徽	器　號	器　名	卷數頁碼	時　代	出土地
竉	00275	竉鼎	1.212	西周早期前段	河北蘄春縣百柏條鋪
竉	00276	竉鼎	1.213	西周早期前段	同上
劗	18301	劗刀	33.529	商代晚期	河南安陽
驢	00280	驢鼎	1.216	西周早期	山東滕州市辛緒村
蠡	13715	蠡罍	25.15	商代晚期	
囊（鑊）叕	13659	仲子異污觥	24.493	商代晚期	陝西寶雞市戴家灣

首字不能隸定者

族氏族徽	器　號	器　名	卷數頁碼	時　代	出土地
介	00309	介鼎	1.243	商代晚期	
介	00310	介鼎	1.244	商代晚期	陝西隴縣韋家莊
介	00311	介鼎	1.244	商代晚期	
介	00312	介鼎	1.245	商代晚期	
介	00448	介己鼎	1.346	商代晚期	
介	00847	介父戊鼎	2.140	商代晚期	
介	00865	介父己鼎	2.157	西周早期	
介	00911	介父辛鼎	2.190	西周早期	
介	00912	介父辛鼎	2.191	西周早期	
介	00943	介父癸鼎	2.218	商晚周早	
介	00944	介父癸鼎	2.219	西周早期	
介	03135	介甒	7.32	西周早期	河南洛陽
介	03168	介父乙甒	7.63	西周早期前段	陝西扶風縣齊家村
介	03494	介簋	7.337	商代晚期	河南安陽
介	03495	介簋	7.338	商代晚期	
介	03496	介簋	7.339	商代晚期	陝西武功縣黃南窰村
介	03497	介簋	7.340	商代晚期	河南洛陽
介	03759	介父甲簋	8.77	西周早期	遼寧喀左縣山灣子
介	03768	介父乙簋	8.86	商代晚期	
介	03793	介父丁簋	8.106	商代晚期	

族氏族徽	器　號	器　名	卷數頁碼	時　代	出土地
𠂤	03794	𠂤父丁簋	8.107	商代晚期	
𠂤	03825	𠂤父辛簋	8.136	商代晚期	
𠂤	03826	𠂤父辛簋	8.137	西周早期	
𠂤	04158	𠂤簋	8.417	西周早期	
𠂤	06844	𠂤爵	14.327	商代晚期	河南安陽市苗圃南地
𠂤	06845	𠂤爵	14.328	商代晚期	同上
𠂤	06846	𠂤爵	14.329	商代晚期	
𠂤	06847	𠂤爵	14.330	商代晚期	
𠂤	06848	𠂤爵	14.330	商代晚期	
𠂤	06849	𠂤爵	14.331	商晚周早	
𠂤	06850	𠂤爵	14.331	商晚周早	
𠂤	06851	𠂤爵	14.332	商晚周早	
𠂤	06852	𠂤爵	14.332	商晚周早	
𠂤	06963	𠂤爵	14.419	西周早期	
𠂤	06964	𠂤爵	14.420	西周早期	
𠂤	06965	𠂤爵	14.421	西周早期	
𠂤	07528	𠂤己爵	15.324	商晚周早	
𠂤	07690	𠂤己爵	15.458	西周早期	安徽壽縣紫金山
𠂤	07707	𠂤祖乙爵	15.469	商代晚期	
𠂤	07708	𠂤祖乙爵	15.470	商代晚期	
𠂤	07725	𠂤祖己爵	15.481	商晚周早	
𠂤	07740	𠂤祖癸爵	15.489	商晚周早	
𠂤	07781	𠂤父乙爵	16.16	商晚周早	
𠂤	07830	𠂤父丁爵	16.48	商晚周早	
𠂤	07831	𠂤父丁爵	16.49	商代晚期	
𠂤	07883	𠂤父己爵	16.86	商晚周早	
𠂤	07927	𠂤父辛爵	16.115	商晚周早	
𠂤	07928	𠂤父辛爵	16.116	商代晚期	
𠂤	07981	𠂤父癸爵	16.155	商晚周早	
𠂤	08073	𠂤祖丙爵	16.227	西周早期	陝西隴縣東鳳鎮南村
𠂤	08115	𠂤父乙爵	16.264	西周早期	
𠂤	08153	𠂤父丁爵	16.294	西周早期	

族氏族徽	器號	器名	卷數頁碼	時代	出土地
∩	08154	∩父丁爵	16.295	西周早期	
∩	08155	∩父丁爵	16.296	西周早期	
∩	08190	∩父庚爵	16.323	西周早期	
∩	08256	∩父口爵	16.374	西周早期	
∩	09179	∩觚	17.486	商代晚期	
∩	09180	∩觚	17.487	商代晚期	河南安陽市苗圃南地
∩	09181	∩觚	17.488	商代晚期	
∩	09182	∩觚	17.488	商代晚期	
∩	09243	∩丁觚	18.25	商代晚期	河南安陽殷墟西區
∩	09569	∩父乙觚	18.274	商代晚期	
∩	09599	∩父己觚	18.297	商代晚期	
∩	10293	∩祖丙觶	19.188	商代晚期	
∩	10313	∩父乙觶	19.201	商代晚期	
∩	10314	∩父乙觶	19.201	商代晚期	陝西寶雞縣戴家灣
∩	10364	∩父辛觶	19.237	商代晚期	
∩	10420	∩父乙觶	19.283	西周早期	陝西寶雞市紙房頭
∩	10447	∩父己觶	19.306	西周早期	陝西寶雞市竹園溝
∩	10462	∩父辛觶	19.319	西周早期	
∩	10463	∩父辛觶	19.320	西周早期	
∩	10479	∩父癸觶	19.331	西周早期	湖北隨州市葉家山
∩	11161	∩尊	20.214	商代晚期	
∩	11162	∩尊	20.215	商代晚期	
∩	11330	∩父辛尊	20.358	商代晚期	
∩	11360	∩祖辛尊	20.382	西周早期	
∩	11365	∩父乙尊	20.387	西周早期	
∩	11366	∩父乙尊	20.388	西周早期後段	
∩	11372	∩父丁尊	20.394	西周早期	
∩	11373	∩父丁尊	20.395	西周中期前段	
∩	11671	瞽尊	21.149	西周早期	河南洛陽
∩	11788	作冊睘尊	21.259	西周早期後段	
∩	11971	∩壺	21.336	商代晚期	陝西岐山縣賀家村
∩	11984	∩壺	21.348	西周早期	
∩	12047	∩父己壺	21.406	商代晚期	

族氏族徽	器　號	器　　名	卷數頁碼	時　　代	出土地
八	12070	八父丁壺	21.426	西周早期	
八	12639	八卣	23.105	西周早期前段	陝西涇陽縣高家堡
八	12640	八卣	23.106	西周早期前段	同上
八	12811	八父辛卣	23.249	商代晚期	
八	12812	八父辛卣	23.250	商代晚期	陝西麟遊縣後坪村
八	12847	八父乙卣	23.283	西周早期	
八	12859	八父辛卣	23.293	西周早期後段	
八	13129	觺卣	24.40	西周早期	河南洛陽
八	13771	八父乙罍	25.64	商代晚期	
八	14596	八盉	26.17	商代晚期	
八	14603	八盉	26.23	西周早期前段	
八	14633	八父乙盉	26.53	商代晚期	
八	14642	八父辛盉	26.60	商代晚期	
八	14645	八父癸盉	26.63	商代晚期	
八	16192	八戈	30.173	商代晚期	河南安陽市花園莊
八	19221	八罐	35.3	商代晚期	
八	19297	八器蓋	35.82	商代晚期	河南安陽市戚家莊
八安	12726	八安卣	23.177	商代晚期	
八狀	09753	八狀父丁觚	18.418	商代晚期	
冉（丙）	00300	冉鼎	1.235	商代晚期	山西靈石縣旌介村
冉	00301	冉鼎	1.236	商代晚期	同上
冉	00302	冉鼎	1.237	商代晚期	
冉	00303	冉鼎	1.238	商代晚期	
冉	00304	冉鼎	1.239	商代晚期	河南安陽市小屯村
冉	00305	冉鼎	1.240	商代晚期	
冉	00306	冉鼎	1.241	商代晚期	西安長安區馬王村
冉	00307	冉鼎	1.242	商代晚期	
冉	00308	冉鼎	1.242	商代晚期	
冉	00799	冉父乙鼎	2.106	商代晚期	
冉	00800	冉父乙鼎	2.106	西周早期	
冉	00801	冉父乙鼎	2.107	西周早期	
冉	00814	冉父丁鼎	2.117	商代晚期	
冉	00856	冉父己鼎	2.149	商代晚期	

族氏族徽	器 號	器 名	卷數頁碼	時 代	出土地
朿	00858	朿父己鼎	2.151	商代晚期	
朿	00909	朿父辛鼎	2.189	西周早期	
朿	00910	朿父辛鼎	2.190	商代晚期	
朿	00945	朿父癸鼎	2.220	商代晚期	
朿	00946	朿父癸鼎	2.221	商代晚期	
朿	02225	司鼎	4.443	西周早期	河南洛陽
朿	02312	邐鼎	5.65	商代晚期	
朿	02655	朿父己鬲	6.47	商代晚期	
朿	03125	朿甗	7.23	商代晚期	
朿	03126	朿甗	7.24	西周早期	
朿	03127	朿甗	7.25	西周早期	
朿	03169	朿父乙甗	7.64	西周早期	
朿	03175	朿父丁甗	7.69	西周早期	
朿	03498	朿簋	7.341	商代晚期	山西靈石縣旌介村
朿	03499	朿簋	7.342	商代晚期	
朿	03500	朿簋	7.343	商代晚期	
朿	03501	朿簋	7.344	商代晚期	
朿	03502	朿簋	7.345	商代晚期	
朿	03503	朿簋	7.345	商代晚期	
朿	03504	朿簋	7.346	商代晚期	
朿	03505	朿簋	7.346	商代晚期	
朿	03506	朿簋	7.347	西周早期前段	
朿	03507	朿簋	7.348	西周早期前段	西安長安區馬橋村
朿	03508	朿簋	7.349	西周早期前段	西安長安區馬王鎮
朿	03509	朿簋	7.350	西周早期	
朿	03510	朿簋	7.351	西周早期前段	
朿	03511	朿簋	7.352	西周早期	陝西渭南市臨渭區
朿	03690	朿辛簋	8.20	商代晚期	
朿	03747	朿祖丁簋	8.66	商代晚期	
朿	03811	朿父戊簋	8.122	西周早期	陝西岐山縣賀家村
朿	03827	朿父辛簋	8.138	商代晚期	
朿	03842	朿父癸簋	8.149	商代晚期	
朿	03843	朿父癸簋	8.150	西周早期	

族氏族徽	器　號	器　名	卷數頁碼	時　代	出土地
冊	03844	冊父癸簋	8.151	西周早期	西安長安區馬王鎮
冊	06853	冊爵	14.333	商代晚期	河南安陽市孝民屯
冊	06854	冊爵	14.334	商代晚期	山西靈石縣旌介村
冊	06855	冊爵	14.335	商代晚期	同上
冊	06856	冊爵	14.335	商代晚期	同上
冊	06857	冊爵	14.336	商代晚期	同上
冊	06858	冊爵	14.337	商代晚期	同上
冊	06859	冊爵	14.338	商代晚期	同上
冊	06860	冊爵	14.339	商代晚期	同上
冊	06861	冊爵	14.340	商代晚期	同上
冊	06862	冊爵	14.341	商代晚期	同上
冊	06863	冊爵	14.342	商代晚期	
冊	06864	冊爵	14.343	商代晚期	
冊	06865	冊爵	14.344	商代晚期	
冊	06866	冊爵	14.345	商代晚期	
冊	06867	冊爵	14.346	商代晚期	西安長安區豐鎬遺址
冊	06868	冊爵	14.347	商代晚期	
冊	06874	冊爵	14.352	商代晚期	
冊	06875	冊爵	14.353	商代晚期	
冊	06876	冊爵	14.353	商代晚期	
冊	06877	冊爵	14.354	商代晚期	
冊	06878	冊爵	14.354	商代晚期	西安長安區馬王村
冊	06968	冊爵	14.424	西周早期前段	西安長安區張家坡
冊	07523	冊乙爵	15.321	商晚周早	
冊	07524	冊乙爵	15.321	商晚周早	
冊	07691	冊己爵	15.459	商晚周早	
冊	07731	冊祖辛爵	15.484	商代晚期	河南安陽
冊	07741	冊祖癸爵	15.490	商晚周早	
冊	07881	冊父己爵	16.85	商代晚期	
冊	07929	冊父辛爵	16.117	商代晚期	
冊	07988	冊母己爵	16.160	商代晚期	
冊	08147	冊父丁爵	16.291	西周早期	
冊	08185	冊父己爵	16.319	西周早期	

族氏族徽	器　號	器　名	卷數頁碼	時　代	出土地
囮	08222	囮父辛爵	16.350	西周早期	
囮	08223	囮父辛爵	16.351	西周早期	
囮	08224	囮父辛爵	16.351	西周早期	
囮	08362	囮爵	16.453	商晚周早	
囮	09175	囮觚	17.483	商代晚期	山西靈石縣㫃介村
囮	09176	囮觚	17.484	商代晚期	同上
囮	09177	囮觚	17.485	商代晚期	
囮	09597	囮父己觚	18.295	商代晚期	
囮	09697	囮父丁觚	18.377	西周早期	
囮	10115	囮觶	19.53	商代晚期	山西靈石縣㫃介村
囮	10116	囮觶	19.54	商代晚期	
囮	10117	囮觶	19.55	商代晚期	
囮	10118	囮觶	19.56	商代晚期	
囮	10156	囮觶	19.85	西周早期	
囮	10157	囮觶	19.86	西周早期	
囮	10290	囮祖甲觶	19.186	西周早期	
囮	10361	囮父辛觶	19.234	商代晚期	
囮	10362	囮父辛觶	19.235	商代晚期	
囮	10428	囮父丙觶	19.290	西周早期	
囮	10591	鹿觶	19.414	西周早期	
囮	10944	囮斝	20.59	西周早期	
囮	11152	囮尊	20.206	商代晚期	
囮	11153	囮尊	20.207	商代晚期	
囮	11154	囮尊	20.208	商代晚期	
囮	11155	囮尊	20.209	商代晚期	
囮	11156	囮尊	20.210	商代晚期	
囮	11157	囮尊	20.210	商代晚期	
囮	11297	囮祖癸尊	20.330	商晚周早	
囮	11320	囮父戊尊	20.350	商代晚期	
囮	11329	囮父辛尊	20.357	商代晚期	
囮	11345	囮父癸尊	20.369	商代晚期	
囮	11656	備尊	21.134	西周早期	
囮	12050	囮父辛壺	21.409	商代晚期	

族氏族徽	器　號	器　名	卷數頁碼	時　代	出土地
宁	12608	宁卣	23.80	西周早期	
宁	12609	宁卣	23.81	商代晚期	
宁	12610	宁卣	23.82	商代晚期	
宁	12611	宁卣	23.83	商代晚期	安陽殷墟
宁	12612	宁卣	23.84	商代晚期	陝西岐山縣賀家村
宁	12613	宁卣	23.85	商代晚期	山西靈石縣旌介村
宁	12614	宁卣	23.86	商代晚期	同上
宁	12617	宁卣	23.89	商代晚期	
宁	12618	宁卣	23.89	商代晚期	
宁	12619	宁卣	23.90	商代晚期	
宁	12620	宁卣	23.90	商代晚期	
宁	12677	宁丁卣	23.137	商代晚期	
宁	12756	宁祖癸卣	23.204	商代晚期	
宁	12780	宁父乙卣蓋	23.222	商代晚期	
宁	12800	宁父己卣	23.238	商代晚期	
宁	12801	宁父己卣	23.239	商代晚期	
宁	12813	宁父辛卣	23.251	商代晚期	
宁	12857	宁父辛卣蓋	23.291	西周早期	山東龍口市小劉莊
宁	13304	崙谷卣	24.238	商代晚期	
宁	13305	叟卣	24.239	西周早期	
宁	13721	宁罍	25.18	商代晚期	山西靈石縣旌介村
宁	13722	宁罍	25.19	商代晚期	同上
宁	13732	宁罍	25.28	西周早期	陝西扶風縣北橋村
宁	14310	宁盤	25.325	商代晚期	
宁	17516	宁矛	32.481	商代晚期	山西靈石縣旌介村
宁	19486	宁父辛器	35.247	商代晚期	
宁（丙）	08453	宁祖丁父乙爵	17.23	商代晚期	
宁	01237	宁鼎	2.450	西周早期	
宁	01238	宁鼎	2.451	商晚周早	
宁	01239	宁鼎	2.452	西周早期	
宁	07688	宁己爵	15.456	西周早期	
宁	07689	宁己爵	15.457	西周早期	
宁	08186	宁父己爵	16.320	西周早期	北京房山區琉璃河

族氏族徽	器　號	器　名	卷數頁碼	時　代	出土地
冈	08225	冈父辛爵	16.352	西周早期	
冈	08226	冈父辛爵	16.352	西周早期	
冈	09701	冈父己觚	18.379	西周早期	西安長安區張家坡
冈	12616	冈卣	23.88	商代晚期	
冈	12850	冈父丁卣	23.286	西周早期前段	西安長安區馬王鎮
冈	12851	冈父丁卣	23.286	西周早期	
冈	19468	冈器	35.238	商代晚期	
冈天	07539	冈天爵	15.331	商代晚期	
冈木	13025	冈木父辛卣	23.449	商代晚期	
冈（丙）	12615	冈卣	23.87	商代晚期	山西靈石縣旌介村
冈	00857	冈父己鼎	2.150	商晚周早	
冈	09178	冈觚	17.485	商代晚期	
冈	11346	冈父癸尊	20.369	商代晚期	
冈	12759	冈父甲卣	23.206	商代晚期	
冈	14655	冈父乙盂	26.71	西周早期	
冈（丙）	00855	冈父己鼎	2.148	商代晚期	
冈	06869	冈爵	14.348	商代晚期	陝西周至縣
冈	06870	冈爵	14.349	商代晚期	
冈	06871	冈爵	14.350	商代晚期	河南安陽
冈	06872	冈爵	14.351	商代晚期	
冈	06873	冈爵	14.352	商代晚期	
冈	07977	冈父癸爵	16.153	商代晚期	
夯（夯）	00339	夯鼎	1.267	商代晚期	
夯	06828	夯爵	14.316	商代晚期	
夯	06966	夯爵	14.422	西周早期	
夯	07685	夯癸爵	15.454	西周早期	
夯	08250	夯父癸爵	16.370	西周早期	
夯	09126	夯觚	17.447	商代晚期	
夯	09127	夯觚	17.447	商代晚期	
夯	09128	夯觚	17.448	商代晚期	
夯	10938	夯斝	20.54	商代晚期	
夯	11375	夯父丁尊	20.397	西周早期	
夯	11982	夯壺	21.346	商代晚期	

族氏族徽	器　號	器　名	卷數頁碼	時　代	出土地
𓀀	16194	𓀀戈	30.175	商代晚期	
𓀀（𢀩）	00802	𓀀父乙鼎	2.107	西周早期	河南洛陽馬坡村
𓀀	00917	𓀀父辛鼎	2.194	西周早期	
𓀀	01199	𓀀冊父辛鼎	2.421	西周早期	
𓀀	01956	彭生鼎	4.117	西周早期	
𓀀	03315	乃子甗	7.191	西周早期	河南洛陽
𓀀	03780	𓀀父乙簋	8.95	西周早期	河南洛陽馬坡村
𓀀	03781	𓀀父乙簋	8.96	西周早期	同上
𓀀	03782	𓀀父乙簋	8.97	西周早期	同上
𓀀	04047	𓀀簋	8.321	西周早期	同上
𓀀	04048	𓀀簋	8.322	西周早期	同上
𓀀	04287	𓀀簋	9.57	西周中期前段	
𓀀	04288	𓀀簋	9.58	西周中期前段	
𓀀	04497	慜㚔簋	9.253	西周中期前段	
𓀀	06967	𓀀爵	14.423	西周早期	河南洛陽市郊區
𓀀	07686	𓀀冊爵	15.455	西周早期	
𓀀	08116	𓀀父乙爵	16.265	西周早期	河南洛陽
𓀀	08117	𓀀父乙爵	16.266	西周早期	
𓀀	08118	𓀀父乙爵	16.267	西周早期	
𓀀	08119	𓀀父乙爵	16.268	西周早期	
𓀀	08273	𓀀爵	16.388	西周早期	
𓀀	08408	𓀀冊父辛爵	16.490	西周早期	
𓀀	08409	𓀀冊父辛爵	16.490	西周早期	
𓀀	09566	𓀀父乙觚	18.272	西周早期	湖北隨州市葉家山
𓀀	10155	𓀀觶	19.85	西周早期	河南洛陽
𓀀	10317	𓀀父乙觶	19.203	西周早期	
𓀀	11034	𓀀父癸斝	20.133	西周早期	
𓀀	11469	𓀀冊祖辛尊	20.476	西周中期前段	
𓀀	11479	𓀀作父乙尊	20.485	西周早期	
𓀀	11517	𓀀尊	21.18	西周早期	
𓀀	11581	𓀀作父癸尊	21.74	西周早期後段	
𓀀	11665	隟尊	21.143	西周早期	
𓀀	11983	𓀀壺	21.347	西周中期前段	

族氏族徽	器　號	器　名	卷數頁碼	時　代	出土地
🔣	12950	🔣卣	23.380	西周早期	
🔣（旁）	06826	🔣爵	14.314	商代晚期	
🔣	06827	🔣爵	14.315	商代晚期	
🔣	06830	🔣爵	14.317	商代晚期	
🔣	07784	🔣父乙爵	16.18	西周早期	
🔣	11148	🔣尊	20.203	商代晚期	
🔣	11182	🔣尊	20.233	商晚周早	
🔣	14593	🔣盉	26.14	商代晚期	
🔣	14594	🔣盉	26.15	商代晚期	
🔣（旁）	02602	🔣鬲	6.4	商代中期	
🔣（旁）	06829	🔣爵	14.316	商代晚期	
🔣柎	03613	🔣柎簋	7.437	商代晚期	
🔣柎	11287	🔣柎尊	20.323	西周早期	
🔣柎	11437	🔣柎父乙尊	20.448	商代晚期	
🔣柎	11438	🔣柎父乙尊	20.449	商代晚期	
🔣	00313	🔣鼎	1.245	商代晚期	河南安陽市孝民屯
🔣	00314	🔣鼎	1.246	商代晚期	同上
🔣	00315	🔣鼎	1.247	商代晚期	
🔣	00803	🔣父乙鼎	2.108	商代晚期	
🔣	00861	🔣父己鼎	2.154	商代晚期	
🔣	00862	🔣父己鼎	2.154	商代晚期	
🔣	03619	🔣辛簋	7.440	商代晚期	
🔣	08157	🔣父丁爵	16.298	西周早期	
🔣	09153	🔣瓢	17.466	商代晚期	河南安陽市侯家莊
🔣	09154	🔣瓢	17.467	商代晚期	同上
🔣	09155	🔣瓢	17.468	商代晚期	同上
🔣	09156	🔣瓢	17.469	商代晚期	
🔣	09157	🔣瓢	17.470	商代晚期	
🔣	09158	🔣瓢	17.471	商代晚期	
🔣	09159	🔣瓢	17.472	商代晚期	
🔣	09160	🔣瓢	17.473	商代晚期	
🔣	09161	🔣瓢	17.473	商代晚期	
🔣	09162	🔣瓢	17.474	商代晚期	

族氏族徽	器 號	器 名	卷數頁碼	時 代	出土地
倉	09163	倉瓳	17.474	商代晚期	
倉	10448	倉父己觶	19.307	西周早期	
倉	11163	倉尊	20.215	商代晚期	
倉	11164	倉尊	20.216	商代晚期	河南安陽市侯家莊
倉	11326	倉父己尊	20.355	商代晚期	
倉	12778	倉父乙卣	23.221	商代晚期	
倉羊	03618	倉羊簋	7.440	商代晚期	
倉羊	07694	倉羊爵	15.461	商代晚期	
倉羊	19294	倉羊錡	35.80	商代晚期	山東濟南市
倉	06836	倉爵	14.322	商代晚期	
倉	06837	倉爵	14.323	商代晚期	河南安陽市侯家莊
倉	06838	倉爵	14.324	商代晚期	
倉	06839	倉爵	14.324	商代晚期	
倉	06840	倉爵	14.325	商代晚期	
倉	06841	倉爵	14.325	商代晚期	
倉	06842	倉爵	14.326	商代晚期	
倉	09698	倉父丁瓳	18.378	商代晚期	
倉	10385	倉兄辛觶	19.256	商代晚期	
倉	14637	倉父丁盉	26.56	商代晚期	
倉	16208	倉戈	30.188	商代晚期	山西石樓縣褚家峪
倉	16209	倉戈	30.189	商代晚期	
倉	16210	倉戈	30.190	商代晚期	
倉羊	07506	倉羊爵	15.309	商代晚期	
倉羊	07507	倉羊爵	15.309	商代晚期	
倉羊	07508	倉羊爵	15.310	商代晚期	
倉羊	13141	倉羊卣	24.51	商代晚期	
倉羊	19480	倉羊器	35.244	商代晚期	
倉保	00659	倉保鼎	1.513	商代晚期	
倉保	09522	倉保瓳	18.236	商代晚期	
倉口	07505	倉口爵	15.308	商代晚期	
倉	00316	倉鼎	1.248	商代晚期	山東長清縣王玉莊
倉	06843	倉爵	14.326	商代晚期	
倉辛	10233	倉辛觶	19.143	商代晚期	

族氏族徽	器　號	器　名	卷數頁碼	時　代	出土地
（冎）	16213	冎戈	30.192	商代晚期	河南安陽
	00348	冎鼎	1.271	商代晚期	
	00843	冎父丁鼎	2.138	商代晚期	
	00844	冎父丁鼎	2.139	商代晚期	
	00845	冎父丁鼎	2.139	商代晚期	
	00846	冎父丁鼎	2.138	商代晚期	
	00940	冎父癸鼎	2.215	商代晚期	
	02643	冎祖辛鬲	6.37	西周早期	
	03174	冎父丁甗	7.68	西周早期	陝西涇陽縣高家堡
	03480	冎簋	7.326	商代晚期	陝西武功縣滹沱村
	03481	冎簋	7.327	商代晚期	
	03482	冎簋	7.327	商代晚期	
	06879	冎爵	14.355	商代晚期	
	06880	冎爵	14.356	商代晚期	
	06881	冎爵	14.357	商代晚期	河南安陽
	06882	冎爵	14.358	商代晚期	
	06883	冎爵	14.359	商代晚期	
	06884	冎爵	14.359	商代晚期	
	06885	冎爵	14.360	商代晚期	
	06886	冎爵	14.360	商代晚期	
	06969	冎爵	14.425	西周早期	
	07719	冎祖丁爵	15.477	商晚周早	
	07836	冎父丁爵	16.54	商晚周早	
	08067	冎冊丁爵	16.222	商代晚期	
	08152	冎父丁爵	16.293	西周早期	
	08254	冎父癸爵	16.373	西周早期	
	08255	冎父癸爵	16.374	西周早期	
	09165	冎觚	17.475	商代晚期	
	09166	冎觚	17.476	商代晚期	
	09167	冎觚	17.477	商代晚期	
	09262	冎癸觚	18.39	商代晚期	
	09584	冎父丁觚	18.286	商代晚期	
	10348	冎父庚觶	19.225	商代晚期	

族氏族徽	器　號	器　名	卷數頁碼	時　代	出土地
𣝒	10438	𣝒父丁觶	19.298	西周早期	
𣝒	10478	𣝒父癸觶	19.330	西周早期	四川彭縣竹瓦街
𣝒	11317	𣝒父丁尊	20.348	商代晚期	
𣝒	11391	𣝒婦丁尊	20.410	西周早期	傳出陝西
𣝒	13724	𣝒罍	25.21	商代晚期	
𣝒	14338	𣝒父戊盤	25.352	商代晚期	
𣝒	16211	𣝒戈	30.190	商代晚期	
𣝒	16212	𣝒戈	30.191	商代晚期	
𣝒	16214	𣝒戈	30.193	商代晚期	
𣝒	16215	𣝒戈	30.193	商代晚期	
𣝒	19489	𣝒父辛器	35.248	商代晚期	
𣝒万	02675	𣝒万父丁鬲	6.62	商代晚期	河南安陽市孝民屯
𣝒（𣝒）	06301	𣝒匕	13.499	商代晚期	
𣝒	07543	𣝒冊爵	15.334	商代晚期	
𣝒	11150	𣝒尊	20.205	商代晚期	
𣝒	11151	𣝒尊	20.206	商代晚期	
𣝒馬	11450	𣝒馬父辛尊	20.459	商代晚期	
𣝒（𣝒）	12791	𣝒父丁卣	23.230	商代晚期	
◇	01371	◇鼎	3.70	商代晚期	
◇	02738	徵伯鬲	6.119	西周早期	陝西寶雞縣戴家灣
◇	03471	◇簋	7.318	商代晚期	河南安陽梅園莊
◇	03472	◇簋	7.319	商代晚期	
◇	06796	◇爵	14.291	商代晚期	河南安陽
◇	06797	◇爵	14.292	商代晚期	
◇	09186	◇觚	17.491	商代晚期	
◇	10928	◇斝	20.45	商代晚期	
◇	16200	◇戈	30.181	商代晚期	
◇屮	00664	◇屮鼎	1.516	西周早期	
◇屮	00665	◇屮鼎	1.517	西周早期	陝西扶風縣劉家村
◇屮	00666	◇屮鼎	1.518	西周早期	
◇屮	08329	◇屮父戊爵	16.429	商代晚期	
◇單	00667	◇單鼎	2.3	西周中期	
◇單	03256	恭妊甗	7.136	西周中期前段	

族氏族徽	器　號	器　名	卷數頁碼	時　代	出土地
◇單	13817	陵罍	25.106	西周早期	陝西扶風縣莊白村
◇冏	00663	◇冏鼎	1.516	商代晚期	
◇竝	07544	◇竝爵	15.335	商代晚期	
◇采	08286	◇采祖戊爵	16.398	商晚周早	
◇爻	14331	◇爻盤	25.346	商代晚期	
◇皋葡	04145	◇皋葡父乙簋	8.404	商代晚期	
◇葡皋	09686	◇葡皋瓿	18.367	商代晚期	河南安陽
◇舍舌	14340	◇舍舌盤	25.353	商代晚期	
◇大中	08056	◇大中爵	16.212	商代晚期	河南安陽市孝民屯
◆	00342	◆鼎	1.268	商代晚期	
◆	09794	◆瓿	18.454	西周早期	
◆ㄩ	07546	◆ㄩ爵	15.336	商代晚期	
◆一	04136	作父丁簋	8.396	商代晚期	
◆一	04490	◆一簋	9.247	西周早期	
◆一	04491	◆一簋	9.248	西周早期	
◆一	04492	◆一簋	9.249	西周早期	
◆衢	06655	衢爵	14.194	商代晚期	
◆衢	06656	衢爵	14.195	商代晚期	
◆衢	09526	◆衢瓿	18.240	商代晚期	
◆衢白	09685	◆衢白瓿	18.367	商代晚期	
◆似	07545	◆似爵	15.335	商晚周早	
◆單	14626	◆單盉	26.46	西周早期	
◆皋葡	08057	◆皋葡爵	16.213	商代晚期	河南安陽
◆皋葡	08058	◆皋葡爵	16.214	商代晚期	
⸋	16154	⸋戈	30.142	商代晚期	河南安陽市侯家莊
⸋	16155	⸋戈	30.143	商代晚期	同上
⸋	16156	⸋戈	30.144	商代晚期	同上
⸋	16157	⸋戈	30.145	商代晚期	同上
⸋	16158	⸋戈	30.146	商代晚期	同上
⸋	16159	⸋戈	30.147	商代晚期	同上
⸋	16160	⸋戈	30.148	商代晚期	同上
⸋	16161	⸋戈	30.149	商代晚期	同上
⸋	16162	⸋戈	30.150	商代晚期	同上

族氏族徽	器　號	器　名	卷數頁碼	時　代	出土地
↓	16163	↓戈	30.151	商代晚期	
↓	16164	↓戈	30.152	商代晚期	
↓	16165	↓戈	30.153	商代晚期	河南安陽市孝民屯
↓	16166	↓戈	30.154	商代晚期	山西石樓縣褚家峪
↓	16167	↓戈	30.155	商代晚期	
↓	16168	↓戈	30.156	商代晚期	
↓	16169	↓戈	30.157	商代晚期	河南安陽
↓	16170	↓戈	30.158	商代晚期	同上
↓	16171	↓戈	30.159	商代晚期	
↓	16172	↓戈	30.160	商代晚期	
↓	16173	↓戈	30.161	商代晚期	河南安陽
↓	16174	↓戈	30.162	商代晚期	
↓	16175	↓戈	30.163	商代晚期	
↓	16176	↓戈	30.164	商代晚期	
↓	16177	↓戈	30.165	商代晚期	
↓	16178	↓戈	30.166	商代晚期	
↓	16179	↓戈	30.160	商代晚期	
↓	16180	↓戈	30.167	商代晚期	
↓	16181	↓戈	30.167	商代晚期	
↓	16182	↓戈	30.168	商代晚期	
↓	16183	↓戈	30.168	商代晚期	
↓	16184	↓戈	30.169	商代晚期	
↓	16185	↓戈	30.169	商代晚期	
↓	16186	↓戈	30.169	商代晚期	
↓	16187	↓戈	30.170	商代晚期	
↓	16188	↓戈	30.171	商代晚期	
↓	16189	↓戈	30.171	商代晚期	
↓	16190	↓戈	30.172	商代晚期	
↓	16191	↓戈	30.172	商代晚期	河南安陽
冊	00321	冊鼎	1.252	商代晚期	
冊	00322	冊鼎	1.253	商代晚期	
冊	00323	冊鼎	1.254	商代晚期	
冊	00324	冊鼎	1.255	商代晚期	

族氏族徽	器　號	器　名	卷數頁碼	時　代	出土地
🔲	00325	🔲鼎	1.255	商代晚期	
🔲	00841	🔲父丁鼎	2.136	商代晚期	
🔲	00941	🔲父癸鼎	2.216	西周早期	
🔲	03479	🔲簋	7.325	商代晚期	
🔲	06818	🔲爵	14.309	商代晚期	
🔲	06819	🔲爵	14.310	商代晚期	
🔲	09172	🔲觚	17.481	商代晚期	
🔲	09173	🔲觚	17.481	商代晚期	
🔲	10315	🔲父乙觶	19.202	商代晚期	
🔲	10316	🔲父乙觶	19.203	商代晚期	
🔲	10437	🔲父丁觶	19.297	西周早期	
🔲	10929	🔲斝	20.46	商代晚期	
🔲	10930	🔲斝	20.47	商代晚期	
🔲	11158	🔲尊	20.211	商代晚期	
🔲	11159	🔲尊	20.212	商代晚期	
🔲	11160	🔲尊	20.213	商代晚期	
🔲	11316	🔲父丁尊	20.347	商代晚期	
🔲	11465	🔲齊京母尊	20.472	商代晚期	
🔲	14159	🔲勺	25.278	商代晚期	
🔲	14656	🔲父乙盉	26.72	西周早期	
🔲	16198	🔲戈	30.179	商代晚期	山東濟南市近郊
🔲	13192	辟卣	24.102	西周早期	西安長安區馬王鎮
🔲🔲	08068	🔲🔲辛爵	16.223	商代晚期	河南安陽市後崗
🔲🔲	09529	🔲🔲觚	18.242	商代晚期	同上
🔲職	00615	🔲職鼎	1.481	商代晚期	
🔲	00317	🔲鼎	1.249	商代晚期	
🔲	00318	🔲鼎	1.250	商代晚期	河南安陽
🔲	00319	🔲鼎	1.251	商代晚期	同上
🔲	00320	🔲鼎	1.251	商代晚期	
🔲	03490	🔲簋	7.335	商代晚期	河南安陽
🔲	03491	🔲簋	7.336	商代晚期	
🔲	06101	🔲豆	13.351	商代晚期	
🔲	08708	🔲角	17.146	商代晚期	

族氏族徽	器　號	器　名	卷數頁碼	時　代	出土地
🔲	08709	🔲角	17.147	商代晚期	
🔲	08710	🔲角	17.148	商代晚期	
🔲	09149	🔲觚	17.464	商代晚期	
🔲	09150	🔲觚	17.464	商代晚期	
🔲	09151	🔲觚	17.465	商代晚期	
🔲	10114	🔲觶	19.52	商代晚期	河南安陽
🔲	10851	🔲杯	19.479	商代晚期	
🔲	10931	🔲罘	20.48	商代晚期	
🔲	11165	🔲尊	20.217	商代晚期	河南安陽
🔲	11972	🔲壺	21.337	商代晚期	
🔲	12599	🔲壺	23.72	商代晚期	
🔲	13475	🔲方彝	24.351	商代晚期	河南安陽
🔲	13603	🔲觥	24.445	商代晚期	
🔲	13723	🔲罍	25.20	商代晚期	
🔲	13957	🔲瓿	25.132	商代晚期	
🔲	14604	🔲盉	26.24	西周早期	
🔲	16223	🔲戈	30.198	商代晚期	
㦰（戎）	00774	戎父乙鼎	2.86	商代晚期	河南安陽市孝民屯
㦰	00218	㦰鼎	1.177	商代晚期	
㦰	00775	戎父乙鼎	2.87	商代晚期	河南安陽市孝民屯
㦰	03120	戎甗	7.19	商代晚期	山東蒼山縣東高堯
㦰	03570	戎簋	7.400	西周早期	同上
㦰	03855	戎母己簋	8.161	商代晚期	河南安陽市孝民屯
㦰	04549	劃函簋	9.299	西周早期	
㦰	06550	戎爵	14.130	商代晚期	山東蒼山縣東高堯
㦰	07730	戎祖辛爵	15.483	商代晚期	
㦰	07896	戎父辛爵	16.97	商代晚期	河南安陽市孝民屯
㦰	07912	戎父辛爵	16.107	商代晚期	
㦰	08105	戎父乙爵	16.256	西周早期	
㦰	09067	戎觚	17.400	商代晚期	
㦰	09068	戎觚	17.401	商代晚期	山東蒼山縣東高堯
㦰	09069	戎觚	17.402	商代晚期	同上
㦰	09070	戎觚	17.403	商代晚期	

族氏族徽	器　號	器　名	卷數頁碼	時　代	出土地
戎	09542	戎祖丙觚	18.252	商代晚期	
戎	09844	趞觚	18.494	西周早期	
戎	10409	戎父乙觶	19.275	西周早期	
戎	11352	戎祖丁尊	20.375	西周早期	
戎鼎	11436	戎鼎父乙尊	20.448	商代晚期	
兂	00282	兂鼎	1.217	西周早期	河南洛陽
兂	00880	兂父庚鼎	2.168	商晚周早	
兂	03571	兂簋	7.401	西周早期	河南洛陽
兂	03572	兂簋	7.402	西周早期	同上
兂	03573	兂簋	7.403	西周早期	同上
兂	03574	兂簋	7.404	西周早期	
兂	04071	兂簋	8.341	西周早期	
兂	04377	兂簋	9.133	西周早期	河南洛陽
兂	04378	兂簋	9.134	西周早期	
兂	06946	兂爵	14.407	西周早期	河南洛陽
兂	06947	兂爵	14.408	西周早期	同上
兂	08078	兂祖戊爵	16.232	西周早期	同上
兂	08079	兂祖戊爵	16.233	西周早期	同上
兂	10122	兂觶	19.59	西周早期	同上
兂	11378	兂父庚尊	20.399	西周早期	
兂	11674	叙尊	21.152	西周早期後段	
兂	12602	兂卣	23.74	商代晚期	
兂	12853	兂父庚卣	23.287	西周早期	
兂	13123	兂卣	24.34	西周早期	
兂	13124	兂卣	24.35	西周早期	河南洛陽
兂	14360	兂盤	25.374	西周早期	
覩	13219	覩卣	24.133	西周早期	
亻	01653	孟由鼎	3.317	西周中期	
亻	01741	叔孤父鼎	3.397	西周晚期	河南洛陽楊文鎮
亻	02141	師昌鼎	4.331	西周中期	
亻	02278	叔顂父鼎	5.17	西周晚期	西安長安區馬王鎮
亻	02841	姬趛母鬲	6.226	西周晚期	
亻	02842	姬趛母鬲	6.227	西周晚期	

族氏族徽	器　號	器　名	卷數頁碼	時　代	出土地
亻	03025	師𧈟鬹	6.467	西周中期	
亻	04130	伯姬簋	8.391	西周中期	
亻	04725	保子達簋	9.478	西周晚期	
亻	04757	叔侯父簋	10.32	西周晚期	
亻	04758	叔侯父簋	10.33	西周晚期	
亻	04927	叔角父簋	10.253	西周晚期	
亻	04928	叔角父簋	10.254	西周晚期	
亻	05118	妊小簋	11.55	西周晚期	
亻	09198	亻瓠	17.500	商代晚期	
亻	09199	亻瓠	17.501	商代晚期	
亻	10154	亻觶	19.84	西周早期	
亻𡳫	04525	𡳫簋	9.277	西周早期	
亻合羊	13141	合羊卣	24.51	商代晚期	
𢼸	02612	叚鬲	6.10	商代晚期	山東滕州市前掌大
𢼸	03489	叚簋	7.334	商代晚期	
𢼸	03686	叚丁簋	8.17	商代晚期	
𢼸	06815	叚爵	14.308	商代晚期	
𢼸	06816	叚爵	14.308	商代晚期	
𢼸	07504	叚𤮭	15.307	商代晚期	
𢼸	07710	叚祖乙爵	15.471	商代晚期	
𢼸	09144	叚瓠	17.460	商代晚期	
𢼸	09732	叚父甲丁瓠	18.403	商代晚期	
𢼸	11325	叚父己尊	20.354	商代晚期	山西靈石縣旌介村
𢼸	12606	叚卣蓋	23.78	商代晚期	
𢼸	12777	叚父乙卣	23.221	商代晚期	
𢼸	16040	叚戈	30.43	商代晚期	
𢼸	16041	叚戈	30.44	商代晚期	河南安陽市大司空
𢽅	00227	𢽅鼎	1.186	商代晚期	
𢽅	00228	𢽅鼎	1.187	商代晚期	
𢽅	00229	𢽅鼎	1.187	商代晚期	山東濟南市劉家莊
𠔼	00350	𠔼鼎	1.272	商代晚期	湖北蘄春縣柏條鋪村
𠔼	00435	𠔼乙鼎	1.336	商代晚期	
𠔼	00447	𠔼己鼎	1.345	商代晚期	

族氏族徽	器 號	器 名	卷數頁碼	時 代	出土地
𢀖	00942	𢀖父癸鼎	2.217	西周早期	
𢀖	06961	𢀖爵	14.418	西周早期	河北蘄春縣柏條鋪
𢀖	06962	𢀖爵	14.419	西周早期	
𢀖	09168	𢀖瓢	17.478	商代晚期	
𢀖	10403	𢀖父甲觶	19.269	西周早期	陝西寶雞縣鬥雞臺
𢀖	10987	𢀖乙斝	20.95	商代晚期	
𢀖	10988	𢀖乙斝	20.96	商代晚期	
𢀖	10989	𢀖乙斝	20.96	商代晚期	
𢀖	11183	𢀖尊	20.234	西周早期	
𢀖	12628	𢀖卣	23.95	商代晚期	
𢀖	12629	𢀖卣	23.95	商代晚期	
✳	06794	✳爵	14.290	商代晚期	河南安陽市郭家莊
✳	09197	✳瓢	17.499	商代晚期	
✳	10189	✳婦觶	19.107	商代晚期	河南安陽
✳	10530	✳觶	19.366	商代晚期	
✳	11032	✳父乙斝	20.131	西周早期	
✳	13218	髭卣	24.132	西周早期	
✳	19299	✳祖乙器蓋	35.84	西周早期	河北興隆縣小河南村
✳繭	03149	✳繭甗	7.46	商代晚期	
✳繭	13787	✳繭父戊罍	25.78	西周早期前段	陝西涇陽縣高家堡
✳弔	08386	✳弔父丁爵	16.472	西周早期	陝西周至縣竹峪村
✳𩰬	01071	✳𩰬鼎	2.322	商代晚期	陝西寶雞縣戴家灣
✳𢀖	09528	✳𢀖瓢	18.241	商代晚期	河南安陽
✳小集	10576	✳小集母乙觶	19.403	商代晚期	河南安陽市大司空
⊕	00344	⊕鼎	1.269	商代晚期	河南安陽市苗圃北地
⊕	00345	⊕鼎	1.270	商代晚期	
⊕	00346	⊕鼎	1.270	商代晚期	
⊕	03474	⊕簋	7.321	商代晚期	
⊕	06892	⊕爵	14.363	商代晚期	
⊕	09169	⊕瓢	17.479	商代晚期	河南安陽市苗圃北地
⊕	09170	⊕瓢	17.480	商代晚期	
⊕	09171	⊕瓢	17.480	商代晚期	
⊕	10926	⊕斝	20.43	商代晚期	河南安陽市苗圃北地

族氏族徽	器　號	器　名	卷數頁碼	時　代	出土地
⊕	10927	⊕斝	20.44	商代晚期	河南安陽
⊕	14311	⊕盤	25.326	商代晚期	
⊕	16226	⊕戈	30.199	商代晚期	
田	01314	田鼎	3.24	西周早期	
田	04734	箽簋	10.6	西周中期後段	
田	04876	周隸生簋	10.192	西周中期	
田	08187	田父己爵	16.321	西周早期	
田	12392	周夊壺	22.306	西周中期後段	
田	12393	周夊壺	22.308	西周中期後段	
田	13257	族卣	24.177	西周早期後段	
田	13317	周乎卣	24.258	西周中期前段	
田	14793	周進盂	26.215	西周中期	
田	14914	周毚匜	26.290	西周晚期	
田癶田	12935	卣癶父癸田	23.365	商代晚期	
田	04768	菫簋	10.44	西周中期	
田	05566	周雛盨	12.288	西周晚期	
🜲	00754	🜲父甲鼎	2.70	商代晚期	
🜲	02645	🜲父乙鬲	6.39	西周早期前段	河南安陽
🜲	06901	🜲爵	14.368	西周早期	
🜲	06902	🜲爵	14.368	西周早期	
🜲	07327	🜲辛爵	15.176	商代晚期	河南安陽市孝民屯
🜲	07975	🜲父癸爵	16.152	商代晚期	
🜲	08159	🜲父丁爵	16.299	西周早期	西安長安區馬王鎮
🜲	09174	🜲觚	17.482	商代晚期	
🜲	10421	父乙觶	19.284	西周早期	湖北黃陂縣魯臺山
🜲	12802	🜲父己卣	23.240	商代晚期	
🜲	13630	🜲父丁觥	24.469	商晚周早	陝西延長縣岔口村
🜲	14647	🜲母乙盂	26.64	商代晚期	
▲	07513	▲丁爵	15.313	商代晚期	
▲	08093	▲祖癸爵	16.246	西周早期	
▲屰	07514	▲屰爵	15.313	商代晚期	
▲屰	07515	▲屰爵	15.314	商代晚期	
▲啟	07512	▲啟爵	15.312	商代晚期	

族氏族徽	器　號	器　名	卷數頁碼	時　代	出土地
▲矢	07516	▲矢爵	15.315	商代晚期	
▲賈	13618	▲賈觥	24.458	商代晚期	
▲萬	03621	▲萬簋	7.442	商代晚期	
▲亂	09520	▲亂觚	18.235	商代晚期	
▲彳子天	14179	▲彳子天勺	25.297	商代晚期	
凸	06890	凸爵	14.362	商晚周早	
凸止	03741	凸止子簋	8.61	商代晚期	
酓（酓）	06488	酓爵	14.84	商代晚期	
酓	08969	酓觚	17.323	商代晚期	
酓	09733	冊酓父甲觚	18.404	商代晚期	
酓	10076	酓觶	19.25	商代晚期	
酓	13069	酓卣	23.492	西周早期	
酓	16151	酓戈	30.140	商代晚期	
酓	18496	酓弓柲	34.90	商代晚期	
酓	18709	酓斧	34.199	商代晚期	
酓	18710	酓斧	34.200	商代晚期	
酓	19034	酓車飾	34.472	商代晚期	
酓弓	16372	酓弓戈	30.339	商代晚期	
屰	07542	屰冊爵	15.333	商代晚期	
屰亯	09658	𢦏亯冊觚	18.346	商代晚期	
屰亯	09659	𢦏亯冊觚	18.347	商代晚期	
屰亯	09660	𢦏亯冊觚	18.348	商代晚期	
屰亯	09661	𢦏亯冊觚	18.348	商代晚期	
屰亯	10387	𢦏冊亯觶	19.257	商代晚期	
屰亯	11350	𢦏冊亯尊	20.373	商代晚期	
彳累	07540	彳累爵	15.332	商代晚期	河南安陽市孝民屯
彳累	09519	𢦏累觚	18.234	商代晚期	同上
彳旅	07541	彳旅爵	15.333	商代晚期	
彳東	00660	𢦏東鼎	1.514	商代晚期	
𣪧	00444	𣪧己鼎	1.343	商代晚期	
𣪧	00445	𣪧己鼎	1.344	商代晚期	
𣪧	00792	𣪧父乙鼎	2.102	商代晚期	
𣪧	00924	𣪧父癸鼎	2.199	商代晚期	

族氏族徽	器　號	器　名	卷數頁碼	時　代	出土地
𣪊	07947	𣪊父癸爵	16.133	商代晚期	
𣪊	08443	𣪊爵	17.15	西周早期	
𣪊	09075	𣪊觚	17.407	商代晚期	
𣪊	12679	𣪊己卣	23.138	商代晚期	
𣪊	12680	𣪊己卣	23.139	商代晚期	
𣪊	12681	𣪊己卣蓋	23.139	商代晚期	
�	00609	�冊鼎	1.477	商代晚期	
�	09146	�觚	17.462	商代晚期	
�	12627	�卣	23.94	商代晚期	
𡊄	04763	𡊄簋	10.37	西周早期	
𡊄	16204	𡊄戈	30.184	商代晚期	
𡊄	16205	𡊄戈	30.185	商代晚期	
𡊄	16206	𡊄戈	30.186	商代晚期	
𡊄	16207	𡊄戈	30.187	商代晚期	
𡊄冉	02768	𡊄鬲	6.150	西周早期	
𡊄亻	04525	𡊄簋	9.277	西周早期	
𢆶	06417	𢆶爵	14.20	商代晚期	河南安陽市大司空
𢆶	06418	𢆶爵	14.21	商代晚期	同上
𢆶	08383	𢆶冊父丁爵	16.470	西周早期	
𢆶	09119	𢆶觚	17.441	商代晚期	河南安陽市大司空
𢆶	16126	𢆶戈	30.120	商代晚期	河南安陽
𢆶以	08509	𢆶以父庚爵	17.64	商代晚期	河南安陽市大司空
𢆶以	08510	𢆶以父庚爵	17.64	商代晚期	同上
𢆶以	09817	𢆶以父庚觚	18.471	商代晚期	同上
𢆶以	09818	𢆶以父庚觚	18.471	商代晚期	同上
𨽻	01112	𨽻鼎	2.357	西周早期	
𨽻	01728	𨽻鼎	3.387	西周早期	
𨽻	03290	𨽻甗	7.167	西周早期	
𨽻	08260	𨽻兄乙爵	16.377	西周早期	湖北隨州市葉家山
𨽻	09702	𨽻父庚觚	18.380	西周早期	
𨽻	11324	𨽻父己尊	20.354	商代中期	
𨽻	12892	𨽻卣	23.323	西周中期前段	
𨽻	14749	𨽻父乙盉	26.157	西周早期	

族氏族徽	器　號	器　名	卷數頁碼	時　代	出土地
ᠵ	00842	ᠵ父丁鼎	2.137	商代晚期	
ᠵ	03841	ᠵ父癸簋	8.148	商代晚期	
ᠵ	07782	ᠵ父乙爵	16.16	商代晚期	
ᠵ	11389	ᠵ父癸尊	20.409	西周早期	
ᠵ	12040	ᠵ父乙壺	21.399	商代晚期	陝西麟遊縣後坪村
ᠵ	13633	ᠵ父癸觥	24.471	商代晚期	
ᠵ	14595	ᠵ盉	26.16	商代晚期	
ᠫ	16196	ᠫ戈	30.177	商代晚期	
馬（䮂）	00338	馬鼎	1.266	商代晚期	
馬	07518	馬癸爵	15.316	商代晚期	
馬	09148	馬瓿	17.463	商代晚期	
馬	09263	馬癸瓿	18.40	商代晚期	
馬	13725	馬罍	25.22	商代晚期	
馬	16202	馬戈	30.183	商代晚期	
馬	16203	馬戈	30.184	商代晚期	
ㄩ	00826	ㄩ父丁鼎	2.128	商代晚期	
ㄩ	03754	ㄩ祖辛簋	8.72	商代晚期	
ㄩ◇	01216	ㄩ◇父癸鼎	2.434	西周早期	
ㄩ◇	02137	斐鼎	4.327	商代晚期	
ㄩ	11648	印尊	21.129	西周早期	陝西
ㄩ◆	14373	作寶盤	25.386	西周中期	同上
ㄩ西單	08063	ㄩ西單爵	16.219	商代晚期	
᠙	06803	᠙爵	14.297	商代晚期	
᠙	07835	᠙父丁爵	16.53	商晚周早	
᠙	09570	᠙父乙瓿	18.275	商代晚期	
᠙	09583	᠙父丁瓿	18.285	商代晚期	
᠙	10113	᠙觶	19.51	商晚周早	河南魯山縣倉頭村
᠙	10395	᠙祖丙觶	19.263	西周早期	
᠙暖	13021	᠙暖父丁卣	23.445	商代晚期	
♉	02606	皇鬲	6.7	商代晚期	
♉	16108	皇戈	30.102	商代晚期	河南安陽
♉	16397	皇乙戈	30.363	西周早期	河南洛陽市龐家溝
♉	18225	皇鉞	33.495	商代晚期	

族氏族徽	器　號	器　名	卷數頁碼	時　代	出土地
✿齽	13053	✿齽卣蓋	23.476	西周早期	山東泰安市泰山腳下
✿戈	11240	皇戈尊	20.282	商代晚期	
✿戈	12724	✿戈卣	23.176	商代晚期	
✿	00616	✿兮鼎	1.482	商代晚期	河南安陽市大司空
✿	00617	亼✿鼎	1.482	商代晚期	
✿	10436	✿父丁觶	19.296	西周早期	西安長安區張家坡
✿羊	03976	✿羊父丁簋	8.261	商代晚期	
✿羊	03977	✿羊父丁簋	8.262	商代晚期	
✿鼡耒	13513	✿鼡耒方彝	24.388	商代晚期	
𡆥	08088	𡆥祖辛爵	16.242	西周早期	
𡆥	08123	𡆥父丙爵	16.271	西周早期	河南洛陽瀍河東窯村
𡆥	09819	𡆥瓵	18.472	西周早期	河南安陽
𡆥	11149	𡆥尊	20.204	西周早期前段	陝西涇陽縣高家堡
𡆥	14662	𡆥父癸盉	26.77	西周早期	
𡆥戈	13143	飲卣	24.53	西周早期前段	陝西涇陽縣高家堡
𡙇	00362	𡙇鼎	1.283	西周早期	
𡙇乚	01172	𡙇乚父丁鼎	2.400	西周早期	
𡙇乚	03975	𡙇乚父丁簋	8.260	商代晚期	
𡙇乚	12094	𡙇乚父丁壺	21.447	商代晚期	
𡙇乚	13018	𡙇乚從彝卣	23.442	西周早期	
𡙇乚	12745	𡙇乚卣	23.193	西周早期	
𝍦	00351	𝍦鼎	1.273	西周早期前段	陝西寶雞市戴家灣
𝍦	00352	𝍦鼎	1.274	西周早期前段	同上
𝍦	03133	𝍦甗	7.31	西周早期	山西翼城縣鳳家坡
𝍦	03134	𝍦甗	7.32	西周早期前段	陝西涇陽縣
𝍦	13733	𝍦罍	25.29	西周早期前段	陝西寶雞市戴家灣
𝍤	12641	𝍤卣	23.107	西周早期	
↓	07529	↓庚爵	15.324	商代晚期	
↓	07530	↓庚爵	15.324	商代晚期	
↓	07986	↓妣丙爵	16.158	商代晚期	
↓	10341	↓父己觶	19.220	商代晚期	
↓冉	07536	↓冉爵	15.329	商代晚期	
🌲	06821	🌲爵	14.311	商代晚期	

族氏族徽	器　號	器　名	卷數頁碼	時　代	出土地
🌲	06822	🌲爵	14.311	商代晚期	
🌲	09209	🌲觚	17.509	西周早期	
🌲丁乚	08066	🌲丁乚爵	16.222	商代晚期	
⊓	00327	⊓鼎	1.257	商代晚期	河南安陽市孝民屯
⊓	12624	⊓卣	23.92	商代晚期	河南安陽殷墟西區
⊓	19222	弁罐	35.4	商代晚期	河南安陽市孝民屯
⊓	03769	⊓父乙簋	8.87	商代晚期	陝西渭南市南堡村
⊓	18741	⊓錛	34.231	商代晚期	同上
𢀖	07832	𢀖父丁爵	16.50	商代晚期	
𢀖	07978	𢀖父癸爵	16.154	商代晚期	
𢀖羊	08062	𢀖羊乙爵	16.218	商代晚期	
𢀖羊	09626	𢀖羊乙觚	18.318	商代晚期	
𢀖𤓰未	08070	𢀖𤓰未爵	16.225	商代晚期	
囗羊	07510	囗羊爵	15.311	商代晚期	河北正定縣新城鋪
囗羊	07511	囗羊爵	15.312	商代晚期	同上
囗羊	10232	囗羊觶	19.142	商代晚期	同上
囗羊	11249	囗羊尊	20.288	商代晚期	同上
囗羊	12727	囗羊卣	23.178	商代晚期	同上
𣏟	15883	𣏟鐃	29.439	商代晚期	河南安陽
𣏟	16216	𣏟戈	30.194	商代晚期	
𣏟	16217	𣏟戈	30.194	商代晚期	
𣏟	16218	𣏟戈	30.195	商代晚期	
𤕠（灢）	13261	𤕠卣	24.182	商代晚期	
𤕠	13262	𤕠卣	24.184	商代晚期	
𤕠	13263	𤕠卣	24.185	商代晚期	
𤕠	13821	𤕠罍	25.110	商代晚期	
𪩘	10312	𪩘父乙觶	19.200	商代晚期	
𪩘	11309	𪩘父乙尊	20.341	商代晚期	河南
𪩘	12781	𪩘父乙卣	23.223	商代晚期	
𪩘	14638	𪩘父丁盂	26.57	商代晚期	陝西麟遊縣後坪村
合	00617	合𧊧鼎	1.482	商代晚期	
合	00860	合父己鼎	2.153	商代晚期	
合	07533	合癸爵	15.327	商代晚期	

族氏族徽	器　號	器　名	卷數頁碼	時　代	出土地
亼	07687	亼作爵	15. 456	西周早期	
皿	08252	皿父癸爵	16. 372	西周早期	
皿	08253	皿父癸爵	16. 372	西周早期	
皿	08417	皿冊父癸爵	16. 497	西周早期	
皿	08418	皿冊父癸爵	16. 498	西周早期	
冏	00337	冏鼎	1. 266	商代晚期	
冏	06900	冏爵	14. 367	商晚周早	
冏	16139	昏戈	30. 133	商代晚期	
冏文	07501	冏文爵	15. 304	商代晚期	河南安陽市小屯村
[illegible]	06820	[illegible]爵	14. 310	商代晚期	
[illegible]皿售	10386	昬皿售觶	19. 256	商代晚期	
[illegible]皿	12015	[illegible]皿壺	21. 376	商代晚期	
[illegible]皿	02699	父辛鬲	6. 82	西周早期	
[illegible]	07833	[illegible]父丁爵	16. 51	商代晚期	
[illegible]	14640	[illegible]父戊盉	26. 59	商晚周早	
[illegible]	14641	[illegible]父戊盉	26. 59	商晚周早	
[illegible]	11166	[illegible]尊	20. 218	商代晚期	
[illegible]	12625	[illegible]卣	23. 93	商代晚期	
[illegible]	12626	[illegible]卣	23. 94	商代晚期	
[illegible]	11705	何尊	21. 178	西周早期後段	
[illegible]	12231	何壺	22. 105	商代晚期	
[illegible]	13224	何卣	24. 137	西周早期前段	
[illegible]	07846	[illegible]父戊爵	16. 60	商晚周早	
[illegible]	11582	輂尊	21. 75	商代晚期	
[illegible]	13146	輂卣	24. 56	商代晚期	
[illegible]	00347	[illegible]鼎	1. 271	商代晚期	
[illegible]	09568	[illegible]父乙觚	18. 273	商代晚期	
[illegible]	11973	[illegible]壺	21. 338	商代晚期	
[illegible]	00223	髻鼎	1. 182	商代晚期	
[illegible]	11384	[illegible]父辛尊	20. 405	西周早期	
[illegible]	13474	[illegible]方彝	24. 350	商代晚期	
[illegible]	00662	[illegible]鼎	1. 515	商代晚期	
[illegible]	02654	[illegible]父己鬲	6. 46	商代晚期	

族氏族徽	器　號	器　名	卷數頁碼	時　代	出土地
界	10937	界斝	20.54	商代晚期	
)	04421	休簋	9.175	西周中期	
)	04877	隄仲字簋	10.193	西周中期	
)	10616	)觶	19.437	西周早期	
弼	01110	弼鼎	2.355	商晚周早	
弼	07930	弼父辛爵	16.118	商代晚期	
弼	10461	弼父辛觶	19.318	西周早期	
夆	09196	夆觚	17.498	商代晚期	
夆	09237	夆乙觚	18.20	商代晚期	
夆	10291	封祖乙觶	19.186	商晚周早	
庚	06799	庚爵	14.293	商代晚期	
庚	13726	庚罍	25.22	商代晚期	
庚子	08351	庚子父癸爵	16.443	商代晚期	
夃	00947	夃父癸鼎	2.222	西周早期	
夃	03167	夃父乙瓢	7.62	西周早期前段	陝西鳳翔縣化原村
夃	08151	夃父丁爵	16.293	西周早期	
丼	09190	丼觚	17.493	商代晚期	
丼	09191	丼觚	17.494	商代晚期	
北	16225	北戈	30.199	商代晚期	
羊	00433	羊乙鼎	1.334	商代晚期	
羊	09598	羊父己觚	18.296	商代晚期	
羊	10345	羊父己觶	19.223	商代晚期	河北正定縣新城鋪
▼	07398	▼庚爵	15.228	商晚周早	
▼車	00973	▼車乙鼎	2.243	商代晚期	
▼髟	07693	▼髟爵	15.460	西周早期	
圅	12598	圅卣	23.71	商代晚期	
圅	16222	圅戈	30.197	商代晚期	
圅犬	08302	圅犬父乙爵	16.410	商代晚期	
僪合	15905	僪合鐃甲	29.461	商代晚期	河南安陽
僪合	15906	僪合鐃乙	29.462	商代晚期	同上
僪合	15907	僪合鐃丙	29.463	商代晚期	同上
少飞門	08069	少飞門爵	16.224	商代晚期	山東濰坊市後鄧村
少飞門	10575	少飞門父辛觶	19.402	商代晚期	同上

族氏族徽	器　號	器　名	卷數頁碼	時　代	出土地
少乀門	13027	少乀門父辛卣	23.451	商代晚期	山東濰坊市後鄧村
飆	04166	飆簋	8.423	西周早期	
飆	12144	飆壺	22.17	西周早期	
〜	00359	〜鼎	1.281	西周早期	陝西寶雞市戴家灣
〜	00360	〜鼎	1.282	西周早期	同上
羅	03486	羅簋	7.331	商代晚期	
羅	03487	羅簋	7.332	商代晚期	
人	06561	人爵	14.138	商代晚期	
人	06562	人爵	14.139	商代晚期	
父丁	08148	父丁爵	16.291	西周早期	
父丁	08149	父丁爵	16.292	西周早期	
牧	12273	牧壺	22.148	西周早期	
牧	12290	敢肇事丁壺	22.166	西周早期	
奐	03189	奐母癸甗	7.80	西周早期前段	陝西寶雞縣戴家灣
奐	09132	奐觚	17.451	商代晚期	
賓	06808	賓爵	14.302	商代晚期	
賓	10936	賓斝	20.53	商代晚期	
夨	09129	夨觚	17.448	商代晚期	
夨	09130	夨觚	17.449	商代晚期	
夨	09134	夨觚	17.452	商代晚期	
夨	09613	夨父辛觚	18.308	商代晚期	河南安陽
夨	09743	夨冊父乙觚	18.410	商代晚期	
夨	11435	夨冊父乙尊	20.447	商代晚期	
尸	12195	尸壺	22.65	商代晚期	
尸	13148	尸卣	24.58	商代晚期	
夰	07785	夰父乙爵	16.18	商晚周早	
夰	07786	夰父乙爵	16.19	商晚周早	
亞	06805	亞爵	14.299	商代晚期	河南安陽市大司空
亞	12622	亞卣	23.91	商代晚期	
作	11580	作父己尊	21.73	西周早期	
薛	11701	薛尊	21.175	西周早期	
羴	07783	羴父乙爵	16.17	商晚周早	
羴	12052	羴父癸壺	21.410	商代晚期	

族氏族徽	器　號	器　名	卷數頁碼	時　代	出土地
〔符〕	06619	〔符〕爵	14.174	商代晚期	
〔符〕	09147	〔符〕觚	17.462	商代晚期	
〔符〕	09210	〔符〕觚	17.510	西周早期	
〔符〕	10990	〔符〕乙斝	20.97	商代晚期	
〔符〕	03485	〔符〕簋	7.330	商代晚期	
〔符〕	11974	〔符〕壺	21.339	商代晚期	
〔符〕	04417	〔符〕簋	9.171	西周早期	
〔符〕	07980	〔符〕父癸爵	16.155	商代晚期	
〔符〕	06834	〔符〕爵甲	14.320	商代晚期	河南安陽市戚家莊
〔符〕	06835	〔符〕爵乙	14.321	商代晚期	同上
〔符〕	00330	〔符〕鼎	1.260	商代晚期	陝西扶風縣紅衛村
〔符〕	07834	〔符〕父丁爵	16.52	商代晚期	
〔符〕	06887	〔符〕爵	14.361	商晚周早	
〔符〕	06888	〔符〕爵	14.361	商晚周早	
〔符〕	06893	〔符〕爵	14.364	商晚周早	
〔符〕	06894	〔符〕爵	14.364	商晚周早	
〔符〕	08082	〔符〕祖己爵	16.236	西周早期	
〔符〕	08083	〔符〕祖己爵	16.237	西周早期	
〔符〕	07732	〔符〕祖辛爵	15.485	商代晚期	
〔符〕	08221	〔符〕父辛爵	16.349	西周早期	河南洛陽市東郊
〔符〕	06212	泳盂	13.438	西周早期後段	陝西岐山縣
〔符〕	09696	〔符〕父丁觚	18.376	西周早期	
〔符〕	06898	〔符〕爵	14.366	商晚周早	
〔符〕	11975	〔符〕壺	21.339	商代晚期	
○	12600	○卣	23.73	商代晚期	陝西麟遊縣後坪村
○	00343	○鼎	1.269	商代晚期	傳出河南安陽
〔符〕	06833	〔符〕爵	14.319	商代晚期	
〔符〕天	12746	〔符〕天卣	23.194	西周早期	
〔符〕	07787	〔符〕父乙爵	16.19	商晚周早	
〔符〕宁	09525	〔符〕宁觚	18.239	商晚周早	
〔符〕◆	04803	丞生卲簋	10.90	西周晚期	
〔符〕井	08410	〔符〕井父辛爵	16.491	西周早期	
〔符〕	08359	〔符〕父□爵	16.450	商代晚期	

族氏族徽	器　號	器　名	卷數頁碼	時　代	出土地
𠬞皿	08360	𠬞皿父□爵	16.451	商代晚期	
♟丁	08752	♟丁祖乙角	17.189	商代晚期	
♟萬	08376	♟萬父乙爵	16.464	西周早期	
𢀖	13180	矢卣	24.92	西周早期	河南襄縣霍莊村
𢀖矢	11634	𢀖矢尊	21.116	西周早期	同上
｜	09193	｜觚	17.495	商代晚期	
｜堯	09524	｜堯觚	18.238	商代晚期	
肖	11787	作冊翻尊	21.258	西周早期後段	
肖舟	13308	作冊翻卣	24.243	西周早期後段	河南洛陽馬坡村
𠙵	16224	𠙵戈	30.198	商代晚期	
𠙵虎	16376	𠙵虎戈	30.343	商代晚期	河南安陽
⼁合保	08064	⼁合保爵	16.220	商代晚期	河南安陽市高樓莊
⼁合保	08065	⼁合保爵	16.221	商代晚期	同上

單個未隸定者

族氏族徽	器　號	器　名	卷數頁碼	時　代	出土地
𢀖	00326	𢀖鼎	1.255	商代晚期	
𢀖	06814	𢀖爵	14.307	商代晚期	
𢀖	09131	𢀖觚	17.450	商代晚期	
𢀖	09133	𢀖觚	17.452	商代晚期	
𢀖	09135	𢀖觚	17.453	商代晚期	
𢎵	09136	𢎵觚	17.453	商代晚期	
𢀖	09137	𢀖觚	17.454	商代晚期	
𢀖	09138	𢀖觚	17.455	商代晚期	
𢀖	09571	𢀖父乙觚	18.276	商代晚期	
𢀖	10376	𢀖父癸觶	19.247	商代晚期	
𢀖	11147	𢀖尊	20.202	商代晚期	
𢀖	12603	𢀖卣	23.75	商代晚期	
𢀖	12604	𢀖卣	23.76	商代晚期	廣西武鳴縣蘇羅村
𢀖	12605	𢀖卣	23.77	商代晚期	
𢀖	12682	𢀖己卣	23.140	商代晚期	
𢀖	12814	𢀖父辛卣蓋	23.251	商代晚期	

族氏族徽	器　號	器　名	卷數頁碼	時　代	出土地
戊	16193	戊戈	30.174	商代晚期	河南安陽
呆	01170	呆冊父丁鼎	2.398	商代晚期	
寅	03124	寅甗	7.23	商代晚期	
鼓	03488	鼓簋	7.333	商代晚期	
吳	07739	吳祖癸爵	15.489	商代晚期	
勹	07399	勹癸爵	15.228	商代晚期	
戲	09071	戲觚	17.404	商代晚期	
弓	06831	弓爵	14.317	商代晚期	
向	12754	向祖戊卣	23.202	商代晚期	
文	06895	文爵	14.365	商晚周早	
六	06896	六爵	14.365	商晚周早	
夫	07979	夫父癸爵	16.154	商晚周早	
邑	06812	邑爵	14.306	商晚周早	
冉	07879	冉父己爵	16.83	商晚周早	
婦	04554	婦簋	9.305	西周早期前段	
吷	09836	吷觚	18.486	西周早期	河南洛陽
爽	13195	爽卣	24.106	西周早期	
夨	13196	夨卣	24.107	西周早期	
妖	03757	妖父甲簋	8.75	西周早期	西安長安區郭北村
比	04416	比簋	9.170	西周早期	
御	08584	御正良爵	17.133	西周早期	
宂	08750	宂父戊角	17.187	西周早期	
中	13814	中罍	25.102	西周早期	
盤	14349	父己盤	25.363	西周早期	
爵	08251	父癸爵	16.371	西周早期	
冊	06813	冊爵	14.307	商代晚期	
觚	09184	觚	17.490	商代晚期	
斝	10935	斝	20.52	商代晚期	
鼎	00859	父己鼎	2.152	商代晚期	
龠	04522	龠簋	9.275	西周早期	
卣	12607	卣	23.79	商代晚期	
尊	11729	弃者君尊	21.201	西周早期	
罍	13818	趆罍	25.107	西周早期	陝西

族氏族徽	器　號	器　名	卷數頁碼	時　代	出土地
〔圖〕	03101	〔圖〕甗	7.3	商代早期	山西長子縣北高廟
〔圖〕	00895	〔圖〕父辛鼎	2.179	商代晚期	
〔圖〕	00328	〔圖〕鼎	1.258	商代晚期	
〔圖〕	00329	〔圖〕鼎	1.259	商代晚期	天津薊縣張家園
〔圖〕	00332	〔圖〕鼎	1.262	商代晚期	河北臨漳縣
〔圖〕	00333	〔圖〕鼎	1.263	商代晚期	傳出河南安陽
〔圖〕	00334	〔圖〕鼎	1.264	商代晚期	
〔圖〕	00336	〔圖〕鼎	1.265	商代晚期	傳出河南安陽
〔圖〕	00349	〔圖〕鼎	1.271	商代晚期	
〔圖〕	00446	〔圖〕己鼎	1.344	商代晚期	
〔圖〕	00452	〔圖〕己鼎	1.349	商代晚期	
〔圖〕	00863	〔圖〕父己鼎	2.155	商代晚期	
〔圖〕	01517	般鼎	3.197	商代晚期	
〔圖〕	02660	〔圖〕母辛鬲	6.50	商代晚期	
〔圖〕	03121	〔圖〕甗	7.20	商代晚期	甘肅靈臺縣白草坡
〔圖〕	03122	〔圖〕甗	7.21	商代晚期	
〔圖〕	03180	〔圖〕父己甗	7.73	商代晚期	
〔圖〕	03473	〔圖〕簋	7.320	商代晚期	
〔圖〕	03475	〔圖〕簋	7.322	商代晚期	
〔圖〕	03483	〔圖〕簋	7.328	商代晚期	
〔圖〕	03484	〔圖〕簋	7.329	商代晚期	
〔圖〕	03493	〔圖〕簋	7.337	商代晚期	
〔圖〕	03963	〔圖〕冊父乙簋	8.252	商代晚期	
〔圖〕	06798	〔圖〕爵	14.292	商代晚期	
〔圖〕	06801	〔圖〕爵	14.295	商代晚期	
〔圖〕	06802	〔圖〕爵	14.296	商代晚期	
〔圖〕	06804	〔圖〕爵	14.298	商代晚期	
〔圖〕	06806	〔圖〕爵	14.300	商代晚期	
〔圖〕	06807	〔圖〕爵	14.301	商代晚期	
〔圖〕	06809	〔圖〕爵	14.303	商代晚期	
〔圖〕	06817	〔圖〕爵	14.309	商代晚期	
〔圖〕	06823	〔圖〕爵	14.312	商代晚期	
〔圖〕	06824	〔圖〕爵	14.312	商代晚期	

族氏族徽	器號	器名	卷數頁碼	時代	出土地
[illegible]	06832	[illegible]爵	14.318	商代晚期	
中	07522	中甲爵	15.320	商代晚期	河南安陽
[illegible]	07525	[illegible]乙爵	15.322	商代晚期	
[illegible]	07531	[illegible]辛爵	15.325	商代晚期	
[illegible]	07532	[illegible]癸爵	15.326	商代晚期	
[illegible]	07534	[illegible]癸爵	15.328	商代晚期	
[illegible]	07548	[illegible]右爵	15.338	商代晚期	山東昌樂縣朱劉鎮
[illegible]	07880	[illegible]父己爵	16.84	商代晚期	
[illegible]	07882	[illegible]父己爵	16.86	商代晚期	
[illegible]	08363	[illegible]爵	16.454	商代晚期	
[illegible]	09145	[illegible]觚	17.461	商代晚期	
[illegible]	09152	[illegible]觚	17.465	商代晚期	
[illegible]	09183	[illegible]觚	17.489	商代晚期	
[illegible]	09185	[illegible]觚	17.491	商代晚期	
[illegible]	09187	[illegible]觚	17.492	商代晚期	
[illegible]	09188	[illegible]觚	17.492	商代晚期	
[illegible]	09189	[illegible]觚	17.493	商代晚期	
[illegible]	09192	[illegible]觚	17.494	商代晚期	
[illegible]	09194	[illegible]觚	17.496	商代晚期	
[illegible]	09195	[illegible]觚	17.497	商代晚期	
[illegible]	09238	[illegible]乙觚	18.21	商代晚期	
丁	09241	丁丁觚	18.24	商代晚期	
[illegible]	09244	[illegible]丁觚	18.26	商代晚期	
覫	09252	覫己觚	18.31	商代晚期	
[illegible]	10112	[illegible]觶	19.50	商代晚期	
[illegible]	10310	[illegible]父乙觶	19.198	商代晚期	
[illegible]	10342	[illegible]父己觶	19.220	商代晚期	
[illegible]	10343	[illegible]父己觶	19.221	商代晚期	
[illegible]	10932	[illegible]斝	20.49	商代晚期	河南安陽
[illegible]	10933	[illegible]斝	20.50	商代晚期	
[illegible]	10934	[illegible]斝	20.51	商代晚期	
[illegible]	10939	[illegible]斝	20.55	商代晚期	
[illegible]	11017	[illegible]父癸斝	20.118	商代晚期	

族氏族徽	器 號	器 名	卷數頁碼	時 代	出土地
	11167	尊	20.219	商代晚期	山東蒼山縣高堯村
	11168	尊	20.220	商代晚期	
	11169	尊	20.221	商代晚期	
	11170	尊	20.222	商代晚期	
	11334	父壬尊	20.361	商代晚期	
	11335	父壬尊	20.362	商代晚期	
	12557	明卣	23.40	商代晚期	山西靈石縣旌介村
	12623	卣	23.92	商代晚期	
	12779	父乙卣	23.222	商代晚期	
	13019	祖己父辛卣	23.443	商代晚期	
	13512	父庚方彝	24.387	商代晚期	
	13775	父己罍	25.68	商代晚期	
	16197	戈	30.178	商代晚期	山東濟南市近郊
	16199	戈	30.180	商代晚期	
	16201	戈	30.182	商代晚期	
	16219	戈	30.195	商代晚期	湖北隨州市淅河鎮
	18224	鉞	33.494	商代晚期	陝西城固縣龍頭鎮
	03470	簋	7.317	商代晚期	
	00331	鼎	1.261	商代晚期	
	01212	冊父癸鼎	2.431	商代晚期	
	03123	甗	7.22	商代晚期	
	03492	簋	7.336	商代晚期	
	06791	爵	14.287	商代早期	
	06792	爵	14.288	商代晚期	
	06795	爵	14.291	商代晚期	
	06825	爵	14.313	商代晚期	
	07974	父癸爵	16.151	商代晚期	
	07976	父癸爵	16.153	商代晚期	
	16131	戈	30.125	商代晚期	山東濟寧
	18528	干首	34.108	商代晚期	
	16227	戈	30.200	商代晚期	
	14312	盤	25.327	商代晚期	
	00340	鼎	1.267	商代晚期	

族氏族徽	器號	器名	卷數頁碼	時代	出土地
	03181	□父辛甗	7.74	商晚周早	
	07709	□祖乙爵	15.470	商晚周早	
	07726	□祖庚爵	15.481	商晚周早	
	07931	□父辛爵	16.118	商晚周早	
	08364	□爵	16.454	商晚周早	
	06891	□爵	14.363	商晚周早	
	06897	□爵	14.366	商晚周早	
	06899	□爵	14.367	商晚周早	
	07526	□乙爵	15.322	商晚周早	
	10329	□父戊觶	19.211	商晚周早	
	14659	□父辛盉	26.75	西周早期前段	北京房山區黄土坡
	14730	中盉	26.139	西周早期前段	
	16267	□戈	30.239	西周早期前段	陝西旬邑縣下魏洛
	12858	□父辛卣	23.292	西周早期前段	西安長安區馬王鎮
	04084	作旅簋	8.350	西周早期	
	08076	□祖丁爵	16.230	西周早期	河南湘潭縣老屋村
	00357	□鼎	1.279	西周早期	陝西岐山縣賀家村
	00361	□鼎	1.282	西周早期	山西屯留縣城郊
	01070	□作戊鼎	2.322	西周早期	
	01313	□鼎	3.23	西周早期	
	01814	梓鼎	3.475	西周早期	
	03157	豐甗	7.53	西周早期	
	03512	□簋	7.353	西周早期	
	13309	僕麻卣	24.244	西周早期	西安市長安區新旺村
	04519	黄簋	9.273	西周早期	
	06959	□爵	14.416	西周早期	
	07692	□辛爵	15.459	西周早期	
	08092	□祖癸爵	16.245	西周早期	
	08150	□父丁爵	16.292	西周早期	
	08158	□父丁爵	16.298	西周早期	
	08171	□父戊爵	16.307	西周早期	
	08184	□父己爵	16.318	西周早期	陝西扶風縣李家村
	08188	□父己爵	16.322	西周早期	

族氏族徽	器　號	器　名	卷數頁碼	時　代	出土地
目	08482	目爵	17.44	西周早期	
𤰇	10446	𤰇父己觶	19.305	西周早期	
𢆶	10460	𢆶父辛觶	19.317	西周早期	
𡴂	10465	𡴂父壬觶	19.322	西周早期	
𢇛	10480	𢇛父癸觶	19.332	西周早期	
𢆡	11355	𢆡祖己尊	20.378	西周早期	
𢒹	11516	𢒹尊	21.17	西周早期	
曰	11541	季甫父乙尊	21.39	西周早期	
𤯎	11734	省史趄尊	21.204	西周早期	
虎	11773	虎尊	21.240	西周早期	
𢆶	12197	𢆶壺	22.67	西周早期	河南魯山縣倉頭村
卤	13197	卤卣	24.108	西周早期	
𣐨	13238	卣	24.154	西周早期	
囚	13309	僕麻卣蓋	24.244	西周早期	西安長安區新旺村
◊	13538	馬方彝	24.415	西周中期	
𡿺	14658	𡿺父己盂	26.74	西周早期	陝西隴縣韋家莊
𠂤	16269	𠂤戟	30.241	西周早期	
戈	16270	戈	30.242	西周早期	陝西隴縣曹家灣
𠔏	16271	𠔏戈	30.243	西周早期	北京昌平白浮龍山
𢎥	03478	𢎥簋	7.324	西周早期	
甲	00358	甲鼎	1.280	西周早期	陝西隴縣東風鎮南村
𢆶	01067	鼎	2.319	西周早期	甘肅靈臺縣白草坡
×	06960	×爵	14.417	西周早期	
丨	11353	丨祖丁尊	20.376	西周早期	陝西扶風縣雲塘村
丰	12082	丰父癸壺	21.437	西周早期	甘肅東部
上	16268	上戈	30.240	西周早期	甘肅崇信縣于家灣
术	02353	旅鼎	5.123	西周早期後段	山東黃縣萊陰
乂	03590	乂簋	7.417	西周晚期	
一大	03622	一大簋	7.442	商代晚期	
丨竹	07498	丨竹爵	15.302	商代晚期	
∪〇	12898	∪〇祖己卣	23.329	商代晚期	
川子	13786	川子父丁罍	25.77	商代晚期	
𠈃子	07520	𠈃子爵	15.318	商代晚期	河南舞陽縣北高村

族氏族徽	器 號	器 名	卷數頁碼	時 代	出土地
□介	07547	□介爵	15.337	商代晚期	
□枂	07549	□枂爵	15.339	商代晚期	河南安陽市孝民屯
□因	07500	□因爵	15.303	商代晚期	河南安陽
□豖	07509	□豖爵	15.310	商代晚期	
□卒	07517	□卒爵	15.315	商代晚期	
□豖	07519	□豖爵	15.317	商代晚期	
□夒	03620	□夒簋	7.441	商代晚期	
□宅	00991	冊□宅鼎	2.258	商代晚期	
□干	11447	□干父庚尊	20.456	商代晚期	
□耳	11246	□耳尊	20.285	商代晚期	
□吾	11247	□吾尊	20.286	商代晚期	河南安陽市戚家莊
□夒	10993	□夒斝	20.99	商代晚期	河南安陽市郭家莊
□田	10994	□田斝	20.100	商代晚期	
□豩	09521	□豩觚	18.235	商代晚期	
□夒	09523	□夒觚	18.237	商代晚期	河南安陽郭家灣
□□	09527	□□觚	18.240	商代晚期	
□□	12897	□戎祖己卣	23.328	商代晚期	
□□	13142	□□卣	24.52	商代晚期	山東鄒平縣
□友	12722	□友卣	23.174	商代晚期	
□耳	12723	□耳卣	23.175	商代晚期	
□冰	12725	□冰卣	23.176	商代晚期	
□雨	13617	□雨觥	24.457	商代晚期	
□何	13503	□何方彝	24.378	商代晚期	
□□	16379	□□戈	30.345	商代晚期	
□□	13820	婦姪罍	25.109	商代晚期	
□萬	14616	□萬盉	26.36	商代晚期	
□□	19481	□□器	35.244	商代晚期	
□□	16378	□□戈	30.344	商代晚期	
□□	15904	□□鐃	29.460	商代晚期	
□天	07538	□天爵	15.330	商晚周早	
□何	07535	□何爵	15.328	商晚周早	
□□	07550	□□爵	15.340	商晚周早	
□子	07499	□子爵	15.302	商晚周早	

族氏族徽	器　號	器　名	卷數頁碼	時　代	出土地
丫大	04292	丫大簋	9.62	西周早期	
丷己	03717	丷己簋	8.41	西周早期	
∥又	10503	∥又父乙觶	19.349	西周早期	陝西扶風縣莊白村
屾ㄇ	00692	屾ㄇ鼎	2.21	西周早期	
朵土	08261	朵土丙爵	16.378	西周早期後段	山西曲沃縣曲村
凷回	08387	凷回父丁爵	16.473	西周早期	
黃冉	01701	黃冉鼎	3.364	西周早期	西安長安區新旺村
土央	02631	土央鬲	6.27	西周早期	
乚糸	02677	乚糸父丁鬲	6.64	西周早期	
冊ㄇ	00668	冊ㄇ鼎	2.4	西周中期	河南安陽市戚家莊
丕子	10637	甚觶	19.453	西周早期	
弖夅	12103	弖夅父辛壺	21.455	西周早期	
森平	03728	森平簋	8.50	西周中期	安徽屯溪市弈棋鄉
丰聑日	00989	丰聑日鼎	2.257	商代晚期	河南安陽
佘犬魚	01502	佘犬犬魚父乙鼎	3.184	商代晚期	
朏末凩	09687	朏末凩觚	18.368	商代晚期	
六朏力	00992	六朏力鼎	2.259	商代晚期	河南安陽
双正弖	13777	双正弖罍	25.69	商晚周早	
𠂤丿鵂	11548	𠂤父辛尊	21.46	西周早期	

二、《銘續》族氏族徽

族氏族徽首字筆畫檢字表

二、《銘續》族氏族徽

族氏族徽索引

三　畫

族氏族徽	器　號	器　名	卷數頁碼	時　代	出土地
子	0583	子爵	2.371	商代晚期	
子	0584	子爵	2.372	西周早期	
子	0631	子父乙爵	2.418	西周早期	
子	0641	子父庚爵	2.427	西周早期	
子	0954	子父乙盉	3.316	西周早期	
子	1049	子戈	4.3	商代晚期	
子	1050	子戈	4.4	商代晚期	
子刀	0031	子刀鼎	1.31	商代晚期	
子刀	0888	子刀不方彝	3.193	商代晚期	
子刀	1073	子刀戈	4.27	商代晚期	
子廟	0072	子廟父丁鼎	1.70	西周早期前段	
子廟	0378	䅊簋	1.480	西周早期前段	
子⚇	0798	子⚇壺	3.75	西周早期	
子⚇	0621	子⚇單爵	2.408	商代晚期	
子⚇	0889	子⚇屰方彝	3.194	西周早期	
山	0049	山父戊鼎	1.49	西周早期	
山	0694	山父戊觚	2.482	商代晚期	
山	0850	山祖兄卣	3.139	商代晚期	
山彐	0070	山丁彐冊鼎	1.68	商代晚期	
山彐	0312	山丁彐冊簋	3.409	商代晚期	
大豕	0041	大豕鼎	1.41	西周中期	
弓	0638	弓父丁爵	2.424	西周早期	

四 畫

族氏族徽	器　號	器　名	卷數頁碼	時　代	出土地
戈	0001	戈鼎	1.3	商代晚期	即戈氏,夏族的一支
戈	0002	戈鼎	1.4	商代晚期	
戈	0055	戈冂父鼎	1.54	商代晚期	
戈	0061	戈父辛鼎	1.59	商代晚期	
戈	0094	戈鼎	3.91	商代晚期	
戈	0269	戈甗	1.363	西周早期	
戈	0376	中簋甲	1.478	西周早期	
戈	0377	中簋乙	1.479	西周早期	
戈	0544	戈爵	2.334	商代晚期	安徽肥西縣上派鎮
戈	0623	戈祖丁爵	2.410	商代晚期	
戈	0627	戈祖己爵	2.414	西周早期	傳出河南洛陽附近
戈	0628	戈祖辛爵	2.415	西周早期	
戈	0654	戈作從爵甲	2.438	西周早期	
戈	0655	戈作從爵乙	2.439	西周早期	
戈	0696	戈辛乙觚	2.484	商代晚期	
戈	0697	戈父乙觚	2.485	商代晚期	
戈	0719	戈祖己觶	2.508	商代晚期	
戈	0720	戈祖己觶	2.509	西周早期	
戈	0721	戈父乙觶	2.510	西周早期	
戈	0756	戈父戊尊	3.25	西周早期	
戈	0757	戈父癸尊	3.26	西周早期	
戈	0760	戈父己尊	3.29	西周早期	
戈	0787	戈尊	3.58	西周中期	
戈	0802	戈父己壺蓋	3.80	西周早期	
戈	0858	戈卣	3.149	西周早期	
天	0076	天鼎	1.74	西周早期	
天	0670	天觚	2.459	商代晚期	
天黿	0602	天黿爵甲	2.390	商代晚期	即冥氏,夏族的一支
天黿	0603	天黿爵乙	2.391	商代晚期	同上
天黿	0701	天黿父戊觚	2.488	商代晚期	同上

族氏族徽	器 號	器 名	卷數頁碼	時 代	出土地
天黽	0847	天黽卣	3.136	商代晚期	
天黽	1355	亞天黽鉞	4.333	商代晚期	
天黽獻	0704	天黽獻□田觚	2.491	商代晚期	
戶	0020	戶鼎	1.20	西周早期	
戶	0575	戶爵	2.363	西周早期	山東滕州市官橋鎮
戶	0839	戶卣甲	3.127	西周早期	陝西寶雞市石鼓山
戶	0840	戶卣乙	3.129	西周早期	同上
戶	0884	戶方彝	3.189	西周早期	同上
戶	1062	戶戈	4.16	西周早期	陝西寶雞市境內
戶	1063	戶戈	4.17	西周早期	同上
爻	0559	爻爵	2.349	商代晚期	
爻	0677	爻觚	2.466	商代晚期	
爻	0743	爻父己罍	3.10	商代晚期	
爻	0958	爻父丁盉	3.320	西周早期	
弔	0040	弔冊鼎	1.40	西周早期	
弔	0633	弔父丙爵甲	2.419	西周早期	
弔	0634	弔父丙爵乙	2.420	西周早期	
弔黽	0030	弔黽鼎	1.30	商代晚期	
弔黽	0937	克盤	3.281	西周中期	
犬交	0661	犬交父丁爵	2.445	商代晚期	安徽肥西縣上派鎮
犬交	0703	犬交父丁觚	2.490	商代晚期	同上
玨	0070	山丁玨冊鼎	1.68	商代晚期	
玨	0312	山丁玨冊簋	3.409	商代晚期	
止	0726	止父癸觶	2.515	西周早期	
木	0650	木父癸爵	2.435	西周早期	
友冉	0786	裸丼琪尊	3.57	西周早期	
尹舟	0689	尹舟觚	2.477	商代晚期	

五　畫

族氏族徽	器 號	器 名	卷數頁碼	時 代	出土地
冉	0023	冉鼎	1.23	商代晚期	
冉	0024	冉鼎	1.24	西周早期	

族氏族徽	器 號	器 名	卷數頁碼	時 代	出土地
冉	0026	冉癸簋	1.26	商代晚期	
冉	0052	冉父庚鼎	1.52	西周中期	河南平頂山滍陽鎮
冉	0056	冉父癸鼎	1.55	商代晚期	陝西寶雞縣戴家灣
冉	0286	冉簋	1.383	商代晚期	
冉	0287	冉簋	1.384	商代晚期	
冉	0300	冉父己簋	1.397	西周早期	
冉	0601	冉己爵	2.389	商代晚期	
冉	0629	冉祖壬爵	2.416	商代晚期	
冉	0630	冉父乙爵	2.417	商代晚期	
冉	0635	冉父丁爵	2.421	西周早期	
冉	0636	冉父丁爵	2.422	西周早期	
冉	0666	旨爵	2.450	西周早期	山西翼城縣大河口
冉	0690	冉癸觚	2.478	商代晚期	
冉	0712	冉觶	2.501	西周早期	
冉	0721	冉觶	2.501	西周早期	
冉	0747	冉父丁斝	3.14	西周早期	湖北隨州市葉家山
冉	0767	仲尊	3.36	西周早期	
冉	0841	冉卣	3.130	商代晚期	
冉	0844	冉父乙卣	3.140	商代晚期	陝西寶雞市石鼓山
冉	0851	冉父乙卣	3.140	商代晚期	同上
冉	0883	印冉卣	3.186	西周早期	
冉	0897	冉罍	3.211	西周早期	
冉	0953	冉盉	3.315	商代晚期	
史	0008	史鼎	1.10	商代晚期	河南安陽
史	0009	史鼎	1.11	商代晚期	
史	0010	史鼎	1.12	商代晚期	
史	0551	史爵	2.341	商代晚期	山東滕州市官橋鎮
史	0552	史爵	2.342	商代晚期	同上
史	0553	史爵	2.343	商代晚期	同上
史	0554	史爵	2.344	西周早期	
史	0555	史爵	2.345	西周早期	
史	0626	史祖戊爵	2.413	西周早期	山東滕州市官橋鎮
史	0649	史父癸爵	2.434	西周早期	

族氏族徽	器號	器名	卷數頁碼	時代	出土地
史	0692	史母癸觚甲	2.480	商代晚期	
史	0693	史母癸觚乙	2.481	商代晚期	
史	0708	西觚甲	2.494	商代晚期	山東滕州市官橋鎮
史	0709	西觚乙	2.495	商代晚期	同上
史	0773	史尊	3.42	商代晚期	同上
史	0854	史父丁卣	3.144	商代晚期	陝西寶雞市石鼓山
史	0899	史父丁瓿	3.216	商代晚期	
正	0003	正鼎	1.5	商代晚期	陝西寶雞市石鼓山
正	0569	正爵	2.359	商代晚期	河北平山縣
宁矢	0594	宁矢爵	2.382	商代晚期	河南安陽
宁矢	0688	宁矢觚	2.476	商代晚期	同上
矢亞	0617	矢亞爵	2.404	西周早期	山西晉南
矢亞	0618	矢亞爵	2.405	西周早期	同上
戉	0005	戉鼎	1.7	商代晚期	
屮	1054	屮戈	4.8	商代晚期	
申	0586	申爵	2.374	西周早期	
卯	0733	卯祖壬父戊觶	2.522	西周早期	

六　畫

族氏族徽	器號	器名	卷數頁碼	時代	出土地
舌	0546	舌爵	2.336	商代晚期	河南滎陽市廣武鎮
舌	0547	舌爵	2.337	商代晚期	同上
舌	0591	韋舌爵	2.379	商代晚期	同上
舌	0620	亞韋舌爵	2.407	商代晚期	同上
舌	0672	舌觚	2.461	商代晚期	同上
舌	0673	舌觚	2.462	商代晚期	
舌	0843	舌卣	3.132	商代晚期	河南滎陽市廣武鎮
先	0548	先爵	2.338	商代晚期	
先	0549	先爵	2.339	商代晚期	山西浮山縣橋北
先	0550	先爵	2.340	商代晚期	同上
先	0675	先觚	2.464	商代晚期	同上
先	0794	先壺甲	3.72	商代晚期	

族氏族徽	器　號	器　名	卷數頁碼	時　代	出土地
先	0795	先壺乙	3.73	商代晚期	
臣辰〓	0865	臣辰〓冊父癸卣	3.157	西周早期	
臣辰〓	0664	臣辰〓父癸爵	2.448	商代晚期	陝西寶雞市石鼓山
臣辰〓	0922	臣辰〓癸盤	3.265	商代晚期	同上
守	0571	守爵	2.359	商代晚期	河北
守	0596	守乙爵	2.384	商代晚期	
守	0842	守卣	3.131	商代晚期	
竹	0780	士尊	3.49	西周早期	
共	0639	共父丁爵	2.425	西周早期	
弜	0644	弜父辛爵	2.430	商代晚期	
此	0296	此父丁簋	1.393	商代晚期	
劦竹	0088	劦冊竹父乙鼎	1.85	商代晚期	
羊貝車	0745	羊貝車斝	3.12	商代晚期	

七　畫

族氏族徽	器　號	器　名	卷數頁碼	時　代	出土地
旬	0576	旬爵	2.364	商代晚期	
旬	0687	旬觚	2.475	商代晚期	
我	0376	中簋甲	1.478	西周早期	
我	0377	中簋乙	1.479	西周早期	
貝	0957	貝父丁盉	3.319	商代晚期	
串	0753	串祖辛尊	3.22	商代晚期	
束	0855	束祖乙卣	3.145	西周早期	
奓	0555	奓爵	2.346	西周早期	
豖	0199	睘鼎	1.227	西周中期	

八　畫

族氏族徽	器　號	器　名	卷數頁碼	時　代	出土地
亞	0059	亞示丁鼎	1.57	商代晚期	
亞	0071	亞口父己鼎	1.69	商代晚期	
亞	0082	亞妘鼎	1.79	商代晚期	

族氏族徽	器　號	器　名	卷數頁碼	時　代	出土地
亞	0315	亞祖丁鼎簋	1.412	西周早期	
亞	0376	中簋甲	1.478	西周早期	
亞	0377	中簋乙	1.479	西周早期	
亞	0630	亞韋舌爵	2.427	商代晚期	河南滎陽市廣武鎮
亞	0797	亞壺	3.74	商代晚期	河南安陽
亞	1278	□矛	4.249	商代晚期	
亞	1355	亞天黽鉞	4.333	商代晚期	
亞離	0321	亞離示父戊簋	1.418	西周早期	
亞離	0589	亞離爵	2.377	商代晚期	安徽太湖縣流畈鄉
亞離	0700	亞離示癸觚	2.488	商代晚期	
亞離	0848	亞離卣	3.137	西周早期	
亞離	0887	亞離辛方彝	3.192	商代晚期	
亞醜	0590	亞醜爵	2.378	商代晚期	
亞醜	0691	亞醜士觚	2.479	商代晚期	
亞醜	0890	者女觥	3.197	商代晚期	
亞醜	1277	亞醜矛	4.248	商代晚期	
亞盉	0029	亞盉鼎	1.29	商代晚期	
亞盉	0044	亞盉豕鼎	1.44	商代晚期	
亞盉	0045	亞盉豕鼎	1.45	商代晚期	
亞盉	0294	亞盉豕簋	1.391	商代晚期	
亞束	0736	宣觶	2.525	西周早期	
亞束	0738	亞束父丁杯	3.3	商代晚期	
亞束	0774	亞束尊	3.43	西周早期	
亞矣	0856	亞疑母癸卣	3.147	商代晚期	
亞矣	0894	亞矣罍	3.207	商代晚期	
亞寏	0028	亞寏鼎	1.28	商代晚期	
亞寏	0080	亞寏孤竹鼎	1.77	商代晚期	
亞𣲖	0233	亞𣲖鬲	1.306	商代中期	河南安陽殷墟
亞𣲖	1072	亞𣲖戈	4.26	商代中期	
亞木	0749	亞木父丙罍	3.16	西周早期	
亞夫	0129	釐鼎	1.131	商代晚期	
亞尹	1354	亞尹鉞	4.332	商代晚期	
亞長	1353	亞長鉞	4.331	商代晚期	

族氏族徽	器　號	器　名	卷數頁碼	時　代	出土地
亞若	0313	亞若父己簋	1.410	商晚周早	
亞牧	0660	亞牧父乙爵	2.444	西周早期	河南安陽市王裕口
亞羖	0764	亞羖父丁尊	3.33	商代晚期	同上
亞覞	0769	亞覞父癸尊	3.38	商代晚期	同上
亞亘	0669	亞亘父丁角	2.455	商代晚期	
亞叙	0717	亞叙鷹觶	2.506	商代晚期	
亞徙	0896	亞徙父乙罍	3.209	商代晚期	陝西寶雞市石鼓山
亞獏	0027	亞獏鼎	1.27	商代晚期	
亞艅	0765	亞艅父乙尊	3.34	西周早期	湖北隨州市葉家山
亞窋	1071	亞窋戈	4.25	商代晚期	
亞韋舌	0620	亞韋舌爵	2.407	商代晚期	河南滎陽市廣武鎮
亞弁叙	0770	亞弁叙父丁尊	3.39	商代晚期	陝西寶雞市石鼓山
亞舟雋	0702	雋乙亞舟觚	2.489	商代晚期	
亞其矣	0776	亞其矣尊	3.453	西周早期	
亞寏明	0314	明亞寏乙簋	1.411	商代晚期	
亞寏孤竹	0080	亞寏孤竹鼎	1.77	商代晚期	
亞𠃬天黿獻	0081	亞𠃬天黿獻鼎	1.78	商代晚期	
亞𠃬天黿獻	0705	亞𠃬天黿獻觚甲	2.492	商代晚期	
亞𠃬天黿獻	0706	亞𠃬天黿獻觚乙	2.492	商代晚期	
亞𠃬天黿獻	0862	亞𠃬天黿獻卣甲	3.153	商代晚期	
亞𠃬天黿獻	0863	亞𠃬天黿獻卣乙	3.154	商代晚期	
堯	0006	堯鼎	1.8	商代晚期	
堯	0007	堯鼎	1.9	商代晚期	
堯	0360	堯簋	1.46	西周早期	
堯	0652	堯父癸爵	2.436	商代晚期	
堯	0885	堯方彝	3.190	商代晚期	
灵咠	0034	灵咠鼎	1.34	商代晚期	河南安陽市王裕口
灵咠	0592	灵咠爵	2.380	商代晚期	同上
灵咠	1360	灵咠弓柲	4.346	商代晚期	同上
臤	0299	臤父戊簋	1.396	商代晚期	
臤	0758	臤父丙尊	3.27	西周早期	
茍	1366	茍鐯	4.354	商代晚期	
臽	1056	臽戈	4.10	商代晚期	

族氏族徽	器　號	器　名	卷數頁碼	時　代	出土地
若	0587	若爵	2.375	西周早期	
枚	0640	枚父丁爵	2.426	西周早期	

九　畫

族氏族徽	器　號	器　名	卷數頁碼	時　代	出土地
保	0301	保父癸簋	1.398	商代晚期	河南安陽市郭家莊
保	0648	保父癸爵	2.433	商代晚期	同上
保	0718	保父辛觶	2.507	商代晚期	同上
保	1059	保戈	4.13	商代晚期	同上
咠	0014	咠鼎	1.16	商代晚期	河南安陽市王裕口
咠	1375	咠璽	4.371	商代晚期	同上
重	0852	重父乙卣	3.142	商代晚期	陝西寶雞市石鼓山
咸	0653	咸母乙爵	2.437	商代晚期	山東滕州市官橋鎮
畎	1058	畎戈	4.12	商代晚期	
南單	0766	南單父己尊	3.35	西周早期	
南彖	0686	南彖瓿	2.472	商代晚期	
韋舌	0591	韋舌爵	2.379	商代晚期	
崒子	0058	崒子乙鼎	1.56	西周早期	

十　畫

族氏族徽	器　號	器　名	卷數頁碼	時　代	出土地
敘	0770	亞弁敘父丁尊	3.39	商代晚期	陝西寶雞市石鼓山
桼	0680	桼瓿	2.469	商代晚期	
葡	0011	葡鼎	1.13	商代晚期	
祓	0554	祓爵	2.348	商代晚期	
狽	0867	元卣	3.159	商代晚期	
桓	0759	桓父己尊	3.28	西周早期	
倗	0642	倗父辛爵	2.428	西周早期	
旅	0298	旅父丁簋	1.395	西周早期	
竝	0022	竝鼎	1.22	西周早期	
家	0054	家父辛鼎	1.54	西周早期	

族氏族徽	器　號	器　名	卷數頁碼	時　代	出土地
射🏹	0916	射婦嗇盤	3.259	商代晚期	

十　一　畫

族氏族徽	器　號	器　名	卷數頁碼	時　代	出土地
鳥	0012	鳥鼎	1.14	商代晚期	
鳥	0047	鳥父甲鼎	1.47	商代晚期	陝西寶雞市石鼓山
鳥	0290	鳥簋	1.387	西周早期	山東滕州市官橋鎮
鳥	0577	鳥爵	2.365	商代晚期	
鳥	0578	鳥爵	2.366	商晚周早	
鳥	0579	鳥爵	2.367	西周早期	山東滕州市官橋鎮
鳥	0580	鳥爵	2.368	西周早期	同上
鳥	0581	鳥爵	2.369	西周早期	同上
鳥	0637	鳥父丁爵	2.423	西周早期	湖北隨州市葉家山
鳥	0750	鳥尊	3.19	西周早期	山東滕州市官橋鎮
鳥	0793	鳥壺	3.71	西周早期	同上
鳥	0844	鳥卣甲	3.133	商代晚期	同上
鳥	0845	鳥卣乙	3.134	商代晚期	同上
鳥	0877	豫卣	3.174	商代晚期	
鳥	1053	鳥戈	4.7	商代晚期	
魚	0340	魚致簋	1.437	西周早期	
魚	0545	魚爵	2.335	商代晚期	
魚	0711	魚觚	2.500	商代晚期	
魚	0722	魚父丁觚	2.511	西周早期	
魚	0803	魚父丁壺	3.81	西周早期	
商	0740	商斝	3.7	商代晚期	
商	1055	商戈	4.9	商代晚期	
執	0570	執爵	2.359	商代晚期	河北
徙	0057	徙父癸鼎	1.55	商代晚期	
象	1046	象祖辛鐃	3.491	商代晚期	
羍	0895	羍父丁罍	3.208	西周早期	湖北隨州市葉家山
受	0624	受祖丁爵	2.411	西周早期	
厷	0915	厷父丁盤	3.259	商代晚期	

十 二 畫

族氏族徽	器 號	器 名	卷數頁碼	時 代	出土地
單	0621	子▲單爵	2.408	商代晚期	
單	0853	單父丁卣	3.143	商代晚期	陝西寶雞市石鼓山
單	0873	鼄卣蓋	3.168	西周早期	
單	0873	鼄卣蓋	3.168	西周早期	
貯	1051	貯戈甲	4.5	商代晚期	
貯	1052	貯戈乙	4.6	商代晚期	
貯	1367	貯鑒	4.355	商代晚期	
萬	0051	萬父庚鼎	1.51	商代晚期	
萬	0263	萬甂	1.357	商代晚期	陝西寶雞市石鼓山
萬	1057	萬戈	4.11	商代晚期	
鼎	0560	鼎爵	2.350	商代晚期	
鼎	0732	奭鼎父癸觶	2.521	西周早期	
耴	0543	耴爵	2.333	商代中期	
㒸	0679	㒸觚	2.468	商代晚期	
棶	0780	士尊	3.49	西周早期	
羡	0665	羡爵	2.449	西周早期	

十 三 畫

族氏族徽	器 號	器 名	卷數頁碼	時 代	出土地
腐（彔）	0741	腐冊斝	3.8	商代晚期	
腐	0659	腐冊父乙爵	2.443	西周早期	
腐	0970	豐盉	3.334	商代晚期	
腐	1378	腐四筒器	4.375	商代晚期	

十 四 畫

族氏族徽	器 號	器 名	卷數頁碼	時 代	出土地
鄭邢	0175	鄭邢叔槐鼎	1.187	西周中期	
鄭邢	0453	槐簋甲	2.146	西周中期	

族氏族徽	器　號	器　名	卷數頁碼	時　代	出土地
鄭邢	0454	槐簋乙	2.148	西周中期	
鄭邢	0455	衍簋	2.150	西周中期	
鄭邢	0468	叔冉父盨甲	2.182	西周晚期	
鄭邢	0469	叔冉父盨乙	2.184	西周晚期	
鄭邢	0470	叔冉父盨丙	2.186	西周晚期	
鄭邢	0487	鄭邢子伯良父簋	2.214	西周晚期	
鄭邢	0986	鄭邢姜匜	3.355	西周晚期	
鄭虢	0386	鄭虢叔安簋甲	2.9	西周晚期	
鄭虢	0387	鄭虢叔安簋乙	2.11	西周晚期	
職	0674	職瓠	2.463	商代晚期	
鳶	0676	鳶瓠	2.465	商代晚期	
鵑	0013	鵑鼎	1.15	商代晚期	
需	0731	需冊冊父丁觶	2.520	西周早期	

十五畫以上

族氏族徽	器　號	器　名	卷數頁碼	時　代	出土地
衛典	1070	衛典戈	4.24	商代晚期	
龍	0582	龍爵	2.370	西周早期	
興	0004	興鼎	1.6	商代晚期	
興	1359	興弓柲	4.345	商代晚期	
爵	0295	爵父乙簋	1.392	西周早期	
藝	0021	藝鼎	1.21	西周早期	
藝	0723	藝父己觶	2.512	西周早期	
獸	0053	獸父辛鼎	1.53	商晚或周早	
獸	0710	獸觶	2.499	商代晚期	
獸	0761	獸父癸尊	3.30	西周早期	
冀	0038	冀旋鼎	1.38	商代晚期	
冀	0048	冀父丁鼎	1.48	商代晚期	
冀	0235	冀母鬲	1.308	西周早期	
冀	0561	冀爵	2.351	商代晚期	
冀	0643	冀父辛爵	2.429	西周早期	安徽舒城縣金墩村
冀	0695	冀父辛瓠	2.483	商代晚期	

族氏族徽	器　號	器　名	卷數頁碼	時　代	出土地
冀	0724	冀父己觶	2.513	西周早期	
冀	0728	冀母辛觶	2.517	西周早期	
冀	0732	奭鼎父癸觶	2.521	西周早期	
冀	0754	冀父乙尊	3.23	商代晚期	
冀	0800	冀父丁壺	3.77	商代晚期	
冀	0801	冀父辛壺	3.78	商代晚期	
冀	0875	婦闌卣	3.170	商代晚期	
冀	0930	進盤	3.272	西周早期	
冀	0965	盃	3.328	西周早期	

首字不能隸定者

族氏族徽	器　號	器　名	卷數頁碼	時　代	出土地
冄	0016	冄鼎	1.18	商代晚期	
冄	0017	冄鼎	1.19	商代晚期	
冄	0050	冄父己鼎	1.50	商代晚期	
冄	0122	義鼎	1.120	西周早期	
冄	0302	冄祖癸簋	1.399	西周早期	
冄	0351	酓簋	1.449	西周早期	
冄	0572	冄爵	2.360	商代中期	
冄	0573	冄爵	2.361	西周早期	
冄	0625	冄祖丁爵	2.412	西周早期	
冄	0646	冄父辛爵	2.431	西周早期	
冄	0699	冄父癸觚	2.487	商代晚期	
冄	0788	雨尊	3.60	商代晚期	
冄	0870	阤卣	3.164	商代晚期	
冄	0955	冄父乙盃	3.317	商代晚期	
𠆢	0090	𠆢父戊父丁鼎	1.386	西周中期	
𠆢	0289	𠆢簋	1.386	商代晚期	河南安陽市王裕口
𠆢	0563	𠆢爵	2.353	商代晚期	
𠆢	0564	𠆢爵	2.354	商代晚期	
𠆢	0595	𠆢甲爵	2.383	商代晚期	
𠆢	0647	𠆢父辛爵	2.432	西周早期	湖北隨州市葉家山

族氏族徽	器　號	器　名	卷數頁碼	時　代	出土地
合	1060	合戈	4.14	商代晚期	
屮	0684	屮觚	1.473	商代晚期	
⊞	0035	⊞癸鼎	1.35	商代晚期	
瓜	0060	瓜祖丁鼎	1.58	商代晚期	
秦	0744	秦父戊斝	3.11	商代晚期	河南安陽市王裕口
林	0771	林尊	3.40	商代晚期	
♡	1267	♡矛	4.239	商代晚期	
屮	0683	屮觚	2.472	商代晚期	
斧	0651	斧父癸爵	2.435	西周早期	
冊	0883	白冉卣	3.186	西周早期	
鳥	0019	鳥鼎	1.19	西周時期	
丙	0632	丙父乙爵	2.418	西周早期	
马	0588	马爵	2.376	西周早期	
冊	0264	冊甗	1.358	西周早期	陝西寶雞市戴家灣
○	0645	○父辛爵	2.430	西周早期	
兆	0725	兆父辛觶	2.514	西周早期	
田	0950	周晉盤	3.305	西周中期	
亅	0348	伯姜簋	1.445	西周中期	
彳戊	0069	彳戊祖辛鼎	1.67	商代晚期	湖北隨州市葉家山
甕鼎	0732	甕鼎父癸觶	2.521	西周早期	
裸井	0786	裸井琪尊	3.57	西周早期	

三、《銘圖》人名

人名首字筆畫檢字表

三、《銘圖》人名

三、《銘圖》人名

人名索引

一　畫

人　名	器　號	器　名	卷數頁碼	時　代	備　注
乙	00694	乙鼎	2.22	西周早期	
乙	02159	乙鼎	4.352	春秋晚期	
乙公	01934	乙公鼎	4.93	西周中期	
乙公	02448	䧹鼎	5.286	西周中期前段	䧹的祖父
乙公	04257	伯簋	9.31	西周早期前段	
乙公	04544	录簋	9.294	西周中期前段	录的父親
乙公	04733	录簋	10.5	西周中期前段	同上
乙公	04872	是𩣡簋	10.183	西周中期	是𩣡的父親
乙公	05177	䜌兑簋	11.166	西周晚期	䜌兑的祖父
乙公	05225	小臣宅簋	11.264	西周早期	小臣宅的長輩
乙公	05605	攺盨	12.335	西周中期	攺的父親
乙公	08270	作乙公爵	16.386	西周早期	
乙公	09845	妏觚	18.495	西周早期	妏的親屬
乙公	11803	录䧹尊	21.279	西周中期前段	录䧹的父親
乙公	13331	录䧹卣	24.288	西周中期前段	䧹的父親
乙公	13332	录䧹卣	24.29	西周中期前段	同上
乙公	13543	齊生魯方彝蓋	24.425	西周中期前段	齊生魯的父親
乙公	14541	史牆盤	25.599	西周中期前段	史牆的父親
乙公	15592	瘨鐘	29.25	西周中期後段	瘨的祖父
乙仲	05363	師毀簋	12.120	西周晚期	師毀的父親
乙伯	02475	師酉鼎	5.34	西周中期	師酉的父親
乙伯	04457	媬仲簋	9.206	西周晚期	媬仲的親屬

人　名	器　號	器　名	卷數頁碼	時　代	備　注
乙伯	05327	史密簋	12.35	西周中期後段	史密的父親
乙伯	05346	師酉簋	12.81	西周中期	師酉的父親
乙伯	05347	師酉簋	12.84	西周中期	同上
乙伯	05348	師酉簋	12.87	西周中期	同上
乙伯	05349	師酉簋	12.9	西周中期	同上
乙伯	05378	訇簋	12.157	西周中期後段	詢的祖父
乙伯	05402	師訇簋	12.213	西周中期後段	師訇的祖父
乙伯	06230	永盂	13.459	西周中期	師永的父親
乙考	04935	寧簋蓋	10.263	西周早期	寧的父親
乙考	04936	寧簋蓋	10.264	西周早期	同上
乙祖	14541	史牆盤	25.599	西周中期前段	史牆的祖輩

二　畫

人　名	器　號	器　名	卷數頁碼	時　代	備　注
丁	11811	季姬尊	21.294	西周中期前段	季姬母親賜予的師夫
丁公	02483	㒖比鼎	5.355	西周晚期	㒖比的祖父
丁公	05335	㒖比簋蓋	12.54	西周晚期	同上
丁公	05352	作册夨令簋	12.96	西周早期	作册夨令的父親
丁公	05353	作册夨令簋	12.98	西周早期	同上
丁公	05679	㒖比盨	12.464	西周晚期	㒖比的祖父
丁公	11743	史喪尊	21.212	西周中期前段	史喪的親屬
丁公	15592	癲鐘	29.25	西周中期後段	癲的父親
丁兒	02351	丁兒鼎蓋	5.121	春秋晚期	
丁侯	01808	勑鼎	3.471	西周早期	
丁侯	02181	獻侯鼎	4.378	西周早期	
丁侯	02182	獻侯鼎	4.379	西周早期	
丁師	13275	叔䙴卣	24.200	商代晚期	叔䙴的親屬
丂	14542	散氏盤	25.603	西周晚期	鴻人有司
丂隻	01395	丂隻鼎	3.91	西周早期	
丂婦	00597	丂婦鼎	1.468	商代晚期	
匚賓	01550	匚賓鼎	3.281	西周早期	
卜孟	04334	卜孟簋	9.97	西周早期	

人 名	器 號	器 名	卷數頁碼	時 代	備 注
卜蟄	19920	宗邑瓦書	35.508	戰國晚期	
冂逋	10586	冂逋觶	19.410	西周早期	
力伯	13098	力伯卣	24.11	西周早期	
勻宰憙	02389	平安君鼎	5.182	戰國晚期	即庖宰憙
勻宰憙	02429	平安君鼎	5.252	戰國晚期	同上
人方羉	05128	小子𤔈簋	11.71	商代晚期	人方的首領
人方羉	13326	小子𠫇卣	24.278	商代晚期	同上
入	13014	入卣	23.439	西周早期	
又	03289	又甗	7.166	西周早期	
又丰	13280	𤔲伯諓卣	24.206	商晚或周早	
又季	02711	又季鼎	6.94	西周早期	
又姛（姒）	02203	燕侯旨鼎	4.408	西周早期	
又成惠叔	15828	鮅鎛	29.392	春秋中期	即有成惠叔
又成惠姜	15828	鮅鎛	29.392	春秋中期	即有成惠姜
乃子	03315	乃子甗	7.191	西周早期	
乃子	13199	乃子卣	24.111	西周早期	
乃孫	01924	乃孫鼎	4.408	商代晚期	
乃子克	02322	乃子克鼎	5.81	西周早期	
乃孫𤔈	13823	乃孫𤔈罍	25.112	商代晚期	
乃𤔈子	02044	乃𤔈子鼎	4.215	西周早期	

三　　畫

人 名	器 號	器 名	卷數頁碼	時 代	備 注
三兒	05279	三兒簋	11.395	春秋時期	望仲的曾孫
干氏叔子	14474	干氏叔子盤	25.495	春秋早期	
工九	17254	相邦呂不韋戈	32.325	戰國晚期	
工上	12382	三年左使車壺	22.290	戰國中期	
工中	17136	詔吏宕戈	32.196	戰國晚期	
工毌	16665	少府戈	31.111	戰國晚期	
工正	17300	上郡武庫戈	32.382	戰國晚期	
工右	19606	工右銀耳杯	35.265	戰國晚期	
工右	19615	工右舍銀器足	35.277	戰國晚期	

人 名	器 號	器 名	卷數頁碼	時 代	備 注
工平	17299	上郡假守龜戈	32.380	戰國晚期	
工可	17252	相邦呂不韋戟	32.323	戰國晚期	
工目	17987	寺工邦鈹	33.353	戰國晚期	
工目	17988	寺工邦鈹	33.355	戰國晚期	
工目	17989	寺工邦鈹	33.357	戰國晚期	
工目	17990	寺工邦鈹	33.358	戰國晚期	
工目	17991	寺工邦鈹	33.359	戰國晚期	
工卯	17263	相邦張義戟	32.337	戰國中期	
工印	17238	丞相啟顛戈	32.305	戰國晚期	
工尼	01479	左使車工尼鼎	3.161	戰國中期	
工尼	02697	左使車尼工鬲	6.80	戰國中期	
工尼	06117	左使車工尼豆	13.366	戰國中期	
工尼	12158	左使車壺	22.29	戰國中期	
工尼	12368	十年壺	22.272	戰國中期	
工尼	19286	嗇夫事繯燈	35.73	戰國中期	
工它	17982	寺工敏鈹	33.345	戰國晚期	即工沱
工地	17683	相邦呂不韋矛	33.119	戰國晚期	
工地	17684	相邦呂不韋矛	33.120	戰國晚期	
工地	17685	相邦呂不韋矛	33.121	戰國晚期	
工老	17190	家丞禺戈	32.254	戰國晚期	
工邪	17239	丞相啟狀戈	32.306	戰國晚期	
工成	17256	相邦呂不韋戟	32.328	戰國晚期	
工臣	17276	上郡守疾戈	32.351	戰國晚期	
工臣	17277	上郡守疾戈	32.352	戰國晚期	
工安	13824	工師文鼉	25.113	戰國晚期	
工壯	17292	上郡守曁戈	32.372	戰國晚期	即工莊
工角	12385	十一年左使車壺	22.295	戰國中期	
工武	17240	丞相觸戈	32.308	戰國晚期	
工角	19443	工角器釦	35.223	戰國晚期	
工固	17324	寧壽令余慶戈	32.413	戰國晚期	
工癸	17267	蜀守武戈	32.342	戰國晚期	
工周	17258	相邦呂不韋戟	32.331	戰國晚期	
工季	19906	太后漆盒	35.484	戰國晚期	

人　名	器　號	器　名	卷數頁碼	時　代	備　注
工兒	17247	相邦冉戈	32.317	戰國晚期	
工欣	02180	高陵君鼎	4.377	戰國晚期	
工沱	17249	相邦呂不韋戟	32.320	戰國晚期	
工沱	17977	寺工敏鈹	33.337	戰國晚期	
工沱	17978	寺工敏鈹	33.338	戰國晚期	
工沱	17980	寺工敏鈹	33.341	戰國晚期	
工沱	17981	寺工敏鈹	33.343	戰國晚期	
工沱	17982	寺工敏鈹	33.345	戰國晚期	
工沱	17983	寺工敏鈹	33.347	戰國晚期	
工沱	17984	寺工敏鈹	33.349	戰國晚期	
工沱	17985	寺工敏鈹	33.351	戰國晚期	
工沱	17986	寺工敏鈹	33.352	戰國晚期	
工弧	12383	九年左使車壺	22.292	戰國中期	
工城	16965	工城戈	32.7	戰國早期	
工禺	17243	相邦冉戈	32.312	戰國晚期	
工胸	17300	上郡武庫戈	32.382	戰國晚期	
工牪	17218	漢中守運戈	32.284	戰國晚期	
工𢆏	14189	左使車勺	25.307	戰國中期	
工𢆏	14190	左使車勺	25.308	戰國中期	
工𢆏	19246	嗇夫鄩疕方案	35.31	戰國中期	
工𢆏	19278	工𢆏箕	35.64	戰國中期	
工𢆏	19353	嗇夫鄩疕神獸	35.132	戰國中期	
工𢆏	19354	嗇夫鄩疕神獸	35.133	戰國中期	
工叞	12254	雍工叞壺	22.129	戰國晚期	
工秦	17246	相邦冉戈	32.315	戰國晚期	
工起	18581	高陵君弩機	34.157	戰國晚期	
工莊	17291	上郡假守暨戈	32.370	戰國晚期	
工𤸷	18862	高奴禾石權	34.325	戰國晚期	
工俛	19023	工俛車轄	34.462	戰國晚期	
工疾	19610	左工疾銀盤	35.271	戰國晚期	
工悍	17113	丞甬戈	32.168	戰國晚期	
工涅	18582	五大夫青弩機	34.157	戰國晚期	
工容	17321	工容戈	32.408	戰國早期	

人　名	器　號	器　名	卷數頁碼	時　代	備　注
工甀（藏）	02067	右嗣鼎	4.244	戰國晚期	
工樗	16667	少府戈	31.114	戰國晚期	
工卑（觶）	14780	右使車盉	26.193	戰國中期	
工寅	17253	相邦呂不韋戈	32.324	戰國晚期	
工寅	17255	相邦呂不韋戈	32.326	戰國晚期	
工隊（地）	17309	中□令桼拊戈	32.394	戰國中期	
工極	17260	相邦呂不韋戈	32.333	戰國晚期	
工貴	19313	左工貴鋪首	35.103	戰國中期	
工黑	17976	寺工敏鈹	33.335	戰國晚期	
工黑	17979	寺工敏鈹	33.340	戰國晚期	
工爲	16666	少府戈	31.112	戰國晚期	
工游	17237	丞相觙殳戈	32.303	戰國晚期	
工賈	12384	十年左使車壺	22.293	戰國中期	
工掍（瓶）	17271	上郡疾戈	32.346	戰國中期	
工掍（瓶）	17290	上郡守匽氏戈	32.368	戰國晚期	
工感	14782	卲宮盉	26.196	戰國晚期	
工遚	19017	十四年車軎甲	34.456	戰國晚期	
工遚	19018	十四年車軎乙	34.457	戰國晚期	
工遚	19025	十四年衡飾	34.464	戰國中期	
工遚	19026	十四年衡飾	34.465	戰國中期	
工遚	19051	十四年蓋杠接管	34.485	戰國中期	
工遚	19052	十四年蓋杠接管	34.486	戰國中期	
工遚	19053	十四年蓋杠接管	34.487	戰國中期	
工遚	19054	十四年蓋杠接管	34.488	戰國中期	
工遚	19055	十四年蓋杠接管	34.489	戰國中期	
工遚	19056	十四年蓋杠接管	34.490	戰國中期	
工遚	19057	十四年蓋杠接管	34.491	戰國中期	
工遚	19058	十四年蓋杠接管	34.492	戰國中期	
工馸	17299	上郡假守黽戈	32.380	戰國晚期	
工瘩	17295	上郡守冰戈	32.375	戰國晚期	
工福	06260	八年鳥柱盆	13.474	戰國中期	
工嘉	17102	寺工𪪺戈	32.157	戰國晚期	
工蔡	01480	左使車工蔡鼎	3.162	戰國中期	

人 名	器 號	器 名	卷數頁碼	時 代	備 注
工蔡	01481	左使車工蔡鼎	3.163	戰國中期	
工蔡	05761	左使車簠	13.10	戰國中期	
工蔡	14181	左使車勺	25.299	戰國中期	
工蔡	14182	左使車勺	25.300	戰國中期	
工蔡	19250	工蔡筒形器	35.34	戰國中期	
工蔡	19312	左工蔡鋪首	35.102	戰國中期	
工蔡	19351	嗇夫孫固神獸	35.130	戰國中期	
工蔡	19359	工蔡山形器	35.137	戰國中期	
工賓	14945	冶勻匜	26.323	战國中期	
工賓	19241	嗇夫事繯盒	35.26	戰國中期	
工奭	17259	相邦呂不韋戈	32.332	戰國晚期	
工慧	18545	少府鐓	34.124	戰國晚期	
工儋	17673	少府矛	33.103	戰國晚期	
工督	17296	上郡守慶戈	32.376	戰國晚期	
工督	17297	上郡守慶戈	32.377	戰國晚期	
工督	17298	上郡守慶戈	32.378	戰國晚期	
工歆	17153	臨汾守曋戈	32.214	戰國晚期	
工豫	17261	相邦呂不韋戈	32.334	戰國晚期	
工積	17262	相邦義戈	32.336	戰國中期	
工贙(附)	01475	左使車工贙鼎	3.157	戰國中期	
工贙(附)	01476	左使車工贙鼎	3.158	戰國中期	
工贙(附)	01477	左使車工贙鼎	3.159	戰國中期	
工贙(附)	05762	左使車簠	13.11	戰國中期	
工贙(附)	06309	左使車匕	13.507	戰國中期	
工贙(附)	06310	左使車匕	13.508	戰國中期	
工贙(附)	12387	十三年左使車壺	22.299	戰國中期	
工贙(附)	12454	奵盗壺	22.437	戰國中期	
工贙(附)	18323	左使車刀	33.550	戰國中期	
工贙(附)	19311	左工附鋪首	35.102	戰國中期	
工贙(附)	19415	左使車帳桿扣	35.194	戰國中期	
工贙(附)	19416	左使車帳桿扣	35.195	戰國中期	
工贙(附)	19417	左使車帳桿扣	35.196	戰國中期	
工贙(附)	19418	左使車帳桿扣	35.197	戰國中期	

人 名	器 號	器 名	卷數頁碼	時 代	備 注
工㲋（附）	19419	左使車帳桿扣	35.198	戰國中期	
工㲋（附）	19420	左使車帳桿扣	35.199	戰國中期	
工㲋（附）	19421	左使車帳桿扣	35.200	戰國中期	
工㲋（附）	19422	左使車帳桿扣	35.201	戰國中期	
工㲋（附）	19423	左使車帳桿扣	35.202	戰國中期	
工㲋（附）	19424	左使車帳桿扣	35.203	戰國中期	
工㲋（附）	19425	左使車帳桿扣	35.204	戰國中期	
工㲋（附）	19426	左使車帳桿扣	35.205	戰國中期	
工㲋（附）	19427	左使車帳桿扣	35.206	戰國中期	
工㲋（附）	19428	左使車帳桿扣	35.207	戰國中期	
工㲋（附）	19429	左使車帳桿扣	35.208	戰國中期	
工㲋（附）	19430	左使車帳桿扣	35.209	戰國中期	
工㲋（附）	19431	左使車帳桿扣	35.210	戰國中期	
工㲋（附）	19432	左使車帳桿扣	35.211	戰國中期	
工㲋（附）	19433	左使車帳桿扣	35.212	戰國中期	
工㲋（附）	19434	左使車帳桿扣	35.213	戰國中期	
工㿝	01478	左使車工㿝鼎	3.160	戰國中期	
工㿝	06118	左使車工㿝豆	13.367	戰國中期	
工㿝	12159	左使車壺	22.30	戰國中期	
工㿝	14183	左使車勺	25.301	戰國中期	
工㿝	19352	嗇夫孫固神獸	35.131	戰國中期	
工㿝	19358	工㿝山形器	35.136	戰國中期	
工简	02265	工简鼎	4.498	戰國早期	
工疑	02199	卅六年私官鼎	4.403	戰國晚期	
工𧇭	17661	工𧇭矛	33.90	春秋晚期	即句余
工虞	19242	嗇夫鄩瘠盒	35.27	戰國中期	
工龠	17685	相邦呂不韋矛	33.121	戰國晚期	
工闌	17293	上郡守觭戈	32.373	戰國晚期	
工競	17257	相邦呂不韋戟	32.329	戰國晚期	
工𤇢（無）	14424	右使車盤	25.443	春秋晚期	
工尹坡	06060	工尹坡盞	13.321	春秋晚期	
工左匠	19905	平安夫人漆盒	35.481	戰國晚期	
工去疾	17236	丞相斯戈	32.302	戰國晚期	

人　名	器　號	器　名	卷數頁碼	時　代	備　注
工戌疧	17242	相邦疾戈	32.310	戰國晚期	
工自香	12386	十二年左使車壺	22.297	戰國中期	
工丞敫	17672	寺工矛	33.104	戰國晚期	
工孟鮮	19636	十三年銀泡	35.296	戰國中期	
工夏戾	19637	十三年銀泡	35.297	戰國中期	
工陲匨	19638	十三年銀泡	35.298	戰國中期	
工師乙	16665	少府戈	31.111	戰國晚期	
工師乙	17132	裹庫戈	32.191	戰國時期	
工師屯	17193	内史操戈	32.258	戰國中期	
工師文	13824	工師文罍	25.113	戰國晚期	
工師丑	17151	大梁左庫戈	32.212	戰國中期	
工師尹	16661	少府戈	31.107	戰國晚期	
工師田	17262	相邦義戈	32.336	戰國中期	
工師朼	18042	相邦建信君鈹	33.421	戰國晚期	
工師吏	17266	代相邙皮戈	32.341	戰國晚期	
工師有	17099	京令戈	32.153	戰國晚期	
工師臣	17166	鄴令裘戈	32.227	戰國中期	
工師戉	17156	□陽邑令戈	32.217	戰國晚期	
工師旬	17244	相邦冉戈	32.313	戰國晚期	
工師初	12354	工師初壺	22.252	戰國晚期	
工師迗	16539	工師迗戈	30.492	春秋晚期	
工師即	17169	蒲阪令籥戈	32.230	戰國晚期	
工師豖	17243	相邦冉戈	32.312	戰國晚期	
工師明	17086	州工師明戈	32.139	戰國早期	
工師帚	17281	上郡守壽戈	32.358	戰國晚期	
工師洮	18002	下邑令瘍鈹	33.370	戰國晚期	
工師宦	17267	蜀守武戈	32.342	戰國晚期	
工師既	17301	晉國下庫戟	32.383	戰國晚期	
工師華	17173	高都令陳鶅戈	32.235	戰國晚期	
工師華	17174	高都令陳鶅戈	32.236	戰國晚期	
工師華	17967	高都令陳鶅劍	33.325	戰國晚期	
工師華	17968	高都令陳鶅劍	33.326	戰國晚期	
工師夏	17233	郇陰令萬爲戈	32.298	戰國晚期	

人　名	器　號	器　名	卷數頁碼	時　代	備　注
工師晉	17110	奇令戈	32.165	戰國晚期	
工師乘	17268	蜀守戈	32.343	戰國晚期	
工師乘	17270	上郡守戈	32.345	戰國晚期	
工師乘	17279	上郡守壽戈	32.355	戰國晚期	
工師乘	17280	上郡守壽戈	32.356	戰國晚期	
工師乘	17282	上郡守壽戈	32.359	戰國晚期	
工師乘	17283	上郡守壽戈	32.360	戰國晚期	
工師效	19908	相邦薛君漆豆	35.486	戰國晚期	
工師疽	17168	宜令不啟戈	32.229	戰國晚期	
工師啄	17237	丞相奐殳戈	32.303	戰國晚期	
工師俐	19256	國差罎	35.40	春秋中期	
工師釤	17197	啟封令癰戈	32.262	戰國時期	
工師章	17143	桐丘令脩戈	32.203	戰國晚期	
工師紲	17097	泌陽戈	32.152	戰國中期	
工師韋（犢）	17146	州𠧟戈	32.206	戰國時期	
工師葉	17240	丞相觸戈	32.308	戰國晚期	
工師葉	17245	相邦冉戈	32.314	戰國晚期	
工師葉	17246	相邦冉戈	32.315	戰國晚期	
工師晢	17158	頓丘令變戈	32.219	戰國中期	
工師象	19907	太后漆卮	35.485	戰國晚期	
工師游	02180	高陵君鼎	4.377	戰國晚期	
工師愈	17116	工師愈戟	32.172	戰國中期	
工師愈	17117	工師愈戟	32.173	戰國中期	
工師誠	17242	相邦疾戈	32.310	戰國晚期	
工師齊	17218	漢中守運戈	32.284	戰國晚期	
工師敲	19906	太后漆盒	35.484	戰國晚期	
工師媛	17203	并陽令其戈	32.270	戰國晚期	
工師趙	17289	上郡守起戈	32.367	戰國晚期	
工師豬	17284	上郡守錯戈	32.362	戰國晚期	
工師罾	17130	蒲子戈	32.189	戰國時期	
工師齒	17155	鄗令垠戈	32.216	戰國晚期	
工師齒	17247	相邦冉戈	32.317	戰國晚期	
工師蕃	17276	上郡守閈戈	32.351	戰國晚期	

人　名	器　號	器　名	卷數頁碼	時　代	備　注
工師瘨	02199	卅六年私官鼎	4.403	戰國晚期	
工師錯	17126	芒陽守令虡戈	32.185	戰國晚期	
工師憲	17144	陽城令韓季戈	32.204	戰國晚期	
工師敉	17184	陽春嗇夫維戈	32.247	戰國晚期	
工師嬰	17277	上郡守閒戈	32.352	戰國晚期	
工師僐（儕）	17159	首垣令不宝戈	32.220	戰國晚期	
工師鵑	17170	甾丘令癰戈	32.231	戰國中期	
工師蘇	17141	邧令羨戈	32.201	戰國晚期	
工師驎	17149	晉上庫戈	32.210	戰國晚期	
工師纓	17118	工師纓戈	32.174	戰國晚期	
工師纓	17195	大梁司寇綏戈	32.261	戰國晚期	
工師竃	17275	上郡守疾戈	32.350	戰國中期	
工師竃	17285	上郡守錯戈	32.363	戰國晚期	
工師竃	17286	上郡守錯戈	32.364	戰國晚期	
工師竃	17287	上郡守錯戈	32.365	戰國晚期	
工師贛	02166	承匡令鼎	4.363	戰國晚期	
工師羿	17152	下丘嗇夫戈	32.213	戰國時期	
工盧王	14747	工盧王孫鏖	26.155	春秋晚期	即攻吳王
工大人申	19908	相邦薛君漆豆	35.486	戰國晚期	
工大人耆	17262	相邦義戈	32.336	戰國中期	
工大人臺	19907	太后漆厄	35.485	戰國晚期	
工上造但	19016	寺工獻車軎	34.455	戰國晚期	
工尹穆酉	18816	鄆客問量	34.268	戰國晚期	
工更張掎	17270	上郡守戈	32.345	戰國晚期	
工更張掎	17279	上郡守壽戈	32.355	戰國晚期	
工更張掎	17280	上郡守壽戈	32.356	戰國晚期	
工更張掎	17282	上郡守壽戈	32.359	戰國晚期	
工佐競之	18815	大市量	34.267	戰國中期	
工佐競之	18816	鄆客問量	34.268	戰國晚期	
工城旦貴	17296	上郡守慶戈	32.376	戰國晚期	
工鬼薪昊（渠）	17281	上郡守壽戈	32.358	戰國晚期	
工鬼薪帶	17277	上郡守閒戈	32.352	戰國晚期	
工鬼薪詘	17286	上郡守錯戈	32.364	戰國晚期	

人　名	器　號	器　名	卷數頁碼	時　代	備　注
工師下足	18006	邦司寇趙新鈹	33.373	戰國晚期	
工師王豈	17306	鈖陶令富反戈	32.390	戰國時期	
工師艾固	17700	安陽令韓壬戟刺	33.138	戰國晚期	
工師申𧍓(沱)	18074	司工馬鈹	33.460	戰國晚期	
工師皮臤	17342	鄭令楷涽戈	32.433	戰國晚期	
工師皮臤	17343	鄭令楷涽戈	32.434	戰國晚期	
工師皮臤	17687	鄭令楷涽矛	33.123	戰國晚期	
工師皮臤	17689	鄭令楷涽矛	33.125	戰國晚期	
工師皮臤	17690	鄭令楷涽矛	33.126	戰國晚期	
工師皮臤	17701	鄭令楷涽戟刺	33.139	戰國晚期	
工師皮臤	18071	鄭令楷涽鈹	33.457	戰國晚期	
工師吉忑	17341	鄭令艇口戈	32.432	戰國晚期	
工師刑秦	17702	截雍令韓匡戟刺	33.140	戰國晚期	
工師邢斲	17222	蘭令陣隮戈	32.288	戰國晚期	
工師百慶	17335	鄭令公先𥬇戈	32.426	戰國晚期	
工師戎閒	17674	邦司寇富無矛	33.106	戰國中期	
工師枟生	17975	王襃劍	33.334	戰國時期	
工師胡乑	17703	梁令張猷戟刺	33.141	戰國晚期	
工師延台	17183	格氏令韓貴戈	32.246	戰國晚期	
工師呂志	17133	王子戈	32.192	戰國晚期	
工師吳衤	17346	陽城令事壯戈	32.438	戰國晚期	
工師吳衤	17347	陽城令戈	32.439	戰國晚期	
工師吳疲	18028	相邦建信君鈹	33.405	戰國晚期	
工師吳疲	18031	相邦建信君鈹	33.409	戰國晚期	
工師吳疲	18064	相邦平國君鈹	33.448	戰國晚期	
工師吳疲	18070	守相武襄君鈹	33.456	戰國晚期	
工師粵鄰	18018	武信令馬師闔鈹	33.387	戰國時期	
工師皂高	17334	鄭令韓炏戈	32.425	戰國晚期	
工師皂高	17335	鄭令公先𥬇戈	32.426	戰國晚期	
工師皂高	17336	鄭令公先𥬇戈	32.427	戰國晚期	
工師鈴	17688	鄭令楷涽矛	33.124	戰國晚期	
工師宋艮	17316	邢令吳崟戈	32.403	戰國晚期	
工師宋費	17206	新城大令韓定戈	32.273	戰國晚期	

人 名	器 號	器 名	卷數頁碼	時 代	備 注
工師析論	18063	相邦春平侯鈹	33.447	戰國晚期	
工師采陽	18012	守相廉頗鈹	33.380	戰國晚期	
工師孟閭	18863	司馬成公權	34.328	戰國時期	
工師巷叚	18034	相邦建信君劍	33.412	戰國晚期	即巷叚
工師巷叚	18035	相邦建信君劍	33.413	戰國晚期	
工師巷叚	18036	相邦建信君鈹	33.414	戰國晚期	
工師巷叚	18037	相邦建信君劍	33.415	戰國晚期	
工師巷叚	18038	相邦建信君鈹	33.417	戰國晚期	
工師巷叚	18039	相邦建信君鈹	33.418	戰國晚期	
工師巷叚	18040	相邦建信君劍	33.419	戰國晚期	
工師事裒	17219	鄭令韓熙戈	32.285	戰國晚期	
工師臤石	17693	藺令趙狽矛	33.129	戰國晚期	
工師卓僕	17324	寧壽令余慶戟	32.413	戰國晚期	
工師罘痑	17178	負黍令韓譙戈	32.242	戰國晚期	
工師罘痑	17179	負黍令韓譙戈	32.243	戰國晚期	
工師罘痑	17180	負黍令韓譙戈	32.244	戰國晚期	
工師厸蔡	17204	平陶令范戻戈	32.271	戰國晚期	
工師夜疪	17325	宅陽令隔登戟	32.414	戰國晚期	
工師夜疪	17675	宅陽令隔鐙矛	33.107	戰國時期	
工師洼杲	17309	中□令柰拊戈	32.394	戰國中期	
工師厚子	01139	工師厚子鼎	3.41	戰國早期	
工師咎向	17200	司寇書戈	32.267	戰國晚期	
工師易桶	17691	鄭令韓半矛	33.127	戰國晚期	
工師重棠	17353	洱陽令張疋戟	32.445	戰國晚期	
工師皇佳	17339	鄭令趙距戈	32.430	戰國晚期	
工師皇䧱	17345	鄭令幽恒戈	32.437	戰國晚期	
工師桃繹	17308	頓丘令麞酉戟	32.393	戰國中期	
工師倉慶	17692	鄭令公先嵞矛	33.128	戰國晚期	
工師裒伐	02016	四年昌國鼎	4.179	戰國中期	
工師高雁	17228	芒令司馬伐戈	32.294	戰國晚期	
工師高愀	17304	上臬落戈	32.388	戰國晚期	
工師郭姝	01979	相室趙翼鼎	4.135	戰國中期	
工師郎斜	17344	鄭令栺涾戈	32.436	戰國晚期	

人　名	器　號	器　名	卷數頁碼	時　代	備　注
工師陳坪	17338	鄭令趙距戈	32.429	戰國晚期	
工師孫屯	17994	欒令楢唐鈹	33.362	戰國時期	
工師孫疋	18007	邦司寇趙春鈹	33.374	戰國晚期	
工師孫屛	18004	邢疫令邦乙劍	33.372	戰國晚期	
工師孫蚤	17974	邢趙下庫劍	33.334	戰國晚期	
工師郯丘	17361	安陽令敬章戈	32.455	戰國晚期	
工師郎㝏	02387	鄀得鼎	5.179	戰國時期	
工師救愷	17167	令韓䢕戈	32.228	戰國晚期	
工師苾酤	18049	相邦春平侯劍	33.432	戰國晚期	
工師苾酤	18060	相邦春平侯鈹	33.443	戰國晚期	
工師苾酤	18061	相邦春平侯鈹	33.444	戰國晚期	
工師苾酤	18062	相邦春平侯鈹	33.445	戰國晚期	
工師得尚	18068	邦司寇馬憖劍	33.454	戰國晚期	
工師啟我	17191	韓少夫戟	32.255	戰國晚期	
工師啟宾	17202	少曲令㐬文戈	32.269	戰國晚期	
工師張圤	17213	酈諻戈	32.280	戰國晚期	
工師張阪	17340	鄭令韓羌戈	32.431	戰國晚期	
工師張身	18046	相邦春平侯鈹	33.427	戰國晚期	
工師張身	18047	相邦春平侯鈹	33.429	戰國晚期	
工師張武	17182	茲氏令吳庶戈	32.245	戰國時期	
工師張埔	17214	酈諻戈	32.281	戰國晚期	
工師張埔	17215	酈諻戈	32.282	戰國晚期	
工師張義	18005	邦司寇陳授鈹	33.372	戰國晚期	
工師張鳳	17681	相邦春平侯矛	33.117	戰國晚期	
工師張鳳	17682	相邦春平侯矛	33.118	戰國晚期	
工師張鳳	18050	相邦春平侯劍	33.433	戰國晚期	
工師張鳳	18051	相邦春平侯劍	33.434	戰國晚期	
工師張鳳	18052	相邦春平侯劍	33.435	戰國晚期	
工師張鳳	18053	相邦春平侯鈹	33.436	戰國晚期	
工師張鳳	18054	相邦春平侯鈹	33.437	戰國晚期	
工師張鳳	18055	相邦春平侯鈹	33.438	戰國晚期	
工師張鳳	18056	相邦春平侯劍	33.439	戰國晚期	
工師張鳳	18057	相邦春平侯劍	33.440	戰國晚期	

人　名	器　號	器　名	卷數頁碼	時　代	備　注
工師張鳳	18058	相邦春平侯劍	33.440	戰國晚期	
工師張鳳	18059	相邦春平侯鈹	33.441	戰國晚期	
工師喜佟	18072	武陰令司馬闌鈹	33.458	戰國晚期	
工師舒意	17303	皋落戈	32.387	戰國晚期	
工師焦㝵	18069	邦司寇趙春鈹	33.455	戰國晚期	
工師疕嬓	17171	皇陽令强猋戈	32.233	戰國時期	
工師疕嬓	17172	皇陽令强猋戈	32.234	戰國時期	
工師翌絮	17313	趙令邯鄲州戈	32.399	戰國晚期	
工師鄸哲	17264	相邦趙狐戈	32.339	戰國晚期	
工師塚旃	18029	相邦建信君鈹	33.406	戰國晚期	
工師賈疾	17194	高奴曹令壯罌戈	32.260	戰國晚期	
工師賦賀	18001	安平守變疾鈹	33.369	戰國早期	
工師趙楬	17221	藺令孫長善戈	32.287	戰國晚期	
工師趙慁	17349	安平相邦戈	32.441	戰國晚期	
工師趙瘁	17680	相邦春平侯矛	33.116	戰國晚期	
工師趙瘠	18043	相邦春平侯鈹	33.423	戰國晚期	
工師趙瘠	18044	相邦春平侯鈹	33.425	戰國晚期	
工師趙瘠	18045	相邦春平侯鈹	33.426	戰國晚期	
工師榮𠂤	17181	俞氏令韓化戈	32.245	戰國時期	
工師鄭㤅	17224	迣令樂疛戈	32.290	戰國時期	
工師㪿信	17329	馬雍令事吴戈	32.420	戰國時期	
工師樂休	17199	負陽令戈	32.266	戰國晚期	
工師樂叴	17704	陽翟令悥戟刺	33.142	戰國晚期	
工師樂星	18003	俽令趙世鈹	33.371	戰國晚期	
工師樂參	17315	邢令孟柬慶戈	32.402	戰國晚期	
工師器較	17330	兙令艇𦨻戈	32.421	戰國晚期	
工師韓山	17331	邦府大夫趙閒戈	32.422	戰國晚期	
工師韓伕	18067	守相信平君鈹	33.452	戰國晚期	
工師韓亥	18011	守相廉頗鈹	33.379	戰國晚期	
工師韓亥	18013	守相廉頗鈹	33.382	戰國晚期	
工師韓段	18009	廉相如劍	33.377	戰國時期	
工師鉻鳶	17177	鄭令韓□戈	32.241	戰國晚期	
工師鑄章	17337	鄭令趙距戈	32.428	戰國晚期	

人 名	器 號	器 名	卷數頁碼	時 代	備 注
工師鑄章	17686	鄭令向佃矛	33.122	戰國晚期	
工師䜌瘵	17358	屯留令邢丘𥫣戟	32.451	戰國晚期	
工師㤪悲	17333	鄭令韓半戈	32.424	戰國晚期	
工師㓇許	17312	主父戈	32.398	戰國晚期	
工隸臣于	17297	上郡守慶戈	32.377	戰國晚期	
工隸臣于	17298	上郡守慶戈	32.378	戰國晚期	
工隸臣牟	18862	高奴禾石權	34.325	戰國晚期	
工隸臣庚	17289	上郡守起戈	32.367	戰國晚期	
工隸臣㝬	17288	上郡守起戈	32.366	戰國晚期	
工隸臣述	17294	上郡守冰戈	32.374	戰國晚期	
工隸臣述	17295	上郡守冰戈	32.375	戰國晚期	
工隸臣渠	17275	上郡守疾戈	32.350	戰國中期	
工隸臣渠	17285	上郡守錯戈	32.363	戰國晚期	
工隸臣渠	17287	上郡守錯戈	32.365	戰國晚期	
工隸臣猗	17283	上郡守壽戈	32.360	戰國晚期	
工隸臣㝬	17291	上郡假守曁戈	32.370	戰國晚期	
工隸臣㝬	17292	上郡守曁戈	32.372	戰國晚期	
工隸臣積	17284	上郡守錯戈	32.362	戰國晚期	
工𥧌大矢	17857	工𥧌大矢鈹	33.201	春秋晚期	即攻吳大矢
工歔季生	14901	工歔季生匜	26.278	春秋晚期	即攻吳季生
工師王馬重	02162	十七年平陰鼎蓋	4.355	戰國中期	
工師中均疟	17318	大陰令賈弩戈	32.405	戰國時期	
工師公孫涅	17993	代相吏微劍	33.361	戰國晚期	
工師北宮𤱶	17235	口陽令魏戲戈	32.300	戰國晚期	
工師司馬郘	18014	南行唐令瞿卯劍	33.383	戰國晚期	
工師司馬郘	18015	南行唐令瞿卯鈹	33.384	戰國晚期	
工師司馬郘	18016	南行唐令瞿卯鈹	33.385	戰國晚期	
工師司馬郘	18017	南行唐令瞿卯劍	33.386	戰國晚期	
工師司馬郘	18041	相邦建信君鈹	33.420	戰國晚期	
工師司馬裕	17305	喜令韓餾戈	32.389	戰國晚期	
工師司馬鷗	17220	鄭令韓熙戈	32.286	戰國晚期	
工師司馬瘝	17679	邦司寇野弟矛	33.115	戰國中期	
工師邯鄲臾	17229	芒令州煖戈	32.295	戰國晚期	

人　名	器　號	器　名	卷數頁碼	時　代	備　注
工師邯鄲截	17360	襄城令韓沽戈	32.454	戰國晚期	
工師邯鄲飥	17694	襄城令羕名矛	33.130	戰國晚期	
工師事笁胡	18065	相邦陽安君鈹	33.449	戰國晚期	
工師叔鄰掃	17230	芒令口轄戈	32.296	戰國晚期	
工師張五鹿	17992	代相樂宬鈹	33.360	戰國晚期	
工師醫輅徒	18073	春平相邦葛得劍	33.459	戰國晚期	
工師楊户匃	02067	右嗣鼎	4.244	戰國晚期	
工師新城弖	17354	晉陽令趙去疾戈	32.446	戰國晚期	
工師閭桓沱	17314	邢令殷思戟	32.401	戰國晚期	
工盧大叔㐀如	14415	攻吳大叔盤	25.429	春秋晚期	即攻吳大叔㐀如
士	01800	士鼎	3.463	西周早期	
士上	11798	士上尊	21.272	西周早期	
士上	13333	士上卣	24.291	西周早期	
士上	13334	士上卣	24.293	西周早期	
士上	14792	士上盉	26.213	西周早期	
士山	14536	士山盤	25.588	西周中期	
士父	15496	士父鐘甲	28.387	西周晚期	
士父	15497	士父鐘乙	28.390	西周晚期	
士父	15498	士父鐘丙	28.393	西周晚期	
士父	15499	士父鐘丁	28.396	西周晚期	
士戍	05305	段簋	11.455	西周中期	
士戍	05306	段簋	11.458	西周中期	
士衛（道）	13319	貉子卣	24.262	西周早期後段	
士智	15292	克鐘一	27.332	西周晚期	
士智	15294	克鐘三	27.337	西周晚期	
士智	15296	克鐘五	27.343	西周晚期	
士智	15814	克鎛	29.334	西周晚期	
士智父	05664	文盨	12.430	西周晚期	
下足	18006	邦司寇趙新鈹	33.373	戰國晚期	
下邑令瘍	18002	下邑令瘍鈹	33.370	戰國晚期	
下都公諴	02397	都公諴鼎	5.191	春秋早期	
大	02465	大鼎	5.320	西周晚期	
大	02466	大鼎	5.322	西周晚期	

人　名	器　號	器　名	卷數頁碼	時　代	備　注
大	02467	大鼎	5.324	西周晚期	
大	02730	大鬲	6.111	西周早期	
大	05101	大簋蓋	11.26	西周晚期	
大	05170	大簋	11.151	西周中期	
大	05344	大簋	12.77	西周晚期	
大	05345	大簋蓋	12.79	西周晚期	
大	12291	大壺	22.167	西周中期	
大乙	13323	二祀㸚其卣	24.270	商代晚期	
大万	04135	大万簋	8.395	商代晚期	原釋爲大丂
大万	08403	大万父辛爵	16.486	西周早期	同上
大子	02040	太子左和室鼎	4.207	戰國中期	即太子
大子	02043	王太后鼎	4.213	戰國晚期	同上
大子	02314	作册般鼎	5.68	商代晚期	同上
大子	08568	者婟爵	17.117	商代晚期	同上
大子	11693	者婟尊	21.168	商代晚期	同上
大子	11694	者婟尊	21.169	商代晚期	同上
大子	13654	者女觥	24.490	商代晚期	同上
大子	13655	者女觥	24.492	商代晚期	同上
大子	13815	者婟罍	25.103	商代晚期	同上
大子	13816	者婟罍	25.104	商代晚期	同上
大子	15055	集廚鎬	26.403	戰國晚期	同上
大子	18734	大子車斧	34.224	春秋早期	指號太子元
大中	13111	大中卣	24.23	西周早期	
大公	06159	姬窦母豆	13.417	西周晚期	即太公
大公	15266	師宝鐘	27.281	西周晚期	同上
大公	16523	大公戈	30.476	戰國晚期	
大父	02034	大父鼎	4.198	西周晚期	
大史	02382	中鼎	5.170	西周早期	即太史
大史	02383	中鼎	5.172	西周早期	同上
大史	02384	中鼎	5.174	西周早期	同上
大史	10629	太史觶	19.447	西周早期後段	同上
大史	13805	大史罍	25.93	西周早期後段	同上
大后	19012	太后車軎	34.451	戰國晚期	同上

人　名	器　號	器　名	卷數頁碼	時　代	備　注
大后	19639	太后銀釦	35.299	戰國晚期	即太史
大后	19906	太后漆盒	35.484	戰國晚期	同上
大后	19907	太后漆卮	35.485	戰國晚期	同上
大仲	05170	大簋	11.151	西周中期	大的父親
大仲	11812	盠尊	21.296	西周早期後段	盠的父親
大伯	14773	季老或盉	26.182	西周中期	即太伯
大叔	02437	畀鼎	5.266	西周中期前段	
大奏	19238	蔡太史卮	35.21	春秋晚期	蔡國太史
大保	05139	太保簋	11.88	西周早期前段	即太保召公奭
大保	01016	作大保鼎	2.276	西周早期前段	
大保	01065	大保鼎	2.317	西周早期前段	
大保	01527	彿鼎	3.207	西周早期後段	即太保
大保	01528	彿鼎	3.208	西周早期後段	同上
大保	01529	彿鼎	3.209	西周早期後段	同上
大保	01530	彿鼎	3.210	西周早期後段	同上
大保	01531	彿鼎	3.211	西周早期後段	同上
大保	01863	彿鼎	4.20	西周早期後段	同上
大保	02290	菫鼎	5.33	西周早期前段	即太保召公奭
大保	02386	憲鼎	5.178	西周早期後段	同上
大保	02390	作册大鼎	5.183	西周早期前段	同上
大保	02391	作册大鼎	5.184	西周早期前段	同上
大保	02392	作册大鼎	5.185	西周早期前段	同上
大保	02393	作册大鼎	5.186	西周早期前段	同上
大保	04482	大保簋	9.239	西周早期前段	同上
大保	04672	臣椆簋	9.417	西周早期前段	同上
大保	05113	叔簋	11.44	西周早期後段	即太保
大保	05114	叔簋	11.47	西周早期後段	同上
大保	09820	彿觚	18.473	西周早期後段	同上
大保	12836	大保卣	23.271	西周早期前段	即太保召公奭
大保	12837	大保卣	23.272	西周早期前段	同上
大保	13831	太保罍	25.122	西周早期前段	同上
大保	14789	克盉	26.207	西周早期前段	同上
大保	16494	鼡戈	30.449	西周早期後段	即太保

人　名	器　號	器　名	卷數頁碼	時　代	備　注
大俁	16495	㴉戟	30.450	西周早期後段	即太保
大俁	19020	太保車轄	34.459	西周早期後段	
大俁	19764	太保玉戈	35.373	西周早期前段	即太保召公奭
大矩	11796	豐尊	21.270	西周中期前段	
大矩	13316	豐卣	24.256	西周中期前段	
大祝	14796	長由盉	26.222	西周中期前段	即太祝
大師	01907	大師鼎	4.67	西周中期	即太師
大師	04452	大師簋	9.203	西周中期後段	同上
大師	12360	師望壺	22.260	西周中期	同上
大師	14513	大師盤	25.545	春秋早期	同上
大姬	02913	伯沢父鬲	6.322	西周中期	伯沢父的夫人
大嬭（妘）	05667	廖生盨	12.435	西周晚期	廖生的夫人
大嬭（妘）	05668	廖生盨	12.438	西周晚期	同上
大嬭（妘）	05669	廖生盨	12.440	西周晚期	同上
大子乙	02224	小臣缶鼎	4.442	商代晚期	即太子乙
大子丁	04920	聽簋	10.245	商代晚期	即太子丁
大子丁	13082	作大子丁卣	23.506	商代晚期	同上
大子癸	02290	菫鼎	5.33	西周早期前段	即太子癸
大夫辰	19920	宗邑瓦書	35.508	戰國晚期	
大夫始	02450	大夫始鼎	5.290	西周中期後段	
大夫敀	17359	公孳里雕戈	32.452	戰國晚期	
大夫悬	02166	九年承匡令鼎	4.363	戰國晚期	
大史客	03305	太史客甗	7.182	西周早期	即太史友
大史旛	05679	尌比盨	12.464	西周晚期	即太史旛
大孟姬	11721	蔡侯䍃尊	21.194	春秋時期	蔡侯䍃的姑母或姐
大孟姬	11815	蔡侯䍃尊	21.301	春秋晚期	同上
大孟姬	14078	蔡侯䍃缶	25.233	春秋晚期	同上
大孟姬	14535	蔡侯䍃盤	25.586	春秋晚期	同上
大孟姜	14987	大孟姜匜	26.371	春秋時期	
大塦公	16688	大塦公戟	31.138	戰國時期	
大俁鄩	14358	大保鄩盤	25.372	西周早期	即太保鄩
大祝追	02396	大祝追鼎	5.190	西周晚期	即太祝追
大祝禽	01268	大祝禽鼎	2.475	西周早期	

人　名	器　號	器　名	卷數頁碼	時　代	備　注
大祝禽	01269	大祝禽鼎	2.476	西周早期	
大師盧	05280	大師盧簋甲	11.396	西周中期	即太師盧
大師盧	05281	大師盧簋乙	11.399	西周中期	同上
大師盧	05282	大師盧簋丙	11.402	西周中期	同上
大師盧	05283	大師盧簋丁	11.405	西周中期	同上
大師盧	05674	大師盧盨	12.449	西周中期	同上
大師盧	06158	大師盧豆	13.416	西周中期	
大工尹月	19340	大工尹月圜器	35.116	戰國時期	
大工尹脽	19178	鄂君啟車節	34.552	戰國晚期	
大工尹脽	19179	鄂君啟車節	34.555	戰國晚期	
大工尹脽	19180	鄂君啟車節	34.557	戰國晚期	
大工尹脽	19181	鄂君啟舟節	34.559	戰國晚期	
大工尹脽	19182	鄂君啟舟節	34.561	戰國晚期	
大子不壽	17678	越王太子不壽矛	33.111	戰國晚期	即太子不壽
大子般殷	02381	上曾太子般殷鼎	5.168	春秋早期	即太子般殷
大夫子骹	17207	左乘馬大夫子骹戈	32.274	戰國時期	
大夫馬龥	19156	齊節大夫馬節	34.529	戰國時期	
大王光逗	17080	大王光逗戈	32.124	春秋晚期	
大王光逗	17081	大王光逗戈	32.127	春秋晚期	
大王光逗	17082	大王光逗戈	32.129	春秋晚期	
大司馬燮	14511	蔡大司馬燮盤	25.542	春秋晚期	蔡國大司馬
大良造鞅	17125	大良造鞅戟	32.182	戰國中期	
大良造鞅	18550	大良造鞅殳鐓	34.129	戰國中期	
大良造鞅	18819	商鞅方升	34.274	戰國中期	商鞅
大將李牧	18585	大將李牧弩機	34.161	戰國晚期	
大工尹阡匀	18074	司工馬鈹	33.460	戰國晚期	
大工尹趙閒	18047	相邦春平侯鈹	33.429	戰國晚期	
大工尹韓尚	18013	守相廉頗鈹	33.382	戰國晚期	
大工尹韓尚	18037	相邦建信君劍	33.415	戰國晚期	
大工尹韓尚	18041	相邦建信君鈹	33.420	戰國晚期	
大工尹韓尚	18049	相邦春平侯劍	33.432	戰國晚期	
大工尹韓尚	18053	相邦春平侯鈹	33.436	戰國晚期	
大工尹韓尚	18055	相邦春平侯鈹	33.438	戰國晚期	

人　名	器　號	器　名	卷數頁碼	時　代	備　注
大工尹韓尚	18056	相邦春平侯劍	33.439	戰國晚期	
大工尹韓尚	18057	相邦春平侯劍	33.440	戰國晚期	
大工尹韓尚	18059	相邦春平侯鈹	33.440	戰國晚期	
大工尹韓尚	18060	相邦春平侯鈹	33.443	戰國晚期	
大工尹韓尚	18061	相邦春平侯鈹	33.444	戰國晚期	
大工尹韓尚	18062	相邦春平侯鈹	33.445	戰國晚期	
大工尹韓尚	18066	守相信平君鈹	33.451	戰國晚期	
大工尹韓尚	18067	守相信平君鈹	33.452	戰國晚期	
大工尹趙解	18064	相邦平國君鈹	33.448	戰國晚期	
大工尹韓啻	18065	相邦陽安君鈹	33.449	戰國晚期	
大司馬孛尤	05801	大司馬孛尤簠	13.56	春秋早期	
大自事良父	04892	大自事良父簋蓋	10.209	西周晚期	即太師事良父
大師人駍乎	01995	大師人駍乎鼎	4.155	西周晚期	即太師人駍乎
大師小子齊	05123	大師小子齊簋	11.64	西周晚期	即太師小子齊
大師小子齊	05124	大師小子齊簋	11.66	西周晚期	同上
大師小子齊	05125	大師小子齊簋	11.68	西周晚期	同上
大陰令賈弩	17318	大陰令賈弩戈	32.405	戰國時期	
大工尹公孫桴	18010	守相廉頗鈹	33.378	戰國晚期	
大工尹公孫桴	18011	守相廉頗鈹	33.379	戰國晚期	
大工尹公孫桴	18012	守相廉頗鈹	33.380	戰國晚期	
大良造庶長游	19920	宗邑瓦書	35.508	戰國晚期	
大良造庶長鞅	17996	大良造庶長鞅鈹	33.364	戰國中期	
大良造庶長鞅	18548	大良造庶長鞅戈鐏	34.127	戰國中期	
大良造庶長鞅	18549	大良造庶長鞅殳鐏	34.128	戰國中期	
大師小子師望	02477	師望鼎	5.344	西周中期	即太師小子師望
万封	14690	万封父丁盂	26.102	商代晚期	万,原釋爲丐
万霽	09839	堯万霽觚	18.489	西周早期	同上
万𠂤(佼)	01611	大万鼎	3.282	西周早期	同上
万𠂤(佼)	01612	大万鼎	3.282	西周早期	同上
上父	08546	攸爵	17.95	西周早期	攸的親屬
上以	18815	大市量	34.267	戰國中期	
上郡疾	17271	上郡疾戈	32.346	戰國中期	即上郡守疾
上鄀公	05970	上鄀公簠	13.287	春秋中期	

人　名	器　號	器　名	卷數頁碼	時　代	備　注
上都公	06273	上都公之孫盆	13.492	春秋早期	
上造間	17248	相邦樛斿戈	32.319	戰國晚期	
上容大夫	17093	晉上容大夫戈	32.148	春秋晚期	
上郡守冰	17294	上郡守冰戈	32.374	戰國晚期	
上郡守冰	17295	上郡守冰戈	32.375	戰國晚期	
上郡守起	17288	上郡守起戈	32.366	戰國晚期	
上郡守起	17289	上郡守起戈	32.367	戰國晚期	
上郡守厝（錯）	17286	上郡守錯戈	32.364	戰國晚期	
上郡守厝（錯）	17287	上郡守錯戈	32.365	戰國晚期	
上郡守趞（錯）	17284	上郡守錯戈	32.362	戰國晚期	
上郡守道（錯）	17285	上郡守錯戈	32.363	戰國晚期	
上郡守疾	17272	上郡守疾戈	32.347	戰國中期	
上郡守疾	17273	上郡守疾戈	32.348	戰國中期	
上郡守疾	17274	上郡守疾戈	32.349	戰國中期	
上郡守疾	17275	上郡守疾戈	32.350	戰國中期	
上郡守猗	17293	上郡守猗戈	32.373	戰國晚期	
上郡守閒	17276	上郡守閒戈	32.351	戰國晚期	
上郡守閒	17277	上郡守閒戈	32.352	戰國晚期	
上郡守壽	17279	上郡守壽戈	32.355	戰國晚期	
上郡守壽	17280	上郡守壽戈	32.356	戰國晚期	
上郡守壽	17281	上郡守壽戈	32.358	戰國晚期	
上郡守壽	17282	上郡守壽戈	32.359	戰國晚期	
上郡守壽	17283	上郡守壽戈	32.360	戰國晚期	
上郡守暨	17292	上郡守暨戈	32.372	戰國晚期	
上郡守慶	17296	上郡守慶戈	32.376	戰國晚期	
上郡守慶	17297	上郡守慶戈	32.377	戰國晚期	
上郡守慶	17298	上郡守慶戈	32.378	戰國晚期	
上官冢子疾	02136	十三年上官鼎	4.325	戰國晚期	
上郡守厬氏	17290	上郡守厬氏戈	32.368	戰國晚期	
上郡假守稟	17684	相邦呂不韋矛	33.120	戰國晚期	
上郡假守暨	17291	上郡假守暨戈	32.370	戰國晚期	
上郡假守鼂	17299	上郡假守鼂戈	32.380	戰國晚期	
上都公孜人	05201	上都公孜人簋蓋	11.224	春秋早期	

人 名	器 號	器 名	卷數頁碼	時 代	備 注
上曾太子般殷	02381	上曾太子般殷鼎	5.168	春秋早期	
山	02490	善夫山鼎	5.369	西周晚期	即善夫山
山	03298	山甗	7.175	西周早期	
山	04264	山簋	9.37	西周早期	
山	14536	士山盤	25.588	西周中期	即士山
山仲	04186	山仲簋	8.439	西周早期	
山婦	10186	山婦觶	19.105	商代晚期	
凡	04167	凡簋	8.424	西周早期	
凡	10634	凡觶	19.451	商晚或周早	
亡	05303	天亡簋	11.451	西周早期	即天亡
亡智	02376	亡智鼎	5.160	戰國中期	
宁	01537	宁鼎	3.217	西周中期	
宁	10562	宁觶	19.392	西周早期	
之乘唇	15360	徐王之孫鐘	27.497	戰國早期	
之麗妸	14468	取膚上子商盤	25.488	春秋時期	子商的女兒
之麗妸	14961	子商匜	26.339	春秋早期	同上
孔伯	04183	孔伯簋	8.436	西周早期	
子	01416	子鼎	3.112	商代晚期	
子	02412	榮仲鼎	5.225	西周早期後段	
子	02413	榮仲鼎	5.226	西周早期後段	
子	04255	子簋	9.28	西周早期	
子	04268	子簋	9.40	西周早期	
子	11751	啟尊	21.219	商代晚期	
子	11761	賓尊	21.229	商代晚期	
子	11797	子黃尊	21.271	商代晚期	
子	12374	小子省壺	22.280	商代晚期	
子	13247	寯卣	24.163	商代晚期	
子	13275	叔霝卣	24.200	商代晚期	
子	13281	子卣	24.207	商代晚期	
子	13326	小子奮卣	24.278	商代晚期	
子乙	00457	子乙鼎	1.354	商代晚期	
子丁	08015	子丁市爵	16.182	商代晚期	
子刀	01132	子刀父乙鼎	2.371	商代晚期	

人　名	器　號	器　名	卷數頁碼	時　代	備　注
子刀	03654	子刀簋	7.466	商代晚期	
子刀	07365	子刀爵	15.205	商代晚期	
子刀	10180	子刀觶	19.101	商代晚期	
子刀	14326	子刀盤	25.341	商代晚期	
子口	01781	子口鼎	3.446	西周早期前段	
子口	07561	子口爵	15.347	西周早期前段	
子口	11274	子口尊	20.311	西周早期前段	
子口	14622	子口盉	26.41	西周早期前段	
子之	02517	中山王嚳鼎	5.456	戰國中期	
子之	12455	中山王嚳壺	22.449	戰國中期	
子弓	10176	子弓觶	19.99	商代晚期	
子不	07366	子不爵	15.206	商代晚期	
子父	00955	子庿鼎	2.227	商代晚期	
子父	07664	子父爵	15.436	西周早期	
子孔	17108	子孔戈	32.163	戰國早期	
子正	07339	子正爵	15.184	商代晚期	
子左	07336	子左爵	15.182	商代晚期	
子左	07337	子左爵	15.182	商代晚期	
子出	02787	子出鬲	6.170	西周早期	
子由	07361	子由爵	15.201	商代晚期	
子申	14332	子申盤	25.347	西周早期	
子禾	07373	子禾爵	15.210	商代晚期	
子禾	07374	子禾爵	15.211	商代晚期	
子禾子	16912	子禾子左戟	31.458	戰國時期	
子白	14538	虢季子白盤	25.593	西周晚期	即虢季子白
子令	04486	子令簋	9.243	西周早期	
子犯	02727	子犯鬲	6.109	春秋中期	晉卿，文公重耳的舅父
子犯	15200	子犯鐘 A 甲	27.157	春秋中期	同上
子犯	15201	子犯鐘 A 乙	27.159	春秋中期	同上
子犯	15202	子犯鐘 A 丙	27.161	春秋中期	同上
子犯	15203	子犯鐘 A 丁	27.163	春秋中期	同上
子犯	15204	子犯鐘 A 戊	27.165	春秋中期	同上
子犯	15208	子犯鐘 B 甲	27.169	春秋中期	同上

人　名	器　號	器　名	卷數頁碼	時　代	備　注
子犯	15209	子犯鐘B乙	27.171	春秋中期	晉卿，文公重耳的舅父
子犯	15210	子犯鐘B丙	27.173	春秋中期	同上
子犯	15211	子犯鐘B丁	27.175	春秋中期	同上
子犯	15212	子犯鐘B戊	27.177	春秋中期	同上
子戊	00458	子戊鼎	1.355	商代晚期	
子达	10622	子达觶	19.441	商代晚期	
子戌	01733	子戌鼎	3.390	西周早期	
子耳	02253	子耳鼎	4.480	春秋早期	
子光	09324	子光觚	18.86	商代晚期	
子糸	07367	子糸爵	15.207	商代晚期	
子糸	07368	子糸爵	15.208	商代晚期	
子糸	07369	子糸爵	15.208	商代晚期	
子巫	03643	子巫簋	7.459	商代晚期	
子何	07375	子何爵	15.211	商代晚期	
子每	07349	子每爵	15.192	商代晚期	
子妥	00460	子妥鼎	1.356	商代晚期	
子妥	00461	子妥鼎	1.357	商代晚期	
子妥	00462	子妥鼎	1.358	商代晚期	
子妥	00463	子妥鼎	1.358	商代晚期	
子妥	00464	子妥鼎	1.359	商代晚期	
子妥	03648	子妥簋	7.462	商代晚期	
子妥	08013	子妥谷爵	16.181	商代晚期	
子妥	09312	子妥觚	18.77	商代晚期	
子夆	03645	子夆簋	7.461	商代晚期	
子夆	03646	子夆簋	7.461	商代晚期	
子夆	03647	子夆簋	7.462	商代晚期	
子夆	11275	子夆尊	20.312	西周早期	
子炱	11678	子炱尊	21.155	西周早期	
子者	16633	子者戈	31.77	戰國中期	
子雨	07370	子雨爵	15.209	商代晚期	
子雨	07371	子雨爵	15.209	商代晚期	
子雨	09316	子雨觚	18.80	商代晚期	
子疪	00477	子疪鼎	1.370	商代晚期	

人 名	器 號	器 名	卷數頁碼	時 代	備 注
子疕	08556	寶爵	17.105	西周早期前段	
子疕	12714	子疕卣	23.166	商代晚期	
子叔	12242	子叔壺	22.116	西周晚期	
子叔	12243	子叔壺	22.117	西周晚期	
子阤	04494	子阤簋	9.250	西周早期	
子孤	03649	子孤簋	7.463	商代晚期	
子馬	13497	子馬方彝	24.373	商代晚期	
子豆	16634	子豆戟	31.78	戰國時期	
子南	03644	子南簋	7.460	商代晚期	
子思	02404	鼄子鼎	5.208	春秋晚期	
子眀	16735	子眀戈	31.189	戰國早期	
子保	09318	子保觚	18.82	商代晚期	
子侯	12712	子侯卣	23.165	商代晚期	
子癸	00459	子癸鼎	1.355	商代晚期	
子癸	07335	子癸爵	15.181	商代晚期	
子癸	09317	子癸觚	18.81	商代晚期	
子烖	11208	子烖尊	20.256	商代晚期	
子臭	12713	子臭卣	23.166	商代晚期	
子殷	11635	子殷尊	21.117	西周早期	
子殷	12199	子殷壺	22.70	西周早期	
子离	15884	子离鐃	29.440	商代晚期	
子偶	09308	子偶觚	18.74	商代晚期	
子偶	09309	子偶觚	18.75	商代晚期	
子商	03240	子商甗	7.123	商代晚期	
子商	14961	子商匜	26.339	春秋早期	
子翌	00476	子翌鼎	1.369	商代晚期	
子翌	12959	子翌父庚卣	23.388	西周早期	
子喬	13119	子喬卣	24.30	西周中期前段	
子鱻	04825	芮公簋甲	10.118	西周中期前段	芮公的叔父
子鱻	04826	芮公簋乙	10.119	西周中期前段	同上
子媚	00469	子媚鼎	1.363	商代晚期	
子媚	03650	子媚簋	7.463	商代晚期	
子媚	07340	子媚爵	15.185	商代晚期	

人　名	器　號	器　名	卷數頁碼	時　代	備　注
子媚	07341	子媚爵	15.186	商代晚期	
子媚	07342	子媚爵	15.187	商代晚期	
子媚	07343	子媚爵	15.188	商代晚期	
子媚	07344	子媚爵	15.189	商代晚期	
子媚	07345	子媚爵	15.190	商代晚期	
子媚	07346	子媚爵	15.191	商代晚期	
子媚	07347	子媚爵	15.191	商代晚期	
子媚	07348	子媚爵	15.192	商代晚期	
子媚	09313	子媚觚	18.78	商代晚期	
子媚	09314	子媚觚	18.78	商代晚期	
子媚	10177	子媚觶	19.100	商代晚期	
子媚	10967	子媚斝	20.81	商代晚期	
子媚	13758	子媚罍	25.52	商代晚期	
子媚	13759	子媚罍	25.53	商代晚期	
子義	07338	子義爵	15.183	商代晚期	
子漁	10966	子漁斝	20.80	商代晚期	
子漁	11205	子漁尊	20.253	商代晚期	
子璋	15324	子璋鐘甲	27.393	春秋晚期	
子璋	15325	子璋鐘乙	27.395	春秋晚期	
子璋	15326	子璋鐘丙	27.397	春秋晚期	
子璋	15327	子璋鐘丁	27.400	春秋晚期	
子璋	15328	子璋鐘戊	27.403	春秋晚期	
子璋	15329	子璋鐘己	27.405	春秋晚期	
子蝠	00470	子蝠鼎	1.364	商代晚期	
子蝠	07354	子蝠爵	15.196	商代晚期	
子蝠	07355	子蝠爵	15.197	商代晚期	
子蝠	07356	子蝠爵	15.198	商代晚期	
子蝠	07357	子蝠爵	15.199	商代晚期	
子蝠	07358	子蝠爵	15.199	商代晚期	
子蝠	07359	子蝠爵	15.200	商代晚期	
子蝠	07360	子蝠爵	15.200	商代晚期	
子蝠	09315	子蝠觚	18.79	商代晚期	
子蝠	10965	子蝠斝	20.79	商代晚期	

人　名	器　號	器　名	卷數頁碼	時　代	備　注
子蝠	13504	子蝠方彝	24.379	西周早期	
子蝠	14609	子蝠盉	26.29	商代晚期	
子衛	00471	子衛鼎	1.365	商代晚期	
子衛	00472	子衛鼎	1.366	商代晚期	
子衛	00473	子衛鼎	1.366	商代晚期	
子衛	07350	子衛爵	15.193	商代晚期	
子衛	07351	子衛爵	15.194	商代晚期	
子衛	07352	子衛爵	15.195	商代晚期	
子衛	07353	子衛爵	15.196	商代晚期	
子衛	09319	子衛觚	18.83	商代晚期	
子衛	09320	子衛觚	18.84	商代晚期	
子衛	09321	子衛觚	18.85	商代晚期	
子衛	09322	子衛觚	18.85	商代晚期	
子諆	06266	子諆盆	13.481	春秋中期	
子彈	14701	子彈盉	26.112	西周早期前段	
子橫	18586	二十九年弩機	34.164	戰國晚期	楚懷王太子
子䯄（噲）	12455	中山王譻壺	22.449	戰國中期	燕王噲
子筮	16349	子筮戈	30.319	商代晚期	
子龍	00465	子龍鼎	1.359	商代晚期	
子龍	10577	鼻女子觶	19.404	商代晚期	
子龍	12007	子龍壺	21.370	商代晚期	
子豪	00474	子豪鼎	1.367	商代晚期	
子豪	00475	子豪鼎	1.368	商代晚期	
子豪	07376	子豪爵	15.212	商代晚期	
子豪	11209	子豪尊	20.257	商代晚期	
子鼻	07372	子鼻爵	15.210	商代晚期	
子鼻	09310	子鼻觚	18.76	商代晚期	
子鼻	09311	子鼻觚	18.77	商代晚期	
子鼻	10178	子鼻觶	19.100	商代晚期	
子鼻	10179	子鼻觶	19.101	商代晚期	
子龔	00466	子龔鼎	1.360	商代晚期	
子龔	00467	子龔鼎	1.361	商代晚期	
子龔	00468	子龔鼎	1.362	商代晚期	

人　名	器　號	器　名	卷數頁碼	時　代	備　注
子糞	03653	子糞簋	7.465	商代晚期	
子糞	11206	子糞尊	20.254	商代晚期	
子糞	16348	子糞戈	30.318	商代晚期	
子廕	00478	子廕鼎	1.370	商代晚期	
子廕	00479	子廕鼎	1.371	商代晚期	
子廕	06111	子廕父丁豆	13.360	商代晚期	
子廕	11207	子廕尊	20.255	商代晚期	
子晁	03652	子晁簋	7.464	商代晚期	
子廕	04013	子廕父丁簋	8.293	西周早期前段	
子廕	01160	子廕父丁鼎	2.391	西周早期前段	
子廕	01161	子廕父丁鼎	2.392	西周早期前段	
子廕	12952	子廕父丁卣	23.381	西周早期前段	
子遻	01966	子遻鼎	4.122	西周晚期	
子贏	07362	子贏爵	15.202	商代晚期	
子贏	09323	子贏觚	18.86	商代晚期	
子鼎	01133	子鼎父乙鼎	2.372	商代晚期	
子鼎	07363	子鼎爵	15.203	商代晚期	
子鼎	07364	子鼎爵	15.204	商代晚期	
子䜌	04536	子䜌簋	9.287	商代晚期	
子䜌	08566	子䜌爵	17.115	商代晚期	
子▲	07377	子▲爵	15.212	商代晚期	
子▲	07378	子▲爵	15.213	商代晚期	
子▲	07379	子▲爵	15.214	商代晚期	
子▲	07380	子▲爵	15.215	商代晚期	
子▲	07381	子▲爵	15.216	商代晚期	
子▲	08007	子▲單爵	16.175	商代晚期	
子▲	08008	子▲單爵	16.176	商代晚期	
子▲	08009	子▲萬爵	16.177	商代晚期	
子▲	08010	子▲萬爵	16.178	商代晚期	
子▲	08011	子▲目爵	16.179	商代晚期	
子▲	08012	子▲卿爵	16.180	商代晚期	
子▲	09328	子▲觚	18.88	商代晚期	
子▲	12715	子▲卣	23.167	商代晚期	

人　名	器　號	器　名	卷數頁碼	時　代	備　注
子▲	16350	子▲戈	30.320	商代晚期	
子▲	16351	子▲戈	30.321	商代晚期	
子▲	16352	子▲戈	30.322	商代晚期	
子▲	18244	子▲鉞	33.516	商代晚期	
子▲	19276	子▲單箕	35.63	商代晚期	
子▲	19493	子▲涉器	35.250	商代晚期	
子♈	07383	子♈爵	15.217	商代晚期	
子X	09329	子X瓠	18.89	商代晚期	
子X	09330	子X瓠	18.90	商代晚期	
子夒	07387	子夒爵	15.221	商代晚期	
子夒	07388	子夒爵	15.222	商代晚期	
子兄	03651	子兄簋	7.464	商代晚期	
子彡	07382	子彡爵	15.216	商代晚期	
子▲	00975	子▲鼎	2.245	商代晚期	
子▲	00976	子▲鼎	2.246	商代晚期	
子▲	07384	子▲爵	15.218	商代晚期	
子▲	07385	子▲爵	15.219	商代晚期	
子▲	09325	子▲瓠	18.87	商代晚期	
子▲	09326	子▲瓠	18.87	商代晚期	
子𦣝	07386	子𦣝爵	15.220	商代晚期	
子🐚	07389	子🐚爵	15.222	商代晚期	
子伙	11210	子伙尊	20.258	商代晚期	
子𰀀	07390	子𰀀爵	15.223	商代晚期	
子☆	07391	子☆爵	15.223	商代晚期	
子🜚	07392	子🜚爵	15.224	商代晚期	
子🝙	08014	子🝙爰爵	16.181	商代晚期	
子𠀀	09327	子𠀀瓠	18.88	商代晚期	
子🜛	09331	子🜛瓠	18.91	商代晚期	
子🌲	14038	引瓶	25.193	春秋時期	樂大司徒
子牙父	05235	屄敖簋蓋	11.286	西周中期	
子可期	16767	子可期戈	31.237	春秋晚期	
子禾子	18818	子禾子釜	34.272	戰國早期	
子邦父	03332	子邦父甗	7.210	西周中期	

人　名	器　號	器　名	卷數頁碼	時　代	備　注
子束泉	09636	子束泉觚	18.327	商代晚期	
子束泉	09637	子束泉觚	18.328	商代晚期	
子束泉	09638	子束泉觚	18.329	商代晚期	
子束泉	11020	子束泉斝	20.121	商代晚期	
子束泉	11292	子束泉尊	20.327	商代晚期	
子束泉	11293	子束泉尊	20.328	商代晚期	
子皀母	08003	子皀母爵	16.172	商代晚期	
子皀母	08004	子皀母爵	16.173	商代晚期	
子皀母	08005	子皀母爵	16.174	商代晚期	
子皀母	08006	子皀母爵	16.174	商代晚期	
子叔姜	12407	曩公壺	22.329	春秋早期	曩公的女兒
子孟改	12367	匝君壺	22.271	春秋時期	成公的女兒
子皇母	05853	子皇母簋	13.110	春秋早期	
子馬氏	01089	子馬氏鼎	2.337	戰國早期	鄭國人,原誤釋爲"子首氏"
子岀龏	16768	子岀龏戟	31.239	戰國時期	
子惆子	16538	子惆子戈	30.491	春秋時期	
子備嶂	16690	子備嶂戈	31.139	春秋早期	
子備嶂	16691	子備嶂戈	31.140	春秋早期	
子蝠何	09639	子蝠何觚	18.330	商代晚期	
子蝠何	09640	子蝠何觚	18.331	商代晚期	
子廓圖	12832	子廓圖卣	23.267	商代晚期	
子廓圖	13508	子廓圖方彝	24.383	商代晚期	
子廓窺	12264	子窺窺壺	22.139	西周早期後段	
子鼻君	01223	子鼻君鼎	2.438	商代晚期	
子者梯戠	16708	子者梯戠戈	31.157	戰國晚期	
子季嬴青	05932	子季嬴青簋	13.219	春秋晚期	
子季嬴青	06270	子季嬴青盆	13.488	春秋時期	
子婼迊子	12160	子婼迊子壺	22.31	戰國時期	
子婼迊子	12161	子婼迊子壺	22.32	戰國時期	
子叔嬴内君	06263	子叔嬴内君盆	13.477	春秋早期	
小子	01384	小子鼎	3.80	商代晚期	
小子	01385	小子鼎	3.81	商代晚期	
小子	13032	小子卣	23.456	商代晚期	

人名	器號	器名	卷數頁碼	時代	備注
小子	13033	小子卣	23.457	商代晚期	
小夫	13205	小夫卣	24.116	西周早期	
小夫	13206	小夫卣	24.117	西周早期	
小臣	01386	小臣鼎	3.82	商代晚期	
小臣	10627	小臣觶	19.445	西周早期	
小臣	11587	小臣尊	21.79	西周早期	
小臣	11633	小臣尊	21.115	西周早期	
小臣	12293	己侯壺	22.169	春秋早期	
小臣	13166	小臣卣	24.76	西周早期	
小妃	19904	小妃漆盒	35.478	戰國晚期	
小車	08551	小車爵	17.100	西周早期	
小宮	05679	尌比盨	12.464	西周晚期	
小子夫	11762	小子夫尊	21.230	商代晚期	
小子生	11799	小子生尊	21.273	西周早期後段	
小子网	05128	小子网簋	11.71	商代晚期	
小子省	12374	小子省壺	22.280	商代晚期	
小子叕	02188	小子叕鼎	4.387	西周晚期	
小子駰	19829	秦駰玉牘甲	35.455	戰國晚期	
小子駰	19830	秦駰玉牘乙	35.457	戰國晚期	
小子射	02202	小子射鼎	4.407	商代晚期	
小子寿	05321	我簋	12.21	西周中期後段	
小子畬	13326	小子畬卣	24.278	商代晚期	
小子野	04865	小子野簋	10.174	商代晚期	
小子𪐏	02515	曶鼎	5.447	西周中期後段	曶的小子
小臣缶	02224	小臣缶鼎	4.442	商代晚期	
小臣守	05209	小臣守簋蓋	11.236	西周中期後段	
小臣守	05210	小臣守簋	11.238	西周中期後段	
小臣守	05211	小臣守簋	11.239	西周中期後段	
小臣宅	05225	小臣宅簋	11.264	西周早期	
小臣邑	11065	小臣邑斝	20.159	商代晚期	
小臣夌	02411	小臣夌鼎	5.223	西周早期	
小臣兒	12258	小臣兒壺	22.133	商代晚期	
小臣伯	02205	小臣伯鼎	4.410	西周早期後段	

人　名	器　號	器　名	卷數頁碼	時　代	備　注
小臣䟦	19757	小臣䟦玉戈	35.363	商代晚期	
小臣單	10656	小臣單觶	19.471	西周早期前段	
小臣靜	13315	小臣靜卣	24.255	西周早期	
小臣傳	05226	小臣傳簋	11.266	西周早期	
小臣𢇁(系)	13284	小臣𢇁卣	24.210	商代晚期	
小臣𢇁(系)	13285	小臣𢇁卣	24.212	商代晚期	
小臣𢇁(系)	19702	小臣妥玉琮	35.304	商代晚期	
小臣𢇁(系)	19708	小臣系玉瑗	35.314	商代晚期	
小臣𢇁(系)	19709	小臣系玉瑗	35.315	商代晚期	
小臣艅	11785	小臣艅尊	21.255	商代晚期	
小臣𨘢(逋)	02103	小臣逋鼎	4.287	西周中期前段	
小臣𠪚	02102	小臣𠪚鼎	4.286	西周早期前段	
小臣豐	11747	典尊	21.215	西周早期	
小臣豐	13250	小臣豐卣	24.168	西周早期	
小臣㝵	04502	小臣㝵簋	9.258	西周早期	
小臣謎	05269	小臣謎簋	11.370	西周早期	
小臣謎	05270	小臣謎簋	11.373	西周早期	
小子吉父	03346	小子吉父甗	7.226	春秋早期	
小子𢍉倗	05214	爯簋	11.243	西周中期	
小臣成友	05679	㲻比盨	12.464	西周晚期	
小仲姜氏	02206	衛鼎	4.411	西周中期後段	
小門人䌛	14542	散氏盤	25.602	西周晚期	夨人有司
小臣氏樊尹	01830	小臣氏樊尹鼎	3.487	西周中期前段	
巳	04852	邢姜太宰巳簋	10.149	西周晚期	邢姜的太宰
己	01402	己鼎	3.98	西周早期後段	
己公	01866	令鼎	4.23	西周中期前段	令的父親
己公	01912	霍鼎	4.72	西周晚期	霍的親屬
己公	02345	𢽚䜌鼎	5.112	西周早期後段	𢽚䜌的長輩
己公	05384	沈子也簋蓋	12.172	西周早期	沈子也的親屬
己公	06228	𨘢盂	13.455	西周晚期	
己仲	02346	衛鼎	5.113	西周中期	衛的父親
己伯	02465	大鼎	5.320	西周晚期	大的父親
己伯	02466	大鼎	5.322	西周晚期	同上

人　名	器　號	器　名	卷數頁碼	時　代	備　注
己伯	15232	兮仲鐘甲	27.216	西周晚期	兮仲的父親
己伯	15233	兮仲鐘乙	27.217	西周晚期	同上
己伯	15234	兮仲鐘丙	27.219	西周晚期	同上
己伯	15235	兮仲鐘丁	27.220	西周晚期	同上
己伯	15236	兮仲鐘戊	27.222	西周晚期	同上
己伯	15237	兮仲鐘己	27.224	西周晚期	同上
己伯	15238	兮仲鐘庚	27.225	西周晚期	同上
己伯	15269	盧鐘	27.285	西周中期後段	盧的父親
己伯	15270	盧鐘	27.287	西周中期後段	同上
己伯	15271	盧鐘	27.289	西周中期後段	同上
己侯	02892	己侯鬲	6.290	西周晚期	即紀侯
己侯	04673	己侯簋	9.418	西周中期	同上
己侯	12293	己侯壺	22.169	春秋早期	同上
己姜	03954	作己姜簋	8.246	西周早期	即紀姜
己姜	04917	己侯貉子簋蓋	10.243	西周中期前段	同上
己孝子	12164	己孝子壺	22.35	戰國時期	
己孝子	12165	己孝子壺	22.35	戰國時期	
己華父	01967	己華父鼎	4.123	西周晚期	即紀華父
己侯虤	15124	紀侯虤鐘	27.29	西周晚期	即紀侯虤
己伯父丁	02828	叔鼏鬲	6.212	西周早期	即紀伯父丁
己伯父丁	04548	櫱簋	9.298	西周中期	櫱的父親
己侯貉子	04917	己侯貉子簋蓋	10.243	西周中期前段	即紀侯貉子
尸	02104	尸鼎	4.288	西周中期前段	
尸	04964	豐兮夷簋	10.303	西周晚期	即豐兮夷
尸	04965	豐兮夷簋	10.305	西周晚期	同上
尸	04966	豐兮夷簋	10.306	西周晚期	同上
尸	08481	尸爵	17.43	西周早期	
尸	08549	尸爵	17.98	西周中期前段	
尸	12195	尸壺	22.66	商代晚期	
尸	13148	尸卣	24.58	商代晚期	
尸	15552	叔夷鐘一	28.526	春秋晚期	即夷、叔夷
尸	15553	叔夷鐘二	28.529	春秋晚期	同上
尸	15554	叔夷鐘三	28.531	春秋晚期	同上

人名	器號	器名	卷數頁碼	時代	備注
尸	15555	叔夷鐘四	28.534	春秋晚期	即夷、叔夷
尸	15829	叔夷鎛	29.395	春秋晚期	
尸曰	04232	尸曰簋	9.8	西周中期前段	
尸曰	12154	尸曰壺	22.25	西周中期前段	
尸曰	14381	尸曰盤	25.394	西周中期前段	
尸曰	14859	尸曰匜	26.241	西周中期前段	
尸伯	11788	作册睘尊	21.259	西周早期後段	即夷伯
尸伯	13320	作册睘卣	24.264	西周早期	同上
尸叔	01931	羊庚茲鼎	4.90	西周中期前段	即夷叔
尸伯尸	05158	夷伯夷簋	11.125	西周晚期	即夷伯夷
尸伯尸	05159	夷伯夷簋	11.128	西周晚期	同上
矢	13180	矢卣	24.92	西周早期	
矢	13548	矢令方彝	24.438	西周早期	即矢令
矢	14717	矢盉	26.127	西周早期	
矢人	14542	散氏盤	25.602	西周晚期	
矢人	18474	矢人泡	34.60	西周早期	
矢王	01550	矢王鼎	3.225	西周早期後段	
矢王	04823	矢王簋蓋	10.116	西周中期後段	
矢王	10587	矢王觶	19.411	西周早期後段	
矢王	13307	同卣	24.242	西周中期前段	
矢令	11821	矢令尊	21.315	西周早期	
矢令	13548	矢令方彝	24.438	西周早期	
矢仲	16391	矢仲戈	30.357	西周早期	
矢伯	02700	矢伯鬲	6.83	西周早期	
矢伯	02701	矢伯鬲	6.84	西周早期	
矢伯	03251	矢伯甗	7.132	西周早期	
矢叔	04231	矢叔簋	9.7	西周中期後段	
矢姬	04652	散伯簋甲	9.398	西周晚期	散伯的夫人
矢姬	04653	散伯簋乙	9.399	西周晚期	同上
矢姬	04654	散伯簋丙	9.400	西周晚期	同上
矢姬	04655	散伯簋丁	9.401	西周晚期	同上
矢姬	11684	陵王尊	21.160	西周早期前段	陵王的夫人
矢姬	14875	散伯匜	26.255	西周晚期	散伯的夫人

人　名	器　號	器　名	卷數頁碼	時　代	備　注
矢賸	05514	矢賸盨	12.232	西周晚期	
中	04053	中簋	8.326	西周早期	
中	04275	中簋	9.45	西周早期	
中	14694	中盉	26.106	西周早期	
中	11515	中尊	21.17	西周中期前段	
也	05384	沈子也簋蓋	12.172	西周早期	即沈子也
女子	14758	吳王夫差盉	26.164	春秋晚期	吳王夫差的女兒
女皿	03744	作女皿簋	8.63	商代晚期	即母皿
女妌	04079	女妌簋	8.347	西周早期	
女皇氏	19921	楚繒書	35.510	戰國晚期	

四　畫

人　名	器　號	器　名	卷數頁碼	時　代	備　注
丰	01249	丰鼎	3.7	西周中期	
丰	10620	丰觶	19.440	西周早期	
丰	11650	丰尊	21.131	西周早期	
王	14762	王盉	26.168	西周晚期	周王
王子	02041	王子中府鼎	4.209	戰國晚期	
王子	16814	王子戈	31.297	春秋晚期	
王子	16815	王子戈	31.298	春秋晚期	
王子	17133	王子戈	32.192	戰國晚期	
王石	02421	信安君鼎	5.237	戰國中期	
王母	04284	州簋甲	9.54	西周中期前段	即皇母
王母	04285	州簋乙	9.55	西周中期前段	
王后	01488	王后鼎	3.173	戰國晚期	
王后	01489	王后左和室鼎	3.174	戰國晚期	
王后	01886	鑄客爲王后鼎	4.45	戰國晚期	
王后	01887	鑄客爲王后鼎	4.47	戰國晚期	
王后	01888	鑄客爲王后鼎	4.48	戰國晚期	
王后	02012	王后左和室鼎	4.175	戰國晚期	
王后	02013	王后左和室鼎	4.176	戰國晚期	
王后	02014	王后左和室鼎	4.177	戰國晚期	

人 名	器 號	器 名	卷數頁碼	時 代	備 注
王后	03330	王后中官甒	7.208	戰國晚期	
王后	05804	鑄客簠	13.60	戰國晚期	
王后	05805	鑄客簠	13.61	戰國晚期	
王后	05806	鑄客簠	13.62	戰國晚期	
王后	05807	鑄客簠	13.63	戰國晚期	
王后	05808	鑄客簠	13.65	戰國晚期	
王后	05809	鑄客簠	13.66	戰國晚期	
王后	05810	鑄客簠	13.67	戰國晚期	
王后	05811	鑄客簠	13.68	戰國晚期	
王后	05812	鑄客簠	13.69	戰國晚期	
王后	06133	鑄客豆	13.383	戰國晚期	
王后	06134	鑄客豆	13.384	戰國晚期	
王后	06135	鑄客豆	13.385	戰國晚期	
王后	06136	鑄客豆	13.386	戰國晚期	
王后	06137	鑄客豆	13.387	戰國晚期	
王后	06138	鑄客豆	13.388	戰國晚期	
王后	14076	鑄客缶	25.231	戰國晚期	
王后	14077	鑄客缶	25.232	戰國晚期	
王后	15057	鑄客鎬	26.407	戰國晚期	
王后	15058	鑄客鎬	26.408	戰國晚期	
王臣	05313	王臣簋	12.3	西周中期後段	
王攺	04596	蘇公簋	9.343	西周晚期	蘇公的女兒
王何	17187	王何戈	32.250	戰國晚期	
王伯	01393	王伯鼎	3.89	西周早期	
王妊	04074	王妊簋	8.343	西周早期後段	周文王的后妃
王姒	01721	王姒鼎	3.383	西周早期	同上
王姒	02327	寓鼎	5.90	西周早期前段	同上
王姒	05401	班簋	12.209	西周中期	同上
王姒	11741	叔虬尊	21.210	西周早期	同上
王姒	13533	叔虬方彝	24.408	西周早期	同上
王季	01394	王季鼎	3.90	西周早期	
王妻	04073	王妻簋	8.342	西周早期後段	
王姜	02205	小臣伯鼎	4.410	西周早期	周康王的后妃

人　名	器　號	器　名	卷數頁碼	時　代	備　注
王姜	02321	旟鼎	5.79	西周早期	周康王的后妃
王姜	05008	不壽簋	10.369	西周早期	同上
王姜	05113	叔簋	11.44	西周早期後段	同上
王姜	05114	叔簋	11.47	西周早期後段	同上
王姜	05352	作册夨令簋	12.96	西周早期後段	同上
王姜	05353	作册夨令簋	12.98	西周早期後段	同上
王姜	13320	作册睘卣	24.264	西周早期	同上
王姞	04828	鄂侯簋	10.121	西周晚期	鄂侯的女兒或姊妹
王姞	04829	鄂侯簋	10.123	西周晚期	同上
王姞	04830	鄂侯簋	10.125	西周晚期	同上
王姞	04831	鄂侯簋	10.126	西周晚期	同上
王員	04866	諫簋	10.175	西周早期後段	
王員	04867	諫簋	10.177	西周早期後段	
王豈	17306	鈖陶令富反戈	32.390	戰國時期	
王羨	16627	王羨戈	31.70	春秋時期	
王姬	04728	遣小子觶簋	9.481	西周晚期	
王姬	15565	秦公鐘甲	28.549	春秋早期	秦武公的夫人
王姬	15567	秦公鐘丙	28.553	春秋早期	同上
王姬	15824	秦公鎛甲	29.377	春秋早期	同上
王姬	15825	秦公鎛乙	29.381	春秋早期	同上
王姬	15826	秦公鎛丙	29.385	春秋早期	同上
王章	17109	公迖戈	32.164	戰國中期	
王蔑	01349	王蔑鼎	3.52	戰國晚期	
王嬀	04674	陳侯簋	9.419	西周晚期	陳侯的女兒或姊妹
王子午	02468	王子午鼎甲	5.326	春秋晚期前段	
王子午	02469	王子午鼎乙	5.329	春秋晚期前段	
王子午	02471	王子午鼎丁	5.332	春秋晚期前段	
王子午	02472	王子午鼎戊	5.334	春秋晚期前段	
王子午	02473	王子午鼎己	5.336	春秋晚期前段	
王子午	02474	王子午鼎庚	5.338	春秋晚期前段	
王子午	16843	王子午戟	31.336	春秋晚期前段	
王子午	16844	王子午戟	31.337	春秋晚期前段	
王子反	16845	王子反戈	31.338	春秋晚期	

人　名	器　號	器　名	卷數頁碼	時　代	備　注
王子申	06071	王子申盞	13.332	春秋晚期	
王子申	06160	邨陵君豆	13.418	戰國晚期	
王子申	14868	王子申匜	26.249	春秋晚期	
王子申	15065	邨陵君鑑	26.418	戰國晚期	邨陵君
王子玖	16974	王子玖戈	32.16	春秋晚期	
王子玖	16975	王子玖戈	32.20	春秋晚期	
王子臣	06321	王子臣俎	13.521	春秋晚期	
王子吳	02343	王子吳鼎	5.110	春秋晚期	
王子耶	13634	王子耶觥	24.472	西周早期	
王子适	14870	王子适匜	26.251	戰國早期	
王子齊	15064	大府鎬	26.416	戰國晚期	
王子臺	01749	王子臺鼎	3.407	春晚或戰早	
王子聽	00725	王子聽鼎	2.45	戰國晚期	
王太后	02043	王太后鼎	4.213	戰國晚期	
王太后	02241	王太后右和室鼎	4.462	戰國時期	
王伯姜	02814	王伯姜鬲	6.198	西周中期後段	
王伯姜	02815	王伯姜鬲	6.199	西周中期後段	
王伯姜	02816	王伯姜鬲	6.200	西周中期後段	
王伯姜	12278	王伯姜壺	22.153	西周中期後段	
王伯姜	12279	王伯姜壺	22.154	西周中期後段	
王馬重	02162	十七年平陰鼎蓋	4.355	戰國中期	
王郘姬	15065	邨陵君鑑	26.418	戰國晚期	
王孫名	16848	王孫名戟	31.341	春秋晚期	
王孫家	16849	王孫家戈	31.343	春秋晚期	
王孫袖	17145	偲戈	32.205	戰國時期	
王孫壽	03357	王孫壽甗	7.240	春秋早期	
王孫誥	15606	王孫誥鐘一	29.46	春秋晚期前段	
王孫誥	15607	王孫誥鐘二	29.50	春秋晚期前段	
王孫誥	15608	王孫誥鐘三	29.54	春秋晚期前段	
王孫誥	15609	王孫誥鐘四	29.58	春秋晚期前段	
王孫誥	15610	王孫誥鐘五	29.62	春秋晚期前段	
王孫誥	15611	王孫誥鐘六	29.66	春秋晚期前段	
王孫誥	15612	王孫誥鐘七	29.70	春秋晚期前段	

人　名	器　號	器　名	卷數頁碼	時　代	備　注
王孫誥	15613	王孫誥鐘八	29.75	春秋晚期前段	
王孫誥	15614	王孫誥鐘九	29.81	春秋晚期前段	
王孫誥	15615	王孫誥鐘十	29.88	春秋晚期前段	
王孫誥	15616	王孫誥鐘十一	29.94	春秋晚期前段	
王孫誥	15617	王孫誥鐘十二	29.100	春秋晚期前段	
王孫誥	15618	王孫誥鐘十三	29.104	春秋晚期前段	
王孫誥	15620	王孫誥鐘十五	29.109	春秋晚期前段	
王孫誥	15622	王孫誥鐘十七	29.115	春秋晚期前段	
王孫誥	15625	王孫誥鐘廿	29.123	春秋晚期前段	
王孫誥	15628	王孫誥鐘廿三	29.129	春秋晚期前段	
王孫誥	16846	王孫誥戟	31.339	春秋晚期前段	
王孫誥	16847	王孫誥戟	31.340	春秋晚期前段	
王孫燮	01672	王孫燮鼎	3.335	戰國早期	
王孫纝	05794	王孫纝簠	13.47	春秋晚期	
王𡜪姜	02448	戒鼎	5.286	西周中期前段	
王騉鷹	04627	王騉鷹簋	9.373	西周早期	
王人眢輔	03350	王人眢輔甗	7.230	西周中期	
王子剌公	02280	宗婦�嫛鼎	5.20	春秋早期	宗婦鄙嫛的丈夫
王子剌公	02281	宗婦鄙嫛鼎	5.21	春秋早期	同上
王子剌公	02282	宗婦鄙嫛鼎	5.22	春秋早期	同上
王子剌公	02283	宗婦鄙嫛鼎	5.23	春秋早期	同上
王子剌公	02284	宗婦鄙嫛鼎	5.24	春秋早期	同上
王子剌公	02285	宗婦鄙嫛鼎	5.25	春秋早期	同上
王子剌公	02286	宗婦鄙嫛鼎	5.26	春秋早期	同上
王子剌公	05037	宗婦鄙嫛簋	10.417	春秋早期	同上
王子剌公	05038	宗婦鄙嫛簋	10.419	春秋早期	同上
王子剌公	05039	宗婦鄙嫛簋	10.421	春秋早期	同上
王子剌公	05040	宗婦鄙嫛簋	10.423	春秋早期	同上
王子剌公	05041	宗婦鄙嫛簋	10.425	春秋早期	同上
王子剌公	05042	宗婦鄙嫛簋	10.426	春秋早期	同上
王子剌公	05043	宗婦鄙嫛簋	10.427	春秋早期	同上
王子剌公	05044	宗婦鄙嫛簋	10.427	春秋早期	同上
王子剌公	05045	宗婦鄙嫛簋蓋	10.428	春秋早期	同上

人　名	器　號	器　名	卷數頁碼	時　代	備　注
王子剌公	05046	宗婦鄙嬰簋蓋	10.429	春秋早期	宗婦鄙嬰的丈夫
王子剌公	05047	宗婦鄙嬰簋蓋	10.430	春秋早期	同上
王子剌公	05048	宗婦鄙嬰簋蓋	10.431	春秋早期	同上
王子剌公	12398	宗婦鄙嬰壺	22.316	春秋早期	同上
王子剌公	12399	宗婦鄙嬰壺	22.317	春秋早期	同上
王子剌公	14497	宗婦鄙嬰盤	25.524	春秋早期	同上
王子啟彊	11690	王子啟彊尊	21.166	春秋晚期	
王子嬰次	15188	王子嬰次鐘	27.140	春秋晚期	
王仲皇父	14775	王仲皇父盉	26.185	西周晚期	
王仲嬀𤔲	05937	陳侯簠	13.226	春秋早期	
王仲嬀𤔲	05938	陳侯簠	13.228	春秋早期	
王垣令豕	17234	王垣令豕戟	32.299	戰國晚期	
王孫叔諲	03362	王孫叔諲甗	7.248	春秋時期	
王孫遺者	15632	王孫遺者鐘	29.137	春秋晚期	
井	02328	井鼎	5.91	西周中期前段	
井伯	02433	七年趞曹鼎	5.259	西周中期	即邢伯
井伯	03253	邢伯甗	7.134	西周早期	同上
井伯	05230	召簋	11.273	西周中期前段	同上
井伯	05326	豆閉簋	12.33	西周中期	同上
井叔	10859	邢叔飲壺	19.486	西周中期	即邢叔
井侯	02323	麥鼎	5.82	西周早期	即邢侯
井侯	05274	榮簋	11.384	西周早期	同上
井侯	05288	臣諫簋	11.419	西周中期前段	同上
井侯	11820	麥尊	21.313	西周早期	同上
井侯	13541	麥方彝	24.420	西周早期	同上
井侯	14785	麥盉	26.201	西周早期	同上
井姬	02830	伯狷父鬲	6.214	西周中期後段	即邢姬
井姬	03293	𩵋伯甗	7.170	西周中期前段	同上
井姜大宰巳	04852	邢姜太宰巳簋	10.149	西周晚期	即邢姜太宰巳
元	06221	魯大司徒元盂	13.446	春秋中期	魯國大司徒
元	11739	元尊	21.209	西周早期前段	
元	13145	元卣	24.55	商代晚期	
元	13270	元卣	24.195	西周早期	

人　名	器　號	器　名	卷數頁碼	時　代	備　注
元	16277	元戈	30.251	春秋早期	虢國太子
元尸	01793	元尸鼎	3.456	西周早期	
天	11422	天尊	20.436	西周中期前段	
天	11777	日己尊	21.244	西周中期前段	
天	13537	日己方彝	24.413	西周中期前段	
天	13664	日己觥	24.504	西周中期前段	
天亡	05303	天亡簋	11.451	西周早期	
天犬	12008	天犬壺	21.370	商代晚期	
天尹	15121	天尹鐘	27.25	春秋早期	
天尹	15122	天尹鐘	27.27	春秋早期	
天禾	04436	天禾簋	9.187	西周早期	
天君	02267	征人鼎	5.4	西周早期	
天君	02291	并鼎	5.35	西周中期	
天君	03035	公姞鬲	6.487	西周中期前段	
天君	03039	尹姞鬲	6.492	西周中期前段	尹姞的夫君
天君	03040	尹姞鬲	6.494	西周中期前段	同上
天君	04949	征簋	10.282	西周早期	周王的后妃
天君	06228	遹盂	13.455	西周晚期	
天姬	12153	天姬壺	22.24	西周中期前段	
天子聽	09828	天子聽觚	18.479	商代晚期	
天黽軏	08792	天黽軏角	17.229	商代晚期	
夫趺申	02410	夫趺申鼎	5.221	春秋晚期	
木	01542	木鼎	3.220	西周早期	
帀	01711	師鼎	3.374	西周早期	即師
帀給	18489	師給泡	34.81	戰國晚期	即師給
不巨	05149	酈侯少子簋	11.105	春秋晚期	莒侯之孫
不室(忘)	17159	首垣令不室戈	32.220	戰國晚期	首垣縣令
不𣏗	02361	不𣏗鼎	5.139	西周早期後段	
不𣏗	02362	不𣏗鼎	5.140	西周早期後段	
不啟	17168	宜令不啟戈	32.229	戰國晚期	宜縣縣令
不壽	05008	不壽簋	10.369	西周早期	
不𣪘	05387	不𣪘簋	12.178	西周晚期	
不𣪘	05388	不𣪘簋蓋	12.180	西周晚期	

人　名	器　號	器　名	卷數頁碼	時　代	備　注
不伯夏子	14089	邳伯夏子缶	25.252	戰國早期	
不伯夏子	14090	邳伯夏子缶	25.254	戰國早期	
五伯	11594	五伯尊	21.84	西周早期	
太子	01482	集脰太子鼎	3.164	戰國晚期	
太子	01483	集脰太子鼎	3.166	戰國晚期	
太子	02314	作册般鼎	5.68	商代晚期	
太子	02040	太子左和室鼎	4.207	戰國中期	
太子	08568	者婦爵	17.117	商代晚期	
太子	11693	者婦尊	21.168	商代晚期	
太子	11694	者婦尊	21.169	商代晚期	
太子	13654	者女觥	24.490	商代晚期	
太子	13655	者女觥	24.492	商代晚期	
太子	13815	者婦罍	25.103	商代晚期	
太子	13816	者婦罍	25.104	商代晚期	
太子	15055	集廚鎬	26.403	戰國晚期	
太公	06159	姬寏母豆	13.417	西周晚期	
太公	15266	師寏鐘	27.281	西周晚期	
太史	02382	中鼎	5.170	西周早期	
太史	02383	中鼎	5.172	西周早期	
太史	02384	中鼎	5.174	西周早期	
太史	10629	太史觶	19.447	西周早期後段	
太史	13805	大史罍	25.93	西周早期後段	
太伯	14773	季老或盉	26.182	西周中期	季老或的父親
太保	01016	作大保鼎	2.276	西周早期前段	
太保	01527	徲鼎	3.207	西周早期後段	
太保	01528	徲鼎	3.208	西周早期後段	
太保	01529	徲鼎	3.209	西周早期後段	
太保	01530	徲鼎	3.210	西周早期後段	
太保	01531	徲鼎	3.211	西周早期後段	
太保	01863	徲鼎	4.20	西周早期後段	
太保	02290	堇鼎	5.33	西周早期前段	
太保	02386	憲鼎	5.178	西周早期後段	
太保	02390	作册大鼎	5.183	西周早期前段	

人名	器號	器名	卷數頁碼	時代	備注
太保	02391	作册大鼎	5.184	西周早期前段	
太保	02392	作册大鼎	5.185	西周早期前段	
太保	02393	作册大鼎	5.186	西周早期前段	
太保	04482	大保簋	9.239	西周早期前段	召公奭
太保	04672	臣椡簋	9.417	西周早期	同上
太保	05113	叔簋	11.44	西周早期後段	同上
太保	05114	叔簋	11.47	西周早期後段	同上
太保	05139	太保簋	11.88	西周早期	
太保	09820	衛觚	18.473	西周早期	
太保	12836	大保卣	23.271	西周早期前段	召公奭
太保	12837	大保卣	23.272	西周早期前段	同上
太保	13831	太保罍	25.122	西周早期	同上
太保	14789	克盉	26.207	西周早期前段	
太保	16494	㴱戈	30.449	西周早期後段	
太保	16495	㴱戟	30.450	西周早期後段	
太師	01907	大師鼎	4.67	西周中期	
太師	04452	大師簋	9.203	西周中期後段	
太師	12360	師望壺	22.261	西周中期	
太師	14513	大師盤	25.545	春秋早期	
太子乙	02224	小臣缶鼎	4.442	商代晚期	
太子丁	04920	聽簋	10.245	商代晚期	商王太子
太子丁	13082	作大子丁卣	23.506	商代晚期	
太子癸	02290	堇鼎	5.33	西周早期前段	
太史友	03305	太史昚甗	7.182	西周早期	
太史旟	05679	鬲比盨	12.464	西周晚期	
太保鄀	14358	大保鄀盤	25.372	西周早期	
太祝追	02396	大祝追鼎	5.190	西周晚期	
太師虘	05280	大師虘簋甲	11.396	西周中期後段	
太師虘	05281	大師虘簋乙	11.399	西周中期後段	
太師虘	05282	大師虘簋丙	11.402	西周中期後段	
太師虘	05283	大師虘簋丁	11.405	西周中期後段	
太師虘	05674	大師虘盨	12.449	西周中期後段	
太師虘	06158	大師虘豆	13.416	西周中期後段	

人　名	器　號	器　名	卷數頁碼	時　代	備　注
太子般殷	02381	上曾太子般殷鼎	5.168	春秋早期	
太師人騂乎	01995	大師人騂乎鼎	4.155	西周晚期	
太師小子桒	05123	大師小子桒簋	11.64	西周晚期	
太師小子桒	05124	大師小子桒簋	11.66	西周晚期	
太師小子桒	05125	大師小子桒簋	11.68	西周晚期	
太師事良父	04892	大自事良父簋蓋	10.209	西周晚期	
太師小子師望	02477	師望鼎	5.344	西周中期	
友	03255	友甗	7.136	西周中期前段	
友父	01547	考鼎	3.223	西周中期前段	考的親屬
友父	04646	友父簋	9.392	西周晚期	
友父	04647	友父簋	9.393	西周晚期	
友束	13613	友束觚蓋	24.454	商代晚期	
巨蒍王	01773	巨蒍王鼎	3.440	戰國晚期	
屯	01547	屯鼎	4.219	西周中期	
屯	01548	屯鼎	4.220	西周中期	
屯	13232	屯卣	24.147	西周早期	
屯襄	04701	屯襄簋	9.448	西周早期後段	
戈乙	00429	戈乙鼎	1.332	商代晚期	
戈乙	00430	戈乙鼎	1.332	商代晚期	
戈己	00431	戈己鼎	1.333	商代晚期	
戈己	00432	戈己鼎	1.334	商晚或周早	
戈卬（祀）	11055	戈卬斝	20.149	西周早期	
戈卬（祀）	14720	戈卬盉	26.130	商代晚期	
戈父	00954	責戈父鼎	2.226	商代晚期	
戈父	07663	戈父爵	15.435	西周早期	
戈車	11679	戈車尊	21.156	西周早期	
戈車	13207	戈車卣	24.119	西周早期	
戈厚	04481	戈厚簋	9.238	商代晚期	
戈咎	08427	戈咎爵	17.3	西周早期	
戈咎	08428	戈咎爵	17.4	西周早期	
戈咎	09792	戈咎觚	18.453	西周早期	
戈咎	10560	戈咎觶	19.391	西周早期	
戈咎	12994	戈咎卣	23.420	西周早期	

人 名	器 號	器 名	卷數頁碼	時 代	備 注
戈咎	14692	戈咎盉	26.104	西周早期	
少曲夜	17304	上皋落戈	32.388	戰國晚期	
少曲㫐（夜）	17303	皋落戈	32.387	戰國晚期	皋落縣令
少曲令斿文	17202	少曲令斿文戈	32.269	戰國晚期	
少曲令慎录	17201	少曲令慎录戈	32.268	戰國時期	
日乙	01224	子戈日乙鼎	2.439	商代晚期	
日乙	02258	斿鼎	4.487	西周早期	斿的父親
日乙	04242	仲子日乙簋	9.17	西周早期後段	即仲子日乙
日乙	04877	��仲孠簋	10.193	西周中期	�仲孠的父親
日乙	04951	羿簋	10.284	西周中期前段	羿的祖父
日乙	04952	羿簋	10.285	西周中期前段	同上
日乙	05178	老簋	11.168	西周中期前段	老的父親
日乙	08565	文母日乙爵	17.114	西周早期	
日乙	09853	麋婦瓢	18.502	商代晚期	麋婦的夫君
日乙	11680	仲子尊	21.156	西周早期	仲子的親屬
日乙	11710	述尊	21.183	西周中期前段	述的兄長
日乙	11739	元尊	21.209	西周早期前段	元的親屬
日乙	11780	能匋尊	21.247	西周早期	能匋的父親
日乙	13240	述卣	24.156	西周中期前段	述的兄長
日乙	13270	元卣	24.195	西周早期	元的親屬
日乙	13322	稽卣	24.268	西周中期前段	稽的父親
日乙	13817	陵罍	25.106	西周早期	陵的父親
日丁	04409	懋簋	9.163	西周早期	懋的父親
日丁	05076	生史簋	10.477	西周中期前段	生史的祖父
日丁	05077	生史簋	10.478	西周中期前段	同上
日丁	05092	仲辛父簋	11.12	西周中期	仲辛父的祖父
日丁	11652	懋尊	21.132	西周早期	懋的父親
日丁	11791	商尊	21.265	西周早期前段	商的父親
日丁	12196	幾壺	22.67	西周早期	幾的祖母
日丁	13259	懋卣	24.180	商代晚期	懋的父親
日丁	13313	商卣	24.251	西周早期前段	商的父親
日丁	13335	匡卣	24.295	西周中期後段	匡的父親
日丁	13538	馬方彝	24.415	西周中期	馬的父親

人　名	器　號	器　名	卷數頁碼	時　代	備　注
日丁	14534	走馬休盤	25.584	西周中期	走馬休的父親
日己	02450	大夫始鼎	5.290	西周中期後段	大夫始的父親
日己	03360	就覎甗	7.245	西周中期前段	就覎的祖父
日己	05116	宴簋	11.51	西周晚期	宴的父親
日己	05117	宴簋	11.53	西周晚期	同上
日己	11777	日己尊	21.244	西周中期前段	天的父親
日己	12392	周乯壺	22.306	西周中期後段	周乯的父親
日己	12393	周乯壺	22.308	西周中期後段	同上
日己	13344	作册魃卣	24.316	西周早期	作册魃的先輩
日己	13537	日己方彝	24.413	西周中期前段	天的父親
日己	13664	日己觥	24.504	西周中期前段	
日壬	04558	叔窨簋	9.307	西周中期	叔窨的親屬
日壬	10525	何兄日壬觶	19.363	商代晚期	何的兄長
日壬	10639	父己年庚觶	19.455	西周早期	
日壬	11705	何尊	21.178	西周早期後段	何的兄長
日壬	12231	何壺	22.105	商代晚期	同上
日壬	13224	何卣	24.137	商代晚期	同上
日戊	01515	兴夊日戊鼎	3.195	商代晚期	
日戊	01806	作長鼎	3.469	西周早期	
日戊	02448	彧鼎	5.286	西周中期前段	
日戊	05076	生史簋	10.477	西周中期前段	生史的父親
日戊	05077	生史簋	10.478	西周中期前段	同上
日戊	14772	史昔衰盉	26.180	西周中期前段	史昔衰的父親
日戊	14790	束盉	26.209	西周中期前段	束的祖父
日甲	04562	木工册簋	9.310	西周早期	
日甲	05226	小臣傳簋	11.266	西周早期	小臣傳的父親
日甲	14790	束盉	26.209	西周中期前段	束的父親
日辛	01797	盂鼎	3.460	西周早期前段	盂的母親
日辛	01798	盂鼎	3.461	西周早期前段	同上
日辛	01803	姬鼎	3.466	西周早期	姬的婆母
日辛	01956	彭生鼎	4.114	西周早期	彭生的父親
日辛	01986	剌鼎	4.146	西周早期	剌的父親
日辛	04001	母窔日辛簋	8.283	商代晚期	

人　名	器　號	器　名	卷數頁碼	時　代	備　注
日辛	04481	戈厚簋	9.238	商代晚期	戈厚的兄長
日辛	04868	臭簋	10.179	西周中期前段	臭的親屬
日辛	04962	峇峇簋	10.301	西周晚期	峇峇的父親
日辛	08048	弁日辛爵	16.206	商代晚期	
日辛	08571	索諆爵	17.120	西周早期	索諆的親屬
日辛	08773	母寇日辛角	17.209	西周早期	
日辛	09769	母寇日辛觚	18.434	商代晚期	
日辛	10622	子达觶	19.441	商代晚期	子达的兄長
日辛	11460	母寇日辛尊	20.467	商代晚期	
日辛	11461	母寇日辛尊	20.468	商代晚期	
日辛	11658	狽尊	21.136	西周中期前段	狽的親屬
日辛	11740	許仲㿟尊	21.209	商代晚期	許仲㿟的父親
日辛	11753	服尊	21.221	西周中期前段	服的父親
日辛	11769	臾尊	21.236	西周早期	臾的親屬
日辛	12937	母寇日辛卣	23.367	商代晚期	
日辛	13213	闌卣	24.126	西周早期	闌的親屬
日辛	13267	許仲㿟卣	24.191	西周早期	許仲㿟的父親
日辛	13516	母寇日辛方彝	24.391	商代晚期	
日辛	13538	馬方彝	24.415	西周中期	馬的祖父
日庚	01437	母日庚鼎	3.127	西周中期前段	
日庚	02489	彧鼎	5.367	西周中期前段	彧的母親
日庚	03349	昔須甗	7.229	西周中期前段	昔須的親屬
日庚	03360	就覎甗	7.245	西周中期前段	就覎的父親
日庚	05371	師虎簋	12.141	西周中期後段	師虎的父親
日庚	05379	彧簋	12.159	西周中期前段	彧的母親
日庚	05399	虎簋蓋甲	12.205	西周中期	虎的父親
日庚	05400	虎簋蓋乙	12.207	西周中期	同上
日庚	09802	亞登兄日庚觚	18.460	商代晚期	
日庚	09803	責引觚	18.461	商代晚期	
日庚	11704	曶尊	21.177	西周早期後段	曶的父親
日庚	11784	京師畯尊	21.253	西周早期	京師畯的親屬
日庚	12214	甕壺	22.84	商代晚期	
日癸	01895	婦闌鼎	4.57	商代晚期	婦闌的婆母

人　名	器　號	器　名	卷數頁碼	時　代	備　注
日癸	02244	父丁鼎	4.468	商代晚期	
日癸	03314	婦闌甗	7.190	商代晚期	婦闌的婆母
日癸	04554	𩁹婦簋	9.305	西周早期前段	𩁹婦的親屬
日癸	05092	仲辛父簋	11.12	西周中期	仲辛父的父親
日癸	05230	召簋	11.273	西周中期前段	召的父親
日癸	08572	婦闌爵	17.121	商代晚期	婦闌的婆母
日癸	08573	婦闌爵	17.122	商代晚期	同上
日癸	08574	婦闌爵	17.123	商代晚期	同上
日癸	08767	史子日癸角	17.203	商代晚期	
日癸	08768	史子日癸角	17.204	商代晚期	
日癸	09844	遫觚	18.494	西周早期	遫的親屬
日癸	11063	婦闌斝	20.157	商代晚期	婦闌的婆母
日癸	11064	婦闌斝	20.158	商代晚期	同上
日癸	11737	史酏敦尊	21.207	西周中期前段	史酏敦的兄長
日癸	11788	作册睘尊	21.259	西周早期後段	作册睘的父親
日癸	12096	史子日癸壺	21.449	西周早期前段	
日癸	13245	婦闌卣	24.161	商代晚期	婦闌的婆母
日癸	13246	婦闌卣	24.162	商代晚期	同上
日癸	13310	壴卣	24.246	西周早期	壴的父親
日癸	13819	婦闌罍	25.108	商代晚期	婦闌的婆母
日癸	13829	對罍	25.120	西周中期	對的父親
日父丁	13812	冄罍	25.99	西周早期	冄的父親
日癸公	11701	薛尊	21.175	西周早期	薛的親屬
丮	05366	師衰簋	12.125	西周晚期	淮夷酋長之一
丮	05367	師衰簋	12.128	西周晚期	同上
丮子	12453	庚壺	22.433	春秋晚期	即崔子
中	01272	中鼎	2.479	西周早期	
中	01958	中鼎	4.115	西周早期	
中	02382	中鼎	5.170	西周早期	
中	02383	中鼎	5.172	西周早期	
中	02384	中鼎	5.174	西周早期	
中	02461	靜鼎	5.312	西周早期後段	
中	03283	中甗	7.160	西周中期	

人　名	器　號	器　名	卷數頁碼	時　代	備　注
中	03364	中甗	7.253	西周早期後段	即南宮中
中	03586	中簋	7.413	西周晚期	
中	04111	中簋	8.376	西周中期前段	
中	10624	中觶	19.443	西周早期前段	
中	10658	中觶	19.474	西周早期	
中	11752	臣中尊	21.220	西周早期前段	
中	13814	中罍	25.102	西周早期	
中	14730	中盂	26.139	西周早期前段	
中	15917	中鐃甲	29.473	商代晚期	
中	15918	中鐃乙	29.474	商代晚期	
中	15919	中鐃丙	29.475	商代晚期	
中史	02462	師旂鼎	5.314	西周中期前段	
中伯	04775	中伯簋	10.55	西周晚期	
中伯	04903	中伯簋	10.225	西周中期	
中伯	05516	中伯盨	12.234	西周晚期	
中伯	05517	中伯盨	12.235	西周晚期	
中伯	12361	中伯壺	22.262	西周晚期	
中伯	12362	中伯壺蓋	22.263	西周晚期	
中姬	04727	辛叔皇父簋	9.480	西周晚期	辛叔皇父的夫人
中姬	14873	虢季匜	26.253	西周中期	虢季的姊妹或女兒
中婦	00970	中婦鼎	2.241	商代晚期	
中義	15130	中義鐘甲	27.40	西周晚期	
中義	15131	中義鐘乙	27.42	西周晚期	
中義	15132	中義鐘丙	27.44	西周晚期	
中義	15133	中義鐘丁	27.46	西周晚期	
中義	15134	中義鐘戊	27.48	西周晚期	
中義	15135	中義鐘己	27.49	西周晚期	
中義	15136	中義鐘庚	27.50	西周晚期	
中義	15137	中義鐘辛	27.51	西周晚期	
中子化	14476	中子化盤	25.497	春秋時期	
中友父	04665	中友父簋	9.410	西周晚期	
中友父	04666	中友父簋	9.411	西周晚期	
中友父	14443	中友父盤	25.463	西周晚期	

人　名	器　號	器　名	卷數頁碼	時　代	備　注
中友父	14928	中友父匜	26.304	西周晚期	
中均疢	17318	大陰令賈弩戈	32.405	戰國時期	
中陽王	01984	中陽王鼎	4.142	戰國中期	
中賄王	01345	中賄王鼎	3.48	戰國晚期	
中山王嚳	02517	中山王嚳鼎	5.456	戰國中期	
中山王嚳	12455	中山王嚳壺	22.449	戰國中期	
丹叔番	06213	丹叔番盂	13.439	西周晚期	
内尹	13339	齋卣	24.304	西周中期前段	
内史	02291	并鼎	5.35	西周中期	
内史	02426	輗伯豐鼎	5.247	西周早期	周王朝内史,名不詳
内史	05212	師毛父簋	11.240	西周中期	
内史	05230	召簋	11.273	西周中期前段	
内史	05243	馭簋	11.307	西周晚期	
内史	05274	榮簋	11.384	西周早期	
内史	05293	裘衛簋	11.429	西周中期前段	
内史	05304	趞簋	11.453	西周中期	
内史	05326	豆閉簋	12.33	西周中期	
内史	05342	鄩簋	12.68	西周晚期	
内史	05343	鄩簋蓋	12.74	西周晚期	
内史	10659	趩觶	19.475	西周中期前段	
内史	14515	免盤	25.549	西周中期	
内耳	07447	内耳爵	15.268	商代晚期	
内史尹	05278	救簋蓋	11.393	西周中期	
内史尹	05302	七年師兑簋蓋	11.449	西周晚期	
内史尹	05324	元年師兑簋	12.27	西周晚期	
内史尹	05325	元年師兑簋	12.30	西周晚期	
内史尹	05374	三年師兑簋	12.147	西周晚期	
内史尹	05375	三年師兑簋	12.150	西周晚期	
内史尹	05673	由盨蓋	12.448	西周中期	原稱古盨蓋
内史尹	14798	由盉	26.227	西周中期前段	原稱古盉
内史寽	05313	王臣簋	12.3	西周中期後段	
内史寽	05336	諫簋	12.55	西周中期後段	
内史吳	05338	師痶簋蓋	12.60	西周中期前段	

人名	器號	器名	卷數頁碼	時代	備注
内史吴	05371	師虎簋	12.141	西周中期後段	
内史吴	05403	牧簋	12.215	西周中期	
内史音	05305	殷簋	11.455	西周中期	
内史音	05306	殷簋	11.458	西周中期	
内史亳	09853	内史亳豐觚	18.503	西周早期	
内史駒	02476	師奎父鼎	5.342	西周中期	
内史遺	05364	師穎簋	12.122	西周晚期	
内史操	17193	内史操戈	32.258	戰國中期	
内史操	17263	相邦張義戟	32.337	戰國中期	
内史𡭗	02479	趞鼎	5.348	西周晚期	
内史友員	02448	䧹鼎	5.286	西周中期前段	
内史尹氏	05284	楚簋甲	11.408	西周中期後段	
内史尹氏	05285	楚簋乙	11.411	西周中期後段	
内史尹氏	05286	楚簋丙	11.414	西周中期後段	
内史尹氏	05287	楚簋丁	11.417	西周中期後段	
内史尹氏	05294	弭伯師耤簋	11.432	西周中期	
内史尹仲	05376	宰獸簋	12.152	西周中期後段	
内史尹仲	05377	宰獸簋	12.154	西周中期後段	
内史無𣪘	05679	鬲比盨	12.464	西周晚期	
内史友寺芻	02497	五祀衛鼎	5.385	西周中期前段	
内小臣床生	01834	魯内小臣床生鼎	5.490	周晚或春早	
牛	11514	牛尊	21.16	西周早期	
壬侜	01619	壬侜鼎	3.288	西周早期前段	
毛父	05138	隥簋	11.86	西周晚期	
毛父	05401	班簋	12.209	西周中期	
毛公	05174	孟簋甲	11.160	西周中期前段	
毛公	05175	孟簋乙	11.162	西周中期前段	
毛公	05176	孟簋丙	11.164	西周中期前段	
毛公	05401	班簋	12.209	西周中期	
毛叔	02431	師湯父鼎	5.256	西周中期後段	
毛叔	14489	毛叔盤	25.512	春秋早期	
毛伯	05295	虘簋	11.434	西周中期前段	
毛伯	05342	郿簋	12.68	西周晚期	

人 名	器 號	器 名	卷數頁碼	時 代	備 注
毛伯	05343	鄩簋蓋	12.74	西周晚期	
毛伯	05401	班簋	12.209	西周中期	
毛伯	16497	毛伯戈	30.452	西周中期前段	
毛畁	04991	毛畁簋	10.344	西周晚期	
毛公旅	02336	毛公旅鼎	5.103	西周早期	
毛公厝	02336	毛公鼎	5.471	西周晚期	
毛仲姬	02210	善夫旅伯鼎	4.418	西周晚期	善夫旅伯的夫人
毛伯嗳父	04970	毛伯嗳父簋	10.311	西周晚期	
夭	09721	夭觚	18.393	西周早期	
夭	09722	夭觚	18.394	西周早期	
从	02026	从鼎	4.190	西周中期	
爻	03195	爻甗	7.86	西周早期	
父卯	04458	阷沽簋	9.207	西周中期前段	
父甲	00753	冀父甲鼎	2.70	商代晚期	
父甲	00754	𠂤父甲鼎	2.70	商代晚期	
父甲	00755	戈父甲鼎	2.71	商代晚期	
父甲	00756	戈父甲鼎	2.72	西周早期	
父甲	00757	戈父甲鼎	2.73	商晚或周早	
父甲	00758	咸父甲鼎	2.74	西周早期	
父甲	00759	甫父甲鼎	2.75	西周早期	
父甲	01114	亞鳥父甲鼎	2.358	商代晚期	
父甲	01356	亞弁覃父甲鼎	3.58	商代晚期	
父甲	01377	作父甲鼎	3.74	西周早期	
父甲	01927	無玆鼎	4.85	西周早期	無玆的父親
父甲	02293	員鼎	5.37	西周早期後段	員的父親
父甲	02728	祖辛父甲鬲	6.110	商代晚期	
父甲	03165	戈父甲甗	7.60	西周早期前段	
父甲	03755	田父甲簋	8.73	商代晚期	
父甲	03756	戈父甲簋	8.74	商代晚期	
父甲	03757	妖父甲簋	8.75	西周早期	
父甲	03758	自父甲簋	8.76	西周早期	
父甲	03759	冗父甲簋	8.77	西周早期	
父甲	04619	秺簋	9.365	西周中期前段	

人　名	器　號	器　名	卷數頁碼	時　代	備　注
父甲	07742	串父甲爵	15.490	商晚或周早	
父甲	07743	田父甲爵	15.491	商代晚期	
父甲	07744	車父甲爵	15.492	商晚或周早	
父甲	07745	啟父甲爵	15.492	商代晚期	
父甲	07746	啟父甲爵	15.493	商代晚期	
父甲	08094	串父甲爵	16.247	西周早期	
父甲	08095	亞父甲爵	16.248	西周早期	
父甲	08096	萬父甲爵	16.249	西周早期	
父甲	08290	毌偁父甲爵	16.401	商晚或周早	
父甲	08291	亞豕父甲爵	16.402	商代晚期	
父甲	08366	卩册父甲爵	16.455	西周早期	
父甲	08542	鼄爵	17.93	西周早期	鼄的父親
父甲	08737	陸父甲角	17.173	商晚或周早	
父甲	09553	犬父甲觚	18.261	商代晚期	
父甲	09732	𢆶父甲丁觚	18.403	商代晚期	
父甲	09733	册爯父甲觚	18.404	商代晚期	
父甲	09821	史見觚	18.474	西周早期	史見的父親
父甲	10401	冉父甲觶	19.267	西周早期	
父甲	10402	萬父甲觶	19.268	西周早期	
父甲	10403	𡒄父甲觶	19.269	西周早期	
父甲	10494	尹舟父甲觶	19.343	商代晚期	
父甲	10532	尹舟父甲觶	19.369	西周早期	
父甲	10561	鴦觶	19.391	西周早期	鴦的父親
父甲	11004	田父甲斝	20.108	商代晚期	
父甲	11038	天豕父甲斝	20.137	商代晚期	
父甲	11361	旅父甲尊	20.383	西周早期	
父甲	11631	史見尊	21.114	西周早期	史見的父親
父甲	11728	叀尊	21.200	西周中期前段	叀的父親
父甲	11745	鬲尊	21.214	西周中期前段	鬲的父親
父甲	11761	賓尊	21.229	商代晚期	賓的父親
父甲	12757	田父甲卣	23.204	商代晚期	
父甲	12758	鳥父甲卣	23.205	商代晚期	
父甲	12759	𠦪父甲卣	23.206	商代晚期	

人　名	器　號	器　名	卷數頁碼	時　代	備　注
父甲	12760	敇父甲卣	23.206	商代晚期	
父甲	12761	丰父甲卣	23.207	商代晚期	
父甲	12843	舟父甲卣蓋	23.279	西周早期	
父甲	12900	亞酓父甲卣	23.331	商代晚期	
父甲	12901	陸册父甲卣	23.332	商代晚期	
父甲	13168	史見卣	24.79	西周早期	史見的父親
父甲	13214	雝卣	24.127	西周早期	雝的父親
父甲	13625	羊父甲觥	24.465	商代晚期	
父甲	13770	田父甲罍	25.64	商代晚期	
父甲	14347	糞父甲盤	25.361	西周早期	
父甲	14699	子◇♉父甲盉	26.111	商代晚期	
父乙	00760	糞父乙鼎	2.76	商代晚期	
父乙	00761	糞父乙鼎	2.77	商代晚期	
父乙	00762	糞父乙鼎	2.78	商代晚期	
父乙	00763	糞父乙鼎	2.79	商代晚期	
父乙	00764	糞父乙鼎	2.79	商代晚期	
父乙	00765	光父乙鼎	2.80	商代晚期	
父乙	00766	光父乙鼎	2.80	商代晚期	
父乙	00767	光父乙鼎	2.81	商代晚期	
父乙	00768	光父乙鼎	2.81	商代晚期	
父乙	00770	木父乙鼎	2.83	西周早期前段	
父乙	00771	仉父乙鼎	2.84	西周早期	
父乙	00772	仉父乙鼎	2.85	西周早期	
父乙	00773	欠父乙鼎	2.85	西周早期	
父乙	00774	瘫父乙鼎	2.86	西周早期	
父乙	00775	瘫父乙鼎	2.87	西周早期	
父乙	00776	子父乙鼎	2.88	西周早期	
父乙	00777	給父乙鼎	2.89	西周早期	
父乙	00778	葡父乙鼎	2.90	商代晚期	
父乙	00779	叟父乙鼎	2.91	商代晚期	
父乙	00780	息父乙鼎	2.92	商代晚期	
父乙	00781	爻父乙鼎	2.93	西周早期前段	
父乙	00782	析父乙鼎	2.94	西周早期	

人 名	器 號	器 名	卷數頁碼	時 代	備 注
父乙	00783	祺父乙鼎	2.95	西周早期	
父乙	00784	魚父乙鼎	2.96	商代晚期	
父乙	00785	魚父乙鼎	2.97	西周早期	
父乙	00786	魚父乙鼎	2.98	西周早期	
父乙	00787	冉父乙鼎	2.99	西周早期	
父乙	00788	冉父乙鼎	2.100	西周早期	
父乙	00789	山父乙鼎	2.100	西周早期	
父乙	00790	山父乙鼎	2.101	商代晚期	
父乙	00791	堯父乙鼎	2.102	西周早期	
父乙	00792	戲父乙鼎	2.102	西周早期	
父乙	00793	夲父乙鼎	2.103	西周早期	
父乙	00794	未父乙鼎	2.103	西周中期	
父乙	00795	鼏父乙鼎	2.104	商代晚期	
父乙	00796	鼏父乙鼎	2.105	商代晚期	
父乙	00797	具父乙鼎	2.105	西周早期	
父乙	00798	作父乙鼎	2.105	西周早期	
父乙	00799	宀父乙鼎	2.106	西周早期	
父乙	00800	宀父乙鼎	2.106	西周早期	
父乙	00801	宀父乙鼎	2.107	西周早期	
父乙	00802	𠂤父乙鼎	2.107	西周早期	
父乙	00803	𠓜父乙鼎	2.108	西周早期	
父乙	01116	天黽父乙鼎	2.360	商代晚期	
父乙	01117	天黽父乙鼎	2.361	商代晚期	
父乙	01118	天黽父乙鼎	2.362	商代晚期	
父乙	01119	天黽父乙鼎	2.362	商代晚期	
父乙	01120	天黽父乙鼎	2.363	商代晚期	
父乙	01121	天黽父乙鼎	2.363	商代晚期	
父乙	01122	亞夃父乙鼎	2.364	商代晚期	
父乙	01123	亞䚋父乙鼎	2.365	商代晚期	
父乙	01124	亞其父乙鼎	2.366	商代晚期	
父乙	01125	亞歐父乙鼎	2.367	商代晚期	
父乙	01126	鄉宁父乙鼎	2.367	商代晚期	
父乙	01127	矢宁父乙鼎	2.368	商代晚期	

人　名	器　號	器　名	卷數頁碼	時　代	備　注
父乙	01128	耳衡父乙鼎	2.369	商代晚期	
父乙	01129	耳衡父乙鼎	2.370	商代晚期	
父乙	01130	攸册父乙鼎	2.370	商代晚期	
父乙	01131	丵卪父乙鼎	2.371	商晚或周早	
父乙	01132	子刀父乙鼎	2.371	商代晚期	
父乙	01133	子鼏父乙鼎	2.372	商代晚期	
父乙	01134	屮册父乙鼎	2.373	商代晚期	
父乙	01135	天册父乙鼎	2.373	商晚或周早	
父乙	01136	子口父乙鼎	2.373	商晚或周早	
父乙	01137	冉鵑父乙鼎	2.374	商晚或周早	
父乙	01138	冉𤩽父乙鼎	2.375	商晚或周早	
父乙	01139	𤲵父乙鼎	2.376	商晚或周早	
父乙	01357	馬羊𢀜父乙鼎	3.58	商代晚期	
父乙	01358	西單光父乙鼎	3.59	商代晚期	
父乙	01359	辰行吳父乙鼎	3.60	商代晚期	
父乙	01360	臣辰𠂤父乙鼎	3.60	西周早期	
父乙	01361	臣辰𠂤父乙鼎	3.61	西周早期	
父乙	01362	臣辰𠂤父乙鼎	3.62	西周早期	
父乙	01363	臣辰𠂤父乙鼎	3.62	西周早期	
父乙	01364	旁尽宁父乙鼎	3.63	商晚或周早	
父乙	01365	亞宣父乙鼎	3.64	西周早期	
父乙	01378	作父乙鼎	3.75	商代晚期	
父乙	01379	作父乙鼎	3.76	西周早期	
父乙	01500	祖辛父乙鼎	3.182	西周早期	
父乙	01501	祖辛父乙鼎	3.183	西周早期	
父乙	01502	亼犬魚父乙鼎	3.184	商代晚期	
父乙	01503	臣辰𠂤册父乙鼎	3.185	西周早期	
父乙	01504	臣辰𠂤册父乙鼎	3.186	西周早期	
父乙	01517	般鼎	3.197	商代晚期	般的父親
父乙	01640	史鼎	3.307	西周早期	史的父親
父乙	01696	亞盉鼎	3.359	西周早期前段	亞盉的父親
父乙	01701	𤰆冉鼎	3.364	西周早期	
父乙	01712	師鼎	3.375	西周早期	師的父親

人　名	器　號	器　名	卷數頁碼	時　代	備　注
父乙	01790	菫臨鼎	3.453	西周早期	菫臨的父親
父乙	01800	士鼎	3.463	西周早期	士的父親
父乙	01805	作父乙鼎	3.468	西周早期	
父乙	01811	亳鼎	3.473	西周早期	亳的父親
父乙	01818	亞豚鼎	3.478	西周早期	亞豚的父親
父乙	01864	長子狗鼎	4.22	西周早期後段	長子狗的父親
父乙	01865	薛侯戚鼎	4.23	西周早期後段	薛侯戚的父親
父乙	01925	龏姒鼎	4.83	西周早期	龏姒的父親
父乙	01926	龏姒鼎	4.84	西周早期	同上
父乙	02046	復鼎	4.217	西周早期	復的父親
父乙	02139	臣卿鼎	4.329	西周早期	臣卿的父親
父乙	02224	小臣缶鼎	4.442	商代晚期	小臣缶的父親
父乙	02296	戍𣪘鼎	5.41	商代晚期	戍𣪘的父親
父乙	02313	寢䟆鼎	5.66	商代晚期	寢䟆的父親
父乙	02382	中鼎	5.170	西周早期	中的父親
父乙	02383	中鼎	5.172	西周早期	同上
父乙	02384	中鼎	5.174	西周早期	同上
父乙	02644	鳥父乙鬲	6.38	商代晚期	
父乙	02645	▲父乙鬲	6.39	西周早期前段	
父乙	02646	灷父乙鬲	6.40	西周早期	
父乙	02647	弔父乙鬲	6.40	西周早期	
父乙	02674	亞牧父乙鬲	6.61	西周早期後段	
父乙	02683	竟鬲	6.69	西周早期	竟的父親
父乙	02684	竟鬲	6.70	西周早期	同上
父乙	02768	圦鬲	6.150	西周早期	圦的父親
父乙	02787	子出鬲	6.170	西周早期	子出的父親
父乙	02994	卽鬲	6.430	商代晚期	偧的父親
父乙	03166	豖父乙甗	7.61	商代晚期	
父乙	03167	父乙甗	7.62	西周早期前段	
父乙	03168	父乙甗	7.63	西周早期前段	
父乙	03169	父乙甗	7.64	西周早期	
父乙	03170	冉父乙甗	7.65	西周早期	
父乙	03171	冉父乙甗	7.66	西周早期	

人　名	器　號	器　名	卷數頁碼	時　代	備　注
父乙	03172	冉父乙甗	7.66	西周早期	
父乙	03173	𤣩父乙甗	7.67	商代晚期	
父乙	03205	子父乙甗	7.93	商代晚期	
父乙	03206	宁戈父乙甗	7.94	西周早期	
父乙	03259	鼎甗	7.139	西周早期前段	
父乙	03288	癹甗	7.165	西周早期	癹的父親
父乙	03289	又甗	7.166	西周早期	又的父親
父乙	03349	昔須甗	7.229	西周中期前段	昔須的父親
父乙	03364	中甗	7.253	西周早期後段	南宮中的父親
父乙	03760	𡠜父乙簋	8.78	商代晚期	
父乙	03761	𡠜父乙簋	8.79	商代晚期	
父乙	03762	𡠜父乙簋	8.80	商代晚期	
父乙	03763	𡠜父乙簋	8.81	商代晚期	
父乙	03764	趞父乙簋	8.82	商代晚期	
父乙	03765	雋父乙簋	8.83	商代晚期	
父乙	03766	爻父乙簋	8.84	商代晚期	
父乙	03767	爻父乙簋	8.85	商代晚期	
父乙	03768	𠆢父乙簋	8.86	商代晚期	
父乙	03769	𤰃父乙簋	8.87	商代晚期	
父乙	03770	冉父乙簋	8.88	西周早期前段	
父乙	03771	冉父乙簋	8.89	商代晚期	
父乙	03772	鼑父乙簋	8.89	商代晚期	
父乙	03773	咸父乙簋	8.90	商代晚期	
父乙	03774	戈父乙簋	8.90	商代晚期	
父乙	03775	葡父乙簋	8.91	商代晚期	
父乙	03776	豆父乙簋	8.91	商代晚期	
父乙	03777	天父乙簋	8.92	西周早期	
父乙	03778	天父乙簋	8.93	西周早期	
父乙	03779	㠱父乙簋	8.94	西周早期	
父乙	03780	𢆶父乙簋	8.95	西周早期	
父乙	03781	𢆶父乙簋	8.96	西周早期	
父乙	03782	𢆶父乙簋	8.97	西周早期	
父乙	03783	魚父乙簋	8.98	西周早期	

人 名	器 號	器 名	卷數頁碼	時 代	備 注
父乙	03960	亞矢父乙簋	8.250	商代晚期	
父乙	03961	亞吴父乙簋	8.251	商代晚期	
父乙	03962	亞戌父乙簋	8.251	商代晚期	
父乙	03963	∤册父乙簋	8.252	商代晚期	
父乙	03964	天黽父乙簋	8.252	商代晚期	
父乙	03965	天黽父乙簋	8.253	商代晚期	
父乙	03966	天黽父乙簋	8.253	商代晚期	
父乙	03967	戈享父乙簋	8.254	商代晚期	
父乙	04007	亞獸父乙簋	8.288	西周早期前段	
父乙	04008	亞鼻父乙簋	8.289	西周早期前段	
父乙	04009	亞毅父乙簋	8.290	西周早期前段	
父乙	04010	北單父乙簋	8.291	西周早期	
父乙	04011	允册父乙簋	8.292	西周早期	
父乙	04012	叔玹父乙簋	8.292	西周早期	
父乙	04085	作父乙簋	8.351	西周早期	
父乙	04141	庚豕馬父乙簋	8.401	商代晚期	
父乙	04142	亞弁覃父乙簋	8.402	商代晚期	
父乙	04143	秉册毌父乙簋	8.403	商代晚期	
父乙	04144	子眉▲父乙簋	8.404	商代晚期	
父乙	04145	◇羍葡父乙簋	8.404	商代晚期	
父乙	04170	眲簋	8.425	西周早期	
父乙	04214	臣辰父乙簋	8.462	西周早期	
父乙	04215	臣辰父乙簋	8.463	西周早期	
父乙	04216	臣辰父乙簋	8.464	西周早期	
父乙	04217	子眉壬父乙簋	8.465	西周早期	
父乙	04256	文父乙簋	9.29	商代晚期	
父乙	04260	戈簋	9.34	西周早期	
父乙	04261	令簋	9.35	西周早期	令的父親
父乙	04264	山簋	9.37	西周早期	山的父親
父乙	04268	子簋	9.40	西周早期	子的父親
父乙	04269	柚簋	9.41	西周早期	柚的父親
父乙	04273	亞簋	9.43	西周早期	
父乙	04280	冀簋	9.50	西周早期	利的父親

人　名	器　號	器　名	卷數頁碼	時　代	備　注
父乙	04282	用簋	9.52	西周早期後段	用的父親
父乙	04287	𢦏簋	9.57	西周中期前段	
父乙	04288	𢦏簋	9.58	西周中期前段	
父乙	04344	衍耳簋	9.105	西周早期	衍耳的父親
父乙	04379	亞룡㠱簋	9.135	西周早期	
父乙	04380	亞룡侯㠱簋	9.136	西周早期	
父乙	04381	亞룡侯㠱簋	9.137	西周早期	
父乙	04382	亞룡侯㠱簋	9.137	西周早期	
父乙	04383	臣辰𢦏冊父乙簋	9.138	西周早期	
父乙	04402	作父乙簋	9.157	商代晚期	
父乙	04407	曆簋	9.161	西周早期前段	曆的父親
父乙	04412	姒簋	9.166	西周早期前段	姒的父親
父乙	04417	�簋	9.171	西周早期	的父親
父乙	04425	叔簋	9.179	西周早期	
父乙	04436	天禾簋	9.187	西周早期	天禾的父親
父乙	04459	作父乙簋	9.207	西周早期	
父乙	04484	堇臨簋	9.241	西周早期	堇臨的父親
父乙	04485	堇臨簋蓋	9.242	西周早期	同上
父乙	04495	史述簋	9.251	西周中期前段	史述的父親
父乙	04496	無敄簋	9.252	西周中期前段	無敄的父親
父乙	04536	子鑾簋	9.287	商代晚期	子鑾的父親
父乙	04538	卻簋	9.289	西周早期前段	卻的父親
父乙	04539	卻簋	9.290	西周早期前段	同上
父乙	04551	木羊簋甲	9.301	西周早期	
父乙	04552	木羊簋乙	9.302	西周早期	
父乙	04606	發簋	9.352	西周早期	發的父親
父乙	04636	㝊簋	9.382	西周早期	同上
父乙	04731	微簋	10.3	西周早期	微的父親
父乙	04871	臣卿簋	10.182	西周早期	臣卿的父親
父乙	04921	卿簋	10.246	商代晚期	倁的父親
父乙	05049	奢簋	10.432	西周早期	奢的父親
父乙	05121	御史競簋	11.61	西周中期前段	即御史競
父乙	05140	緯簋	11.90	商代晚期	緯的父親

人名	器號	器名	卷數頁碼	時代	備注
父乙	05221	獻簋	11.255	西周早期	獻的父親
父乙	05237	遹簋	11.290	西周中期前段	遹的父親
父乙	06109	史父乙豆	13.359	西周早期	
父乙	07747	天父乙爵	15.493	商代晚期	
父乙	07748	宁父乙爵	15.494	商代晚期	
父乙	07749	弜父乙爵	15.495	商代晚期	
父乙	07750	麘父乙爵	15.496	商代晚期	
父乙	07751	麘父乙爵	15.497	商代晚期	
父乙	07752	魚父乙爵	15.497	商代晚期	
父乙	07753	魚父乙爵	15.498	商代晚期	
父乙	07754	冟父乙爵	15.499	商代晚期	
父乙	07755	鼎父乙爵	15.499	商代晚期	
父乙	07756	鼎父乙爵	15.500	商代晚期	
父乙	07757	舟父乙爵	15.500	商晚或周早	
父乙	07758	史父乙爵	15.501	商代晚期	
父乙	07759	史父乙爵	15.502	商代晚期	
父乙	07760	束父乙爵	16.3	商代晚期	
父乙	07761	廍父乙爵	16.4	商代晚期	
父乙	07762	廍父乙爵	16.5	商代晚期	
父乙	07763	啟父乙爵	16.5	商代晚期	
父乙	07764	倗父乙爵	16.6	商代晚期	
父乙	07766	亞父乙爵	16.8	商代晚期	
父乙	07767	亞父乙爵	16.9	商代晚期	
父乙	07768	戈父乙爵	16.9	商代晚期	
父乙	07769	戈父乙爵	16.10	商代晚期	
父乙	07770	戈父乙爵	16.10	商代晚期	
父乙	07771	戈父乙爵	16.11	商代晚期	
父乙	07772	冉父乙爵	16.11	商代晚期	
父乙	07773	冉父乙爵	16.12	商代晚期	
父乙	07774	冉父乙爵	16.12	商代晚期	
父乙	07775	冉父乙爵	16.13	商代晚期	
父乙	07776	冉父乙爵	16.13	商代晚期	
父乙	07777	中父乙爵	16.14	商晚或周早	

人　名	器　號	器　名	卷數頁碼	時　代	備　注
父乙	07778	酉父乙爵	16.14	商晚或周早	
父乙	07779	堯父乙爵	16.15	商晚或周早	
父乙	07780	鼻父乙爵	16.15	商晚或周早	
父乙	07781	𠂇父乙爵	16.16	商晚或周早	
父乙	07782	𠃍父乙爵	16.16	商代晚期	
父乙	07783	𤣥父乙爵	16.17	商晚或周早	
父乙	07784	𣥧父乙爵	16.18	商晚或周早	
父乙	07785	𨾴父乙爵	16.18	商晚或周早	
父乙	07786	𨾴父乙爵	16.19	商晚或周早	
父乙	07787	禼父乙爵	16.19	商晚或周早	
父乙	08097	叚父乙爵	16.249	西周早期	
父乙	08098	牧父乙爵	16.250	西周早期後段	
父乙	08099	戈父乙爵	16.251	西周早期	
父乙	08100	戈父乙爵	16.252	西周早期	
父乙	08101	魚父乙爵	16.253	西周早期	
父乙	08102	魚父乙爵	16.254	西周早期	
父乙	08103	鼎父乙爵	16.255	西周早期	
父乙	08104	鼎父乙爵	16.256	西周早期	
父乙	08105	爽父乙爵	16.256	西周早期	
父乙	08106	冉父乙爵	16.257	西周早期	
父乙	08107	冀父乙爵	16.258	西周早期	
父乙	08108	亞父乙爵	16.260	西周早期	
父乙	08109	亞父乙爵	16.261	西周早期	
父乙	08110	耒父乙爵	16.261	西周早期	
父乙	08111	茂父乙爵	16.262	西周早期	
父乙	08115	𠂇父乙爵	16.264	西周早期	
父乙	08116	𣥧父乙爵	16.265	西周早期	
父乙	08117	𣥧父乙爵	16.266	西周早期	
父乙	08118	𣥧父乙爵	16.267	西周早期	
父乙	08119	𣥧父乙爵	16.268	西周早期	
父乙	08277	子父乙爵	16.391	西周中期前段	
父乙	08292	腐豕父乙爵	16.403	商代晚期	
父乙	08293	腐册父乙爵	16.404	商代晚期	

人　名	器　號	器　名	卷數頁碼	時　代	備　注
父乙	08294	亞僕父乙爵	16.405	商代晚期	
父乙	08295	亞盤父乙爵	16.406	商代晚期	
父乙	08296	亞聿父乙爵	16.407	商代晚期	
父乙	08297	亞肬父乙爵	16.408	商代晚期	
父乙	08298	亞戈父乙爵	16.408	商晚或春早	
父乙	08299	亞勺父乙爵	16.409	商晚或春早	
父乙	08300	子翌父乙爵	16.409	商代晚期	
父乙	08301	秉田父乙爵	16.410	商代晚期	
父乙	08302	𢆶犬父乙爵	16.410	商代晚期	
父乙	08303	大棘父乙爵	16.411	商晚或春早	
父乙	08304	犬山父乙爵	16.411	商晚或春早	
父乙	08305	冊偶父乙爵	16.412	商晚或春早	
父乙	08367	天黽父乙爵	16.456	西周早期	
父乙	08368	天黽父乙爵	16.457	西周早期	
父乙	08369	天黽父乙爵	16.458	西周早期	
父乙	08370	丩冊父乙爵	16.459	西周早期	
父乙	08371	亞敢父乙爵	16.460	西周早期	
父乙	08372	亞㸬父乙爵	16.461	西周早期	
父乙	08373	冉吹父乙爵	16.462	西周早期	
父乙	08374	乎子父乙爵	16.463	西周早期	
父乙	08375	乎子父乙爵	16.464	西周早期	
父乙	08376	⚱萬父乙爵	16.464	西周早期	
父乙	08377	辰𢎥父乙爵	16.465	西周早期	
父乙	08432	馬爵	17.6	西周早期	
父乙	08433	旂爵	17.7	西周早期	旂的父親
父乙	08434	旂爵	17.8	西周早期	懱的父親
父乙	08435	卿爵	17.8	西周早期	卿的父親
父乙	08453	𠂤祖丁父乙爵	17.23	商代晚期	
父乙	08467	臣爵	17.32	西周早期	臣的父親
父乙	08468	臣爵	17.33	西周早期	同上
父乙	08469	臣爵	17.33	西周早期	執的父親
父乙	08498	亞吳父乙爵	17.55	西周早期	
父乙	08499	亞吳父乙爵	17.56	西周早期	

人 名	器 號	器 名	卷數頁碼	時 代	備 注
父乙	08500	亞矣父乙爵	17.57	西周早期	
父乙	08501	臣辰𢀖父乙爵	17.58	西周早期	
父乙	08502	臣辰𢀖父乙爵	17.59	西周早期	
父乙	08503	臣辰𢀖父乙爵	17.60	西周早期	
父乙	08504	臣辰𢀖父乙爵	17.60	西周早期	
父乙	08505	臣辰𢀖父乙爵	17.61	西周早期	
父乙	08507	子册爵	17.62	商代晚期	
父乙	08515	亥爵	17.68	西周早期	亥的父親
父乙	08526	應事爵	17.77	西周中期前段	應事的父親
父乙	08537	貝爵	17.89	商代晚期	貝的父親
父乙	08538	貝爵	17.90	商代晚期	同上
父乙	08539	貝爵	17.91	商代晚期	同上
父乙	08543	旻爵	17.94	西周早期	旻的父親
父乙	08547	牆爵	17.96	西周中期前段	牆的父親
父乙	08548	牆爵	17.97	西周中期前段	同上
父乙	08566	子㬅爵	17.115	商代晚期	子㬅的父親
父乙	08738	子父乙角	17.174	商晚或周早	
父乙	08739	史父乙角	17.176	商代晚期	
父乙	08740	冀父乙角	17.178	商代晚期	
父乙	08741	冀父乙角	17.179	商代晚期	
父乙	08742	冀父乙角	17.180	商代晚期	
父乙	08749	冀父乙角	17.186	西周早期	
父乙	08754	天黽父乙角	17.191	商代晚期	
父乙	08755	天黽父乙角	17.192	商代晚期	
父乙	08756	陸册父乙角	17.193	商代晚期	
父乙	08757	敢父乙爻角	17.194	商代晚期	
父乙	08770	亞敢父乙角	17.206	西周早期	
父乙	08785	豫角	17.222	西周早期前段	豫的父親
父乙	08786	子𡩜父乙角	17.223	西周早期前段	
父乙	08787	子𡩜父乙角	17.224	西周早期前段	
父乙	08789	鬒角	17.226	西周早期	鬒的父親
父乙	08790	鬒角	17.227	西周早期	同上
父乙	09554	孟父乙觚	18.262	商代晚期	

人　名	器　號	器　名	卷數頁碼	時　代	備　注
父乙	09555	冉父乙觚	18.263	商代晚期	
父乙	09556	冉父乙觚	18.264	商代晚期	
父乙	09557	敔父乙觚	18.265	商代晚期	
父乙	09558	鳥父乙觚	18.266	商代晚期	
父乙	09559	息父乙觚	18.267	商代晚期	
父乙	09560	帆父乙觚	18.268	商代晚期	
父乙	09561	糞父乙觚	18.269	商代晚期	
父乙	09562	糞父乙觚	18.270	商代晚期	
父乙	09563	糞父乙觚	18.271	商代晚期	
父乙	09564	得父乙觚	18.271	商代晚期	
父乙	09565	亞父乙觚	18.272	商代晚期	
父乙	09566	𢎐父乙觚	18.272	商代晚期	
父乙	09567	係父乙觚	18.273	商代晚期	
父乙	09568	𠚖父乙觚	18.273	商代晚期	
父乙	09569	𠆢父乙觚	18.274	商代晚期	
父乙	09570	㲋父乙觚	18.275	商代晚期	
父乙	09571	𢎐父乙觚	18.276	商代晚期	
父乙	09689	旅父乙觚	18.370	西周早期後段	
父乙	09734	天豕父乙觚	18.404	商代晚期	
父乙	09735	天黽父乙觚	18.405	商代晚期	
父乙	09736	天黽父乙觚	18.405	商代晚期	
父乙	09737	天黽父乙觚	18.406	商代晚期	
父乙	09738	屮田父乙觚	18.406	商代晚期	
父乙	09739	㽷虎父乙觚	18.407	商代晚期	
父乙	09740	車徙父乙觚	18.408	商代晚期	
父乙	09741	册正父乙觚	18.409	商代晚期	
父乙	09742	腐册父乙觚	18.409	商代晚期	
父乙	09743	夭册父乙觚	18.410	商代晚期	
父乙	09780	羊先父乙觚	18.442	西周早期	
父乙	09781	亞牧父乙觚	18.443	西周早期後段	
父乙	09782	亞牧父乙觚	18.444	西周早期後段	
父乙	09796	亳戈册父乙觚	18.455	商代晚期	
父乙	09797	庚豕馬父乙觚	18.456	商代晚期	

人名	器號	器名	卷數頁碼	時代	備注
父乙	09798	亞父乙凸莫觚	18.457	商代晚期	
父乙	09799	屮冊作父乙觚	18.458	商代晚期	
父乙	09831	亞觚	18.482	西周早期	
父乙	09832	亞觚	18.482	西周早期	
父乙	09833	卿觚	18.483	西周早期	卿的父親
父乙	09851	貝觚	18.499	西周早期	貝的父親
父乙	09852	斝妸觚	18.500	西周早期前段	斝妸的父親
父乙	09853	壆觚	18.501	西周早期	壆的父親
父乙	10304	冀父乙觶	19.194	商晚或周早	
父乙	10305	牧父乙觶	19.195	商代晚期	
父乙	10306	旼父乙觶	19.196	商代晚期	
父乙	10307	戈父乙觶	19.197	商代晚期	
父乙	10308	受父乙觶	19.197	商代晚期	
父乙	10309	寰父乙觶	19.198	商代晚期	
父乙	10310	㗊父乙觶	19.198	商代晚期	
父乙	10311	𣝓父乙觶	19.199	西周早期	
父乙	10312	𢆶父乙觶	19.200	商代晚期	
父乙	10313	𠂤父乙觶	19.201	商代晚期	
父乙	10314	𠂤父乙觶	19.201	商代晚期	
父乙	10315	𤇾父乙觶	19.202	商代晚期	
父乙	10316	𤇾父乙觶	19.203	商代晚期	
父乙	10317	𢎮父乙觶	19.203	商代晚期	
父乙	10404	天父乙觶	19.270	西周早期	
父乙	10405	翌父乙觶	19.271	西周早期前段	
父乙	10406	冀父乙觶	19.272	西周早期	
父乙	10407	冀父乙觶	19.273	西周早期	
父乙	10408	冀父乙觶	19.274	西周早期	
父乙	10409	婊父乙觶	19.275	西周早期	
父乙	10410	牢父乙觶	19.276	西周早期	
父乙	10411	酘父乙觶	19.277	西周早期	
父乙	10412	辰父乙觶	19.278	西周早期	
父乙	10413	遽父乙觶	19.279	西周早期	
父乙	10414	戉父乙觶	19.280	西周早期	

人　名	器　號	器　名	卷數頁碼	時　代	備　注
父乙	10415	我父乙觶	19.280	西周早期	
父乙	10416	牵父乙觶	19.281	西周早期	
父乙	10417	亞父乙觶	19.281	西周早期	
父乙	10418	束父乙觶	19.282	西周早期	
父乙	10419	魚父乙觶	19.282	西周早期	
父乙	10420	凡父乙觶	19.283	西周早期	
父乙	10421	▲父乙觶	19.284	西周早期	
父乙	10495	亞大父乙觶	19.343	商晚或周早	
父乙	10496	亞大父乙觶	19.344	商晚或周早	
父乙	10497	西單父乙觶	19.345	商代晚期	
父乙	10498	腐册父乙觶	19.346	商代晚期	
父乙	10499	腐豕父乙觶	19.346	商代晚期	
父乙	10500	鄉宁父乙觶	19.347	商代晚期	
父乙	10501	珥日父乙觶	19.347	商代晚期	
父乙	10502	冉𦬇父乙觶	19.348	商代晚期	
父乙	10503	‖又父乙觶	19.349	西周早期	
父乙	10504	葡戌父乙觶	19.350	商代晚期	
父乙	10534	子廟父乙觶	19.370	西周早期前段	
父乙	10535	天黽父乙觶	19.371	西周早期	
父乙	10536	叠大父乙觶	19.372	西周早期	
父乙	10537	亞吳父乙觶	19.373	西周早期	
父乙	10538	亞艅父乙觶	19.374	西周早期	
父乙	10539	天黽父乙觶	19.375	商代晚期	
父乙	10540	亞虹父乙觶	19.375	西周早期	
父乙	10572	明亞橐父乙觶	19.400	商代晚期	
父乙	10578	亞吳叔父乙觶	19.405	西周早期	
父乙	10586	冂逋觶	19.410	西周早期	冂逋的父親
父乙	10603	亞聿萬豕父乙觶	19.424	西周早期	
父乙	10609	應事觶	19.430	西周中期前段	應事的父親
父乙	10618	尚觶	19.439	西周中期	尚的父親
父乙	10620	丰觶	19.440	西周早期	丰的父親
父乙	10627	小臣觶	19.445	西周早期	小臣的父親
父乙	10634	凡觶	19.451	商晚或周早	凡的父親

人　名	器　號	器　名	卷數頁碼	時　代	備　注
父乙	10651	爭觶	19.466	西周早期	爭的父親
父乙	10658	中觶	19.474	西周早期	中的父親
父乙	11007	山父乙罍	20.111	商代晚期	
父乙	11008	冉父乙罍	20.111	商代晚期	
父乙	11028	爻父乙罍	20.128	西周早期	
父乙	11029	冉父乙罍	20.129	西周早期	
父乙	11030	冉父乙罍	20.130	西周早期	
父乙	11032	粜父乙罍	20.131	西周早期	
父乙	11040	天黽父乙罍	20.138	商代晚期	
父乙	11041	山口父辛罍	20.139	商代晚期	
父乙	11058	鄦罍	20.152	西周早期	鄦的父親
父乙	11062	折罍	20.156	西周早期後段	折的父親
父乙	11301	史父乙尊	20.334	商代晚期	
父乙	11302	橐父乙尊	20.335	商代晚期	
父乙	11303	冀父乙尊	20.336	商晚或周早	
父乙	11304	冉父乙尊	20.337	商代晚期	
父乙	11305	休父乙尊	20.338	商代晚期	
父乙	11306	山父乙尊	20.339	商代晚期	
父乙	11307	牵父乙尊	20.340	商晚或周早	
父乙	11308	子父乙尊	20.340	商代晚期	
父乙	11309	鳶父乙尊	20.341	商代晚期	
父乙	11362	史父乙尊	20.384	西周早期前段	
父乙	11363	舌父乙尊	20.385	西周早期	
父乙	11364	戈父乙尊	20.386	西周早期	
父乙	11365	冗父乙尊	20.387	西周早期	
父乙	11366	冗父乙尊	20.388	西周早期	
父乙	11367	甫父乙尊	20.389	西周中期前段	
父乙	11433	子步父乙尊	20.445	商代晚期	
父乙	11434	亞醜父乙尊	20.446	商代晚期	
父乙	11435	夨册父乙尊	20.447	商代晚期	
父乙	11436	夓鼎父乙尊	20.448	商代晚期	
父乙	11437	弔斿父乙尊	20.448	商代晚期	
父乙	11438	弔斿父乙尊	20.449	商代晚期	

人　名	器　號	器　名	卷數頁碼	時　代	備　注
父乙	11473	天黽父乙尊	20.479	西周早期	
父乙	11474	子翌父乙尊	20.480	西周早期	
父乙	11475	亞離父乙尊	20.481	西周早期	
父乙	11476	亞啟父乙尊	20.482	西周早期	
父乙	11477	冉𪅊父乙尊	20.483	西周早期	
父乙	11478	旅作父乙尊	20.484	西周早期	
父乙	11479	𰀔作父乙尊	20.485	西周早期	
父乙	11535	臣辰𰀔父乙尊	21.34	商代晚期	
父乙	11536	亞智蛣父乙尊	21.35	商代晚期	
父乙	11537	馬天豕父乙尊	21.36	商代晚期	
父乙	11540	臣辰𰀔父乙尊	21.39	西周早期	
父乙	11541	季甫父乙尊	21.39	西周早期	季甫的父親
父乙	11568	競尊	21.63	西周中期前段	競的父親
父乙	11586	衍耳尊	21.79	西周早期	衍耳的父親
父乙	11619	陵尊	21.105	西周中期前段	陵的父親
父乙	11621	旇尊	21.107	西周早期	旇的父親
父乙	11627	禾伯尊	21.111	西周早期	禾伯的父親
父乙	11632	辟東尊	21.114	西周早期	辟東的父親
父乙	11633	小臣尊	21.115	西周早期	小臣的父親
父乙	11648	印尊	21.129	西周早期	印的父親
父乙	11656	備尊	21.134	西周早期後段	備的父親
父乙	11663	酓尊	21.142	商代晚期	酓的父親
父乙	11665	㵣尊	21.143	西周早期	㵣的父親
父乙	11676	史伏尊	21.153	西周早期	史伏的父親
父乙	11683	令咔尊	21.159	西周中期前段	令咔的父親
父乙	11702	罟尊	21.176	西周早期	罟的父親
父乙	11706	刡尊	21.179	西周中期前段	刡的父親
父乙	11707	對尊	21.180	西周中期前段	對的父親
父乙	11708	對尊	21.181	西周中期前段	同上
父乙	11724	迊尊	21.197	西周早期	迊的父親
父乙	11729	夽者君尊	21.201	西周早期	夽者君的父親
父乙	11736	叔造尊	21.206	西周早期後段	叔造的父親
父乙	11758	微尊	21.226	西周早期	微的父親

人　名	器　號	器　名	卷數頁碼	時　代	備　注
父乙	11760	毃尊	21.228	西周中期前段	毃的父親
父乙	11764	殷尊	21.232	西周早期	殷的父親
父乙	11770	復尊	21.237	西周早期前段	復的父親
父乙	11773	虎尊	21.240	西周中期前段	虎的父親
父乙	11781	陸尊	21.249	西周早期	陸的父親
父乙	11787	作册翻尊	21.258	西周早期	作册翻的父親
父乙	11800	作册折尊	21.274	西周早期後段	作册折的父親
父乙	11807	臤尊	21.285	西周中期前段	臤的父親
父乙	11808	臤尊	21.287	西周中期前段	同上
父乙	12036	子父乙壺	21.395	商代晚期	
父乙	12037	史父乙壺	21.396	商代晚期	
父乙	12038	亞父乙壺	21.397	商代晚期	
父乙	12039	冀父乙壺	21.398	商代晚期	
父乙	12040	⊂父乙壺	21.399	商代晚期	
父乙	12056	史父乙壺	21.414	西周早期琴段	
父乙	12057	趨父乙壺	21.415	商代晚期	
父乙	12058	趨父乙壺	21.416	西周早期	
父乙	12059	腐父乙壺	21.417	西周早期	
父乙	12060	痤父乙壺	21.418	西周早期	
父乙	12061	魚父乙壺	21.419	西周早期	
父乙	12062	重父乙壺	21.419	西周早期	
父乙	12097	天黿父乙壺	21.450	西周早期前段	
父乙	12098	亞厷父乙壺	21.451	商代晚期	
父乙	12100	宁戈父乙壺蓋	21.453	西周早期	
父乙	12101	宁戈父乙壺蓋	21.454	西周早期	
父乙	12129	亞虤框父乙壺	22.3	商代晚期	
父乙	12136	臣辰父乙壺	22.10	西周早期	
父乙	12137	臣辰父乙壺	22.11	西周早期	
父乙	12138	臣辰父乙壺	22.12	西周早期	
父乙	12166	亞矢塱壺	22.36	商代晚期	
父乙	12197	貪壺	22.68	西周早期	貪的父親
父乙	12213	沃壺	22.83	商代晚期	沃的父親
父乙	12273	牧壺	22.148	西周早期	牧的父親

人　名	器　號	器　名	卷數頁碼	時　代	備　注
父乙	12290	敔肇事丁壺	22.166	西周早期	敔肇事丁的父親
父乙	12291	大壺	22.167	西周中期	大的父親
父乙	12762	何父乙卣	23.208	商代晚期	
父乙	12763	兓父乙卣	23.209	商代晚期	
父乙	12764	天父乙卣	23.210	商代晚期	
父乙	12765	天父乙卣	23.211	商代晚期	
父乙	12766	鼻父乙卣	23.211	商代晚期	
父乙	12767	光父乙卣	23.212	商代晚期	
父乙	12768	山父乙卣	23.213	商代晚期	
父乙	12769	亭父乙卣	23.215	商代晚期	
父乙	12770	册父乙卣	23.216	商代晚期	
父乙	12771	魚父乙卣	23.217	商代晚期	
父乙	12772	魚父乙卣	23.218	商代晚期	
父乙	12773	魚父乙卣	23.219	商代晚期	
父乙	12774	魚父乙卣	23.219	商代晚期	
父乙	12775	史父乙卣	23.220	商代晚期	
父乙	12776	敉父乙卣	23.220	商代晚期	
父乙	12777	𩵋父乙卣	23.221	商代晚期	
父乙	12778	𠂤父乙卣	23.221	商代晚期	
父乙	12779	𡔴父乙卣	23.222	商代晚期	
父乙	12780	𡆥父乙卣蓋	23.222	商代晚期	
父乙	12781	𢍰父乙卣	23.223	商代晚期	
父乙	12844	冉父乙卣	23.280	西周早期前段	
父乙	12845	旅父乙卣	23.281	西周早期	
父乙	12846	束父乙卣	23.282	西周早期	
父乙	12847	𠂤父乙卣	23.283	西周早期	
父乙	12902	陸册父乙卣	23.333	商代晚期	
父乙	12903	亞覃父乙卣	23.334	商代晚期	
父乙	12904	亞𣄼父乙卣	23.335	商代晚期	
父乙	12905	衛典父乙卣	23.336	商代晚期	
父乙	12906	天黽父乙卣	23.337	商代晚期	
父乙	12907	天黽父乙卣	23.338	商代晚期	
父乙	12908	天黽父乙卣	23.339	商代晚期	

人　名	器　號	器　名	卷數頁碼	時　代	備　注
父乙	12909	子夗父乙卣	23.340	商代晚期	
父乙	12910	屮冊父乙卣	23.341	商代晚期	
父乙	12911	屮冊父乙卣	23.342	商代晚期	
父乙	12912	聑日父乙卣	23.342	商代晚期	
父乙	12921	屮冊父戊卣	23.350	商代晚期	
父乙	12951	田告父乙卣	23.380	西周早期	
父乙	13034	糞卣	23.458	商代晚期	
父乙	13037	臣辰父乙卣	23.461	西周早期	
父乙	13038	臣辰父乙卣	23.462	西周早期	
父乙	13045	冊亯卣	23.469	西周早期前段	
父乙	13073	競卣	23.495	西周中期前段	競的父親
父乙	13078	亞寢父乙卣	23.502	商代晚期	
父乙	13080	亞啟父乙卣	23.504	商代晚期	
父乙	13085	采卣	23.509	商代晚期	采的父親
父乙	13125	㝅卣	24.36	西周早期	㝅的父親
父乙	13130	寧卣	24.41	西周早期	寧的父親
父乙	13166	小臣卣	24.76	西周早期	小臣的父親
父乙	13175	㝅卣	24.87	西周早期	
父乙	13183	羊卣	24.95	西周早期	羊的父親
父乙	13217	守卣	24.131	西周早期	守的父親
父乙	13226	戈莫高卣	24.139	西周中期前段	戈莫高的父親
父乙	13231	罯卣	24.146	西周早期	罯的父親
父乙	13235	卻卣	24.151	西周早期後段	卻的父親
父乙	13239	對卣	24.155	西周中期前段	對的父親
父乙	13250	小臣豐卣	24.168	西周早期	小臣豐的父親
父乙	13251	由伯卣	24.169	西周早期	由伯的父親
父乙	13272	𢘑卣蓋	24.197	西周早期	𢘑的父親
父乙	13291	耳卣	24.219	西周早期	耳的父親
父乙	13296	息伯卣	24.227	西周早期	息伯的父親
父乙	13297	息伯卣蓋	24.228	西周早期	同上
父乙	13308	作冊䰙卣	24.243	西周早期後段	作冊䰙的父親
父乙	13324	保卣	24.272	西周早期前段	保的父親
父乙	13336	競卣	24.297	西周中期前段	競的父親

人 名	器 號	器 名	卷數頁碼	時 代	備 注
父乙	13514	吳父乙方彝	24.389	西周早期	
父乙	13515	珥日父乙方彝	24.390	商代晚期	
父乙	13542	作册折方彝	24.422	西周早期後段	作册折的父親
父乙	13626	山父乙觥	24.466	商代晚期	
父乙	13627	興父乙觥	24.467	商代晚期	
父乙	13628	冀父乙觥	24.468	商代晚期	
父乙	13629	冀父乙觥	24.468	商代晚期	
父乙	13640	天黽父乙觥	24.476	商代晚期	
父乙	13642	天豕父乙觥	24.477	商代晚期	
父乙	13653	旟觥	24.489	西周早期	旟的父親
父乙	13665	作册折觥	24.506	西周中期後段	作册折的父親
父乙	13771	鹵父乙罍	25.64	商代晚期	
父乙	13772	冉父乙罍	25.65	商代晚期	
父乙	13773	襄父乙罍	25.66	西周早期	
父乙	13788	册偶父乙罍	25.79	西周早期	
父乙	13814	中罍	25.102	西周早期	中的父親
父乙	14336	佣父乙盤	25.351	商代晚期	
父乙	14354	天黽父乙盤	25.368	商代晚期	
父乙	14412	北子宋盤	25.427	西周中期前段	北子宋的父親
父乙	14628	武父乙盉	26.47	商代中期	
父乙	14629	子父乙盉	26.48	商代晚期	
父乙	14630	子父乙盉	26.49	商代晚期	
父乙	14631	昇父乙盉	26.50	商代晚期	
父乙	14632	堯父乙盉	26.51	商晚或周早	
父乙	14633	鹵父乙盉	26.53	商代晚期	
父乙	14650	史父乙盉	26.67	西周早期	
父乙	14651	子父乙盉	26.68	西周早期	
父乙	14652	子父乙盉	26.68	西周早期	
父乙	14653	光父乙盉	26.69	西周早期	
父乙	14655	冈父乙盉	26.71	西周早期	
父乙	14656	坐父乙盉	26.72	西周早期	
父乙	14671	屮册父乙盉	26.85	商代晚期	
父乙	14672	葡參父乙盉	26.86	商代晚期	

人 名	器 號	器 名	卷數頁碼	時 代	備 注
父乙	14673	天黽父乙盉	26.87	西周早期	
父乙	14686	亞盉父乙盉	26.97	西周早期前段	
父乙	14687	腐册父乙盉	26.98	西周早期	
父乙	14702	宁未父乙盉	26.113	西周早期	
父乙	14729	卿盉	26.139	西周早期	卿的父親
父乙	14740	沃盉	26.148	商代晚期	沃的父親
父乙	14741	沃盉	26.149	商代晚期	同上
父乙	14742	沃盉	26.149	商代晚期	同上
父乙	14749	𤔲父乙盉	26.157	西周早期	
父乙	14763	亞盉	26.170	西周早期	亞的父親
父乙	14766	首毛盉	26.174	商代晚期	首毛的父親
父乙	14872	冉匜	26.253	西周中期	
父丙	00804	犬父丙鼎	2.108	商代晚期	
父丙	00805	冉父丙鼎	2.109	商代晚期	
父丙	00806	弔父丙鼎	2.110	西周早期	
父丙	00807	龜父丙鼎	2.110	商代晚期	
父丙	01141	宁羊父丙鼎	2.376	西周早期前段	
父丙	01142	亞醜父丙鼎	2.377	商代晚期	
父丙	01143	南門父丙鼎	2.378	商晚或周早	
父丙	01355	木祖辛父丙鼎	3.57	商代晚期	
父丙	01508	作父丙鼎	3.191	西周早期	
父丙	01538	褒鼎	3.218	商代晚期	褒的父親
父丙	01697	亞叀鼎	3.360	西周早期	亞叀的父親
父丙	02649	重父丙鬲	6.42	商代晚期	
父丙	03784	木父丙簋	8.98	西周早期	
父丙	04190	叔龜簋	8.442	西周早期	
父丙	04191	叔龜簋	8.442	西周早期	
父丙	05171	敔簋	11.153	西周中期前段	敔的父親
父丙	07788	魚父丙爵	16.20	商代晚期	
父丙	07789	重父丙爵	16.21	商代晚期	
父丙	07790	昇父丙爵	16.21	商晚或周早	
父丙	07791	耴父丙爵	16.22	商晚或周早	
父丙	08121	冉父丙爵	16.269	西周早期	

人名	器號	器名	卷數頁碼	時代	備注
父丙	08122	鼎父丙爵	16.270	西周早期	
父丙	08123	𠨘父丙爵	16.271	西周早期	
父丙	08306	西單父丙爵	16.412	商晚或周早	
父丙	08379	𢉔册父丙爵	16.466	西周早期	
父丙	08436	䵼爵	17.9	西周早期	䵼的父親
父丙	08437	䵼爵	17.10	西周早期	同上
父丙	08758	亞䶂父丙角	17.195	商代晚期	
父丙	09572	𢻱父丙觚	18.277	商代晚期	
父丙	09691	史父丙觚	18.372	西周早期	
父丙	10318	重父丙觶	19.204	商代晚期	
父丙	10319	戈父丙觶	19.204	商代晚期	
父丙	10424	䍙父丙觶	19.287	西周早期前段	
父丙	10425	戈父丙觶	19.288	西周早期	
父丙	10426	子父丙觶	19.289	西周早期	
父丙	10428	冈父丙觶	19.290	西周早期	
父丙	10505	冉𦥑父丙觶	19.350	商代晚期	
父丙	10541	尹舟父丙觶	19.376	西周早期	
父丙	10616	♪觶	19.437	西周早期	♪的父親
父丙	11368	魚父丙尊	20.390	西周早期前段	
父丙	11559	戈尊	21.55	西周早期	
父丙	12041	析父丙壺	21.400	商代晚期	
父丙	12063	𡚬父丙壺	21.420	西周早期	
父丙	12217	鬼壺	22.89	西周中期前段	鬼的父親
父丙	12782	牧父丙卣	23.223	商代晚期	
父丙	13083	弓𠆢卣	23.507	商代晚期	
父丙	13309	僕麻卣	24.244	西周早期	僕麻的父輩
父丙	13345	高卣蓋	24.318	西周早期	高的父親
父丁	00808	刀父丁鼎	2.111	商代晚期	
父丁	00809	史父丁鼎	2.112	商代晚期	
父丁	00810	子父丁鼎	2.113	西周早期	
父丁	00811	𢉔父丁鼎	2.114	商代晚期	
父丁	00812	冉父丁鼎	2.115	西周早期	
父丁	00813	冉父丁鼎	2.116	商代晚期	

人　名	器　號	器　名	卷數頁碼	時　代	備　注
父丁	00814	囚父丁鼎	2.117	商代晚期	
父丁	00815	衛父丁鼎	2.118	商代晚期	
父丁	00816	句父丁鼎	2.119	商晚或周早	
父丁	00817	襄父丁鼎	2.120	西周早期	
父丁	00818	息父丁鼎	2.121	西周早期前段	
父丁	00819	鬃父丁鼎	2.122	西周早期前段	
父丁	00820	山父丁鼎	2.123	西周早期前段	
父丁	00821	弔父丁鼎	2.124	西周中期	
父丁	00822	弔父丁鼎	2.125	西周中期	
父丁	00823	弔父丁鼎	2.126	西周中期	
父丁	00824	戈父丁鼎	2.126	商代晚期	
父丁	00825	保父丁鼎	2.127	商代晚期	
父丁	00826	↵父丁鼎	2.127	商代晚期	
父丁	00827	鼻父丁鼎	2.128	商晚或周早	
父丁	00828	黽父丁鼎	2.129	西周早期	
父丁	00829	黽父丁鼎	2.129	商代晚期	
父丁	00830	魚父丁鼎	2.130	西周早期	
父丁	00831	子父丁鼎	2.130	商代晚期	
父丁	00832	此父丁鼎	2.131	商晚或周早	
父丁	00833	糞父丁鼎	2.131	商代晚期	
父丁	00834	糞父丁鼎	2.132	商晚或周早	
父丁	00835	糞父丁鼎	2.132	商晚或周早	
父丁	00836	糞父丁鼎	2.133	商晚或周早	
父丁	00837	糞父丁鼎	2.134	商晚或周早	
父丁	00838	大父丁鼎	2.134	商晚或周早	
父丁	00839	何父丁鼎	2.135	商代晚期	
父丁	00840	倗父丁鼎	2.135	商代晚期	
父丁	00841	鬬父丁鼎	2.136	商代晚期	
父丁	00842	⌣父丁鼎	2.137	商代晚期	
父丁	00843	尋父丁鼎	2.138	商代晚期	
父丁	00844	尋父丁鼎	2.139	商代晚期	
父丁	00845	尋父丁鼎	2.139	商代晚期	
父丁	00846	尋父丁鼎	2.139	西周早期	

人 名	器 號	器 名	卷數頁碼	時 代	備 注
父丁	01144	天豕父丁鼎	2.378	商代晚期	
父丁	01145	倗舟父丁鼎	2.379	商代晚期	
父丁	01146	亞醜父丁鼎	2.380	商代晚期	
父丁	01147	亞醜父丁鼎	2.381	商代晚期	
父丁	01148	亞醜父丁鼎	2.382	商代晚期	
父丁	01149	亞獏父丁鼎	2.382	商代晚期	
父丁	01150	亞獏父丁鼎	2.383	商代晚期	
父丁	01151	亞獏父丁鼎	2.384	商代晚期	
父丁	01152	亞獏父丁鼎	2.384	商代晚期	
父丁	01153	亞犬父丁鼎	2.385	商代晚期	
父丁	01154	亞犬父丁鼎	2.386	商代晚期	
父丁	01155	亞旃父丁鼎	2.387	商代晚期	
父丁	01156	亞酉父丁鼎	2.388	商代晚期	
父丁	01157	亞壴父丁鼎	2.389	商代晚期	
父丁	01158	田告父丁鼎	2.389	商代晚期	
父丁	01159	腐册父丁鼎	2.390	商代晚期	
父丁	01160	子疐父丁鼎	2.391	西周早期前段	
父丁	01161	子疐父丁鼎	2.392	西周早期前段	
父丁	01162	子羊父丁鼎	2.393	商代晚期	
父丁	01163	寧母父丁鼎	2.393	商代晚期	
父丁	01164	叹父丁鼎	2.394	西周早期	
父丁	01165	耳銜父丁鼎	2.395	商代晚期	
父丁	01166	耳癸父丁鼎	2.395	西周早期	
父丁	01167	庚豕父丁鼎	2.396	商代晚期	
父丁	01168	聚册父丁鼎	2.397	商代晚期	
父丁	01169	尹舟父丁鼎	2.398	商代晚期	
父丁	01170	枲册父丁鼎	2.398	商代晚期	
父丁	01171	弓韋父丁鼎	2.399	商代晚期	
父丁	01172	冂乀父丁鼎	2.400	西周早期	
父丁	01274	作父丁鼎	2.481	西周早期	
父丁	01366	亞醜父丁鼎	3.65	商代晚期	
父丁	01367	宰徽宔父丁鼎	3.66	西周早期	
父丁	01506	眀父丁鼎	3.188	商代晚期	

人　名	器　號	器　名	卷數頁碼	時　代	備　注
父丁	01509	作父丁鼎	3.191	西周早期	
父丁	01533	韋鼎	3.213	西周早期後段	韋的父親
父丁	01534	歸鼎	3.214	西周中期前段	歸的父親
父丁	01544	涉鼎	3.221	西周中期前段	涉的父親
父丁	01545	徣鼎	3.222	西周中期前段	徣的父親
父丁	01689	皿鼎	3.353	商代晚期	皿的父親
父丁	01694	亞父𡬋鼎	3.357	西周早期前段	
父丁	01695	亞父𡬋鼎	3.358	西周早期前段	
父丁	01700	或鼎	3.363	西周早期	或的父親
父丁	01720	侯鼎	3.382	西周早期	侯的父親
父丁	01726	或鼎	3.386	西周早期	或的父親
父丁	01728	吳鼎	3.387	西周早期	吳的父親
父丁	01729	穆鼎	3.388	西周早期	穆的父親
父丁	01801	串鼎	3.464	西周早期後段	串的父親
父丁	01817	亞壴鼎	3.478	西周早期	亞壴的父親
父丁	01862	奪鼎	4.19	西周早期	奪的父親
父丁	01897	寡男𪔲鼎	4.58	西周早期前段	寡男的父親
父丁	01906	甚鼎	4.66	西周中期	甚的父親
父丁	01930	寡邑司鼎	4.89	西周早期前段	寡邑司的父親
父丁	02020	臣高鼎	4.185	西周早期前段	臣高的父親
父丁	02022	斉鼎	4.187	西周早期	斉的父親
父丁	02138	歔隱馬鼎	4.328	商代晚期	歔隱馬的父親
父丁	02200	豊鼎	4.405	商代晚期	豊的父親
父丁	02244	父丁鼎	4.468	商代晚期	
父丁	02267	征人鼎	5.4	西周早期	征人的父親
父丁	02312	邇鼎	5.65	商代晚期	邇的父親
父丁	02353	旅鼎	5.123	西周早期後段	旅的父親
父丁	02377	坂鼎	5.162	商代晚期	坂的父親
父丁	02412	榮仲鼎	5.225	西周早期後段	榮仲的父親
父丁	02413	榮仲鼎	5.226	西周早期後段	同上
父丁	02461	靜鼎	5.312	西周早期後段	靜的父親
父丁	02633	叔父鬲	6.28	西周早期	
父丁	02648	古父丁鬲	6.41	西周早期	

人 名	器 號	器 名	卷數頁碼	時 代	備 注
父丁	02650	冀父丁鬲	6.42	西周早期	
父丁	02651	弜父丁鬲	6.43	商代晚期	
父丁	02652	弜父丁鬲	6.44	西周早期	
父丁	02653	弜父丁鬲	6.45	商代晚期	
父丁	02675	鼻丂父丁鬲	6.62	商代晚期	
父丁	02676	冉𨥙父丁鬲	6.63	西周早期	
父丁	02677	㝬糸父丁鬲	6.64	西周早期	
父丁	02729	亞从父丁鬲	6.111	商代晚期	
父丁	02732	苟鬲	6.113	西周早期後段	苟的父親
父丁	03174	鼻父丁甗	7.68	西周早期前段	
父丁	03175	丙父丁甗	7.69	西周早期	
父丁	03207	亞盉父丁甗	7.95	西周早期	
父丁	03208	丂亞父丁甗	7.96	西周早期	
父丁	03210	吞糸父丁甗	7.98	西周早期	
父丁	03211	吞糸父丁甗	7.99	西周早期	
父丁	03785	子父丁簋	8.99	商代晚期	
父丁	03786	子父丁簋	8.100	商代晚期	
父丁	03787	冀父丁簋	8.100	商代晚期	
父丁	03788	冀父丁簋	8.101	商代晚期	
父丁	03789	冀父丁簋	8.102	商代晚期	
父丁	03790	剡父丁簋	8.103	商代晚期	
父丁	03791	朋父丁簋	8.104	商代晚期	
父丁	03792	醜父丁簋	8.105	商代晚期	
父丁	03793	宀父丁簋	8.106	商代晚期	
父丁	03794	宀父丁簋	8.107	商代晚期	
父丁	03795	戈父丁簋	8.107	商代晚期	
父丁	03796	戈父丁簋	8.108	商代晚期	
父丁	03797	戈父丁簋	8.109	西周早期前段	
父丁	03798	戈父丁簋	8.109	西周早期	
父丁	03799	保父丁簋	8.110	西周早期	
父丁	03800	保父丁簋	8.111	西周早期	
父丁	03801	爻父丁簋	8.112	西周早期	
父丁	03802	亞父丁簋	8.113	西周早期	

人 名	器 號	器 名	卷數頁碼	時 代	備 注
父丁	03803	□父丁簋	8.114	西周早期	
父丁	03804	弔父丁簋	8.115	西周中期	
父丁	03805	弔父丁簋	8.116	西周中期	
父丁	03968	天黽父丁簋	8.254	商代晚期	
父丁	03969	文夏父丁簋	8.255	商代晚期	
父丁	03970	亞橐父丁簋	8.256	商代晚期	
父丁	03971	亞醜父丁簋	8.257	商代晚期	
父丁	03972	亞離父丁簋	8.258	商代晚期	
父丁	03973	亞酋父丁簋	8.258	商代晚期	
父丁	03975	𦥑乚父丁簋	8.260	商代晚期	
父丁	03976	𤔔羊父丁簋	8.261	商代晚期	
父丁	03977	𤔔羊父丁簋	8.262	商代晚期	
父丁	03978	冉𤔔父丁簋	8.262	商代晚期	
父丁	04013	子廟父丁簋	8.293	西周早期前段	
父丁	04014	冉𤔔父丁簋	8.294	西周早期	
父丁	04015	亞□父丁簋	8.295	西周早期前段	
父丁	04016	祖癸父丁簋	8.296	西周早期	
父丁	04017	子妣父丁簋	8.297	西周早期	
父丁	04018	𣎴册父丁簋	8.298	西周早期	
父丁	04019	秝册父丁簋	8.299	西周早期	
父丁	04020	宁戈父丁簋	8.299	西周早期	
父丁	04021	宁矢父丁簋	8.300	西周早期	
父丁	04022	田告父丁簋	8.300	西周早期	
父丁	04136	作父丁簋	8.396	商代晚期	
父丁	04137	亞盉父丁簋	8.397	商代晚期	
父丁	04146	馬天豖父丁簋	8.405	商代晚期	
父丁	04147	戈亳册父丁簋	8.405	商代晚期	
父丁	04158	𠔽簋	8.417	西周早期	
父丁	04218	荔册竹父丁簋	8.466	西周早期	
父丁	04219	荔册竹父丁簋	8.467	西周早期	
父丁	04274	柠簋	9.44	西周早期	柠的父親
父丁	04371	作父丁簋	9.128	西周早期	
父丁	04403	宝父丁簋	9.158	商代晚期	

人　名	器　號	器　名	卷數頁碼	時　代	備　注
父丁	04410	古簋	9.164	西周早期	古的父親
父丁	04411	逆簋	9.165	西周早期	逆的父親
父丁	04421	休簋	9.175	西周中期前段	休的父親
父丁	04426	叔簋	9.180	西周早期	
父丁	04437	牢犬簋	9.188	西周早期	牢犬的父親
父丁	04453	大万簋	9.204	西周早期	万，原釋爲丏
父丁	04460	作父丁簋	9.208	西周早期	
父丁	04461	作父丁簋	9.209	西周早期	
父丁	04490	◆乛簋	9.247	西周中期後段	
父丁	04491	◆乛簋	9.248	西周中期後段	
父丁	04492	◆乛簋	9.249	西周中期後段	
父丁	04493	牧𠬝簋	9.249	西周早期	牧𠬝的父親
父丁	04522	龠簋	9.275	西周早期	龠的父親
父丁	04635	寢魚簋	9.381	商代晚期	寢魚的父親
父丁	04672	臣栒簋	9.417	西周早期	臣栒的父親
父丁	04734	筆簋	10.6	西周中期後段	筆的父親
父丁	04763	妞簋	10.37	西周早期	妞的父親
父丁	04865	小子𩵋簋	10.174	商代晚期	小子𩵋的父親
父丁	04949	征簋	10.282	西周早期	征的父親
父丁	04953	弜簋	10.286	西周中期	弜的父親
父丁	05009	易旁簋	10.370	西周中期前段	易旁的父親
父丁	05010	易旁簋	10.371	西周中期前段	同上
父丁	05011	易旁簋	10.372	西周中期前段	同上
父丁	06110	串雟父丁豆	13.359	商代晚期	
父丁	06111	子𤊽父丁豆	13.360	商代晚期	
父丁	06219	作父丁盂	13.445	西周中期	
父丁	07792	帚父丁爵	16.22	商代晚期	
父丁	07793	史父丁爵	16.23	商代晚期	
父丁	07794	氐父丁爵	16.24	商代晚期	
父丁	07795	卩父丁爵	16.25	商代晚期	
父丁	07796	衛父丁爵	16.25	商代晚期	
父丁	07797	兴父丁爵	16.26	商代晚期	
父丁	07798	𥄕父丁爵	16.27	商代晚期	

人　名	器　號	器　名	卷數頁碼	時　代	備　注
父丁	07799	戠父丁爵	16.28	商代晚期	
父丁	07800	束父丁爵	16.29	商代晚期	
父丁	07801	麕父丁爵	16.30	商代晚期	
父丁	07802	木父丁爵	16.31	商代晚期	
父丁	07803	何父丁爵	16.32	商代晚期	
父丁	07804	戈父丁爵	16.33	商代晚期	
父丁	07805	戈父丁爵	16.33	商代晚期	
父丁	07806	戈父丁爵	16.34	商代晚期	
父丁	07807	冉父丁爵	16.34	商代晚期	
父丁	07808	冉父丁爵	16.35	商代晚期	
父丁	07809	冉父丁爵	16.36	商代晚期	
父丁	07810	冉父丁爵	16.36	商代晚期	
父丁	07811	宲父丁爵	16.37	商晚或周早	
父丁	07812	曲父丁爵	16.37	商代晚期	
父丁	07813	匸父丁爵	16.39	商晚或周早	
父丁	07814	魚父丁爵	16.39	商代晚期	
父丁	07815	魚父丁爵	16.40	商代晚期	
父丁	07816	旅父丁爵	16.41	商晚或周早	
父丁	07817	子父丁爵	16.41	商晚或周早	
父丁	07818	子父丁爵	16.42	商代晚期	
父丁	07819	譽父丁爵	16.43	商晚或周早	
父丁	07820	丂父丁爵	16.43	商晚或周早	
父丁	07821	皿父丁爵	16.44	商晚或周早	
父丁	07822	皿父丁爵	16.44	商晚或周早	
父丁	07823	襄父丁爵	16.45	商晚或周早	
父丁	07824	糸父丁爵	16.45	商晚或周早	
父丁	07825	自父丁爵	16.46	商晚或周早	
父丁	07826	牢父丁爵	16.46	商晚或周早	
父丁	07827	爻父丁爵	16.47	商代晚期	
父丁	07828	爻父丁爵	16.47	商代晚期	
父丁	07829	車父丁爵	16.48	商晚或周早	
父丁	07830	冗父丁爵	16.48	商晚或周早	
父丁	07831	冗父丁爵	16.49	商代晚期	

人　名	器　號	器　名	卷數頁碼	時　代	備　注
父丁	07832	𩰤父丁爵	16.50	商代晚期	
父丁	07833	𡕥父丁爵	16.51	商代晚期	
父丁	07834	𧃟父丁爵	16.52	商代晚期	
父丁	07835	𤔲父丁爵	16.53	商晚或周早	
父丁	07836	𦥑父丁爵	16.54	商晚或周早	
父丁	08124	束父丁爵	16.272	西周早期前段	
父丁	08125	禾父丁爵	16.273	西周早期	
父丁	08126	卯父丁爵	16.274	西周早期	
父丁	08127	龜父丁爵	16.275	西周早期	
父丁	08128	茀父丁爵	16.276	西周早期	
父丁	08129	欠父丁爵	16.277	西周早期	
父丁	08130	廎父丁爵	16.278	西周早期	
父丁	08131	弜父丁爵	16.279	西周早期	
父丁	08132	伐父丁爵	16.280	西周早期	
父丁	08133	奴父丁爵	16.281	西周早期	
父丁	08134	魚父丁爵	16.281	西周早期	
父丁	08135	戈父丁爵	16.282	西周早期	
父丁	08136	興父丁爵	16.282	西周早期	
父丁	08137	冀父丁爵	16.283	西周早期	
父丁	08138	冉父丁爵	16.284	西周早期	
父丁	08139	冉父丁爵	16.285	西周早期	
父丁	08140	冉父丁爵	16.286	西周早期	
父丁	08141	冉父丁爵	16.287	西周早期	
父丁	08142	冉父丁爵	16.288	西周早期	
父丁	08143	冉父丁爵	16.289	西周早期	
父丁	08144	召父丁爵	16.289	西周早期	
父丁	08145	旅父丁爵	16.290	西周早期	
父丁	08147	𠦪父丁爵	16.291	西周早期	
父丁	08148	𤰈父丁爵	16.291	西周早期	
父丁	08149	𤰈父丁爵	16.292	西周早期	
父丁	08150	𠙵父丁爵	16.292	西周早期	
父丁	08151	𩵋父丁爵	16.293	西周早期	
父丁	08152	𦥑父丁爵	16.293	西周早期	

人　名	器　號	器　名	卷數頁碼	時　代	備　注
父丁	08153	𠂤父丁爵	16.294	西周早期	
父丁	08154	𠂤父丁爵	16.295	西周早期	
父丁	08155	𠂤父丁爵	16.296	西周早期	
父丁	08156	𠂤父丁爵	16.297	西周早期	
父丁	08157	𠂤父丁爵	16.297	西周早期	
父丁	08158	𠂤父丁爵	16.298	西周早期	
父丁	08159	𠂤父丁爵	16.299	西周早期	
父丁	08307	己竝父丁爵	16.413	商代晚期	
父丁	08308	己竝父丁爵	16.414	商代晚期	
父丁	08309	己竝父丁爵	16.415	商代晚期	
父丁	08310	子八父丁爵	16.416	商代晚期	
父丁	08311	尹舟父丁爵	16.417	商代晚期	
父丁	08312	亞魚父丁爵	16.418	商代晚期	
父丁	08313	亞魚父丁爵	16.419	商代晚期	
父丁	08314	亞覃父丁爵	16.420	商晚或周早	
父丁	08315	亞獏父丁爵	16.421	商代晚期	
父丁	08316	叀庚父丁爵	16.422	商代晚期	
父丁	08317	𡊮册父丁爵	16.423	商代晚期	
父丁	08318	羊建父丁爵	16.424	商代晚期	
父丁	08319	腐册父丁爵	16.424	商代晚期	
父丁	08320	腐册父丁爵	16.425	商代晚期	
父丁	08321	困册父丁爵	16.425	商晚或周早	
父丁	08322	壬册父丁爵	16.426	商晚或周早	
父丁	08323	壬册父丁爵	16.426	商晚或周早	
父丁	08325	帆戈父丁爵	16.427	商晚或周早	
父丁	08380	弓臯父丁爵	16.467	西周早期	
父丁	08381	天豕父丁爵	16.468	西周早期	
父丁	08382	亞屰父丁爵	16.469	西周早期	
父丁	08383	枺册父丁爵	16.470	西周早期	
父丁	08384	田告父丁爵	16.471	西周早期	
父丁	08385	宁戈父丁爵	16.471	西周早期	
父丁	08386	☀弔父丁爵	16.472	西周早期	
父丁	08387	𡿺回父丁爵	16.473	西周早期	

人　名	器　號	器　名	卷數頁碼	時　代	備　注
父丁	08449	瘋爵	17.19	西周中期後段	瘋的父親
父丁	08450	瘋爵	17.20	西周中期後段	同上
父丁	08451	瘋爵	17.21	西周中期後段	同上
父丁	08454	尹木亞父丁爵	17.23	商代晚期	
父丁	08456	羊𢀖獸父丁爵	17.24	西周早期	
父丁	08463	亞𨤲爵	17.29	商代晚期	
父丁	08544	由爵	17.94	西周早期	由的父親
父丁	08551	小車爵	17.100	西周早期	小車的父親
父丁	08552	衛册爵	17.101	西周早期	
父丁	08582	寢魚爵	17.131	商代晚期	寢魚的父親
父丁	08743	冀父丁角	17.181	商代晚期	
父丁	08759	亞獏父丁角	17.197	商代晚期	
父丁	08760	亞弜父丁角	17.198	商晚或周早	
父丁	08761	亞弜父丁角	17.198	商晚或周早	
父丁	08771	亞旃父丁角蓋	17.207	西周早期	
父丁	08772	秣册父丁角	17.208	西周早期	
父丁	08779	亞弁叙父丁角	17.214	商代晚期	
父丁	08780	亞弁叙父丁角	17.216	商代晚期	
父丁	08788	召角	17.225	西周早期	召的父親
父丁	08794	宰梡角	17.231	商代晚期	宰梡的父親
父丁	09573	冉父丁觚	18.277	商代晚期	
父丁	09574	雁父丁觚	18.278	商代晚期	
父丁	09575	史父丁觚	18.279	商代晚期	
父丁	09576	山父丁觚	18.280	商代晚期	
父丁	09577	山父丁觚	18.281	商代晚期	
父丁	09578	山父丁觚	18.282	商代晚期	
父丁	09579	鳶父丁觚	18.283	商代晚期	
父丁	09580	冀父丁觚	18.284	商代晚期	
父丁	09581	冀父丁觚	18.284	商代晚期	
父丁	09582	鼻父丁觚	18.285	商代晚期	
父丁	09583	夋父丁觚	18.285	商代晚期	
父丁	09584	杲父丁觚	18.286	商代晚期	
父丁	09692	木父丁觚	18.373	西周早期	

人　名	器　號	器　名	卷數頁碼	時　代	備　注
父丁	09693	冉父丁觚	18.374	西周早期	
父丁	09694	冉父丁觚	18.375	西周早期	
父丁	09695	亞父丁觚	18.375	西周早期	
父丁	09696	?父丁觚	18.376	西周早期	
父丁	09697	?父丁觚	18.377	西周早期	
父丁	09698	?父丁觚	18.378	西周早期	
父丁	09744	羊建父丁觚	18.410	商代晚期	
父丁	09745	羊建父丁觚	18.411	商代晚期	
父丁	09746	子刀父丁觚	18.412	商代晚期	
父丁	09747	力册父丁觚	18.413	商代晚期	
父丁	09748	亞醜父丁觚	18.414	商代晚期	
父丁	09749	亞獏父丁觚	18.415	商代晚期	
父丁	09750	亞鷹父丁觚	18.416	商代晚期	
父丁	09751	亞盉父丁觚	18.416	商代晚期	
父丁	09752	尹舟父丁觚	18.417	商代晚期	
父丁	09753	?戋父丁觚	18.418	商代晚期	
父丁	09787	冀作父丁觚	18.449	西周早期	
父丁	09819	?觚	18.472	西周早期	
父丁	09828	天子聽觚	18.479	商代晚期	天子聽的父親
父丁	09829	亞寰父丁觚	18.480	商代晚期	
父丁	09849	魄觚	18.497	商晚或周早	魄的父親
父丁	10320	冀父丁觶	19.205	商代晚期	
父丁	10321	襄父丁觶	19.206	商代晚期	
父丁	10322	萬父丁觶	19.207	商代晚期	
父丁	10323	萬父丁觶	19.208	商代晚期	
父丁	10324	舌父丁觶	19.208	商代晚期	
父丁	10325	亞父丁觶	19.209	商代晚期	
父丁	10326	爻父丁觶	19.210	商代晚期	
父丁	10327	皀父丁觶	19.210	商代晚期	
父丁	10328	冉父丁觶	19.211	商代晚期	
父丁	10329	?父丁觶	19.211	商晚或周早	
父丁	10429	保父丁觶	19.291	西周早期	
父丁	10430	奎父丁觶	19.292	西周早期	

人　名	器　號	器　名	卷數頁碼	時　代	備　注
父丁	10431	冉父丁觶	19.293	西周早期	
父丁	10432	子父丁觶	19.294	西周早期	
父丁	10433	雔父丁觶	19.294	西周早期	
父丁	10434	享父丁觶	19.295	西周早期	
父丁	10435	山父丁觶	19.295	西周早期	
父丁	10436	⊗父丁觶	19.296	西周早期	
父丁	10437	𤰸父丁觶	19.297	西周早期	
父丁	10438	夐父丁觶	19.298	西周早期	
父丁	10506	𧞓册父丁觶	19.351	商代晚期	
父丁	10507	典弜父丁觶	19.351	商代晚期	
父丁	10508	亞丐父丁觶	19.352	商代晚期	
父丁	10509	西單父丁觶	19.352	商代晚期	
父丁	10510	冉𤿛父丁觶	19.353	商代晚期	
父丁	10542	戈母父丁觶	19.377	西周早期	
父丁	10543	告田父丁觶	19.378	西周早期	
父丁	10573	串𪔲登父丁觶	19.400	商代晚期	
父丁	10580	𧻞宁册父丁觶	19.406	西周早期	
父丁	10581	秣册竹父丁觶	19.407	西周早期	
父丁	10590	琭子觶	19.414	西周早期	琭子的父親
父丁	10591	麃觶	19.414	西周早期	麃的父親
父丁	10636	諫觶	19.452	西周早期	諫的父親
父丁	10640	遽仲觶	19.456	西周早期	遽仲的父親
父丁	10641	舌仲觶	19.457	西周中期前段	舌仲的父親
父丁	11005	冉父丁罍	20.109	商代晚期	
父丁	11006	單父丁罍	20.110	商代晚期	
父丁	11009	冎父丁罍	20.112	商代晚期	
父丁	11039	亞弜父丁罍	20.137	商代晚期	
父丁	11048	矢宁父丁罍	20.143	西周早期	
父丁	11049	西單父丁罍	20.144	西周早期	
父丁	11055	戈卬罍	20.149	西周早期	戈卬的父親
父丁	11056	鬭罍	20.150	西周早期	鬭的父親
父丁	11057	狽罍	20.151	西周早期	狽的父親
父丁	11310	母父丁尊	20.342	商代晚期	

人　名	器　號	器　名	卷數頁碼	時　代	備　注
父丁	11311	母父丁尊	20.343	商代晚期	
父丁	11312	冀父丁尊	20.343	商代晚期	
父丁	11313	冀父丁尊	20.344	西周早期前段	
父丁	11314	衛父丁尊	20.345	商代晚期	
父丁	11315	魚父丁尊	20.346	商代晚期	
父丁	11316	田父丁尊	20.347	商代晚期	
父丁	11317	旻父丁尊	20.348	商代晚期	
父丁	11369	尹父丁尊	20.391	西周早期	
父丁	11370	壴父丁尊	20.392	西周早期	
父丁	11371	冉父丁尊	20.393	西周早期	
父丁	11372	八父丁尊	20.394	西周早期	
父丁	11373	八父丁尊	20.395	西周早期	
父丁	11439	天豕父丁尊	20.449	商代晚期	
父丁	11440	天豕父丁尊	20.450	商代晚期	
父丁	11441	天豕父丁尊	20.451	商代晚期	
父丁	11442	亞獏父丁尊	20.452	商代晚期	
父丁	11443	亞醜父丁尊	20.453	商代晚期	
父丁	11480	天黽父丁尊	20.486	西周早期	
父丁	11481	亯戊父丁尊	20.487	西周早期後段	
父丁	11482	亯戊父丁尊	20.488	西周早期後段	
父丁	11483	亞稷父丁尊	20.489	西周早期後段	
父丁	11538	馬天豕父丁尊	21.37	商代晚期	
父丁	11569	咏尊	21.64	西周中期前段	咏的父親
父丁	11616	柚尊	21.103	西周早期	柚的父親
父丁	11617	商尊蓋	21.104	西周早期	商的父親
父丁	11635	子殷尊	21.117	西周早期	子殷的父親
父丁	11638	叔尊	21.119	西周早期	
父丁	11639	寽尊	21.120	西周早期	寽的父親
父丁	11640	枀尊	21.121	西周早期	枀的父親
父丁	11647	陌尊	21.128	西周早期	陌的父親
父丁	11650	丰尊	21.131	西周早期	丰的父親
父丁	11651	逆尊	21.131	西周早期	逆的父親
父丁	11679	戈車尊	21.156	西周早期	戈車的父親

人　名	器　號	器　名	卷數頁碼	時　代	備　注
父丁	11703	奪尊	21.176	西周早期後段	奪的父親
父丁	11709	旁尊	21.182	西周中期前段	旁的父親
父丁	11717	亞矣侯尊	21.191	西周早期	
父丁	11718	亞矣侯尊	21.191	西周早期	
父丁	11719	馬天豕尊	21.192	西周早期	
父丁	11759	馭尊	21.227	西周早期後段	馭的父親
父丁	11765	覷爾尊	21.233	西周早期後段	覷爾的父親
父丁	11821	矢令尊	21.315	西周早期	矢令的父親
父丁	12042	史父丁壺	21.401	商代晚期	
父丁	12043	冀父丁壺	21.402	商代晚期	
父丁	12044	明父丁壺	21.403	商代晚期	
父丁	12064	史父丁壺蓋	21.420	西周早期	
父丁	12065	爵父丁壺	21.421	西周早期	
父丁	12066	冉父丁壺	21.422	西周早期	
父丁	12067	冀父丁壺	21.423	西周早期	
父丁	12068	弔父丁壺	21.424	西周早期	
父丁	12069	山父丁壺	21.425	西周早期	
父丁	12070	𠂤父丁壺	21.426	西周早期	
父丁	12139	秝册竹父丁壺	22.13	西周早期後段	
父丁	12140	馬天豕父丁壺	22.14	西周早期	
父丁	12199	子殷壺	22.70	西周早期	子殷的父親
父丁	12202	冀酖甕壺	22.73	西周早期	酖甕的父親
父丁	12215	西壺	22.87	西周早期	西的父親
父丁	12232	奪壺	22.106	西周早期後段	奪的父親
父丁	12233	奪壺	22.107	西周早期後段	同上
父丁	12234	平壺	22.108	西周早期	平的父親
父丁	12274	莫壺	22.149	西周早期	莫的父親
父丁	12429	切其壺	22.373	商代晚期	切其的父親
父丁	12783	枚父丁卣	23.224	商代晚期	
父丁	12784	冀父丁卣	23.225	商代晚期	
父丁	12785	子父丁卣	23.226	商代晚期	
父丁	12786	耒父丁卣	23.226	商代晚期	
父丁	12787	耒父丁卣	23.227	商代晚期	

人　名	器　號	器　名	卷數頁碼	時　代	備　注
父丁	12788	束父丁卣	23.228	商代晚期	
父丁	12789	酉父丁卣	23.228	商代晚期	
父丁	12790	爻父丁卣	23.229	商代晚期	
父丁	12791	曻父丁卣	23.230	商代晚期	
父丁	12848	史父丁卣	23.284	西周早期前段	
父丁	12849	冀父丁卣	23.285	西周早期前段	
父丁	12850	囧父丁卣	23.286	西周早期前段	
父丁	12851	囧父丁卣	23.286	西周早期	
父丁	12858	丱父辛卣	23.292	西周早期	
父丁	12913	立爺父丁卣	23.343	商代晚期	
父丁	12914	立爺父丁卣	23.344	商代晚期	
父丁	12915	獄盧父丁卣	23.345	商代晚期	
父丁	12916	帆公父丁卣	23.346	商代晚期	
父丁	12917	串鴛父丁卣	23.347	商代晚期	
父丁	12918	串鴛父丁卣	23.348	商代晚期	
父丁	12919	舟丂父丁卣	23.348	商代晚期	
父丁	12952	子廟父丁卣	23.381	西周早期前段	
父丁	12953	史叟父丁卣	23.382	西周早期前段	
父丁	12954	冉業父丁卣	23.383	西周早期	
父丁	12955	冉業父丁卣	23.384	西周早期	
父丁	13009	微卣	23.434	西周早期	微的父親
父丁	13015	采卣	23.440	西周早期	采的父親
父丁	13020	西單冊父丁卣	23.444	商代晚期	
父丁	13021	炙暵父丁卣	23.445	商代晚期	
父丁	13039	馬天豕父丁卣	23.463	西周早期	
父丁	13040	馬天豕父丁卣	23.464	商代晚期	
父丁	13067	咏卣	23.490	西周早期	咏的父親
父丁	13111	大中卣	24.23	西周早期	大中的父親
父丁	13139	亞㠱卣	24.49	商代晚期	
父丁	13141	亼羊卣	24.51	商代晚期	
父丁	13170	珥日卣	24.81	西周早期	
父丁	13172	田告父丁卣	24.83	西周早期	
父丁	13184	敳卣	24.95	西周早期	敳的父親

人 名	器 號	器 名	卷數頁碼	時 代	備 注
父丁	13187	陟卣	24.97	西周早期	陟的父親
父丁	13188	陟卣	24.98	西周早期	同上
父丁	13203	無憂卣	24.114	西周早期	無憂的父親
父丁	13205	小夫卣	24.116	西周早期	小夫的父親
父丁	13206	小夫卣	24.117	西周早期	同上
父丁	13207	戈車卣	24.119	西周早期	戈車的父親
父丁	13228	皀丞卣	24.141	西周早期	皀丞的父親
父丁	13233	奪卣	24.149	西周早期後段	奪的父親
父丁	13234	奪卣	24.150	西周早期後段	同上
父丁	13261	燅卣	24.182	商代晚期	燅的父親
父丁	13262	燅卣	24.184	商代晚期	同上
父丁	13263	燅卣	24.185	商代晚期	同上
父丁	13282	叔卣	24.208	西周早期後段	叔的父親
父丁	13295	執卣	24.226	西周早期	執的父親
父丁	13306	盂卣	24.241	西周早期	盂的父親
父丁	13315	小臣靜卣	24.255	西周早期	小臣靜的父親
父丁	13323	二祀切其卣	24.270	商代晚期	切其的父親
父丁	13519	馬天冡父丁方彝	24.394	商代晚期	
父丁	13535	覿爾方彝	24.410	西周早期後段	覿爾的父親
父丁	13548	夨令方彝	24.438	西周早期	作册令的父親
父丁	13630	▲父丁觥	24.469	商晚或周早	
父丁	13635	天父丁觥	24.472	西周早期	
父丁	13643	冀文父丁觥	24.478	商代晚期	
父丁	13659	仲子昊污觥	24.497	商晚或周早	仲子昊污的父親
父丁	13662	覿爾觥	24.501	西周早期後段	覿爾的父親
父丁	13782	子天父丁罍	25.73	商代晚期	
父丁	13786	Ⅲ子父丁罍	25.77	商代晚期	
父丁	13796	馬天冡父丁罍	25.85	商代晚期	
父丁	13797	馬天冡父丁罍	25.86	商代晚期	
父丁	13800	敉亞高父丁罍	25.89	商代晚期	
父丁	13808	冉罍	25.96	西周早期	
父丁	13821	燅罍	25.110	商代晚期	燅的父親
父丁	14337	弔父丁盤	25.351	商代晚期	

人　名	器　號	器　名	卷數頁碼	時　代	備　注
父丁	14348	山父丁盤	25.362	西周早期前段	
父丁	14355	豆册父丁盤	25.369	商代晚期	
父丁	14509	仲樂父盤	25.540	西周中期前段	仲樂父的父親
父丁	14634	子父丁盂	26.54	商代晚期	
父丁	14635	冉父丁盂	26.55	商代晚期	
父丁	14636	倗父丁盂	26.56	商晚或周早	
父丁	14637	仝父丁盂	26.56	商代晚期	
父丁	14638	𩁉父丁盂	26.57	商晚或周早	
父丁	14657	皀父丁盂	26.73	西周早期	
父丁	14676	亞醜父丁盂	26.89	商代晚期	
父丁	14677	亞獏父丁盂	26.90	商代晚期	
父丁	14678	亞得父丁盂	26.91	商代晚期	
父丁	14679	絫册父丁盂	26.91	商代晚期	
父丁	14680	戈宁父丁盂	26.92	商代晚期	
父丁	14690	万封父丁盂	26.102	商代晚期	万,原釋爲丏
父丁	14700	戈北單父丁盂	26.111	商代晚期	
父丁	14718	巽盂	26.128	西周早期	
父丁	14719	亞鳥宁盂	26.129	商代晚期	
父丁	14730	中盂	26.139	西周早期前段	中的父親
父戊	00847	八父戊鼎	2.140	西周中期	
父戊	01173	宁址父戊鼎	2.400	商代晚期	
父戊	01174	季子父戊鼎	2.401	商代晚期	
父戊	01175	亞憊父戊鼎	2.402	商代晚期	
父戊	01176	角字父戊鼎	2.403	商代晚期	
父戊	01177	子父戊鼎	2.404	商代晚期	
父戊	01392	丩田鼎	3.88	商代晚期	
父戊	01496	天黽鼎	3.178	商晚或周早	
父戊	01823	榮子旅鼎	3.481	西周早期後段	榮子旅的父親
父戊	02024	榮子旅鼎	4.188	西周早期後段	同上
父戊	02069	旇鼎	4.247	西周早期	旇的父親
父戊	02678	亞牧父戊鬲	6.65	商代晚期	
父戊	02788	榮子旅鬲	6.171	西周早期後段	榮子旅的父親
父戊	02789	榮子旅鬲	6.171	西周早期後段	同上

人　名	器　號	器　名	卷數頁碼	時　代	備　注
父戊	02908	伯矩鬲	6.314	西周早期前段	伯矩的父親
父戊	03176	戈父戊甗	7.70	西周早期	
父戊	03806	子父戊簋	8.117	商代晚期	
父戊	03807	㚬父戊簋	8.118	商代晚期	
父戊	03808	舊父戊簋	8.119	商代晚期	
父戊	03809	戈父戊簋	8.120	西周早期	
父戊	03810	腐父戊簋	8.121	西周早期	
父戊	03811	灱父戊簋	8.122	西周早期	
父戊	03979	天黽父戊簋	8.263	商代晚期	
父戊	03980	屮冊父戊簋	8.264	商代晚期	
父戊	04023	允册父戊簋	8.301	西周早期	
父戊	04159	畢簋	8.418	西周早期	
父戊	04270	壽簋	9.41	西周早期	壽的父親
父戊	04275	中簋	9.45	西周早期	中的父親
父戊	04404	作父戊簋	9.158	商代晚期	
父戊	04429	峀簋	9.181	西周早期	峀的父親
父戊	04430	夅簋	9.182	西周中期前段	夅的父親
父戊	04813	攸簋	10.103	西周早期	攸的父親
父戊	04895	犾馭簋	10.216	西周早期後段	犾馭的父親
父戊	04994	御正衛簋	10.347	西周早期	御正衛的父親
父戊	07840	艻父戊爵	16.56	商代晚期	
父戊	07841	僥父戊爵	16.57	商代晚期	
父戊	07842	告父戊爵	16.57	商代晚期	
父戊	07843	冉父戊爵	16.58	商代晚期	
父戊	07844	冉父戊爵	16.59	商代晚期	
父戊	07845	才父戊爵	16.60	商代晚期	
父戊	07846	㝬父戊爵	16.60	商晚或周早	
父戊	08160	牛父戊爵	16.300	西周早期	
父戊	08161	責父戊爵	16.301	西周早期	
父戊	08162	口父戊爵	16.302	西周早期	
父戊	08163	子父戊爵	16.303	西周早期	
父戊	08164	子父戊爵	16.303	西周早期	
父戊	08165	子父戊爵	16.304	西周早期	

人　名	器　號	器　名	卷數頁碼	時　代	備　注
父戊	08166	子父戊爵	16.304	西周早期	
父戊	08167	叙父戊爵	16.305	西周早期	
父戊	08168	叙父戊爵	16.305	西周早期	
父戊	08169	炎父戊爵	16.306	西周早期	
父戊	08170	腐父戊爵	16.306	西周早期	
父戊	08171	敉父戊爵	16.307	西周早期	
父戊	08326	炎矢父戊爵	16.428	商晚或周早	
父戊	08327	炎矢父戊爵	16.428	商晚或周早	
父戊	08328	炎矢父戊爵	16.429	商晚或周早	
父戊	08329	◇ㄴ父戊爵	16.429	商代晚期	
父戊	08389	車豕父戊爵	16.474	西周早期	
父戊	08390	車豕父戊爵	16.475	西周早期	
父戊	08457	亞向丸父戊爵	17.25	商晚或周早	
父戊	08458	啟宁享父戊爵	17.26	商代晚期	
父戊	08470	父戊舟爵	17.34	西周早期	
父戊	08483	亞罍爵	17.45	西周早期	
父戊	08517	卿爵	17.70	西周早期	卿的父親
父戊	08520	獸爵	17.73	西周早期	獸的父親
父戊	08521	獸爵	17.74	西周早期	同上
父戊	08529	内公爵	17.82	西周早期	内公的父親
父戊	08744	冀父戊角	17.182	商代晚期	
父戊	08745	冀父戊角	17.183	商代晚期	
父戊	08750	宊父戊角	17.187	西周早期	
父戊	08762	天黽父戊角	17.199	商代晚期	
父戊	08777	丩田角	17.212	西周早期	
父戊	08778	丩田角	17.213	西周早期	
父戊	09585	卩父戊觚	18.287	商代晚期	
父戊	09586	冀父戊觚	18.288	商代晚期	
父戊	09587	㕞父戊觚	18.288	商代晚期	
父戊	09588	叙父戊觚	18.289	商代晚期	
父戊	09754	裸井父戊觚	18.419	商代晚期	
父戊	09755	剡父戊觚	18.420	商代晚期	
父戊	09834	戲觚	18.484	西周早期	戲的父親

人　名	器　號	器　名	卷數頁碼	時　代	備　注
父戊	09835	戲觚	18.485	西周早期	戲的父親
父戊	10439	奴父戊觶	19.299	西周早期	
父戊	10511	告宁父戊觶	19.353	商代晚期	
父戊	10631	作父戊觶	19.449	西周早期	
父戊	10635	子觶	19.452	商代晚期	
父戊	10637	甚觶	19.453	西周早期	甚的父親
父戊	11010	聿父戊斝	20.113	商代晚期	
父戊	11050	丩冊斝	20.145	西周早期	
父戊	11318	山父戊鼎	20.348	商代晚期	
父戊	11319	天父戊尊	20.349	商代晚期	
父戊	11320	㝉父戊尊	20.350	商代晚期	
父戊	11444	丩冊父戊尊	20.453	商代晚期	
父戊	11542	單子▲父戊尊	21.40	西周早期	
父戊	11697	傳尊	21.172	西周早期	傳的父親
父戊	11779	鳴士卿尊	21.246	西周早期	鳴士卿的父親
父戊	12920	天黽父戊卣	23.349	商代晚期	
父戊	12921	丩冊父戊卣	23.350	商代晚期	
父戊	13047	單子卣	23.471	西周早期前段	
父戊	13123	㲋卣	24.34	西周早期	㲋的父親
父戊	13124	㲋卣	24.35	西周早期	同上
父戊	13138	丩冊卣	24.48	商代晚期	
父戊	13143	飲卣	24.53	商代晚期	飲的父親
父戊	13145	元卣	24.55	商代晚期	元的父親
父戊	13173	叀卣	24.84	西周早期	叀的父親
父戊	13204	析家卣	24.115	西周早期	析家的父親
父戊	13219	覾卣	24.133	西周早期	覾的父親
父戊	13302	加卣	24.235	西周中期前段	加的父親
父戊	13307	同卣	24.242	西周中期前段	同的父親
父戊	13523	告永方彝	24.398	商代晚期	告永的父親
父戊	13524	告永方彝	24.399	商代晚期	同上
父戊	13631	竟父戊觥	24.470	商代晚期	
父戊	13661	犾馭觥蓋	24.500	西周早期	犾馭弟史的父親
父戊	13787	米繭父戊罍	25.78	西周早期前段	

人　名	器　號	器　名	卷數頁碼	時　代	備　注
父戊	13818	趠罍	25.107	西周早期	趠的父親
父戊	14338	尋父戊盤	25.352	商代晚期	
父戊	14360	觥盤	25.374	西周早期	觥的父親
父戊	14639	戈父戊盉	26.58	商代晚期	
父戊	14640	寺父戊盉	26.59	商晚或周早	
父戊	14641	寺父戊盉	26.59	商晚或周早	
父戊	14674	天黽父戊盉	26.88	商代晚期	
父戊	14706	榮子盉	26.117	西周早期後段	榮子的父親
父戊	14707	榮子盉	26.118	西周早期後段	同上
父戊	14744	亞口盉	26.151	西周早期	
父己	00849	天父己鼎	2.142	商代晚期	
父己	00850	堯父己鼎	2.143	商代晚期	
父己	00851	冀父己鼎	2.144	商代晚期	
父己	00852	冀父己鼎	2.145	商晚或周早	
父己	00853	車父己鼎	2.146	商代晚期	
父己	00854	子父己鼎	2.147	商晚或周早	
父己	00855	网父己鼎	2.148	商代晚期	
父己	00856	网父己鼎	2.149	商代晚期	
父己	00857	网父己鼎	2.150	商代晚期	
父己	00858	网父己鼎	2.151	商代晚期	
父己	00859	骊父己鼎	2.152	商代晚期	
父己	00860	合父己鼎	2.153	商代晚期	
父己	00861	合父己鼎	2.154	商代晚期	
父己	00862	合父己鼎	2.154	商代晚期	
父己	00863	网父己鼎	2.155	商代晚期	
父己	00864	束父己鼎	2.156	商代晚期	
父己	00865	八父己鼎	2.157	西周早期	
父己	00866	戈父己鼎	2.158	西周早期	
父己	00867	戈父己鼎	2.159	西周早期	
父己	00868	耒父己鼎	2.159	西周中期	
父己	00869	乘父己鼎	2.160	西周早期	
父己	00870	作父己鼎	2.161	西周中期	
父己	00871	舌父己鼎	2.162	商代晚期	

人　名	器　號	器　名	卷數頁碼	時　代	備　注
父己	01178	亞智父己鼎	2.405	商代晚期	
父己	01179	亞智父己鼎	2.405	商代晚期	
父己	01180	亞鸛父己鼎	2.406	商代晚期	
父己	01181	亞戈父己鼎	2.407	商代晚期	
父己	01182	亞獸父己鼎	2.408	商代晚期	
父己	01183	亞ᒑ父己鼎	2.409	商代晚期	
父己	01184	亞巽父己鼎	2.410	商代晚期	
父己	01185	亞旟父己鼎	2.410	商代晚期	
父己	01186	子申父己鼎	2.411	商代晚期	
父己	01187	小子父己鼎	2.412	商代晚期	
父己	01188	又敖父己鼎	2.413	商代晚期	
父己	01189	弓韋父己鼎	2.414	商代晚期	
父己	01190	子刀父己鼎	2.414	商代晚期	
父己	01275	作父己鼎	2.482	商晚或周早	
父己	01368	史父己鼎	3.67	商晚或周早	
父己	01384	小子鼎	3.80	商代晚期	
父己	01385	小子鼎	3.81	商代晚期	
父己	01540	束鼎	3.218	商代晚期	束的父親
父己	01543	奉鼎	3.221	西周早期後段	奉的父親
父己	01722	鼎鼎	3.384	西周早期	鼎的父親
父己	01868	管監引鼎	4.25	西周中期前段	管監引的父親
父己	02048	屯鼎	4.219	西周中期	屯的父親
父己	02049	屯鼎	4.220	西周中期	同上
父己	02202	小子㝰鼎	4.407	商代晚期	小子㝰的父親
父己	02314	作冊般鼎	5.68	商代晚期	作冊般的父親
父己	02399	我鼎	5.195	西周早期後段	我的父親
父己	02420	亢鼎	5.236	西周早期後段	亢的父親
父己	02654	界父己鬲	6.46	商代晚期	
父己	02655	夼父己鬲	6.47	商代晚期	
父己	02679	亞獏父己鬲	6.65	商代晚期	
父己	02698	亞鼎其父己鬲	6.81	西周早期前段	
父己	03177	令父己甗	7.71	商代晚期	
父己	03178	見父己甗	7.71	西周早期	

人　名	器　號	器　名	卷數頁碼	時　代	備　注
父己	03179	腐父己甗	7.72	西周早期	
父己	03180	釜'父己甗	7.73	西周早期	
父己	03212	亞得父己甗	7.100	商代晚期	
父己	03213	亞糞父己甗	7.100	西周早期	
父己	03242	戉尸正父己甗	7.125	西周早期前段	
父己	03285	亞無冒甗	7.162	商代晚期	無壽的父親
父己	03287	亞旐作父己甗	7.164	西周早期	
父己	03308	牢犬册甗	7.185	西周早期後段	
父己	03347	作册般甗	7.227	商代晚期	作册般的父親
父己	03812	車父己簋	8.123	商代晚期	
父己	03813	屮父己簋	8.124	商代晚期	
父己	03814	氐父己簋	8.125	商代晚期	
父己	03815	冉父己簋	8.126	商代晚期	
父己	03816	冉父己簋	8.128	商代晚期	
父己	03817	京父己簋	8.128	商代晚期	
父己	03818	帆父己簋	8.129	商代晚期	
父己	03819	戈父己簋	8.130	西周早期前段	
父己	03820	舌父己簋	8.131	商代晚期	
父己	03981	北臯父己簋	8.265	商代晚期	
父己	03982	北臯父己簋	8.265	商代晚期	
父己	03983	尹舟父己簋	8.266	商代晚期	
父己	03984	亞竝父己簋	8.267	商代晚期	
父己	03985	亞旅父己簋	8.268	西周早期	
父己	04024	又敎父己簋	8.302	西周早期	
父己	04025	亞戈父己簋	8.303	西周早期	
父己	04051	耒簋	8.324	西周早期	
父己	04220	天工册父己簋	8.468	西周早期	
父己	04292	丫夨簋	9.62	西周早期	丫夨的父親
父己	04428	廣簋	9.181	西周早期	廣的父親
父己	04494	子阼簋	9.250	西周早期	子阼的父親
父己	04523	田簋	9.276	西周早期	田的父親
父己	04543	見簋	9.293	西周早期	見的父親
父己	04729	古亞簋	9.482	商代晚期	

人　名	器　號	器　名	卷數頁碼	時　代	備　注
父己	04822	亢僕簋	10.115	西周中期	亢僕的父親
父己	07847	冀父己爵	16.61	商代晚期	
父己	07848	冀父己爵	16.62	商代晚期	
父己	07849	面父己爵	16.63	商代晚期	
父己	07850	面父己爵	16.63	商代晚期	
父己	07851	屮父己爵	16.64	商代晚期	
父己	07852	舌父己爵	16.65	商代晚期	
父己	07853	舌父己爵	16.66	商代晚期	
父己	07854	奴父己爵	16.67	商代晚期	
父己	07855	刹父己爵	16.68	商代晚期	
父己	07856	覃父己爵	16.69	商代晚期	
父己	07857	口父己爵	16.70	商代晚期	
父己	07858	息父己爵	16.71	商代晚期	
父己	07859	萬父己爵	16.72	商代晚期	
父己	07860	萬父己爵	16.73	商代晚期	
父己	07861	萬父己爵	16.74	商代晚期	
父己	07862	戈父己爵	16.74	商晚或周早	
父己	07863	戈父己爵	16.75	商代晚期	
父己	07864	戈父己爵	16.75	商晚或周早	
父己	07865	戈父己爵	16.76	商晚或周早	
父己	07866	冉父己爵	16.76	商代晚期	
父己	07867	冉父己爵	16.77	商代晚期	
父己	07868	冉父己爵	16.78	商代晚期	
父己	07869	心父己爵	16.78	商代晚期	
父己	07870	子父己爵	16.79	商代晚期	
父己	07871	兴父己爵	16.79	商代晚期	
父己	07872	刅父己爵	16.80	商晚或周早	
父己	07873	和父己爵	16.80	商晚或周早	
父己	07874	舟父己爵	16.81	商晚或周早	
父己	07875	鼎父己爵	16.81	商晚或周早	
父己	07876	旅父己爵	16.82	商晚或周早	
父己	07877	融父己爵	16.82	商代晚期	
父己	07878	夆父己爵	16.83	商晚或周早	

人　名	器　號	器　名	卷數頁碼	時　代	備　注
父己	07879	𣂤父己爵	16.83	商晚或周早	
父己	07880	𡱒父己爵	16.84	商晚或周早	
父己	07881	𠅘父己爵	16.85	商代晚期	
父己	07882	𠂤父己爵	16.86	商代晚期	
父己	07883	𠃛父己爵	16.86	商晚或周早	
父己	08172	耒父己爵	16.308	西周早期	
父己	08173	爻父己爵	16.309	西周早期	
父己	08174	禾父己爵	16.310	西周早期	
父己	08175	旅父己爵	16.311	西周早期	
父己	08176	旅父己爵	16.312	西周早期	
父己	08177	我父己爵	16.313	西周早期	
父己	08178	戈父己爵	16.314	西周早期	
父己	08179	戈父己爵	16.315	西周早期	
父己	08180	卩父己爵	16.315	西周早期	
父己	08181	冉父己爵	16.316	西周早期	
父己	08182	若父己爵	16.317	西周早期	
父己	08183	啟父己爵	16.317	西周早期	
父己	08184	𤰔父己爵	16.318	西周早期	
父己	08185	𠅘父己爵	16.319	西周早期	
父己	08186	𠅘父己爵	16.320	西周早期	
父己	08187	𤳳父己爵	16.321	西周早期	
父己	08188	𢦏父己爵	16.322	西周早期	
父己	08189	牵父己爵	16.322	西周早期	
父己	08330	葡甲父己爵	16.430	商代晚期	
父己	08331	辰衛父己爵	16.430	商代晚期	
父己	08332	冊單父己爵	16.431	商代晚期	
父己	08333	亞址父己爵	16.431	商代晚期	
父己	08334	亞若父己爵	16.432	商晚或周早	
父己	08391	尹舟父己爵	16.475	西周早期	
父己	08392	北尋父己爵	16.476	西周早期	
父己	08393	冊偶父己爵	16.477	西周早期	
父己	08394	亞異父己爵	16.478	西周早期	
父己	08395	子衛父己爵	16.479	西周早期	

人　名	器　號	器　名	卷數頁碼	時　代	備　注
父己	08396	麋癸父己爵	16.480	西周早期	
父己	08397	彙冊父己爵	16.481	西周早期	
父己	08398	彙冊父己爵	16.481	西周早期	
父己	08459	周興大父己爵	17.27	商代晚期	
父己	08460	亞帝父己乀爵	17.28	商代晚期	
父己	08508	糸子爵	17.63	商代晚期	
父己	08545	夾爵	17.95	西周早期	夾的父親
父己	08562	達爵	17.111	西周早期	達的父親
父己	08746	冀父己角	17.184	商代晚期	
父己	08751	冊父己角	17.188	西周早期	
父己	08763	亞古父己角	17.200	商代晚期	
父己	08764	亞古父己角	17.201	商代晚期	
父己	09589	子父己觚	18.289	商代晚期	
父己	09590	奴父己觚	18.290	商代晚期	
父己	09591	舌父己觚	18.291	商代晚期	
父己	09592	雔父己觚	18.292	商代晚期	
父己	09593	息父己觚	18.293	商代晚期	
父己	09594	萬父己觚	18.294	商代晚期	
父己	09595	亞父己觚	18.295	商代晚期	
父己	09596	叟父己觚	18.295	商代晚期	
父己	09597	冈父己觚	18.295	商代晚期	
父己	09598	羊父己觚	18.296	商代晚期	
父己	09599	宂父己觚	18.297	商代晚期	
父己	09699	冉父己觚	18.378	西周早期	
父己	09700	戈父己觚	18.379	西周早期	
父己	09701	冈父己觚	18.379	西周早期	
父己	09756	亞古父己觚	18.421	商代晚期	
父己	09757	天冊父己觚	18.422	商代晚期	
父己	09758	辰衛父己觚	18.423	商代晚期	
父己	09759	戊未父己觚	18.424	商代晚期	
父己	09760	八田父己觚	18.425	商代晚期	
父己	09783	亞吳父己觚	18.445	西周早期	
父己	09784	亞旅父己觚	18.446	西周早期	

人　名	器　號	器　名	卷數頁碼	時　代	備　注
父己	09786	亞舁父己觚	18.448	西周早期	
父己	09848	說觚	18.497	商代晚期	說的父親
父己	10330	字父己觶	19.212	商代晚期	
父己	10331	字父己觶	19.213	商代晚期	
父己	10332	耗父己觶	19.214	商代晚期	
父己	10333	木父己觶	19.215	商代晚期	
父己	10334	帆父己觶	19.216	商代晚期	
父己	10335	冉父己觶	19.217	商代晚期	
父己	10336	襄父己觶	19.217	商代晚期	
父己	10337	史父己觶	19.218	商代晚期	
父己	10338	史父己觶蓋	19.218	商代晚期	
父己	10339	萬父己觶	19.219	商代晚期	
父己	10340	戈父己觶	19.219	商代晚期	
父己	10341	ꟷ父己觶	19.220	商代晚期	
父己	10342	ꟷ父己觶	19.220	商代晚期	
父己	10343	ꟷ父己觶	19.221	商代晚期	
父己	10344	舉父己觶	19.222	商代晚期	
父己	10345	ꟷ己父觶	19.223	商代晚期	
父己	10441	戈父己觶	19.301	西周早期前段	
父己	10442	兄父己觶	19.302	西周早期	
父己	10443	冉父己觶	19.303	西周早期	
父己	10444	冉父己觶	19.304	西周早期	
父己	10445	鼻父己觶	19.304	西周早期	
父己	10446	罍父己觶	19.305	西周早期	
父己	10447	ꟷ父己觶	19.306	西周早期	
父己	10448	ꟷ父己觶	19.307	西周早期	
父己	10449	叔父己觶	19.308	西周中期	
父己	10450	狄父己觶	19.309	西周早期	
父己	10512	辰衛父己觶	19.354	商代晚期	
父己	10513	天黽父己觶	19.355	商代晚期	
父己	10514	亞奔父己觶	19.355	商代晚期	
父己	10515	矢爽父己觶	19.356	商代晚期	
父己	10516	子叟父己觶	19.356	商代晚期	

人　名	器　號	器　名	卷數頁碼	時　代	備　注
父己	10544	亞🦅父己觶	19.378	西周早期	
父己	10545	亞眔父己觶	19.379	西周早期	
父己	10546	亞若父己觶	19.380	西周早期	
父己	10547	天黽父己觶	19.381	西周早期	
父己	10548	牧正父己觶	19.382	西周早期	
父己	10570	冉觶	19.398	西周中期	
父己	10579	馬天豕父己觶	19.405	西周早期	
父己	10607	莾龀觶	19.428	西周早期後段	莾龀的父親
父己	10608	莾龀觶	19.429	西周早期後段	同上
父己	10621	亞开觶	19.440	商代晚期	亞开的父親
父己	10638	諫觶	19.454	西周早期	諫的父親
父己	10639	父己年庚觶	19.455	西周早期	
父己	10646	甾觶	19.461	西周中期前段	甾的父親
父己	11011	保父己斝	20.114	商代晚期	
父己	11321	鼎父己尊	20.351	商代晚期	
父己	11322	鼎父己尊	20.352	商代晚期	
父己	11323	馬父己尊	20.353	商代晚期	
父己	11324	吴父己尊	20.354	商代晚期	
父己	11325	🦌父己尊	20.354	商代晚期	
父己	11326	會父己尊	20.355	商代晚期	
父己	11374	邊父己尊	20.396	西周早期	
父己	11375	🦌父己尊	20.397	西周早期	
父己	11377	末父己尊	20.399	西周早期	
父己	11445	又敎父己尊	20.454	商代晚期	
父己	11446	尹舟父己尊	20.455	商代晚期	
父己	11447	🦌田父己尊	20.456	商代晚期	
父己	11484	亞眔父己尊	20.490	西周早期	
父己	11485	子翌父己尊	20.491	西周早期	
父己	11486	弔玄父己尊	20.492	西周早期	
父己	11511	聿尊	21.13	西周早期	聿的父親
父己	11630	冶仲尊	21.113	西周中期前段	冶仲的父親
父己	11641	厊尊	21.122	西周早期	厊的父親
父己	11642	魚尊	21.123	西周早期	魚的父親

人　名	器　號	器　名	卷數頁碼	時　代	備　注
父己	11649	姒尊	21.130	西周早期	姒的父親
父己	11657	羌尊	21.135	西周中期前段	羌的父親
父己	11667	酰尊	21.145	西周早期	酰的父親
父己	11672	隹尊	21.150	西周中期前段	隹的父親
父己	11675	叔尊	21.152	西周中期前段	叔的父親
父己	11732	犀尊	21.203	西周中期前段	犀的父親
父己	11757	黃子魯天尊	21.225	西周中期前段	黃子魯天的父親
父己	11762	小子夫尊	21.230	商代晚期	小子夫的父親
父己	12045	遴父己壺	21.404	商代晚期	
父己	12046	冉父己壺	21.405	商代晚期	
父己	12047	入父己壺	21.406	商代晚期	
父己	12071	酉父己壺	21.426	西周早期	
父己	12072	刀父己壺	21.427	西周早期	
父己	12073	萬父己壺	21.428	西周早期	
父己	12130	工冊天父己壺	22.4	商代晚期	
父己	12193	糞父己壺	22.64	商代晚期	
父己	12195	尸壺	22.66	商代晚期	尸的父親
父己	12374	小子省壺	22.280	商代晚期	小子省的父親
父己	12792	犬父己卣	23.231	商代晚期	
父己	12793	糞父己卣	23.232	商代晚期	
父己	12794	糞父己卣	23.233	商代晚期	
父己	12795	戈父己卣	23.234	商代晚期	
父己	12796	戈父己卣	23.235	商代晚期	
父己	12797	酉父己卣	23.235	商代晚期	
父己	12798	趣父己卣	23.236	商代晚期	
父己	12799	受父己卣	23.237	商代晚期	
父己	12800	冊父己卣	23.238	商代晚期	
父己	12801	冊父己卣	23.239	商代晚期	
父己	12802	𤔲父己卣	23.240	商代晚期	
父己	12852	酉父己卣	23.287	西周早期	
父己	12922	又教父己卣	23.351	商代晚期	
父己	12957	亞異父己卣	23.386	西周早期	
父己	12958	亞址父己卣	23.387	西周早期	

人　名	器　號	器　名	卷數頁碼	時　代	備　注
父己	13030	冀父己母癸卣蓋	23.454	商代晚期	
父己	13041	亞雀父己卣	23.465	西周早期	
父己	13069	佥卣	23.492	西周早期	佥的父親
父己	13075	亞冎祖乙壺	23.498	商代晚期	
父己	13079	亞古父己卣	23.503	商代晚期	
父己	13081	子▲父己卣	23.505	商代晚期	
父己	13148	尸卣	24.58	商代晚期	尸的父親
父己	13182	戶卣	24.94	西周早期	戶的父親
父己	13197	凶卣	24.108	西周早期	凶的父親
父己	13286	馭卣	24.213	商代晚期	馭的父親
父己	13339	爨卣	24.304	西周中期前段	爨的父親
父己	13660	訊万圅觥	24.499	西周早期	訊万圅的父親
父己	13774	山父己罍	25.67	商代晚期	
父己	13775	嘗父己罍	25.68	商代晚期	
父己	13776	冉父己罍	25.69	西周早期	
父己	13789	攸▲父己罍	25.80	西周早期前段	
父己	13807	皿罍	25.95	商代晚期	皿的父親
父己	13813	皿而全罍	25.100	商代晚期	皿而全的父親
父己	14349	兇父己盤	25.363	西周早期	
父己	14658	屰父己盂	26.74	西周早期	
父己	14681	眀子父己盂	26.93	商代晚期	
父己	14682	亞古父己盂	26.94	商代晚期	
父己	14683	亞爨父辛盂	26.94	商代晚期	
父己	14731	巇盂	26.140	西周早期	巇的父親
父己	15923	亞萬父己鐃	29.479	商代晚期	
父庚	00872	妥父庚鼎	2.162	商代晚期	
父庚	00873	史父庚鼎	2.163	商代晚期	
父庚	00874	史父庚鼎	2.163	西周早期	
父庚	00875	虎父庚鼎	2.164	西周早期	
父庚	00876	葡父庚鼎	2.164	商代晚期	
父庚	00877	屰父庚鼎	2.165	商代晚期	
父庚	00878	牵父庚鼎	2.166	商晚或周早	
父庚	00879	羊父庚鼎	2.167	商晚或周早	

人　名	器　號	器　名	卷數頁碼	時　代	備　注
父庚	00880	毈父庚鼎	2.168	西周早期	
父庚	01191	亞得父庚鼎	2.415	商代晚期	
父庚	01192	亞得父庚鼎	2.416	商代晚期	
父庚	01507	父庚鼎	3.190	商代晚期	
父庚	01526	陵鼎	3.206	西周早期	陵的父親
父庚	01532	子鼎	3.212	西周早期後段	子的父親
父庚	01535	具鼎	3.215	西周中期前段	具的父親
父庚	01546	刺鼎	3.222	西周中期前段	刺的父親
父庚	01852	父庚祖辛鼎	4.11	商晚或周早	
父庚	01853	父庚祖辛鼎	4.12	商晚或周早	
父庚	01929	刺鼎	4.88	西周早期	刺的父親
父庚	02101	姨鼎	4.284	商代晚期	姨的父親
父庚	02183	玑鼎	4.380	西周早期	玑的父親
父庚	02184	玑鼎	4.382	西周早期	同上
父庚	02423	史獸鼎	5.241	西周早期	史獸的父親
父庚	03245	作父庚甗	7.127	西周早期	
父庚	03260	殺甗	7.140	西周早期	
父庚	03986	保厽父庚簋	8.269	商代晚期	
父庚	04164	魚簋	8.422	西周早期	
父庚	04266	欿簋	9.38	西周早期	
父庚	04276	殺簋	9.46	西周早期	殺的父親
父庚	04418	衛簋	9.172	西周早期後段	衛的父親
父庚	04419	趣簋甲	9.173	西周中期前段	
父庚	04420	趣簋乙	9.174	西周中期前段	
父庚	04565	趨子佷簋	9.312	西周早期	趨子佷的父親
父庚	04574	亞舲祖辛簋	9.321	西周早期	
父庚	04900	瀍姬簋	10.221	西周中期	濂姬的父親
父庚	07884	子父庚爵	16.87	商代晚期	
父庚	07885	戌父庚爵	16.88	商代晚期	
父庚	07886	戌父庚爵	16.89	商代晚期	
父庚	07887	巘父庚爵	16.89	商代晚期	
父庚	07888	羑父庚爵	16.90	商代晚期	
父庚	07889	乙父庚爵	16.90	商晚或周早	

人　名	器　號	器　名	卷數頁碼	時　代	備　注
父庚	08190	宀父庚爵	16.323	西周早期	
父庚	08388	天黽父庚爵	16.474	西周早期	
父庚	08399	弓衛父庚爵	16.482	西周早期	
父庚	08509	秉爵	17.64	商代晚期	秉的父親
父庚	08510	秉爵	17.64	商代晚期	同上
父庚	08516	徎爵	17.69	西周早期	徎的父親
父庚	08522	能爵	17.74	西周早期	能的父親
父庚	08533	耳衛天父庚爵	17.85	商代晚期	
父庚	08563	史宿爵	17.113	西周中期前段	史宿的父親
父庚	08765	天黽父庚角	17.201	商代晚期	
父庚	08766	腐册父庚角	17.202	商代晚期	
父庚	09600	子父庚觚	18.298	商代晚期	
父庚	09601	烖父庚觚	18.299	商代晚期	
父庚	09602	冀父庚觚	18.299	商代晚期	
父庚	09603	冀父庚觚	18.300	商代晚期	
父庚	09702	吳父庚觚	18.380	西周早期	
父庚	09800	腐册父庚正觚	18.458	商代晚期	
父庚	09817	秉以父庚觚	18.471	商代晚期	
父庚	09818	秉以父庚觚	18.471	商代晚期	
父庚	10346	子父庚觶	19.224	商代晚期	
父庚	10347	戈父庚觶	19.225	商代晚期	
父庚	10348	尋父庚觶	19.225	商代晚期	
父庚	11378	觥父庚尊	20.399	西周早期	
父庚	11560	魚尊	21.56	西周早期	魚的父親
父庚	11561	魚尊	21.57	西周早期	同上
父庚	11670	獸尊	21.148	西周早期後段	獸的父親
父庚	11754	彈尊	21.222	西周中期前段	彈的父親
父庚	12048	冀父庚壺	21.407	商代晚期	
父庚	12074	弓父庚壺	21.429	西周早期後段	
父庚	12141	腐册父庚壺	22.15	西周早期	
父庚	12803	子父庚卣	23.241	商代晚期	
父庚	12853	觥父庚卣	23.287	西周早期	
父庚	12854	申父庚卣	23.288	西周早期	

人　名	器　號	器　名	卷數頁碼	時　代	備　注
父庚	12923	隻婦父庚卣蓋	23.351	商代晚期	
父庚	12924	陸冊父庚卣	23.352	商代晚期	
父庚	12925	家戈父庚卣	23.353	商代晚期	
父庚	12959	子翌父庚卣	23.388	西周早期	
父庚	13126	義卣	24.37	西周早期	義的父親
父庚	13141	合羊卣	24.51	商代晚期	
父庚	13199	乃子卣	24.111	西周早期	乃子的父親
父庚	13278	豚卣	24.203	西周中期前段	豚的父親
父庚	13512	阝父庚方彝	24.387	商代晚期	
父庚	13522	旅祖辛方彝	24.397	商代晚期	
父庚	13534	彈方彝	24.409	西周早期	彈的父親
父庚	13637	句父庚觥	24.473	西周早期	
父庚	13781	魚父庚罍	25.73	西周早期	
父庚	13799	朋五夆父庚罍	25.88	商晚或周早	
父辛	00881	田父辛鼎	2.169	商代晚期	
父辛	00882	亞父辛鼎	2.170	商代晚期	
父辛	00883	崞父辛鼎	2.171	商代晚期	
父辛	00884	息父辛鼎	2.172	商代晚期	
父辛	00885	需父辛鼎	2.173	商代晚期	
父辛	00886	需父辛鼎	2.173	商代晚期	
父辛	00887	獸父辛鼎	2.173	商代晚期	
父辛	00888	獸父辛鼎	2.174	商代晚期	
父辛	00889	豸父辛鼎	2.175	商代晚期	
父辛	00890	剢父辛鼎	2.175	商代晚期	
父辛	00891	旅父辛鼎	2.176	商晚或周早	
父辛	00892	豆父辛鼎	2.176	商代晚期	
父辛	00893	耴父辛鼎	2.177	商代晚期	
父辛	00894	作父辛鼎	2.178	商代晚期	
父辛	00895	臽父辛鼎	2.179	商代晚期	
父辛	00896	冉父辛鼎	2.180	商代晚期	
父辛	00897	冉父辛鼎	2.181	商代晚期	
父辛	00898	冉父辛鼎	2.182	西周早期	
父辛	00899	冉父辛鼎	2.182	西周早期	

人　名	器　號	器　名	卷數頁碼	時　代	備　注
父辛	00900	木父辛鼎	2.183	西周早期	
父辛	00901	木父辛鼎	2.183	西周早期	
父辛	00902	句父辛鼎	2.184	西周早期	
父辛	00903	史父辛鼎	2.184	西周早期	
父辛	00904	敢父辛鼎	2.185	西周早期	
父辛	00905	束父辛鼎	2.186	西周早期	
父辛	00906	串父辛鼎	2.187	西周早期	
父辛	00907	戈父辛鼎	2.188	西周早期	
父辛	00908	戈父辛鼎	2.189	西周早期	
父辛	00909	冈父辛鼎	2.189	西周早期	
父辛	00910	冈父辛鼎	2.190	商代晚期	
父辛	00911	八父辛鼎	2.190	商代晚期	
父辛	00912	八父辛鼎	2.191	商代晚期	
父辛	00913	子父辛鼎	2.191	商代晚期	
父辛	00914	燹父辛鼎	2.192	商代晚期	
父辛	00915	堯父辛鼎	2.192	西周早期	
父辛	00916	魚父辛鼎	2.193	西周早期	
父辛	00917	𠬝父辛鼎	2.193	西周早期	
父辛	01193	秉毌父辛鼎	2.417	西周早期	
父辛	01194	虎重父辛鼎	2.418	西周早期	
父辛	01195	子刀父辛鼎	2.418	西周早期	
父辛	01196	子刀父辛鼎	2.419	商代晚期	
父辛	01197	亞醜父辛鼎	2.420	商代晚期	
父辛	01198	亞醜父辛鼎	2.421	商代晚期	
父辛	01199	𠬝册父辛鼎	2.421	西周早期	
父辛	01200	逆歆父辛鼎	2.422	西周早期	
父辛	01201	矢良父辛鼎	2.423	西周早期	
父辛	01354	簠祖庚父辛鼎	3.56	商代晚期	
父辛	01369	馬天豕父辛鼎	3.68	商代晚期	
父辛	01370	亞保父辛鼎	3.69	商代晚期	
父辛	01371	◊鼎	3.70	商代晚期	
父辛	01372	亞夫父辛鼎	3.71	西周早期前段	
父辛	01373	子克册父辛鼎	3.72	商代晚期	

人　名	器　號	器　名	卷數頁碼	時　代	備　注
父辛	01510	作父辛鼎	3.192	西周早期	
父辛	01511	作父辛鼎	3.193	西周早期	
父辛	01703	偶戉册鼎	3.366	西周早期	
父辛	01705	玑鼎	3.368	西周早期前段	玑的父親
父辛	01716	燕侯旨鼎	3.379	西周早期	燕侯旨的父親
父辛	01796	彈鼎	3.459	西周早期前段	彈的父親
父辛	01804	單鼎	3.467	西周早期	單的父親
父辛	01807	蜀鼎	3.470	西周早期	蜀的父親
父辛	01816	亞牧鼎	3.477	西周早期	亞牧的父親
父辛	01854	聑賓□子鼎	4.12	商代晚期	
父辛	01899	鬲陶鼎	4.60	西周早期	鬲陶的父親
父辛	01904	禽鼎	4.65	西周中期前段	禽的父親
父辛	02047	禽鼎	4.218	西周中期前段	同上
父辛	02225	司鼎	4.443	西周早期	司的父親
父辛	02295	商鼎	5.40	商代晚期	商的父親
父辛	02322	乃子克鼎	5.81	西周早期	乃子克的父親
父辛	02352	厚趠鼎	5.122	西周早期	厚趠的父親
父辛	02442	任鼎	5.274	西周中期	任的父親
父辛	02656	亞父辛鬲	6.47	西周早期前段	
父辛	02681	作父辛鬲	6.67	商代晚期	
父辛	02682	作父辛鬲	6.68	商代晚期	
父辛	02699	父辛鬲	6.82	商代晚期	
父辛	02766	甬鬲	6.148	西周早期前段	甬的父親
父辛	02827	林妣鬲	6.211	西周早期	林妣的父親
父辛	03181	甾父辛甗	7.74	商晚或周早期	
父辛	03182	元父辛甗	7.75	西周早期	
父辛	03183	狄父辛甗	7.76	西周早期	
父辛	03214	黽作父辛甗	7.101	商代晚期	黽的父親
父辛	03307	繘妣甗	7.184	西周早期	繘妣的父親
父辛	03315	乃子甗	7.191	西周早期	乃子的父親
父辛	03821	枚父辛簋	8.132	商代晚期	
父辛	03822	妣父辛簋	8.133	商代晚期	
父辛	03823	串父辛簋	8.134	商代晚期	

父辛	03824	串父辛簋	8.135	商代晚期	
父辛	03825	ᚾ父辛簋	8.136	商代晚期	
父辛	03826	ᚾ父辛簋	8.137	西周早期	
父辛	03827	ᗣ父辛簋	8.138	商代晚期	
父辛	03828	鳶父辛簋	8.139	商代晚期	
父辛	03829	亞父辛簋	8.139	商代晚期	
父辛	03830	壴父辛簋	8.140	商代晚期	
父辛	03831	狀父辛簋	8.140	西周早期前段	
父辛	03832	光父辛簋	8.141	西周早期	
父辛	03833	帆父辛簋	8.142	西周早期	
父辛	03834	膚父辛簋	8.143	西周早期	
父辛	03835	刅父辛簋	8.144	西周早期	
父辛	03836	貴父辛簋	8.144	西周早期	
父辛	03987	亞彝父辛簋	8.270	商代晚期	
父辛	03988	亞巒父辛簋	8.271	商代晚期	
父辛	03989	亞醜父辛簋	8.272	商代晚期	
父辛	03990	亞醜父辛簋	8.273	商代晚期	
父辛	03991	亞醜父辛簋	8.274	商代晚期	
父辛	04050	貴簋	8.323	西周早期	
父辛	04088	作父辛彝簋	8.354	西周早期	
父辛	04122	戈簋	8.384	西周中期	
父辛	04139	受祖己父辛簋	8.399	商晚或周早	
父辛	04213	巽父辛簋	8.461	西周早期	
父辛	04241	作父辛簋	9.16	西周中期	
父辛	04271	坄簋	9.42	西周早期	坄的父親
父辛	04278	密簋	9.48	西周早期	密的父親
父辛	04281	虘簋	9.51	西周早期	虘的父親
父辛	04332	次气簋	9.95	西周早期	次气的父親
父辛	04414	哦簋	9.168	西周早期	哦的父親
父辛	04441	鄂監簋	9.192	西周早期	鄂監的父親
父辛	04581	䎨簋	9.328	商代晚期	䎨的父親
父辛	04950	丂簋	10.283	西周早期	丂的父親
父辛	07890	史父辛爵	16.91	商代晚期	

人　名	器　號	器　名	卷數頁碼	時　代	備　注
父辛	07891	囷父辛爵	16.92	商代晚期	
父辛	07892	光父辛爵	16.93	商代晚期	
父辛	07893	光父辛爵	16.94	商代晚期	
父辛	07894	狱父辛爵	16.95	商代晚期	
父辛	07895	黽父辛爵	16.96	商代晚期	
父辛	07896	甕父辛爵	16.97	商代晚期	
父辛	07897	畐父辛爵	16.98	商代晚期	
父辛	07898	畐父辛爵	16.99	商代晚期	
父辛	07899	保父辛爵	16.99	商代晚期	
父辛	07900	戈父辛爵	16.100	商代晚期	
父辛	07901	戈父辛爵	16.101	商代晚期	
父辛	07902	大父辛爵	16.102	商代晚期	
父辛	07903	鼎父辛爵	16.103	商代晚期	
父辛	07904	册父辛爵	16.103	商代晚期	
父辛	07905	芦父辛爵	16.104	商代晚期	
父辛	07906	亞父辛爵	16.104	商代晚期	
父辛	07907	亞父辛爵	16.105	商代晚期	
父辛	07908	冉父辛爵	16.105	商代晚期	
父辛	07909	冉父辛爵	16.106	商代晚期	
父辛	07910	冉父辛爵	16.106	商代晚期	
父辛	07911	冉父辛爵	16.107	商代晚期	
父辛	07912	甕父辛爵	16.107	商晚或周早	
父辛	07913	倗父辛爵	16.108	商晚或周早	
父辛	07914	堯父辛爵	16.108	商晚或周早	
父辛	07915	冀父辛爵	16.109	商晚或周早	
父辛	07916	興父辛爵	16.109	商晚或周早	
父辛	07917	豕父辛爵	16.110	商晚或周早	
父辛	07918	鳥父辛爵	16.110	商晚或周早	
父辛	07919	弔父辛爵	16.111	商晚或周早	
父辛	07920	皿父辛爵	16.111	商晚或周早	
父辛	07921	枕父辛爵	16.112	商晚或周早	
父辛	07922	木父辛爵	16.113	商晚或周早	
父辛	07923	枀父辛爵	16.113	商晚或周早	

人　名	器　號	器　名	卷數頁碼	時　代	備　注
父辛	07924	橐父辛爵	16.114	商晚或周早	
父辛	07925	襄父辛爵	16.114	商晚或周早	
父辛	07926	霝父辛爵	16.115	商晚或周早	
父辛	07927	𠔼父辛爵	16.115	商晚或周早	
父辛	07928	𠔼父辛爵	16.116	商代晚期	
父辛	07929	𠂤父辛爵	16.117	商代晚期	
父辛	07930	𤔔父辛爵	16.118	商代晚期	
父辛	07931	𩵋父辛爵	16.118	商晚或周早	
父辛	08191	其父辛爵	16.324	西周早期	
父辛	08192	中父辛爵	16.325	西周早期	
父辛	08193	叝父辛爵	16.326	西周早期	
父辛	08194	矢父辛爵	16.327	西周早期	
父辛	08195	亶父辛爵	16.328	西周早期	
父辛	08196	戈父辛爵	16.329	西周早期	
父辛	08197	戈父辛爵	16.330	西周早期	
父辛	08198	魚父辛爵	16.331	西周早期	
父辛	08199	魚父辛爵	16.332	西周早期	
父辛	08200	翌父辛爵	16.333	西周早期	
父辛	08201	橐父辛爵	16.334	西周早期	
父辛	08202	左父辛爵	16.335	西周早期	
父辛	08203	冉父辛爵	16.336	西周早期	
父辛	08204	竹父辛爵	16.337	西周早期	
父辛	08205	子父辛爵	16.338	西周早期	
父辛	08206	子父辛爵	16.339	西周早期	
父辛	08207	子父辛爵	16.340	西周早期	
父辛	08208	子父辛爵	16.341	西周早期	
父辛	08209	子父辛爵	16.341	西周早期	
父辛	08210	鼎父辛爵	16.342	西周早期	
父辛	08211	鼎父辛爵	16.343	西周早期	
父辛	08212	貴父辛爵	16.344	西周早期	
父辛	08213	貴父辛爵	16.344	西周早期	
父辛	08214	貴父辛爵	16.345	西周早期	
父辛	08215	貴父辛爵	16.345	西周早期	

人　名	器　號	器　名	卷數頁碼	時　代	備　注
父辛	08216	簪父辛爵	16.346	西周早期	
父辛	08217	酉父辛爵	16.346	西周早期	
父辛	08218	永父辛爵	16.347	西周早期	
父辛	08219	作父辛爵	16.348	西周早期	
父辛	08220	作父辛爵	16.348	西周早期	
父辛	08221	☖父辛爵	16.349	西周早期	
父辛	08222	☒父辛爵	16.350	西周早期	
父辛	08223	☒父辛爵	16.351	西周早期	
父辛	08224	☒父辛爵	16.351	西周早期	
父辛	08225	☒父辛爵	16.352	西周早期	
父辛	08226	☒父辛爵	16.352	西周早期	
父辛	08336	亞皋父辛爵	16.433	商代晚期	
父辛	08337	叟興父辛爵	16.433	商代晚期	
父辛	08401	亞天父辛爵	16.484	西周早期	
父辛	08402	亞伐父辛爵	16.485	西周早期	
父辛	08403	大万父辛爵	16.486	西周早期	万,原釋作丐
父辛	08404	弓辜父辛爵	16.487	西周早期	
父辛	08405	堯万父辛爵	16.488	西周早期	万,原釋作丐
父辛	08406	子塵父辛爵	16.488	西周早期	
父辛	08407	亞❀父辛爵	16.489	西周早期	
父辛	08408	❈册父辛爵	16.490	西周早期	
父辛	08409	❈册父辛爵	16.490	西周早期	
父辛	08410	㇐井父辛爵	16.491	西周早期	
父辛	08411	鼀重父辛爵	16.492	西周早期	
父辛	08412	鼀重父辛爵	16.492	西周早期	
父辛	08438	盧爵	17.11	西周早期	
父辛	08461	子東◼父辛爵	17.28	商代晚期	
父辛	08476	歸爵	17.39	西周早期	歸的父親
父辛	08491	守宮爵	17.51	西周早期後段	守宮的父親
父辛	08492	守宮爵	17.52	西周早期後段	同上
父辛	08532	木羊册爵	17.84	西周中期前段	
父辛	08559	豐爵	17.108	西周中期前段	美的父親
父辛	08560	豐爵	17.109	西周中期前段	同上

人　名	器　號	器　名	卷數頁碼	時　代	備　注
父辛	08561	豐爵	17.110	西周中期前段	美的父親
父辛	08564	莫大爵	17.114	西周早期	莫大的父親
父辛	08575	前爵	17.124	西周早期	
父辛	08576	望爵	17.125	西周早期	望的父親
父辛	08584	御正良爵	17.133	西周早期	御正良的父親
父辛	08747	巽父辛角	17.185	商代晚期	
父辛	08791	征角	17.228	商代晚期	征的父親
父辛	09604	巽父辛觚	18.300	商代晚期	
父辛	09605	子父辛觚	18.301	商代晚期	
父辛	09606	立父辛觚	18.301	商代晚期	
父辛	09607	堯父辛觚	18.302	商代晚期	
父辛	09608	梡父辛觚	18.303	商代晚期	
父辛	09609	弔父辛觚	18.304	商代晚期	
父辛	09610	榊父辛觚	18.305	商代晚期	
父辛	09611	啟父辛觚	18.306	商代晚期	
父辛	09612	旅父辛觚	18.307	商代晚期	
父辛	09613	美父辛觚	18.308	商代晚期	
父辛	09614	奴父辛觚	18.309	商代晚期	
父辛	09703	口父辛觚	18.381	西周早期	
父辛	09704	旅父辛觚	18.382	西周早期	
父辛	09705	旅父辛觚	18.382	西周早期	
父辛	09706	冉父辛觚	18.383	西周早期	
父辛	09707	冉父辛觚	18.383	西周早期	
父辛	09708	巽父辛觚	18.384	西周早期	
父辛	09762	子廟父辛觚	18.427	商代晚期	
父辛	09763	虎未父辛觚	18.428	商代晚期	
父辛	09764	妾冊父辛觚	18.429	商代晚期	
父辛	09801	未冊父辛叟觚	18.459	商代晚期	
父辛	09812	臣辰冊父辛觚	18.467	西周早期	
父辛	09813	臣辰冊父辛觚	18.468	西周早期	
父辛	09815	亞𣄝觚	18.469	商代晚期	
父辛	09822	亞吳觚	18.475	西周早期	
父辛	09839	堯丏霤觚	18.489	西周早期	丏霤的父親

人 名	器 號	器 名	卷數頁碼	時 代	備 注
父辛	10349	鳥父辛觶	19.226	商代晚期	
父辛	10350	竟父辛觶	19.227	商代晚期	
父辛	10351	子父辛觶	19.228	商代晚期	
父辛	10352	子父辛觶	19.229	商代晚期	
父辛	10353	立父辛觶	19.229	商代晚期	
父辛	10354	戻父辛觶	19.230	商代晚期	
父辛	10355	戈父辛觶	19.230	商代晚期	
父辛	10356	戈父辛觶	19.231	商代晚期	
父辛	10357	冀父辛觶	19.232	商代晚期	
父辛	10358	冀父辛觶	19.233	商代晚期	
父辛	10359	羊父辛觶	19.233	商代晚期	
父辛	10360	保父辛觶	19.234	商代晚期	
父辛	10361	囚父辛觶	19.234	商代晚期	
父辛	10362	囚父辛觶	19.235	商代晚期	
父辛	10363	舉父辛觶	19.236	商代晚期	
父辛	10364	冎父辛觶	19.237	商代晚期	
父辛	10452	樹父辛觶	19.311	西周早期	
父辛	10453	交父辛觶	19.312	西周早期	
父辛	10454	雔父辛觶	19.313	西周早期	
父辛	10455	朿父辛觶	19.314	西周早期	
父辛	10456	貴父辛觶	19.315	西周早期	
父辛	10457	孜父辛觶	19.316	西周早期	
父辛	10458	行父辛觶	19.316	西周早期	
父辛	10459	寐父辛觶	19.317	西周早期	
父辛	10460	严父辛觶	19.317	西周早期	
父辛	10461	妥父辛觶	19.318	西周早期	
父辛	10462	冎父辛觶	19.319	西周早期	
父辛	10463	冎父辛觶	19.320	西周早期	
父辛	10464	冉父辛觶	19.321	西周早期	
父辛	10465	戈父辛觶	19.322	西周早期	
父辛	10517	子▲父辛觶	19.357	商代晚期	
父辛	10518	亞橐父辛觶	19.358	商晚或周早	
父辛	10519	亞夲父辛觶	19.358	商晚或周早	

人名	器號	器名	卷數頁碼	時代	備注
父辛	10549	遽徙父辛觶	19.383	西周早期	
父辛	10550	亞餘父辛觶	19.384	西周早期	
父辛	10551	亞孿父辛觶	19.385	西周早期	
父辛	10552	弓章父辛觶	19.385	西周早期	
父辛	10553	逆魰父辛觶	19.386	西周早期	
父辛	10554	穷察父辛觶	19.386	西周早期	
父辛	10562	宀觶	19.392	西周早期	宀的父親
父辛	10563	寧觶	19.392	西周早期	寧的父親
父辛	10566	穌觶	19.394	西周早期	穌的父親
父辛	10575	𡕒門父辛觶	19.402	商代晚期	
父辛	10599	邑祖辛父辛觶	19.421	商代晚期	
父辛	10606	耳𠨘觶	19.427	西周早期	耳𠨘的父親
父辛	10611	彭婦觶蓋	19.432	西周中期前段	彭婦的父親
父辛	10632	作父辛觶	19.450	西周中期	
父辛	10642	鼓䩑觶	19.458	西周早期	鼓䩑的父親
父辛	10649	束觶	19.464	西周早期	束的父親
父辛	10860	𦉪妿進飲壺	19.487	西周早期	𦉪妿進的父親
父辛	11012	冉父辛斝	20.114	商代晚期	
父辛	11013	冉父辛斝	20.115	商代晚期	
父辛	11014	子父辛斝	20.115	商代晚期	
父辛	11033	羞父辛斝	20.132	西周早期	
父辛	11327	毌父辛尊	20.356	商代晚期	
父辛	11328	章父辛尊	20.356	商代晚期	
父辛	11329	冎父辛尊	20.357	商代晚期	
父辛	11330	𠘧父辛尊	20.358	商代晚期	
父辛	11379	戈父辛尊	20.400	西周早期	
父辛	11380	𠬝父辛尊	20.401	西周早期	
父辛	11381	冉父辛尊	20.402	西周早期	
父辛	11382	廌父辛尊	20.403	西周早期	
父辛	11383	𡴋父辛尊	20.404	西周早期	
父辛	11384	𡗒父辛尊	20.405	西周早期	
父辛	11448	天黽父辛尊	20.457	商代晚期	
父辛	11449	衛箙父辛尊	20.458	商代晚期	

人　名	器　號	器　名	卷數頁碼	時　代	備　注
父辛	11450	爭馬父辛尊	20.459	商代晚期	
父辛	11451	亞龏父辛尊	20.460	商代晚期	
父辛	11452	亞禹父辛尊	20.461	商代晚期	
父辛	11487	亞龔父辛尊	20.493	西周早期	
父辛	11488	車木父辛尊	20.494	西周早期	
父辛	11543	鳥冊宁父辛尊	21.41	西周早期	
父辛	11548	臤父辛尊	21.46	商代晚期	
父辛	11565	牟尊	21.60	西周早期	牟的父親
父辛	11584	馬天豕尊	21.77	西周早期	
父辛	11587	小臣尊	21.79	西周早期	小臣的父親
父辛	11629	耆史尊	21.112	西周早期	耆史的父親
父辛	11634	矣尊	21.116	西周早期	矣的父親
父辛	11644	斅尊	21.125	西周早期	斅的父親
父辛	11645	此尊	21.126	西周早期	此的父親
父辛	11653	賣尊	21.132	西周早期	賣的父親
父辛	11681	厥子尊	21.157	西周早期後段	厥子的父親
父辛	11695	旅莫尊	21.170	商代晚期	旅莫的父親
父辛	11714	亞繭尊	21.188	西周早期	
父辛	11742	守宮尊	21.211	西周早期後段	守宮的父親
父辛	11751	啟尊	21.219	商代晚期	啟的父親
父辛	11782	臣衛尊	21.251	西周早期	臣衛的父親
父辛	11796	豐尊	21.270	西周中期前段	豐的父親
父辛	12049	翌父辛壺	21.408	商代晚期	
父辛	12050	丙父辛壺	21.409	商代晚期	
父辛	12075	旅父辛壺	21.430	西周早期	
父辛	12103	弓牟父辛壺	21.455	西周早期	
父辛	12133	守宮壺	22.7	西周早期後段	守宮的父親
父辛	12198	叔壺	22.69	西周早期	叔的父親
父辛	12216	夾壺	22.88	西周早期	夾的父親
父辛	12256	歸姒壺	22.131	西周早期	歸姒的父親
父辛	12804	天父辛卣	23.242	商代晚期	
父辛	12805	帆父辛卣	23.243	商代晚期	
父辛	12806	黽父辛卣	23.244	商代晚期	

人　名	器　號	器　　名	卷數頁碼	時　代	備　　注
父辛	12807	弔父辛卣	23.245	商代晚期	
父辛	12808	冀父辛卣蓋	23.246	商代晚期	
父辛	12809	冉父辛卣	23.247	商代晚期	
父辛	12810	酉父辛卣	23.248	商代晚期	
父辛	12811	父辛卣	23.249	商代晚期	
父辛	12812	父辛卣	23.250	商代晚期	
父辛	12813	父辛卣	23.251	商代晚期	
父辛	12814	父辛卣蓋	23.251	商代晚期	
父辛	12855	責父辛卣	23.289	西周早期	
父辛	12856	受父辛卣蓋	23.290	西周早期	
父辛	12857	父辛卣蓋	23.291	西周早期	
父辛	12858	父辛卣	23.292	西周早期	
父辛	12859	父辛卣	23.293	西周早期後段	
父辛	12926	天黽父辛卣	23.355	商代晚期	
父辛	12927	獸夲父辛卣蓋	23.356	商代晚期	
父辛	12928	亞醜父辛卣	23.357	商代晚期	
父辛	12929	亞獏父辛卣	23.358	商代晚期	
父辛	12930	句歓父辛卣	23.359	商代晚期	
父辛	12931	令父辛卣	23.361	商代晚期	
父辛	12949	史卣	23.379	商代晚期	史的父親
父辛	12960	鄉宁父辛卣	23.389	商代晚期	
父辛	12961	葡貝父辛卣	23.390	西周早期	
父辛	13019	祖己父辛卣	23.443	商代晚期	
父辛	13022	亞其戈父辛卣	23.447	商代晚期	
父辛	13023	賓婦丁父辛卣	23.448	商代晚期	
父辛	13024	册戊葡父辛卣	23.449	商代晚期	
父辛	13025	木父辛卣	23.449	商代晚期	
父辛	13026	冀叔父辛卣	23.450	商代晚期	
父辛	13027	門父辛卣	23.451	商代晚期	
父辛	13035	冀卣	23.459	商代晚期	
父辛	13048	北子卣	23.472	西周早期	
父辛	13134	考卣	24.44	西周早期	考的父親
父辛	13142	卣	24.52	商代晚期	

人　名	器　號	器　名	卷數頁碼	時　代	備　注
父辛	13149	竟卣蓋	24.58	商代晚期	竟的父親
父辛	13180	矢卣	24.92	西周早期	矢的父親
父辛	13181	敬卣	24.93	西周早期	敬的父親
父辛	13191	斃卣	24.101	西周早期後段	斃的父親
父辛	13193	責卣	24.104	西周早期	責的父親
父辛	13215	畬卣	24.128	西周早期	畬的父親
父辛	13223	亞束卣	24.136	西周晚期	亞束的父親
父辛	13236	束卣	24.152	西周早期	束的父親
父辛	13252	守宮卣	24.170	西周早期後段	守宮的父親
父辛	13269	膃卣	24.193	西周早期	膃的父親
父辛	13288	伯浧卣	24.215	西周早期	伯浧的父親
父辛	13309	僕麻卣	24.244	西周早期	僕麻的父親
父辛	13316	豊卣	24.256	西周早期	豊的父親
父辛	13340	作册嗌卣	24.306	西周中期前段	作册嗌的父親
父辛	13529	匝方彝	24.404	西周中期前段	匝的父親
父辛	13530	匝方彝	24.405	西周中期前段	同上
父辛	13632	成父辛觥	24.471	商晚或周早	
父辛	13650	冉父辛觥	24.485	西周早期	
父辛	13657	守宮觥	24.495	西周早期後段	守宮的父親
父辛	14339	鳥父辛盤	25.353	商代晚期	
父辛	14345	戈父辛盤	25.359	商晚或周早	
父辛	14410	隟仲僕盤	25.425	西周早期	隟仲僕的父親
父辛	14642	宀父辛盉	26.60	商代晚期	
父辛	14659	⚶父辛盉	26.75	西周早期前段	
父辛	14860	冉父辛匜	26.242	春秋早期	
父壬	00918	重父壬鼎	2.194	商代晚期	
父壬	00919	木父壬鼎	2.194	商代晚期	
父壬	01713	豊鼎	3.376	西周早期	豊的父親
父壬	02327	重父壬鼎	5.90	西周早期前段	寅的父親
父壬	02657	戈父壬鬲	6.48	西周早期前段	
父壬	03356	嚳甗	7.239	西周晚期	嚳的父親
父壬	04283	同簋	9.53	西周早期後段	同的父親
父壬	04526	鈀簋	9.278	西周中期前段	鈀的父親

人　名	器　號	器　名	卷數頁碼	時　代	備　注
父壬	07933	子父壬爵	16.119	商代晚期	
父壬	08227	糸父壬爵	16.353	西周早期	
父壬	08228	木父壬爵	16.354	西周早期	
父壬	08229	冉父壬爵	16.354	西周早期	
父壬	08338	子翌父壬爵	16.434	商代晚期	
父壬	08413	亞鹿父壬爵	16.493	西周早期	
父壬	08481	尸爵	17.43	西周早期	尸的父親
父壬	09615	寅父壬觚	18.310	商代晚期	
父壬	11331	史父壬尊	20.359	商代晚期	
父壬	11332	戈父壬尊	20.360	商代晚期	
父壬	11333	舟父壬尊	20.360	商代晚期	
父壬	11334	鼎父壬尊	20.361	商代晚期	
父壬	11335	屾父壬尊	20.362	商代晚期	
父壬	11756	員尊	21.224	西周中期前段	員的父親
父壬	12200	吳父壺	22.71	西周早期	吳父的父親
父壬	13167	史成卣	24.77	西周早期後段	史成的父親
父壬	13189	徹卣	24.99	西周早期後段	徹的父親
父壬	13196	賢卣	24.107	西周早期	賢的父親
父癸	00920	鳥父癸鼎	2.195	商代晚期	
父癸	00921	保父癸鼎	2.196	商代晚期	
父癸	00922	得父癸鼎	2.197	商代晚期	
父癸	00923	串父癸鼎	2.198	商代晚期	
父癸	00924	戳父癸鼎	2.199	商代晚期	
父癸	00925	弔父癸鼎	2.200	商代晚期	
父癸	00926	嬰父癸鼎	2.201	商代晚期	
父癸	00927	嬰父癸鼎	2.202	商代晚期	
父癸	00928	羴父癸鼎	2.203	商代晚期	
父癸	00929	冀父癸鼎	2.204	商代晚期	
父癸	00930	冀父癸鼎	2.205	商代晚期	
父癸	00931	目父癸鼎	2.206	西周早期	
父癸	00932	嬰父癸鼎	2.207	西周早期	
父癸	00933	巽父癸鼎	2.208	商晚或周早	
父癸	00934	吳父癸鼎	2.209	商晚或周早	

人名	器號	器名	卷數頁碼	時代	備注
父癸	00935	徙父癸鼎	2.210	商晚或周早	
父癸	00936	冉父癸鼎	2.211	西周早期	
父癸	00937	冉父癸鼎	2.212	西周早期	
父癸	00938	弓父癸鼎	2.213	西周早期	
父癸	00939	魚父癸鼎	2.214	西周早期	
父癸	00940	𠂤父癸鼎	2.215	商代晚期	
父癸	00941	𤰔父癸鼎	2.216	商代晚期	
父癸	00942	𦣞父癸鼎	2.217	商代晚期	
父癸	00943	𠆢父癸鼎	2.218	商晚或周早	
父癸	00944	𠆢父癸鼎	2.219	西周早期	
父癸	00945	冋父癸鼎	2.220	商代晚期	
父癸	00946	冋父癸鼎	2.221	商代晚期	
父癸	00947	㒳父癸鼎	2.222	商代晚期	
父癸	00948	大父癸鼎	2.222	商代晚期	
父癸	00949	尧父癸鼎	2.223	商代晚期	
父癸	00950	戈父癸鼎	2.223	商代晚期	
父癸	00951	戈父癸鼎	2.224	西周早期	
父癸	00952	宩父癸鼎	2.225	西周早期	
父癸	00953	川父癸鼎	2.225	西周早期	
父癸	01111	師鼎	2.356	西周早期	師的父親
父癸	01113	祖己父癸鼎	2.358	商晚或周早	
父癸	01202	天黽父癸鼎	2.424	商代晚期	
父癸	01203	天黽父癸鼎	2.425	商代晚期	
父癸	01204	天黽父癸鼎	2.426	商代晚期	
父癸	01205	子彝父癸鼎	2.426	商代晚期	
父癸	01206	亞弁父癸鼎	2.427	西周早期	
父癸	01207	何父癸㝨鼎	2.427	商代晚期	
父癸	01208	何父癸㝨鼎	2.428	商代晚期	
父癸	01209	射獸父癸鼎	2.429	商代晚期	
父癸	01210	衔要父癸鼎	2.430	商代晚期	
父癸	01211	廥册父癸鼎	2.431	商代晚期	
父癸	01212	S2册父癸鼎	2.431	商代晚期	
父癸	01213	疋册父癸鼎	2.432	商代晚期	

人 名	器 號	器 名	卷數頁碼	時 代	備 注
父癸	01214	又敉父癸鼎	2.433	商代晚期	
父癸	01215	允册父癸鼎	2.433	西周早期	
父癸	01216	⌣◇父癸鼎	2.434	西周早期	
父癸	01374	冀母爺父癸鼎	3.72	商代晚期	
父癸	01375	冀兄戊父癸鼎	3.73	商代晚期	
父癸	01376	魚父癸鼎	3.73	西周早期	
父癸	01417	孔鼎	3.112	西周早期	孔的父親
父癸	01505	臣辰彡册父癸鼎	3.187	西周早期	
父癸	01516	子父癸鼎	3.196	商代晚期	
父癸	01521	或鼎	3.201	西周早期	或的父親
父癸	01522	或鼎	3.202	西周早期	同上
父癸	01610	匚賓鼎	3.281	西周早期	匚賓的父親
父癸	01702	臣辰父癸鼎	3.365	西周早期	
父癸	01711	師鼎	3.374	西周早期	師的父親
父癸	01724	歇鼎	3.385	西周早期	歇的父親
父癸	01725	册鼎	3.386	西周早期	同上
父癸	01730	甿鼎	3.388	西周早期	甿的父親
父癸	01794	歠季鼎	3.457	西周早期	歠季的父親
父癸	01799	疑鼎	3.462	西周早期前段	疑的父親
父癸	01802	玑鼎	3.465	西周早期	玑的父親
父癸	01814	梓作父癸鼎	3.475	西周早期	梓的父親
父癸	01815	亞弌鼎	3.476	商晚或周早	亞弌的父親
父癸	01827	史造鼎	3.484	西周中期	史造的父親
父癸	01856	盏婦鼎	4.14	西周早期前段	盏婦的父親
父癸	01894	亞寰鼎	4.56	商代晚期	亞寰的父親
父癸	02104	尸鼎	4.288	西周中期前段	尸的父親
父癸	02320	戍嗣子鼎	5.77	西周中期前段	戍嗣子的父親
父癸	02373	鷬鼎	5.155	西周早期前段	鷬的父親
父癸	02658	弔父癸鬲	6.49	西周早期	
父癸	02659	冉父癸鬲	6.50	商代晚期	
父癸	02714	踊鬲	6.96	西周早期後段	踊的父親
父癸	02731	審鬲	6.112	西周早期	審的父親
父癸	03184	爰父癸甗	7.76	商代晚期	

人　名	器　號	器　名	卷數頁碼	時　代	備　注
父癸	03185	戈父癸甗	7.77	西周早期前段	
父癸	03186	佚父癸甗	7.78	西周早期	
父癸	03187	龔父癸甗	7.79	西周早期	
父癸	03215	戉葡父癸甗	7.102	商代晚期	
父癸	03290	作父癸甗	7.167	西周早期	
父癸	03837	酉父癸簋	8.145	西周早期	
父癸	03838	戈父癸簋	8.146	西周早期	
父癸	03839	獸父癸簋	8.147	商代晚期	
父癸	03840	叹父癸簋	8.147	商代晚期	
父癸	03841	𠬝父癸簋	8.148	商代晚期	
父癸	03842	冈父癸簋	8.149	商代晚期	
父癸	03843	冈父癸簋	8.150	西周早期	
父癸	03844	冈父癸簋	8.151	西周早期	
父癸	03845	鼻父癸簋	8.152	西周早期前段	
父癸	03846	倗父癸簋	8.153	西周早期	
父癸	03847	㽅父癸簋	8.154	西周早期	
父癸	03848	魚父癸簋	8.155	西周早期	
父癸	03849	冉父癸簋	8.156	商代晚期	
父癸	03850	冉父癸簋	8.157	西周早期前段	
父癸	03851	冉父癸簋	8.158	西周早期	
父癸	03852	冉父癸簋	8.159	西周早期	
父癸	03992	耳銜父癸簋	8.274	商代晚期	
父癸	03993	鄉宁父癸簋	8.275	商代晚期	
父癸	03994	亞弜父癸簋	8.276	商代晚期	
父癸	03995	亞弁父癸簋	8.277	商代晚期	
父癸	03996	亞離父癸簋	8.278	西周早期	
父癸	03997	冊玄父癸簋	8.279	商代晚期	
父癸	03998	子贏父癸簋	8.280	商代晚期	
父癸	04026	何父癸瘭簋	8.304	西周早期	
父癸	04027	鼎劦父癸簋	8.305	西周早期後段	
父癸	04267	敗簋	9.39	西周早期	敗的父親
父癸	04384	臣辰𬎼冊父癸簋	9.138	西周早期	
父癸	04385	臣辰𬎼冊父癸簋	9.139	西周早期	

人　名	器　號	器　名	卷數頁碼	時　代	備　注
父癸	04486	子令簋	9.243	西周早期	子令的父親
父癸	04497	慕旂簋	9.253	西周中期前段	慕旂的父親
父癸	04511	亢簋	9.266	西周早期前段	亢的父親
父癸	04512	曆簋	9.267	西周早期	曆的父親
父癸	04513	曆簋	9.268	西周早期	同上
父癸	04514	曆簋	9.269	西周早期	同上
父癸	04515	曆簋	9.270	西周早期	同上
父癸	04516	歟簋	9.271	西周早期	歟的父親
父癸	04517	歟簋	9.272	西周早期	同上
父癸	04518	歟簋	9.272	西周早期	同上
父癸	04519	黃簋	9.273	西周早期	黃的父親
父癸	04524	耳簋	9.276	西周早期	耳的父親
父癸	04540	旅簋	9.291	西周中期前段	旅的父親
父癸	04550	遹邎簋	9.300	西周早期	遹邎的父親
父癸	04566	玨廷冀簋	9.313	西周早期	玨廷冀的父親
父癸	05106	鶿簋	11.34	西周早期前段	鶿的父親
父癸	06108	冀父癸豆	13.358	商代晚期	
父癸	07934	宀父癸爵	16.120	商代晚期	
父癸	07935	子父癸爵	16.121	商代晚期	
父癸	07936	鳥父癸爵	16.122	商代晚期	
父癸	07937	鳥父癸爵	16.123	商代晚期	
父癸	07938	隻父癸爵	16.124	商代晚期	
父癸	07939	雔父癸爵	16.125	商代晚期	
父癸	07940	央父癸爵	16.126	商代晚期	
父癸	07941	冀父癸爵	16.127	商代晚期	
父癸	07942	冀父癸爵	16.128	商代晚期	
父癸	07943	冀父癸爵	16.129	商代晚期	
父癸	07944	戈父癸爵	16.130	商代晚期	
父癸	07945	戈父癸爵	16.131	商代晚期	
父癸	07946	亶父癸爵	16.132	商代晚期	
父癸	07947	毆父癸爵	16.133	商代晚期	
父癸	07948	襄父癸爵	16.134	商代晚期	
父癸	07949	窍父癸爵	16.135	商代晚期	

人　名	器　號	器　名	卷數頁碼	時　代	備　注
父癸	07950	窍父癸爵	16.136	商代晚期	
父癸	07951	冟父癸爵	16.137	商代晚期	
父癸	07952	冉父癸爵	16.138	商代晚期	
父癸	07953	冉父癸爵	16.139	商代晚期	
父癸	07954	冉父癸爵	16.140	商代晚期	
父癸	07955	冉父癸爵	16.141	商代晚期	
父癸	07956	冉父癸爵	16.141	商代晚期	
父癸	07957	旅父癸爵	16.142	商代晚期	
父癸	07958	堯父癸爵	16.142	商代晚期	
父癸	07959	妏父癸爵	16.143	商代晚期	
父癸	07960	徙父癸爵	16.143	商代晚期	
父癸	07961	木父癸爵	16.144	商代晚期	
父癸	07962	土父癸爵	16.144	商代晚期	
父癸	07963	同父癸爵	16.145	商代晚期	
父癸	07964	牟父癸爵	16.145	商代晚期	
父癸	07966	元父癸爵	16.146	商晚或周早	
父癸	07967	趣父癸爵	16.147	商代晚期	
父癸	07968	狀父癸爵	16.147	商晚或周早	
父癸	07969	矢父癸爵	16.148	商晚或周早	
父癸	07970	矢父癸爵	16.148	商晚或周早	
父癸	07971	盥父癸爵	16.149	商晚或周早	
父癸	07972	玄父癸爵	16.149	商晚或周早	
父癸	07973	剞父癸爵	16.150	商晚或周早	
父癸	07974	Ⅴ父癸爵	16.151	商代晚期	
父癸	07975	▲父癸爵	16.152	商代晚期	
父癸	07976	✕父癸爵	16.153	商代晚期	
父癸	07977	⋔父癸爵	16.153	商代晚期	
父癸	07978	⺫父癸爵	16.154	商代晚期	
父癸	07979	夬父癸爵	16.154	商晚或周早	
父癸	07980	屮父癸爵	16.155	商晚或周早	
父癸	07981	八父癸爵	16.155	商晚或周早	
父癸	08230	弔父癸爵	16.355	西周早期	
父癸	08231	集父癸爵	16.356	西周早期	

人　名	器　號	器　名	卷數頁碼	時　代	備　注
父癸	08232	弢父癸爵	16.357	西周早期	
父癸	08233	弢父癸爵	16.358	西周早期	
父癸	08234	耒父癸爵	16.359	西周早期	
父癸	08235	耒父癸爵	16.359	西周早期	
父癸	08236	子父癸爵	16.360	西周早期	
父癸	08237	子父癸爵	16.361	西周早期	
父癸	08238	兴父癸爵	16.361	西周早期	
父癸	08239	兴父癸爵	16.362	西周早期	
父癸	08240	丞父癸爵	16.363	西周早期	
父癸	08241	冉父癸爵	16.364	西周早期	
父癸	08242	旅父癸爵	16.365	西周早期	
父癸	08243	旅父癸爵	16.365	西周早期	
父癸	08244	母父癸爵	16.366	西周早期	
父癸	08245	木父癸爵	16.366	西周早期	
父癸	08246	弓父癸爵	16.367	西周早期	
父癸	08247	獸父癸爵	16.367	西周早期	
父癸	08248	幸父癸爵	16.368	西周早期	
父癸	08249	幸父癸爵	16.369	西周早期	
父癸	08250	𢆶父癸爵	16.370	西周早期	
父癸	08251	𤉈父癸爵	16.371	西周早期	
父癸	08252	皿父癸爵	16.372	西周早期	
父癸	08253	皿父癸爵	16.372	西周早期	
父癸	08254	鼻父癸爵	16.373	西周早期	
父癸	08255	鼻父癸爵	16.374	西周早期	
父癸	08339	妻雋父癸爵	16.435	商代晚期	
父癸	08340	庚壴父癸爵	16.436	商代晚期	
父癸	08341	大棘父癸爵	16.437	商代晚期	
父癸	08342	天黽父癸爵	16.437	商代晚期	
父癸	08344	何父癸瘭爵	16.439	商代晚期	
父癸	08345	何父癸瘭爵	16.440	商代晚期	
父癸	08346	何父癸瘭爵	16.440	商代晚期	
父癸	08347	北鼻父癸爵	16.441	商代晚期	
父癸	08348	幸𤉈父癸爵	16.441	商代晚期	

人　名	器　號	器　名	卷數頁碼	時　代	備　注
父癸	08349	冊偶父癸爵	16.442	商晚或春早	
父癸	08350	尹舟父癸爵	16.442	商代晚期	
父癸	08351	丫子父癸爵	16.443	商代晚期	
父癸	08363	爵	16.454	商代晚期	
父癸	08414	禾子父癸爵	16.494	西周早期	
父癸	08415	鄉宁父癸爵	16.495	西周早期	
父癸	08416	盧夷父癸爵	16.496	西周早期	
父癸	08417	罒册父癸爵	16.497	西周早期	
父癸	08418	罒册父癸爵	16.498	西周早期	
父癸	08419	亞㞢父癸爵	16.499	西周早期	
父癸	08420	屰目父癸爵	16.500	西周早期	
父癸	08421	屰目父癸爵	16.501	西周早期	
父癸	08422	屰目父癸爵	16.501	西周早期	
父癸	08438	伯爵	17.12	西周早期	
父癸	08439	伯爵	17.13	西周早期	
父癸	08462	木子工父癸爵	17.29	商代晚期	
父癸	08493	䚗父癸爵	17.52	西周早期	
父癸	08494	亞父癸爵	17.53	西周早期	
父癸	08495	亞父癸爵	17.53	西周早期	
父癸	08523	嬌爵	17.75	西周早期	嬌的父親
父癸	08534	又敦父癸爵	17.86	商代晚期	
父癸	08535	又敦父癸爵	17.87	商代晚期	
父癸	08549	尸爵	17.98	西周中期前段	尸的父親
父癸	08550	史鶱爵	17.99	西周早期前段	史鶱的父親
父癸	08556	寶爵	17.105	西周早期前段	子氽的父親
父癸	08562	雀鰲爵	17.112	西周早期	雀鰲的父親
父癸	08570	豐爵	17.119	西周中期前段	豐的父親
父癸	08792	天黽靴角	17.229	商代晚期	靴的父親
父癸	08793	葡亞羀角	17.230	商代晚期	葡亞羀的父親
父癸	09616	子父癸觚	18.311	商代晚期	
父癸	09617	戈父癸觚	18.312	商代晚期	
父癸	09618	大父癸觚	18.313	商代晚期	
父癸	09619	冟父癸觚	18.314	商代晚期	

人　名	器　號	器　名	卷數頁碼	時　代	備　注
父癸	09620	重父癸瓿	18.315	商代晚期	
父癸	09621	重父癸瓿	18.316	商代晚期	
父癸	09622	隻父癸瓿	18.316	商代晚期	
父癸	09623	朵父癸瓿	18.317	商代晚期	
父癸	09709	行父癸瓿	18.384	西周早期	
父癸	09710	梟父癸瓿	18.385	西周早期	
父癸	09765	亞宁父癸瓿	18.430	商代晚期	
父癸	09766	牵匍父癸瓿	18.431	商代晚期	
父癸	09767	何寢父癸瓿	18.432	商代晚期	
父癸	09768	何寢父癸瓿	18.433	商代晚期	
父癸	09785	天黽父癸瓿	18.447	西周早期	
父癸	09830	又敊父癸瓿	18.481	商代晚期	
父癸	09838	鵞瓿	18.488	西周早期	鵞的父親
父癸	10365	兴父癸觶	19.237	商代晚期	
父癸	10366	糞父癸觶	19.238	商代晚期	
父癸	10367	糞父癸觶	19.239	商代晚期	
父癸	10368	糞父癸觶	19.239	商代晚期	
父癸	10369	臤父癸觶	19.240	商代晚期	
父癸	10370	爰父癸觶	19.241	商代晚期	
父癸	10371	魚父癸觶	19.242	商代晚期	
父癸	10372	敊父癸觶	19.243	商代晚期	
父癸	10373	爻父癸觶	19.244	商代晚期	
父癸	10374	重父癸觶	19.245	商代晚期	
父癸	10375	重父癸觶	19.246	商代晚期	
父癸	10376	诀父癸觶	19.247	商代晚期	
父癸	10466	子父癸觶	19.322	西周早期	
父癸	10467	弓父癸觶	19.323	西周早期	
父癸	10468	狄父癸觶	19.324	西周早期	
父癸	10469	狄父癸觶	19.325	西周早期	
父癸	10470	矢父癸觶	19.325	西周早期	
父癸	10471	叔父癸觶	19.326	西周早期	
父癸	10472	叔父癸觶	19.327	西周早期	
父癸	10473	戈父癸觶	19.327	西周早期	

人 名	器 號	器 名	卷數頁碼	時 代	備 注
父癸	10474	弜父癸觶	19.328	西周早期	
父癸	10475	史父癸觶	19.328	西周早期	
父癸	10476	冉父癸觶	19.329	西周早期	
父癸	10477	冉父癸觶	19.329	西周早期	
父癸	10478	辱父癸觶	19.330	西周早期	
父癸	10479	𠆢父癸觶	19.331	西周早期	
父癸	10480	𤔲父癸觶	19.332	西周早期	
父癸	10520	子衛父癸觶	19.359	商代晚期	
父癸	10521	尹舟父癸觶	19.359	商代晚期	
父癸	10522	齊豸父癸觶	19.360	商代晚期	
父癸	10523	何父癸寢觶	19.361	商代晚期	
父癸	10555	亞天父癸觶	19.387	西周早期	
父癸	10556	亞食父癸觶	19.388	西周早期	
父癸	10596	夌觶	19.419	西周早期	夌的父親
父癸	10612	敄觶	19.433	西周早期	敄的父親
父癸	10613	朕觶	19.434	西周早期前段	朕的父親
父癸	10614	朕觶	19.435	西周早期前段	同上
父癸	10647	夅觶	19.462	西周中期前段	夅的父親
父癸	10655	史鸞觶	19.470	西周早期前段	史鸞的父親
父癸	11015	保父癸斝	20.116	商代晚期	
父癸	11016	冀父癸斝	20.117	商代晚期	
父癸	11017	鬥父癸斝	20.118	商代晚期	
父癸	11034	㐭父癸斝	20.133	西周早期	
父癸	11042	何父癸寢斝	20.139	商代晚期	
父癸	11336	戈父癸尊	20.362	商代晚期	
父癸	11337	厷父癸尊	20.363	商代晚期	
父癸	11338	鳥父癸尊	20.364	商代晚期	
父癸	11339	朏父癸尊	20.365	商代晚期	
父癸	11340	刟父癸尊	20.366	商代晚期	
父癸	11341	耿父癸尊	20.367	商代晚期	
父癸	11342	豕父癸尊	20.367	商代晚期	
父癸	11343	冉父癸尊	20.368	商代晚期	
父癸	11344	寏父癸尊	20.368	商代晚期	

人　名	器　號	器　名	卷數頁碼	時　代	備　注
父癸	11345	囧父癸尊	20.369	商代晚期	
父癸	11346	囧父癸尊	20.369	商代晚期	
父癸	11386	史父癸尊	20.407	西周早期前段	
父癸	11387	史父癸尊	20.408	西周早期	
父癸	11388	爵父癸尊	20.409	西周早期	
父癸	11389	ㄷ父癸尊	20.409	西周早期	
父癸	11453	亞天父癸尊	20.462	商代晚期	
父癸	11454	天黽父癸尊	20.462	商代晚期	
父癸	11455	秝册父癸尊	20.463	商代晚期	
父癸	11456	秝册父癸尊	20.464	商代晚期	
父癸	11457	弓夆父癸尊	20.464	商代晚期	
父癸	11458	何父癸寢尊	20.465	商代晚期	
父癸	11459	何父癸寢尊	20.466	商代晚期	
父癸	11489	尹舟父癸尊	20.494	西周早期	
父癸	11490	告正父癸尊	20.495	西周早期	
父癸	11549	亢父癸尊	21.46	商代晚期	
父癸	11588	臣辰尊	21.80	西周早期	
父癸	11654	貴尊	21.133	西周早期	貴的父親
父癸	11662	史鴪尊	21.141	西周早期前段	史鴪的父親
父癸	11664	轪尊	21.142	西周中期前段	轪的父親
父癸	11668	猷尊	21.146	西周早期	猷的父親
父癸	11675	貍尊	21.153	西周中期前段	貍的父親
父癸	11677	單毃尊	21.154	西周早期	單毃的父親
父癸	11689	宿父尊	21.165	西周中期前段	宿父的父親
父癸	11698	屑尊	21.173	西周早期	屑的父親
父癸	11699	屑尊	21.174	西周早期	同上
父癸	11700	屑尊	21.174	西周早期	同上
父癸	11752	臣中尊	21.220	西周早期前段	中的父親
父癸	11798	士上尊	21.272	西周早期	士上的父親
父癸	11801	保尊	21.276	西周早期	保的父親
父癸	12051	串父癸壺	21.409	商代晚期	
父癸	12052	魚父癸壺	21.410	商代晚期	
父癸	12076	戈父癸壺	21.431	西周早期前段	

人　名	器　號	器　名	卷數頁碼	時　代	備　注
父癸	12077	戈父癸壺	21.432	西周早期前段	
父癸	12078	魚父癸壺	21.433	西周早期	
父癸	12079	爵父癸壺	21.434	西周早期	
父癸	12080	旅父癸壺	21.435	西周早期	
父癸	12081	史父癸壺	21.436	西周早期	
父癸	12082	丰父癸壺	21.436	西周早期	
父癸	12099	剌册父癸壺	21.452	商晚或周早	
父癸	12194	葡𢍌壺	22.65	商代晚期	
父癸	12264	子𡧊宼壺	22.139	西周早期後段	子𡧊宼的父親
父癸	12274	莫壺	22.149	西周早期	莫的父輩
父癸	12815	另父癸卣	23.252	商代晚期	
父癸	12816	取父癸卣	23.253	商代晚期	
父癸	12817	魚父癸卣	23.254	商代晚期	
父癸	12818	爵父癸卣蓋	23.255	商代晚期	
父癸	12819	冀父癸卣	23.256	商代晚期	
父癸	12860	戈父癸卣	23.295	西周早期	
父癸	12861	龏父癸卣	23.296	西周早期	
父癸	12932	天黽父癸卣	23.362	商代晚期	
父癸	12933	行天父癸卣	23.363	商代晚期	
父癸	12934	亞得父癸卣	23.364	商代晚期	
父癸	12935	黽𠨘父癸卣	23.365	商代晚期	
父癸	12936	何父癸𤔲卣	23.366	商代晚期	
父癸	12950	𢀛卣	23.380	商代晚期	
父癸	12962	𢀛𣬉父癸卣	23.391	西周早期	
父癸	12963	衛册父癸卣	23.392	西周早期	
父癸	13028	冀父癸卣	23.452	商代晚期	
父癸	13029	天𪾔册父癸卣	23.453	商代晚期	
父癸	13118	宁𫩬卣	24.29	西周早期後段	
父癸	13127	集卣	24.38	西周早期	集的父親
父癸	13144	簠卣	24.54	商代晚期	
父癸	13158	矢伯隻卣	24.67	西周早期	矢伯隻的父親
父癸	13192	辟卣	24.102	西周早期	辟的父親
父癸	13194	貴卣	24.105	西周早期	貴的父親

人　名	器　號	器　名	卷數頁碼	時　代	備　注
父癸	13198	史鷰卣	24.110	西周早期前段	史鷰的父親
父癸	13220	歍卣	24.134	西周早期	歍的父親
父癸	13227	戻對卣	24.140	西周早期前段	對的父親
父癸	13237	層卣	24.153	西周早期	層的父親
父癸	13244	豐卣	24.160	西周中期前段	豐的父親
父癸	13258	寇盘卣	24.179	商代晚期	寇盘的父親
父癸	13264	靴卣	24.186	西周早期	坐的父親
父癸	13310	亘卣	24.246	西周早期	亘的父親
父癸	13333	士上卣	24.291	西周早期	士上的父親
父癸	13334	士上卣	24.293	西周早期	同上
父癸	13536	邎方彝蓋	24.412	商代晚期	邎的父親
父癸	13539	順方彝	24.416	西周早期後段	順的父親
父癸	13633	☞父癸觥	24.471	商代晚期	
父癸	13641	天黽父癸觥	24.476	商代晚期	
父癸	13644	爵丂父癸觥	24.479	西周早期	
父癸	13790	何簾父癸罍	25.81	西周早期	
父癸	13811	祖丁父癸罍	25.99	商代晚期	
父癸	14516	禹盤	25.551	西周中期	禹的父親
父癸	14643	冄父癸盉	26.61	商代晚期	
父癸	14644	狱父癸盉	26.62	商代晚期	
父癸	14645	八父癸盉	26.63	商代晚期	
父癸	14660	史父癸盉	26.76	西周早期	
父癸	14661	爵父癸盉	26.77	西周早期	
父癸	14662	𠂤父癸盉	26.77	西周早期	
父癸	14675	天黽父癸盉	26.88	商代晚期	
父癸	14703	臣辰父癸盉	26.114	西周早期	
父癸	14792	士上盉	26.213	西周早期	士上的父親
父選	15251	選鐘丁	27.251	西周晚期	名選，周王稱其爲父選
兮公	13306	盉卣	24.241	西周早期	
兮甲	14539	兮甲盤	25.595	西周晚期	
兮仲	04740	兮仲簋	10.12	西周晚期	
兮仲	04741	兮仲簋	10.14	西周晚期	
兮仲	04742	兮仲簋	10.15	西周晚期	

人　名	器　號	器　名	卷數頁碼	時　代	備　注
兮仲	04743	兮仲簋	10. 16	西周晚期	
兮仲	04744	兮仲簋	10. 17	西周晚期	
兮仲	04745	兮仲簋	10. 18	西周晚期	
兮仲	04746	兮仲簋蓋	10. 19	西周晚期	
兮仲	15232	兮仲鐘甲	27. 216	西周晚期	
兮仲	15233	兮仲鐘乙	27. 217	西周晚期	
兮仲	15234	兮仲鐘丙	27. 219	西周晚期	
兮仲	15235	兮仲鐘丁	27. 220	西周晚期	
兮仲	15236	兮仲鐘戊	27. 222	西周晚期	
兮仲	15237	兮仲鐘己	27. 224	西周晚期	
兮仲	15238	兮仲鐘庚	27. 225	西周晚期	
兮熬	12363	兮熬壺	22. 264	西周晚期	
兮吉父	04968	兮吉父簋	10. 309	西周晚期	
兮伯吉父	05615	兮伯吉父盨	12. 347	西周晚期	
兮伯吉父	14539	兮甲盤	25. 595	西周晚期	
公氏	11819	何尊	21. 311	西周早期前段	何的父親
公母	04439	伊生簋	9. 190	西周早期	伊生的親屬
公臣	05183	公臣簋甲	11. 180	西周晚期	
公臣	05184	公臣簋乙	11. 182	西周晚期	
公臣	05185	公臣簋丙	11. 184	西周晚期	
公臣	05186	公臣簋丁	11. 186	西周晚期	
公仲	02073	南方追孝鼎	4. 251	商代晚期	南方追孝的長輩
公仲	02226	亳鼎	4. 444	西周早期	
公仲	04950	芎簋	10. 283	西周早期	芎的上司
公仲	10652	厝觶	19. 467	西周早期	
公仲	10653	庶觶	19. 468	西周早期	
公仲	15495	南宮乎鐘	28. 383	西周晚期	
公伯	01591	公伯鼎	3. 265	西周早期前段	
公伯	05173	㝰簋	11. 159	西周中期	㝰的長兄
公伯	05387	不㛱簋	12. 178	西周晚期	不㛱的祖父
公伯	05388	不㛱簋蓋	12. 180	西周晚期	同上
公迖	17109	公迖戈	32. 164	戰國中期	
公姒	05049	奢簋	10. 432	西周早期	奢的上司

人　名	器　號	器　名	卷數頁碼	時　代	備　注
公叔	05067	賢簋	10.466	西周中期	賢的上司
公叔	05068	賢簋	10.468	西周中期	同上
公叔	05069	賢簋	10.469	西周中期	同上
公叔	05070	賢簋	10.470	西周中期	同上
公叔	05071	賢簋蓋	10.472	西周中期	同上
公叔	05218	恒簋蓋	11.248	西周中期後段	恒的父親
公叔	05219	恒簋蓋	11.250	西周中期後段	同上
公叔	14543	逑盤	25.605	西周晚期	
公侯	02226	亳鼎	4.444	西周早期	
公姞	03035	公姞鬲	6.487	西周中期前段	
公姞	11792	次尊	21.266	西周中期前段	
公姞	13314	次卣	24.253	西周中期前段	
公逆	15782	楚公逆鎛	29.245	西周晚期	即楚公逆
公乘	00722	公乘鼎	2.44	戰國晚期	
公乘	12022	公乘壺	21.381	戰國晚期	
公袞	14526	公袞盤	25.568	春秋中期	
公貿	02341	公貿鼎	5.108	西周中期	
公違	04871	臣卿簋	10.182	西周早期	臣卿的上司
公嫊（姊）	04660	公仲佻簋	9.405	西周中期前段	公仲佻的姐姐
公敔	15110	公敔鐘	27.14	西周晚期	
公上父	02495	師虎鼎	5.381	西周中期前段	
公子裙	12124	公子裙壺	21.474	戰國時期	
公太史	01824	公太史鼎	3.482	西周早期	
公太史	01825	公太史鼎	3.483	西周早期	
公太史	01826	公太史鼎	3.483	西周早期	
公太史	04561	公太史簋	9.309	西周早期	
公太史	13344	作册魖卣	24.316	西周早期	
公太保	02353	旅鼎	5.123	西周早期後段	
公太保	02420	亢鼎	5.236	西周早期後段	
公太保	08584	御正良爵	17.133	西周早期	
公父宅	14992	公父宅匜	26.376	春秋時期	
公先豐	17335	鄭令公先豐戈	32.426	戰國晚期	韓國鄭縣縣令
公先豐	17336	鄭令公先豐戈	32.427	戰國晚期	同上

人　名	器　號	器　名	卷數頁碼	時　代	備　注
公先豐	17692	鄭令公先豐矛	33.128	戰國晚期	韓國鄭縣縣令
公仲佻	04660	公仲佻簋	9.405	西周中期前段	
公東宮	11809	效尊	21.289	西周早期後段	
公東宮	13346	效卣	24.319	西周早期後段	
公孫窬	12423	公子土斧壺	22.358	春秋晚期	
公族紐	05403	牧簋	12.215	西周中期	
公豐父	05014	公豐父簋	10.375	西周早期	
公子土斧	12423	公子土斧壺	22.358	春秋晚期	
公孫炟父	14034	公孫炟父瓶	25.188	春秋早期	
公孫炟父	14989	塞公孫炟父匜	26.373	春秋早期	塞國公孫
公孫無毆	02403	鄧公孫無毆鼎鼎	5.204	春秋早期	
公孫潮子	15180	公孫潮子鐘五	27.129	戰國早期	
公孫潮子	15181	公孫潮子鐘六	27.130	戰國早期	
公孫潮子	15182	公孫潮子鐘七	27.131	戰國早期	
公孫潮子	15183	公孫潮子鐘八	27.132	戰國早期	
公孫潮子	15761	公孫潮子鎛丁	29.184	戰國早期	
公孫潮子	15762	公孫潮子鎛庚	29.185	戰國早期	
公族𦧈釐	05346	師酉簋	12.81	西周中期	
公族𦧈釐	05347	師酉簋	12.84	西周中期	
公族𦧈釐	05348	師酉簋	12.87	西周中期	
公族𦧈釐	05349	師酉簋	12.90	西周中期	
夋	05112	夋簋	11.43	西周早期	相侯之臣
夋	05380	敔簋	12.162	西周晚期	南淮夷酋長
夋	17237	丞相奐夋戈	32.303	戰國晚期	秦國丞相
夋僑生	04969	夋僑生簋	10.310	西周晚期	
勻	04057	勻簋	8.330	西周早期	
文	04161	文簋	8.420	西周早期	
文	04162	文簋	8.421	西周早期	
文	04163	文簋	8.422	西周早期	
文	05664	文盨	12.430	西周晚期	
文	17260	相邦呂不韋戟	32.333	戰國晚期	秦蜀郡東工室守
文丁	00405	文丁鼎	1.312	商代晚期	
文王	01715	周公鼎	3.378	西周早期	周文王

人　名	器　號	器　名	卷數頁碼	時　代	備　注
文王	02514	大盂鼎	5.443	西周早期	周文王
文王	05303	天亡簋	11.451	西周早期	同上
文王	05401	班簋	12.209	西周中期	同上
文王	11819	何尊	21.311	西周早期前段	同上
文王	14541	史牆盤	25.599	西周中期前段	同上
文王	14543	逨盤	25.605	西周晚期	同上
文王	15597	癲鐘（3式）甲	29.35	西周中期後段	同上
文公	05151	㠱簋	11.108	西周晚期	㠱的高祖父
文公	13212	伯卣	24.125	西周早期	
文公	15277	文公之母弟鐘	27.301	春秋早期	
文公	15565	秦公鐘甲	28.549	春秋早期	秦文公
文公	15567	秦公鐘丙	28.553	春秋早期	同上
文公	15824	秦公鎛甲	29.377	春秋早期	同上
文公	15825	秦公鎛乙	29.381	春秋早期	同上
文公	15826	秦公鎛丙	29.385	春秋早期	同上
文侯	12491	晉姜鼎	5.371	春秋早期	即晉文侯
文父丁	05128	小子网簋	11.71	商代晚期	小子网的父親
文父丁	05197	君夫簋蓋	11.216	西周中期	君夫的父親
文父己	04616	辨簋	9.363	西周中期	辨的父親
文父己	04617	辨簋	9.364	西周中期	同上
文父己	04618	辨簋	9.365	西周中期	同上
文考癸	13238	㠯卣	24.154	西周早期	㠯的父親
文考癸	13320	作册睘卣	24.264	西周早期	作册睘的父親
文嬶己	13663	文嬶己觥	24.503	商代晚期	
文武帝乙	02377	坂鼎	5.162	商代晚期	
文武帝乙	12429	㓞其壺	22.373	商代晚期	
方	05129	方簋蓋	11.72	西周早期	
方或	17104	邛季之孫戈	32.159	春秋早期	江季之孫
方妖各	02055	方妖各鼎	4.227	西周晚期	
亢	02420	亢鼎	5.236	西周早期後段	
亢	04511	亢簋	9.266	西周早期前段	
亢	11821	矢令尊	21.315	西周早期	即亢師
亢	13548	矢令方彝	24.438	西周早期	同上

人 名	器 號	器 名	卷數頁碼	時 代	備 注
亢師	11821	矢令尊	21.315	西周早期	
亢師	13548	矢令方彝	24.438	西周早期	
亢僕	04822	亢僕簋	10.115	西周中期	
尹	04058	尹簋	8.331	西周早期	
尹	13345	高卣蓋	24.318	西周早期	
尹公	08490	尹公爵	17.50	西周早期	
尹氏	02439	嚳鼎	5.269	西周晚期	
尹氏	02492	頌鼎	5.373	西周晚期	
尹氏	02493	頌鼎	5.376	西周晚期	
尹氏	02494	頌鼎	5.378	西周晚期	
尹氏	02501	卅二年迷鼎甲	5.395	西周晚期	
尹氏	02502	卅二年迷鼎乙	5.398	西周晚期	
尹氏	02503	卅三年迷鼎甲	5.401	西周晚期	
尹氏	02504	卅三年迷鼎乙	5.405	西周晚期	
尹氏	02505	卅三年迷鼎丙	5.409	西周晚期	
尹氏	02506	卅三年迷鼎丁	5.414	西周晚期	
尹氏	02507	卅三年迷鼎戊	5.418	西周晚期	
尹氏	02508	卅三年迷鼎己	5.422	西周晚期	
尹氏	02509	卅三年迷鼎庚	5.426	西周晚期	
尹氏	02510	卅三年迷鼎辛	5.430	西周晚期	
尹氏	02511	卅三年迷鼎壬	5.434	西周晚期	
尹氏	02513	大克鼎	5.440	西周晚期	
尹氏	05380	敔簋	12.162	西周晚期	
尹氏	05381	師㝨簋	12.164	西周晚期	
尹氏	05382	師㝨簋	12.167	西周晚期	
尹氏	05390	頌簋	12.184	西周晚期	
尹氏	05391	頌簋	12.187	西周晚期	
尹氏	05392	頌簋	12.190	西周晚期	
尹氏	05393	頌簋	12.192	西周晚期	
尹氏	05394	頌簋蓋	12.194	西周晚期	
尹氏	05395	頌簋	12.196	西周晚期	
尹氏	05396	頌簋蓋	12.198	西周晚期	
尹氏	05397	頌簋	12.200	西周晚期	

人 名	器 號	器 名	卷數頁碼	時 代	備 注
尹氏	06230	永盂	13.459	西周中期	
尹氏	12355	叔善父壺	22.254	西周中期	
尹氏	12446	曶壺蓋	22.410	西周中期	
尹氏	12451	頌壺甲	22.427	西周晚期	
尹氏	12452	頌壺乙	22.430	西周晚期	
尹氏	14540	頌盤	25.597	西周晚期	
尹氏	15593	癲鐘（2式）甲	29.27	西周中期後段	
尹氏	15594	癲鐘（2式）乙	29.29	西周中期後段	
尹氏	15595	癲鐘（2式）丙	29.31	西周中期後段	
尹氏	15596	癲鐘（2式）丁	29.33	西周中期後段	
尹光	02312	邍鼎	5.65	商代晚期	
尹丞	00675	尹丞鼎	2.9	西周早期後段	
尹丞	00676	尹丞鼎	2.10	西周早期後段	
尹丞	00677	尹丞鼎	2.11	西周早期後段	
尹伯	03297	尹伯甗	7.174	西周早期	
尹伯	05364	師𡸟簋	12.122	西周晚期	師𡸟的父親
尹扴（封）	05339	伊簋	12.62	西周晚期	
尹叔	01740	尹叔鼎	3.396	西周中期	
尹叔	05216	蔡姞簋	11.246	西周晚期	蔡姞的兄長
尹叔	12443	射壺甲	22.399	西周晚期	
尹叔	12444	射壺乙	22.403	西周晚期	
尹姞	03039	尹姞鬲	6.492	西周中期前段	即公姞
尹姞	03040	尹姞鬲	6.494	西周中期前段	同上
尹姞	04969	㝬儥生簋	10.310	西周晚期	㝬儥生的夫人
尹姞	05158	夷伯夷簋	11.125	西周晚期	夷伯夷的夫人
尹姞	05159	夷伯夷簋	11.128	西周晚期	同上
尹姞	14386	宗仲盤	25.399	西周晚期	宗仲的親屬
尹姞	14861	宗仲匜	26.243	西周晚期	同上
尹小叔	01655	尹小叔鼎	3.319	春秋早期	
尹叔姬	12205	魯侯壺	22.76	西周晚期	
尹氏叔緐	05825	尹氏叔緐簠	13.81	春秋早期	吳王的御士
尹氏賓良	05869	尹氏賓良簠	13.129	西周晚期	
尹氏士吉射	04809	尹氏士吉射簋甲	10.96	西周中期	

人 名	器 號	器 名	卷數頁碼	時 代	備 注
尹氏士吉射	04810	尹氏士吉射簋乙	10.98	西周中期	
孔	08782	天黽角	17.219	西周早期	
孔申	08425	孔申爵	16.503	西周早期	
孔伯	11472	孔伯祖癸尊	20.478	西周早期	
引	02462	師旂鼎	5.314	西周早期	
引	04620	引簋	9.366	西周中期	
引	05299	引簋甲	11.444	西周中期	
引	05300	引簋乙	11.446	西周中期	
引	05321	我簋	12.21	西周中期後段	
引	11725	引尊	21.197	西周中期前段	
引	14038	引瓶	25.193	春秋時期	
引仲	05209	小臣守簋蓋	11.236	西周中期後段	小臣守的長輩
引仲	05210	小臣守簋	11.238	西周中期後段	同上
引仲	05211	小臣守簋	11.239	西周中期後段	同上
引韋(庸)	05288	臣諫簋	11.419	西周中期前段	
比	02483	鄦比鼎	5.355	西周晚期	
比	03299	比甗	7.176	西周中期前段	
比	04149	比簋	8.407	西周早期前段	
比	04416	比簋	9.170	西周早期	
比	04537	比簋	9.288	西周早期前段	
比	05335	鄦比簋蓋	12.54	西周晚期	即鄦比
比兒	00614	比兒鼎	1.481	商代晚期	
丑姜	05867	虢仲簠	13.128	西周晚期	
乃	11506	乃尊	21.8	西周早期	
乃	12112	乃壺	21.463	西周中期前段	
予叔嬴	02743	予叔嬴鬲	6.124	西周晚期	
以鄧	02288	以鄧鼎	5.28	春秋中期	
以鄧	14990	以鄧匜	26.374	春秋中期	
以鄧	16630	以鄧戟	31.74	春秋中期	
以鄧	16631	以鄧戟	31.75	春秋中期	
叉	04415	叉簋	9.169	西周早期	
孔	01417	孔鼎	3.112	西周早期	

五　畫

人　名	器　號	器　名	卷數頁碼	時　代	備　注
示己	01856	盨婦鼎	4.14	西周早期前段	
丼公	04874	邢公簋	10.187	西周晚期	即邢公
丼公	04875	邢公簋	10.190	西周晚期	同上
丼公	12446	曶壺蓋	22.410	西周中期	同上
丼伯	02452	利鼎	5.293	西周中期後段	即邢伯
丼伯	02497	五祀衛鼎	5.385	西周中期前段	同上
丼伯	05212	師毛父簋	11.240	西周中期	同上
丼伯	05278	救簋蓋	11.393	西周中期	同上
丼伯	05371	師虎簋	12.141	西周中期後段	同上
丼伯	06230	永盂	13.459	西周中期	同上
丼伯	14796	長甶盉	26.222	西周中期前段	同上
丼�妵	04881	伯田父簋	10.198	西周晚期	即邢妵
丼叔	02515	曶鼎	5.447	西周中期後段	同上
丼叔	04924	季𩽀簋	10.249	西周中期前段	同上
丼叔	05220	霸伯簋	11.252	西周中期	同上
丼叔	05268	免簋	11.368	西周中期後段	同上
丼叔	05291	弭叔師察簋	11.425	西周中期後段	同上
丼叔	05292	弭叔師察簋	11.427	西周中期後段	同上
丼叔	11805	免尊	21.282	西周中期前段	同上
丼叔	13330	免卣	24.287	西周中期前段	同上
丼叔	13521	邢叔方彝	24.396	西周中期	同上
丼姬	01536	弭鼎	3.216	西周中期前段	弭伯的夫人
丼姬	01734	弭伯鼎	3.391	西周中期前段	同上
丼姬	02269	弭伯鼎甲	5.6	西周中期前段	同上
丼姬	02270	弭伯鼎乙	5.7	西周中期前段	同上
丼姬	04591	苺伯簋	9.338	西周晚期	即邢姬
丼姬	11685	弭伯尊	21.161	西周中期前段	同上
丼人妄	15320	妄鐘一	27.382	西周晚期	即邢人妄
丼人妄	15322	妄鐘三	27.387	西周晚期	同上
丼叔炟	12375	邢叔炟壺	22.281	西周中期前段	即邢叔炟

人 名	器 號	器 名	卷數頁碼	時 代	備 注
丼叔采	15290	邢叔采鐘	27.328	西周中期鏃段	即邢叔采
丼叔采	15291	邢叔采鐘	27.330	西周中期鏃段	同上
丼季夐	01602	邢季夐鼎	3.274	西周中期前段	即人邢季夐
丼季夐	11603	邢季夐尊	21.93	西周中期前段	即邢季夐
丼季夐	13102	邢季夐卣	24.15	西周早期前段	同上
丼孟姬	03005	仲生父鬲	6.441	西周晚期	即邢孟姬
丼南伯	05103	邢南伯簋	11.29	西周中期	即邢南伯
丼人偈屖	02497	五祀衛鼎	5.385	西周中期前段	即邢人偈屖
丼戈叔安父	04762	邢戈叔安父簋	10.36	西周晚期	即邢戈叔安父
妄	15320	妄鐘一	27.382	西周晚期	即邢人妄
妄	15321	妄鐘二	27.385	西周晚期	同上
妄	15322	妄鐘三	27.387	西周晚期	同上
妄	15323	妄鐘四	27.390	西周晚期	同上
邗王	12365	趙孟庎壺	22.267	春秋晚期	
邗王	12366	趙孟庎壺	22.269	春秋晚期	
邗王是埜	17076	邗王是埜戈	32.120	春秋晚期	
邗王是埜	17077	邗王是埜戈	32.121	春秋晚期	
邢令輅庶	17196	邢令輅庶戈	32.261	戰國晚期	
正父	13114	正父卣	24.26	西周早期	
正叔	05903	魯酉子安母簋	13.178	春秋早期	
正侯	03596	正侯簋	7.423	商代晚期	
正癸	00456	正癸鼎	1.353	商代晚期	
艾固	17700	安陽令韓壬戟剌	33.138	戰國晚期	
芀姬	02733	芀姬鬲	6.114	西周早期	
甘丹奐	17229	芒令州燮戈	32.295	戰國晚期	即邯鄲奐
甘丹飪	17694	襄城令夆名矛	33.130	戰國晚期	
甘丹截	17360	襄城令韓沽戈	32.454	戰國晚期	即邯鄲截
甘丹𡵾	17313	趙令邯鄲𡵾戈	32.399	戰國晚期	即邯鄲𡵾
甘孝子	19603	甘孝子銀杯	35.263	戰國晚期	
甘孝子	19604	甘孝子銀杯	35.264	戰國晚期	
甘孝子	19605	甘孝子銀杯	35.264	戰國晚期	
本	01423	本鼎	3.114	西周中期	
丙公	13339	齎卣	24.304	西周中期前段	

人　名	器　號	器　名	卷數頁碼	時　代	備　注
坿	04586	坿簋	9.333	西周早期	
坿父	04203	坿父簋	8.453	西周早期	
坿小子啟	01704	坿小子啟鼎	3.367	西周早期	
邛干	02017	十九年合陽鼎	4.180	戰國晚期	
邛仲	06272	邛仲之孫伯戔盆	13.490	春秋早期	
邛仲	14517	伯戔盤	25.552	春秋早期	即江仲
邛季	17104	邛季之孫戈	32.159	春秋早期	即江季
邛嫡(芈)	05936	曾侯簠	13.225	春秋早期	
邛仲嫡南	15247	楚王鐘	27.241	春秋早期	即江仲芈南
邛君婦和	12325	江君婦和壺	22.212	春秋早期	即江君婦和
去疾	18835	兩詔橢量	34.292	秦代	秦丞相
去疾	18836	兩詔橢量	34.294	秦代	同上
去疾	18837	兩詔橢量	34.297	秦代	同上
去疾	18838	兩詔橢量	34.299	秦代	同上
去疾	18839	兩詔橢量	34.302	秦代	同上
去疾	18840	兩詔橢量	34.304	秦代	同上
去疾	18841	北私府橢量	34.306	秦代	同上
去疾	18919	兩詔權	34.389	秦代	同上
去疾	18920	兩詔權	34.391	秦代	同上
去疾	18921	兩詔權	34.392	秦代	同上
去疾	18922	兩詔權	34.394	秦代	同上
去疾	18923	兩詔權	34.395	秦代	同上
去疾	18924	兩詔權	34.398	秦代	同上
去疾	18925	兩詔權	34.401	秦代	同上
去疾	18926	右大廄石權	34.402	秦代	同上
去疾	18927	美陽權	34.405	秦代	同上
去疾	18928	平陽權	34.407	秦代	同上
去疾	18929	大驪權	34.408	秦代	同上
去疾	18930	旬邑權	34.410	秦代	同上
去疾	18942	二世詔版	34.424	秦代	同上
去疾	18943	二世詔版	34.425	秦代	同上
去疾	18945	二世詔版	34.427	秦代	同上
去疾	18946	二世詔版	34.428	秦代	同上

人 名	器 號	器 名	卷數頁碼	時 代	備 注
去疾	18947	二世詔版	34.429	秦代	秦丞相
去疾	18948	二世詔版	34.430	秦代	同上
去疾	18949	二世詔版	34.430	秦代	同上
去疾	18950	二世詔版	34.431	秦代	同上
去疾	18951	二世詔版	34.432	秦代	同上
去疾	18952	二世詔版	34.433	秦代	同上
去疾	18953	二世詔版	34.434	秦代	同上
去疾	18954	二世詔版	34.434	秦代	同上
去疾	18955	兩詔詔版	34.435	秦代	同上
可	05757	可簠	13.7	春秋晚期	
可	12123	可壺	21.473	春秋晚期	
可	14363	可盤	25.377	春秋晚期	
可公	08557	美爵	17.106	西周早期	美的祖父
可公	08558	美爵	17.107	西周早期	同上
左姦	13735	左姦罍	25.31	商代中期	
左郂	17613	左郂矛	33.42	戰國時期	
左史狄	12419	安邑下官鍾	22.348	戰國晚期	即佐史狄
左史罙(狄)	14085	滎陽上官皿	25.246	戰國晚期	同上
左孝子	12162	左孝子壺	22.33	戰國時期	
左孝子	12163	左孝子壺	22.34	戰國時期	
左太師罜	01923	宋左太師罜鼎	4.80	春秋晚期	
左司工辰	18586	二十九年弩機	34.164	戰國晚期	
右	01273	右鼎	2.480	西周早期	
右	08272	右爵	16.387	西周早期	
右伯	02050	右伯鼎	4.221	西周中期	
右眚	14542	散氏盤	25.602	西周晚期	矢人有司,任師氏
右買	16727	右買戈	31.178	春秋晚期	
右游	19611	右游銀盒	35.274	戰國晚期	
右嗣	02067	右嗣鼎	4.244	戰國晚期	
右正嬰	02257	嬰鼎	4.485	商代晚期	
右史利	05111	利簋	11.41	西周早期	
右伯君	18861	右伯君權	34.324	春秋時期	
右走馬嘉	12224	右走馬嘉壺	22.97	春秋早期	

人　名	器　號	器　名	卷數頁碼	時　代	備　注
右庶長歂	19920	宗邑瓦書	35.508	戰國晚期	
右戲仲夏父	02883	右戲仲夏父鬲	6.279	西周晚期	
布	02341	公貿鼎	5.108	西周中期	
刅	13176	刅卣	24.88	西周早期	
平君	19753	平君石片	35.359	戰國中期	
平姬	06073	拍敦	13.334	春秋晚期	拍的夫人
平臧	18739	莒陽斧	34.229	戰國晚期	
平安君	02389	平安君鼎	5.182	戰國晚期	
平安君	02429	平安君鼎	5.252	戰國晚期	
平國君	18064	相邦平國君鈹	33.448	戰國晚期	
平安夫人	19905	平安夫人漆盒	35.481	戰國晚期	
平夜君成	01762	平夜君成鼎	3.427	戰國早期	
平夜君成	16891	平夜君成戈	31.416	戰國中期	
平夜君成	16892	平夜君成戈	31.419	戰國中期	
平夜君成	16893	平夜君成戈	31.422	戰國中期	
平夜君成	16894	平夜君成戟	31.425	戰國中期	
平夜君成	16895	平夜君成戟	31.428	戰國中期	
平夜君成	16896	平夜君成戟	31.433	戰國中期	
平夜君成	16897	平夜君成戟	31.436	戰國中期	
平陶令范昃	17204	平陶令范昃戈	32.271	戰國晚期	
叵	14750	伯叵盉	26.158	西周中期	即伯叵
世子效	11809	效尊	21.289	西周早期後段	即效
戊	19918	田律木牘	35.502	戰國晚期	即茂、甘茂
戊公	14531	獄盤	25.579	西周中期前段	獄的父親
戊公	14799	獄盉	26.229	西周中期前段	獄的祖父
戊	01236	戊鼎	2.449	西周早期	
戉王	16414	越王戈	30.378	春秋時期	即越王
戉王	17592	越王矛	33.22	春秋晚期	同上
戉王	17867	越王鈹	33.211	春晚或戰早	同上
戉王	17868	越王劍	33.212	春秋晚期	同上
戉王	17869	越王劍	33.213	春晚或戰早	同上
戉王	17870	越王劍	33.214	戰國早期	同上
戉王	19766	越王石矛	35.376	戰國早期	同上

人　名	器　號	器　名	卷數頁碼	時　代	備　注
戉王	19770	越王石劍格	35.380	戰國時期	即越王
戉王	19771	越王石劍格	35.380	戰國時期	同上
戉州句	17890	越州句劍格	33.236	戰國早期	即越州句
戉州句	17891	越州句劍格	33.237	戰國早期	同上
戉嗣王	19767	越嗣王石矛	35.377	戰國早期	即越嗣王
戉嗣王	19768	越嗣王石矛	35.378	戰國早期	同上
戉王不光	17955	越王不光劍	33.314	戰國中期	即越王不光
戉王不光	17956	越王不光劍	33.314	戰國中期	同上
戉王不光	17957	越王不光劍	33.315	戰國中期	同上
戉王不光	17958	越王不光劍	33.316	戰國中期	同上
戉王不光	17959	越王不光劍	33.317	戰國中期	同上
戉王不光	17960	越王不光劍	33.318	戰國中期	同上
戉王不光	17961	越王不光劍	33.319	戰國中期	同上
戉王不光	17962	越王不光劍	33.320	戰國中期	同上
戉王不光	17963	越王不光劍	33.321	戰國中期	同上
戉王不光	17964	越王不光劍	33.322	戰國中期	同上
戉王不光	17965	越王不光劍	33.323	戰國中期	同上
戉王不光	19769	越王不光石矛	35.379	戰國晚期	同上
戉王州句	17667	越王州句矛	33.98	戰國早期	即越王州句
戉王州句	17892	越王州句劍	33.238	戰國早期	同上
戉王州句	17893	越王州句劍	33.240	戰國早期	同上
戉王州句	17894	越王州句劍	33.241	戰國早期	同上
戉王州句	17895	越王州句劍	33.242	戰國早期	同上
戉王州句	17896	越王州句劍	33.243	戰國早期	同上
戉王州句	17897	越王州句劍	33.244	戰國早期	同上
戉王州句	17898	越王州句劍	33.245	戰國早期	同上
戉王州句	17899	越王州句劍	33.246	戰國早期	同上
戉王州句	17900	越王州句劍	33.247	戰國早期	同上
戉王州句	17901	越王州句劍	33.248	戰國早期	同上
戉王州句	17902	越王州句劍	33.249	戰國早期	同上
戉王州句	17903	越王州句劍	33.250	戰國早期	同上
戉王州句	17904	越王州句劍	33.251	戰國早期	同上
戉王州句	17905	越王州句劍	33.252	戰國早期	同上

人　名	器　號	器　名	卷數頁碼	時　代	備　注
戉王州句	17906	越王州句劍	33.253	戰國早期	即越王州句
戉王州句	17907	越王州句劍	33.254	戰國早期	同上
戉王州句	17908	越王州句劍	33.255	戰國早期	同上
戉王州句	17909	越王州句劍	33.256	戰國早期	同上
戉王州句	17910	越王州句劍	33.257	戰國早期	同上
戉王州句	17911	越王州句劍	33.258	戰國早期	同上
戉王州句	17912	越王州句劍	33.259	戰國早期	同上
戉王州句	17913	越王州句劍	33.261	戰國早期	同上
戉王州句	17914	越王州句劍	33.262	戰國早期	同上
戉王旨医	17873	越王旨医劍	33.217	戰國早期	即越王旨医
戉王伯侯	17872	越王伯侯劍	33.216	戰國早期	即越王伯侯
戉王者旨	17623	越王諸稽矛	33.55	戰國早期	即越王諸稽
戉王亓北古	18025	越王亓北古劍	33.400	戰國早期	即越王亓北古
戉王亓北古	18026	越王亓北古劍	33.402	戰國早期	同上
戉王亓北古	18027	越王亓北古劍	33.404	戰國早期	同上
戉王之子欿戔	17876	越王之子勾踐劍	33.221	戰國早期	即越王之子勾踐
戉王之子欿替	17875	越王之子勾踐劍	33.220	戰國早期	同上
戉王者旨不光	17954	越王諸稽不光劍	33.313	戰國中期	即越王諸稽不光
戉王者旨於睗	15417	越王者旨於睗鐘一	28.7	戰國早期	即越王者旨諸稽
戉王者旨於睗	15418	越王者旨於睗鐘二	28.8	戰國早期	同上
戉王者旨於睗	15419	越王者旨於睗鐘三	28.9	戰國早期	同上
戉王者旨於睗	15420	越王者旨於睗鐘四	28.10	戰國早期	同上
戉王者旨於睗	16932	越王諸稽於睗戈	31.485	戰國早期	即越王諸稽於睗
戉王者旨於睗	16933	越王諸稽於睗戈	31.486	戰國早期	同上
戉王者旨於睗	16934	越王諸稽於睗戈	31.491	戰國早期	同上
戉王者旨於睗	17619	越王諸稽於睗矛	33.49	戰國早期	同上
戉王者旨於睗	17620	越王諸稽於睗矛	33.51	戰國早期	同上
戉王者旨於睗	17621	越王諸稽於睗矛	33.53	戰國早期	同上
戉王者旨於睗	17622	越王諸稽於睗矛	33.54	戰國早期	同上
戉王者旨於睗	17877	越王諸稽於睗劍	33.222	戰國早期	同上
戉王者旨於睗	17878	越王諸稽於睗劍	33.224	戰國早期	同上
戉王者旨於睗	17879	越王諸稽於睗劍	33.225	戰國早期	同上
戉王者旨於睗	17880	越王諸稽於睗劍	33.226	戰國早期	同上

人　名	器　號	器　名	卷數頁碼	時　代	備　注
戉王者旨於賜	17881	越王諸稽於賜劍	33.227	戰國早期	即越王諸稽於賜
戉王者旨於賜	17882	越王諸稽於賜劍	33.228	戰國早期	同上
戉王者旨於賜	17883	越王諸稽於賜劍	33.229	戰國早期	同上
戉王者旨於賜	17884	越王諸稽於賜劍	33.230	戰國早期	同上
戉王者旨於賜	17885	越王諸稽於賜劍	33.231	戰國早期	同上
戉王者旨於賜	17886	越王諸稽於賜劍	33.232	戰國早期	同上
戉王者旨於賜	17887	越王諸稽於賜劍	33.233	戰國早期	同上
戉王者旨於賜	17888	越王諸稽於賜劍	33.234	戰國早期	同上
戉王者旨於賜	17889	越王諸稽於賜劍	33.235	戰國早期	同上
戉王嗣旨不光	17951	越王嗣旨不光劍	33.311	戰國中期	即越王嗣旨不光
戉王嗣旨不光	17952	越王嗣旨不光劍	33.312	戰國中期	同上
戉王嗣旨不光	17953	越王嗣旨不光劍	33.313	戰國中期	同上
卯	03239	卯甗	7.123	商代晚期	
卯	03291	卯卯甗	7.168	西周早期	
卯其	12429	卯其壺	22.373	商代晚期	
卯其	13312	作册睪卣	24.249	商代晚期	
卯其	13323	二祀卯其卣	24.270	商代晚期	
北子	01052	北子鼎	2.305	西周中期前段	
北子	01792	北子鼎	3.455	西周早期	
北子	03237	北子甗	7.121	西周中期前段	
北子	10654	北子觶	19.469	西周中期前段	
北子	13048	北子卣	23.472	西周早期	
北伯	01230	北伯鼎	2.444	西周早期	
北伯	02688	北伯鬲	6.72	西周早期	
北柞	04952	羿簋	10.285	西周中期前段	即北子柞,漏鑄"子"
北子柞	04951	羿簋	10.284	西周中期前段	
北子苹	10619	北子苹觶	19.439	西周中期	
北子宋	14412	北子宋盤	25.427	西周中期前段	
北孝子	17929	北孝子之子劍	33.279	戰國晚期	
北伯殳	11628	北伯殳尊	21.112	西周早期	
北伯殳	13160	北伯殳卣	24.70	西周早期	
北宮罍	17235	□陽令魏戲戈	32.300	戰國晚期	
北伯邑辛	04507	北伯邑辛簋	9.263	西周早期	

人 名	器 號	器 名	卷數頁碼	時 代	備 注
田	04523	田簋	9.276	西周早期	
田告	01608	田告鼎	3.280	西周早期	
田告	03262	田告甗	7.141	西周早期	
田告	13766	田告罍	25.60	西周早期	
田甫（父）	12401	倗叔壺	22.320	西周中期前段	倗叔的親屬
田農	01609	田農鼎	3.281	西周中期	
田農	03263	田農甗	7.142	西周早期前段	
田農	04342	田農簋	9.104	西周早期	
田桓子	05977	陳逆簠	13.301	戰國早期	
田桓子	05978	陳逆簠	13.303	戰國早期	
由	01323	由鼎	3.28	西周中期	
由	02453	由鼎	5.295	西周中期前段	原稱古鼎
由	04410	由簋	9.164	西周早期	原稱古簋
由	05673	由盨蓋	12.448	西周中期	原稱古盨蓋
由	08544	由爵	17.94	西周早期	
由	14798	由盂	26.227	西周中期前段	原稱古盂
由伯	11795	由伯尊	21.269	西周早期	
由伯	13251	由伯卣	24.169	西周早期	
甲	01308	甲鼎	3.21	西周早期	
甲	14754	甲盂	26.161	西周早期	
甲公	02329	猷鼎	5.92	西周中期前段	
甲公	02489	㦰鼎	5.367	西周中期前段	
甲公	05275	猷簋（一式）	11.386	西周中期前段	猷的父親
甲公	05315	猷簋甲（二式）	12.8	西周中期前段	同上
甲公	05316	猷簋乙（二式）	12.11	西周中期前段	同上
甲公	05317	猷簋丙（二式）	12.14	西周中期前段	同上
甲公	05318	猷簋丁（二式）	12.16	西周中期前段	同上
甲公	05368	衛簋甲	12.130	西周中期前段	衛的父親
甲公	05369	衛簋乙	12.134	西周中期前段	同上
甲公	05676	猷盨	12.453	西周中期前段	
甲考	11712	㝐尊	21.185	西周中期前段	㝐的父親
甲考	13243	㝐卣蓋	24.159	西周中期前段	同上
甲姛（姒）	04454	寧遹簋	9.205	西周早期	

人　名	器　號	器　名	卷數頁碼	時　代	備　注
甲咢事正	02769	甲咢事正鬲	6.151	西周早期	
申五氏孫矩	03354	申五氏孫矩甗	7.236	春秋早期	
申	01235	申鼎	2.448	西周早期	
申	05312	申簋蓋	11.473	西周中期前段	
申王	05897	叔姜簠	13.168	春秋晚期	
申公	02264	彭子射兒鼎	4.496	春秋晚期	彭子射兒的祖父
申季	02497	五祀衛鼎	5.385	西周中期前段	邦君厲的有司
申季	02513	大克鼎	5.440	西周中期前段	
申季	05339	伊簋	12.62	西周晚期	
申蛇(沱)	18074	司工馬鈹	33.460	戰國晚期	
申姜	02438	伯碩父鼎	5.267	西周晚期	
申文王	05943	申文王之孫州萃簠	13.237	春秋晚期	
申公彭宇	05958	申公彭宇簠	13.264	春秋早期	
申公彭宇	05959	申公彭宇簠	13.266	春秋早期	
申伯膚多	12189	讕伯膚多壺	22.60	春秋晚期	
且	14542	散氏盤	25.602	西周晚期	矢人有司
兄乙	08260	鴞兄乙爵	16.377	西周早期	
兄丁	08424	亞魚兄丁爵	16.502	西周早期	
兄丁	10383	齒兄丁觶	19.254	商代晚期	
兄丁	10384	奮兄丁觶	19.255	商代晚期	
兄丁	11348	倗兄丁尊	20.371	商代晚期	
兄丁	12054	倗兄丁壺	21.412	西周早期	
兄丁	12864	倗兄丁卣	23.299	西周早期	
兄丁	12865	倗兄丁卣	23.300	西周早期	
兄己	01778	亞醜季鼎	3.445	商代晚期	
兄戊	01375	夔兄戊父癸鼎	3.73	商代晚期	
兄辛	10385	合兄辛觶	19.256	商代晚期	
兄辛	11727	屯尊	21.199	西周中期前段	屯的兄長
兄辛	12053	夔兄辛壺	21.411	商代晚期	
兄辛	13232	屯卣	24.147	西周早期	屯的兄長
兄癸	02201	亞魚鼎	4.406	商代晚期	
兄癸	07989	腐兄癸爵	16.160	商晚或周早	
兄癸	11491	婦罗兄癸尊	20.496	西周早期前段	婦罗的長兄

人　名	器　號	器　名	卷數頁碼	時　代	備　注
兄癸	13169	尹舟卣	24.80	西周早期	
兄癸	13304	奮爺卣	24.238	商代晚期	奮爺的兄長
兄丁辛	12230	刺壺	22.104	商代晚期	刺的兄長
冉	15989	冉鉦鍼	29.516	戰國時期	
冉	17243	相邦冉戈	32.312	戰國晚期	魏冉，秦國相邦
冉	17245	相邦冉戈	32.314	戰國晚期	同上
冉	17246	相邦冉戈	32.315	戰國晚期	同上
冉	17247	相邦冉戈	32.317	戰國晚期	同上
冉乙	00412	冉乙鼎	1.317	商代晚期	
冉丁	00413	冉丁鼎	1.317	商代晚期	
冉己	00414	冉己鼎	1.318	商代晚期	
冉己	00415	冉己鼎	1.319	商代晚期	
冉己	00416	冉己鼎	1.320	商代晚期	
冉辛	00417	冉辛鼎	1.321	商代晚期	
冉辛	00418	冉辛鼎	1.322	商代晚期	
冉辛	00419	冉辛鼎	1.323	商代晚期	
冉癸	00420	冉癸鼎	1.324	商代晚期	
冉癸	00421	冉癸鼎	1.325	商代晚期	
冉癸	00422	冉癸鼎	1.326	商代晚期	
冉𡙡	00423	冉𡙡鼎	1.327	商代晚期	
冉𡙡	00424	冉𡙡鼎	1.328	商代晚期	
冉𡙡	00425	冉𡙡鼎	1.329	商代晚期	
冉𡙡	00426	冉𡙡鼎	1.330	商代晚期	
冉𡙡	00427	冉𡙡鼎	1.330	商代晚期	
皿	01689	皿鼎	3.353	商代晚期	
皿	03584	皿簋	7.412	西周晚期	
皿	03585	皿簋	7.412	西周晚期	
皿	13807	皿罍	25.95	商代晚期	
皿	13813	皿而全罍	25.100	商代晚期	即皿而全
皿合	09837	皿合觚	18.487	西周早期	
皿屖	04196	皿屖簋	8.446	西周早期	
皿而全	13813	皿而全罍	25.100	商代晚期	
册	01725	册鼎	3.386	西周早期	

人　名	器　號	器　名	卷數頁碼	時　代	備　注
央	04065	央簋	8.337	西周早期	
史	01640	史鼎	3.307	西周早期	
史	12949	史卣	23.379	商代晚期	
史	13780	史罍	25.72	西周早期	
史	19251	史三筒器	35.35	西周早期	
史己	00686	史己鼎	2.17	西周早期	
史犬	07411	史犬爵	15.250	商代晚期	
史犬	10276	史犬觶	19.176	西周早期	
史午	09420	史午觚	18.165	商代晚期	
史孔	19236	史孔卮	35.18	春秋時期	
史戊	13545	作册吳方彝蓋	24.429	西周中期前段	
史矢	16393	史矢戈	30.359	西周早期	
史考（敖）	05350	揚簋	12.92	西周中期	
史考（敖）	05351	揚簋	12.94	西周中期	
史考（敖）	05398	蔡簋	12.202	西周中期	
史考（敖）	05671	瘋盨甲	12.444	西周中期後段	
史考（敖）	05672	瘋盨乙	12.446	西周中期後段	
史成	13167	史成卣	24.77	西周早期後段	
史此	08485	史此爵	17.47	西周早期	
史年	05319	望簋	12.18	西周中期前段	
史伏	11676	史伏尊	21.153	西周早期	
史次	00687	史次鼎	2.17	西周早期	
史見	09821	史見觚	18.474	西周早期	
史見	11631	史見尊	21.114	西周早期	
史見	13168	史見卣	24.79	西周早期	
史利	05755	史利簋	13.6	西周晚期	
史利	05756	史利簋	13.7	西周晚期	
史宋	01644	史宋鼎	3.311	春秋早期	
史昔	01643	史昔鼎	3.310	西周中期前段	
史叀	02304	史叀鼎	5.53	西周晚期	
史叀	04776	史叀簋	10.56	西周晚期	
史述	04495	史述簋	9.251	西周中期前段	
史兒	03364	中甗	7.253	西周早期後段	

人　名	器　號	器　名	卷數頁碼	時　代	備　注
史免	05909	史免簠	13.190	西周晚期	
史召	08484	史召爵	17.46	西周早期	
史召	11554	史召尊	21.50	西周早期	
史妝	12009	史妝壺	21.371	商代晚期	
史柞	15318	史柞鐘	27.378	西周晚期	
史南	05336	尉比簠蓋	12.54	西周晚期	
史㠱	01435	史㠱鼎	3.125	西周中期	
史秦	02359	楚王酓忎鼎	5.133	戰國晚期	
史秦	02622	史秦鬲	6.19	西周早期前段	
史夆	02446	吴虎鼎	5.282	西周晚期	
史夆	02490	善夫山鼎	5.369	西周晚期	
史𠨰	11046	史𠨰斝	20.141	商代晚期	
史造	01827	史造鼎	3.484	西周中期	
史留（籀）	02479	趠鼎	5.348	西周晚期	
史迷	01641	史迷鼎	3.308	西周早期後段	
史迷	01642	史迷鼎	3.309	西周早期後段	
史迷	08783	史迷角	17.220	西周早期	
史寅	11798	士上尊	21.272	西周早期	
史寅	13333	士上卣	24.291	西周早期	
史寅	13334	士上卣	24.293	西周早期	
史寅	14792	士上盉	26.213	西周早期	
史宿	08563	史宿爵	17.113	西周中期前段	
史密	05327	史密簋	12.35	西周中期後段	
史減	02482	袁鼎	5.354	西周晚期	
史減	02501	卅二年逑鼎甲	5.395	西周晚期	
史減	02502	卅二年逑鼎乙	5.398	西周晚期	
史減	02503	卅三年逑鼎甲	5.401	西周晚期	
史減	02504	卅三年逑鼎乙	5.405	西周晚期	
史減	02505	卅三年逑鼎丙	5.409	西周晚期	
史減	02506	卅三年逑鼎丁	5.414	西周晚期	
史減	02507	卅三年逑鼎戊	5.418	西周晚期	
史減	02508	卅三年逑鼎己	5.422	西周晚期	
史減	02509	卅三年逑鼎己	5.426	西周晚期	

人　名	器　號	器　名	卷數頁碼	時　代	備　注
史減	02510	卌三年逨鼎辛	5.430	西周晚期	
史減	02511	卌三年逨鼎壬	5.434	西周晚期	
史減	14537	㝬盤	25.591	西周晚期	
史疁	02478	無叀鼎	5.346	西周晚期	
史疁	02484	此鼎甲	5.357	西周晚期	
史疁	02485	此鼎乙	5.359	西周晚期	
史疁	02486	此鼎丙	5.361	西周晚期	
史疁	05354	此簋甲	12.100	西周晚期	
史疁	05355	此簋乙	12.103	西周晚期	
史疁	05356	此簋丙	12.106	西周晚期	
史疁	05357	此簋丁	12.108	西周晚期	
史疁	05358	此簋戊	12.110	西周晚期	
史疁	05359	此簋己	12.112	西周晚期	
史疁	05360	此簋庚	12.114	西周晚期	
史疁	05361	此簋辛	12.116	西周晚期	
史喜	01962	史喜鼎	4.118	西周中期	
史喪	11743	史喪尊	21.212	西周中期前段	
史話	04986	史話簋	10.335	西周早期後段	
史話	04987	史話簋	10.337	西周早期後段	
史斿	02482	㝬鼎	5.354	西周晚期	
史斿	14537	㝬盤	25.591	西周晚期	
史番	00688	史番鼎	2.18	戰國時期	
史寏	04709	史寏簋	9.458	西周晚期	
史農	10277	史農觶	19.177	西周早期	
史盉	15190	逆鐘甲	27.143	西周晚期	
史頌	02443	史頌鼎	5.276	西周晚期	
史頌	02444	史頌鼎	5.278	西周晚期	
史頌	05259	史頌簋	11.347	西周晚期	
史頌	05260	史頌簋	11.350	西周晚期	
史頌	05261	史頌簋蓋	11.352	西周晚期	
史頌	05262	史頌簋蓋	11.354	西周晚期	
史頌	05263	史頌簋	11.356	西周晚期	
史頌	05264	史頌簋	11.359	西周晚期	

人　名	器　號	器　名	卷數頁碼	時　代	備　注
史頌	05265	史頌簋	11.361	西周晚期	
史頌	05266	史頌簋	11.364	西周晚期	
史頌	05267	史頌簋	11.367	西周晚期	
史頌	05766	史頌簠	13.15	西周晚期	
史頌	14429	史頌盤	25.449	西周晚期	
史頌	14920	史頌匜	26.296	西周晚期	
史僕	12346	史僕壺	22.241	西周晚期	
史僕	12347	史僕壺蓋	22.242	西周晚期	
史夐	05532	史夐盨	12.253	西周晚期	
史夐	05533	史夐盨	12.254	西周晚期	
史夐	05821	史夐簠	13.78	西周晚期	
史夐	05822	史夐簠	13.79	西周晚期	
史趛	05678	善夫克盨	12.459	西周晚期	
史旗	02365	窖鼎	5.145	西周早期	
史旗	02366	窖鼎	5.146	西周早期	
史旗	13292	員卣	24.221	西周早期	
史懋	11805	免尊	21.282	西周中期前段	
史懋	12426	史懋壺蓋	22.365	西周中期	
史懋	13330	免卣	24.287	西周中期前段	
史牆	05346	師酉簋	12.81	西周中期	
史牆	05347	師酉簋	12.84	西周中期	
史牆	05348	師酉簋	12.87	西周中期	
史牆	05349	師酉簋	12.90	西周中期	
史牆	14541	史牆盤	25.599	西周中期前段	
史獸	02423	史獸鼎	5.241	西周早期	
史喬	08550	史喬爵	17.99	西周早期前段	
史喬	10389	史喬觶	19.259	西周早期前段	
史喬	10655	史喬觶	19.470	西周早期前段	
史喬	11662	史喬尊	21.141	西周早期前段	
史喬	13198	史喬卣	24.110	西周早期前段	
史嬰	08361	史嬰爵	16.452	商代晚期	
史叕	04345	史叕簋	9.106	西周中期	
史顥	02401	史顥鼎	5.199	西周晚期	

人　名	器　號	器　名	卷數頁碼	時　代	備　注
史昔衰	14772	史昔衰盉	26.180	西周中期前段	
史宜父	02081	史宜父鼎	4.260	西周晚期	
史斿父	01855	史斿父鼎	4.13	西周早期前段	
史盄父	01645	史盄父鼎	3.311	西周晚期	
史酰敖	11737	史酰敖尊	21.207	西周中期前段	
史楳蜺	04503	史楳蜺簋	9.259	西周早期	
史逩父	04667	史逩父簋蓋	9.412	西周晚期	
史趞曹	02434	十五年趞曹鼎	5.260	西周中期	
史虢生	02492	頌鼎	5.373	西周晚期	
史虢生	02493	頌鼎	5.376	西周晚期	
史虢生	02494	頌鼎	5.378	西周晚期	
史虢生	05390	頌簋	12.184	西周晚期	
史虢生	05391	頌簋	12.187	西周晚期	
史虢生	05392	頌簋	12.190	西周晚期	
史虢生	05393	頌簋	12.192	西周晚期	
史虢生	05394	頌簋蓋	12.194	西周晚期	
史虢生	05395	頌簋	12.196	西周晚期	
史虢生	05396	頌簋蓋	12.198	西周晚期	
史虢生	05397	頌簋	12.200	西周晚期	
史虢生	12451	頌壺甲	22.427	西周晚期	
史虢生	12452	頌壺乙	22.431	西周晚期	
史虢生	14540	頌盤	25.597	西周晚期	
史羉手	19920	宗邑瓦書	35.508	戰國晚期	
史伯碩父	02424	史伯碩父鼎	5.243	西周晚期	
生	04119	生簋	8.382	西周中期	
生	11799	小子生尊	21.273	西周早期後段	即小子生
生史	05076	生史簋	10.477	西周中期前段	
生史	05077	生史簋	10.478	西周中期前段	
生妣	02911	召仲鬲	6.320	西周晚期	
生妣	02912	召仲鬲	6.321	西周晚期	
生杙姜	05024	應侯簋	10.391	西周中期	應侯的夫人
矢伯隻	13158	矢伯隻卣	24.67	西周早期	
乍厤夫台	15360	徐王之孫鐘	27.497	戰國早期	之乘晉的舅父

人名	器號	器名	卷數頁碼	時代	備注
禾	01312	禾鼎	3.23	西周早期	
禾	04811	禾簋	10.100	戰國早期	
禾伯	11627	禾伯尊	21.111	西周早期	
禾休	03610	禾休簋	7.436	商代晚期	
付父	11775	斅尊	21.242	西周中期	斅的父親
代	18863	司馬成公權	34.328	戰國時期	
代相邙皮	17266	代相邙皮戈	32.341	戰國晚期	
代相吏微	17993	代相吏微劍	33.361	戰國晚期	
代相樂寏	17992	代相樂寏鈹	33.360	戰國晚期	
仲姬	02407	默叔信姬鼎	5.213	西周晚期	
白父	14538	虢季子白盤	25.593	西周晚期	即虢季子白
白玉穀	14770	白玉穀盉	26.178	西周中期	
乎	04696	乎簋	9.443	西周中期	
乎	05152	竈乎簋	11.110	西周晚期	即蛇乎
乎	05153	竈乎簋	11.113	西周晚期	同上
乎渦	13268	乎渦卣	24.192	西周早期	
参	11712	参尊	21.185	西周中期前段	
参	13243	参卣蓋	24.159	西周中期前段	
令	01866	令鼎	4.23	西周早期後段	
令	02451	令鼎	5.292	西周早期	
令	04261	令簋	9.35	西周早期	
令	14379	令盤	25.392	西周早期後段	
令咾	11683	令咾尊	21.159	西周中期前段	
令尹子庚	02468	王子午鼎甲	5.326	春秋晚期前段	
令尹子庚	02469	王子午鼎乙	5.329	春秋晚期前段	
令尹子庚	02471	王子午鼎丁	5.332	春秋晚期前段	
令尹子庚	02472	王子午鼎戊	5.334	春秋晚期前段	
令尹子庚	02473	王子午鼎己	5.336	春秋晚期前段	
令尹子庚	02474	王子午鼎庚	5.338	春秋晚期前段	
令狐君嗣子	12434	令狐君嗣子壺	22.379	戰國中期	
令狐君嗣子	12435	令狐君嗣子壺	22.381	戰國中期	
外叔	01597	外叔鼎	3.270	西周早期	
外季	05338	師瘨簋蓋	12.60	西周中期前段	

人　名	器　號	器　名	卷數頁碼	時　代	備　注
外姑	05320	靜簋	12.19	西周中期前段	靜的母親
氏孟	02441	䚅鼎	5.272	西周中期	
処山	13305	癹卣	24.239	西周早期	
印	11648	印尊	21.129	西周早期	
印興	13959	印興瓿	25.134	商代晚期	
卯	05389	卯簋蓋	12.182	西周中期	
用	04110	用作寶彝簋	8.375	西周早期	
用	04282	用簋	9.52	西周早期後段	
句戊	00440	句戊鼎	1.340	商代晚期	
句父	01226	句父鼎	2.441	商代晚期	
句它	14483	句它盤	25.506	西周晚期	
句余	17661	工�矛	33.90	春秋晚期	
句監	01617	句監鼎	3.286	商代早期	
主父	17312	主父戈	32.398	戰國晚期	
立	01409	立鼎	3.105	西周中期前段	
立	05536	立盨	12.257	西周晚期	
立	08477	立爵	17.40	西周早期	
邙皮	17266	代相邙皮戈	32.341	戰國晚期	
邙令羕	17141	邙令羕戈	32.201	戰國晚期	
宁父	00627	宁父鼎	1.491	商代晚期	
宁犾(狗)	00627	宁狗鼎	1.489	商代晚期	
宁犾(狗)	03604	宁狗簋	7.431	商代晚期	
宁犾(狗)	06972	宁狗爵	14.428	商代晚期	
宁犾(狗)	06973	宁狗爵	14.429	商代晚期	
宁犾(狗)	12704	宁狗卣	23.158	商代晚期	
宄公	04927	叔角父簋	10.253	西周晚期	叔角父的父親
宄公	04928	叔角父簋蓋	10.254	西周晚期	同上
它公	13544	師遽方彝	24.427	西周中期前段	師遽的祖父
必父	15495	南宮乎鐘	28.383	西周晚期	
㐁父	18239	㐁父鉞	33.511	商代晚期	
永	06230	永盂	13.459	西周中期	即師永
永陳	14059	永陳缶蓋	25.205	春秋晚期	
司	02225	司鼎	4.443	西周早期	

人　名	器　號	器　名	卷數頁碼	時　代	備　注
司𤲑	14956	作司𤲑匜	26.334	春秋時期	
司土司	04563	司土司簋	9.311	西周早期	
司土司	04564	司土司簋	9.312	西周早期	
司工馬	18074	司工馬鈹	33.460	戰國晚期	
司土幽	11720	螯司土幽尊	21.193	西周早期後段	螯地的司土
司土淲	12436	十三年㿾壺甲	22.383	西周中期後段	
司土淲	12437	十三年㿾壺乙	22.386	西周中期後段	
司土淲	15415	鮮鐘	28.3	西周中期	
司工丁	08262	司工丁爵	16.379	西周早期	
司工眉	06230	永盂	13.459	西周中期	
司工散	02501	卅二年逨鼎甲	5.395	西周晚期	
司工散	02502	卅二年逨鼎乙	5.398	西周晚期	
司工遹	05362	覞簋	12.118	西周中期前段	
司工單	02993	司工單鬲	6.429	春秋早期	鄦大司工
司史𦨶	14791	匐盂	26.211	西周中期	
司馬共	02481	師𩵋鼎	5.352	西周中期	
司馬共	05330	師𫮤簋蓋	12.41	西周中期	
司馬共	05336	諫簋	12.55	西周中期	
司馬共	05671	㿾盨甲	12.444	西周中期後段	
司馬共	05672	㿾盨乙	12.446	西周中期後段	
司馬伐	17228	芒令司馬伐戈	32.294	戰國晚期	芒縣縣令
司馬部	18014	南行唐令瞿卯劍	33.383	戰國晚期	
司馬部	18015	南行唐令瞿卯鈹	33.384	戰國晚期	
司馬部	18016	南行唐令瞿卯鈹	33.385	戰國晚期	
司馬部	18017	南行唐令瞿卯劍	33.386	戰國晚期	
司馬部	18041	相邦建信君鈹	33.420	戰國晚期	
司馬部	19031	齊司馬部車器	34.471	戰國時期	
司馬欣	02421	信安君鼎	5.237	戰國中期	
司馬裕	17305	喜令韓鵂戈	32.389	戰國晚期	
司馬賈	12454	姧蚉壺	22.437	戰國中期	
司馬壽	02503	卅三年逨鼎甲	5.401	西周晚期	
司馬壽	02504	卅三年逨鼎乙	5.405	西周晚期	
司馬壽	02505	卅三年逨鼎丙	5.409	西周晚期	

人　名	器　號	器　名	卷數頁碼	時　代	備　注
司馬壽	02506	卅三年逨鼎丁	5.414	西周晚期	
司馬壽	02507	卅三年逨鼎戊	5.418	西周晚期	
司馬壽	02508	卅三年逨鼎己	5.422	西周晚期	
司馬壽	02509	卅三年逨鼎庚	5.426	西周晚期	
司馬壽	02510	卅三年逨鼎辛	5.430	西周晚期	
司馬壽	02511	卅三年逨鼎壬	5.434	西周晚期	
司馬𧽍	16842	司馬𧽍戈	31.336	春秋早期	
司馬鵙	17220	鄭令韓熙戈	32.286	戰國晚期	
司馬瘠	17679	邦司寇野弟矛	33.115	戰國中期	
司馬闌	18072	武陰令司馬闌鈹	33.458	戰國晚期	
司馬𢦏	16692	司馬𢦏戈	31.141	戰國晚期	
司料柬	06254	司料盆蓋	13.466	春秋晚期	
司料柬	06255	司料盆	13.467	春秋晚期	
司徒元	02129	魯大左司徒元鼎	4.314	春秋中期	名元，魯國的大左司徒
司徒元	02156	魯大左司徒元鼎	4.349	春秋中期	同上
司寇厷	02063	鑄司寇厷鼎	4.239	春秋早期	名厷，祝國的司寇
司寇狄	17226	安邑司寇狄戈	32.292	戰國中期	魏國安邑的司寇
司寇或	17227	成陰嗇夫戟	32.293	戰國晚期	
司寇書	17200	司寇書戈	32.267	戰國晚期	
司寇綏	17195	大梁司寇綏戈	32.261	戰國晚期	魏國大梁司寇
司寇緘	17216	成陰嗇夫戟	32.282	戰國晚期	
司御心	19920	宗邑瓦書	35.508	戰國晚期	
司土寺莽	02446	吳虎鼎	5.282	西周晚期	
司土屰寅	14542	散氏盤	25.602	西周晚期	散氏司土
司土毛叔	02484	此鼎甲	5.357	西周晚期	
司土毛叔	02485	此鼎乙	5.359	西周晚期	
司土毛叔	02486	此鼎丙	5.361	西周晚期	
司土毛叔	05354	此簋甲	12.100	西周晚期	
司土毛叔	05355	此簋乙	12.103	西周晚期	
司土毛叔	05356	此簋丙	12.106	西周晚期	
司土毛叔	05357	此簋丁	12.108	西周晚期	
司土毛叔	05358	此簋戊	12.110	西周晚期	
司土毛叔	05359	此簋己	12.112	西周晚期	

人　名	器　號	器　名	卷數頁碼	時　代	備　注
司土毛叔	05360	此簋庚	12.114	西周晚期	
司土毛叔	05361	此簋辛	12.116	西周晚期	
司土微邑	14800	裘衛盉	26.231	西周中期前段	
司土榮伯	05376	宰獸簋	12.152	西周中期後段	
司土榮伯	05377	宰獸簋	12.154	西周中期後段	
司工附矩	02497	五祀衛鼎	5.385	西周中期前段	
司工液伯	05364	師穎簋	12.122	西周晚期	
司工揚父	15308	晉侯蘇鐘 B 丙	27.363	西周晚期	
司工雍毅	02446	吳虎鼎	5.282	西周晚期	
司工騎君	14542	散氏盤	25.602	西周晚期	散氏司工
司刑欣餘	17700	安陽令韓壬戟刺	33.138	戰國晚期	
司馬邢伯	02476	師奎父鼎	5.342	西周中期	
司馬邢伯	05329	走簋	12.39	西周中期	
司馬成公	18863	司馬成公權	34.328	戰國時期	
司馬奉弋	18042	相邦建信君鈹	33.421	戰國晚期	
司馬巷嗇	17310	徐莫敖昭嗇戈	32.395	戰國晚期	
司馬南叔	14950	司馬南叔匜	26.328	西周晚期	
司馬單旗	14800	裘衛盉	26.231	西周中期前段	
司馬嘼廛	14542	散氏盤	25.602	西周晚期	散氏司馬
司徒田子	17349	安平相邦戈	32.441	戰國晚期	安平相邦
司徒函父	06230	永盂	13.459	西周中期	
司徒南仲	02478	無叀鼎	5.346	西周晚期	
司徒單伯	05350	揚簋	12.92	西周中期	
司徒單伯	05351	揚簋	12.94	西周中期	
司寇反維	17360	襄城令韓沽戈	32.454	戰國晚期	
司寇芋慶	17687	鄭令桓潽矛	33.123	戰國晚期	
司寇芋慶	17688	鄭令桓潽矛	33.124	戰國晚期	
司寇芋慶	17701	鄭令桓潽戟刺	33.139	戰國晚期	
司寇厄維	17694	襄城令羍名矛	33.130	戰國晚期	
司寇史隉	17692	鄭令公先豎矛	33.128	戰國晚期	
司寇肖（趙）它	17342	鄭令桓潽戈	32.433	戰國晚期	
司寇肖（趙）它	17343	鄭令桓潽戈	32.434	戰國晚期	
司寇肖（趙）它	17344	鄭令桓潽戈	32.436	戰國晚期	

人　名	器　號	器　名	卷數頁碼	時　代	備　注
司寇肖（趙）它	17689	鄭令檀渻矛	33.125	戰國晚期	
司寇肖（趙）它	17690	鄭令檀渻矛	33.126	戰國晚期	
司寇肖（趙）它	18071	鄭令檀渻鈹	33.457	戰國晚期	
司寇王屠	17337	鄭令趙距戈	32.428	戰國晚期	
司寇良父	04808	司寇良父簋	10.95	西周晚期	
司寇良父	12331	司寇良父壺	22.220	西周晚期	
司寇攷裕	17340	鄭令韓羕戈	32.431	戰國晚期	
司寇攷裕	17341	鄭令艇口戈	32.432	戰國晚期	
司寇事昔	17703	梁令張猷戟刺	33.141	戰國晚期	
司寇事歕	17335	鄭令公先瞏戈	32.426	戰國晚期	
司寇事歕	17336	鄭令公先瞏戈	32.427	戰國晚期	
司寇柔婉	17346	陽城令事壯戈	32.438	戰國晚期	
司寇柔婉	17347	陽城令戈	32.439	戰國晚期	
司寇昒它	17702	截雍令韓匡戟刺	33.140	戰國晚期	
司寇嘼相	17353	洱陽令張疋戟	32.445	戰國晚期	
司寇張朱	17333	鄭令韓半戈	32.424	戰國晚期	
司寇張朱	17334	鄭令韓㚻戈	32.425	戰國晚期	
司寇張朱	17691	鄭令韓半矛	33.127	戰國晚期	
司寇野弟	17679	邦司寇野弟矛	33.115	戰國中期	
司寇彭璋	17338	鄭令趙距戈	32.429	戰國晚期	
司寇彭璋	17339	鄭令趙距戈	32.430	戰國晚期	
司寇彭璋	17345	鄭令幽恒戈	32.437	戰國晚期	
司寇富無	17674	邦司寇富無矛	33.106	戰國中期	
司寇霝商	17686	鄭令向佃矛	33.122	戰國晚期	
司寇鄭含	17358	屯留令邢丘㠱戟	32.451	戰國晚期	
司寇鄭言	17330	彘令艇膌戈	32.421	戰國晚期	
司工邑人服	14800	裘衛盉	26.231	西周中期前段	
司馬邢伯親	05338	師瘨簋蓋	12.60	西周中期前段	
司馬頖人邦	02497	五祀衛鼎	5.385	西周中期前段	
司徒邑人趙	02497	五祀衛鼎	5.385	西周中期前段	
尼	02696	左使車尼鬲	6.79	戰國中期	即工尼
弘	02670	弘鬲	6.58	西周早期	
弗奴父	02126	弗奴父鼎	4.311	春秋早期	

人 名	器 號	器 名	卷數頁碼	時 代	備 注
阡鈞	18074	司工馬鈹	33.460	戰國晚期	
皮耴	17342	鄭令槍涵戈	32.433	戰國晚期	
皮耴	17343	鄭令槍涵戈	32.434	戰國晚期	
皮耴	17687	鄭令槍涵矛	33.123	戰國晚期	
皮耴	17689	鄭令槍涵矛	33.125	戰國晚期	
皮耴	17690	鄭令槍涵矛	33.126	戰國晚期	
皮耴	17701	鄭令槍涵戟刺	33.139	戰國晚期	
皮耴	18071	鄭令槍涵鈹	33.457	戰國晚期	
皮難	15542	者減鐘一	28.500	春秋中期	吳王
皮難	15543	者減鐘二	28.502	春秋中期	同上
皮難	15544	者減鐘三	28.504	春秋中期	同上
皮難	15545	者減鐘四	28.506	春秋中期	同上
皮難	15546	者減鐘五	28.508	春秋中期	同上
皮難	15547	者減鐘六	28.513	春秋中期	同上
皮難	15548	者減鐘七	28.518	春秋中期	同上
皮難	15549	者減鐘八	28.519	春秋中期	同上
皮難	15550	者減鐘九	28.520	春秋中期	同上
皮難	15551	者減鐘十	28.523	春秋中期	同上
加	08447	加爵	17.18	西周中期前段	
加	08448	加爵	17.18	西周中期前段	
加	13302	加卣	24.235	西周中期前段	
召	05230	召簋	11.273	西周中期前段	
召	08788	召角	17.225	西周早期	
召	11802	召尊	21.277	西周早期後段	
召	13325	召卣	24.275	西周早期後段	
召父	04438	召父簋	9.189	西周早期	
召公	02102	小臣𤔲鼎	4.286	西周早期前段	太保召公奭
召公	02378	師衛鼎	5.163	西周早期	同上
召公	03305	太史客甗	7.182	西周早期	同上
召公	05142	師衛簋	11.93	西周早期	同上
召公	05143	師衛簋	11.94	西周早期	同上
召公	05341	六年琱生簋	12.66	西周晚期	
召公	11736	叔造尊	21.206	西周早期後段	

人　名	器　號	器　名	卷數頁碼	時　代	備　注
召公	11816	琱生尊	21.304	西周晚期	
召公	11817	琱生尊	21.306	西周晚期	
召公	12455	中山王䇅壺	22.449	戰國中期	指太保召公奭
召公	15542	者減鐘一	28.500	春秋中期	同上
召公	15543	者減鐘二	28.502	春秋中期	同上
召公	15544	者減鐘三	28.504	春秋中期	同上
召公	15545	者減鐘四	28.506	春秋中期	同上
召公	15546	者減鐘五	28.508	春秋中期	同上
召公	15547	者減鐘六	28.513	春秋中期	同上
召公	19255	召圜器	35.38	西周早期	
召生	05064	召生簋甲	10.459	西周晚期	
召生	05065	召生簋乙	10.462	西周晚期	
召仲	02911	召仲鬲	6.320	西周晚期	
召仲	02912	召仲鬲	6.321	西周晚期	
召仲	13200	召仲卣	24.112	西周早期	
召伯	05076	生史簋	10.477	西周中期前段	生史的上司
召伯	05077	生史簋	10.478	西周中期前段	同上
召姜	11816	琱生尊	21.304	西周晚期	
召姜	11817	琱生尊	21.306	西周晚期	
召伯毛	02798	召伯毛鬲	6.175	西周晚期	
召伯虎	05340	五年琱生簋	12.64	西周晚期	
召伯虎	05341	六年琱生簋	12.66	西周晚期	
召伯虎	05518	召伯虎盨	12.236	西周晚期	
召樂父	14906	召樂父匜	26.282	西周晚期	
召伯父辛	01900	伯穌鼎	4.61	西周早期	憲的父親
召伯父辛	02386	憲鼎	5.178	西周早期	穌的父親
召伯父辛	08569	穌爵	17.118	西周早期	同上
召伯父辛	14752	伯憲盉	26.159	西周早期後段	伯憲的父親
召叔山父	05944	召叔山父簠	13.238	春秋早期	鄭國的大司工
召叔山父	05945	召叔山父簠	13.239	春秋早期	同上
邟	11641	邟尊	21.122	西周早期	
邟	13182	邟卣	24.94	西周早期	
孜父	02875	孜父鬲	6.269	西周晚期	

人　名	器　號	器　名	卷數頁碼	時　代	備　注
母乙	00426	母乙鼎	1.312	商代晚期	
母乙	01781	子口尋鼎	3.446	西周早期前段	
母乙	02057	雍鼎	4.230	西周晚期	
母乙	02385	荊子鼎	5.176	西周早期	
母乙	02673	亞憐母乙鬲	6.60	商代晚期	
母乙	03853	糞母乙簋	8.159	西周早期	
母乙	07987	戈母乙爵	16.159	商代晚期	
母乙	09634	魚母乙觚	18.325	商代晚期	
母乙	10576	✳小集母乙觶	19.403	商代晚期	
母乙	12862	魚母乙卣	23.297	西周早期	
母乙	13260	姣卣	24.181	商代晚期	姣的母親
母乙	14647	◤母乙盉	26.64	商代晚期	
母丁	00962	甫母丁鼎	2.232	西周早期	
母丁	03854	戈母丁簋	8.160	商代晚期	
母丁	10601	爨保粤觶	19.423	商代晚期	
母丁	11738	彭尊	21.208	商代晚期	彭的母親
母己	02257	娶鼎	4.485	商代晚期	
母己	03855	爽母己簋	8.161	商代晚期	
母己	04408	憲簋	9.162	西周早期前段	憲的母親
母己	07988	仄母己爵	16.160	商代晚期	
母己	10378	糞母己觶蓋	19.249	商代晚期	
母己	11347	糞母己尊	20.370	商代晚期	
母己	11961	腐壺	21.329	西周早期前段	
母己	12821	糞母己卣	23.257	商代晚期	
祖己	13019	田祖己父辛卣	23.443	商代晚期	
母己	13032	小子卣	23.456	商代晚期	
母己	13033	小子卣	23.457	商代晚期	
母壬	10639	父己年庚觶	19.455	西周早期	
母壬	11462	歐侯母壬尊	20.469	商代晚期	
母心	00408	母心鼎	1.313	商代晚期	
母丙	08352	母丙逐糞爵	16.443	商晚或春早	
母丙	13651	舠觥	24.486	商代晚期	舠的母親
母甲	09632	袯母甲觚	18.323	商代晚期	

人　名	器　號	器　名	卷數頁碼	時　代	備　注
母甲	09633	礽母甲觚	18.324	商代晚期	
母甲	10645	木工冊觶	19.461	西周早期	
母甲	11696	魋尊	21.171	商代晚期	魋的母親
母戊	00964	后母戊鼎	2.234	商代晚期	
母戊	03291	卯戈甗	7.168	西周早期	
母戊	08259	竝母戊爵	16.376	西周早期	
母戊	10524	翌鳳母戊觶	19.362	商代晚期	
母生	01882	江小仲母生鼎	4.39	春秋早期	
母皿	03744	作女皿簋	8.63	商代晚期	
母辛	00965	后母辛鼎	2.236	商代晚期	
母辛	00966	后母辛鼎	2.237	商代晚期	
母辛	01608	田告鼎	3.280	西周早期	
母辛	01779	木工冊鼎	3.446	商代晚期	
母辛	01819	易貝鼎	3.479	西周早期	
母辛	02660	凸母辛鬲	6.50	商代晚期	
母辛	02907	羣鬲	6.313	西周早期	羣的母親
母辛	03856	糞母辛簋	8.162	商代晚期	
母辛	04000	亞獏母辛簋	8.282	商代晚期	
母辛	04573	亞異矣㫃簋	9.320	西周早期	㫃的母親
母辛	09770	母辛亞觚	18.435	西周早期	
母辛	10379	糞母辛觶	19.250	商代晚期	
母辛	10529	光觶	19.366	商代晚期	光的母親
母辛	11678	子爻尊	21.155	西周早期	子爻的母親
母辛	12863	爻母辛卣	23.298	西周早期	
母辛	13150	亞其矣卣	24.59	西周早期前段	
母辛	13151	亞其矣卣	24.60	西周早期前段	
母辛	13152	亞其矣卣	24.61	西周早期前段	
母辛	13293	顈卣	24.223	西周早期	頂的母親
母辛	13294	顈卣	24.224	西周早期	同上
母辛	13326	小子畬卣	24.278	商代晚期	小子畬的母親
母庚	04561	公太史簋	9.309	西周早期	公太史的母親
母庚	08423	天黽母庚爵	16.501	西周早期	
母庚	13281	子卣	24.207	商代晚期	婦媜的母親

人　名	器　號	器　名	卷數頁碼	時　代	備　注
母貞	00711	母貞鼎	2.37	戰國晚期	
母癸	00407	母癸鼎	1.312	商代晚期	
母癸	01688	鼄鼎	3.352	商代晚期	
母癸	01791	長子鼎	3.454	西周早期	
母癸	01792	北子鼎	3.455	西周早期	
母癸	03189	棘母癸甗	7.80	西周早期前段	
母癸	03225	南單母癸甗	7.111	西周早期	
母癸	03857	弔母癸簋	8.162	西周早期	
母癸	03858	史母癸簋	8.163	西周早期	
母癸	08536	鼄爵	17.88	商代晚期	鼄的母親
母癸	09635	史母癸觚	18.326	商代晚期	
母癸	09826	鼄觚	18.478	商代晚期	鼄的母親
母癸	09827	鼄觚	18.478	商代晚期	同上
母癸	11060	鼄斝	20.153	西周早期前段	同上
母癸	11065	小臣邑斝	20.159	商代晚期	小臣邑的母親
母癸	11558	王尊	21.54	西周早期	
母癸	11622	鼄尊	21.109	西周早期	鼄的母親
母癸	13030	冀父己母癸卣蓋	23.454	商代晚期	
母癸	13147	鼄卣	24.57	商代晚期	鼄的母親
母癸	13820	婦婭罍	25.109	商代晚期	婦婭的母親
母娟	12204	伯噁壺	22.75	西周中期前段	伯噁的母親
母娟	14736	伯鄲盉	26.144	西周中期前段	
母娟	14737	伯鄲盉	26.144	西周中期前段	
母寏	08773	母寏日辛角	17.209	西周早期	
母寏	09769	母寏日辛觚	18.434	商代晚期	
母寏	11460	母寏日辛尊	20.467	商代晚期	
母寏	11461	母寏日辛尊	20.468	商代晚期	
母寏	12937	母寏日辛卣	23.367	商代晚期	
母嫠	13768	母嫠罍	25.62	西周早期	
母娗	04504	伯蔡父簋	9.260	西周中期	伯蔡父的親屬
母寏	04001	母寏日辛簋	8.283	商代晚期	
母丰	13028	冀父癸卣	23.452	商代晚期	
母日辛	01797	盂鼎	3.460	西周早期前段	

人　名	器　號	器　名	卷數頁碼	時　代	備　注
母日辛	01798	盂鼎	3.461	西周早期前段	
奻弄	01105	王鼎蓋	2.351	商代晚期	
奻馘	17853	襄平令奻馘劍	33.197	戰國時期	襄平縣令

六　畫

人　名	器　號	器　名	卷數頁碼	時　代	備　注
耒	03426	耒簋	7.276	商代晚期	
耒	03427	耒簋	7.277	商代晚期	
耒	04051	耒簋	8.324	西周早期	
耒	10565	耒觶	19.393	西周早期	
耒	13017	耒卣	23.441	西周早期	
寽	11639	寽尊	21.120	西周早期	
寽逗	16821	敖趄戈	31.305	戰國時期	即敖趄
邦	04612	邦簋	9.358	西周中期後段	
邦乙	18004	邢瘦令邦乙劍	33.372	戰國晚期	
邦成	17347	陽城令戈	32.439	戰國晚期	陽城縣令
邦君厲	02497	五祀衛鼎	5.385	西周中期前段	
邦右庫繇	18028	相邦建信君鈹	33.405	戰國晚期	
邦右庫繇	18070	守相武襄君鈹	33.456	戰國晚期	
邦大夫王平	18585	大將李牧弩機	34.161	戰國晚期	
邦司寇馬慭	18068	邦司寇馬慭劍	33.454	戰國晚期	
邦司寇陳授	18005	邦司寇陳授鈹	33.372	戰國晚期	
邦司寇趙春	18007	邦司寇趙春鈹	33.374	戰國晚期	
邦司寇趙春	18069	邦司寇趙春鈹	33.455	戰國晚期	
邦司寇趙新	18006	邦司寇趙新鈹	33.373	戰國晚期	
开箸	02685	开箸鬲	6.70	西周早期	
刑	14542	散氏盤	25.602	西周晚期	鴻人有司
刑秦	17702	截雍令韓匡戟刺	33.140	戰國晚期	
邢公	04874	邢公簋	10.187	西周晚期	
邢公	04875	邢公簋	10.190	西周晚期	
邢公	12446	訇壺蓋	22.410	西周中期	
邢伯	02433	七年趞曹鼎	5.259	西周中期	

人　名	器　號	器　名	卷數頁碼	時　代	備　注
邢伯	02452	利鼎	5.293	西周中期後段	
邢伯	02497	五祀衛鼎	5.385	西周中期前段	
邢伯	03253	邢伯甗	7.134	西周早期	
邢伯	05212	師毛父簋	11.240	西周中期	
邢伯	05230	召簋	11.273	西周中期前段	
邢伯	05278	救簋蓋	11.393	西周中期	
邢伯	05326	豆閉簋	12.33	西周中期	
邢伯	05371	師虎簋	12.141	西周中期後段	
邢伯	06230	永盂	13.459	西周中期	
邢伯	14796	長由盉	26.222	西周中期前段	
邢妠	04881	伯田父簋	10.198	西周晚期	伯田父的夫人
邢叔	01078	邢叔鼎	2.327	西周中期	
邢叔	02515	曶鼎	5.447	西周中期後段	
邢叔	04924	季魯簋	10.249	西周中期前段	
邢叔	05220	霸伯簋	11.252	西周中期	
邢叔	05268	免簋	11.368	西周中期後段	
邢叔	05291	弭叔師察簋	11.425	西周中期後段	
邢叔	05292	弭叔師察簋	11.427	西周中期後段	
邢叔	10859	邢叔飲壺	19.486	西周中期	
邢叔	11805	免尊	21.282	西周中期前段	
邢叔	13330	免卣	24.287	西周中期前段	
邢叔	13521	邢叔方彝	24.396	西周中期	
邢侯	02323	麥鼎	5.82	西周早期	
邢侯	05274	榮簋	11.384	西周早期	
邢侯	05288	臣諫簋	11.419	西周中期前段	
邢侯	11820	麥尊	21.313	西周早期	
邢侯	13541	麥方彝	24.420	西周早期	
邢侯	14785	麥盉	26.201	西周早期	
邢姬	01536	強鼎	3.216	西周中期前段	強伯的夫人
邢姬	01734	強伯鼎	3.391	西周中期前段	同上
邢姬	02269	強伯鼎甲	5.6	西周中期前段	同上
邢姬	02270	強伯鼎乙	5.7	西周中期前段	同上
邢姬	02830	伯猶父鬲	6.214	西周中期後段	伯猶父的夫人

人 名	器 號	器 名	卷數頁碼	時 代	備 注
邢姬	03293	強伯甗	7.170	西周中期前段	強伯的夫人
邢姬	04591	莓伯簋	9.338	西周晚期	莓伯的夫人
邢姬	11685	強伯尊	21.161	西周中期前段	強伯的夫人
邢歬	17222	藺令陣隋戈	32.288	戰國晚期	
邢人妾	15320	妾鐘一	27.382	西周晚期	
邢人妾	15322	妾鐘三	27.387	西周晚期	
邢丘篙	17358	屯留令邢丘篙戟	32.451	戰國晚期	韓國屯留縣令
邢伯親	05338	師瘨簋蓋	12.60	西周中期前段	
邢叔采	15290	邢叔采鐘	27.328	西周中期前段	
邢叔采	15291	邢叔采鐘	27.330	西周中期前段	
邢叔炟	12375	邢叔炟壺	22.281	西周中期前段	
邢季夐	01602	邢季夐鼎	3.274	西周中期前段	
邢季夐	11603	邢季夐尊	21.93	西周中期前段	
邢季夐	13102	邢季夐卣	24.15	西周早期前段	
邢孟姬	03005	仲生父鬲	6.441	西周晚期	仲生父的夫人
邢南伯	05103	邢南伯簋	11.29	西周中期	
邢人偈犀	02497	五祀衛鼎	5.385	西周中期前段	邦君屬的有司
邢令吴爺	17316	邢令吴爺戈	32.403	戰國晚期	
邢令殷思	17314	邢令殷思戈	32.401	戰國晚期	
邢戈叔安父	04762	邢戈叔安父簋	10.36	西周晚期	
邢令孟柬慶	17315	邢令孟柬慶戈	32.402	戰國晚期	
邢疫令邦乙	18004	邢疫令邦乙劍	33.372	戰國晚期	
邢姜太宰巳	04852	邢姜太宰巳簋	10.149	西周晚期	
耳	04524	耳簋	9.276	西周早期	
耳	11637	耳尊	21.118	西周早期前段	
耳	11806	耳尊	21.283	西周早期	即微師耳
耳	13291	耳卣	24.219	西周早期	
耳	17816	耳鑄公劍	33.158	春秋中期	
耳竹	07471	耳竹爵	15.283	商代晚期	
耳竹	07472	耳竹爵	15.284	商代晚期	
耳奠	07475	耳奠爵	15.287	商代晚期	
耳賓	07473	耳賓爵	15.285	商代晚期	
耳賓	07474	耳賓爵	15.286	商代晚期	

人　名	器　號	器　名	卷數頁碼	時　代	備　注
耳日	07475	耳日爵	15.287	商代晚期	
耳斨	10606	耳斨觶	19.427	西周早期	
耳伯陷	03861	耳伯陷簋	8.166	西周早期	
耳伯陷	03862	耳伯陷簋	8.167	西周早期	
耳侯戥	04716	耳侯戥簋	9.467	西周早期	
寺芻	02497	五祀衛鼎	5.385	西周中期前段	
寺工邦	17987	寺工邦鈹	33.353	戰國晚期	
寺工邦	17988	寺工邦鈹	33.355	戰國晚期	
寺工邦	17989	寺工邦鈹	33.357	戰國晚期	
寺工邦	17990	寺工邦鈹	33.358	戰國晚期	
寺工邦	17991	寺工邦鈹	33.359	戰國晚期	
寺工周	17257	相邦呂不韋戟	32.329	戰國晚期	
寺工周	17258	相邦呂不韋戟	32.331	戰國晚期	
寺工敏	17976	寺工敏鈹	33.335	戰國晚期	
寺工敏	17977	寺工敏鈹	33.337	戰國晚期	
寺工敏	17978	寺工敏鈹	33.338	戰國晚期	
寺工敏	17979	寺工敏鈹	33.340	戰國晚期	
寺工敏	17980	寺工敏鈹	33.341	戰國晚期	
寺工敏	17981	寺工敏鈹	33.343	戰國晚期	
寺工敏	17982	寺工敏鈹	33.345	戰國晚期	
寺工敏	17983	寺工敏鈹	33.347	戰國晚期	
寺工敏	17984	寺工敏鈹	33.349	戰國晚期	
寺工敏	17985	寺工敏鈹	33.351	戰國晚期	
寺工敏	17986	寺工敏鈹	33.352	戰國晚期	
寺工獻	19016	寺工獻車書	34.455	戰國晚期	
寺工讐	17102	寺工讐戈	32.157	戰國晚期	
寺工讐	17103	寺工讐戈	32.158	戰國晚期	
寺工讐	17249	相邦呂不韋戟	32.320	戰國晚期	
寺工讐	17251	相邦呂不韋戈	32.322	戰國晚期	
寺工讐	17252	相邦呂不韋戟	32.323	戰國晚期	
寺工讐	17256	相邦呂不韋戟	32.328	戰國晚期	
寺工讐	17261	相邦呂不韋戈	32.334	戰國晚期	
寺工末（幹）	17672	寺工矛	33.104	戰國晚期	

人　名	器　號	器　名	卷數頁碼	時　代	備　注
寺季故公	04759	寺季故公簋	10.34	西周晚期	即邿季故公
寺季故公	04760	寺季故公簋	10.35	西周晚期	同上
吉父	02054	吉父鼎	4.226	西周晚期	
吉忘	17341	鄭令艇□戈	32.432	戰國晚期	
吉射	04809	尹氏士吉射簋甲	10.96	西周中期	
吉射	04810	尹氏士吉射簋乙	10.98	西周中期	
吉爲	17822	吉爲劍	33.165	戰國時期	
老	05178	老簋	11.168	西周中期前段	
老夾	05271	夾簋	11.376	西周中期前段	即夾
老夾	05272	夾簋	11.379	西周中期前段	同上
考	01297	考鼎	3.12	西周中期	
考	01547	考鼎	3.223	西周中期前段	
考	02450	大夫始鼎	5.290	西周中期後段	
考	11615	考尊	21.102	西周早期	
考	13134	考卣	24.44	西周早期	
考王	14543	逨盤	25.605	西周晚期	即孝王
考凵	01438	考凵鼎	3.128	西周中期前段	
考戊	08486	癸旻爵	17.48	西周早期	癸旻的父親
考母	04243	考母簋	9.18	西周中期前段	
考母	12118	考母壺	21.468	西周中期前段	
考母	13802	考母罍	25.90	西周中期前段	
考伯	15293	克鐘二	27.334	西周晚期	
考伯	15295	克鐘四	27.340	西周晚期	
考征君季	02037	考征君季鼎	4.203	春秋早期	
考叔㡩父	05950	考叔㡩父簋甲	13.246	春秋早期	
考叔㡩父	05951	考叔㡩父簋乙	13.249	春秋早期	
戈	08472	戈爵	17.36	西周早期	
戈丘令癰	17170	畱丘令癰戈	32.231	戰國中期	即畱丘令癰
共王	17058	共王之卯戈	32.102	春秋晚期	楚共王審
芊伯碩父	02859	芊伯碩父鬲	6.246	西周晚期	
芒令州煖	17229	芒令州煖戈	32.295	戰國晚期	
芒令司馬伐	17228	芒令司馬伐戈	32.294	戰國晚期	
芒陽守令虔	17126	芒陽守令虔戈	32.185	戰國晚期	

人　名	器　號	器　名	卷數頁碼	時　代	備　注
朹	18042	相邦建信君鈹	33.421	戰國晚期	
亘	01911	亘鼎	4.71	西周晚期	
亘丯𤔲	10597	亘丯𤔲觶	19.419	西周早期	
西	12215	西壺	22.87	西周早期	
西宮	05135	敔叔微簋蓋	11.81	西周晚期	
西宮	17302	曾大工尹季怡戈	32.386	春秋中期	
西替	05799	西替簠	13.54	戰國時期	
西替	06257	西替盆	13.469	戰國時期	
西宮伯	13230	伯匜卣	24.145	西周中期前段	
西宮伯	14750	伯匜盉	26.158	西周中期前段	
西宮襄	14542	散氏盤	25.602	西周晚期	矢人有司
西孟嫣嬭母	14967	陳伯元匜	26.345	春秋時期	伯元的女兒
朿	01540	朿鼎	3.218	商晚或周早	
朿	10649	朿觶	19.464	西周早期	
朿	13236	朿卣	24.152	西周早期	
朿夋	01396	朿夋鼎	3.92	西周早期	
朿夋	04205	朿夋簋	8.454	西周早期	
朿叔	03280	朿叔甗	7.158	西周早期	
朿叔	13164	朿叔卣	24.74	西周早期	
朿叔	13165	朿叔卣	24.75	西周早期	
百慶	17335	鄭令公先豊戈	32.426	戰國晚期	
有兒	05166	有兒簋	11.145	春秋中期	陳宣公之孫
有司	11816	琱生尊	21.304	西周晚期	
有司	11817	琱生尊	21.306	西周晚期	
有融(融)	15815	郘公鈹父鎛	29.336	春秋晚期	
有融(融)	15816	郘公鈹父鎛	29.341	春秋晚期	
有融(融)	15817	郘公鈹父鎛	29.348	春秋晚期	
有融(融)	15818	郘公鈹父鎛	29.355	春秋晚期	
有司簡	05104	有司簡簋蓋	11.31	西周晚期	豐仲次父的有司
有成惠叔	15828	龢鎛	29.392	春秋中期	
有成惠姜	15828	龢鎛	29.392	春秋中期	
有羞日辛	08571	索諆爵	17.120	西周早期	索諆的親屬
有伯君堇生	14969	堇生匜	26.347	西周晚期	

人　名	器　號	器　名	卷數頁碼	時　代	備　注
吏戎	01613	吏戎鼎	3.283	西周早期	
吏智	15004	儳匜	26.392	西周中期後段	
吏孟	05235	屏敖簋蓋	11.286	西周中期	
吏觬	15004	儳匜	26.392	西周中期後段	
吏詔	18008	冢子韓春鈛	33.376	戰國時期	
吏微	17993	代相吏微劍	33.361	戰國晚期	
吏臂	19918	田律木牘	35.502	戰國晚期	
吏筌胡	18065	相邦陽安君鈛	33.449	戰國晚期	
夸	17501	夸矛	32.467	商代晚期	
夸	17502	夸矛	32.468	商代晚期	
夸	17503	夸矛	32.469	商代晚期	
夸	17504	夸矛	32.470	商代晚期	
夸	17505	夸矛	32.471	商代晚期	
夸	17506	夸矛	32.472	商代晚期	
夸	17507	夸矛	32.473	商代晚期	
夸	17508	夸矛	32.474	商代晚期	
夸	17509	夸矛	32.474	商代晚期	
夸	17510	夸矛	32.475	商代晚期	
夸	17511	夸矛	32.476	商代晚期	
夾	05271	夾簋	11.376	西周中期前段	
夾	05272	夾簋	11.379	西周中期前段	
戎	13011	戎卣	23.436	西周早期	
戎	14542	散氏盤	25.602	西周晚期	散氏有司
戎乙	00436	戎乙鼎	1.337	商代晚期	
戎生	15239	戎生鐘甲	27.226	春秋早期	
戎生	15244	戎生鐘己	27.237	春秋早期	
戎帆	11682	戎帆尊	21.158	西周早期後段	
戎帆	13209	戎帆卣	24.121	西周早期後段	
戎閈	17674	邦司寇富無矛	33.106	戰國中期	
戍鈴	13540	康方彝	24.418	商代晚期	
戍嗎	02296	戍嗎鼎	5.41	商代晚期	
戍嗣子	02320	戍嗣子鼎	5.77	商代晚期	
成	01762	坪夜君成鼎	3.427	戰國早期	

人　名	器　號	器　名	卷數頁碼	時　代	備　注
成	15264	成鐘	27.277	西周晚期	
成王	01064	成王鼎	2.316	西周早期	周成王
成王	02390	作册大鼎	5.183	西周早期前段	同上
成王	02391	作册大鼎	5.184	西周早期前段	同上
成王	02392	作册大鼎	5.185	西周早期前段	同上
成王	02393	作册大鼎	5.186	西周早期前段	同上
成王	02516	小盂鼎	5.451	西周早期	同上
成王	02517	中山王䜌鼎	5.456	戰國中期	中山國成王
成王	05373	宜侯夨簋	12.145	西周早期	周成王
成王	09853	内史亳豐觚	18.503	西周早期	同上
成王	14541	史牆盤	25.599	西周中期前段	同上
成王	14543	逨盤	25.605	西周晚期	同上
成公	12367	叴君壺	22.271	春秋時期	
成公	15556	叔夷鐘五	28.536	春秋晚期	
成公	15560	叔夷鐘九	28.544	春秋晚期	
成公	15829	叔夷鎛	29.395	春秋晚期	
成母	02780	成母鬲	6.161	西周晚期	
成侯	14503	樊馬盤	25.531	西周中期	晉成侯，樊馬的父親
成君	01343	成君夫人鼎	3.46	戰國晚期	
成唐（湯）	15555	叔夷鐘四	28.534	春秋晚期	
成唐（湯）	15829	叔夷鎛	29.395	春秋晚期	
成媿	02036	㝬弃生鼎	4.201	春秋早期	
成伯邦父	12259	成伯邦父壺	22.134	西周晚期	
成伯孫父	02933	成伯孫父鬲	6.344	西周晚期	
成君夫人	01343	成君夫人鼎	3.46	戰國晚期	
成周邦父	12282	成周邦父壺蓋	22.156	西周晚期	
成姜桓母	02076	許男鼎	4.254	西周晚期	
夷	04964	豐兮夷簋	10.303	西周晚期	即豐兮夷
夷	04965	豐兮夷簋	10.305	西周晚期	同上
夷	04966	豐兮夷簋	10.306	西周晚期	同上
夷	15552	叔夷鐘一	28.526	春秋晚期	
夷	15553	叔夷鐘二	28.529	春秋晚期	
夷	15554	叔夷鐘三	28.531	春秋晚期	

人 名	器 號	器 名	卷數頁碼	時 代	備 注
夷	15555	叔夷鐘四	28.534	春秋晚期	
夷	15829	叔夷鎛	29.395	春秋晚期	
夷王	14543	逨盤	25.605	西周晚期	周夷王
夷伯	11788	作册睘尊	21.259	西周早期後段	
夷伯	13320	作册睘卣	24.264	西周早期	
夷叔	01931	羊庚茲鼎	4.90	西周中期前段	
夷方罟	13326	小子𪛃卣	24.278	商代晚期	
夷伯夷	05158	夷伯夷簋	11.125	西周晚期	
夷伯夷	05159	夷伯夷簋	11.128	西周晚期	
匡	02515	曶鼎	5.447	西周中期後段	即匡季
匡	13335	匡卣	24.295	西周中期後段	
匡季	02515	曶鼎	5.447	西周中期後段	
匜	04165	匜簋	8.423	西周早期	
臣	08467	臣爵	17.32	西周早期	
臣	08468	臣爵	17.33	西周早期	
臣卿	02139	臣卿鼎	4.329	西周早期	
臣卿	04871	臣卿簋	10.182	西周早期	
臣高	02020	臣高鼎	4.185	西周早期前段	
臣楜	04672	臣楜簋	9.417	西周早期	
臣衛	11782	臣衛尊	21.251	西周早期	
臣諫	05288	臣諫簋	11.419	西周中期前段	
匜君	12367	匜君壺	22.271	春秋時期	
丂	12231	何壺	22.105	商代晚期	即何
丂	13224	何卣	24.137	商代晚期	同上
邦姞	02297	散伯車父鼎甲	5.42	西周中期後段	
邦姞	02298	散伯車父鼎乙	5.44	西周中期後段	
邦姞	02299	散伯車父鼎丙	5.46	西周中期後段	
邦姞	02300	散伯車父鼎丁	5.48	西周中期後段	
邡相吏微	17993	代相吏微劍	33.361	戰國晚期	即代相吏微
邡相邙皮	17266	代相邙皮戈	32.341	戰國晚期	即代相邙皮
邡相樂宬	17992	代相樂宬鈹	33.360	戰國晚期	即代相樂宬
至	01876	至鼎	4.34	西周晚期	
此	02484	此鼎甲	5.357	西周晚期	

人 名	器 號	器 名	卷數頁碼	時 代	備 注
此	02485	此鼎乙	5.359	西周晚期	
此	02486	此鼎丙	5.361	西周晚期	
此	05354	此簋甲	12.100	西周晚期	
此	05355	此簋乙	12.103	西周晚期	
此	05356	此簋丙	12.106	西周晚期	
此	05357	此簋丁	12.108	西周晚期	
此	05358	此簋戊	12.110	西周晚期	
此	05359	此簋己	12.112	西周晚期	
此	05360	此簋庚	12.114	西周晚期	
此	05361	此簋辛	12.116	西周晚期	
此	11645	此尊	21.126	西周早期	
此	14695	此盉	26.107	西周早期	
此嬴	02237	邾糶白鼎	4.456	春秋早期	
此嬴	02238	邾糶白鼎	4.457	春秋早期	
此兒昶朝	04806	此兒昶朝簋	10.93	西周晚期	
此兒昶朝	04807	此兒昶朝簋	10.94	西周晚期	
兆師耳	11806	耳尊	21.283	西周早期	即微師耳
囝	04134	囝簋	8.394	商代晚期	
同	04283	同簋	9.53	西周早期後段	
同	05322	同簋	12.24	西周中期	
同	05323	同簋蓋	12.26	西周中期	
同	13307	同卣	24.242	西周中期前段	
同公	05225	小臣宅簋	11.264	西周早期	小臣宅的上司
同公	05384	沈子也簋蓋	12.172	西周早期	
同仲	05324	元年師兌簋	12.27	西周晚期	
同仲	05325	元年師兌簋	12.30	西周晚期	
同仲	12438	幾父壺甲	22.389	西周晚期	
同仲	12439	幾父壺乙	22.391	西周晚期	
同自	04553	同自簋	9.303	西周中期	
同姜	02718	同姜鬲	6.100	西周晚期	
同姜	04904	伯庶父簋	10.226	西周晚期	原釋凡姜,伯庶父的姑母
同姬	05378	訇簋	12.157	西周中期後段	訇的祖母
吳禾	04194	吳禾簋	8.444	西周早期	即嘩

人　名	器　號	器　名	卷數頁碼	時　代	備　注
虫臽	01614	虫臽鼎	3.283	西周早期	
邾子彰	14066	邾子彰缶	25.217	春秋晚期	
光	01403	光鼎	3.99	西周早期後段	
光	01746	卑梁君光鼎	3.404	春秋中期	
光	03236	光甗	7.120	西周中期	
光	04072	光簋	8.341	西周早期	
光	10529	光觶	19.366	商代晚期	
光	11045	光斝	20.141	西周早期	
光	12111	光壺	21.462	西周早期	
光父	07661	光父爵	15.433	西周早期	
光父	07662	光父爵	15.434	西周早期	
光康	02826	光康鬲	6.210	西周早期	
年姒	04327	年姒簋	9.92	西周早期	
缶	02224	小臣缶鼎	4.442	商代晚期	
舌	03423	舌簋	7.273	商代晚期	
舌	08441	舌爵	17.14	西周早期	
舌	08442	舌爵	17.14	西周早期	
舌仲	10641	舌仲觶	19.457	西周中期前段	
朱丩（句）	19835	岣嶁碑	35.470	戰國中期	
朱句	15430	越王朱句鐘	28.27	戰國早期	
朱癸	05357	此簋丁	12.108	西周晚期	此的父親
朱癸	05358	此簋戊	12.110	西周晚期	同上
朱緎	18024	朱緎劍	33.398	春秋晚期	
朱四晉	19921	楚繒書	35.510	戰國晚期	
先獸	02227	先獸鼎	4.445	西周中期前段	
先嶙余	17827	先嶙余劍	33.170	戰國時期	
竹乙	00428	竹乙鼎	1.331	商代晚期	
休	04421	休簋	9.175	西周中期前段	
休	05574	仲大師小子休盨	12.297	西周晚期	
任	02442	任鼎	5.274	西周中期	
任氏	04239	作任氏簋	9.15	西周早期	即妊氏
任氏	04240	作任氏簋	9.16	西周早期	同上
伐燕	12716	伐燕卣	23.168	商代晚期	

人 名	器 號	器 名	卷數頁碼	時 代	備 注
仲子	03262	田告甗	7.141	西周早期	
仲子	11680	仲子尊	21.156	西周早期	
仲父	02924	仲父鬲	6.333	西周晚期	
仲氏	05133	叔妘簋	11.79	西周晚期	叔妘的丈夫
仲白	14993	仲白匜	26.378	春秋時期	魯國大司徒之子
仲夷	11608	仲夷尊	21.96	西周早期	
仲州	01456	仲州鼎	3.140	西周中期	
仲州	04246	仲州簋	9.21	西周中期	
仲改	14980	蘇公匜	26.361	春秋早期	蘇公的女兒
仲妃	14372	戈盤	25.385	西周中期前段	
仲妘	14949	叔高父匜	26.327	西周晚期	叔高父的夫人
仲旨	03249	仲旨甗	7.130	西周早期	
仲呂	14759	仲呂盉	26.166	西周中期	
仲邑	03316	仲邑甗	7.193	西周早期	
仲孜(致)	05385	乖伯簋	12.174	西周中期後段	
仲智	05108	師害簋	11.36	西周晚期	
仲智	05109	師害簋	11.38	西周晚期	
仲冄	04623	仲冄簋	9.369	西周早期	
仲彤	05555	仲彤盨	12.276	西周晚期	
仲彤	05556	仲彤盨	12.277	西周晚期	
仲姜	01520	王鼎	3.200	西周中期前段	
仲姜	01835	仲姜鼎	3.491	春秋早期	芮桓公的夫人
仲姜	01836	仲姜鼎	3.492	春秋早期	同上
仲姜	01837	仲姜鼎	3.493	春秋早期	同上
仲姜	01838	仲姜鼎	3.494	春秋早期	同上
仲姜	02719	仲姜鬲	6.101	西周晚期	
仲姜	02803	叔皇父鬲	6.186	西周晚期	叔皇父的夫人
仲姜	03300	仲姜甗	7.177	春秋早期	芮桓公的夫人
仲姜	04532	仲姜簋	9.283	春秋早期	同上
仲姜	04533	仲姜簋	9.284	春秋早期	同上
仲姜	04534	仲姜簋	9.285	春秋早期	同上
仲姜	04535	仲姜簋	9.286	春秋早期	同上
仲姜	04883	仲駒父簋	10.200	西周晚期	仲駒父的夫人

人　名	器　號	器　名	卷數頁碼	時　代	備　注
仲姜	04884	仲駒父簋	10.201	西周晚期	仲駒父的夫人
仲姜	04885	仲駒父簋蓋	10.202	西周晚期	同上
仲姜	04886	仲駒父簋	10.203	西周晚期	同上
仲姜	04968	兮吉父簋	10.309	西周晚期	
仲姜	06225	齊侯盂	13.451	春秋晚期	齊侯的女兒
仲姜	12247	仲姜壺	22.121	春秋早期	芮桓公的夫人
仲姜	12248	仲姜壺	22.122	春秋早期	同上
仲姜	12344	矩叔壺	22.239	西周晚期	矩叔的夫人
仲姜	12345	矩叔壺	22.240	西周晚期	同上
仲姜	14513	大師盤	25.545	春秋早期	太師的次女
仲姜	15828	鱻鎛	29.392	春秋中期	鱻的女兒
仲姞	01903	仲姞鼎	4.64	西周中期前段	
仲姞	02746	仲姞鬲	6.127	西周晚期	
仲姞	02747	仲姞鬲	6.128	西周晚期	
仲姞	02748	仲姞鬲	6.129	西周晚期	
仲姞	02749	仲姞鬲	6.130	西周晚期	
仲姞	02750	仲姞鬲	6.131	西周晚期	
仲姞	02751	仲姞鬲	6.132	西周晚期	
仲姞	02752	仲姞鬲	6.133	西周晚期	
仲姞	02753	仲姞鬲	6.134	西周晚期	
仲姞	02754	仲姞鬲	6.135	西周晚期	
仲姞	02755	仲姞鬲	6.136	西周晚期	
仲姞	02756	仲姞鬲	6.137	西周晚期	
仲姞	02757	仲姞鬲	6.138	西周晚期	
仲姞	02758	仲姞鬲	6.139	西周晚期	
仲姞	03007	單伯原父鬲	6.443	西周晚期	單伯原父的夫人
仲姞	03317	仲姞甗	7.194	西周中期前段	
仲姞	05505	睦伯盨	12.225	西周晚期	
仲姞	06152	梁伯可忌豆	13.402	戰國時期	梁伯可忌的女兒
仲姞	12257	仲姞壺	22.132	西周中期前段	
仲姞	14418	仲姞盤	25.435	西周中期前段	
仲姚	04970	毛伯噁父簋	10.311	西周晚期	毛伯噁父的夫人
仲殷	05579	仲殷盨蓋	12.302	西周晚期	

人 名	器 號	器 名	卷數頁碼	時 代	備 注
仲高	15216	仲高鐘	27.181	春秋中期	陳國大喪史
仲高	15217	仲高鐘	27.183	春秋中期	同上
仲高	15218	仲高鐘	27.186	春秋中期	同上
仲高	15219	仲高鐘	27.189	春秋中期	同上
仲高	15220	仲高鐘	27.192	春秋中期	同上
仲高	15221	仲高鐘	27.194	春秋中期	同上
仲姬	01519	王鼎	3.199	西周早期前段	
仲姬	02691	仲姬鬲	6.75	西周中期	
仲姬	05955	叔家父簠	13.258	春秋早期	叔家父的夫人
仲姬	14964	曾夫人匜	26.342	春秋晚期	
仲僟	04318	仲僟簋	9.85	西周早期	
仲蚰	19291	仲蚰帶鉤	35.77	戰國時期	
仲滋	02010	仲滋鼎	4.172	春秋中期	
仲農	14542	散氏盤	25.602	西周晚期	
仲齊	14451	魯司徒仲齊盤	25.472	春秋早期	魯國司徒
仲齊	14988	魯司徒仲齊匜	26.372	春秋早期	同上
仲慶	05935	陳公子仲慶簠	13.224	春秋中期	陳國公子
仲檠	04960	仲檠簋	10.298	西周中期後段	
仲翯	02240	樊季氏孫仲翯鼎	4.460	戰國早期	
仲競	04679	仲競簋	9.424	西周晚期	
仲徹	11607	仲徹尊	21.96	西周早期後段	
仲徹	13109	仲徹卣	24.21	西周早期後段	
仲山父	16599	仲山父戈	31.41	西周晚期	
仲子平	15502	仲子平鐘甲	28.403	春秋晚期	
仲子平	15503	仲子平鐘乙	28.405	春秋晚期	
仲子平	15504	仲子平鐘丙	28.407	春秋晚期	
仲子平	15505	仲子平鐘丁	28.409	春秋晚期	
仲子平	15506	仲子平鐘戊	28.411	春秋晚期	
仲子平	15507	仲子平鐘己	28.413	春秋晚期	
仲子平	15508	仲子平鐘庚	28.415	春秋晚期	
仲子平	15509	仲子平鐘辛	28.417	春秋晚期	
仲子平	15510	仲子平鐘壬	28.419	春秋晚期	
仲子辛	14734	亞羍盉	26.142	商代晚期	亞羍之子

人 名	器 號	器 名	卷數頁碼	時 代	備 注
仲女子	14479	鄳仲盤	25.500	春秋早期	鄳仲的次女
仲女子	14978	鄳仲匜	26.357	春秋早期	同上
仲乩臣	14426	仲乩臣盤	25.446	西周早期	
仲太師	02196	仲大師鼎	4.398	周晚或春早	
仲太師	12370	仲大師壺	22.274	春秋早期	
仲太師	15343	柞鐘甲	27.459	西周晚期	
仲太師	15344	柞鐘乙	27.461	西周晚期	
仲太師	15345	柞鐘丙	27.464	西周晚期	
仲太師	15346	柞鐘丁	27.466	西周晚期	
仲太師	15347	柞鐘戊	27.468	西周晚期	
仲太師	15348	柞鐘己	27.469	西周晚期	
仲五父	04632	仲五父簋蓋	9.378	西周晚期	
仲五父	04633	仲五父簋蓋	9.379	西周晚期	
仲五父	04634	仲五父簋	9.380	西周晚期	
仲生父	03005	仲生父鬲	6.441	西周晚期	
仲百父	04844	仲百父簋蓋	10.140	西周晚期	
仲伐父	03325	仲伐父甗	7.202	西周中期	
仲龏父	06258	仲龏父盆甲	13.470	西周中期前段	
仲龏父	06259	仲龏父盆乙	13.472	西周中期前段	
仲自父	01455	仲自父鼎	3.139	西周中期	
仲自父	04362	仲自父簋	9.120	西周中期	即仲師父
仲自父	04630	仲自父簋	9.376	西周中期	
仲自父	04631	仲自父簋	9.377	西周中期	
仲自父	05654	仲自父盨	12.409	西周中期	
仲自父	12342	仲自父壺蓋	22.236	西周中期	
仲自父	13087	仲自父卣	23.511	西周中期	
仲自父	14722	仲自父盉	26.132	西周中期	
仲改衛	05927	仲改衛簠	13.211	春秋中期	
仲改衛	05928	仲改衛簠	13.212	春秋中期	
仲酉父	03261	仲酉父甗	7.141	西周早期	
仲車父	04682	仲車父簋	9.427	西周中期後段	楷國大司徒
仲車父	04683	仲車父簋	9.428	西周中期後段	同上
仲酉父	04364	仲酉父簋蓋	9.122	西周晚期	

人　名	器　號	器　名	卷數頁碼	時　代	備　注
仲言父	04365	仲言父簋蓋	9.123	西周晚期	
仲辛父	05092	仲辛父簋	11.12	西周中期	
仲肌父	01630	仲肌父鼎	3.297	西周早期	
仲其父	05767	仲其父盨甲	13.16	西周晚期	
仲其父	05768	仲其父盨乙	13.17	西周晚期	
仲柟父	03026	仲柟父鬲	6.469	西周中期後段	
仲柟父	03027	仲柟父鬲	6.471	西周中期後段	
仲柟父	03028	仲柟父鬲	6.473	西周中期後段	
仲柟父	03029	仲柟父鬲	6.475	西周中期後段	
仲柟父	03030	仲柟父鬲	6.477	西周中期後段	
仲柟父	03031	仲柟父鬲	6.479	西周中期後段	
仲柟父	03032	仲柟父鬲	6.481	西周中期後段	
仲柟父	03033	仲柟父鬲	6.483	西周中期後段	
仲柟父	03034	仲柟父鬲	6.485	西周中期後段	
仲柟父	03351	仲柟父甗	7.232	西周中期後段	
仲柟父	05156	仲柟父簋	11.120	西周中期後段	
仲柟父	05157	仲柟父簋	11.122	西周中期後段	
仲柟父	06318	仲柟父匕	13.516	西周中期後段	
仲叀父	04925	仲叀父簋	10.250	西周晚期	
仲叀父	04926	仲叀父簋	10.252	西周晚期	
仲明父	04361	仲明父簋	9.120	西周早期	
仲隹父	04363	仲隹父簋	9.121	西周中期	
仲侃父	05368	衛簋甲	12.130	西周中期前段	
仲侃父	05369	衛簋乙	12.134	西周中期前段	
仲匋姒	02404	翠子鼎	5.208	春秋晚期	
仲南父	12329	仲南父壺甲	22.217	西周中期後段	
仲南父	12330	仲南父壺乙	22.218	西周中期後段	
仲原父	14889	仲原父匜	26.266	西周晚期	
仲禹父	02052	仲禹父鼎	4.223	西周晚期	
仲禹父	05199	仲禹父簋	11.218	西周晚期	
仲禹父	05200	仲禹父簋	11.221	西周晚期	
仲追父	13528	仲追父方彝	24.403	西周中期前段	
仲宦父	01968	仲宦父鼎	4.124	西周晚期	

人　名	器　號	器　名	卷數頁碼	時　代	備　注
仲姜盨	12423	公子土斧壺	22.358	春秋晚期	公子土斧的夫人
仲夏父	02883	右戲仲夏父鬲	6.279	西周晚期	
仲佣父	05284	楚簋甲	11.408	西周中期後段	
仲佣父	05285	楚簋乙	11.411	西周中期後段	
仲佣父	05286	楚簋丙	11.414	西周中期後段	
仲佣父	05287	楚簋丁	11.417	西周中期後段	
仲師父	02374	仲師父鼎	5.157	西周晚期	
仲師父	02375	仲師父鼎	5.159	西周晚期	
仲師父	04362	仲師父簋	9.120	西周早期	
仲殷父	01998	仲殷父鼎	4.158	西周晚期	
仲殷父	01999	仲殷父鼎	4.159	西周晚期	
仲殷父	04905	仲殷父簋	10.227	西周晚期	
仲殷父	04906	仲殷父簋	10.228	西周晚期	
仲殷父	04907	仲殷父簋	10.229	西周晚期	
仲殷父	04908	仲殷父簋	10.230	西周晚期	
仲殷父	04909	仲殷父簋	10.232	西周晚期	
仲殷父	04910	仲殷父簋	10.233	西周晚期	
仲殷父	04911	仲殷父簋	10.234	西周晚期	
仲殷父	04912	仲殷父簋	10.235	西周晚期	
仲殷父	04913	仲殷父簋	10.236	西周晚期	
仲殷父	04914	仲殷父簋	10.237	西周晚期	
仲宮父	05585	仲宮父盨	12.309	西周晚期	
仲宮父	05586	仲宮父盨	12.311	西周晚期	
仲姬斋	06054	仲姬斋敦	13.314	春秋晚期	
仲姬鯀（俞）	04862	魯伯大父簋	10.169	春秋早期	
仲姬鯀（俞）	14413	魯伯厚父盤	25.427	春秋早期	魯伯厚父的女兒
仲姬鯀（俞）	14417	魯伯厚父盤	25.433	春秋早期	同上
仲偯父	02370	仲偯父鼎	5.151	西周晚期	
仲涿父	02112	仲涿父鼎	4.296	西周晚期	
仲枭父	04360	仲枭父簋	9.119	西周早期	
仲幾父	04882	仲幾父簋	10.199	西周晚期	
仲戫父	05093	仲戫父簋	11.13	西周中期	
仲戫父	05094	仲戫父簋	11.14	西周中期	

人　名	器　號	器　名	卷數頁碼	時　代	備　注
仲畚父	12301	仲畚父壺	22.177	西周早期後段	
仲義父	01632	仲義父鼎	3.299	西周晚期	
仲義父	01633	仲義父鼎	3.300	西周晚期	
仲義父	01634	仲義父鼎	3.301	西周晚期	
仲義父	01635	仲義父鼎	3.302	西周晚期	
仲義父	01636	仲義父鼎	3.303	西周晚期	
仲義父	01637	仲義父鼎	3.304	西周晚期	
仲義父	01638	仲義父鼎	3.305	西周晚期	
仲義父	02113	仲義父鼎	4.297	西周晚期	
仲義父	02114	仲義父鼎	4.298	西周晚期	
仲義父	02115	仲義父鼎	4.299	西周晚期	
仲義父	02116	仲義父鼎	4.300	西周晚期	
仲義父	02117	仲義父鼎	4.301	西周晚期	
仲義父	05552	仲義父盨	12.273	西周晚期	
仲義父	05553	仲義父盨	12.274	西周晚期	
仲義父	13999	仲義父鑪	25.163	西周晚期	
仲義父	14000	仲義父鑪	25.165	西周晚期	
仲義君	01747	仲義君鼎	3.405	春秋晚期	
仲義君	05885	仲義君簠	13.150	春秋晚期	
仲閔父	05584	仲閔父盨	12.308	西周晚期	
仲駒父	04883	仲駒父簋	10.200	西周晚期	即録旁仲駒父
仲駒父	04884	仲駒父簋	10.201	西周晚期	同上
仲駒父	04885	仲駒父簋蓋	10.202	西周晚期	同上
仲駒父	04886	仲駒父簋	10.203	西周晚期	同上
仲樂父	14509	仲樂父盤	25.540	西周中期前段	
仲嬴𦉥	14520	黄太子伯克盤	25.557	春秋早期	
仲嬭（芈）璜	05960	楚屈子赤目簠蓋	13.268	春秋晚期	
仲瀕兒	14035	仲瀕兒瓶	25.189	春秋晚期	
仲瀕兒	14504	仲瀕兒盤	25.533	春秋晚期	
仲競父	11807	𠭰尊	21.285	西周中期前段	
仲競父	11808	𠭰尊	21.287	西周中期前段	
仲讓父	04845	仲讓父簋	10.141	西周晚期	
仲餗父	05571	仲餗父盨	12.292	西周中期	

人　名	器　號	器　名	卷數頁碼	時　代	備　注
仲鈌父	02745	仲鈌父鬲	6.126	西周晚期	
仲子日乙	04242	仲子日乙簋	9.17	西周早期後段	
仲子日乙	13216	弔卣	24.130	西周早期	
仲子曩汚	13659	仲子曩汚觥	24.497	商晚或周早	
仲姊婁姬	04874	邢公簋	10.187	西周晚期	邢公的二姐
仲姊婁姬	04875	邢公簋	10.190	西周晚期	同上
仲姊孃姬	05889	季宮父簋	13.154	西周晚期	季宮父的二姐
仲姞義母	14948	仲姞義母匜	26.326	西周晚期	
仲勣大也	02984	仲勣大也鬲	6.416	西周晚期	
仲姬客母	14474	干氏叔子盤	25.495	春秋早期	干氏叔子的女兒
仲嬀瘦母	14507	陳侯盤	25.537	春秋早期	陳侯的女兒
仲斕義男	05895	郜公簋蓋	13.165	春秋早期	
仲大師小子休	05574	仲大師小子休盨	12.297	西周晚期	
伊	05339	伊簋	12.62	西周晚期	
伊生	04439	伊生簋	9.190	西周早期	
伊伯	12426	史懋壺蓋	22.365	西周中期	
伊巩	05023	辛吏簋	10.390	西周早期	辛吏的上司
伊設	05830	伊設簋	13.86	西周晚期	
似向	13117	似向卣	24.28	西周早期	
郤子受	15772	鄘子受鎛甲	29.201	春秋中期	即鄘子受
郤子受	15773	鄘子受鎛乙	29.206	春秋中期	同上
郤子受	15774	鄘子受鎛丙	29.211	春秋中期	同上
郤子受	15775	鄘子受鎛丁	29.216	春秋中期	同上
郤子受	15776	鄘子受鎛戊	29.221	春秋中期	同上
郤子受	15779	鄘子受鎛辛	29.232	春秋中期	同上
郤子受	16885	鄘子受戟	31.409	春秋中期	同上
郤子受	16886	鄘子受戟	31.411	春秋中期	同上
郤君膇	19306	曾仲鎮墓獸座	35.95	春秋中期	即鄘君膇
郤夫人嬭	02425	鄘夫人嬭鼎	5.245	春秋晚期	即鄘夫人嬭
臼	10394	臼觶	19.263	商代晚期	
自	01922	自鼎	4.79	春秋早期	
自	02843	番伯ㄗ孫自鬲	6.228	春秋早期	番伯ㄗ之孫
自	14420	自盤	25.437	西周晚期	

人　名	器　號	器　名	卷數頁碼	時　代	備　注
自	14863	自匜	26.246	西周晚期	
自	15123	自鐘	27.28	春秋時期	
自	01707	自鼎	3.370	西周早期	
自	01708	自鼎	3.371	西周早期	
自	01709	自鼎	3.372	西周早期	
自	01710	自鼎	3.373	西周早期	
自黃	05205	㒼簋	11.230	西周中期	即師黃
向	01524	向鼎	3.204	西周早期	
向	04262	向簋	9.36	西周早期	
向	04263	向簋	9.37	西周早期	
向	12169	向壺	22.38	西周中期前段	
向	13131	向卣	24.42	西周早期	
向	13132	向卣	24.43	西周早期	
向父	02500	多友鼎	5.392	西周晚期	
向公	00717	向公鼎	2.42	戰國時期	
向佃	17686	鄭令向佃矛	33.122	戰國晚期	韓國鄭縣縣令
向壽	17140	襄城公景雁戟	32.200	戰國早期	
向壽	17310	徐莫敖昭齊戈	32.395	戰國晚期	
向𣉻	04992	向𣉻簋	10.345	西周晚期	
向𣉻	04993	向𣉻簋	10.346	西周晚期	
向孝子	01094	向孝子鼎	2.349	戰國晚期	
后辛	19744	后辛玉牛	35.351	商代晚期	
后母戊	00964	后母戊鼎	2.234	商代晚期	
后母辛	00965	后母辛鼎	2.236	商代晚期	
后母辛	00966	后母辛鼎	2.237	商代晚期	
后母辛	13623	后母辛觥	24.463	商代晚期	
后母辛	13624	后母辛觥	24.464	商代晚期	
后母辛	19247	后母辛方形器	35.32	商代晚期	
后母樂	03272	后母樂甗	7.150	西周早期	
后粵母	03161	后粵母甗	7.56	商代晚期	婦好的字
后粵母	07992	后粵母爵	16.163	商代晚期	
后粵母	07993	后粵母爵	16.164	商代晚期	
后粵母	07994	后粵母爵	16.165	商代晚期	

人 名	器 號	器 名	卷數頁碼	時 代	備 注
后㜏母	07995	后㜏母爵	16.166	商代晚期	
后㜏母	07996	后㜏母爵	16.167	商代晚期	
后㜏母	07997	后㜏母爵	16.168	商代晚期	
后㜏母	07998	后㜏母爵	16.168	商代晚期	
后㜏母	07999	后㜏母爵	16.169	商代晚期	
后㜏母	08000	后㜏母爵	16.169	商代晚期	
后㜏母	09643	后㜏母觚	18.334	商代晚期	
后㜏母	09644	后㜏母觚	18.335	商代晚期	
后㜏母	09645	后㜏母觚	18.336	商代晚期	
后㜏母	09646	后㜏母觚	18.337	商代晚期	
后㜏母	09647	后㜏母觚	18.338	商代晚期	
后㜏母	09648	后㜏母觚	18.339	商代晚期	
后㜏母	09649	后㜏母觚	18.340	商代晚期	
后㜏母	09650	后㜏母觚	18.340	商代晚期	
后㜏母	09651	后㜏母觚	18.341	商代晚期	
后㜏母	09652	后㜏母觚	18.341	商代晚期	
后㜏母	11018	后㜏母罍	20.119	商代晚期	
后㜏母	11019	后㜏母罍	20.120	商代晚期	
后㜏母	11290	后㜏母尊	20.325	商代晚期	
后㜏母	11291	后㜏母尊	20.326	商代晚期	
后㜏母	12031	后㜏母壺	21.390	商代晚期	
后㜏母	18247	后㜏母鉞	33.519	商代晚期	
后㜏母	19298	后㜏母器蓋	35.83	商代晚期	
后母姒康	01106	后母姒康鼎	2.352	商代晚期	
后㜏母癸	11463	后㜏母癸尊	20.470	商代晚期	
后㜏母癸	11464	后㜏母癸尊	20.471	商代晚期	
舟	01301	舟鼎	3.16	西周中期前段	
舟	01302	舟鼎	3.17	西周中期	
舟	01964	舟鼎	4.120	西周晚期	
舟	03219	舟甗	7.106	西周早期	
舟	04114	舟簋	8.379	西周中期前段	
舟	08470	父戊舟爵	17.34	西周早期	
舟	08471	父戊舟爵	17.35	西周早期	

人　名	器　號	器　名	卷數頁碼	時　代	備　注
舟辛	00453	舟辛鼎	1.350	商代晚期	
舟虞	04244	舟虞簋	9.19	西周中期	
舟虞	04245	舟虞簋	9.20	西周中期	
舟龢夷	08579	舟龢夷爵	17.128	西周早期	
多友	02500	多友鼎	5.392	西周晚期	
夙奶公	04977	曹伯狄簋蓋	10.321	春秋時期	曹伯狄的長輩
圣	04430	圣簋	9.182	西周中期前段	
衣	01599	陵叔鼎	3.272	商代晚期	
交	01955	交鼎	4.113	西周早期	
交	05032	周我父簋	10.408	西周晚期	周我父的親屬
交	05033	周我父簋	10.410	西周晚期	同上
交	05034	周我父簋	10.412	西周晚期	同上
交	13221	交卣	24.134	西周早期	
交君子叕	02094	交君子叕鼎	4.276	西周晚期	
交君子叕	05859	交君子叕簋	13.119	西周晚期	
交君子叕	12332	交君子叕壺	22.221	西周晚期	
亢伯	04297	亢伯簋	9.67	西周早期	
亢伯	04298	亢伯簋	9.68	西周早期	
盲令州燰	17229	芒令州燰戈	32.295	戰國晚期	即芒令州燰
盲令司馬伐	17228	芒令司馬伐戈	32.294	戰國晚期	即芒令司馬伐
亥	08515	亥爵	17.68	西周早期	
州	04284	州簋甲	9.54	西周中期前段	
州	04285	州簋乙	9.55	西周中期前段	
州	04615	州簋	9.362	西周中期	
州	18531	州戈鐓	34.111	戰國晚期	
州子	13309	僕麻卣	24.244	西周早期	
州奉	05943	州奉簠	13.237	春秋晚期	
州燰	17229	芒令州燰戈	32.295	戰國晚期	芒縣縣令
州臺	14542	散氏盤	25.602	西周晚期	襄之有司
州王僉	19818	州王僉石鐸	35.423	戰國時期	
羊	13183	羊卣	24.95	西周早期	
羊子	16730	羊子戈	31.183	春秋晚期	
羊子	16731	羊子戈	31.184	春秋晚期	

人　名	器　號	器　名	卷數頁碼	時　代	備　注
羊角	16964	羊角戈	32.6	戰國早期	
羊庚茲	01931	羊庚茲鼎	4.90	西周中期前段	
并	02291	并鼎	5.35	西周中期	
并	11508	并尊	21.10	西周早期後段	
并陽令其	17203	并陽令其戈	32.270	戰國晚期	
次	11792	次尊	21.266	西周中期前段	
次	13314	次卣	24.253	西周中期前段	
次尸祭	14093	次尸祭缶	25.260	春秋晚期前段	徐頷君之孫
冰	17294	上郡守冰戈	32.374	戰國晚期	李冰,秦上郡守
冰	17295	上郡守冰戈	32.375	戰國晚期	同上
守	05209	小臣守簋蓋	11.236	西周中期後段	即小臣守
守	05210	小臣守簋	11.238	西周中期後段	同上
守	05211	小臣守簋	11.239	西周中期後段	同上
守	13217	守卣	24.131	西周早期	
守宮	08491	守宮爵	17.51	西周早期後段	
守宮	08492	守宮爵	17.52	西周早期後段	
守宮	11742	守宮尊	21.211	西周早期後段	
守宮	12133	守宮壺	22.7	西周早期後段	
守宮	13051	守宮卣	23.475	西周早期後段	
守宮	13252	守宮卣	24.170	西周早期後段	
守宮	13657	守宮觥	24.495	西周早期後段	
守宮	14529	守宮盤	25.574	西周早期後段	
守相廉頗	18010	守相廉頗鈹	33.378	戰國晚期	
守相廉頗	18011	守相廉頗鈹	33.379	戰國晚期	
守相廉頗	18012	守相廉頗鈹	33.380	戰國晚期	
守相廉頗	18013	守相廉頗鈹	33.382	戰國晚期	
守相武襄君	18070	守相武襄君鈹	33.456	戰國晚期	
守相信平君	18066	守相信平君鈹	33.451	戰國晚期	
守相信平君	18067	守相信平君鈹	33.452	戰國晚期	
宅	05225	小臣宅簋	11.264	西周早期	即小臣宅
宅陽令隔登	17325	宅陽令隔登戟	32.414	戰國晚期	
宅陽令隔餳	17675	宅陽令隔餳矛	33.107	戰國時期	
官	02615	官鼎	6.13	西周晚期	即字

人　名	器　號	器　名	卷數頁碼	時　代	備　注
官	02616	官鬲	6.14	西周晚期	即字
官	14316	官盤	25.331	西周中期後段	同上
官	14605	官盉	26.25	西周晚期	同上
安父	01648	安父鼎	3.314	西周早期	
安父	04338	安父簋	9.101	西周早期	
安父	13115	安父卣蓋	24.27	西周早期	
安公	02449	伯唐父鼎	5.289	西周早期後段	
安平守變疾	18001	安平守變疾鈹	33.369	戰國早期	
安陽令敬章	17361	安陽令敬章戈	32.455	戰國晚期	
安陽令韓壬	17700	安陽令韓壬戟刺	33.138	戰國晚期	
字	02615	官鬲	6.13	西周晚期	
字	02616	官鬲	6.14	西周晚期	
字	14316	官盤	25.331	西周中期後段	
字	14605	官盉	26.25	西周晚期	
江干	02017	十九年合陽鼎	4.180	戰國晚期	
江仲	14517	伯戔盤	25.552	春秋晚期	
江季	17104	邛季之孫戈	32.159	春秋早期	
江娟（芈）	05936	曾侯簠	13.225	春秋早期	
江叔蓥	02930	江叔蓥鬲	6.341	春秋中期	
江仲芈南	15247	楚王鐘	27.241	春秋早期	
江君婦和	12325	江君婦和壺	22.212	春秋早期	
江小仲母生	01882	江小仲母生鼎	4.39	春秋早期	
汚	01777	汚鼎	3.444	商代晚期	
汝子	02907	鼻鬲	6.313	西周早期	
汝母	04254	汝母簋	9.27	商代晚期	
聿	11511	聿尊	21.13	西周早期	
聿造	02805	聿造鬲	6.188	西周晚期	
弴師	05140	緋簋	11.90	商代晚期	緋的上司
旨	01080	旨鼎	2.328	西周中期	
旨	02203	燕侯旨鼎	4.408	西周早期	
旨	14697	旨盉	26.109	西周中期前段	
旨医	17678	越王太子不壽矛	33.111	戰國晚期	
旨賞	15128	旨賞鐘	27.36	春秋晚期	

人　名	器　號	器　名	卷數頁碼	時　代	備　注
旨匽君疋壮吴	18024	朱繊劍	33.398	春秋晚期	
丞巨	17300	上郡武庫戈	32.382	戰國晚期	
丞甲	17278	上郡守高戈	32.354	戰國晚期	
丞申	17275	上郡守疾戈	32.350	戰國中期	
丞申	17286	上郡守錯戈	32.364	戰國晚期	
丞申	17287	上郡守錯戈	32.365	戰國晚期	
丞申	17683	相邦呂不韋矛	33.119	戰國晚期	
丞申	17684	相邦呂不韋矛	33.120	戰國晚期	
丞申	17685	相邦呂不韋矛	33.121	戰國晚期	
丞冉	17254	相邦呂不韋戈	32.325	戰國晚期	
丞半	17189	穆容戈	32.253	戰國晚期	
丞末	17267	蜀守武戈	32.342	戰國晚期	
丞寺	18739	莒陽斧	34.229	戰國晚期	
丞仲	10589	丞仲觶	19.413	西周中期	
丞向	19907	太后漆厄	35.485	戰國晚期	
丞角	17103	寺工𥂕戈	32.158	戰國晚期	
丞甬	17113	丞甬戈	32.168	戰國晚期	
丞武	17260	相邦呂不韋戈	32.333	戰國晚期	
丞拑	12354	工師初壺	22.252	戰國晚期	
丞迨	17238	丞相啟顛戈	32.305	戰國晚期	
丞抶	17284	上郡守錯戈	32.362	戰國晚期	
丞禺	17190	家丞禺戈	32.254	戰國晚期	
丞禺	17244	相邦冉戈	32.313	戰國晚期	
丞邲	17218	漢中守運戈	32.284	戰國晚期	
丞冠	17299	上郡假守竈戈	32.380	戰國晚期	
丞秦	17289	上郡守起戈	32.367	戰國晚期	
丞秦	17296	上郡守慶戈	32.376	戰國晚期	
丞秦	17297	上郡守慶戈	32.377	戰國晚期	
丞秦	17298	上郡守慶戈	32.378	戰國晚期	
丞圂	17291	上郡假守暨戈	32.370	戰國晚期	
丞圂	17292	上郡守暨戈	32.372	戰國晚期	
丞徒	17295	上郡守冰戈	32.375	戰國晚期	
丞兼	17239	丞相啟狀戈	32.306	戰國晚期	

人　名	器　號	器　名	卷數頁碼	時　代	備　注
丞詘	18862	高奴禾石權	34.325	戰國晚期	
丞絡	17288	上郡守起戈	32.366	戰國晚期	
丞楊	17134	寺工戈	32.193	戰國晚期	
丞義	17249	相邦呂不韋戟	32.320	戰國晚期	
丞義	17252	相邦呂不韋戟	32.323	戰國晚期	
丞義	17256	相邦呂不韋戟	32.328	戰國晚期	
丞義	17257	相邦呂不韋戟	32.329	戰國晚期	
丞義	17258	相邦呂不韋戟	32.331	戰國晚期	
丞義	17261	相邦呂不韋戈	32.334	戰國晚期	
丞廣	18557	丞廣弩牙	34.137	戰國晚期	
丞戩	17253	相邦呂不韋戈	32.324	戰國晚期	
丞戩	17255	相邦呂不韋戈	32.326	戰國晚期	
丞戩	17259	相邦呂不韋戈	32.332	戰國晚期	
丞豬	17285	上郡守錯戈	32.363	戰國晚期	
丞穆	17136	詔吏宕戈	32.196	戰國晚期	
丞闌	17190	家丞禺戈	32.254	戰國晚期	
丞䚇	17283	上郡守壽戈	32.360	戰國晚期	
承蓮	02180	高陵君鼎	4.377	戰國晚期	
丞沐陵（叟）	17294	上郡守冰戈	32.374	戰國晚期	
丞相夋	17237	丞相夋夋戈	32.303	戰國晚期	
丞相夋	19908	相邦薛君漆豆	35.486	戰國晚期	
丞相茂	19918	田律木牘	35.502	戰國晚期	
丞相狀	17239	丞相啟狀戈	32.306	戰國晚期	即隗狀，秦國丞相
丞相狀	18819	商鞅方升	34.274	戰國中期	同上
丞相狀	18820	始皇詔方升	34.276	秦代	同上
丞相狀	18821	始皇詔方升	34.277	秦代	同上
丞相狀	18822	始皇詔方升	34.278	秦代	同上
丞相狀	18823	始皇詔方升	34.280	秦代	同上
丞相狀	18824	始皇詔橢量	34.281	秦代	同上
丞相狀	18825	始皇詔橢量	34.282	秦代	同上
丞相狀	18826	始皇詔橢量	34.283	秦代	同上
丞相狀	18827	始皇詔橢量	34.284	秦代	同上
丞相狀	18828	始皇詔橢量	34.285	秦代	同上

人　名	器　號	器　名	卷數頁碼	時　代	備　注
丞相狀	18829	始皇詔橢量	34.286	秦代	即隗狀，秦國丞相
丞相狀	18830	始皇詔橢量	34.288	秦代	同上
丞相狀	18831	始皇詔橢量	34.289	秦代	同上
丞相狀	18832	始皇詔量	34.290	秦代	同上
丞相狀	18833	始皇詔量	34.290	秦代	同上
丞相狀	18834	武城橢量	34.291	秦代	同上
丞相狀	18835	兩詔橢量	34.292	秦代	同上
丞相狀	18836	兩詔橢量	34.294	秦代	同上
丞相狀	18837	兩詔橢量	34.297	秦代	同上
丞相狀	18838	兩詔橢量	34.299	秦代	同上
丞相狀	18839	兩詔橢量	34.302	秦代	同上
丞相狀	18840	兩詔橢量	34.304	秦代	同上
丞相狀	18841	北私府橢量	34.306	秦代	同上
丞相狀	18862	高奴禾石權	34.325	戰國晚期	同上
丞相狀	18864	始皇詔權	34.329	秦代	同上
丞相狀	18865	始皇詔權	34.330	秦代	同上
丞相狀	18866	始皇詔權	34.332	秦代	同上
丞相狀	18867	始皇詔權	34.334	秦代	同上
丞相狀	18868	始皇詔權	34.335	秦代	同上
丞相狀	18869	始皇詔權	34.336	秦代	同上
丞相狀	18870	始皇詔權	34.337	秦代	同上
丞相狀	18871	始皇詔權	34.338	秦代	同上
丞相狀	18872	始皇詔權	34.339	秦代	同上
丞相狀	18873	始皇詔權	34.340	秦代	同上
丞相狀	18874	始皇詔權	34.341	秦代	同上
丞相狀	18875	始皇詔權	34.342	秦代	同上
丞相狀	18876	始皇詔權	34.343	秦代	同上
丞相狀	18877	始皇詔權	34.344	秦代	同上
丞相狀	18878	始皇詔權	34.345	秦代	同上
丞相狀	18879	始皇詔權	34.346	秦代	同上
丞相狀	18880	始皇詔權	34.347	秦代	同上
丞相狀	18881	始皇詔權	34.348	秦代	同上
丞相狀	18882	始皇詔權	34.348	秦代	同上

人　名	器　號	器　名	卷數頁碼	時　代	備　注
丞相狀	18883	始皇詔權	34.349	秦代	即隗狀，秦國丞相
丞相狀	18884	始皇詔權	34.350	秦代	同上
丞相狀	18885	始皇詔權	34.351	秦代	同上
丞相狀	18886	始皇詔權	34.351	秦代	同上
丞相狀	18887	始皇詔權	34.352	秦代	同上
丞相狀	18888	始皇詔權	34.353	秦代	
丞相狀	18889	始皇詔權	34.353	秦代	
丞相狀	18890	始皇詔權	34.354	秦代	
丞相狀	18891	始皇詔權	34.354	秦代	
丞相狀	18892	始皇詔權	34.355	秦代	
丞相狀	18893	始皇詔權	34.356	秦代	
丞相狀	18894	始皇詔權	34.357	秦代	
丞相狀	18895	始皇詔權	34.357	秦代	
丞相狀	18896	始皇詔權	34.358	秦代	
丞相狀	18897	始皇詔權	34.358	秦代	
丞相狀	18898	始皇詔權	34.359	秦代	
丞相狀	18899	始皇詔權	34.359	秦代	
丞相狀	18900	始皇詔八斤權	34.360	秦代	
丞相狀	18901	始皇詔八斤權	34.362	秦代	
丞相狀	18902	始皇詔十六斤權	34.364	秦代	
丞相狀	18903	始皇詔十六斤權	34.366	秦代	
丞相狀	18904	始皇詔十六斤權	34.368	秦代	
丞相狀	18905	始皇詔十六斤權	34.370	秦代	
丞相狀	18906	始皇詔廿斤權	34.372	秦代	
丞相狀	18907	始皇詔廿四斤權	34.374	秦代	
丞相狀	18908	始皇詔石權	34.376	秦代	
丞相狀	18909	始皇詔鐵權	34.377	秦代	
丞相狀	18910	始皇詔鐵權	34.378	秦代	
丞相狀	18911	始皇詔鐵權	34.380	秦代	
丞相狀	18912	始皇詔鐵權	34.381	秦代	
丞相狀	18913	始皇詔鐵權	34.382	秦代	
丞相狀	18914	始皇詔鐵權	34.383	秦代	
丞相狀	18915	始皇詔鐵石權	34.384	秦代	

人 名	器 號	器 名	卷數頁碼	時 代	備 注
丞相狀	18916	始皇詔鐵石權	34.386	秦代	
丞相狀	18917	始皇詔鐵石權	34.387	秦代	
丞相狀	18918	始皇詔鐵石權	34.388	秦代	
丞相狀	18919	兩詔權	34.389	秦代	
丞相狀	18920	兩詔權	34.391	秦代	
丞相狀	18921	兩詔權	34.392	秦代	
丞相狀	18922	兩詔權	34.394	秦代	
丞相狀	18923	兩詔權	34.395	秦代	
丞相狀	18924	兩詔權	34.398	秦代	
丞相狀	18925	兩詔權	34.401	秦代	
丞相狀	18926	右大廄石權	34.402	秦代	
丞相狀	18927	美陽權	34.405	秦代	
丞相狀	18928	平陽權	34.407	秦代	
丞相狀	18929	大驪權	34.408	秦代	
丞相狀	18930	旬邑權	34.410	秦代	
丞相狀	18931	左樂兩詔鈞權	34.412	秦代	
丞相狀	18932	始皇詔版	34.414	秦代	
丞相狀	18933	始皇詔版	34.415	秦代	
丞相狀	18934	始皇詔版	34.416	秦代	
丞相狀	18935	始皇詔版	34.417	秦代	
丞相狀	18936	始皇詔版	34.418	秦代	
丞相狀	18937	始皇詔版	34.419	秦代	
丞相狀	18938	始皇詔版	34.421	秦代	
丞相狀	18944	二世詔版	34.426	秦代	
丞相奐	17237	丞相奐殳戈	32.303	戰國晚期	
丞相啟	17238	丞相啟顛戈	32.305	戰國晚期	
丞相啟	17239	丞相啟狀戈	32.306	戰國晚期	
丞相斯	17236	丞相斯戈	32.302	戰國晚期	
丞相斯	18835	兩詔橢量	34.292	秦代	即李斯,秦朝丞相
丞相斯	18836	兩詔橢量	34.294	秦代	同上
丞相斯	18837	兩詔橢量	34.297	秦代	同上
丞相斯	18838	兩詔橢量	34.299	秦代	同上
丞相斯	18839	兩詔橢量	34.302	秦代	同上

人　名	器　號	器　名	卷數頁碼	時　代	備　注
丞相斯	18840	兩詔橢量	34.304	秦代	即李斯，秦朝丞相
丞相斯	18841	北私府橢量	34.306	秦代	同上
丞相斯	18862	高奴禾石權	34.325	戰國晚期	同上
丞相斯	18919	兩詔權	34.389	秦代	同上
丞相斯	18920	兩詔權	34.391	秦代	同上
丞相斯	18921	兩詔權	34.392	秦代	同上
丞相斯	18922	兩詔權	34.394	秦代	同上
丞相斯	18923	兩詔權	34.395	秦代	同上
丞相斯	18924	兩詔權	34.398	秦代	同上
丞相斯	18925	兩詔權	34.401	秦代	同上
丞相斯	18926	右大廄石權	34.402	秦代	同上
丞相斯	18927	美陽權	34.405	秦代	同上
丞相斯	18928	平陽權	34.407	秦代	同上
丞相斯	18929	大騩權	34.408	秦代	同上
丞相斯	18930	旬邑權	34.410	秦代	同上
丞相斯	18942	二世詔版	34.424	秦代	同上
丞相斯	18943	二世詔版	34.425	秦代	同上
丞相斯	18945	二世詔版	34.427	秦代	同上
丞相斯	18946	二世詔版	34.428	秦代	同上
丞相斯	18947	二世詔版	34.429	秦代	同上
丞相斯	18948	二世詔版	34.430	秦代	同上
丞相斯	18949	二世詔版	34.430	秦代	同上
丞相斯	18950	二世詔版	34.431	秦代	同上
丞相斯	18951	二世詔版	34.432	秦代	同上
丞相斯	18952	二世詔版	34.433	秦代	同上
丞相斯	18953	二世詔版	34.434	秦代	同上
丞相斯	18954	二世詔版	34.434	秦代	同上
丞相斯	18955	兩詔詔版	34.435	秦代	同上
丞相顛	17238	丞相啟顛戈	32.305	戰國晚期	
丞相觸	17240	丞相觸戈	32.308	戰國晚期	
忑	03452	忑簋	7.300	商代晚期	
改訧	04706	改訧簋	9.455	西周中期前段	
陕伯	16722	陕伯戈	31.172	春秋早期	

人　名	器　號	器　名	卷數頁碼	時　代	備　注
劦	13261	爇卣	24.182	商代晚期	
劦	13262	爇卣	24.184	商代晚期	
劦	13263	爇卣	24.185	商代晚期	
劦	13821	爇罍	25.110	商代晚期	即劦
妖	02914	伯先父鬲甲	6.323	西周晚期	伯先父的夫人
妖	02915	伯先父鬲乙	6.324	西周晚期	同上
妖	02916	伯先父鬲丙	6.325	西周晚期	同上
妖	02917	伯先父鬲丁	6.326	西周晚期	同上
妖	02918	伯先父鬲戊	6.327	西周晚期	同上
妖	02919	伯先父鬲己	6.328	西周晚期	同上
妖	02920	伯先父鬲庚	6.329	西周晚期	同上
妖	02921	伯先父鬲辛	6.330	西周晚期	同上
妖	02922	伯先父鬲壬	6.331	西周晚期	同上
妖	02923	伯先父鬲癸	6.332	西周晚期	同上
妖瓔母	04802	妖瓔母簋	10.89	西周晚期	
好	00140	好鼎	1.114	商代晚期	
好	03113	好甗	7.13	商代晚期	即婦好
好	03114	好甗	7.14	商代晚期	同上
好	03115	好甗	7.15	商代晚期	同上
好	03438	好簋	7.287	商代晚期	同上
好	04630	仲自父簋	9.376	西周中期	仲自父的夫人
好	04631	仲自父簋	9.377	西周中期	同上
好	06201	好盂	13.427	商代晚期	即婦好
好	13241	仲卣	24.157	西周中期前段	
好	13242	仲卣	24.158	西周中期前段	
妝	09845	妝觚	18.495	西周早期	

七　畫

人　名	器　號	器　名	卷數頁碼	時　代	備　注
辰	04637	辰簋蓋	9.383	西周中期	
辰	12106	辰壺	21.457	西周早期	
辰	18586	二十九年弩機	34.164	戰國晚期	楚國重丘左司工

人　名	器　號	器　名	卷數頁碼	時　代	備　注
𡊓令吳爭	17316	邢令吳爭戈	32.403	戰國晚期	即邢令吳爭
达斯于	15528	僕兒鐘甲	28.459	春秋晚期	僕兒的祖父
达斯于	15530	僕兒鐘丙	28.466	春秋晚期	同上
𠂤廷冀	04566	𠂤廷冀簋	9.313	西周早期	
走	05329	走簋	12.39	西周中期	
走	15194	走鐘一	27.151	西周晚期	
走	15195	走鐘二	27.152	西周晚期	
走	15196	走鐘三	27.153	西周晚期	
走	15197	走鐘四	27.154	西周晚期	
走	15198	走鐘五	27.155	西周晚期	
走父	05616	食仲走父盨	12.348	西周晚期	即食仲走父
走馬	08431	走馬爵	17.5	西周早期	
走馬休	14534	走馬休盤	25.584	西周中期	
走馬應	02465	大鼎	5.320	西周晚期	
走馬應	02466	大鼎	5.322	西周晚期	
走馬薛仲赤	05871	走馬薛仲赤簠	13.131	春秋早期	
坂	02377	坂鼎	5.162	商代晚期	
㭰	02768	㭰鬲	6.150	西周早期	
㭰	04271	㭰簋	9.42	西周早期	
戒	02767	戒鬲	6.150	西周早期	
戒叔	11601	戒叔尊	21.91	西周中期前段	
孝	13283	孝卣	24.209	商代晚期	
孝王	14543	逨盤	25.605	西周晚期	指周孝王
孝公	06159	姬㝬母豆	13.417	西周晚期	
孝公	15266	師㝬鐘	27.281	西周晚期	
孝孟	05312	申簋蓋	11.473	西周中期前段	申的父親
孝倚	12024	孝倚壺	21.383	戰國晚期	
孝大妃	05141	陳侯午簋	11.91	戰國中期	陳侯午的母親
孝大妃	06077	十四年陳侯午敦	13.344	戰國中期	陳侯午的祖母
孝大妃	06078	十四年陳侯午敦	13.345	戰國中期	同上
孝子平	12358	孝子平壺	22.259	春秋晚期	
攻吳王	14747	工盧王孫鎣	26.155	春秋晚期	
攻吳王	16977	攻吳王戟	32.23	春秋早期	

人　名	器　號	器　名	卷數頁碼	時　代	備　注
攻戲王	17998	攻吳王劍	33.366	春秋晚期	即攻吳王
攻吳工差	17083	攻吳工差戟	32.132	春秋晚期	
攻吳大矢	17857	工盧大矢鈹	33.201	春秋晚期	
攻吾王光	17915	攻吳王光劍	33.263	春秋晚期	即攻吳王光
攻吳季生	14901	工戲季生匜	26.278	春秋晚期	
攻敔王光	16863	攻敔王光戈	31.359	春秋晚期	即攻吳王光
攻敔王光	16864	攻敔王光戈	31.362	春秋晚期	同上
攻敔王光	17916	攻吳王光劍	33.264	春秋晚期	同上
攻敔王光	17917	攻吳王光劍	33.266	春秋晚期	同上
攻敔王光	17918	攻吳王光劍	33.268	春秋晚期	同上
攻敔王光	17919	攻吳王光劍	33.269	春秋晚期	同上
攻敔王光	17920	攻吳王光劍	33.270	春秋晚期	同上
攻吾王光釳	17921	攻吳王光韓劍	33.271	春秋晚期	即攻吳王光韓
攻吳王光韓	17921	攻吳王光韓劍	33.271	春秋晚期	
攻敔王夫差	17124	攻吳王夫差戈	32.180	春秋晚期	
攻敔王夫差	17930	攻吳王夫差劍	33.280	春秋晚期	即攻吳王夫差
攻敔王夫差	17931	攻吳王夫差劍	33.282	春秋晚期	同上
攻敔王夫差	17932	攻吳王夫差劍	33.284	春秋晚期	同上
攻敔王夫差	17933	攻吳王夫差劍	33.286	春秋晚期	同上
攻敔王夫差	17934	攻吳王夫差劍	33.288	春秋晚期	同上
攻敔王夫差	17935	攻吳王夫差劍	33.289	春秋晚期	同上
攻敔王夫差	17936	攻吳王夫差劍	33.290	春秋晚期	同上
攻敔王夫差	17937	攻吳王夫差劍	33.292	春秋晚期	同上
攻敔王夫差	17938	攻吳王夫差劍	33.294	春秋晚期	同上
攻敔王夫差	17939	攻吳王夫差劍	33.296	春秋晚期	同上
攻敔王夫差	17940	攻吳王夫差劍	33.297	春秋晚期	同上
攻敔王夫差	17941	攻吳王夫差劍	33.298	春秋晚期	同上
攻敔王夫差	17942	攻吳王夫差劍	33.299	春秋晚期	同上
攻敔王夫差	17943	攻吳王夫差劍	33.300	春秋晚期	同上
攻敔王夫差	17944	攻吳王夫差劍	33.301	春秋晚期	同上
攻敔王夫差	17945	攻吳王夫差劍	33.302	春秋晚期	同上
攻敔仲冬肰	15278	臧孫鐘甲	27.303	春秋晚期	
攻敔仲冬肰	15279	臧孫鐘乙	27.306	春秋晚期	

人　名	器　號	器　名	卷數頁碼	時　代	備　注
攻敔仲冬戕	15280	臧孫鐘丙	27.309	春秋晚期	
攻敔仲冬戕	15281	臧孫鐘丁	27.312	春秋晚期	
攻敔仲冬戕	15282	臧孫鐘戊	27.315	春秋晚期	
攻敔仲冬戕	15283	臧孫鐘己	27.317	春秋晚期	
攻敔仲冬戕	15284	臧孫鐘庚	27.319	春秋晚期	
攻敔仲冬戕	15285	臧孫鐘辛	27.321	春秋晚期	
攻敔仲冬戕	15286	臧孫鐘壬	27.323	春秋晚期	
攻吳大叔姑如	14415	攻吳大叔盤	25.429	春秋晚期	
邯鄲臾	17229	芒令州煗戈	32.295	戰國晚期	
邯鄲馘	17694	襄城令龏名矛	33.130	戰國晚期	
邯鄲截	17360	襄城令韓沽戈	32.454	戰國晚期	
邯鄲𠨘	17313	趙令邯鄲𠨘戈	32.399	戰國晚期	趙國趙縣縣令
邶孟姬	05130	賈伯簋甲	11.73	西周晚期	賈伯的長女
邶孟姬	05131	賈伯簋乙	11.76	西周晚期	同上
邶孟姬	05132	賈伯簋丙	11.78	西周晚期	同上
邶孟姬	12417	賈伯壺甲	22.344	西周中期後段	同上
邶孟姬	12418	賈伯壺乙	22.346	西周中期後段	同上
芈侯	04346	芈侯簋	9.106	西周晚期	
芈侯	14536	士山盤	25.588	西周中期	
芮公	01879	芮公鼎	4.36	春秋早期	
芮公	01880	芮公鼎	4.37	春秋早期	
芮公	01881	芮公鼎	4.38	春秋早期	
芮公	01973	芮公鼎	4.129	春秋早期	
芮公	02884	芮公鬲	6.280	春秋早期	
芮公	02988	芮公鬲	6.420	西周晚期	
芮公	02989	芮公鬲	6.422	西周晚期	
芮公	03012	芮公鬲	6.448	西周晚期	
芮公	04386	芮公簋	9.140	春秋早期	
芮公	04432	芮公簋	9.183	西周早期後段	
芮公	04433	芮公簋	9.184	西周早期後段	
芮公	04434	芮公簋蓋	9.185	西周早期後段	
芮公	04575	芮公簋	9.322	春秋早期	
芮公	04576	芮公簋	9.323	春秋早期	

人　名	器　號	器　名	卷數頁碼	時　代	備　注
芮公	04577	芮公簋	9.324	春秋早期	
芮公	04609	霸簋	9.355	西周中期前段	
芮公	04610	霸簋	9.356	西周中期前段	
芮公	04825	芮公簋甲	10.118	西周中期前段	
芮公	04826	芮公簋乙	10.119	西周中期前段	
芮公	05831	芮公簠	13.87	春秋早期	
芮公	12244	芮公壺	22.118	春秋早期	
芮公	12245	芮公壺	22.119	春秋早期	
芮公	12246	芮公壺	22.120	春秋早期	
芮公	14514	芮公叔盤	25.547	西周早期後段	
芮公	15140	芮公鐘	27.55	春秋早期	
芮公	16521	芮公戈	30.474	春秋早期	
芮公	19365	芮公鐘鉤	35.143	春秋早期	
芮公	19366	芮公鐘鉤	35.144	春秋早期	
芮伯	02412	榮仲鼎	5.225	西周早期後段	
芮伯	02413	榮仲鼎	5.226	西周早期後段	
芮伯	02708	芮伯鬲	6.91	西周晚期	
芮伯	04500	芮伯簋	9.256	西周早期後段	
芮伯	12220	芮伯壺	22.92	西周中期後段	
芮叔	01266	芮叔鼎	2.473	西周中期	
芮叔	02741	芮叔鬲	6.122	西周晚期	
芮姞	04330	芮姞簋	9.94	西周早期後段	
芮姛（妠）	14514	芮公叔盤	25.547	西周早期後段	芮公的夫人
芮姬	12292	呂王壺	22.168	西周晚期	呂王的夫人
芮子仲	01910	芮子仲鼎	4.70	春秋早期	
芮大攺	16823	芮大攺戈	31.307	春秋晚期	
芮太子	01945	芮太子鼎	4.102	春秋早期	
芮太子	01946	芮太子鼎	4.103	春秋早期	
芮太子	02895	芮太子鬲	6.296	春秋早期	
芮太子	02896	芮太子鬲	6.298	春秋早期	
芮太子	02897	芮太子鬲	6.299	春秋早期	
芮少姛（妠）	14514	芮公叔盤	25.547	西周早期後段	芮公叔的夫人
芮公叔	04501	芮公叔簋	9.257	西周早期後段	

人　名	器　號	器　名	卷數頁碼	時　代	備　注
芮公叔	14514	芮公叔盤	25.547	西周早期後段	
芮子仲瘭	02124	芮子仲瘭鼎	4.309	春秋早期	
芮子仲瘭	02125	芮子仲瘭鼎	4.310	春秋早期	
芮太子白	02007	芮太子白鼎	4.169	春秋早期	
芮太子白	02898	芮太子白鬲	6.300	春秋早期	
芮太子白	02899	芮太子白鬲	6.302	春秋早期	
芮太子白	02980	芮太子白鬲	6.409	春秋早期	
芮太子白	02981	芮太子白鬲	6.411	春秋早期	
芮太子白	02982	芮太子白鬲	6.413	春秋早期	
芮太子白	05847	芮太子白簠	13.103	春秋早期	
芮太子白	05848	芮太子白簠	13.104	春秋早期	
芮太子白	12306	芮太子白壺	22.184	春秋早期	
芮太子白	12307	芮太子白壺	22.186	春秋早期	
芮伯多父	05096	芮伯多父簋	11.16	西周晚期	
芮叔隓父	04971	芮叔隓父簋	10.312	西周晚期	
芮叔隓父	04972	芮叔隓父簋	10.313	西周晚期	
芮叔隓父	04973	芮叔隓父簋	10.314	西周晚期	
克	02454	小克鼎	5.298	西周晚期	
克	02455	小克鼎	5.300	西周晚期	
克	02456	小克鼎	5.302	西周晚期	
克	02457	小克鼎	5.304	西周晚期	
克	02458	小克鼎	5.306	西周晚期	
克	02459	小克鼎	5.308	西周晚期	
克	02460	小克鼎	5.310	西周晚期	
克	02513	大克鼎	5.440	西周晚期	
克	03227	克鑰	7.113	西周早期後段	
克	04938	德克簋	10.268	西周晚期	即德克
克	05678	善夫克盨	12.459	西周晚期	即膳夫克
克	05680	師克盨	12.466	西周晚期	即師克
克	05681	師克盨	12.469	西周晚期	同上
克	12440	伯克壺	22.393	西周中期後段	即伯克
克	13831	太保罍	25.122	西周早期	
克	14789	克盉	26.207	西周早期前段	

人 名	器 號	器 名	卷數頁碼	時 代	備 注
克	15292	克鐘一	27.332	西周晚期	
克	15293	克鐘二	27.334	西周晚期	
克	15294	克鐘三	27.337	西周晚期	
克	15295	克鐘四	27.340	西周晚期	
克	15296	克鐘五	27.343	西周晚期	
克	15814	克鎛	29.334	西周晚期	
克黃	01328	克黃鼎	3.32	春秋中期	
克黃	01329	克黃鼎	3.33	春秋中期	
克黃	06132	克黃豆	13.381	春秋中期	楚叔之孫
邯坙	17703	梁令張猷戟刺	33.141	戰國晚期	
杢生	17975	王襄劍	33.334	戰國時期	
杢波	18010	守相廉頗鈹	33.378	戰國晚期	即廉頗
杢波	18011	守相廉頗鈹	33.379	戰國晚期	同上
杢波	18012	守相廉頗鈹	33.380	戰國晚期	同上
杢波	18013	守相廉頗鈹	33.382	戰國晚期	同上
杢相女	18009	廉相如劍	33.377	戰國時期	即廉相如
李牧	18585	大將李牧弩機	34.161	戰國晚期	
李癸	18816	鄭客問量	34.268	戰國晚期	
李瘣	12021	李瘣壺	21.380	戰國晚期	
杜伯	02955	杜伯鬲	6.376	西周晚期	
杜伯	05642	杜伯盨	12.392	西周晚期	
杜伯	05643	杜伯盨	12.394	西周晚期	
杜伯	05644	杜伯盨	12.396	西周晚期	
杜伯	05645	杜伯盨蓋	12.397	西周晚期	
杜伯	05646	杜伯盨蓋	12.398	西周晚期	
杜嬀(祁)	06143	𤔲公簠	13.393	西周晚期	
杜孟嬀(祁)	06147	叔頌父簠	13.397	西周晚期	
杝鄱	04249	杝鄱簋	9.23	西周中期	
杍伯	04302	杍伯簋	9.71	西周中期	
杞婦	12943	杞婦卣	23.374	商代晚期	
杞孟姒	05926	叔虎父簠	13.210	春秋早期	
杞姬番	14923	魯侯匜	26.299	西周晚期	魯侯的姊妹或女兒
杞子每刃	01920	杞子每刃鼎	4.78	春秋早期	

人　名	器　號	器　名	卷數頁碼	時　代	備　注
杞伯每刃	02061	杞伯每刃鼎	4.234	春秋早期	
杞伯每刃	02062	杞伯每刃鼎	4.237	春秋早期	
杞伯每刃	02213	杞伯每刃鼎	4.423	春秋早期	
杞伯每刃	04854	杞伯每刃簋	10.152	春秋早期	
杞伯每刃	04855	杞伯每刃簋	10.155	春秋早期	
杞伯每刃	04856	杞伯每刃簋	10.158	春秋早期	
杞伯每刃	04857	杞伯每刃簋	10.160	春秋早期	
杞伯每刃	04858	杞伯每刃簋蓋	10.162	春秋早期	
杞伯每刃	04859	杞伯每刃簋蓋	10.164	春秋早期	
杞伯每刃	04860	杞伯每刃簋	10.165	春秋早期	
杞伯每刃	06265	杞伯每刃盆	13.480	春秋早期	
杞伯每刃	12379	杞伯每刃壺	22.286	春秋早期	
杞伯每刃	12380	杞伯每刃壺蓋	22.288	春秋早期	
杞伯每刃	14943	杞伯每刃匜	26.321	春秋早期	
杅氏	00724	杅氏鼎	2.45	戰國晚期	
杕氏	12428	杕氏壺	22.370	春秋晚期	
甫父	04336	甫父簋	9.99	西周早期前段	
甫妣	05832	姅仲簠	13.88	春秋早期	
甫庚	04419	趞簋甲	9.173	西周中期前段	即父庚
甫庚	04420	趞簋乙	9.174	西周中期前段	同上
甫盯	14005	甫盯鑪	25.172	春秋早期	
甫人父	14894	甫人父匜	26.271	西周晚期	
甫季加	14977	甫季加匜	26.355	西周晚期	或釋爲番季加
甫邊昧甚六	02410	夫趺申鼎	5.221	春秋晚期	
車叔	02183	玑鼎	4.380	西周早期	
車叔	02184	玑鼎	4.382	西周早期	
車買	07463	車買爵	15.279	商代晚期	
車買	07464	車買爵	15.279	商代晚期	
車麂	16396	車麂戈	30.362	西周早期	
束	14315	束盤	25.330	西周中期	
束	14790	束盉	26.209	西周中期前段	
束泉	06996	束泉爵	14.450	商代晚期	
束泉	06997	束泉爵	14.451	商代晚期	

人　名	器　號	器　名	卷數頁碼	時　代	備　注
束泉	06998	束泉爵	14.452	商代晚期	
束泉	06999	束泉爵	14.453	商代晚期	
束泉	07000	束泉爵	14.453	商代晚期	
束泉	07001	束泉爵	14.454	商代晚期	
束泉	07002	束泉爵	14.454	商代晚期	
束泉	07003	束泉爵	14.455	商代晚期	
束泉	07004	束泉爵	14.455	商代晚期	
束泉	09268	束泉瓿	18.43	商代晚期	
束泉	09269	束泉瓿	18.44	商代晚期	
束泉	09270	束泉瓿	18.45	商代晚期	
束泉	09271	束泉瓿	18.46	商代晚期	
束泉	09272	束泉瓿	18.46	商代晚期	
束仲盠父	04805	束仲盠父簋蓋	10.92	周晚或春早	
邴季學駉守	04463	俩季簋甲	9.211	西周中期前段	
邴季學駉守	04464	俩季簋乙	9.212	西周中期前段	
更	01288	更鼎	3.4	西周中期前段	
豆閉	05326	豆閉簋	12.33	西周中期	
豆人虞丂	14542	散氏盤	25.602	西周晚期	矢人有司
酉	02475	師酉鼎	5.340	商代中期	
酉	05346	師酉簋	12.81	西周中期	即師酉
酉	05347	師酉簋	12.84	西周中期	同上
酉	05348	師酉簋	12.87	西周中期	同上
酉	05349	師酉簋	12.90	西周中期	同上
酉	12891	酉卣	23.322	西周早期	
酉乙	00434	酉乙鼎	1.335	商代晚期	
酉凸	07465	酉凸爵	15.280	商代晚期	
酉凸	07466	酉凸爵	15.280	商代晚期	
丽𢧜	17213	酈諼戈	32.280	戰國晚期	即酈諼
丽𢧜	17214	酈諼戈	32.281	戰國晚期	同上
丽𢧜	17215	酈諼戈	32.282	戰國晚期	同上
否	09804	否瓿	18.462	西周早期後段	即否叔
否	09805	否瓿	18.463	西周早期後段	同上
否叔	11771	否叔尊	21.238	西周早期後段	

人 名	器 號	器 名	卷數頁碼	時 代	備 注
否叔	13299	否叔卣	24.230	西周早期後段	
邛伯夏子	14089	邛伯夏子缶	25.252	戰國早期	
邛伯夏子	14090	邛伯夏子缶	25.254	戰國早期	
砥子裁	14488	砥子裁盤	25.511	春秋晚期	
厌生	01834	魯内小臣厌生鼎	3.490	周晚或春早	
厌伯	02926	齊不趑鬲	6.335	西周晚期	
夾伯	12405	夾伯壺蓋	22.326	西周中期前段	
夾	12108	夾壺	21.459	西周早期	
夾	12216	夾壺	22.88	西周早期	
夾虜	05896	夾虜簋	13.166	西周晚期	鄭伯的家臣
豕	17234	王垣令豕戟	32.299	戰國晚期	魏國王垣縣令
丞合	17183	格氏令韓貴戈	32.246	戰國晚期	
旭伯罰	13198	旭伯罰卣	24.109	西周早期	
弃者君	11729	弃者君尊	21.201	西周早期	
吾	02766	吾鬲	6.149	西周早期	
折	11062	折斝	20.156	西周早期後段	
邔王欼淺	17874	越王勾踐劍	33.218	戰國早期	即越王勾踐
肖世	18003	伖令趙世鈹	33.371	戰國晚期	即趙世
肖它	17689	鄭令楕活矛	33.125	戰國晚期	即趙它
肖它	17690	鄭令楕活矛	33.126	戰國晚期	同上
肖它	18071	鄭令楕活鈹	33.457	戰國晚期	同上
肖春	18007	邦司寇趙春鈹	33.374	戰國晚期	即趙春
肖春	18069	邦司寇趙春鈹	33.455	戰國晚期	同上
肖悷	17349	安平相邦戈	32.441	戰國晚期	即工師趙悷
肖狷	17693	藺令趙狷矛	33.129	戰國晚期	即趙狷
肖倝（觸）	18064	相邦平國君鈹	33.448	戰國晚期	即趙觸
肖距	17337	鄭令趙距戈	32.428	戰國晚期	即趙距
肖距	17338	鄭令趙距戈	32.429	戰國晚期	同上
肖距	17339	鄭令趙距戈	32.430	戰國晚期	同上
肖結	17307	房子令趙結戈	32.392	戰國晚期	即趙結
肖新	18006	邦司寇趙新鈹	33.373	戰國晚期	即趙新
肖瘁	17680	相邦春平侯矛	33.116	戰國晚期	即趙瘁
肖閜	17331	邦府大夫趙閜戈	32.422	戰國晚期	即趙閜

人　名	器　號	器　名	卷數頁碼	時　代	備　注
肖閒	18047	相邦建信君鈹	33.429	戰國晚期	即趙閒
肖瘠	18043	相邦春平侯鈹	33.423	戰國晚期	即趙瘠
肖瘠	18044	相邦春平侯鈹	33.425	戰國晚期	同上
肖瘠	18045	相邦春平侯鈹	33.426	戰國晚期	即趙瘠
肖迖疾	17354	晉陽令趙去疾戈	32.446	戰國晚期	即趙去疾
肖令邯鄲㥷	17313	趙令邯鄲㥷戈	32.399	戰國晚期	即趙令邯鄲㥷
足劍次留	15360	徐王之孫鐘	27.497	戰國早期	之乘辱的父親
郍陰令萬爲	17233	郍陰令萬爲戈	32.298	戰國晚期	
貝	08537	貝爵	17.89	商代晚期	
貝	08538	貝爵	17.90	商代晚期	
貝	08539	貝爵	17.91	商代晚期	
貝	09851	貝瓝	18.499	西周早期	
見	03195	見甗	7.85	西周早期	
見	03447	見簋	7.295	商代晚期	
見	04059	見簋	8.332	西周早期	
見	04543	見簋	9.293	西周早期	
見	11556	見尊	21.52	西周早期前段	
見	13065	見卣	23.488	西周早期	
戛尚	18068	邦司寇馬慾劍	33.454	戰國晚期	即得尚
粤	15160	粤鐘	27.90	西周晚期	
粤郰	18018	武信令馬師閣鈹	33.387	戰國時期	
串	01801	串鼎	3.464	西周早期後段	
呂	02400	呂鼎	5.198	西周中期	
呂	05257	呂簋	11.341	西周中期	
呂	12372	呂壺	22.278	西周早期	
呂	12373	呂壺蓋	22.279	西周早期	
呂王	02877	呂王鬲	6.271	西周晚期	
呂王	12292	呂王壺	22.168	西周晚期	
呂王	15353	鐵鐘丙	27.480	春秋時期	
呂王	15357	鐵鐘庚	27.492	春秋時期	
呂王	15358	鐵鐘辛	27.494	春秋時期	
呂王	15797	鐵鎛甲	29.289	春秋晚期後段	
呂王	15798	鐵鎛乙	29.292	春秋晚期後段	

人 名	器 號	器 名	卷數頁碼	時 代	備 注
呂王	15799	𪓑鎛丙	29.295	春秋晚期後段	
呂王	15801	𪓑鎛戊	29.301	春秋晚期後段	
呂王	15803	𪓑鎛庚	29.307	春秋晚期後段	
呂王	17062	呂王之孫瞳戈	32.106	春秋時期	
呂以	05279	三兒簋	11.395	春秋時期	三兒的祖父
呂志	17133	王子戈	32.192	戰國晚期	
呂伯	04902	呂伯簋	10.224	西周中期	
呂伯	05401	班簋	12.209	西周中期	
呂伯	15570	邵黛鐘一	28.558	春秋晚期	
呂伯	15571	邵黛鐘二	28.561	春秋晚期	
呂伯	15572	邵黛鐘三	28.564	春秋晚期	
呂伯	15573	邵黛鐘四	28.567	春秋晚期	
呂伯	15574	邵黛鐘五	28.569	春秋晚期	
呂伯	15575	邵黛鐘六	28.571	春秋晚期	
呂伯	15576	邵黛鐘七	28.573	春秋晚期	
呂伯	15577	邵黛鐘八	28.575	春秋晚期	
呂伯	15578	邵黛鐘九	28.577	春秋晚期	
呂伯	15579	邵黛鐘十	28.579	春秋晚期	
呂伯	15580	邵黛鐘十一	28.581	春秋晚期	
呂伯	15581	邵黛鐘十二	28.583	春秋晚期	
呂伯	15582	邵黛鐘十三	28.585	春秋晚期	
呂姜	04075	呂姜簋	8.344	西周早期	
呂姜	05321	我簋	12.21	西周中期後段	我的夫人
呂師	16496	呂師戈	30.451	西周早期	
呂㴲	04335	呂㴲簋	9.98	西周早期	
呂犅	05320	靜簋	12.19	西周中期前段	
呂緐	15570	邵黛鐘一	28.558	春秋晚期	
呂緐	15571	邵黛鐘二	28.561	春秋晚期	
呂緐	15572	邵黛鐘三	28.564	春秋晚期	
呂緐	15573	邵黛鐘四	28.567	春秋晚期	
呂緐	15574	邵黛鐘五	28.569	春秋晚期	
呂緐	15575	邵黛鐘六	28.571	春秋晚期	
呂緐	15576	邵黛鐘七	28.573	春秋晚期	

人　名	器　號	器　名	卷數頁碼	時　代	備　注
呂緩	15577	邵鸒鐘八	28.575	春秋晚期	
呂緩	15578	邵鸒鐘九	28.577	春秋晚期	
呂緩	15579	邵鸒鐘十	28.579	春秋晚期	
呂緩	15580	邵鸒鐘十一	28.581	春秋晚期	
呂緩	15581	邵鸒鐘十二	28.583	春秋晚期	
呂緩	15582	邵鸒鐘十三	28.585	春秋晚期	
呂大叔	18736	呂大叔斧	34.226	春秋晚期	
呂大叔	18737	呂大叔斧	34.227	春秋晚期	
呂大叔	18738	邵大叔斧	34.228	春秋晚期	
呂不韋	17249	相邦呂不韋戟	32.320	戰國晚期	
呂不韋	17250	相邦呂不韋戈	32.321	戰國晚期	
呂不韋	17251	相邦呂不韋戈	32.322	戰國晚期	
呂不韋	17252	相邦呂不韋戟	32.323	戰國晚期	
呂不韋	17253	相邦呂不韋戈	32.324	戰國晚期	
呂不韋	17254	相邦呂不韋戈	32.325	戰國晚期	
呂不韋	17255	相邦呂不韋戈	32.326	戰國晚期	秦國相邦
呂不韋	17256	相邦呂不韋戟	32.328	戰國晚期	同上
呂不韋	17257	相邦呂不韋戟	32.329	戰國晚期	同上
呂不韋	17258	相邦呂不韋戟	32.331	戰國晚期	同上
呂不韋	17259	相邦呂不韋戈	32.332	戰國晚期	同上
呂不韋	17260	相邦呂不韋戟	32.333	戰國晚期	同上
呂不韋	17261	相邦呂不韋戈	32.334	戰國晚期	同上
呂不韋	17683	相邦呂不韋矛	33.119	戰國晚期	
呂不韋	17684	相邦呂不韋矛	33.120	戰國晚期	
呂不韋	17685	相邦呂不韋矛	33.121	戰國晚期	
呂仲僕	08578	呂仲僕爵	17.127	西周早期	
呂仲僕	11730	呂仲僕尊	21.201	西周早期後段	
呂季姜	12283	呂季姜壺	22.157	西周晚期	
呂季姜	12284	呂季姜壺	22.158	西周晚期	
呂服余	14530	呂服余盤	25.577	西周中期	
呂雔蹋	02878	呂雔蹋鬲	6.272	西周晚期	
呂仲生仲	14931	呂仲生匜	26.307	西周晚期	
邑	03956	邑簋	8.247	西周早期前段	

人　名	器　號	器　名	卷數頁碼	時　代	備　注
邑	10592	邑觶	19.415	西周早期	
吳	01728	吳鼎	3.387	西周早期	
吳	13545	作册吳方彝蓋	24.429	西周中期前段	即作册吳
吳	14378	吳盤	25.391	西周早期	
吳	14732	吳盉	26.141	西周早期	
吳	14797	作册吳盉	26.224	西周中期前段	即作册吳
吳王	11815	蔡侯龖尊	21.301	春秋晚期	
吳王	14535	蔡侯龖盤	25.586	春秋晚期	
吳王	14985	羅兒匜	26.368	春秋晚期	
吳王	15984	配兒句鑃甲	29.502	春秋晚期	
吳王	15985	配兒句鑃乙	29.506	春秋晚期	
吳王	19291	吳王長景帶鈎	35.78	戰國時期	
吳父	12200	吳父壺	22.71	西周早期	
吳忠	05320	靜簋	12.19	西周中期前段	
吳伯	05401	班簋	12.209	西周中期	
吳叔	16632	吳叔戈	31.76	春秋早期	
吳虎	02446	吳虎鼎	5.282	西周晚期	
吳衵	17346	陽城令事壯戈	32.438	戰國晚期	
吳衵	17347	陽城令戈	32.439	戰國晚期	
吳蓝	02446	吳虎鼎	5.282	西周晚期	
吳師	05344	大簋	12.77	西周晚期	
吳師	05345	大簋蓋	12.79	西周晚期	
吳疤	18028	相邦建信君鈹	33.405	戰國晚期	
吳疤	18031	相邦建信君鈹	33.409	戰國晚期	
吳疤	18064	相邦平國君鈹	33.448	戰國晚期	
吳疤	18070	守相武襄君鈹	33.456	戰國晚期	
吳姬	02249	伯頵父鼎	4.473	西周晚期	伯頵父的母親
吳姬	04998	伯頵父簋	10.355	西周晚期	同上
吳姬	05205	裛簋	11.230	西周中期	
吳姬	05858	獣叔簠	13.118	西周晚期	獣叔的夫人
吳姬	14863	自匜	26.246	西周晚期	自的女兒
吳逨	02501	卌二年逨鼎甲	5.395	西周晚期	即逨
吳逨	02502	卌二年逨鼎乙	5.398	西周晚期	同上

人　名	器　號	器　　名	卷數頁碼	時　代	備　注
吳逨	02503	卌三年逨鼎甲	5.401	西周晚期	即逨
吳逨	02504	卌三年逨鼎乙	5.405	西周晚期	同上
吳逨	02505	卌三年逨鼎丙	5.409	西周晚期	同上
吳逨	02506	卌三年逨鼎丁	5.414	西周晚期	同上
吳逨	02507	卌三年逨鼎戊	5.418	西周晚期	同上
吳逨	02508	卌三年逨鼎己	5.422	西周晚期	同上
吳逨	02509	卌三年逨鼎庚	5.426	西周晚期	同上
吳逨	02510	卌三年逨鼎辛	5.430	西周晚期	同上
吳逨	02511	卌三年逨鼎壬	5.434	西周晚期	同上
吳庶	17182	茲氏令吳庶戈	32.245	戰國時期	茲氏縣令
吳買	01949	吳買鼎	4.105	春秋早期	
吳衛	17316	邢令吳衛戈	32.403	戰國晚期	趙國邢縣縣令
吳大父	05322	同簋	12.24	西周中期	
吳大父	05323	同簋蓋	12.26	西周中期	
吳王光	15066	吳王光鑑甲	26.420	春秋晚期	
吳王光	15067	吳王光鑑乙	26.423	春秋晚期	
吳王光	15369	吳王光鐘	27.515	春秋晚期	
吳王姬	02187	吳王姬鼎	4.385	西周晚期	
吳季子	17950	吳季子之子逞劍	33.310	春秋晚期	
吳彩父	04944	吳彩父簋	10.276	西周晚期	
吳彩父	04945	吳彩父簋	10.277	西周晚期	
吳彩父	04946	吳彩父簋蓋	10.279	西周晚期	
吳乳(孺)子	01674	吳乳子鼎	3.337	戰國晚期	
吳王夫差	14082	吳王夫差缶	25.241	春秋晚期	
吳王夫差	14758	吳王夫差盉	26.164	春秋晚期	
吳王夫差	15059	吳王夫差鑑	26.409	春秋晚期	
吳王夫差	15060	吳王夫差鑑	26.411	春秋晚期	
吳王夫差	15062	吳王夫差鑑	26.414	春秋晚期	
吳王夫差	15063	吳王夫差鑑	26.415	春秋晚期	
吳王夫差	17666	吳王夫差矛	33.97	春秋晚期	
吳王孫無土	01847	吳王孫無土鼎	4.4	春秋晚期	
吹	01523	吹鼎	3.203	西周早期	
奴	08577	奴爵	17.126	西周早期	

人　名	器　號	器　名	卷數頁碼	時　代	備　注
利	02452	利鼎	5.293	西周中期後段	
利	04279	利簋	9.49	西周早期	
利	05111	利簋	11.41	西周早期	即右史利
利	14093	次尸祭缶	25.260	春秋晚期前段	次尸祭的父親
我	02399	我鼎	5.195	西周早期後段	
我	05321	我簋	12.21	西周中期後段	
我	17860	我自鑄鈹	33.204	春晚或戰早	
告永	13523	告永方彝	24.398	商代晚期	
告永	13524	告永方彝	24.399	商代晚期	
告姒	02944	繁伯武君鬲	6.362	春秋早期	
告比君	02292	諶鼎	5.36	西周晚期	
每刃	01920	杞子每刃鼎	4.78	春秋早期	杞國國君
每刃	02061	杞伯每刃鼎	4.234	春秋早期	同上
每刃	02062	杞伯每刃鼎	4.237	春秋早期	同上
每刃	02213	杞伯每刃鼎	4.423	春秋早期	同上
每刃	04854	杞伯每刃簋	10.152	春秋早期	同上
每刃	04855	杞伯每刃簋	10.155	春秋早期	同上
每刃	04856	杞伯每刃簋	10.158	春秋早期	同上
每刃	04857	杞伯每刃簋	10.160	春秋早期	同上
每刃	04858	杞伯每刃簋蓋	10.162	春秋早期	同上
每刃	04859	杞伯每刃簋蓋	10.164	春秋早期	同上
每刃	04860	杞伯每刃簋	10.165	春秋早期	同上
每刃	06265	杞伯每刃盆	13.480	春秋早期	同上
每刃	12379	杞伯每刃壺	22.286	春秋早期	同上
每刃	12380	杞伯每刃壺蓋	22.288	春秋早期	同上
每刃	14943	杞伯每刃匜	26.321	春秋早期	同上
伒斻	17688	鄭令棺渼矛	33.124	戰國晚期	
佴季學駟守	04463	佴季簋甲	9.211	西周中期前段	即邨季學駟守
佴季學駟守	04464	佴季簋乙	9.212	西周中期前段	同上
何	03451	何簋	7.299	商代晚期	
何	04670	珂簋	9.415	西周中期	
何	04671	珂簋蓋	9.416	西周中期	
何	10525	何兄日壬觶	19.363	商代晚期	

人　名	器　號	器　名	卷數頁碼	時　代	備　注
作册尹	12437	十三年癲壺乙	22.386	西周中期後段	
作册尹	14534	走馬休盤	25.584	西周中期	
作册尹	14536	士山盤	25.588	西周中期	
作册兄	01015	作册兄鼎	2.275	商代晚期	
作册令	11821	矢令尊	21.315	西周早期	即矢令
作册令	13548	矢令方彝	24.438	西周早期	同上
作册吾	19756	作册吾玉戈	35.362	商代晚期	
作册折	11800	作册折尊	21.274	西周早期後段	
作册折	13542	作册折方彝	24.422	西周早期後段	
作册折	13665	作册折觥	24.506	西周中期後段	
作册吳	13545	作册吳方彝蓋	24.429	西周中期前段	
作册吳	14525	作册吳盤	25.566	西周中期前段	
作册吳	14797	作册吳盂	26.224	西周中期前段	
作册封	03037	作册封鬲甲	6.490	西周晚期	
作册封	03038	作册封鬲乙	6.491	西周晚期	
作册般	02314	作册般鼎	5.68	商代晚期	
作册般	03347	作册般甗	7.227	商代晚期	
作册般	19344	作册般黿	35.121	商代晚期	
作册麥	11820	麥尊	21.313	西周早期	
作册寓	02394	寓鼎	5.187	西周中期前段	
作册睘	11788	作册睘尊	21.259	西周早期後段	
作册睘	13320	作册睘卣	24.264	西周早期	
作册嗌	13340	作册嗌卣	24.306	西周中期前段	
作册擎	13312	作册擎卣	24.249	商代晚期	
作册憲	02023	作册憲鼎	4.187	西周早期	
作册翻	11787	作册翻尊	21.258	西周早期後段	
作册翻	13308	作册翻卣	24.243	西周早期後段	
作册魃	13344	作册魃卣	24.316	西周早期	
作册矢令	05352	作册矢令簋	12.96	西周早期	
作册矢令	05353	作册矢令簋	12.98	西周早期	
作册友史	02313	寢震鼎	5.66	商代晚期	
作册內史	05330	師𩛥簋蓋	12.41	西周中期	
作册尹克	05331	元年師旟簋甲	12.43	西周晚期	

人　名	器　號	器　名	卷數頁碼	時　代	備　注
作册尹克	05332	元年師旋簋乙	12.46	西周晚期	
作册尹克	05333	元年師旋簋丙	12.49	西周晚期	
作册尹克	05334	元年師旋簋丁	12.52	西周晚期	
作册憲尹	05295	斳簋	11.434	西周中期前段	
伯丁	03246	伯丁甗	7.128	西周早期	
伯矢	16388	伯矢戟	30.353	西周早期	
伯元	14967	陳伯元匜	26.345	春秋時期	
伯氏	02426	縶伯豐鼎	5.247	西周早期	名不詳
伯邛	17095	伯邛戟	32.150	春秋早期	
伯芀	04749	伯芀簋	10.23	西周中期前段	
伯氏	01938	伯氏鼎	4.97	春秋早期	
伯氏	01939	伯氏鼎	4.98	春秋早期	
伯氏	01940	伯氏鼎	4.99	春秋早期	
伯氏	01941	伯氏鼎	4.99	春秋早期	
伯氏	01942	伯氏鼎	4.100	春秋早期	
伯氏	02192	伯氏始氏鼎	4.391	周晚或春早	
伯氏	02396	大祝追鼎	5.190	西周晚期	
伯氏	02426	縶伯豐鼎	5.247	西周早期	
伯氏	03355	南姞甗	7.238	西周中期前段	南姞的公父
伯氏	05083	敥簋	10.486	西周中期	敥的宗子
伯氏	05340	五年琱生簋	12.64	西周晚期	
伯氏	05341	六年琱生簋	12.66	西周晚期	
伯氏	05387	不嬰簋	12.178	西周晚期	
伯氏	05388	不嬰簋蓋	12.180	西周晚期	
伯弔	14957	伯弔匜	26.335	西周晚期	
伯丙	04312	伯丙簋	9.80	西周早期	
伯匜	13230	伯匜卣	24.145	西周中期前段	
伯匜	14750	伯匜盉	26.158	西周中期	
伯生	14705	伯生盉	26.116	西周早期	
伯申	01443	伯申鼎	3.130	西周中期	
伯句	04989	伯句簋	10.339	西周中期前段	
伯禾	02710	伯禾鬲	6.93	西周早期	
伯考	06229	霸伯盂	13.457	西周中期	

人　名	器　號	器　名	卷數頁碼	時　代	備　注
伯各	11606	伯各尊	21.95	西周早期後段	
伯各	13103	伯各卣甲	24.16	西周早期後段	
伯各	13104	伯各卣乙	24.17	西周早期後段	
伯辰	02216	伯辰鼎	4.427	春秋早期	
伯克	06269	黃太子伯克盆	13.486	春秋時期	黃國太子
伯克	12440	伯克壺	22.393	西周中期後段	
伯克	14520	黃太子伯克盤	25.557	春秋早期	黃國太子
伯吹	12394	虞司寇伯吹壺	22.310	西周晚期	虞國的司寇
伯吹	12395	虞司寇伯吹壺	22.312	西周晚期	同上
伯身	04080	伯身簋	8.347	西周早期	
伯旬	01902	伯旬鼎	4.63	西周中期	
伯𢀎	04227	伯𢀎簋	9.4	西周中期	
伯𢀎	12176	伯𢀎壺	22.45	西周早期	
伯戔	06272	邛仲之孫伯戔盆	13.490	春秋早期	邛仲之孫
伯戔	14517	伯戔盤	25.552	春秋早期	江仲之孫
伯具	04443	伯具簋	9.194	西周早期	
伯舍	04932	復公子伯舍簋	10.259	西周晚期	復國公子
伯舍	04933	復公子伯舍簋	10.261	西周晚期	同上
伯尚	04228	伯尚簋	9.5	西周中期	
伯定	14711	伯定盉	26.121	西周中期	
伯限	08488	伯限爵	17.49	西周早期	
伯刺	17348	伯刺戈	32.440	春秋早期	
伯栻	01784	伯栻鼎	3.449	西周早期	
伯戔	04226	伯戔簋	9.3	西周中期前段	
伯戔	05107	伯戔簋	11.35	西周中期前段	
伯戔	10857	伯戔飲壺	19.484	西周中期前段	
伯戔	10858	伯戔飲壺	19.485	西周中期前段	
伯矩	01625	伯矩鼎	3.293	西周早期	
伯矩	01957	伯矩鼎	4.115	西周早期	
伯矩	02908	伯矩鬲	6.314	西周早期	
伯矩	03264	伯矩甗	7.143	西周早期	
伯矩	03265	伯矩甗	7.144	西周早期	
伯矩	04313	伯矩簋	9.80	西周早期	

人　名	器　號	器　名	卷數頁碼	時　代	備　注
伯矩	04314	伯矩簋	9.81	西周早期	
伯矩	12173	伯矩壺	22.42	西周早期	
伯矩	12174	伯矩壺	22.43	西周早期	
伯矩	12175	伯矩壺	22.44	西周早期	
伯矩	13107	伯矩卣蓋	24.20	西周早期	
伯矩	13108	伯矩卣蓋	24.20	西周早期	
伯矩	14390	伯矩盤	25.403	西周早期前段	
伯矩	14709	伯矩盉	26.119	西周早期	
伯矩	14727	伯矩盉	26.137	西周早期	
伯斯	16416	伯斯戈	30.380	春秋時期	
伯姜	01959	從鼎	4.116	西周中期前段	
伯姜	02445	伯姜鼎	5.280	西周中期前段	
伯姜	02804	伯姜鬲	6.187	西周晚期	
伯姜	03323	伯姜甗	7.200	西周晚期	
伯員	01442	伯員鼎	3.130	西周中期	
伯眞	03247	伯眞甗	7.128	西周早期	
伯旃	01444	伯旃鼎	3.131	西周中期前段	
伯卿	01623	伯卿鼎	3.292	西周早期	
伯卸	08487	伯卸爵	17.49	西周早期	
伯陶	02229	伯陶鼎	4.447	西周中期	
伯姬	04130	伯姬簋	8.391	西周中期	
伯姬	04645	宎父簋	9.391	西周中期前段	宎父的夫人
伯姬	04878	豐邢叔簋	10.195	西周晚期	豐邢叔的親屬
伯春	14710	伯春盉	26.120	西周中期	
伯產	03266	伯產甗	7.145	西周早期	
伯堂	02110	伯堂鼎	4.294	西周晚期	
伯㗨	01626	伯㗨鼎	3.294	西周中期前段	
伯㗨	13329	農卣	24.285	西周中期前段	
伯涅	13288	伯涅卣	24.215	西周早期	
伯魚	01624	伯魚鼎	3.293	西周早期	
伯魚	04188	伯魚簋	8.440	西周早期	
伯魚	04308	伯魚簋	9.76	西周早期	
伯魚	04309	伯魚簋	9.77	西周早期	

人 名	器 號	器 名	卷數頁碼	時 代	備 注
伯魚	04310	伯魚簋	9.78	西周早期	
伯魚	04311	伯魚簋	9.79	西周早期	
伯魚	04693	圉簋	9.440	西周早期後段	
伯魚	13105	伯魚卣	24.18	西周早期	
伯康	05168	伯康簋	11.147	西周中期	
伯康	05169	伯康簋	11.149	西周中期	
伯𫥛（廩）	07675	伯𫥛爵	15.447	西周早期	
伯頵	10278	伯頵觶	19.178	西周早期	
伯婦	04416	比簋	9.170	西周早期	比的親屬
伯鼻	14787	伯鼻盉	26.204	西周中期前段	
伯喜	04956	伯喜簋甲	10.290	西周中期後段	
伯喜	04957	伯喜簋乙	10.292	西周中期後段	
伯喜	04958	伯喜簋丙	10.294	西周中期後段	
伯喜	04959	伯喜簋丁	10.296	西周中期後段	
伯彭	14664	伯彭盉	26.79	西周早期	
伯喪	17356	秦政伯喪戈	32.449	春秋早期	
伯喪	17357	秦政伯喪戈	32.450	春秋早期	
伯喪	17659	伯喪矛	33.88	春秋早期	
伯喪	17660	伯喪矛	33.89	春秋早期	
伯榪	05078	伯榪簋	10.479	西周中期	
伯毅	02812	伯毅鬲	6.196	春秋早期	
伯鳥	16629	伯鳥戟	31.73	春秋時期	
伯筓	04316	伯筓簋	9.83	西周早期後段	
伯裸	05091	伯裸簋	11.11	西周早期	
伯頵	05321	我簋	12.21	西周中期後段	
伯卾	04187	伯卾簋	8.440	西周早期	
伯蒭	04678	伯蒭簋	9.423	西周晚期後段	
伯貉	11605	伯貉尊	21.94	西周早期	
伯貉	13106	伯貉卣	24.19	西周早期	
伯訊	04317	伯訊簋	9.84	西周中期前段	
伯媿	05057	𣪘叔𣪘姬簋	10.443	西周晚期	𣪘叔𣪘姬的長女
伯媿	05058	𣪘叔𣪘姬簋	10.446	西周晚期	同上
伯媿	05059	𣪘叔𣪘姬簋	10.449	西周晚期	同上

人 名	器 號	器 名	卷數頁碼	時 代	備 注
伯媿	05060	猷叔猷姬簋蓋	10.452	西周晚期	猷叔猷姬的長女
伯媿	05061	猷叔猷姬簋蓋	10.454	西周晚期	同上
伯媿	05062	猷叔猷姬簋蓋	10.456	西周晚期	同上
伯趖	01627	伯趖鼎	3.295	西周早期	
伯晨	02480	伯晨鼎	5.350	西周中期後段	
伯獄	05275	獄簋（一式）	11.386	西周中期前段	即獄
伯貊	14736	伯貊盉	26.144	西周早期	
伯貊	14737	伯貊盉	26.144	西周早期	
伯誩	01944	曾子伯誩鼎	4.101	春秋早期	
伯庶	03248	伯庶甗	7.129	西周早期	
伯暊	12204	伯暊壺	22.75	西周中期前段	
伯導	02446	吳虎鼎	5.282	西周晚期	
伯雝	14467	伯雝盤	25.487	春秋早期	番叔之孫
伯艅	04315	伯艅簋	9.82	西周早期	
伯憲	14752	伯憲盉	26.159	西周早期後段	
伯燸	04556	伯燸簋蓋	9.306	西周中期	
伯燸	04557	伯燸簋蓋	9.306	西周中期	
伯彊	05828	伯彊簠	13.84	春秋時期	
伯趨	08730	伯趨角	17.167	西周早期	
伯普	04820	伯普簋	10.112	西周中期	
伯鮮	02274	伯鮮鼎甲	5.12	西周晚期	
伯鮮	02275	伯鮮鼎乙	5.14	西周晚期	
伯鮮	02276	伯鮮鼎丙	5.15	西周晚期	
伯鮮	02277	伯鮮鼎丁	5.16	西周晚期	
伯鮮	03341	伯鮮甗	7.219	西周晚期	
伯鮮	05528	伯鮮盨	12.249	西周晚期	
伯鮮	05529	伯鮮盨	12.250	西周晚期	
伯鮮	05530	伯鮮盨	12.251	西周晚期	
伯鮮	05531	伯鮮盨	12.252	西周晚期	
伯聯	05110	訾仲之孫簋	11.40	春秋早期	爲尋的親屬
伯豐	08452	伯豐爵	17.22	西周中期前段	
伯豐	13520	伯豐方彝	24.395	西周中期前段	
伯繡	04622	伯繡簋	9.368	西周中期前段	

人　名	器　號	器　名	卷數頁碼	時　代	備　注
伯旟	10604	伯旟觶	19.425	西周早期	
伯旟	10605	伯旟觶	19.426	西周早期	
伯宷	14728	伯宷鑒	26.138	西周晚期	
伯旛	01901	伯旛鼎	4.62	西周早期	
伯穌	01900	伯穌鼎	4.61	西周早期	
伯穌	02330	伯穌鼎	5.93	西周中期前段	
伯闢	04707	伯闢簋	9.456	西周中期	
伯闢	04708	伯闢簋	9.457	西周中期	
伯彎	04678	伯䣄簋	9.423	西周中期後段	伯䣄的夫人
伯䰴	08496	伯䰴郎爵	17.54	西周早期	
伯䰖（紳）	05100	伯紳簋	11.23	西周中期	
伯卬	13210	伯卬卣	24.122	西周早期	
伯卬	13211	伯卬卣	24.123	西周早期	
伯丁父	05352	作册夨令簋	12.96	西周早期	
伯丁父	05353	作册夨令簋	12.98	西周早期	
伯大父	14393	伯大父盤	25.406	春秋早期	
伯大父	14857	伯大父匜	26.239	春秋早期	
伯上父	02211	伯上父鼎	4.420	西周晚期	
伯上父	02874	伯上父鬲	6.268	西周晚期	
伯山父	12260	伯山父壺蓋	22.135	西周中期後段	
伯芳父	05118	妊小簋	11.55	西周晚期	
伯友父	01969	伯友父鼎	4.125	西周晚期	
伯太師	02027	伯太師鼎	4.191	西周中期	
伯太師	02495	師翱鼎	5.381	西周中期前段	
伯太師	05561	伯大師盨	12.282	西周晚期	
伯太師	05562	伯大師盨	12.284	西周晚期	
伯太師	05976	伯公父簋	13.299	西周晚期	
伯太師	12440	伯克壺	22.393	西周中期後段	
伯戈父	04442	伯戈父簋	9.193	西周早期	
伯中父	04942	伯中父簋	10.273	西周中期	
伯公父	05551	伯公父盨蓋	12.272	西周晚期	
伯公父	05976	伯公父簋	13.299	西周晚期	伯太師小子
伯公父	06220	伯公父盂	13.446	西周晚期	

人　名	器　號	器　名	卷數頁碼	時　代	備　注
伯公父	12348	伯公父壺蓋	22.243	西周晚期	
伯公父	14191	伯公父斗甲	25.309	西周晚期	
伯六辭	01783	伯六辭鼎	3.448	西周早期	
伯正父	14922	伯正父匜	26.298	西周晚期	
伯田父	04881	伯田父簋	10.198	西周晚期	
伯禾獿	01388	亞伯禾獿鼎	3.84	商晚或周早	
伯邦父	02744	伯邦父鬲	6.125	西周晚期	
伯吉父	02250	伯吉父鼎	4.475	西周晚期	
伯吉父	04999	伯吉父簋	10.356	西周晚期	
伯吉父	14930	伯吉父匜	26.306	西周晚期	
伯考父	02053	伯考父鼎	4.225	西周晚期	
伯考父	04783	伯考父簋	10.67	西周中期後段	
伯考父	04784	伯考父簋蓋	10.68	西周中期後段	
伯考父	14453	伯考父盤	25.474	西周晚期	
伯考庚	04353	伯考庚簋	9.113	西周早期前段	
伯考庚	04354	伯考庚簋	9.114	西周早期前段	
伯百父	04778	伯百父簋	10.59	西周中期前段	
伯百父	14399	伯百父盤	25.413	西周晚期	
伯百父	14743	伯百父鑒	26.150	西周晚期	
伯夸父	05508	伯夸父盨	12.227	西周晚期	
伯囡父	05319	望簋	12.18	西周中期前段	望的祖父
伯先父	02914	伯先父鬲甲	6.323	西周晚期	
伯先父	02915	伯先父鬲乙	6.324	西周晚期	
伯先父	02916	伯先父鬲丙	6.325	西周晚期	
伯先父	02917	伯先父鬲丁	6.326	西周晚期	
伯先父	02918	伯先父鬲戊	6.327	西周晚期	
伯先父	02919	伯先父鬲己	6.328	西周晚期	
伯先父	02920	伯先父鬲庚	6.329	西周晚期	
伯先父	02921	伯先父鬲辛	6.330	西周晚期	
伯先父	02922	伯先父鬲壬	6.331	西周晚期	
伯先父	02923	伯先父鬲癸	6.332	西周晚期	
伯多父	05541	伯多父盨甲	12.262	西周晚期	
伯多父	05542	伯多父盨乙	12.263	西周晚期	

人　名	器　號	器　名	卷數頁碼	時　代	備　注
伯多父	05543	伯多父盨丙	12.264	西周晚期	
伯多父	05544	伯多父盨丁	12.265	西周晚期	
伯多父	05591	伯多父盨	12.318	西周晚期	
伯汓父	02913	伯汓父鬲	6.322	西周中期	
伯好父	04568	伯好父簋蓋	9.315	西周中期後段	
伯走父	05640	魯司徒仲齊盨甲	12.387	春秋早期	魯司徒仲齊的父親
伯走父	05641	魯司徒仲齊盨乙	12.390	春秋早期	同上
伯走父	14988	魯司徒仲齊匜	26.372	春秋早期	同上
伯孝鼓	05598	伯孝鼓盨	12.326	西周晚期	
伯孝鼓	05599	伯孝鼓盨	12.328	西周晚期	
伯里父	05563	伯里父盨	12.285	西周晚期	
伯車父	05559	伯車父盨甲	12.280	西周中期後段	
伯車父	05560	伯車父盨乙	12.281	西周中期後段	
伯呂父	05635	伯呂父盨	12.380	西周晚期	
伯邑父	02497	五祀衛鼎	5.385	西周中期前段	
伯邑父	14800	裘衛盉	26.231	西周中期前段	
伯辛父	02077	善夫伯辛父鼎	4.256	西周晚期	
伯角父	14771	伯角父盉	26.179	西周中期	
伯尾父	08530	伯尾父爵	17.83	西周早期	
伯夋父	03318	伯夋父甗	7.195	西周中期	
伯東宮	05243	馭簋	11.307	西周晚期	
伯者父	04629	伯者父簋	9.375	西周早期	
伯叀姑	01732	伯叀姑鼎	3.390	西周早期	
伯其父	05913	伯其父慶簠	13.194	春秋早期	
伯亞臣	14007	伯亞臣鑪	25.175	春秋早期	
伯明父	05629	乘父士杉盨	12.364	西周晚期	
伯昃父	02807	賈子伯昃父鬲甲	6.190	西周晚期	賈國公子
伯昃父	02808	賈子伯昃父鬲甲	6.192	西周晚期	同上
伯戌父	05276	伯戌父簋	11.388	西周晚期	
伯戌父	05277	伯戌父簋	11.390	西周晚期	
伯怡父	02347	伯怡父鼎甲	5.114	春秋晚期	
伯享父	04356	伯享父簋	9.116	西周早期	
伯咸父	01629	伯咸父鼎	3.297	西周晚期	

人　名	器　號	器　名	卷數頁碼	時　代	備　注
伯怡父	02348	伯怡父鼎乙	5.116	春秋晚期	
伯俗父	02432	南季鼎	5.258	西周中期	
伯俗父	02497	五祀衛鼎	5.385	西周中期	
伯侯父	14458	伯侯父盤	25.479	西周晚期	
伯哀父	02367	雛鼎	5.147	西周中期前段	
伯戓父	01987	伯戓父鼎	4.147	西周中期	
伯勇父	05868	伯勇父簋	13.129	西周晚期	
伯桒父	03333	鄭邢伯桒父甗	7.211	西周晚期	
伯索史	06224	伯索史盂	13.450	春秋早期	
伯威父	04081	伯威父簋	8.348	西周早期	
伯夏父	02170	伯夏父鼎	4.367	西周晚期	
伯夏父	02995	伯夏父鬲	6.431	西周晚期	
伯夏父	02996	伯夏父鬲	6.432	西周晚期	
伯夏父	02997	伯夏父鬲	6.433	西周晚期	
伯夏父	02998	伯夏父鬲	6.434	西周晚期	
伯夏父	02999	伯夏父鬲	6.435	西周晚期	
伯夏父	03000	伯夏父鬲	6.436	西周晚期	
伯夏父	03001	伯夏父鬲	6.437	西周晚期	
伯夏父	03002	伯夏父鬲	6.438	西周晚期	
伯夏父	03003	伯夏父鬲	6.439	西周晚期	
伯夏父	03004	伯夏父鬲	6.440	西周晚期	
伯夏父	14001	伯夏父鑢	25.167	西周晚期	
伯夏父	14002	伯夏父鑢	25.169	西周晚期	
伯或父	02189	伯或父鼎	4.388	西周中期	
伯殷父	02070	事盥鼎	4.248	西周早期	
伯猎父	02830	伯猎父鬲	6.214	西周中期後段	
伯效父	13274	異卣蓋	24.199	西周中期前段	異的父親
伯高父	03342	伯高父甗	7.220	春秋早期	鄭氏
伯唐父	02449	伯唐父鼎	5.289	西周早期後段	
伯䎦父	13298	伯䎦父卣	24.229	西周早期	
伯家父	02900	伯家父鬲	6.304	西周晚期	
伯家父	04779	伯家父簋	10.60	西周晚期	
伯家父	04780	伯家父簋	10.62	西周晚期	

人　名	器　號	器　名	卷數頁碼	時　代	備　注
伯家父	05160	伯家父簋蓋	11.131	西周晚期	
伯犀父	05121	御史競簋	11.61	西周中期前段	御史競的上司
伯犀父	05122	御史競簋	11.63	西周中期前段	同上
伯犀父	05314	縣改簋	12.6	西周中期	
伯犀父	13336	競卣	24.297	西周中期前段	
伯茂父	02190	伯茂父鼎	4.389	西周中期	太師小子
伯婁俯	04355	伯婁俯簋	9.115	西周早期	
伯偈父	04943	伯偈父簋	10.275	西周晚期	
伯冊父	05226	小臣傳簋	11.266	西周早期	
伯庶父	04904	伯庶父簋	10.226	西周晚期	
伯庶父	05600	伯庶父盨蓋	12.330	西周晚期	
伯庶父	12280	伯庶父壺	22.155	西周晚期	
伯庶父	14888	伯庶父匜	26.265	西周晚期	
伯庸父	02831	伯庸父鬲甲	6.215	西周中期後段	
伯庸父	02832	伯庸父鬲乙	6.216	西周中期後段	
伯庸父	02833	伯庸父鬲丙	6.217	西周中期後段	
伯庸父	02834	伯庸父鬲丁	6.218	西周中期後段	
伯庸父	02835	伯庸父鬲戊	6.219	西周中期後段	
伯庸父	02836	伯庸父鬲己	6.220	西周中期後段	
伯庸父	02837	伯庸父鬲庚	6.221	西周中期後段	
伯庸父	02838	伯庸父鬲辛	6.222	西周中期後段	
伯庸父	14761	伯庸父盉	26.168	西周中期後段	
伯庸父	14783	伯庸父盉	26.197	西周中期後段	
伯魚父	12235	伯魚父壺	22.109	西周晚期	
伯魚父	12236	伯魚父壺	22.110	西周晚期	
伯彭父	12993	伯彭父卣	23.419	西周早期	
伯遊父	12412	伯遊父壺甲	22.338	春秋中期	馬頸君
伯遊父	12413	伯遊父壺乙	22.339	春秋中期	同上
伯遊父	14510	伯遊父盤	25.541	春秋中期	同上
伯遊父	19239	伯遊父卮	35.22	春秋中期	
伯梁父	04753	伯梁父簋甲	10.28	西周晚期	
伯梁父	04754	伯梁父簋乙	10.29	西周晚期	
伯梁父	04755	伯梁父簋丙	10.30	西周晚期	

人　名	器　號	器　名	卷數頁碼	時　代	備　注
伯梁父	04756	伯梁父簋丁	10.31	西周晚期	
伯梁其	05651	伯梁其盨	12.403	西周晚期	
伯梁其	05652	伯梁其盨	12.405	西周晚期	
伯梁其	05653	伯梁其盨	12.407	西周晚期	
伯喜父	04719	伯喜父簋	9.472	西周晚期	
伯喜父	04720	伯喜父簋	9.473	西周晚期	
伯喜父	04721	伯喜父簋	9.474	西周晚期	
伯榐盧	05085	伯榐盧簋	11.3	西周晚期	
伯榐盧	05086	伯榐盧簋	11.5	西周晚期	
伯榐盧	05087	伯榐盧簋	11.6	西周晚期	
伯榐盧	05088	伯榐盧簋	11.7	西周晚期	
伯郘父	02143	晉司徒伯郘父鼎	4.334	西周晚期	晉國的司徒
伯揚父	15004	𢼸匜	26.392	西周中期後段	
伯買父	03364	中甗	7.253	西周早期後段	
伯筍父	02079	伯筍父鼎	4.258	西周晚期	
伯筍父	02080	伯筍父鼎	4.259	西周晚期	
伯筍父	05507	伯筍父盨	12.226	西周晚期	
伯就父	04681	伯就父簋	9.426	西周中期	
伯鄁父	02779	伯鄁父鬲	6.160	西周晚期	
伯寬父	05636	伯寬父盨	12.381	西周晚期	
伯寬父	05637	伯寬父盨	12.382	西周晚期	
伯寬父	05638	伯寬父盨	12.383	西周晚期	
伯幾父	04717	伯幾父簋	9.468	西周中期後段	
伯幾父	04718	伯幾父簋	9.470	西周中期後段	
伯頌父	03344	伯頌父甗	7.223	西周晚期	
伯雍父	05115	录簋	11.49	西周中期前段	录的上司
伯雍父	11803	录𢦏尊	21.279	西周中期前段	
伯雍父	13331	录𢦏卣	24.288	西周中期前段	
伯雍父	13332	录𢦏卣	24.290	西周中期前段	
伯雍父	14391	伯雍父盤	25.404	西周中期前段	
伯雍倗	01782	伯雍倗鼎	3.447	西周早期	
伯遲父	01997	伯遲父鼎	3.296	西周晚期	
伯嘉父	04505	伯嘉父簋	9.261	西周晚期	

人　名	器　號	器　名	卷數頁碼	時　代	備　注
伯嘉父	04506	伯嘉父簋	9.262	西周晚期	
伯壽父	05833	伯壽父簠	13.89	春秋早期	
伯馭父	14444	伯馭父盤	25.464	春秋早期	
伯蔡父	04504	伯蔡父簋	9.260	西周中期	
伯碩父	02438	伯碩父鼎	5.267	西周晚期	
伯碩寽	14447	伯碩寽盤	25.467	西周中期	
伯䕞父	02109	伯䕞父鼎	4.293	西周晚期	
伯賓父	04781	伯賓父簋甲	10.64	西周晚期	
伯賓父	04782	伯賓父簋乙	10.66	西周晚期	
伯榮父	05079	伯榮父簋	10.480	西周晚期	
伯疑父	04843	伯疑父簋蓋	10.139	西周晚期	
伯趠父	04357	伯趠父簋	9.116	西周晚期	
伯趠父	05277	伯娍父簋	11.390	西周晚期	
伯衛父	02051	伯衛父鼎	4.222	西周中期	
伯衛父	14764	伯衛父盂	26.172	西周中期前段	
伯𣄰父	02028	伯𣄰父鼎	4.192	西周晚期	
伯魯父	12236	伯魚父壺	22.110	西周晚期	
伯鸎父	01628	伯鸎父鼎	4.157	西周晚期	
伯鸎父	05838	伯鸎父簠	13.95	西周晚期	
伯頵父	02249	伯頵父鼎	4.473	西周晚期	
伯頵父	04998	伯頵父簋	10.355	西周晚期	
伯懋父	02462	師旂鼎	5.314	西周中期前段	
伯懋父	03888	伯懋父簋	8.192	西周早期後段	
伯懋父	05225	小臣宅簋	11.264	西周早期	
伯懋父	05269	小臣謎簋	11.370	西周早期	
伯懋父	05270	小臣謎簋	11.373	西周早期	
伯懋父	11802	召尊	21.277	西周早期後段	
伯懋父	12372	呂壺	22.278	西周早期	
伯懋父	13325	召卣	24.275	西周早期後段	
伯遟父	03267	伯遟父瓾	7.145	西周晚期	
伯遟父	04358	伯遟父簋	9.117	西周晚期	
伯歸塦	02217	伯歸塦鼎甲	4.429	春秋早期	
伯歸塦	02218	伯歸塦鼎乙	4.431	春秋早期	

人　名	器　號	器　名	卷數頁碼	時　代	備　注
伯歸夆	14484	伯歸夆盤	25.507	春秋早期	
伯濼父	12177	伯濼父壺蓋	22.46	西周中期	
伯濼父	12281	伯濼父壺蓋	22.156	西周中期	
伯龢父	05363	師𣪕𣪕	12.120	西周晚期	
伯寵父	05570	伯寵父盨	12.291	西周晚期	
伯𠣐子	02820	伯𠣐子鬲	6.203	西周晚期	
伯朩父	11764	殳尊	21.232	西周早期	
伯大祝追	02396	大祝追鼎	5.190	西周晚期	
伯大師釐	05572	伯大師釐盨	12.293	西周晚期	
伯大師釐	05573	伯大師釐盨	12.295	西周晚期	
伯多人非	12268	伯多人非壺	22.143	西周晚期	
伯敢舁縣	05613	伯敢舁縣盨甲	12.343	西周中期前段	
伯敢舁縣	05614	伯敢舁縣盨乙	12.345	西周中期前段	
伯旟魚父	05824	伯旟魚父簋	13.80	春秋早期	
伺之囂	17217	羕陵公戈	32.283	戰國晚期	羕陵公
彼令趙世	18003	彼令趙世鈹	33.371	戰國晚期	
征	08791	征角	17.228	商代晚期	
征	10625	征觶	19.444	西周早期	
征	14377	征盤	25.390	西周早期	
皂高	17334	鄭令韓夌戈	32.425	戰國晚期	
皂高	17335	鄭令公先嚳戈	32.426	戰國晚期	
皂高	17336	鄭令公先嚳戈	32.427	戰國晚期	
𠚊丞	13228	𠚊丞卣	24.141	西周早期	
余憨	12025	余憨壺	21.384	戰國晚期	
余慶	17324	寧壽令余慶戈	32.413	戰國晚期	寧壽縣令
余子汆	01883	余子汆鼎	4.40	春秋中期	即徐子汆
余王襄	14973	昊甫人匜	26.351	春秋早期	即徐王襄
余太子伯辰	02216	伯辰鼎	4.427	春秋早期	即徐太子伯辰
兌	04922	兌簋	10.247	西周晚期	
兌	05177	蠿兌簋	11.166	西周晚期	即蠿兌
谷𥄃	16746	谷𥄃戟	31.204	戰國晚期	
采	13015	采卣	23.440	西周早期	
采	13085	采卣	23.509	商代晚期	

人 名	器 號	器 名	卷數頁碼	時 代	備 注
妥	03409	妥簋	7.263	商代晚期	
言	01869	言鼎	4.25	西周中期前段	
孚公狄	03309	孚公狄甗	7.186	西周中期	
甸人邑再	16926	甸人邑再戈	31.478	戰國早期	
甸人邑再	16927	甸人邑再戈	31.479	戰國早期	
免	05268	免簋	11.368	西周中期後段	
免	05974	免簠	13.296	西周中期	
免	11805	免尊	21.282	西周中期前段	
免	13330	免卣	24.287	西周中期前段	
免	14515	免盤	25.549	西周中期	
免伯	01739	師𡆥鼎	3.396	西周中期	
夆	14600	夆盉	26.21	西周早期後段	即逢
夆伯	02954	夆伯鬲	6.374	西周中期	即逢伯
夆叔	14522	夆叔盤	25.560	春秋早期	即逢叔
夆叔	15001	夆叔匜	26.388	春秋晚期	同上
夆季	12275	夆季壺蓋	22.150	西周中期前段	即逢季
夆子選	05890	夆子選簠甲	13.155	春秋早期	即逢子選
夆子選	05891	夆子選簠乙	13.158	春秋早期	同上
夆伯命	03276	夆伯命甗	7.154	西周早期	即逢伯命
夆莫父	13086	夆莫父卣	23.510	西周中期前段	即逢莫父
狄史	19707	文王玉璧	35.310	西周早期	
辛	01318	辛鼎	3.26	西周早期	
辛	02271	辛鼎	5.8	西周中期前段	
辛	09850	遙觚	18.498	西周早期	疑的上司
辛	11509	辛尊	21.11	西周早期後段	
辛	13016	辛卣	23.440	西周早期	
辛父	05092	仲辛父簋	11.12	西周中期	即仲辛父
辛公	02481	師�鼎	5.352	西周中期	師�的祖父
辛公	05115	录簋	11.49	西周中期前段	录的祖父
辛公	05167	䵦簋	11.146	西周中期	蜆的父親
辛公	05328	師道簋	12.37	西周中期	師道的父親
辛公	11804	黽尊	21.281	西周中期前段	螺的父親或祖父
辛公	13343	繁卣	24.313	西周中期前段	繁的父親

人　名	器　號	器　名	卷數頁碼	時　代	備　注
辛公	15592	癲鐘（1式）	29.25	西周中期後段	癲的曾祖父
辛吏	05023	辛吏簋	10.390	西周早期	
辛仲	14793	周晉盉	26.215	西周中期前段	周晉的父親
辛伯	02322	乃子克鼎	5.81	西周早期	
辛宮	02228	舍父鼎	4.446	西周中期前段	
辛姬	14964	曾夫人匜	26.342	春秋晚期	
辛王姬	05017	辛王姬簋	10.378	西周晚期	
辛王姬	05018	辛王姬簋	10.380	西周晚期	
辛踝相	05224	辛踝相簋	11.262	西周早期	
辛公再父	12405	夨伯壺蓋	22.326	西周中期前段	
辛叔皇父	04727	辛叔皇父簋	9.480	西周晚期	
辛姬變人	04775	中伯簋	10.55	西周晚期	中伯的夫人
辛姬變人	04903	中伯簋	10.225	西周晚期	同上
辛姬變人	12361	中伯壺	22.262	西周晚期	中伯的女兒
辛姬變人	12362	中伯壺蓋	22.263	西周晚期	同上
辛中姬皇母	02173	辛中姬皇母鼎	4.370	西周晚期	
辛中姬皇母	02174	辛中姬皇母鼎	4.371	西周晚期	
序鼄贊母	02821	王鬲	6.204	春秋早期	
羌	01548	羌鼎	3.223	西周中期	
羌	02260	羌鼎	4.490	西周早期	
羌仲歼	05911	羌仲歼簋	13.192	西周晚期	
姕	12111	光壺	21.462	西周早期	即光
弟叟	02231	弟叟鼎	4.449	西周晚期	
宋戻	17316	邢令吴佘戈	32.403	戰國晚期	
宋句	06230	永盂	13.459	西周中期	
宋姜	02693	宋姜鬲	6.76	西周中期	
宋姬	02144	蔡侯鼎	4.335	春秋早期	蔡侯的姊妹
宋婦	09778	宋婦瓶	18.440	商代晚期	
宋費	17206	新城大令韓定戈	32.273	戰國晚期	
宋公司	06157	宋公司鋪	13.414	春秋晚期	
宋公戌	15751	宋公戌鎛甲	29.165	春秋晚期	
宋公戌	15752	宋公戌鎛乙	29.167	春秋晚期	
宋公戌	15753	宋公戌鎛丙	29.169	春秋晚期	

人　名	器　號	器　名	卷數頁碼	時　代	備　注
宋公戌	15754	宋公戌鎛丁	29.171	春秋晚期	
宋公戌	15755	宋公戌鎛戊	29.173	春秋晚期	
宋公戌	15756	宋公戌鎛己	29.175	春秋晚期	
宋公差	16825	宋公差戈	31.309	春秋晚期	
宋公差	16826	宋公差戈	31.311	春秋晚期	
宋公差	16827	宋公差戈	31.312	春秋晚期	
宋公得	16828	宋公得戈	31.313	春秋晚期	
宋公欒	01564	宋公欒鼎蓋	3.238	春秋晚期	
宋公欒	05904	宋公欒簠	13.181	春秋晚期	
宋公欒	16829	宋公欒戈	31.316	春秋晚期	
宋孟姬	14946	鄭伯匜	26.324	西周晚期	
宋莊公	02179	趩亥鼎	4.376	春秋中期	
宋讙父	02811	宋讙父鬲	6.195	春秋早期	
宋右師延	06074	宋右師延敦	13.335	春秋時期	
宋君夫人	01846	宋君夫人鼎蓋	4.3	春秋晚期	
宋君夫人	02222	宋君夫人鼎	4.439	春秋晚期	
牢	11565	牢尊	21.60	西周早期	
牢犬	04437	牢犬簋	9.188	西周早期	
穷	02398	穷鼎	5.193	西周中期	
冶才	17171	皇陽令強狨戈	32.233	戰國時期	
冶才	17172	皇陽令強狨戈	32.234	戰國時期	
冶山	17166	鄴令裦戈	32.227	戰國中期	
冶中	16972	齊城右戟	32.14	戰國晚期	
冶小	17230	芒令口鞽戈	32.296	戰國晚期	
冶壬	17308	頓丘令麛酉戟	32.393	戰國中期	
冶午	17303	皋落戈	32.387	戰國晚期	
冶午	17304	上皋落戈	32.388	戰國晚期	
冶气	17087	右庫冶气戈	32.141	戰國時期	
冶匀	06260	八年鳥柱盆	13.474	戰國中期	
冶匀	12368	十年壺	22.272	戰國中期	
冶匀	14945	冶匀匜	26.323	战國中期	
冶匀	17311	涑鄠嗇夫担戈	32.396	戰國晚期	
冶匀	17682	相邦春平侯矛	33.118	戰國晚期	

人　名	器　號	器　名	卷數頁碼	時　代	備　注
冶乩	17151	大梁左庫戈	32.212	戰國中期	
冶句	18012	守相廉頗鈹	33.380	戰國晚期	
冶句	18050	相邦春平侯劍	33.433	戰國晚期	
冶句	18055	相邦春平侯鈹	33.438	戰國晚期	
冶句	18056	相邦春平侯劍	33.439	戰國晚期	
冶疋	17360	襄城令韓沽戈	32.454	戰國晚期	
冶叵	18058	相邦春平侯劍	33.440	戰國晚期	
冶同	17222	蘭令陲隋戈	32.288	戰國晚期	
冶光	17332	冢子觟諻戈	32.423	戰國晚期	
冶光	17677	冢子矛	33.110	戰國晚期	
冶肉	18029	相邦建信君鈹	33.406	戰國晚期	
冶仲	11630	冶仲尊	21.113	西周中期前段	
冶同	17331	邦府大夫趙閒戈	32.422	戰國晚期	
冶向	17694	襄城令桼名矛	33.130	戰國晚期	
冶韌	17159	首垣令不室戈	32.220	戰國晚期	
冶巡	02066	卅年虒令癰鼎	4.243	戰國中期	
冶巡	18006	邦司寇趙新鈹	33.373	戰國晚期	
冶巡	18010	守相廉頗鈹	33.378	戰國晚期	
冶巡	18011	守相廉頗鈹	33.379	戰國晚期	
冶巡	18013	守相廉頗鈹	33.382	戰國晚期	
冶巡	18059	相邦春平侯鈹	33.441	戰國晚期	
冶更	02016	四年昌國鼎	4.179	戰國晚期	
冶匭	18579	邦左庫弩牙	34.155	戰國晚期	
冶夏（得）	18014	南行唐令瞿卯劍	33.383	戰國晚期	
冶夏（得）	18015	南行唐令瞿卯鈹	33.384	戰國晚期	
冶夏（得）	18016	南行唐令瞿卯鈹	33.385	戰國晚期	
冶何	17305	喜令韓詒戈	32.389	戰國晚期	
冶兌	17215	酈諄戈	32.282	戰國晚期	
冶狄	17220	鄭令韓熙戈	32.286	戰國晚期	
冶妥	17133	王子戈	32.192	戰國晚期	
冶余	17349	安平相邦戈	32.441	戰國晚期	
冶余	18001	安平守變疾鈹	33.369	戰國早期	
冶系	17152	下丘齒夫戈	32.213	戰國時期	

人　名	器　號	器　名	卷數頁碼	時　代	備　注
冶疕	18070	守相武襄君鈹	33.456	戰國晚期	
冶良	17155	邵令垠戈	32.216	戰國晚期	
冶即	01979	相室趙𤨗鼎	4.135	戰國中期	
冶攰	17361	安陽令敬章戈	32.455	戰國晚期	
冶者	17197	啟封令癰戈	32.262	戰國時期	
冶幸	17100	嗇夫冰戈	32.154	戰國晚期	
冶芊	17226	安邑司寇狁戈	32.292	戰國中期	
冶非	17110	夼令戈	32.165	戰國晚期	
冶芆(市)	17214	酈誖戈	32.281	戰國晚期	
冶明	17315	邢令孟柬慶戈	32.402	戰國晚期	
冶明	18054	相邦春平侯鈹	33.437	戰國晚期	
冶明	18067	守相信平君鈹	33.452	戰國晚期	
冶昌	16965	工城戈	32.7	戰國早期	
冶呇	17320	冢子韓矰戈	32.407	戰國晚期	
冶阜	17126	芒陽守令虔戈	32.185	戰國晚期	
冶私	17681	相邦春平侯矛	33.117	戰國晚期	
冶疘	18064	相邦平國君鈹	33.448	戰國晚期	
冶沽	17994	欒令楯唐劍	33.362	戰國時期	
冶泪	19361	中府丞趙許杖首	35.139	戰國時期	
冶沱	16966	城淮戈	32.8	戰國早期	
冶珍	16967	涷鄂戈	32.9	戰國早期	
冶匨	18057	相邦春平侯劍	33.440	戰國晚期	
冶狙	17337	鄭令趙距戈	32.428	戰國晚期	
冶狙	17345	鄭令幽恒戈	32.437	戰國晚期	
冶狙	17686	鄭令向佃矛	33.122	戰國晚期	
冶朔	18003	佊令趙世鈹	33.371	戰國晚期	
冶袤(因)	17117	工師愈戟	32.173	戰國中期	
冶袤(因)	17118	工師繯戈	32.174	戰國晚期	
冶疢	18049	相邦春平侯劍	33.432	戰國晚期	
冶浊	18004	邢疫令邦乙劍	33.372	戰國晚期	
冶宭	17358	屯留令邢丘偈戟	32.451	戰國晚期	
冶起	18008	冢子韓春鈹	33.376	戰國時期	
冶雁	17316	邢令吳籴戈	32.403	戰國晚期	

人　名	器　號	器　名	卷數頁碼	時　代	備　注
冶息	18031	相邦建信君鈹	33.409	戰國晚期	
冶徤	10626	冶徤觶	19.444	西周早期	
冶倉	17313	趙令邯鄲W戈	32.399	戰國晚期	
冶㲋	17702	截雍令韓匤戟刺	33.140	戰國晚期	
冶隔	17178	負黍令韓譙戈	32.242	戰國晚期	
冶隔	17179	負黍令韓譙戈	32.243	戰國晚期	
冶愻	17149	晉上庫戈	32.210	戰國晚期	
冶起	17675	宅陽令隄�矛	33.107	戰國時期	
冶赦	18053	相邦春平侯鈹	33.436	戰國晚期	
冶厲	18052	相邦春平侯劍	33.435	戰國晚期	
冶厛	17200	司寇書戈	32.267	戰國晚期	
冶岦	17086	州工師明戈	32.139	戰國早期	
冶愳（謀）	17181	侖氏令韓化戈	32.245	戰國時期	
冶敍	17346	陽城令事壯戈	32.438	戰國晚期	
冶皐（觸）	17265	相邦瘠戈	32.340	戰國晚期	
冶章	17317	武城令戈	32.404	戰國晚期	
冶庶	17167	令韓詽戈	32.228	戰國晚期	
冶㾈	18072	武陰令司馬闌鈹	33.458	戰國晚期	
冶瘩	19360	冶瘩杖首	35.138	戰國時期	
冶祥	17329	馬雍令事吳戈	32.420	戰國時期	
冶陽	17192	藺相如戈	32.256	戰國晚期	
冶琊	17700	安陽令韓壬戟刺	33.138	戰國晚期	
冶參	17975	王襄劍	33.334	戰國時期	
冶紹	19035	冶紹車飾	34.473	戰國晚期	
冶黃	17235	□陽令魏戲戈	32.300	戰國晚期	
冶敬	02162	十七年平陰鼎蓋	4.355	戰國中期	
冶期	02163	卅五年虒令周奴鼎	4.356	戰國中期	
冶期	02166	九年承匡令鼎	4.363	戰國中期	
冶期	14779	虒令周奴盉	26.191	戰國中期	
冶期	17824	鄭武庫劍	33.167	戰國時期	
冶督	17679	邦司寇野弟矛	33.115	戰國中期	
冶勅（勝）	02136	十三年上官鼎	4.325	戰國晚期	
冶勅（勝）	17173	高都令陳鶊戈	32.235	戰國晚期	

人　名	器　號	器　名	卷數頁碼	時　代	備　注
冶勳（勝）	17967	高都令陳鸞劍	33.325	戰國晚期	
冶勳（勝）	17968	高都令陳鸞劍	33.326	戰國晚期	
冶鈞	17703	梁令張猷戟刺	33.141	戰國晚期	
冶禽	17306	紛陶令富反戈	32.390	戰國時期	
冶狊	17116	工師愈戟	32.172	戰國中期	
冶朕	17674	邦司寇富無矛	33.106	戰國中期	
冶哉	17101	弖工師戈	32.156	戰國晚期	
冶湙	17974	邢趙下庫劍	33.334	戰國晚期	
冶象	17097	泌陽戈	32.152	戰國中期	
冶畫	17156	□陽邑令戈	32.217	戰國晚期	
冶悶	17203	并陽令其戈	32.270	戰國晚期	
冶問	17194	高奴嗇令壯罌戈	32.260	戰國晚期	
冶夢	17158	頓丘令變戈	32.219	戰國中期	
冶遣	05829	冶遣簋	13.85	西周晚期	
冶微	17224	迵令樂疳戈	32.290	戰國時期	
冶矬	18063	相邦春平侯劍	33.447	戰國晚期	
冶會（舒）	17319	冢子韓矰戈	32.406	戰國晚期	
冶意	02256	公朱左官鼎	4.484	戰國中期	
冶疒	18028	相邦建信君鈹	33.405	戰國晚期	
冶瘀	18018	武信令馬師闇鈹	33.387	戰國時期	
冶褱	17314	邢令殷思戟	32.401	戰國晚期	
冶緤	17341	鄭令縱□戈	32.432	戰國晚期	
冶褚	17206	新城大令韓定戈	32.273	戰國晚期	
冶魁	18030	相邦建信君鈹	33.408	戰國晚期	
冶瘍	17213	鄜誖戈	32.280	戰國晚期	
冶嘗	17229	芒令州煖戈	32.295	戰國晚期	
冶趣	17347	陽城令戈	32.439	戰國晚期	
冶醇	18060	相邦春平侯鈹	33.443	戰國晚期	
冶醇	18061	相邦春平侯鈹	33.444	戰國晚期	
冶醇	18062	相邦春平侯鈹	33.445	戰國晚期	
冶豎	17233	郫陰令萬爲戈	32.298	戰國晚期	
冶譜	02018	二年寧冢子得鼎	4.183	戰國晚期	
冶眉	17704	陽翟令慼戟刺	33.142	戰國晚期	

人　名	器　號	器　名	卷數頁碼	時　代	備　注
冶諨	18066	守相信平君鈹	33.451	戰國晚期	
冶覤	17307	房子令趙結戈	32.392	戰國晚期	
冶癃	17339	鄭令趙距戈	32.430	戰國晚期	
冶澤	17266	代相邡皮戈	32.341	戰國晚期	
冶鵑	17201	少曲令慎彔戈	32.268	戰國時期	
冶憲	17354	晉陽令趙去疾戈	32.446	戰國晚期	
冶尉	17187	王何戈	32.250	戰國晚期	
冶癘	02421	信安君鼎	5.237	戰國中期	
冶臘	16971	齊城左戟	32.13	戰國晚期	
冶闥（闔）	17198	郘令夜胥戈	32.264	戰國晚期	
冶竈	17180	負黍令韓譙戈	32.244	戰國晚期	
冶鑄	17699	宅陽令□愿戟刺	33.137	戰國晚期	
冶齎	17234	王垣令豕戟	32.299	戰國晚期	
冶贛	17338	鄭令趙距戈	32.429	戰國晚期	
冶贛	17340	鄭令韓恙戈	32.431	戰國晚期	
冶夕（隹）	17183	格氏令韓貴戈	32.246	戰國晚期	
冶豵	16488	冶豵戈	30.442	戰國時期	
冶予	17169	蒲阪令籥戈	32.230	戰國晚期	
冶人逄	17318	大陰令賈弩戈	32.405	戰國時期	
冶人參	17693	藺令趙狽矛	33.129	戰國晚期	
冶己女	17217	羕陵公戈	32.283	戰國晚期	
冶王石	02421	信安君鼎	5.237	戰國中期	
冶尤狁	17204	平陶令范昃戈	32.271	戰國晚期	
冶氏肙（翯）	17196	邢令輅庶戈	32.261	戰國晚期	
冶氏戀	17188	趙弒戈	32.252	戰國晚期	
冶尹亘	18040	相邦建信君劍	33.419	戰國晚期	
冶尹肉	18036	相邦建信君鈹	33.414	戰國晚期	
冶尹肉	18039	相邦建信君鈹	33.418	戰國晚期	
冶尹弘	17691	鄭令韓半矛	33.127	戰國晚期	
冶尹匜	18038	相邦建信君鈹	33.417	戰國晚期	
冶尹明	18043	相邦春平侯鈹	33.423	戰國晚期	
冶尹明	18074	司工馬鈹	33.460	戰國晚期	
冶尹毛	18034	相邦建信君劍	33.412	戰國晚期	

人　名	器　號	器　名	卷數頁碼	時　代	備　注
冶尹盂	18035	相邦建信君劍	33.413	戰國晚期	
冶尹盂	18037	相邦建信君劍	33.415	戰國晚期	
冶尹貞	17687	鄭令槍瀧矛	33.123	戰國晚期	
冶尹放	17333	鄭令韓半戈	32.424	戰國晚期	
冶尹弱	17688	鄭令槍瀧矛	33.124	戰國晚期	
冶尹弱	17692	鄭令公先豐矛	33.128	戰國晚期	
冶尹波	17689	鄭令槍瀧矛	33.125	戰國晚期	
冶尹波	17690	鄭令槍瀧矛	33.126	戰國晚期	
冶尹波	17701	鄭令槍瀧戟刺	33.139	戰國晚期	
冶尹啟	17342	鄭令槍瀧戈	32.433	戰國晚期	
冶尹啟	17344	鄭令槍瀧戈	32.436	戰國晚期	
冶尹啟	18071	鄭令槍瀧鈹	33.457	戰國晚期	
冶尹屠	17343	鄭令槍瀧戈	32.434	戰國晚期	
冶尹朝	18009	廉相如劍	33.377	戰國時期	
冶尹須	18007	邦司寇趙春鈹	33.374	戰國晚期	
冶尹嬬	17334	鄭令韓㚹戈	32.425	戰國晚期	
冶尹顡	18069	邦司寇趙春鈹	33.455	戰國晚期	
冶左自	17075	得工戈戈	32.119	戰國晚期	
冶吏秦	14187	冶吏秦勺	25.305	戰國晚期	
冶吏秦	14188	冶吏秦勺	25.306	戰國晚期	
冶吏息	17992	代相樂宬鈹	33.360	戰國晚期	
冶吏息	17993	代相吏微劍	33.361	戰國晚期	
冶吏狗	18065	相邦陽安君鈹	33.449	戰國晚期	
冶吏開	17680	相邦春平侯矛	33.116	戰國晚期	
冶吏開	18044	相邦春平侯鈹	33.425	戰國晚期	
冶吏開	18045	相邦春平侯鈹	33.426	戰國晚期	
冶吏㝬	18594	邦右庫兵器	34.174	戰國時期	
冶臣市	02387	鄐得鼎	5.179	戰國時期	
冶臣成	18073	春平相邦葛得劍	33.459	戰國晚期	
冶明無	17353	洱陽令張定戟	32.445	戰國晚期	
冶盂夏（得）	18017	南行唐令瞿卬劍	33.386	戰國晚期	
冶所汉（洧）	16970	齊城左戈	32.12	戰國晚期	
冶馬童	19500	冶馬童器	35.253	戰國晚期	

人　名	器　號	器　名	卷數頁碼	時　代	備　注
冶宭瀡	18047	相邦春平侯鈹	33.429	戰國晚期	
冶奚昜	18005	邦司寇陳授鈹	33.372	戰國晚期	
冶得钜	18041	相邦建信君鈹	33.420	戰國晚期	
冶庨軮	17142	馬雍令事吳戈	32.202	戰國時期	
冶紹夆	06316	冶紹夆匕	13.514	戰國晚期	
冶紹夆	06317	冶紹夆匕	13.515	戰國晚期	
冶數近	17231	龔令思戈	32.297	戰國時期	
冶數近	17232	龔令思戈	32.297	戰國時期	
冶盤野	06314	冶盤野匕	13.512	戰國晚期	
冶盤野	06315	冶盤野匕	13.513	戰國晚期	
冶大夫杕	02256	公朱左官鼎	4.484	戰國中期	
冶仲丂父	12422	冶仲丂父壺	22.356	春秋早期	
冶師史秦	02359	楚王酓忎鼎	5.133	戰國晚期	
冶師絫夆	02360	楚王酓忎鼎	5.136	戰國晚期	
冶師絫夆	14508	楚王酓忎盤	25.538	戰國晚期	
冶師盤坴	02359	楚王酓忎鼎	5.133	戰國晚期	
冶尹曎半釪	18068	邦司寇馬愸劍	33.454	戰國晚期	
汪伯	13099	汪伯卣	24.12	西周早期	
沝	12213	沝壺	22.83	商代晚期	
沝	14740	沝盉	26.148	商代晚期	
沝	14741	沝盉	26.149	商代晚期	
沝	14742	沝盉	26.149	商代晚期	
沖子蹦	01670	沖子蹦鼎	3.334	戰國早期	
沈子	05384	沈子也簋蓋	12.172	西周早期	即沈子也
沈子也	05384	沈子也簋蓋	12.172	西周早期	
沈子壴	13310	壴卣	24.246	西周早期	即壴
沇兒	15819	沇兒鎛	29.358	春秋晚期	
良夫	14521	良夫盤	25.559	春秋早期	鄭武公之孫
良夫	15000	良夫匜	26.387	春秋早期	同上
良季	01464	良季鼎	3.146	西周中期	
初	19920	宗邑瓦書	35.508	戰國晚期	
弨伯	02932	弨伯鬲	6.343	西周中期	
即	05290	即簋	11.423	西周中期後段	

人　名	器　號	器　名	卷數頁碼	時　代	備　注
即墨華	16859	即墨華戈	31.355	戰國時期	
帆	03417	帆簋	7.268	商代晚期	
帆戉	09843	帆戉觚	18.493	西周早期	
卲	01338	卲之飤鼎	3.40	戰國早期	
卲	04068	卲簋	8.339	西周早期	
卲	04069	卲簋	8.339	西周早期	
卲	06113	卲方豆	13.362	春秋時期	
卲	06114	卲方豆	13.363	春秋時期	
卲	16608	卲戈	31.50	戰國晚期	
卲	19300	昭器蓋	35.85	春秋中期	即昭
卲王	02428	剌鼎	5.251	西周中期前段	即周昭王
卲王	14541	史牆盤	25.599	西周中期前段	同上
卲王	14543	逨盤	25.605	西周晚期	同上
卲王	15633	㝬鐘	29.142	西周晚期	同上
卲公	12455	中山王譻壺	22.449	戰國中期	指召公奭
卲伯	15240	戎生鐘乙	27.229	春秋早期	戎生的父親
卲愄	17127	相公子矰戈	32.185	戰國時期	
卲鄢	19178	鄂君啟車節	34.552	戰國晚期	即昭陽
卲鄢	19179	鄂君啟車節	34.555	戰國晚期	同上
卲鄢	19180	鄂君啟車節	34.557	戰國晚期	同上
卲鄢	19181	鄂君啟舟節	34.559	戰國晚期	同上
卲鄢	19182	鄂君啟舟節	34.561	戰國晚期	同上
卲嗇	17310	徐莫敖昭嗇戈	32.395	戰國晚期	即昭嗇
卲者果	18815	大市量	34.267	戰國中期	即昭者果
卲翏公	06072	益余敦	13.333	春秋時期	
卲之瘠夫	17057	昭之腈夫戈	32.101	春秋晚期	即昭之腈夫
卲王之諻	01748	卲王之諻鼎	3.406	春秋晚期	即昭王之諻
卲王之諻	04471	卲王之諻簋	9.219	春秋晚期	同上
卲王之諻	04472	卲王之諻簋	9.220	春秋晚期	即昭王之諻
卲伯日庚	02445	伯姜鼎	5.280	西周中期前段	即昭伯日庚
改	05605	改盨	12.335	西周中期	
屋父	13161	散伯卣	24.71	西周中期前段	
屋父	13162	散伯卣	24.72	西周中期前段	

人名	器號	器名	卷數頁碼	時代	備注
屖父	13163	散伯卣蓋	24.73	西周中期前段	
君子	01474	君子之弄鼎	3.156	戰國早期	
君子	12156	君子壺	22.27	春秋晚期	
君夫	05197	君夫簋蓋	11.216	西周中期	
君氏	05340	五年琱生簋	12.64	西周晚期	
君氏	11816	琱生尊	21.304	西周晚期	
君氏	11817	琱生尊	21.306	西周晚期	
君子翻	16770	君子翻戟	31.241	春秋晚期	
君夫人	01484	君夫人鼎	3.167	戰國晚期	
坒	13264	𣪘卣	24.186	西周早期	
阼冢雝	16580	阼冢雝戈	31.18	戰國晚期	
陊	17254	相邦呂不韋戈	32.325	戰國晚期	
壯罌	17194	高奴曹令壯罌戈	32.260	戰國晚期	魏國高奴縣曹令
妝王	07123	妝王爵	15.40	商代晚期	
郘昃	17204	平陶令范昃戈	32.271	戰國晚期	即范昃
矣	01400	矣鼎	3.96	商代晚期	即疑
矣	04168	矣簋	8.424	西周早期	同上
矣	04379	亞㠱矣簋	9.135	西周早期	
矣	04380	亞㠱侯矣簋	9.136	西周早期	
矣	04381	亞㠱侯矣簋	9.137	西周早期	
矣	04382	亞㠱侯矣簋	9.137	西周早期	
矣父	04337	疑父簋	9.100	西周早期	即疑父
甬	02765	甬鬲	6.148	西周早期前段	
函弗生	03270	函弗生甗	7.148	西周早期	
郃伯	02479	趞鼎	5.348	西周晚期	趞的父親
㠯	06115	㠯方豆	13.364	春秋晚期	
㠯伯㞢	04597	㠯伯㞢簋	9.344	西周早期	
㠯伯䟽	04777	㠯伯䟽簋蓋	10.58	西周晚期	
㚸	01896	乙未鼎	4.57	商晚或周早	即姒
㚸	04412	姒簋	9.166	西周早期前段	同上
㚬仲	05832	㚬仲簠	13.88	春秋早期	
妘氏	01988	叀鼎	4.148	西周中期後段	
妊	08474	妊爵	17.38	西周早期	

人名	器號	器名	卷數頁碼	時代	備注
妊	08475	妊爵	17.38	西周早期	
妊	04153	妊簋	8.412	西周早期	
妊小	05118	妊小簋	11.55	西周晚期	
妊氏	02405	螀鼎	5.211	西周中期	即姒
妊氏	04239	作任氏簋	9.15	西周早期	
妊氏	04240	作任氏簋	9.16	西周早期	
妊冉	19780	妊冉石磬	35.386	商代晚期	
妣乙	02399	我鼎	5.195	西周早期後段	
妣乙	07984	剢妣乙爵	16.157	商代晚期	
妣乙	07985	並妣乙爵	16.158	商代晚期	
妣丁	09731	女子妣丁觚	18.402	商代晚期	
妣己	08257	𢍰妣己爵	16.375	西周早期	
妣己	09779	亞䢅妣己觚	18.441	西周早期	
妣己	10624	中觶	19.443	西周早期前段	中的祖母
妣壬	08518	或爵	17.71	西周早期	或的祖母
妣丙	07986	丨妣丙爵	16.158	商代晚期	
妣丙	13323	二祀𠨘其卣	24.270	商代晚期	大乙的配偶
妣戊	01731	木工册鼎	3.389	西周早期	
妣戊	05140	肄簋	11.90	商代晚期	
妣辛	00751	戈妣辛鼎	2.68	商代晚期	
妣辛	01857	㚔鼎	4.15	西周早期前段	
妣辛	03999	天豕妣辛簋	8.281	商代晚期	
妣辛	08258	爻妣辛爵	16.376	西周早期	
妣辛	10600	亞矣妣辛觶	19.422	商代晚期	
妣辛	11299	亞妣辛尊	20.332	商代晚期	
妣庚	04580	𠂤簋	9.327	商代晚期	𠂤的祖母
妣庚	10481	史妣庚觶	19.333	西周早期	
妣癸	00752	乙未鼎	4.57	西周早期	
妣癸	02399	我鼎	5.195	西周早期後段	
妣癸	08473	㪤爵	17.37	西周早期	㪤的祖母
妣癸	11300	咸妣癸尊	20.333	商代晚期	
妣癸	11582	輂尊	21.75	商代晚期	輂的祖母
妣癸	13146	輂卣	24.56	商代晚期	同上

人　名	器　號	器　名	卷數頁碼	時　代	備　注
姒	01896	㚥姒癸鼎	2.69	商晚或周早	
姒	04412	姒簋	9.166	西周早期前段	
姒	08885	姒觚	17.262	商代晚期	
姒	11649	姒尊	21.130	西周早期	
姒丁	11797	子黃尊	21.271	商代晚期	子的親屬
姒丩	08581	姒丩爵	17.130	商代晚期	
姒氏	02192	伯氏始氏鼎	4.391	周晚或春早	
姒奴	03221	姒奴寶甗	7.107	西周早期	

八　畫

人　名	器　號	器　名	卷數頁碼	時　代	備　注
青公	14791	匍盉	26.211	西周中期	
青尹	13545	吳方彝蓋	24.429	西周中期前段	作册吳的長輩
青檽（楊）	19921	楚繒書	35.510	戰國晚期	
奉	01543	奉鼎	3.221	西周早期後段	
玐	02183	玐鼎	4.380	西周早期	
玐	02184	玐鼎	4.382	西周早期	
刲	01276	作刲從彝鼎	2.483	西周早期	即封
刲	01277	作刲從彝鼎	2.484	西周早期	同上
刲	03037	作册封鬲甲	6.490	西周晚期	同上
刲	03038	作册封鬲乙	6.491	西周晚期	同上
刲	04277	刲簋	9.47	西周早期	同上
刲	09788	作刲從彝觚	18.450	西周早期	同上
刲	09789	作刲從彝觚	18.451	西周早期	同上
刲	09790	作刲從彝觚	18.452	西周早期	同上
刲	10558	作刲從彝觶	19.389	西周早期	同上
刲	12104	作刲從彝壺	21.456	西周早期	同上
刲	13793	作刲從彝罍	25.83	西周早期	同上
刲	14357	作刲從彝盤	25.371	商代晚期	同上
刲	14688	作刲從彝盉	26.99	西周早期	同上
刲公	06159	姬㝬母豆	13.417	西周晚期	即封公
刲公	15266	師𡌏鐘	27.281	西周晚期	同上

人　名	器　號	器　名	卷數頁碼	時　代	備　注
玟王	02514	大盂鼎	5.443	西周早期	周文王
玟王	11819	何尊	21.311	西周早期前段	同上
玟王	19707	文王玉璧	35.310	西周早期	同上
玟王	19710	文王玉環	35.316	西周早期	同上
武	02266	德鼎	5.3	西周早期	指周武王
武	17267	蜀守武戈	32.342	戰國晚期	秦蜀郡太守
武乙	05140	緋簋	11.90	商代晚期	
武王	02382	中鼎	5.170	西周早期	周武王
武王	02383	中鼎	5.172	西周早期	同上
武王	02384	中鼎	5.174	西周早期	同上
武王	02390	作册大鼎	5.183	西周早期前段	同上
武王	02391	作册大鼎	5.184	西周早期前段	同上
武王	02392	作册大鼎	5.185	西周早期前段	同上
武王	02393	作册大鼎	5.186	西周早期前段	同上
武王	02514	大盂鼎	5.443	西周早期	同上
武王	05373	宜侯夨簋	12.145	西周早期	同上
武王	06274	晉公盆	13.493	春秋晚期	同上
武王	11819	何尊	21.311	西周早期前段	同上
武王	14541	史牆盤	25.599	西周中期前段	同上
武王	14543	逨盤	25.605	西周晚期	同上
武王	15597	癲鐘（3式）甲	29.35	西周中期後段	同上
武王	15598	癲鐘（3式）乙	29.37	西周中期後段	同上
武王	16801	武王之童鋘戈	31.283	戰國晚期	
武王	16802	武王之童鋘戈	31.284	戰國晚期	
武王	16803	武王之童鋘戈	31.285	戰國晚期	
武王	16804	武王之童鋘戈	31.286	戰國晚期	
武王	16805	武王之童鋘戈	31.287	戰國晚期	
武王	16806	武王之童鋘戈	31.288	戰國晚期	
武父	14542	散氏盤	25.602	西周晚期	夨人有司
武公	02463	南宮柳鼎	5.316	西周晚期	
武公	02498	禹鼎	5.387	西周晚期	
武公	02499	禹鼎	5.389	西周晚期	
武公	02500	多友鼎	5.392	西周晚期	

人　名	器　號	器　　名	卷數頁碼	時　代	備　　注
武公	05015	孟姬淯簋	10.376	西周晚期	孟姬淯的丈夫
武公	05016	孟姬淯簋	10.377	西周晚期	同上
武公	05380	敔簋	12.162	西周晚期	
武伯	05151	奰簋	11.108	西周晚期	奰的祖父
武叔	12453	庚壺	22.433	春秋晚期	
武侯	02436	應侯見工鼎	5.264	西周中期後段	指周武王
武侯	05231	應侯見工簋甲	11.275	西周中期	應侯見工的父親
武侯	05232	應侯見工簋乙	11.278	西周中期	同上
武敢	17559	武敢矛	32.519	戰國早期	
武戱	17560	武戱矛	32.520	戰國時期	
武生仔	02091	武生仔鼎	4.272	春秋早期	應侯見工的父親
武生仔	02092	武生仔鼎	4.273	春秋早期	
武襄君	18070	守相武襄君鈹	33.456	戰國晚期	
武乖幾王	05385	乖伯簋	12.174	西周中期後段	
武帝日丁	02105	應公鼎	4.289	西周晚期	
武信令馬師闍	18018	武信令馬師闍鈹	33.387	戰國時期	
武陰令司馬闟	18072	武陰令司馬闟鈹	33.458	戰國晚期	
杸	01315	杸鼎	3.25	西周早期	
盂	01797	盂鼎	3.460	西周早期前段	
盂	01798	盂鼎	3.461	西周早期前段	
盂	02514	大盂鼎	5.443	西周早期	
盂	02516	小盂鼎	5.451	西周早期	
盂	03216	盂甗	7.103	西周早期前段	
盂	08585	盂爵	17.135	西周早期	
盂	13306	盂卣	24.241	西周早期	
取它人	01656	取它人鼎	3.320	春秋時期	
取子狨鼓	18248	取子狨鼓鉦	33.520	西周早期	即聅子狨鼓
取膚上子商	14468	取膚上子商盤	25.488	春秋時期	
取膚上子商	14961	取膚上子商匜	26.339	春秋早期	
夋	02411	小臣夋鼎	5.223	西周早期	即小臣夋
夋	10596	夋觶	19.419	西周早期	
夋伯	10588	夋伯觶	19.412	西周早期	
夋姬	02715	夋姬鬲	6.97	西周早期後段	

人名	器號	器名	卷數頁碼	時代	備注
坪	15278	臧孫鐘甲	27.303	春秋晚期	臧孫的父親
坪	15279	臧孫鐘乙	27.306	春秋晚期	同上
坪	15280	臧孫鐘丙	27.309	春秋晚期	同上
坪	15281	臧孫鐘丁	27.312	春秋晚期	同上
坪	15282	臧孫鐘戊	27.315	春秋晚期	同上
坪	15283	臧孫鐘己	27.317	春秋晚期	同上
坪	15284	臧孫鐘庚	27.319	春秋晚期	同上
坪	15285	臧孫鐘辛	27.321	春秋晚期	同上
坪	15286	臧孫鐘壬	27.323	春秋晚期	同上
坪安君	02389	平安君鼎	5.182	戰國晚期	即平安君
坪安君	02429	平安君鼎	5.252	戰國晚期	同上
坪安夫人	19905	平安夫人漆盒	35.481	戰國晚期	即平安夫人
坪夜君成	01762	坪夜君成鼎	3.427	戰國早期	
郜召	05925	郜召簠	13.209	春秋早期	
郜仲	05893	郜仲簠	13.160	西周晚期	
郜仲	05894	郜仲簠	13.163	西周晚期	
郜伯	02194	郜伯鼎	4.394	春秋早期	
郜季	02935	郜季鬲	6.347	西周晚期	
郜譴	05021	郜譴簋甲	10.386	春秋早期	
郜譴	05022	郜譴簋乙	10.389	春秋早期	
郜伯祀	02195	郜伯祀鼎	4.396	春秋早期	
郜造譴	01976	郜造譴鼎	4.132	春秋早期	
郜季故公	04759	寺季故公簋	10.34	西周晚期	
郜季故公	04760	寺季故公簋	10.35	西周晚期	
亞	02420	亢鼎	5.236	西周早期後段	
亞	11738	彭尊	21.208	商代晚期	
亞	14763	亞盉	26.170	西周早期	
亞又	13477	亞又方彝	24.353	商代晚期	
亞子	07090	亞子爵	15.16	商代晚期	
亞井	10212	亞井觶	19.125	商代晚期	
亞天	00588	亞天鼎	1.462	商代晚期	
亞天	09384	亞天觚	18.136	商代晚期	
亞夫	03655	亞夫簋	7.467	商代晚期	

人　名	器　號	器　名	卷數頁碼	時　代	備　注
亞夫	09823	亞夫觚	18.476	西周早期	
亞夫	09824	亞夫觚	18.476	西周早期	
亞夫	14708	亞夫盉	26.119	西周早期	
亞夫	14317	亞夫盤	25.332	商代晚期	
亞夫	15890	亞夫鐃	29.446	商代晚期	
亞犬	00516	亞犬鼎	1.404	商代晚期	
亞犬	07085	亞犬爵	15.13	商代晚期	
亞犬	10213	亞犬觶	19.126	商代晚期	
亞犬	16333	亞犬戈	30.305	商代晚期	
亞戈	00515	亞戈鼎	1.403	商代晚期	
亞戈	07104	亞戈爵	15.27	商代晚期	
亞止	13736	亞止罍	25.32	商代中期	
亞丂	12663	亞丂卣	23.125	商代晚期	
亞厷	00590	亞厷鼎	1.463	商代晚期	
亞父	00589	亞父鼎	1.463	商代晚期	
亞父	18236	亞父鉞	33.507	商代晚期	
亞父	18237	亞父鉞	33.508	商代晚期	
亞父	18238	亞父鉞	33.510	商代晚期	
亞孔	00560	亞孔鼎	1.443	商代晚期	
亞弔	09386	亞弔觚	18.138	商代晚期	
亞兆	07035	亞兆爵	14.479	商代晚期	
亞兆	07097	亞兆爵	15.21	商代晚期	
亞兆	09410	亞兆觚	18.156	商代晚期	
亞兆	09411	亞兆觚	18.157	商代晚期	
亞兆	09412	亞兆觚	18.157	商代晚期	
亞兆	16335	亞兆戈	30.307	商代晚期	
亞丙	07103	亞丙爵	15.26	商代晚期	
亞卯	00577	亞卯鼎	1.455	商代晚期	
亞母	12737	亞母卣	23.188	西周早期	
亞开	10621	亞开觶	19.440	商代晚期	
亞耳	09407	亞耳觚	18.155	商代晚期	
亞束	13223	亞束卣	24.136	商代晚期	
亞此	11273	亞此尊	20.309	西周早期	

人　名	器　號	器　名	卷數頁碼	時　代	備　注
亞光	03656	亞光簋	7.468	商代晚期	
亞伐	12646	亞伐卣	23.111	商代晚期	
亞伐	13739	亞伐罍	25.35	商代晚期	
亞舟	00542	亞舟鼎	1.428	商代晚期	
亞舟	00581	亞舟鼎	1.458	商代晚期	
亞舟	00582	亞舟鼎	1.459	商代晚期	
亞舟	07031	亞舟爵	14.475	商代晚期	
亞舟	07101	亞舟爵	15.25	商代晚期	
亞舟	07102	亞舟爵	15.25	商代晚期	
亞舟	13481	亞舟方彝	24.357	商代晚期	
亞舟	14171	亞舟斗	25.290	商代晚期	
亞茻	07075	亞茻爵	15.7	商代晚期	
亞茻	07076	亞茻爵	15.8	商代晚期	
亞茻	12651	亞茻卣	23.116	商代晚期	
亞茻	12652	亞茻卣	23.117	商代晚期	
亞茻	13478	亞茻方彝	24.354	商代晚期	
亞茻	14172	亞茻斗	25.291	商代晚期	
亞次	11051	亞次斝	20.146	商代晚期	
亞次	11052	亞次斝	20.147	商代晚期	
亞夊	09406	亞夊瓿	18.155	商代晚期	
亞犾	01815	亞犾鼎	3.476	商晚或周早	
亞弜	00520	亞弜鼎	1.408	商代晚期	
亞弜	00521	亞弜鼎	1.410	商代晚期	
亞弜	00522	亞弜鼎	1.411	商代晚期	
亞弜	00523	亞弜鼎	1.412	商代晚期	
亞弜	00524	亞弜鼎	1.413	商代晚期	
亞弜	00525	亞弜鼎	1.414	商代晚期	
亞弜	00526	亞弜鼎	1.414	商代晚期	
亞弜	00527	亞弜鼎	1.415	商代晚期	
亞弜	00528	亞弜鼎	1.415	商代晚期	
亞弜	00529	亞弜鼎	1.415	商代晚期	
亞弜	03663	亞弜簋	7.474	商代晚期	
亞弜	07036	亞弜爵	14.480	商代晚期	

人　名	器　號	器　名	卷數頁碼	時　代	備　注
亞弜	07037	亞弜爵	14.481	商代晚期	
亞弜	07098	亞弜爵	15.22	商代晚期	
亞弜	07099	亞弜爵	15.23	商代晚期	
亞弜	07100	亞弜爵	15.24	商代晚期	
亞弜	09363	亞弜觚	18.119	商代晚期	
亞弜	09364	亞弜觚	18.119	商代晚期	
亞弜	09365	亞弜觚	18.120	商代晚期	
亞弜	12005	亞弜壺	21.369	商代晚期	
亞弜	12006	亞弜壺	21.369	商代晚期	
亞弜	13483	亞弜方彝	24.359	商代晚期	
亞弜	14170	亞弜斗	25.289	商代晚期	
亞弜	15888	亞弜鐃	29.444	商代晚期	
亞弜	15889	亞弜鐃	29.445	商代晚期	
亞弜	18316	亞弜刀	33.542	商代晚期	
亞弜	18317	亞弜刀	33.543	商代晚期	
亞弜	19272	亞弜箕	35.59	商代晚期	
亞弜	19474	亞弜器	35.241	商代晚期	
亞址	00530	亞址鼎	1.416	商代晚期	
亞址	00531	亞址鼎	1.417	商代晚期	
亞址	00532	亞址鼎	1.418	商代晚期	
亞址	08713	亞址角	17.151	商代晚期	
亞址	08714	亞址角	17.152	商代晚期	
亞址	08715	亞址角	17.153	商代晚期	
亞址	08716	亞址角	17.154	商代晚期	
亞址	08717	亞址角	17.155	商代晚期	
亞址	08718	亞址角	17.156	商代晚期	
亞址	08719	亞址角	17.157	商代晚期	
亞址	08720	亞址角	17.158	商代晚期	
亞址	08721	亞址角	17.159	商代晚期	
亞址	08722	亞址角	17.159	商代晚期	
亞址	09343	亞址觚	18.102	商代晚期	
亞址	09344	亞址觚	18.103	商代晚期	
亞址	09345	亞址觚	18.104	商代晚期	

人　名	器　號	器　名	卷數頁碼	時　代	備　注
亞址	09346	亞址瓳	18.105	商代晚期	
亞址	09347	亞址瓳	18.106	商代晚期	
亞址	09348	亞址瓳	18.107	商代晚期	
亞址	09349	亞址瓳	18.108	商代晚期	
亞址	09350	亞址瓳	18.109	商代晚期	
亞址	09351	亞址瓳	18.109	商代晚期	
亞址	09352	亞址瓳	18.110	商代晚期	
亞址	10205	亞址觶	19.119	商代晚期	
亞址	10960	亞址罍	20.74	商代晚期	
亞址	10961	亞址罍	20.75	商代晚期	
亞址	11211	亞址尊	20.259	商代晚期	
亞址	11212	亞址尊	20.260	商代晚期	
亞址	12647	亞址卣	23.112	商代晚期	
亞址	13737	亞址罍	25.33	商代晚期	
亞址	14318	亞址盤	25.333	商代晚期	
亞址	14617	亞址盉	26.37	商代晚期	
亞酉	09400	亞酉瓳	18.151	商代晚期	
亞酉	09401	亞酉瓳	18.152	商代晚期	
亞酉	09402	亞酉瓳	18.153	商代晚期	
亞酉	10952	亞酉罍	20.67	商代晚期	
亞豕	00592	亞豕鼎	1.464	商代晚期	
亞告	00579	亞告鼎	1.457	商代晚期	
亞告	00580	亞告鼎	1.457	商代晚期	
亞告	03658	亞告簋	7.470	商代晚期	
亞告	07032	亞告爵	14.476	商代晚期	
亞告	09385	亞告瓳	18.137	商代晚期	
亞告	12645	亞告卣	23.110	商代晚期	
亞辛	07074	亞辛爵	15.6	商代晚期	
亞沚	07107	亞沚爵	15.29	商代晚期	
亞沚	07108	亞沚爵	15.29	商代晚期	
亞夰	00595	亞夰鼎	1.467	商代晚期	
亞吴（疑）	00562	亞吴鼎	1.445	商代晚期	
亞吴（疑）	00563	亞吴鼎	1.446	商代晚期	

人　名	器　號	器　名	卷數頁碼	時　代	備　注
亞㠱（疑）	00564	亞㠱鼎	1.447	商代晚期	
亞㠱（疑）	00565	亞㠱鼎	1.448	商代晚期	
亞㠱（疑）	00566	亞㠱鼎	1.449	商代晚期	
亞㠱（疑）	00567	亞㠱鼎	1.450	商代晚期	
亞㠱（疑）	00568	亞㠱鼎	1.450	商代晚期	
亞㠱（疑）	00569	亞㠱鼎	1.451	商代晚期	
亞㠱（疑）	00570	亞㠱鼎	1.451	商代晚期	
亞㠱（疑）	03152	亞㠱甗	7.49	商代晚期	
亞㠱（疑）	03153	亞㠱甗	7.50	商代晚期	
亞㠱（疑）	03666	亞㠱簋	7.476	商代晚期	
亞㠱（疑）	03667	亞㠱簋	7.477	商代晚期	
亞㠱（疑）	03668	亞㠱簋	7.477	商代晚期	
亞㠱（疑）	07048	亞㠱爵	14.491	商代晚期	
亞㠱（疑）	07049	亞㠱爵	14.492	商代晚期	
亞㠱（疑）	07050	亞㠱爵	14.493	商代晚期	
亞㠱（疑）	07051	亞㠱爵	14.494	商代晚期	
亞㠱（疑）	07052	亞㠱爵	14.495	商代晚期	
亞㠱（疑）	07053	亞㠱爵	14.496	商代晚期	
亞㠱（疑）	07054	亞㠱爵	14.497	商代晚期	
亞㠱（疑）	07055	亞㠱爵	14.497	商代晚期	
亞㠱（疑）	07056	亞㠱爵	14.498	商代晚期	
亞㠱（疑）	07057	亞㠱爵	14.498	商代晚期	
亞㠱（疑）	07059	亞㠱爵	14.499	商代晚期	
亞㠱（疑）	08723	亞㠱角	17.160	商代晚期	
亞㠱（疑）	09366	亞㠱觚	18.121	商代晚期	
亞㠱（疑）	09367	亞㠱觚	18.122	商代晚期	
亞㠱（疑）	09368	亞㠱觚	18.123	商代晚期	
亞㠱（疑）	09369	亞㠱觚	18.124	商代晚期	
亞㠱（疑）	09370	亞㠱觚	18.125	商代晚期	
亞㠱（疑）	09371	亞㠱觚	18.126	商代晚期	
亞㠱（疑）	09372	亞㠱觚	18.126	商代晚期	
亞㠱（疑）	09373	亞㠱觚	18.127	商代晚期	
亞㠱（疑）	09374	亞㠱觚	18.127	商代晚期	

人　名	器　號	器　名	卷數頁碼	時　代	備　注
亞吳(疑)	10202	亞吳觶	19.116	商代晚期	
亞吳(疑)	10945	亞吳斝	20.60	商代晚期	
亞吳(疑)	10946	亞吳斝	20.61	商代晚期	
亞吳(疑)	10947	亞吳斝	20.62	商代晚期	
亞吳(疑)	11227	亞吳尊	20.272	商代晚期	
亞吳(疑)	11228	亞吳尊	20.273	商代晚期	
亞吳(疑)	11229	亞吳尊	20.274	商代晚期	
亞吳(疑)	12650	亞吳卣	23.115	商代晚期	
亞吳(疑)	13479	亞吳方彝	24.355	商代晚期	
亞吳(疑)	13480	亞吳方彝	24.356	商代晚期	
亞吳(疑)	13740	亞吳罍	25.36	商代晚期	
亞吳(疑)	13741	亞吳罍	25.37	商代晚期	
亞吳(疑)	13742	亞吳罍	25.37	商代晚期	
亞吳(疑)	13966	亞吳瓿	25.141	商代晚期	
亞吳(疑)	13967	亞吳瓿	25.142	商代晚期	
亞吳(疑)	14320	亞吳盤	25.335	商代晚期	
亞吳(疑)	14321	亞吳盤	25.336	商代晚期	
亞吳(疑)	14322	亞吳盤	25.338	商代晚期	
亞吳(疑)	15885	亞吳鐃	29.441	商代晚期	
亞吳(疑)	15886	亞吳鐃	29.442	商代晚期	
亞吳(疑)	15887	亞吳鐃	29.443	商代晚期	
亞吳(疑)	15951	亞吳鈴	29.485	商代晚期	
亞吳(疑)	15952	亞吳鈴	29.486	商代晚期	
亞吳(疑)	15953	亞吳鈴	29.487	商代晚期	
亞吳(疑)	15954	亞吳鈴	29.487	商代晚期	
亞吳(疑)	16324	亞吳戈	30.297	商代晚期	
亞吳(疑)	16325	亞吳戈	30.298	商代晚期	
亞吳(疑)	16326	亞吳戈	30.299	商代晚期	
亞吳(疑)	16327	亞吳戈	30.300	商代晚期	
亞吳(疑)	16328	亞吳戈	30.301	商代晚期	
亞吳(疑)	16329	亞吳戈	30.302	商代晚期	
亞吳(疑)	16330	亞吳戈	30.302	商代晚期	
亞吳(疑)	17538	亞吳矛	32.500	商代晚期	

人　名	器　號	器　名	卷數頁碼	時　代	備　注
亞戔（疑）	17539	亞戔矛	32.501	商代晚期	
亞戔（疑）	17540	亞戔矛	32.502	商代晚期	
亞戔（疑）	17541	亞戔矛	32.502	商代晚期	
亞戔（疑）	17542	亞戔矛	32.503	商代晚期	
亞戔（疑）	18233	亞戔鉞	33.504	商代晚期	
亞戔（疑）	18234	亞戔鉞	33.505	商代晚期	
亞戔（疑）	18235	亞戔鉞	33.506	商代晚期	
亞戔（疑）	18318	亞戔刀	33.544	商代晚期	
亞戔（疑）	18469	亞戔泡	34.55	商代晚期	
亞戔（疑）	18470	亞戔泡	34.56	商代晚期	
亞戔（疑）	18661	亞戔耜	34.188	商代晚期	
亞戔（疑）	18720	亞戔斧	34.209	商代晚期	
亞戔（疑）	18744	亞戔錛	34.234	商代晚期	
亞戔（疑）	18745	亞戔錛	34.235	商代晚期	
亞戔（疑）	18746	亞戔錛	34.236	商代晚期	
亞戔（疑）	18755	亞戔鑿	34.244	商代晚期	
亞戔（疑）	19224	亞戔罐	35.5	商代晚期	
亞戔（疑）	19273	亞戔箕	35.60	商代晚期	
亞長	00517	亞長鼎	1.405	商代晚期	
亞長	00518	亞長鼎	1.406	商代晚期	
亞長	00519	亞長鼎	1.407	商代晚期	
亞長	03151	亞長甗	7.48	商代晚期	
亞長	06203	亞長盂	13.429	商代晚期	
亞長	06204	亞長盂	13.430	商代晚期	
亞長	07027	亞長爵	14.471	商代晚期	
亞長	07028	亞長爵	14.472	商代晚期	
亞長	07029	亞長爵	14.473	商代晚期	
亞長	07030	亞長爵	14.474	商代晚期	
亞長	09389	亞長觚	18.141	商代晚期	
亞長	09390	亞長觚	18.142	商代晚期	
亞長	10962	亞長斝	20.76	商代晚期	
亞長	11215	亞長尊	20.263	商代晚期	
亞長	11216	亞長尊	20.264	商代晚期	

人　名	器　號	器　名	卷數頁碼	時　代	備　注
亞長	13484	亞長方彝	24.360	商代晚期	
亞長	13610	亞長觥	24.452	商代晚期	
亞長	14173	亞長勺	25.292	商代晚期	
亞長	15894	亞長鐃	29.450	商代晚期	
亞長	16317	亞長戈	30.289	商代晚期	
亞長	16318	亞長戈	30.290	商代晚期	
亞長	16319	亞長戈	30.291	商代晚期	
亞長	16320	亞長戈	30.292	商代晚期	
亞長	16321	亞長戈	30.293	商代晚期	
亞長	16322	亞長戈	30.295	商代晚期	
亞長	16323	亞長戈	30.296	商代晚期	
亞長	17530	亞長矛	32.492	商代晚期	
亞長	17531	亞長矛	32.493	商代晚期	
亞長	17532	亞長矛	32.494	商代晚期	
亞長	17533	亞長矛	32.495	商代晚期	
亞長	17534	亞長矛	32.496	商代晚期	
亞長	17535	亞長矛	32.497	商代晚期	
亞長	17536	亞長矛	32.498	商代晚期	
亞長	17537	亞長矛	32.499	商代晚期	
亞長	18230	亞長鉞	33.501	商代晚期	
亞長	18231	亞長鉞	33.502	商代晚期	
亞長	18232	亞長鉞	33.503	商代晚期	
亞長	18319	亞長刀	33.545	商代晚期	
亞長	18320	亞長刀	33.547	商代晚期	
亞長	18501	亞長弓柲	34.94	商代晚期	
亞其	00586	亞其鼎	1.461	商代晚期	
亞其	07038	亞其爵	14.482	商代晚期	
亞其	07039	亞其爵	14.483	商代晚期	
亞其	07040	亞其爵	14.484	商代晚期	
亞其	07041	亞其爵	14.485	商代晚期	
亞其	07042	亞其爵	14.486	商代晚期	
亞其	07043	亞其爵	14.487	商代晚期	
亞其	07044	亞其爵	14.488	商代晚期	

人 名	器 號	器 名	卷數頁碼	時 代	備 注
亞其	07045	亞其爵	14.489	商代晚期	
亞其	07046	亞其爵	14.489	商代晚期	
亞其	07047	亞其爵	14.490	商代晚期	
亞其	07060	亞其爵	14.500	商代晚期	
亞其	07061	亞其爵	14.500	商代晚期	
亞其	07062	亞其爵	14.501	商代晚期	
亞其	09353	亞其觚	18.110	商代晚期	
亞其	09354	亞其觚	18.111	商代晚期	
亞其	09355	亞其觚	18.112	商代晚期	
亞其	09356	亞其觚	18.113	商代晚期	
亞其	09357	亞其觚	18.114	商代晚期	
亞其	09358	亞其觚	18.115	商代晚期	
亞其	09359	亞其觚	18.116	商代晚期	
亞其	09360	亞其觚	18.117	商代晚期	
亞其	09361	亞其觚	18.118	商代晚期	
亞其	09362	亞其觚	18.119	商代晚期	
亞其	10950	亞其斝	20.65	商代晚期	
亞其	12644	亞其卣	23.109	商代晚期	
亞其	14174	亞其勺	25.294	商代晚期	
亞若	00534	亞若鼎	1.420	商代晚期	
亞若	07026	亞若爵	14.470	商代晚期	
亞若	09388	亞若觚	18.140	商代晚期	
亞若	13611	亞若觥蓋	24.453	商代晚期	
亞明	00596	亞明鼎	1.467	商代晚期	
亞自	07033	亞自爵	14.477	商代晚期	
亞牧	01805	作父乙鼎	3.468	西周早期	
亞牧	01816	亞牧鼎	3.477	西周早期	
亞受	07034	亞受爵	14.478	商代晚期	
亞受	16337	亞受戈	30.309	商代晚期	
亞孔	00537	亞孔鼎	1.423	商代晚期	
亞孔	00538	亞孔鼎	1.424	商代晚期	
亞孔	00539	亞孔鼎	1.425	商代晚期	
亞孔	00540	亞孔鼎	1.426	商代晚期	

人 名	器 號	器 名	卷數頁碼	時 代	備 注
亞𣪊	00541	亞𣪊鼎	1.427	商代晚期	
亞𣪊	03660	亞𣪊簋	7.472	商代晚期	
亞𣪊	07025	亞𣪊爵	14.469	商代晚期	
亞𣪊	11213	亞𣪊尊	20.261	商代晚期	
亞𣪊	11214	亞𣪊尊	20.262	商代晚期	
亞𣪊	12648	亞𣪊卣	23.113	商代晚期	
亞𣪊	13738	亞𣪊罍	25.34	商代晚期	
亞𣪊	14319	亞𣪊盤	25.334	商代晚期	
亞兴	10203	亞兴觶	19.117	商代晚期	
亞馬	07086	亞馬爵	15.13	商代晚期	
亞壴	01817	亞壴鼎	3.478	西周早期	
亞虹	15912	亞虹左鐃	29.468	商代晚期	
亞虹	15913	亞虹右鐃	29.470	商代晚期	
亞罍	07095	亞罍爵	15.20	商代晚期	
亞重	10211	亞重觶	19.125	商代晚期	
亞㚅	09405	亞㚅觚	18.154	商代晚期	
亞毛	10390	亞毛觶	19.260	商代晚期	
亞毛	11224	亞毛尊	20.270	商代晚期	
亞毛	13488	亞毛方彝	24.364	商代晚期	
亞亘	14618	亞亘盂	26.38	商代晚期	
亞尋	06303	亞尋匕	13.500	商代晚期	
亞佣	00536	亞佣鼎	1.422	商代晚期	
亞佣	07096	亞佣爵	15.21	商代晚期	
亞佣	12004	亞佣壺	21.368	商代晚期	
亞佣	16331	亞佣戈	30.303	商代晚期	
亞奚	03657	亞奚簋	7.469	商代晚期	
亞奚	09382	亞奚觚	18.134	商代晚期	
亞奚	09383	亞奚觚	18.135	商代晚期	
亞奚	12662	亞奚卣	23.124	商代晚期	
亞殳	10949	亞殳斝	20.64	商代晚期	
亞敕	07077	亞敕爵	15.8	商代晚期	
亞敕	07078	亞敕爵	15.9	商代晚期	
亞盂	11229	亞盂尊	20.275	商代晚期	

人 名	器 號	器 名	卷數頁碼	時 代	備 注
亞隻	03661	亞隻簋	7.473	商代晚期	
亞隻	07092	亞隻爵	15.17	商代晚期	
亞隻	07093	亞隻爵	15.18	商代晚期	
亞隻	07094	亞隻爵	15.19	商代晚期	
亞隻	09396	亞隻瓠	18.148	商代晚期	
亞隻	09397	亞隻瓠	18.149	商代晚期	
亞隻	09398	亞隻瓠	18.150	商代晚期	
亞隻	10214	亞隻觶蓋	19.126	商代晚期	
亞旁	13765	亞旁罍	25.59	西周早期	
亞羌	00585	亞羌鼎	1.460	商代晚期	
亞羌	12131	亞羌壺	22.5	商代晚期	
亞敇	07080	亞敇爵	15.10	商代晚期	
亞敇	09403	亞敇瓠	18.153	商代晚期	
亞鳥	07089	亞鳥爵	15.15	商代晚期	
亞暈	14734	亞暈盉	26.142	商代晚期	
亞豕	09399	亞豕瓠	18.150	商代晚期	
亞徽	02618	亞徽鬲	6.16	商代晚期	
亞徽	10204	亞徽觶	19.118	商代晚期	
亞豚	01818	亞豚鼎	3.478	西周早期	
亞魚	02201	亞魚鼎	4.406	商代晚期	
亞翁	00575	亞翁鼎	1.454	商代晚期	
亞翁	00576	亞翁鼎	1.454	商代晚期	
亞啟	09387	亞啟瓠	18.139	商代晚期	
亞啟	13482	亞啟方彝	24.358	商代晚期	
亞啟	16338	亞啟戈	30.309	商代晚期	
亞啟	18228	亞啟鉞	33.498	商代晚期	
亞啟	19475	亞啟器	35.241	商代晚期	
亞艇	15892	亞艇鏡	29.448	商代晚期	
亞奠	12649	亞奠卣	23.114	商代晚期	
亞登	03665	亞登簋	7.475	商代晚期	
亞酤	11229	亞酤尊	20.275	商代晚期	
亞艅	00533	亞艅鼎	1.419	商代晚期	
亞俀	07071	亞俀爵	15.3	商代晚期	

人　名	器　號	器　名	卷數頁碼	時　代	備　注
亞僥	07072	亞僥爵	15.4	商代晚期	
亞僥	07073	亞僥爵	15.5	商代晚期	
亞牌	07559	亞牌爵	15.346	西周早期	
亞憲	02632	亞憲鬲	6.28	西周早期	
亞憲	10209	亞憲觶	19.123	商代晚期	
亞憲	11225	亞憲尊	20.271	商代晚期	
亞憲	11226	亞憲尊	20.272	商代晚期	
亞橐	10215	亞橐觶	19.127	商晚或周早	
亞衡	00571	亞衡鼎	1.452	商代晚期	
亞盥	00535	亞盥鼎	1.421	商代晚期	
亞盥	03659	亞盥簋	7.471	商代晚期	
亞盥	07079	亞盥爵	15.9	商代晚期	
亞盥	09391	亞盥觚	18.143	商代晚期	
亞盥	12653	亞盥卣	23.118	商代晚期	
亞錐	07091	亞錐爵	15.16	商代晚期	
亞錐	09393	亞錐觚	18.145	商代晚期	
亞錐	09394	亞錐觚	18.146	商代晚期	
亞錐	09395	亞錐觚	18.147	商代晚期	
亞羲	13489	亞羲方彝	24.365	商代晚期	
亞寅	08724	亞寅角	17.161	商代晚期	
亞寅	08725	亞寅角	17.162	商代晚期	
亞寅	09392	亞寅觚	18.144	商代晚期	
亞寅	10210	亞寅觶	19.124	商代晚期	
亞寅	15891	亞寅鏡	29.447	商代晚期	
亞寅	17549	亞寅矛	32.509	商代晚期	
亞趯	00572	亞趯鼎	1.452	商代晚期	
亞趯	00573	亞趯鼎	1.453	商代晚期	
亞趯	11223	亞趯尊	20.269	商代晚期	
亞獏	03664	亞獏簋	7.475	商代晚期	
亞獏	10951	亞獏罍	20.66	商代晚期	
亞獏	19225	亞獏罐	35.6	商代晚期	
亞獲	00594	亞獲鼎	1.466	商代晚期	
亞隓	00583	亞隓鼎	1.459	商代晚期	

人　名	器　號	器　名	卷數頁碼	時　代	備　注
亞𤔲	00584	亞𤔲鼎	1.460	商代晚期	
亞橐	00591	亞橐鼎	1.464	商代晚期	
亞橐	09408	亞橐觚	18.156	商代晚期	
亞橐	16336	亞橐戈	30.308	商代晚期	
亞醜	00543	亞醜鼎	1.429	商代晚期	
亞醜	00544	亞醜鼎	1.430	商代晚期	
亞醜	00545	亞醜鼎	1.431	商代晚期	
亞醜	00546	亞醜鼎	1.432	商代晚期	
亞醜	00547	亞醜鼎	1.433	商代晚期	
亞醜	00548	亞醜鼎	1.434	商代晚期	
亞醜	00549	亞醜鼎	1.435	商代晚期	
亞醜	00550	亞醜鼎	1.436	商代晚期	
亞醜	00551	亞醜鼎	1.437	商代晚期	
亞醜	00552	亞醜鼎	1.438	商代晚期	
亞醜	00553	亞醜鼎	1.439	商代晚期	
亞醜	00554	亞醜鼎	1.439	商代晚期	
亞醜	00555	亞醜鼎	1.440	商代晚期	
亞醜	00556	亞醜鼎	1.440	商代晚期	
亞醜	00557	亞醜鼎	1.440	商代晚期	
亞醜	03669	亞醜簋	8.3	商代晚期	
亞醜	03670	亞醜簋	8.4	商代晚期	
亞醜	03671	亞醜簋	8.5	商代晚期	
亞醜	03672	亞醜簋	8.6	商代晚期	
亞醜	03673	亞醜簋	8.6	商代晚期	
亞醜	03674	亞醜簋	8.7	商代晚期	
亞醜	03675	亞醜簋	8.8	商代晚期	
亞醜	03676	亞醜簋	8.8	商代晚期	
亞醜	07063	亞醜爵	14.501	商代晚期	
亞醜	07064	亞醜爵	14.502	商代晚期	
亞醜	07065	亞醜爵	14.503	商代晚期	
亞醜	07066	亞醜爵	14.504	商代晚期	
亞醜	07067	亞醜爵	14.505	商代晚期	
亞醜	07068	亞醜爵	14.506	商代晚期	

人　名	器　號	器　名	卷數頁碼	時　代	備　注
亞醜	07069	亞醜爵	14.507	商代晚期	
亞醜	07070	亞醜爵	14.507	商代晚期	
亞醜	07558	亞醜爵	15.345	西周早期	
亞醜	09375	亞醜觚	18.128	商代晚期	
亞醜	09376	亞醜觚	18.129	商代晚期	
亞醜	09377	亞醜觚	18.130	商代晚期	
亞醜	09378	亞醜觚	18.131	商代晚期	
亞醜	09379	亞醜觚	18.132	商代晚期	
亞醜	09380	亞醜觚	18.133	商代晚期	
亞醜	09381	亞醜觚	18.134	商代晚期	
亞醜	10206	亞醜觶	19.120	商代晚期	
亞醜	10207	亞醜觶	19.121	商代晚期	
亞醜	10208	亞醜觶	19.122	商代晚期	
亞醜	10948	亞醜斝	20.63	商代晚期	
亞醜	11217	亞醜尊	20.265	商代晚期	
亞醜	11218	亞醜尊	20.266	商代晚期	
亞醜	11219	亞醜尊	20.267	商代晚期	
亞醜	11220	亞醜尊	20.268	商代晚期	
亞醜	11221	亞醜尊	20.268	商代晚期	
亞醜	11222	亞醜尊	20.269	商代晚期	
亞醜	12003	亞醜壺	21.367	商代晚期	
亞醜	12654	亞醜卣	23.119	商代晚期	
亞醜	12655	亞醜卣	23.120	商代晚期	
亞醜	12656	亞醜卣	23.121	商代晚期	
亞醜	12657	亞醜卣	23.122	商代晚期	
亞醜	12658	亞醜卣	23.122	商代晚期	
亞醜	12659	亞醜卣	23.123	商代晚期	
亞醜	12660	亞醜卣	23.123	商代晚期	
亞醜	13485	亞醜方彝	24.361	商代晚期	
亞醜	13486	亞醜方彝	24.362	商代晚期	
亞醜	13487	亞醜方彝	24.363	商代晚期	
亞醜	13743	亞醜罍	25.38	商代晚期	
亞醜	13744	亞醜罍	25.39	商代晚期	

人　名	器　號	器　名	卷數頁碼	時　代	備　注
亞醜	13745	亞醜罍	25.40	商代晚期	
亞醜	13746	亞醜罍	25.41	商代晚期	
亞醜	13747	亞醜罍	25.42	商代晚期	
亞醜	13748	亞醜罍	25.43	商代晚期	
亞醜	14619	亞醜盉	26.39	商代晚期	
亞醜	14620	亞醜盉	26.40	商代晚期	
亞醜	15893	亞醜鐃	29.449	商代晚期	
亞醜	16332	亞醜戈	30.304	商代晚期	
亞醜	17543	亞醜矛	32.503	商代晚期	
亞醜	17544	亞醜矛	32.504	商代晚期	
亞醜	17545	亞醜矛	32.505	商代晚期	
亞醜	17546	亞醜矛	32.506	商代晚期	
亞醜	17547	亞醜矛	32.507	商代晚期	
亞醜	17548	亞醜矛	32.508	商代晚期	
亞醜	18229	亞醜鉞	33.499	商代晚期	
亞醜	18721	亞醜斧	34.210	商代晚期	
亞醜	18747	亞醜錛	34.236	商代晚期	
亞醜	18748	亞醜錛	34.237	商代晚期	
亞醜	19476	亞醜器	35.242	商代晚期	
亞醜	19477	亞醜器	35.242	商代晚期	
亞獸	07081	亞獸爵	15.11	商代晚期	
亞獸	07082	亞獸爵	15.11	商代晚期	
亞獸	07083	亞獸爵	15.12	商代晚期	
亞獸	07084	亞獸爵	15.12	商代晚期	
亞獸	09404	亞獸觚	18.154	商代晚期	
亞獸	14621	亞獸盉	26.40	西周早期	
亞獸	16334	亞獸戈	30.306	商代晚期	
亞旇	11714	亞旇尊	21.188	西周早期	
亞歔	00574	亞歔鼎	1.453	商代晚期	
亞歔	12661	亞歔卣	23.124	商代晚期	
亞礜	00558	亞礜鼎	1.441	商代晚期	
亞礜	03662	亞礜簋	7.474	商代晚期	
亞礜	07087	亞礜爵	15.14	商代晚期	

人　名	器　號	器　名	卷數頁碼	時　代	備　注
亞盤	07088	亞盤爵	15.15	商代晚期	
亞𰍣	00587	亞𰍣鼎	1.462	商代晚期	
亞𰍣	00593	亞𰍣鼎	1.465	商代晚期	
亞𰍣	11228	亞𰍣尊	20.274	商代晚期	
亞𰍣	07105	亞𰍣爵	15.28	商代晚期	
亞𰍣	07106	亞𰍣爵	15.28	商代晚期	
亞𰍣	00559	亞𰍣鼎	1.442	商代晚期	
亞𰍣	00561	亞𰍣鼎	1.444	商代晚期	
亞𰍣	07560	亞𰍣爵	15.346	西周早期	
亞𰍣	08729	亞𰍣角	17.165	西周早期	
亞𰍣	09409	亞𰍣觚	18.156	商代晚期	
亞𰍣	09413	亞𰍣觚	18.158	商代晚期	
亞𰍣	10953	亞𰍣斝	20.67	商代晚期	
亞𰍣	12135	亞𰍣壺	22.9	西周早期	
亞𰍣	16339	亞𰍣戈	30.310	商代晚期	
亞𰍣	19226	亞𰍣罐	35.7	商代晚期	
亞父𰍣	01694	亞父𰍣鼎	3.357	西周早期前段	
亞父𰍣	01695	亞父𰍣鼎	3.358	西周早期前段	
亞保酉	03864	亞保酉簋	8.169	西周早期	
者女	13654	者女觥	24.490	商代晚期	即諸母
者女	13655	者女觥	24.492	商代晚期	同上
者夫	03306	者夫甗	7.183	西周早期	
者汈	15331	者汈鐘一	27.409	戰國早期	
者汈	15332	者汈鐘二	27.414	戰國早期	
者汈	15333	者汈鐘三	27.419	戰國早期	
者汈	15336	者汈鐘六	27.434	戰國早期	
者汈	15781	者汈鎛	29.238	戰國早期	
者兒	10610	者兒觶	19.431	西周中期前段	
者婟	08568	者婟爵	17.117	商代晚期	
者婟	11693	者婟尊	21.168	商代晚期	
者婟	11694	者婟尊	21.169	商代晚期	
者婟	13815	者婟罍	25.103	商代晚期	即諸姒
者婟	13816	者婟罍	25.105	商代晚期	同上

人 名	器 號	器 名	卷數頁碼	時 代	備 注
者減	15542	者減鐘一	28.500	春秋中期	吳王皮難之子
者減	15543	者減鐘二	28.502	春秋中期	同上
者減	15544	者減鐘三	28.504	春秋中期	同上
者減	15545	者減鐘四	28.506	春秋中期	同上
者減	15546	者減鐘五	28.508	春秋中期	同上
者減	15547	者減鐘六	28.513	春秋中期	同上
者減	15548	者減鐘七	28.518	春秋中期	同上
者減	15549	者減鐘八	28.519	春秋中期	同上
者減	15550	者減鐘九	28.520	春秋中期	同上
者減	15551	者減鐘十	28.523	春秋中期	同上
者旨瞀	19268	諸稽耕爐	35.54	春秋晚期	即諸稽耕
者僕故	14916	者僕故匜	26.292	西周晚期	
者彶叡彪	17946	者彶叡彪劍	33.303	春秋晚期	
者旨於賜	17619	越王諸稽於賜矛	33.49	戰國早期	即諸稽於賜
者旨於賜	17620	越王諸稽於賜矛	33.51	戰國早期	同上
者旨於賜	17621	越王諸稽於賜矛	33.53	戰國早期	同上
者旨於賜	17622	越王諸稽於賜矛	33.54	戰國早期	同上
者尚余卑	14524	者尚余卑盤	25.564	春秋晚期	
者差其余	17949	者差其余劍	33.307	戰國中期	
者膚卓吏	02496	九年衛鼎	5.383	西周中期前段	
其	04611	其簋	9.357	西周中期前段	
其	17203	并陽令其戈	32.270	戰國晚期	并陽縣令
其史	10628	其史觶	19.446	西周早期	
其次	15981	其次句鑃	29.497	春秋晚期	
其次	15982	其次句鑃	29.499	春秋晚期	
昔須	03349	昔須甗	7.229	西周中期前段	
苗姦	05557	苗姦盨	12.278	西周晚期	
苛詌	14858	苛詌匜	26.240	戰國晚期	
苛朕	02359	楚王酓忎鼎	5.133	戰國晚期	
苛朕	14187	冶吏秦勺	25.305	戰國晚期	
苛朕	14188	冶吏秦勺	25.306	戰國晚期	
若兒	14088	鶿兒缶	25.250	春秋晚期	
若母鷗	01858	若母鷗鼎	4.16	西周早期	

人　名	器　號	器　名	卷數頁碼	時　代	備　注
茂	19918	田律木牘	35.502	戰國晚期	甘茂,秦國丞相
苟	02732	苟鬲	6.113	西周早期後段	
苤鬲	18074	司工馬鈹	33.460	戰國晚期	
苤酞	18049	相邦春平侯劍	33.432	戰國晚期	
苤酞	18060	相邦春平侯鈹	33.443	戰國晚期	
苤酞	18061	相邦春平侯鈹	33.444	戰國晚期	
苤酞	18062	相邦春平侯鈹	33.445	戰國晚期	
芽姬	02733	芳姬鬲	6.114	西周早期	即芳姬
范晟	17204	平陶令范晟戈	32.271	戰國晚期	平陶縣令
芣公	05080	叔皮父簋	10.482	西周晚期	叔皮父的父親
林㚤	02827	林㚤鬲	6.211	西周早期	
析	05149	酈侯少子簋	11.105	春秋晚期	筥侯的少子
析家	13204	析家卣	24.115	西周早期	
析論	18063	相邦春平侯劍	33.447	戰國晚期	
枛日辛	10648	何觶	19.463	商代晚期	何的親屬
來父	14753	來父盉	26.160	西周中期	
述	11710	述尊	21.183	西周中期前段	
述	13240	述卣	24.156	西周中期前段	
東	01286	東鼎	2.490	西周早期前段	
東臣	02496	九年衛鼎	5.383	西周中期前段	
東眀	11774	東眀尊	21.241	西周中期前段	
東宮	00691	東宮鼎	2.20	西周早期	
東宮	02515	曶鼎	5.447	西周中期後段	
東宮	04988	鼓霠簋	10.338	西周早期後段	
東姬	15002	東姬匜	26.390	春秋中期	
叀	01988	叀鼎	4.148	西周中期後段	
叀	02304	史叀鼎	5.53	西周晚期	
叀	04367	叔仸父簋	9.125	西周晚期	叔仸父的親屬
叀	04776	史叀簋	10.56	西周晚期	即史叀
叀	11728	叀尊	21.200	西周中期前段	
叀	13173	叀卣	24.84	西周早期	即惠公
叀公	02483	尉比鼎	5.355	西周晚期	同上
叀公	05335	尉比簋蓋	12.54	西周晚期	尉比的父親

人　名	器　號	器　名	卷數頁碼	時　代	備　注
叀公	05679	鬲比盨	12.464	西周晚期	鬲比的父親
叀仲	05198	虢姜簋蓋	11.217	西周晚期	即惠仲
叀仲	05322	同簋	12.24	西周中期	同上
叀仲	05323	同簋蓋	12.26	西周中期	同上
叀伯	05336	諫簋	12.55	西周中期	諫的父親
叀叔	15584	虢叔旅鐘甲	29.6	西周晚期	即惠叔
叀叔	15585	虢叔旅鐘乙	29.9	西周晚期	同上
叀叔	15586	虢叔旅鐘丙	29.12	西周晚期	同上
叀叔	15587	虢叔旅鐘丁	29.15	西周晚期	同上
叀叔	15588	虢叔旅鐘戊	29.18	西周晚期	同上
叀叔	15590	虢叔旅鐘庚	29.21	西周晚期	即惠叔
惠叔	15588	虢叔旅鐘戊	29.18	西周晚期	虢叔旅的父親
事	10594	事觶	19.417	西周早期	
事	11567	事尊	21.62	西周早期後段	
事父	04200	事父簋	8.450	西周早期	
事父	13052	事父卣	23.475	西周早期	
事从	12119	事从壺	21.469	西周中期前段	
事从	14368	事从盤	25.382	西周早期	
事吳	17142	馬雍令事吳戈	32.202	戰國時期	馬雍縣令
事吳	17329	馬雍令事吳戈	32.420	戰國時期	同上
事伯	11553	事伯尊	21.49	西周中期前段	
事壯	17346	陽城令事壯戈	32.438	戰國晚期	陽城縣令
事孟	05235	屍敖簋蓋	11.286	西周中期	即吏孟
事族	05084	事族簋	10.488	西周晚期	
事裵	17219	鄭令韓熙戈	32.285	戰國晚期	
叀姬	05216	蔡姞簋	11.246	西周晚期	即惠姬
事盟	02070	事盟鼎	4.248	西周早期	
事繯	19241	嗇夫事繯盒	35.26	戰國中期	
事繯	19286	嗇夫事繯燈	35.73	戰國中期	
事筌胡	18065	相邦陽安君鈹	33.449	戰國晚期	
事季良父	12432	事季良父壺蓋	22.377	西周晚期	
或	01521	或鼎	3.201	西周早期	
或	01522	或鼎	3.202	西周早期	

人　名	器　號	器　名	卷數頁碼	時　代	備　注
或	01700	或鼎	3.363	西周早期	
或	01726	或鼎	3.386	西周早期	
或	08518	或爵	17.71	西周早期	
杯沽	04458	杯沽簋	9.207	西周中期前段	
豕	05344	大簋	12.77	西周晚期	即膳夫豕
豕	05345	大簋蓋	12.79	西周晚期	同上
�父	02476	師夲父鼎	5.342	西周中期	
奄	02071	應公鼎	4.249	西周早期後段	應公的親屬
奄	02072	應公鼎	4.250	西周早期後段	同上
客	03255	友甗	7.136	西周中期前段	即友
客	04115	客簋	8.380	西周中期前段	同上
客	05204	客簋	11.227	西周中期	同上
客父	01547	考鼎	3.223	西周中期後段	即友父
臤	11807	臤尊	21.285	西周中期前段	
臤	11808	臤尊	21.287	西周中期前段	
臤子	18850	臤子砝碼	34.316	戰國晚期	
臤石	17693	藺令趙狽矛	33.129	戰國晚期	
殀	04067	殀簋	8.338	西周早期	
殳	11764	殳尊	21.232	西周早期	
殟	02257	嬰鼎	4.485	商代晚期	
殟	04579	鳳簋	9.326	商代晚期	鳳的上司
殟	04763	殟簋	10.37	西周早期	
殟	05128	小子网簋	11.71	商代晚期	小子网的上司
殟	09853	麇婦觚	18.502	商代晚期	
殟	13283	孝卣	24.209	商代晚期	
殟是	11716	麇父尊	21.190	西周早期後段	麇父的親屬
殟是	13229	麇父卣	24.143	西周早期後段	
堯	13125	堯卣	24.36	西周早期	
郅	04423	郅簋	9.177	西周中期前段	
拍	06073	拍敦	13.334	春秋晚期	
戒偖生	02234	戒偖生鼎	4.452	春秋早期	
戒偖生	02235	戒偖生鼎	4.453	春秋早期	
長	01806	作長鼎	3.469	西周早期	

人　名	器　號	器　名	卷數頁碼	時　代	備　注
長子	00690	長子鼎	2.19	西周早期	
長子	01791	長子鼎	3.454	西周早期	
長父	02501	卅二年遂鼎甲	5.395	西周晚期	
長父	02502	卅二年遂鼎乙	5.398	西周晚期	
長疋	17353	洱陽令張疋戟	32.445	戰國晚期	即張疋
長承	18585	大將李牧弩機	34.161	戰國晚期	即張承
長朱	17691	鄭令韓半矛	33.127	戰國晚期	即張朱
長缶	18004	邢疫令邦乙劍	33.372	戰國晚期	同上
長甶	04347	長甶簋	9.107	西周中期前段	
長甶	04348	長甶簋蓋	9.108	西周中期前段	
長甶	14353	長甶盤	25.367	西周中期前段	
長甶	14796	長甶盉	26.222	西周中期前段	
長足	16907	斂令張足戈	31.449	戰國時期	即張足
長身	18046	相邦春平侯鈹	33.427	戰國晚期	即張身
長身	18047	相邦春平侯鈹	33.429	戰國晚期	同上
長社	02806	長社鬲	6.189	西周晚期	
長猗	17270	上郡守戈	32.345	戰國晚期	
長猗	17279	上郡守壽戈	32.355	戰國晚期	即張猗
長猗	17280	上郡守壽戈	32.356	戰國晚期	同上
長畫	16742	張畫戟	31.197	戰國晚期	即張畫
長畫	16743	張畫戈	31.199	戰國晚期	同上
長義	18005	邦司寇陳授鈹	33.372	戰國晚期	
長猷	17703	梁令張猷戟刺	33.141	戰國晚期	即張猷
長猷	17704	陽翟令憝戟刺	33.142	戰國晚期	同上
長瞿	17681	相邦春平侯矛	33.117	戰國晚期	即張鳳
長瞿	17682	相邦春平侯矛	33.118	戰國晚期	同上
長瞿	18050	相邦春平侯劍	33.433	戰國晚期	同上
長瞿	18051	相邦春平侯劍	33.434	戰國晚期	同上
長瞿	18052	相邦春平侯劍	33.435	戰國晚期	同上
長瞿	18053	相邦春平侯鈹	33.436	戰國晚期	同上
長瞿	18054	相邦春平侯鈹	33.437	戰國晚期	同上
長瞿	18055	相邦春平侯鈹	33.438	戰國晚期	同上
長瞿	18056	相邦春平侯劍	33.439	戰國晚期	同上

人　名	器　號	器　名	卷數頁碼	時　代	備　注
長瞿	18057	相邦春平侯劍	33.440	戰國晚期	即張鳳
長瞿	18058	相邦春平侯劍	33.440	戰國晚期	同上
長瞿	18059	相邦春平侯鈹	33.441	戰國晚期	同上
長子口	01053	長子口鼎	2.306	西周早期前段	
長子口	01054	長子口鼎	2.307	西周早期前段	
長子口	01055	長子口鼎	2.308	西周早期前段	
長子口	01056	長子口鼎	2.309	西周早期前段	
長子口	01057	長子口鼎	2.310	西周早期前段	
長子口	03188	長子口甗	7.79	西周早期前段	
長子口	08071	長子口爵	16.225	西周早期前段	
長子口	11396	長子口尊	20.415	西周早期前段	
長子口	11397	長子口尊	20.416	西周早期前段	
長子口	11583	長子口尊	21.76	西周早期前段	
長子口	12838	長子口卣	23.273	西周早期前段	
長子口	12839	長子口卣	23.274	西周早期前段	
長子口	13153	長子口卣	24.62	西周早期前段	
長子口	13154	長子口卣	24.63	西周早期前段	
長子口	13638	長子口觥	24.474	西周早期前段	
長子口	13639	長子口觥	24.475	西周早期前段	
長子口	13779	長子口罍	25.71	西周早期前段	
長子狗	01057	長子狗鼎	4.22	西周早期後段	
長五鹿	17992	代相樂宬鈹	33.360	戰國晚期	即張五鹿
長史盧	17231	龏令思戈	32.297	戰國時期	即張史盧
長史盧	17232	龏令思戈	32.297	戰國時期	同上
長隹壺	08263	長隹壺爵	16.380	西周早期	
長隹壺	08264	長隹壺爵	16.381	西周早期	
長隹壺	11394	長隹壺尊	20.413	西周早期前段	
長信侯	01851	長信侯鼎蓋	4.9	戰國晚期	
長陰侯	02135	信安君鼎	4.323	戰國晚期	
長子鱥臣	05973	長子鱥臣簠	13.293	春秋中期	羋姓
長湯伯茬	14865	長湯伯茬匜	26.246	春秋早期	
長湯伯茬	14898	長湯伯茬匜	26.275	春秋早期	
長陰侯安君	02134	信安鼎	4.319	戰國晚期	

人　名	器　號	器　名	卷數頁碼	時　代	備　注
叔	01457	叔鼎	3.141	西周早期後段	
叔	01458	叔鼎	3.142	西周早期後段	
叔	05113	叔簋	11.44	西周早期	
叔	05114	叔簋	11.47	西周早期後段	
叔	11818	叔尊	21.308	西周中期前段	
叔	13327	叔卣甲	24.280	西周中期前段	
叔	13328	叔卣乙	24.283	西周中期前段	
叔	13347	叔卣	24.324	西周早期後段	
叔丁	00409	叔丁鼎	1.314	商代晚期	
叔上	14995	叔上匜	26.381	春秋早期	鄭國大內史
叔子	04448	叔子簋	9.199	西周中期前段	
叔矢	02419	叔矢鼎	5.234	西周早期	
叔牙	08489	叔牙爵	17.50	西周早期	
叔氏	02341	公貿鼎	5.108	西周中期	公貿的上司
叔氏	04922	兌簋	10.247	西周晚期	兌的父親
叔氏	05012	鬵休簋	10.373	西周晚期	鬵休的父親
叔氏	15190	逆鐘甲	27.143	西周晚期	
叔氏	15191	逆鐘乙	27.145	西周晚期	
叔氏	15496	士父鐘甲	28.387	西周晚期	士父的父親
叔氏	15497	士父鐘乙	28.390	西周晚期	同上
叔氏	15498	士父鐘丙	28.393	西周晚期	同上
叔氏	15499	士父鐘丁	28.396	西周晚期	同上
叔尹	01265	叔尹鼎	2.472	西周早期	
叔左	02334	叔左鼎	5.98	春秋中期	
叔旦	04750	叔旦簋	10.24	西周晚期	
叔休	05617	叔休盨甲	12.350	周晚或春早	鸑者君的司鹵
叔休	05618	叔休盨乙	12.351	周晚或春早	同上
叔休	05619	叔休盨丙	12.352	周晚或春早	同上
叔休	14482	叔休盤	25.504	周晚或春早	同上
叔休	14778	叔休盂	26.189	周晚或春早	同上
叔亢	03340	叔亢甗	7.218	西周早期	
叔改	02207	虢文公子役鼎	4.412	西周晚期	虢文公子役的夫人
叔改	02208	虢文公子役鼎	4.414	西周晚期	同上

人名	器號	器名	卷數頁碼	時代	備注
叔改	02209	虢文公子㚤鼎	4.416	西周晚期	虢文公子㚤的夫人
叔改	02987	虢文公子㚤鬲	6.419	西周晚期	同上
叔改	04593	叔改簋	9.340	西周中期	
叔改	04594	叔改簋蓋	9.341	西周中期	
叔妀	05133	叔妀簋	11.79	西周晚期	
叔攸	01462	叔攸鼎	3.145	西周晚期	
叔我	01264	叔我鼎	2.471	西周中期	
叔夷	15556	叔夷鐘五	28.536	春秋晚期	
叔夷	15829	叔夷鎛	29.395	春秋晚期	
叔具	01786	叔具鼎	3.451	西周中期前段	
叔臤	04229	叔臤簋	9.6	西周中期	
叔督	04189	叔督簋	8.441	西周早期	
叔京	04192	叔京簋	8.443	西周早期	
叔夜	02197	叔夜鼎	4.400	春秋早期	
叔堯	14760	堯盉	26.167	西周中期前段	
叔逆	04447	叔逆簋	9.198	西周中期前段	
叔姞	03008	孟辛父鬲	6.444	西周晚期	孟辛父的夫人
叔姞	03009	孟辛父鬲	6.445	西周晚期	同上
叔姞	03010	孟辛父鬲	6.446	西周晚期	同上
叔姞	04570	師寏父簋	9.317	西周晚期	師寏父的夫人
叔姞	04571	師寏父簋	9.318	西周晚期	同上
叔姞	05550	叔姞盨	12.271	西周晚期	
叔姞	05670	穆父盨	12.442	西周晚期	穆父的夫人
叔姞	05682	曩盨	12.474	西周晚期	叔邦父的夫人
叔姜	01907	大師鼎	4.67	西周中期	太師的親屬
叔姜	02863	衛夫人鬲	6.252	春秋早期	衛文君的夫人
叔姜	02864	衛夫人鬲	6.254	春秋早期	同上
叔姜	02865	衛夫人鬲	6.255	春秋早期	同上
叔姜	05120	散季簋	11.58	西周晚期	散季的母親
叔姜	05897	叔姜簠	13.168	春秋晚期	申王的孫女
叔姜	12242	子叔壺	22.116	西周晚期	子叔的夫人
叔姜	12243	子叔壺	22.117	西周晚期	同上
叔姜	12259	成伯邦父壺	22.134	西周晚期	成伯邦父的夫人

人　名	器　號	器　名	卷數頁碼	時　代	備　注
叔艴	04446	叔艴簋	9.197	西周早期	
叔班	05628	弭叔盨蓋	12.363	西周晚期	弭叔的親屬
叔造	11736	叔造尊	21.206	西周早期後段	
叔朕	05967	叔朕簠	13.282	春秋早期	
叔朕	05968	叔朕簠	13.284	春秋早期	
叔朕	05969	叔朕簠	13.286	春秋早期	
叔旅	01639	叔旅鼎	3.306	西周中期前段	
叔孫	16635	叔孫戈	31.79	戰國早期	
叔姬	01788	叔虎父鼎	3.451	西周中期	叔虎父的親屬
叔姬	01878	叔姬鼎	4.35	西周晚期	
叔姬	02083	金父鼎	4.262	西周晚期	金父的夫人
叔姬	02824	戴叔慶父鬲	6.208	春秋早期	戴叔慶父的夫人
叔姬	02831	伯庸父鬲甲	6.215	西周中期後段	伯庸父的夫人
叔姬	02832	伯庸父鬲乙	6.216	西周中期後段	同上
叔姬	02833	伯庸父鬲丙	6.217	西周中期後段	同上
叔姬	02834	伯庸父鬲丁	6.218	西周中期後段	同上
叔姬	02835	伯庸父鬲戊	6.219	西周中期後段	同上
叔姬	02836	伯庸父鬲己	6.220	西周中期後段	同上
叔姬	02837	伯庸父鬲庚	6.221	西周中期後段	同上
叔姬	02838	伯庸父鬲辛	6.222	西周中期後段	同上
叔姬	02932	弢伯鬲	6.343	西周中期	弢伯的夫人
叔姬	03006	鄭伯筍父鬲	6.442	西周晚期	鄭伯筍父的姑母或姊妹
叔姬	05936	曾侯簠	13.225	春秋早期	
叔姬	12348	伯公父壺蓋	22.243	西周晚期	伯公父的夫人
叔姬	14419	荀侯盤	25.436	西周中期後段	荀侯的女兒
叔姬	14797	作册吳盂	26.224	西周中期前段	作册吳的夫人
叔姬	14525	作册吳盤	25.566	西周中期前段	同上
叔姬	15066	吳王光鑑甲	26.420	春秋晚期	即叔姬寺吁
叔姬	15067	吳王光鑑乙	26.423	春秋晚期	同上
叔姬	15369	吳王光鐘	27.515	春秋晚期	
叔斐	04663	叔斐簋甲	9.408	西周中期前段	
叔斐	04664	叔斐簋乙	9.409	西周中期前段	
叔黹	03296	叔黹甗	7.173	西周晚期	

人名	器號	器名	卷數頁碼	時代	備注
叔㳭	02252	叔㳭鼎	4.479	春秋早期	
叔宻	04592	叔宻簋	9.339	西周早期	
叔妀	11741	叔妀尊	21.210	西周早期	
叔妀	13533	叔妀方彝	24.408	西周早期	
叔單	02251	叔單鼎	4.477	春秋早期	
叔單	04445	叔單簋	9.196	西周早期	
季㲃	04595	季㲃簋	9.342	西周中期	
叔湯	12415	叔湯壺	22.341	春秋晚期	蔡國公子
叔嗀	14912	叔嗀匜	26.288	春秋早期	
叔卣	11609	叔卣尊	21.97	西周早期	
叔嬬（祁）	02955	杜伯鬲	6.376	西周晚期	杜伯的夫人
叔宷	04558	叔宷簋	9.307	西周中期	
叔媿	02124	芮子仲㚱鼎	4.309	春秋早期	芮子仲㚱的夫人
叔媿	02125	芮子仲㚱鼎	4.310	春秋早期	同上
叔媿	02849	庚姬鬲	6.234	西周中期	庚姬的親屬
叔媿	02850	庚姬鬲	6.236	西周中期	同上
叔媿	02851	庚姬鬲	6.237	西周中期	同上
叔媿	02852	庚姬鬲	6.238	西周中期	同上
叔嫚	14494	鄧子與盤	25.518	春秋中期	鄧子與的女兒
叔德	04821	叔德簋	10.113	西周早期前段	
叔嬬	02108	鄭登伯鼎	4.292	西周晚期	鄭登伯的夫人
叔嬬	02794	鄭登伯鬲	6.176	西周晚期	同上
叔嬬	02795	鄭登伯鬲	6.177	西周晚期	同上
叔嬬	02796	鄭登伯鬲	6.178	西周晚期	同上
叔嫣	05554	陳姬小公子盨	12.275	春秋時期	陳姬小公子的親屬
叔鼏	02796	叔鼏鬲	6.212	西周早期	
叔截	13110	叔截卣	24.22	西周早期	
叔麤	04319	叔麤簋	9.86	西周中期	
叔麤	04320	叔麤簋	9.86	西周中期	
叔麤	04321	叔麤簋	9.87	西周中期	
叔僮	10633	叔僮觶	19.450	西周早期	
叔龜	00410	叔龜鼎	1.315	商代晚期	
叔龜	00411	叔龜鼎	1.316	商代晚期	

人 名	器 號	器 名	卷數頁碼	時 代	備 注
叔龜	04190	叔龜簋	8.442	西周早期	
叔龜	04191	叔龜簋	8.442	西周早期	
叔豐	04896	叔豐簋	10.217	西周中期	
叔豐	04897	叔豐簋	10.218	西周中期	
叔豐	04898	叔豐簋	10.219	西周中期	
叔豐	04899	叔豐簋	10.220	西周中期	
叔虢	15758	留鎛	29.179	戰國時期	
叔嬭(妘)	02859	芊伯碩父鬲	6.246	西周晚期	芊伯碩父的夫人
叔嬭(妘)	14995	叔上匜	26.381	春秋早期	叔上的女兒
叔黽	01787	叔黽鼎	3.451	西周早期	
叔子屖	14512	賈子叔子屖盤	25.543	春秋晚期	
叔子毄	19237	叔子毄厄	35.19	戰國早期	
叔元父	05535	叔元父盨	12.256	西周晚期	
叔元果	16853	叔元果戈	31.347	春秋早期	
叔夫父	13155	叔夫父卣	24.64	西周早期	
叔五父	14438	叔五父盤	25.458	西周晚期	
叔五父	14938	叔五父匜	26.315	西周晚期	
叔友父	04598	叔友父簋蓋	9.345	西周中期	
叔牙父	02929	叔牙父鬲	6.340	春秋早期	
叔皮父	05080	叔皮父簋	10.482	西周晚期	
叔皮父	05126	鑄叔皮父簋	11.69	春秋早期	即祝叔皮父
叔邦父	05682	皇盨	12.474	西周晚期	
叔邦父	05910	叔邦父簠	13.191	西周晚期	
叔西父	05017	辛王姬簋	10.378	西周晚期	辛王姬的女婿
叔西父	05018	辛王姬簋	10.380	西周晚期	同上
叔伎父	04367	叔伎父簋	9.125	西周晚期	
叔伐父	01462	叔伐父鼎	3.145	西周中期後段	
叔向父	04792	叔向父簋	10.77	西周晚期	
叔向父	04793	叔向父簋	10.78	西周晚期	
叔向父	04794	叔向父簋	10.79	西周晚期	
叔向父	04795	叔向父簋	10.80	西周晚期	
叔向父	04796	叔向父簋	10.81	西周晚期	
叔向父	04797	叔向父簋	10.82	西周晚期	

人　名	器　號	器　名	卷數頁碼	時　代	備　注
叔向父	04798	叔向父簋	10.84	西周晚期	
叔向父	04799	叔向父簋	10.85	西周晚期	
叔向父	04800	叔向父簋	10.86	西周晚期	
叔向父	05273	叔向父禹簋	11.382	西周晚期	
叔各父	04661	叔各父簋甲	9.406	西周晚期	
叔各父	04662	叔各父簋乙	9.407	西周晚期	
叔多父	05000	叔多父簋	10.358	西周晚期	師趛父之孫
叔多父	05001	叔多父簋	10.360	西周晚期	同上
叔多父	05002	叔多父簋	10.361	西周晚期	同上
叔克父	05519	叔克父盨	12.237	西周晚期	
叔男父	14983	叔男父匜	26.365	西周晚期	
叔詔父	05840	叔詔父簠蓋	13.96	春秋晚期	
叔良父	05601	叔良父盨	12.331	西周晚期	
叔良父	14968	叔良父匜	26.346	西周晚期	
叔角父	04927	叔角父簋	10.253	西周晚期	
叔角父	04928	叔角父簋蓋	10.254	西周晚期	
叔妊秦	14456	鑄叔盤	25.477	春秋早期	鑄叔的女兒
叔妊襄	14477	薛侯盤	25.498	西周晚期	薛侯的女兒
叔妊襄	14974	薛侯匜	26.352	春秋時期	同上
叔虎父	01788	叔虎父鼎	3.451	西周中期	
叔虎父	05926	叔虎父簠	13.210	春秋早期	
叔皇父	02287	叔皇父鼎	5.27	春秋早期	鄭伯氏士
叔皇父	02803	叔皇父鬲	6.186	西周晚期	
叔侯父	04757	叔侯父簋	10.32	西周晚期	
叔侯父	04758	叔侯父簋	10.33	西周晚期	
叔侯父	04846	叔侯父簋	10.142	西周中期	
叔侯父	14890	叔侯父匜	26.267	西周晚期	
叔剌父	05657	叔剌父盨甲	12.416	西周晚期	
叔剌父	05658	叔剌父盨乙	12.419	西周晚期	
叔剌父	05659	叔剌父盨丙	12.422	西周晚期	
叔剌父	05660	叔剌父盨丁	12.424	西周晚期	
叔原父	03361	叔原父甗	7.247	春秋早期	陳國公子
叔釗父	03335	叔釗父甗	7.213	西周晚期	

人　名	器　號	器　名	卷數頁碼	時　代	備　注
叔師父	01914	叔師父鼎	4.73	西周晚期	
叔師父	12414	叔師父壺	22.340	春秋中期	江太宰之孫
叔朕父	05217	召簋	11.247	西周中期前段	
叔殷戠	02800	虢叔鬲	6.182	西周晚期	虢叔的夫人
叔殷戠	05789	虢叔簠蓋	13.42	西周晚期	
叔殷戠	11686	虢叔尊	21.162	西周中期前段	虢叔的女兒
叔倉父	05509	叔倉父盨	12.228	西周晚期	
叔高父	14949	叔高父匜	26.327	西周晚期	
叔家父	05955	叔家父簠	13.258	春秋早期	
叔猴父	05054	叔猴父簋	10.438	西周晚期	牧師父之弟
叔猴父	05055	叔猴父簋蓋	10.441	西周晚期	同上
叔猴父	05056	叔猴父簋蓋	10.442	西周晚期	同上
叔犀父	05570	伯寶父盨	12.291	西周晚期	
叔㫄父	01741	叔㫄父鼎	3.397	西周晚期	
叔姬霝	05936	曾侯簠	13.225	春秋早期	
叔偈父	10585	叔偈父觶	19.410	西周早期	
叔鄉父	16714	叔鄉父戈	31.163	西周早期	
叔商父	01937	叔㫄父鼎	4.96	西周晚期	
叔彭父	04819	廣簋蓋	10.111	西周晚期	廣的親屬
叔厴父	14959	叔厴父匜	26.337	西周晚期	
叔獸父	05097	魯士商臤簋	11.17	西周晚期	魯士商臤父親
叔獸父	05098	魯士商臤簋	11.19	西周晚期	同上
叔黑臣	14908	叔黑臣匜	26.284	春秋早期	
叔犾父	01936	叔犾父鼎	4.95	西周晚期	
叔善父	12355	叔善父壺	22.254	西周中期	
叔鄴掃	17230	芒令口轄戈	32.296	戰國晚期	
叔趙父	18078	叔趙父冉	33.468	西周晚期	
叔荐父	02030	叔荐父鼎	4.194	西周晚期	
叔敽父	04887	叔敽父簋	10.204	西周晚期	
叔敽父	04888	叔敽父簋	10.205	西周晚期	
叔梟父	04722	叔梟父簋	9.475	西周中期前段	
叔頌父	06147	叔頌父鋪	13.397	西周晚期	
叔駒父	04668	叔駒父簋	9.413	西周晚期	

人 名	器 號	器 名	卷數頁碼	時 代	備 注
叔碩父	02191	叔碩父鼎	4.390	西周晚期	
叔碩父	02490	善夫山鼎	5.369	西周晚期	
叔碩父	03327	叔碩父甗	7.204	西周晚期	
叔諆父	05102	應姚簋	11.27	西周晚期	
叔諆父	14471	應姚盤	25.492	西周晚期	應姚的丈夫
叔賓父	04462	叔賓父簋	9.210	西周中期前段	
叔賓父	05565	叔賓父盨	12.287	西周晚期	
叔賓父	12320	叔賓父壺	22.203	西周晚期	
叔爽父	11772	叔爽父尊	21.239	西周晚期	
叔顁父	02278	叔顁父鼎	5.17	西周晚期	
叔噩父	05003	叔噩父簋	10.362	西周中期	
叔噩父	05004	叔噩父簋	10.364	西周中期	
叔噩父	05005	叔噩父簋	10.366	西周中期	
叔噩父	05006	叔噩父簋	10.367	西周中期	
叔繇父	05205	禰簋	11.230	西周中期	
叔臨父	04684	叔臨父簋	9.430	西周晚期	
叔豐慶	02853	叔豐慶鬲	6.239	西周中期	
叔鵔父	05095	叔鵔父簋	11.15	西周晚期	
叔譏父	05545	叔譏父盨	12.266	西周晚期	
叔譏父	05546	叔譏父盨	12.267	西周晚期	
叔趞父	13341	叔趞父卣	24.308	西周中期前段	
叔趞父	13342	叔趞父卣	24.311	西周中期前段	
叔丞父	01915	叔丞父鼎	4.73	西周晚期	
叔ㄗ父	04366	叔ㄗ父簋	9.124	西周早期	
叔谷嬴	02839	樊君鬲	6.223	春秋早期	樊君之女
叔向父禹	05273	叔向父禹簋	11.382	西周晚期	
叔烈夫人	02408	鄭莊公之孫盧鼎	5.215	春秋晚期	
叔烈夫人	02409	鄭莊公之孫盧鼎	5.218	春秋晚期	
叔旅魚父	15156	叔旅魚父鐘	27.85	西周晚期	
叔姬寺吁	15066	吳王光鑑甲	26.420	春秋晚期	吳王光的姊妹
叔姬寺吁	15067	吳王光鑑乙	26.423	春秋晚期	同上
叔姬寺男	05876	寶侯簠	13.136	春秋早期	
叔姬寺男	05877	寶侯簠	13.137	春秋早期	

人　名	器　號	器　名	卷數頁碼	時　代	備　注
叔嫚娛母	14458	伯侯父盤	25.479	西周晚期	伯侯父的女兒
叔嬴爲心	05941	鄶伯受簠	13.233	春秋中期	養伯受之妹
叔嬭番改	05970	上鄀公簠	13.287	春秋中期	
卓僕	17324	寧壽令余慶戟	32.413	戰國晚期	
卓林父	04974	卓林父簋蓋	10.315	春秋早期	
虎	02446	吳虎鼎	5.282	西周晚期	即吳虎
虎	05371	師虎簋	12.141	西周中期後段	即師虎
虎	05399	虎簋蓋甲	12.205	西周中期	
虎	05400	虎簋蓋乙	12.207	西周中期	
虎	11773	虎尊	21.240	西周中期前段	
虎	16721	虎戈	31.171	戰國晚期	
虎孛	14542	散氏盤	25.602	西周晚期	夨人有司,淮司工
虎叔	04833	虎叔簋	10.128	西周中期	
虎訇丘君豫	17089	虎訇丘君豫戈	32.142	戰國早期	
尚	01079	尚鼎	2.328	西周中期前段	
尚	06229	霸伯盂	13.457	西周中期	霸伯之名
尚	10618	尚觶	19.439	西周中期	
尚	12302	尚壺甲	22.178	西周中期	
尚	12303	尚壺乙	22.180	西周中期	
具	01535	具鼎	3.215	西周中期前段	
典	11747	典尊	21.215	西周早期	
昌	02395	昌鼎	5.188	西周中期	
昆君	14768	媿霝盂	26.176	春秋早期	
昆疕王貯	15159	昆疕王鐘	27.88	西周晚期	
易仲	05313	王臣簋	12.3	西周中期後段	王臣的父親
昇壬	00455	昇壬鼎	1.352	商代晚期	
岡刧	13289	岡刧卣	24.216	西周早期	
明	11427	明尊	20.440	西周中期前段	
明公	04955	魯侯簋	10.289	西周早期	即周公旦
明公	11821	夨令尊	21.315	西周早期	即明保
明公	13548	夨令方彝	24.438	西周早期	同上
明我	01325	明我鼎	3.29	西周中期	
明我	12117	明我壺	21.467	西周中期	

人　名	器　號	器　名	卷數頁碼	時　代	備　注
明伯	02516	小盂鼎	5.451	西周早期	
明保	11787	作冊䰗尊	21.258	西周早期	周公之子
明保	11821	矢令尊	21.315	西周早期	同上
明保	13308	作冊䰗卣	24.243	西周早期後段	
明保	13548	矢令方彝	24.438	西周早期	周公旦之子
㠱客	04962	㠱客簋	10.301	西周晚期	
咏	11569	咏尊	21.64	西周中期前段	
咏	11655	咏尊	21.134	西周早期	
咏	13067	咏卣	23.490	西周早期	
邵伯	15570	邵黛鐘一	28.558	春秋晚期	即呂伯
邵伯	15571	邵黛鐘二	28.561	春秋晚期	同上
邵伯	15572	邵黛鐘三	28.564	春秋晚期	同上
邵伯	15573	邵黛鐘四	28.567	春秋晚期	同上
邵伯	15574	邵黛鐘五	28.569	春秋晚期	同上
邵伯	15575	邵黛鐘六	28.571	春秋晚期	同上
邵伯	15576	邵黛鐘七	28.573	春秋晚期	同上
邵伯	15577	邵黛鐘八	28.575	春秋晚期	同上
邵伯	15578	邵黛鐘九	28.577	春秋晚期	同上
邵伯	15579	邵黛鐘十	28.579	春秋晚期	同上
邵伯	15580	邵黛鐘十一	28.581	春秋晚期	同上
邵伯	15581	邵黛鐘十二	28.583	春秋晚期	同上
邵伯	15582	邵黛鐘十三	28.585	春秋晚期	同上
邵黛	15570	邵黛鐘一	28.558	春秋晚期	即呂䌐
邵黛	15571	邵黛鐘二	28.561	春秋晚期	同上
邵黛	15572	邵黛鐘三	28.564	春秋晚期	同上
邵黛	15573	邵黛鐘四	28.567	春秋晚期	同上
邵黛	15574	邵黛鐘五	28.569	春秋晚期	同上
邵黛	15575	邵黛鐘六	28.571	春秋晚期	同上
邵黛	15576	邵黛鐘七	28.573	春秋晚期	同上
邵黛	15577	邵黛鐘八	28.575	春秋晚期	同上
邵黛	15578	邵黛鐘九	28.577	春秋晚期	同上
邵黛	15579	邵黛鐘十	28.579	春秋晚期	同上
邵黛	15580	邵黛鐘十一	28.581	春秋晚期	同上

人　名	器　號	器　名	卷數頁碼	時　代	備　注
邵黛	15581	邵黛鐘十二	28.583	春秋晚期	即呂緐
邵黛	15582	邵黛鐘十三	28.585	春秋晚期	同上
邵大叔	18738	邵大叔斧	34.228	春秋晚期	即呂大叔
罕痲	17178	負黍令韓譙戈	32.242	戰國晚期	
罕痲	17179	負黍令韓譙戈	32.243	戰國晚期	
罕痲	17180	負黍令韓譙戈	32.244	戰國晚期	
邾伯	02909	邾伯鬲	6.316	西周晚期	
邾君	15175	邾君鐘	27.119	春秋晚期	
邾叔	15319	邾叔之伯鐘	27.380	春秋時期	
邾討	01977	邾討鼎	4.133	春秋早期	
邾慶	02782	邾慶鬲	6.163	春秋早期	
邾慶	05878	邾慶簋	13.138	春秋早期	
邾慶	05879	邾慶簋	13.139	春秋早期	
邾慶	12352	邾慶壺	22.249	春秋早期	
邾慶	14905	邾慶匜	26.281	春秋早期	
邾慶	14955	邾慶匜	26.333	春秋早期	
邾嬭（曹）	02061	杞伯每刃鼎	4.234	春秋早期	杞伯每刃的夫人
邾嬭（曹）	02062	杞伯每刃鼎	4.237	春秋早期	同上
邾嬭（曹）	02213	杞伯每刃鼎	4.423	春秋早期	同上
邾嬭（曹）	04854	杞伯每刃簋	10.152	春秋早期	同上
邾嬭（曹）	04855	杞伯每刃簋	10.155	春秋早期	同上
邾嬭（曹）	04856	杞伯每刃簋	10.158	春秋早期	同上
邾嬭（曹）	04857	杞伯每刃簋	10.160	春秋早期	同上
邾嬭（曹）	04858	杞伯每刃簋蓋	10.162	春秋早期	同上
邾嬭（曹）	04859	杞伯每刃簋蓋	10.164	春秋早期	同上
邾嬭（曹）	04860	杞伯每刃簋	10.165	春秋早期	同上
邾嬭（曹）	06265	杞伯每刃盆	13.480	春秋早期	
邾嬭（曹）	12379	杞伯每刃壺	22.286	春秋早期	
邾嬭（曹）	12380	杞伯每刃壺蓋	22.288	春秋早期	
邾嬭（曹）	14943	杞伯每刃匜	26.321	春秋早期	
邾嬴	08474	妊爵	17.38	西周早期	
邾嬴	08475	妊爵	17.38	西周早期	
邾友父	02938	邾友父鬲	6.352	春秋早期	

人　名	器　號	器　名	卷數頁碼	時　代	備　注
邾友父	02939	邾友父鬲	6.354	春秋早期	
邾友父	02940	邾友父鬲	6.356	春秋早期	
邾友父	02941	邾友父鬲	6.357	春秋早期	
邾友父	02942	邾友父鬲	6.359	春秋早期	
邾友父	02943	邾友父鬲	6.361	春秋早期	
邾公華	15591	邾公華鐘	29.23	春秋晚期	
邾公釚	15275	邾公釚鐘	27.296	春秋晚期	
邾公牼	15421	邾公牼鐘甲	28.11	春秋晚期	
邾公牼	15422	邾公牼鐘乙	28.13	春秋晚期	
邾公牼	15423	邾公牼鐘丙	28.15	春秋晚期	
邾公牼	15424	邾公牼鐘丁	28.17	春秋晚期	
邾君慶	12333	邾君慶壺	22.222	春秋早期	
邾君慶	12334	邾君慶壺	22.225	春秋早期	
邾君慶	12335	邾君慶壺	22.227	春秋早期	
邾君慶	12336	邾君慶壺	22.228	春秋早期	
邾君慶	12337	邾君慶壺	22.229	春秋早期	
邾來隹	02885	邾來隹鬲	6.282	春秋早期	
邾秦妊	02762	邾秦妊鬲	6.142	春秋早期	
邾秦妊	02763	邾秦妊鬲	6.144	春秋早期	
邾姬仁	02901	魯伯愈父鬲	6.305	春秋早期	魯伯愈父的女兒
邾姬仁	02902	魯伯愈父鬲	6.307	春秋早期	同上
邾姬仁	02903	魯伯愈父鬲	6.309	春秋早期	同上
邾姬仁	02904	魯伯愈父鬲	6.310	春秋早期	同上
邾姬仁	02905	魯伯愈父鬲	6.311	春秋早期	同上
邾姬仁	02906	魯伯愈父鬲	6.312	春秋早期	同上
邾姬仁	14448	魯伯愈父盤	25.469	西晚或春早	同上
邾姬仁	14449	魯伯愈父盤	25.470	西晚或春早	同上
邾姬仁	14450	魯伯愈父盤	25.471	西晚或春早	同上
邾姬仁	14932	魯伯愈父匜	26.308	春秋早期	同上
邾䜌白	02237	邾䜌白鼎	4.456	春秋早期	
邾䜌白	02238	邾䜌白鼎	4.457	春秋早期	
邾大司馬	17056	邾大司馬戈	32.99	春秋晚期	
邾公子害	05907	邾公子害簋	13.186	春秋早期	

人　名	器　號	器　名	卷數頁碼	時　代	備　注
邾公子害	05908	邾公子害簠	13.188	春秋早期	
邾公孫班	15784	邾公孫班鎛	29.248	春秋晚期	
邾伯御戎	02086	邾伯御戎鼎	4.265	春秋早期	
牧	05403	牧簋	12.215	西周中期	
牧	12273	牧壺	22.148	西周早期	
牧牛	15004	牧匜	26.392	西周中期後段	
牧𢼄	04493	牧𢼄簋	9.249	西周早期	
牧師父	05054	叔�父簋	10.438	西周晚期	叔㺇父之兄
牧師父	05055	叔㺇父簋蓋	10.441	西周晚期	同上
牧師父	05056	叔㺇父簋蓋	10.422	西周晚期	同上
玎	01705	玎鼎	3.368	西周早期前段	
玎	01802	玎鼎	3.465	西周早期	
垂	02316	淮伯鼎	5.70	西周中期	
垂姬	01719	王鼎	3.382	西周早期	
乖伯	05385	乖伯簋	12.174	西周中期後段	
乖叔	01077	乖叔鼎	2.326	西周早期	
秉	08509	秉爵	17.64	商代晚期	
秉	08510	秉爵	17.64	商代晚期	
秉己	00446	秉己鼎	1.344	商代晚期	
季子	05904	宋公欒簠	13.181	春秋晚期	宋公欒之妹
季氏	02146	虢季鼎甲	4.337	春秋早期	
季氏	02147	虢季鼎乙	4.338	春秋早期	
季氏	02148	虢季鼎丙	4.339	春秋早期	
季氏	02149	虢季鼎丁	4.340	春秋早期	
季氏	02150	虢季鼎戊	4.341	春秋早期	
季氏	02151	虢季鼎己	4.342	春秋早期	
季氏	02152	虢季鼎庚	4.343	春秋早期	
季氏	02153	虢季鼎辛	4.344	春秋早期	
季氏	05177	𤾸兌簋	11.166	西周晚期	𤾸兌的父親
季氏	14532	叔多父盤	25.581	西周晚期	豕叔多父的父親
季氏	14533	叔多父盤	25.583	西周晚期	同上
季氏	15361	虢季鐘甲	27.500	春秋早期	
季氏	15362	虢季鐘乙	27.502	春秋早期	

人　名	器　號	器　名	卷數頁碼	時　代	備　注
季氏	15363	虢季鐘丙	27.505	春秋早期	
季氏	15364	虢季鐘丁	27.509	春秋早期	
季改	14522	夆叔盤	25.560	春秋早期	夆叔的夫人
季改	15001	夆叔匜	26.388	春秋晚期	同上
季甫	11541	季甫父乙尊	21.39	西周早期	
季姒	04323	季姒簋	9.89	西周中期前段	
季匂	17154	周王孫季匂戈	32.215	春秋中期	周王孫
季姞	01833	師㝅父鼎	3.489	西周中期	師㝅父的親屬
季姞	02211	伯上父鼎	4.420	西周晚期	伯上父的親屬
季姞	03320	鄭邢叔甗	7.197	西周晚期	鄭邢叔的夫人
季姞	14783	伯庸父盂	26.197	西周中期後段	伯庸父的姊妹或女兒
季姜	02830	伯猇父鬲	6.214	西周中期後段	伯猇父的夫人
季姜	02871	鄭羌伯鬲	6.264	西周晚期	鄭羌伯的夫人
季姜	02872	鄭羌伯鬲	6.266	西周晚期	同上
季姜	02925	鄭鑄友父鬲	6.334	西周晚期	鄭鑄友父的夫人
季姜	05205	㒭簋	11.230	西周中期	㒭的夫人
季姜	05304	趩簋	11.453	西周中期	趩的夫人
季姜	05977	陳逆簠	13.301	戰國早期	陳逆的夫人
季姜	05978	陳逆簠	13.303	戰國早期	同上
季姜	06224	伯索史盂	13.450	春秋早期	伯索史的夫人
季姜	14008	鄭義伯𤮐	25.177	西周晚期	鄭義伯的夫人
季姜	14891	鄭義伯匜	26.268	西周晚期	同上
季姜	15178	鑄侯求鐘	27.126	春秋早期	鑄侯求的女兒
季尚	11715	季尚尊	21.189	西周早期後段	
季眞	02717	季眞鬲	6.99	西周中期後段	
季犀	04322	季犀簋	9.88	西周早期	
季姬	02074	王伯姜鼎	4.252	西周中期後段	王伯姜的女兒
季姬	04621	牀侯簋	9.367	西周中期	牀侯的夫人
季姬	05080	叔皮父簋	10.482	西周晚期	叔皮父的母親
季姬	11811	季姬尊	21.294	西周中期前段	
季姬	14459	師㝅父盤	25.480	西周晚期	師㝅父的夫人
季姬	14853	季姬匜	26.236	西周晚期	
季宴（姒）	04323	季姒簋	9.89	西周中期前段	

人名	器號	器名	卷數頁碼	時代	備注
季執	02759	季執鬲	6.140	西周早期	
季悆	01875	季悆鼎	4.33	西周晚期	
季康	15787	季子康鎛甲	29.262	春秋中期	即季子康,柏之子
季康	15788	季子康鎛乙	29.265	春秋中期	同上
季康	15789	季子康鎛丙	29.268	春秋中期	同上
季康	15790	季子康鎛丁	29.271	春秋中期	同上
季康	15791	季子康鎛戊	29.274	春秋中期	同上
季楚	04248	季楚簋	9.23	西周中期	
季䛴(怡)	17302	曾大工尹季怡戈	32.386	春秋中期	曾國大工尹
季諆	04247	季諆簋	9.22	西周中期	
季魯	04924	季魯簋	10.249	西周中期前段	
季盨	01789	季盨鼎	3.452	西周早期後段	
季嬴	02088	黄季鼎	4.267	春秋早期	黄季的夫人
季嬴	03023	國子碩父鬲	6.465	春秋早期	國子碩父的夫人
季嬴	03024	國子碩父鬲	6.466	春秋早期	同上
季㛄(妘)	02411	小臣夌鼎	5.223	西周早期	小臣夌的夫人
季子康	15787	季子康鎛甲	29.262	春秋中期	鍾離公柏之子
季子康	15788	季子康鎛乙	29.265	春秋中期	同上
季子康	15789	季子康鎛丙	29.268	春秋中期	同上
季子康	15790	季子康鎛丁	29.271	春秋中期	同上
季子康	15791	季子康鎛戊	29.274	春秋中期	同上
季日乙	04869	爯簋	10.180	西周中期	爯的長輩
季日乙	04870	爯簋	10.181	西周中期	同上
季右父	02760	季右父鬲	6.140	西周晚期	
季老或	14773	季老或盉	26.182	西周中期	
季妃夢	14467	伯離盤	25.487	春秋早期	伯離的女兒
季妓姒	02374	仲師父鼎	5.267	西周晚期	
季妓姒	02375	仲師父鼎	5.269	西周晚期	仲師父的夫人
季姒簪	13830	季姒簪罍	25.121	西周中期前段	
季良父	14774	季良父盉	26.183	西周晚期	
季姬牙	04918	魯太宰原父簋	10.244	春秋早期	魯太宰原父的女兒
季姬婧	04863	魯伯大父簋	10.171	春秋早期	魯伯大父的小女
季隁父	14907	季隁父匜	26.283	西周晚期	

人　名	器　號	器　名	卷數頁碼	時　代	備　注
季實父	04369	季實父簋	9.126	西周中期前段	
季亶父	05886	季亶父簠	13.151	西周晚期	
季亶父	05887	季亶父簠	13.152	西周晚期	
季亶父	05888	季亶父簠	13.153	西周晚期	
季宮父	05889	季宮父簠	13.154	西周晚期	
季衛父	11669	衛尊	21.147	西周早期	衛的親屬
季衛父	13222	衛卣	24.135	西周早期後段	衛的長輩
季嬴秘	05013	黃君簋蓋	10.374	西周晚期	黃君的小女
季佝父迾	04851	季佝父迾簋蓋	10.148	西周晚期	
季姬寈母	02074	王伯姜鼎	4.252	西周中期後段	王伯姜的女兒
季嬴霝德	14392	季嬴霝德盤	25.405	西周中期	
季嬴霝德	14738	季嬴霝德盂	26.145	西周中期前段	
呑	06251	呑盆	13.463	春秋早期	
幵伯	03250	幵伯甗	7.131	西周早期前段	
斨君墨敃	17053	斨君墨敃戟	32.95	戰國早期	
侃孫奎母	14498	侃孫奎母盤	25.525	春秋時期	
佳	11672	佳尊	21.150	西周中期前段	
佳工	16398	佳工戈	30.364	西周早期	
佳宜	17107	保永戈	32.162	戰國早期	
伓父	13161	散伯卣	24.71	西周中期前段	
伓父	13162	散伯卣	24.72	西周中期前段	
伓父	13163	散伯卣蓋	24.73	西周中期前段	
佫侯慶	01324	佫侯慶鼎	5.83	春秋早期	
侂仲戯子	18324	侂仲戯子削	33.551	春秋早期	
征	04949	征簋	10.282	西周早期	
征人	02267	征人鼎	5.4	西周早期	
臭	04868	臭簋	10.179	西周中期前段	
臭女（母）	05512	臭女盨蓋	12.230	西周晚期	
帛女（母）	02725	帛女鬲	6.107	西周晚期	
卑梁君光	01746	卑梁君光鼎	3.404	春秋中期	
兒	00284	兒鼎甲	1.219	西周中期前段	
兒	00285	兒鼎丙	1.220	西周中期前段	
兒	00286	兒鼎丁	1.221	西周中期前段	

人　名	器　號	器　名	卷數頁碼	時　代	備　注
兒	03580	兒簋	7.408	西周中期前段	強伯的妾
兒	03581	兒簋	7.409	西周中期前段	同上
兒	03582	兒簋	7.410	西周中期前段	同上
兒慶	01947	兒慶鼎	4.104	春秋早期	即郳慶
兒慶	01948	兒慶鼎	4.105	春秋早期	同上
兒慶	02866	兒慶鬲	6.256	春秋早期	同上
兒慶	02867	兒慶鬲	6.258	春秋早期	同上
兒慶	02868	兒慶鬲	6.260	春秋早期	同上
兒慶	14414	兒慶盤	25.428	春秋早期	同上
欣仲鸞履	14478	欣仲鸞履盤	25.499	西周晚期	
金	18581	高陵君弩機	34.157	戰國晚期	
金父	02083	金父鼎	4.262	西周晚期	
舍	04116	舍簋	8.380	西周中期	
舍父	02228	舍父鼎	4.446	西周中期前段	
命	03234	命甗	7.119	西周中期前段	
命	05082	命簋	10.484	西周中期前段	
命仲	04702	滕虎簋	9.449	西周中期前段	滕虎的父親
命仲	04703	滕虎簋	9.451	西周中期前段	同上
命仲	04704	滕虎簋	9.453	西周中期前段	同上
命仲	04705	滕虎簋	9.454	西周中期前段	同上
命父謹	04890	命父謹簋	10.207	西周晚期	
命父謹	04891	命父謹簋	10.208	西周晚期	
俞氏奠	19612	俞氏銀皿	35.275	戰國晚期	
俞氏令韓化	17181	俞氏令韓化戈	32.245	戰國時期	
㑔莫高	13226	㑔莫高卣	24.139	西周中期前段	
卻智	05215	卻智簋	11.244	西周晚期	
从蔡	17204	平陶令范从戈	32.271	戰國晚期	
夆名	17694	襄城令夆名矛	33.130	戰國晚期	即𤇾名
采隻	05154	采隻簋甲	11.116	西周中期	
采隻	05155	采隻簋乙	11.118	西周中期	
采隅	18012	守相廉頗鈹	33.380	戰國晚期	
受	03431	受簋	7.281	商代晚期	
受	03432	受簋	7.282	商代晚期	

人　名	器　號	器　名	卷數頁碼	時　代	備　注
受	16809	受戈	31.291	春秋晚期	
受此于	19305	聖麛公戁鼓座	35.90	春秋晚期	
周公	01715	周公鼎	3.378	西周早期	周公旦
周公	02364	塱鼎	5.143	西周早期	同上
周公	02488	柞伯鼎	5.365	西周中期	同上
周公	04984	禽簋	10.332	西周早期前段	同上
周公	05274	榮簋	11.384	西周早期	
周公	05301	柞伯簋	11.447	西周晚期	周公旦
周公	10656	小臣單觶	19.471	西周早期前段	同上
周公	11821	矢令尊	21.315	西周早期	同上
周公	13548	矢令方彝	24.438	西周早期	同上
周公	14377	征盤	25.390	西周早期	
周公	14432	卿盤	25.452	西周早期前段	周公旦
周公	14541	史牆盤	25.599	西周中期前段	同上
周公	15598	癲鐘（3式）乙	29.37	西周中期後段	同上
周公	16813	周公戟	31.296	戰國中期	
周奴	02163	虎令周奴鼎	4.356	戰國中期	
周奴	14779	虎令周奴盂	26.191	戰國中期	
周生	03013	琱生鬲	6.449	西周中期後段	
周生	05340	五年琱生簋	12.64	西周晚期	
周生	05341	六年琱生簋	12.66	西周晚期	
周生	06141	周生豆	13.391	西周晚期	
周生	06142	周生豆	13.392	西周晚期	
周生	11816	琱生尊	21.304	西周晚期	
周生	11817	琱生尊	21.306	西周晚期	
周乎	13317	周乎卣	24.258	西周中期前段	
周季	01785	義仲鼎	3.450	西周早期	義仲的父親
周姜	04778	伯百父簋	10.59	西周中期前段	伯百父的夫人
周姜	14966	齊伯里父匜	26.344	春秋早期	齊伯里父的女兒
周晉	14793	周晉盂	26.215	西周中期前段	
周師	05315	獄簋甲（二式）	12.8	西周中期前段	獄的上司
周師	05316	獄簋乙（二式）	12.11	西周中期前段	同上
周師	05317	獄簋丙（二式）	12.14	西周中期前段	同上

人　名	器　號	器　名	卷數頁碼	時　代	備　注
周師	05318	獄簋丁（二式）	12.16	西周中期前段	獄的上司
周師	05676	獄盨	12.453	西周中期前段	
周師	14529	守宮盤	25.574	西周早期後段	
周師	14531	獄盤	25.579	西周中期前段	
周師	14799	獄盉	26.229	西周中期前段	
周毡	14914	周毡匜	26.290	西周中期	
周姬	02143	晉司徒伯鄀父鼎	4.334	西周晚期	晉司徒伯鄀父的親屬
周夢	12392	周夢壺	22.306	西周中期後段	
周夢	12393	周夢壺	22.308	西周中期後段	
周登	00718	周登鼎	2.42	戰國時期	
周雒	05566	周雒盨	12.288	西周晚期	
周嬭（妘）	02111	函皇父鼎	4.295	西周晚期	函皇父的夫人
周嬭（妘）	02380	函皇父鼎	5.166	西周晚期	同上
周嬭（妘）	05144	函皇父簋	11.95	西周晚期	同上
周嬭（妘）	05145	函皇父簋	11.98	西周晚期	同上
周嬭（妘）	05146	函皇父簋	11.100	西周晚期	同上
周嬭（妘）	14523	函皇父盤	25.562	西周晚期	同上
周嬭（妘）	14921	函皇父匜	26.297	西周晚期	同上
周王叚	16978	周王叚戈	32.24	戰國早期	
周我父	05032	周我父簋	10.408	西周晚期	
周我父	05033	周我父簋	10.410	西周晚期	
周我父	05034	周我父簋	10.412	西周晚期	
周伯邊	02370	仲偈父鼎	5.151	西周晚期	
周臥騾	01994	周臥騾鼎	4.154	西周晚期	
周籍生	04876	周籍生簋	10.192	西周中期	
周籍生	14464	周籍生盤	25.484	西周中期	
周王孫季怠	17154	周王孫季怠戈	32.215	春秋中期	
服	11753	服尊	21.221	西周中期前段	
服余	14530	呂服余盤	25.577	西周中期	即呂服余
曶	02515	曶鼎	5.447	西周中期後段	
曶	05217	曶簋	11.247	西周中期前段	
曶	11562	曶尊	21.58	西周早期	
曶	11704	曶尊	21.177	西周早期後段	

人　名	器　號	器　名	卷數頁碼	時　代	備　注
智	12446	智壺蓋	22.410	西周中期	
智	13074	智卣	23.497	西周中期前段	
智	05215	卻智簋	11.244	西周晚期	即卻智
智公	11780	能匋尊	21.247	西周早期	即盨公
氐	02515	智鼎	5.447	西周中期後段	
京公	11806	耳尊	21.283	西周早期	微師耳的長輩
京叔	05534	京叔盨	12.255	西周中期後段	
京叔	05547	京叔盨	12.268	西周中期後段	
京叔	14428	京叔盤	25.448	西周中期後段	
京姬	02966	善夫吉父鬲	6.388	西周晚期	善夫吉父的夫人
京姬	02967	善夫吉父鬲	6.390	西周晚期	同上
京姬	02968	善夫吉父鬲	6.392	西周晚期	同上
京姬	02969	善夫吉父鬲	6.394	西周晚期	同上
京姬	02970	善夫吉父鬲	6.396	西周晚期	同上
京姬	02971	善夫吉父鬲	6.398	西周晚期	同上
京姬	02972	善夫吉父鬲	6.400	西周晚期	同上
京姬	02973	善夫吉父鬲	6.402	西周晚期	同上
京姬	02974	善夫吉父鬲	6.403	西周晚期	同上
京姬	14930	伯吉父匜	26.306	西周晚期	伯吉父的夫人
京良父	04599	京良父簋	9.346	西周晚期	
京叔姬	05800	京叔姬簠	13.55	春秋早期	
京師畯	11784	京師畯尊	21.253	西周早期	
京叔休父	05548	京叔休父盨	12.269	西周晚期	
京叔休父	05586	仲宮父盨	12.311	西周晚期	
京姜永母	02858	京姜永母鬲	6.244	西周中期	
京氏婦叔姬	02988	芮公鬲	6.420	西周晚期	芮公的女兒或姊妹
京氏婦叔姬	02989	芮公鬲	6.422	西周晚期	同上
京氏婦叔姬	03012	芮公鬲	6.448	西周晚期	同上
享	08776	享角	17.212	西周早期	
斈	03453	斈簋	7.301	商代晚期	
府嗇夫成	12419	安邑下官鍾	22.348	戰國晚期	
府嗇夫成	14085	滎陽上官皿	25.246	戰國晚期	
庖宰悥	02389	平安君鼎	5.182	戰國晚期	

人　名	器　號	器　名	卷數頁碼	時　代	備　注
庖宰憙	02429	平安君鼎	5.252	戰國晚期	
庐監	01617	句監鼎	3.286	西周早期	
庚	12453	庚壺	22.433	春秋晚期	
庚仲	13317	周乎卣	24.258	西周中期前段	周乎的父親
庚兒	02325	庚兒鼎	5.86	春秋中期	
庚兒	02326	庚兒鼎	5.88	春秋中期	
庚孟	02446	吳虎鼎	5.282	春秋晚期	
庚孟	04944	吳彩父簋	10.276	西周晚期	吳彩父的祖父
庚孟	04945	吳彩父簋	10.277	西周晚期	同上
庚孟	04946	吳彩父簋蓋	10.279	西周晚期	同上
庚姜	04658	保侒母簋	9.404	西周早期	保侒母的上司
庚姬	02849	庚姬鬲	6.234	西周中期	
庚姬	02850	庚姬鬲	6.236	西周中期	
庚姬	02851	庚姬鬲	6.237	西周中期	
庚姬	02852	庚姬鬲	6.238	西周中期	
庚姬	04559	庚姬簋	9.307	西周早期	
庚姬	11791	商尊	21.265	西周早期前段	商的夫人
庚姬	13313	商卣	24.251	西周早期前段	同上
庚嬴	02379	庚嬴鼎	5.165	西周中期前段	
庚嬴	13337	庚嬴卣	24.299	西周中期前段	
庚嬴	13338	庚嬴卣	24.302	西周中期前段	
夜疵	17325	宅陽令鵙登戟	32.414	戰國晚期	
夜疵	17675	宅陽令鵙鐕矛	33.107	戰國時期	
夜胥	17198	鄂令夜胥戈	32.264	戰國晚期	鄂縣縣令
斺文	17202	少曲令斺文戈	32.269	戰國晚期	
放	04221	果簋	8.469	西周中期	
炊伯晳	14382	炊伯晳盤	25.395	西周中期前段	
炎帝	19921	楚繒書	35.510	戰國晚期	
郊竝果	16855	郊竝果戈	31.349	春秋晚期	
沬伯疑	01822	渮伯遅鼎	3.481	西周早期	
沬伯疑	11735	渮伯遅尊	21.205	西周早期	
沬伯疑	12262	渮伯疑壺	22.137	西周早期	
沬伯疑	12263	渮伯疑壺	22.138	西周早期	

人　名	器　號	器　名	卷數頁碼	時　代	備　注
沬司土疑	05020	潶司土送簋	10.384	西周早期	
邖叔鈺	02930	江叔鈺鬲	6.341	春秋中期	即江叔鈺
泩旱	17309	中□令枀拊戈	32.394	戰國中期	
汄伯寺	04967	汄伯寺簋	10.308	西周晚期	
泃叔	01841	泃叔鼎	3.497	春秋中期	
波	17265	相邦瘠戈	32.340	戰國晚期	
宗仲	14386	宗仲盤	25.399	西周晚期	
宗仲	14861	宗仲匜	26.243	西周晚期	
宗伯	11767	黃尊	21.234	西周中期前段	黃的父親
宗君	11816	琱生尊	21.304	西周晚期	
宗君	11817	琱生尊	21.306	西周晚期	
宗庚	02200	豐鼎	4.405	商代晚期	
宗孀（妘）	05886	季㚤父簋	13.151	西周晚期	
宗孀（妘）	05887	季㚤父簋	13.152	西周晚期	
宗孀（妘）	05888	季㚤父簋	13.153	西周晚期	
宗婦䣁嫛	02280	宗婦䣁嫛鼎	5.20	春秋早期	
宗婦䣁嫛	02281	宗婦䣁嫛鼎	5.21	春秋早期	
宗婦䣁嫛	02282	宗婦䣁嫛鼎	5.22	春秋早期	
宗婦䣁嫛	02283	宗婦䣁嫛鼎	5.23	春秋早期	
宗婦䣁嫛	02284	宗婦䣁嫛鼎	5.24	春秋早期	
宗婦䣁嫛	02285	宗婦䣁嫛鼎	5.25	春秋早期	
宗婦䣁嫛	02286	宗婦䣁嫛鼎	5.26	春秋早期	
宗婦䣁嫛	05037	宗婦䣁嫛簋	10.417	春秋早期	
宗婦䣁嫛	05038	宗婦䣁嫛簋	10.419	春秋早期	
宗婦䣁嫛	05039	宗婦䣁嫛簋	10.421	春秋早期	
宗婦䣁嫛	05040	宗婦䣁嫛簋	10.423	春秋早期	
宗婦䣁嫛	05041	宗婦䣁嫛簋	10.425	春秋早期	
宗婦䣁嫛	05042	宗婦䣁嫛簋	10.426	春秋早期	
宗婦䣁嫛	05043	宗婦䣁嫛簋	10.427	春秋早期	
宗婦䣁嫛	05044	宗婦䣁嫛簋	10.427	春秋早期	
宗婦䣁嫛	05045	宗婦䣁嫛簋蓋	10.428	春秋早期	
宗婦䣁嫛	05046	宗婦䣁嫛簋蓋	10.429	春秋早期	
宗婦䣁嫛	05047	宗婦䣁嫛簋蓋	10.430	春秋早期	

人　名	器　號	器　名	卷數頁碼	時　代	備　注
宗婦鄁嫛	05048	宗婦鄁嫛簋蓋	10.431	春秋早期	
宗婦鄁嫛	14497	宗婦鄁嫛盤	25.524	春秋早期	
定伯	02497	五祀衛鼎	5.385	西周中期前段	
定伯	05290	即簋	11.423	西周中期後段	
定伯	14800	裘衛盉	26.231	西周中期前段	
宋	03223	宋甗	7.109	西周早期	
宜	16609	宜戈	31.51	戰國時期	
宜子	02296	戍鈴鼎	5.41	商代晚期	
宜生	13269	脨卣	24.193	西周早期	
宜桐	06227	宜桐盂	13.454	春秋中期	徐王季糧之孫
宜章	17573	宜章矛	33.5	戰國時期	
宜無	16745	宜無戈	31.203	戰國晚期	
宜侯夨	05373	宜侯夨簋	12.145	西周早期	
宜令不啟	17168	宜令不啟戈	32.229	戰國晚期	
宜信冢子	02015	梁上官鼎	4.178	戰國晚期	
兇保	02164	兇保之女鼎	4.358	戰國中期	
兇保之女	02164	兇保之女鼎	4.358	戰國中期	
宲姬	05346	師酉簋	12.81	西周中期	師酉的母親
宲姬	05347	師酉簋	12.84	西周中期	同上
宲姬	05348	師酉簋	12.87	西周中期	同上
宲姬	05349	師酉簋	12.90	西周中期	同上
官夅父	05019	官夅父簋	10.383	西周晚期	
穽伯	02515	曶鼎	5.447	西周中期後段	
宝父	17312	主父戈	32.398	戰國晚期	即主父
宓伯	02272	易鼎	5.9	西周中期前段	
房子令趙結	17307	房子令趙結戈	32.392	戰國晚期	
祈公	04434	芮公簋蓋	9.185	西周早期後段	芮公的父親
祈公	04500	芮伯簋	9.256	西周早期後段	芮伯的父親
祈伯	04738	祈伯簋	10.10	西周中期	
迷	06212	迷盂	13.438	西周早期後段	
建信君	18028	相邦建信君鈹	33.405	戰國晚期	
建信君	18029	相邦建信君鈹	33.406	戰國晚期	
建信君	18030	相邦建信君鈹	33.408	戰國晚期	

人　名	器　號	器　名	卷數頁碼	時　代	備　注
建信君	18031	相邦建信君鈹	33.409	戰國晚期	
建信君	18034	相邦建信君劍	33.412	戰國晚期	
建信君	18035	相邦建信君劍	33.413	戰國晚期	
建信君	18036	相邦建信君鈹	33.414	戰國晚期	
建信君	18037	相邦建信君劍	33.415	戰國晚期	
建信君	18038	相邦建信君鈹	33.417	戰國晚期	
建信君	18039	相邦建信君鈹	33.418	戰國晚期	
建信君	18040	相邦建信君劍	33.419	戰國晚期	
建信君	18041	相邦建信君鈹	33.420	戰國晚期	
建信君	18042	相邦建信君鈹	33.421	戰國晚期	
建陰氏孝子	01763	建陰氏孝子鼎	3.428	戰國中期	
帚妃	13769	婦妃罍	25.63	西周早期後段	即婦妃
帚好	09273	婦好觚	18.47	商代晚期	即婦好
帚好	09274	婦好觚	18.48	商代晚期	同上
帚好	09275	婦好觚	18.49	商代晚期	同上
帚好	09276	婦好觚	18.50	商代晚期	同上
帚好	09277	婦好觚	18.51	商代晚期	同上
帚好	09278	婦好觚	18.52	商代晚期	同上
帚好	09286	婦好觚	18.60	商代晚期	同上
帚好	09287	婦好觚	18.61	商代晚期	同上
帚好	09288	婦好觚	18.62	商代晚期	同上
帚好	09290	婦好觚	18.63	商代晚期	同上
帚好	11201	婦好尊	20.249	商代晚期	同上
帚好	11202	婦好尊	20.250	商代晚期	同上
帚好	11203	婦好尊	20.251	商代晚期	同上
帚好	11999	婦好壺	21.363	商代晚期	同上
帚好	12000	婦好壺	21.364	商代晚期	同上
帚好	13495	婦好方彝	24.371	商代晚期	同上
帚好	13496	婦好方彝	24.372	商代晚期	同上
帚好	13760	婦好罍	25.54	商代晚期	同上
帚好	13761	婦好罍	25.55	商代晚期	同上
帚好	13960	婦好瓿	25.135	商代晚期	同上
帚好	13961	婦好瓿	25.136	商代晚期	同上

人　名	器　號	器　名	卷數頁碼	時　代	備　注
帚好	19271	婦好箕	35.58	商代晚期	即婦好
帚𡚼	09291	婦𡚼瓠	18.63	商代晚期	即婦𡚼
帚𡚼	09292	婦𡚼瓠	18.64	商代晚期	同上
帚𡚼	09293	婦𡚼瓠	18.64	商代晚期	同上
帚𡚼	09294	婦𡚼瓠	18.65	商代晚期	同上
帚𡚼	09295	婦𡚼瓠	18.65	商代晚期	同上
帚𡚼	12719	婦𡚼卣	23.170	商代晚期	同上
帚𡚼	12720	婦𡚼卣蓋	23.171	商代晚期	同上
帚𡚼	13614	婦𡚼觥	24.454	商代晚期	同上
帚𡚼	19740	婦𡚼玉箍形器	35.347	商代晚期	同上
屈走(上)	18816	鄆客問量	34.268	戰國晚期	
屈喜	16765	楚屈喜戈	31.235	春秋晚期	
屈叔沱	17328	楚屈叔沱戈	32.417	春秋早期	
屈子赤目	05960	楚屈子赤目簠蓋	13.268	春秋晚期	
弜	04953	弜簋	10.286	西周中期	
弦伯妊	04790	孟弜父簋	10.75	西周晚期	孟弜父的女兒或姊妹
弦伯妊	04792	孟弜父簋	10.76	西周晚期	同上
弦伯隹	12305	弦伯隹壺	22.183	春秋早期	弦國族首領,原書誤爲"幻伯隹"
陓	11647	陓尊	21.128	西周早期	
陓	13187	陓卣	24.97	西周早期	
陓	13188	陓卣	24.98	西周早期	
降人繁	04723	降人繁簋	9.476	西周中期	
陜	04222	陜簋	8.471	西周中期	
限	02515	曶鼎	5.447	西周中期後段	
牀侯	04621	牀侯簋	9.367	西周中期	
狀	17239	丞相啟狀戈	32.306	戰國晚期	隗狀,秦國丞相
狀	18819	商鞅方升	34.274	戰國中期	同上
狀	18820	始皇詔方升	34.276	秦代	同上
狀	18821	始皇詔方升	34.277	秦代	同上
狀	18822	始皇詔方升	34.278	秦代	同上
狀	18823	始皇詔方升	34.280	秦代	同上
狀	18824	始皇詔橢量	34.281	秦代	同上

人　名	器　號	器　名	卷數頁碼	時　代	備　注
狀	18825	始皇詔橢量	34.282	秦代	隗狀,秦國丞相
狀	18826	始皇詔橢量	34.283	秦代	同上
狀	18827	始皇詔橢量	34.284	秦代	同上
狀	18828	始皇詔橢量	34.285	秦代	同上
狀	18829	始皇詔橢量	34.286	秦代	同上
狀	18830	始皇詔橢量	34.288	秦代	同上
狀	18831	始皇詔橢量	34.289	秦代	同上
狀	18832	始皇詔量	34.290	秦代	同上
狀	18833	始皇詔量	34.290	秦代	同上
狀	18834	武城橢量	34.291	秦代	同上
狀	18835	兩詔橢量	34.292	秦代	同上
狀	18836	兩詔橢量	34.294	秦代	同上
狀	18837	兩詔橢量	34.297	秦代	同上
狀	18838	兩詔橢量	34.299	秦代	同上
狀	18839	兩詔橢量	34.302	秦代	同上
狀	18840	兩詔橢量	34.304	秦代	同上
狀	18841	北私府橢量	34.306	秦代	同上
狀	18862	高奴禾石權	34.325	戰國晚期	同上
狀	18864	始皇詔權	34.329	秦代	同上
狀	18865	始皇詔權	34.330	秦代	同上
狀	18866	始皇詔權	34.332	秦代	同上
狀	18867	始皇詔權	34.334	秦代	同上
狀	18868	始皇詔權	34.335	秦代	同上
狀	18869	始皇詔權	34.336	秦代	同上
狀	18870	始皇詔權	34.337	秦代	同上
狀	18871	始皇詔權	34.338	秦代	同上
狀	18872	始皇詔權	34.339	秦代	同上
狀	18873	始皇詔權	34.340	秦代	同上
狀	18874	始皇詔權	34.341	秦代	同上
狀	18875	始皇詔權	34.342	秦代	同上
狀	18876	始皇詔權	34.343	秦代	同上
狀	18877	始皇詔權	34.344	秦代	同上
狀	18878	始皇詔權	34.345	秦代	同上

人　名	器　號	器　名	卷數頁碼	時　代	備　注
狀	18879	始皇詔權	34.346	秦代	隗狀,秦國丞相
狀	18880	始皇詔權	34.347	秦代	同上
狀	18881	始皇詔權	34.348	秦代	同上
狀	18882	始皇詔權	34.348	秦代	同上
狀	18883	始皇詔權	34.349	秦代	同上
狀	18884	始皇詔權	34.350	秦代	同上
狀	18885	始皇詔權	34.351	秦代	同上
狀	18886	始皇詔權	34.351	秦代	同上
狀	18887	始皇詔權	34.352	秦代	同上
狀	18888	始皇詔權	34.353	秦代	同上
狀	18889	始皇詔權	34.353	秦代	同上
狀	18890	始皇詔權	34.354	秦代	同上
狀	18891	始皇詔權	34.354	秦代	同上
狀	18892	始皇詔權	34.355	秦代	同上
狀	18893	始皇詔權	34.356	秦代	同上
狀	18894	始皇詔權	34.357	秦代	同上
狀	18895	始皇詔權	34.357	秦代	同上
狀	18896	始皇詔權	34.358	秦代	同上
狀	18897	始皇詔權	34.358	秦代	同上
狀	18898	始皇詔權	34.359	秦代	同上
狀	18899	始皇詔權	34.359	秦代	同上
狀	18900	始皇詔八斤權	34.360	秦代	同上
狀	18901	始皇詔八斤權	34.362	秦代	同上
狀	18902	始皇詔十六斤權	34.364	秦代	同上
狀	18903	始皇詔十六斤權	34.366	秦代	同上
狀	18904	始皇詔十六斤權	34.368	秦代	同上
狀	18905	始皇詔十六斤權	34.370	秦代	同上
狀	18906	始皇詔廿斤權	34.372	秦代	同上
狀	18907	始皇詔廿四斤權	34.374	秦代	同上
狀	18908	始皇詔石權	34.376	秦代	同上
狀	18909	始皇詔鐵權	34.377	秦代	同上
狀	18910	始皇詔鐵權	34.378	秦代	同上
狀	18911	始皇詔鐵權	34.380	秦代	同上

人　名	器　號	器　名	卷數頁碼	時　代	備　注
狀	18912	始皇詔鐵權	34.381	秦代	隗狀，秦國丞相
狀	18913	始皇詔鐵權	34.382	秦代	同上
狀	18914	始皇詔鐵權	34.383	秦代	同上
狀	18915	始皇詔鐵石權	34.384	秦代	同上
狀	18916	始皇詔鐵石權	34.386	秦代	同上
狀	18917	始皇詔鐵石權	34.387	秦代	同上
狀	18918	始皇詔鐵石權	34.388	秦代	同上
狀	18919	兩詔權	34.389	秦代	同上
狀	18920	兩詔權	34.391	秦代	同上
狀	18921	兩詔權	34.392	秦代	同上
狀	18922	兩詔權	34.394	秦代	同上
狀	18923	兩詔權	34.395	秦代	同上
狀	18924	兩詔權	34.398	秦代	同上
狀	18925	兩詔權	34.401	秦代	同上
狀	18926	右大廄石權	34.402	秦代	同上
狀	18927	美陽權	34.405	秦代	同上
狀	18928	平陽權	34.407	秦代	同上
狀	18929	大騩權	34.408	秦代	同上
狀	18930	旬邑權	34.410	秦代	同上
狀	18931	左樂兩詔鈞權	34.412	秦代	同上
狀	18932	始皇詔版	34.414	秦代	同上
狀	18933	始皇詔版	34.415	秦代	同上
狀	18934	始皇詔版	34.416	秦代	同上
狀	18935	始皇詔版	34.417	秦代	同上
狀	18936	始皇詔版	34.418	秦代	同上
狀	18937	始皇詔版	34.419	秦代	同上
狀	18938	始皇詔版	34.421	秦代	同上
炗	09806	炗觚	18.463	西周早期	
炗丁	00438	炗丁鼎	1.339	商代晚期	
姑氏	05311	應侯簋	11.471	西周中期後段	應侯見工的姑母
姑叜郎	18000	曹䤾眾尋員劍	33.368	春秋晚期	即姑發反、諸樊
姑發反	18000	曹䤾眾尋員劍	33.368	春秋晚期	即諸樊
姑叜者反	17999	姑發者反之子通劍	33.367	春秋晚期	即姑發諸樊

人　名	器　號	器　名	卷數頁碼	時　代	備　注
姑馮昏同	15983	昏同之子句鑃	29.500	春秋晚期	
姑發者坂	17139	姑發者坂戈	32.199	春秋晚期	攻吳王
姑發晉反	18075	姑發晉反之弟劍	33.462	春秋晚期	
姑發晉反	18076	太子姑發晉反劍	33.464	春秋晚期	
姑發諸樊	17999	姑發者反之子通劍	33.367	春秋晚期	
姑發難壽夢	18077	壽夢之子劍	33.466	春秋晚期	
姶奴	03221	姒奴寶甗	7.107	西周早期	即姒奴
始	02192	大夫始鼎	5.290	西周中期後段	即姒
始氏	02192	伯氏始氏鼎	4.391	周晚或春早	即姒氏
姆氏	02517	中山王𤨑鼎	5.456	戰國中期	同上
承匡令夨	02166	九年承匡令夨鼎	4.363	戰國中期	
孟	05174	孟簋甲	11.160	西周中期前段	
孟	05175	孟簋乙	11.162	西周中期前段	
孟	05176	孟簋丙	11.164	西周中期前段	
孟	08282	孟爵	16.395	西周中期	
孟妊	02194	郗伯鼎	4.394	春秋早期	
孟姒	02722	孟姒鬲	6.104	西周中期後段	
孟庚	14485	齊叔姬盤	25.508	西周晚期	齊叔姬的親屬
孟城	14037	孟城瓶	25.192	春秋早期	
孟姞	05655	曾叔奐父盨	12.411	西周晚期	曾叔奐父的夫人
孟姜	02900	伯家父鬲	6.304	西周晚期	伯家父的女兒
孟姜	04452	大師簋	9.203	西周中期後段	太師的夫人
孟姜	04779	伯家父簋	10.60	西周晚期	伯家父的女兒
孟姜	04780	伯家父簋	10.62	西周晚期	同上
孟姜	04861	魯伯大父簋	10.167	春秋早期	
孟姜	05000	叔多父簋	10.358	西周晚期	叔多父的夫人
孟姜	05001	叔多父簋	10.360	西周晚期	同上
孟姜	05002	叔多父簋	10.361	西周晚期	同上
孟姜	05095	叔䚄父簋	11.15	西周晚期	叔䚄父的夫人
孟姜	05962	許子痰簠蓋	13.271	春秋晚期	許子痰(原誤釋爲"妝")的女兒
孟姜	14512	賈子叔子屖盤	25.543	春秋晚期	叔子屖的長女
孟姜	14998	慶叔匜	26.385	春秋晚期	慶叔的長女

人　名	器　號	器　名	卷數頁碼	時　代	備　注
孟姜	12449	洹子孟姜壺甲	22.423	戰國早期	陳宣子其夷的夫人
孟姜	12450	洹子孟姜壺乙	22.425	戰國早期	同上
孟員	02186	孟員鼎	4.384	西周中期前段	
孟員	03348	孟員甗	7.228	西周中期前段	
孟姬	02038	黃子鼎	4.204	春秋早期	黃子的夫人
孟姬	02196	仲大師鼎	4.398	周晚或春早	仲太師的夫人
孟姬	02844	黃子鬲	6.229	春秋早期	黃子的夫人
孟姬	02936	齊趫父鬲	6.348	春秋早期	齊趫父的夫人
孟姬	02937	齊趫父鬲	6.350	春秋早期	同上
孟姬	04656	侯氏簋	9.402	西周晚期	侯氏的夫人
孟姬	04657	侯氏簋	9.403	西周晚期	同上
孟姬	05015	孟姬淯簋	10.376	西周晚期	即孟姬淯
孟姬	05016	孟姬淯簋	10.377	西周晚期	同上
孟姬	05387	不娶簋	12.178	西周晚期	不娶的祖母
孟姬	05388	不娶簋蓋	12.180	西周晚期	同上
孟姬	05765	剽伯簠	13.14	西周晚期	
孟姬	13997	黃子鑪	25.160	春秋早期	黃子的夫人
孟姬	13998	黃子鑪	25.162	春秋早期	同上
孟姬	14399	伯百父盤	25.413	西周晚期	伯百父的親屬
孟姬	14457	齊侯盤	25.478	春秋時期	齊侯的夫人
孟姬	14511	蔡大司馬燮盤	25.542	春秋晚期	大司馬燮的女兒
孟姬	14743	伯百父鑒	26.150	西周晚期	伯百父的長女
孟姬	15003	賨匜	26.391	春秋晚期	賨的女兒
孟姬	19302	黃子器座	35.87	春秋早期	黃子的夫人
孟得	04444	孟得簋	9.195	西周早期後段	
孟闍	18863	司馬成公權	34.328	戰國時期	
孟嫣	05893	邿仲簠	13.160	西周晚期	邿仲的長女
孟嫣	05894	邿仲簠	13.163	西周晚期	同上
孟媿（祁）	02957	單叔鬲甲	6.379	西周晚期	單叔的夫人
孟媿（祁）	02958	單叔鬲乙	6.380	西周晚期	同上
孟媿（祁）	02959	單叔鬲丙	6.381	西周晚期	同上
孟媿（祁）	02960	單叔鬲丁	6.382	西周晚期	同上
孟媿（祁）	02961	單叔鬲戊	6.383	西周晚期	同上

人　名	器　號	器　名	卷數頁碼	時　代	備　注
孟嬬（祁）	02962	單叔鬲己	6.384	西周晚期	單叔的夫人
孟嬬（祁）	02963	單叔鬲庚	6.385	西周晚期	同上
孟嬬（祁）	02964	單叔鬲辛	6.386	西周晚期	同上
孟嬬（祁）	02965	單叔鬲壬	6.387	西周晚期	同上
孟嬴	14428	京叔盤	25.448	西周中期後段	京叔的女兒
孟嬴	14877	孟嬴匜	26.257	春秋早期	
孟嬴	14886	孟嬴匜	26.264	西周晚期	
孟𪉷	01653	孟𪉷鼎	3.317	西周中期	
孟上父	12267	孟上父壺	22.142	西周晚期	
孟右人	16546	孟右人戈	30.499	戰國晚期	
孟升嫻	01848	鄢子孟升嫻鼎	4.6	春秋晚期	
孟改乖	12416	番匊生壺	22.342	西周中期後段	番匊生的長女
孟狂父	02186	孟員鼎	4.384	西周中期前段	
孟狂父	03348	孟員甗	7.228	西周中期前段	孟員的族長
孟狂父	04359	孟狂父簋	9.118	西周中期前段	
孟辛父	03008	孟辛父鬲	6.444	西周晚期	
孟辛父	03009	孟辛父鬲	6.445	西周晚期	
孟辛父	03010	孟辛父鬲	6.446	西周晚期	
孟姒㝃	02126	弗奴父鼎	4.311	春秋早期	費奴父的女兒
孟柬慶	17315	邢令孟柬慶戈	32.402	戰國晚期	趙國邢縣縣令
孟皇父	14863	孟皇父匜	26.245	西周晚期	
孟姜褪	19237	叔子毅厄	35.19	戰國早期	
孟姜㜏	05939	陳侯簠	13.230	春秋早期	
孟姜㜏	05940	陳侯簠	13.232	春秋早期	
孟姬安	03294	孟姬安甗	7.171	西周中期	即邢姬
孟姬㳂	05015	孟姬㳂簋	10.376	西周晚期	
孟姬㳂	05016	孟姬㳂簋	10.377	西周晚期	
孟姬鄩	05892	曾子原彝簠	13.159	春秋晚期	
孟姬嫛	14499	封孫宅盤	25.526	春秋中期	封孫宅的女兒
孟姬嬃（嬬）	14416	魯伯者父盤	25.431	春秋早期	魯伯者父的女兒
孟渼父	01654	孟渼父鼎	3.318	西周晚期	
孟奠父	04785	孟奠父簋	10.69	西周晚期	
孟奠父	04786	孟奠父簋	10.71	西周晚期	

人　名	器　號	器　名	卷數頁碼	時　代	備　注
孟奠父	04787	孟奠父簋	10.72	西周晚期	
孟弨父	04788	孟弨父簋	10.73	西周晚期	
孟弨父	04789	孟弨父簋	10.74	西周晚期	
孟弨父	04790	孟弨父簋	10.75	西周晚期	
孟弨父	04791	孟弨父簋	10.76	西周晚期	
孟戠父	12178	孟戠父壺	22.47	西周中期	
孟嬀窩	05105	復公仲簋蓋	11.33	春秋晚期	復公仲的女兒
孟肅父	04569	孟肅父簋	9.316	西周晚期	
孟滕姬	14083	孟滕姬缶	25.242	春秋晚期前段	
孟滕姬	14084	孟滕姬缶	25.244	春秋晚期前段	
孟聯父	02442	任鼎	5.274	西周中期	
孟妊姑茲	02825	鬶姬鬲	6.209	春秋早期	鬶姬的親屬
孟姬愈母	05929	曹公簠	13.213	春秋晚期	曹公的長女
孟姬愈母	14486	曹公盤	25.509	春秋早期	同上
孟姬寶母	02935	邦季鬲	6.347	西周晚期	邦季的親屬
孟嬴訾不	14086	孟嬴訾不缶	25.247	春秋中期	
孟媌之母	05973	長子虤臣簋	13.293	春秋中期	長子虤臣的女兒,羋姓
函交仲	05788	函交仲簠	13.41	西周晚期	
函皇父	02111	函皇父鼎	4.295	西周晚期	
函皇父	02380	函皇父鼎	5.166	西周晚期	
函皇父	05144	函皇父簋	11.95	西周晚期	
函皇父	05145	函皇父簋	11.98	西周晚期	
函皇父	05146	函皇父簋	11.100	西周晚期	
函皇父	14523	函皇父盤	25.562	西周晚期	
函皇父	14921	函皇父匜	26.297	西周晚期	
录	04544	录簋	9.294	西周中期	
录	04733	录簋	10.5	西周中期前段	
录	05115	录簋	11.49	西周中期前段	
录	05524	录卣甲	12.242	西周晚期	
录	05525	录卣乙	12.244	西周晚期	
录	05526	录卣丙	12.246	西周晚期	
录	05527	录卣丁	12.247	西周晚期	
录	11803	录戜尊	21.279	西周中期前段	即戜

人　名	器　號	器　名	卷數頁碼	時　代	備　注
录	13331	录戜卣	24.288	西周中期前段	
录	13332	录戜卣	24.290	西周中期前段	
录	14542	散氏盤	25.602	西周晚期	矢人有司,豆人
录子耴	05139	太保簋	11.88	西周早期	少數部族首領
录伯戜	05365	录伯戜簋蓋	12.123	西周中期前段	
录旁仲駒父	04883	仲駒父簋	10.200	西周晚期	
录旁仲駒父	04884	仲駒父簋	10.201	西周晚期	
录旁仲駒父	04885	仲駒父簋蓋	10.202	西周晚期	
录旁仲駒父	04886	仲駒父簋	10.203	西周晚期	
希商	04238	作希商簋	9.14	西周早期	
畄	10646	畄觶	19.461	西周中期前段	
畄丘令癰	17170	畄丘令癰戈	32.231	戰國中期	
羿	04951	羿簋	10.284	西周中期前段	
羿	04952	羿簋	10.285	西周中期前段	

九　　畫

人　名	器　號	器　名	卷數頁碼	時　代	備　注
春平	02387	鄔得鼎	5.179	戰國時期	
春平侯	17680	相邦春平侯矛	33.116	戰國晚期	
春平侯	17681	相邦春平侯矛	33.117	戰國晚期	
春平侯	17682	相邦春平侯矛	33.118	戰國晚期	
春平侯	18043	相邦春平侯鈹	33.423	戰國晚期	
春平侯	18044	相邦春平侯鈹	33.425	戰國晚期	
春平侯	18045	相邦春平侯鈹	33.426	戰國晚期	
春平侯	18046	相邦春平侯鈹	33.427	戰國晚期	
春平侯	18047	相邦春平侯鈹	33.429	戰國晚期	
春平侯	18049	相邦春平侯劍	33.432	戰國晚期	
春平侯	18050	相邦春平侯劍	33.433	戰國晚期	
春平侯	18051	相邦春平侯劍	33.434	戰國晚期	
春平侯	18052	相邦春平侯劍	33.435	戰國晚期	
春平侯	18053	相邦春平侯鈹	33.436	戰國晚期	
春平侯	18054	相邦春平侯鈹	33.437	戰國晚期	

人　名	器　號	器　名	卷數頁碼	時　代	備　注
春平侯	18055	相邦春平侯鈹	33.438	戰國晚期	
春平侯	18056	相邦春平侯劍	33.439	戰國晚期	
春平侯	18057	相邦春平侯劍	33.440	戰國晚期	
春平侯	18058	相邦春平侯劍	33.440	戰國晚期	
春平侯	18059	相邦春平侯鈹	33.441	戰國晚期	
春平侯	18060	相邦春平侯鈹	33.443	戰國晚期	
春平侯	18061	相邦春平侯鈹	33.444	戰國晚期	
春平侯	18062	相邦春平侯鈹	33.445	戰國晚期	
春平侯	18063	相邦春平侯鈹	33.447	戰國晚期	
春成侯	12271	春成侯壺	22.146	戰國早期	
春成侯	14786	春成侯盉	26.202	戰國早期	
春成冢子	02255	春成冢子鼎	4.483	戰國早期	
春平相邦葛得	18073	春平相邦葛得劍	33.459	戰國晚期	
垔丘邑	17358	屯留令邢丘邑戟	32.451	戰國晚期	即邢丘邑
垔令孟柬慶	17315	邢令孟柬慶戈	32.402	戰國晚期	即邢令孟柬慶
姑衍	04752	姑衍簋蓋	10.27	西周晚期	
封	01275	作執从彝鼎	2.483	西周早期	
封	01276	作執从彝鼎	2.484	西周早期	
封	01277	作執从彝鼎	2.484	西周早期	
封	03037	作冊封鬲甲	6.490	西周晚期	即作冊封
封	03038	作冊封鬲乙	6.491	西周晚期	同上
封	01275	作執从彝鼎	2.483	西周早期	即封
封	01276	作執从彝鼎	2.484	西周早期	同上
封	01277	作執从彝鼎	2.484	西周早期	同上
封	04277	執簋	9.47	西周早期	
封	08774	作封從彝角	17.210	西周早期	
封	08775	作封從彝角	17.211	西周早期	
封	09788	作執從彝觚	18.450	西周早期	
封	09789	作執從彝觚	18.451	西周早期	
封	09790	作執從彝觚	18.452	西周早期	
封公	15266	師宝鐘	27.281	西周晚期	
封氏	16394	封氏戈	30.360	西周早期	
封虎	01933	封虎鼎	4.92	西周中期	

人 名	器 號	器 名	卷數頁碼	時 代	備 注
封孫宅	14499	封孫宅盤	25.526	春秋中期	魯國少司寇
垣侯伯晨	02480	伯晨鼎	5.350	西周中期後段	
城父	14927	城父匜	26.303	春秋早期	
城公	05324	元年師兌簋	12.27	西周晚期	師兌的祖父
城公	05325	元年師兌簋	12.30	西周晚期	同上
城虢仲	04375	城虢仲簋	9.131	西周晚期	
城虢遣生	04761	城虢遣生簋	10.35	西周晚期	
垠	17155	鄁令垠戈	32.216	戰國晚期	
壴	13310	壴卣	24.246	西周早期	
耆史	11629	耆史尊	21.112	西周早期	
叔母	02797	時伯鬲	6.179	西周晚期	時伯的夫人
叔母	02798	時伯鬲	6.180	西周晚期	同上
叔母	02799	時伯鬲	6.181	西周晚期	同上
政父	02497	五祀衛鼎	5.385	西周中期前段	
耴	04920	聽簋	10.245	商代晚期	耴聽
甚	01906	甚鼎	4.66	西周中期	
甚	10637	甚觶	19.453	西周早期	
甚六	15520	遱邡鐘三	28.442	春秋晚期	
甚六	15521	遱邡鐘六	28.444	春秋晚期	
甚六	15794	遱邡鎛甲	29.281	春秋晚期	
甚六	15795	遱邡鎛丙	29.285	春秋晚期	
甚六	15796	遱邡鎛丁	29.287	春秋晚期	
甚孌君	04680	甚孌君簋	9.425	西周早期	
巷叚	18034	相邦建信君劍	33.412	戰國晚期	
巷叚	18035	相邦建信君劍	33.413	戰國晚期	
巷叚	18036	相邦建信君鈹	33.414	戰國晚期	
巷叚	18037	相邦建信君劍	33.415	戰國晚期	
巷叚	18038	相邦建信君鈹	33.417	戰國晚期	
巷叚	18039	相邦建信君鈹	33.418	戰國晚期	
巷叚	18040	相邦建信君劍	33.419	戰國晚期	
茉歕	01441	茉歕鼎	3.129	西周中期	
荆子	02385	荆子鼎	5.176	西周早期	
荆人敢	02497	五祀衛鼎	5.385	西周中期前段	邦君厲的有司

人名	器號	器名	卷數頁碼	時代	備注
荊公孫	06069	荊公孫敦	13.330	春秋晚期	
荊公孫	06070	荊公孫敦	13.331	春秋晚期	
荊曆篙	15155	荊曆篙鐘	27.82	春秋晚期	
茂厥于	15787	季子康鎛甲	29.262	春秋中期	季子康的祖父
茂厥于	15788	季子康鎛乙	29.265	春秋中期	同上
茂厥于	15789	季子康鎛丙	29.268	春秋中期	同上
茂厥于	15790	季子康鎛丁	29.271	春秋中期	同上
茂厥于	15791	季子康鎛戊	29.274	春秋中期	同上
莒公	16415	鄶公戈	30.379	春秋中期	
莒叔	15502	仲子平鐘甲	28.403	春秋晚期	
莒叔	15503	仲子平鐘乙	28.405	春秋晚期	
莒叔	15504	仲子平鐘丙	28.407	春秋晚期	
莒叔	15505	仲子平鐘丁	28.409	春秋晚期	
莒叔	15506	仲子平鐘戊	28.411	春秋晚期	
莒叔	15507	仲子平鐘己	28.413	春秋晚期	
莒叔	15508	仲子平鐘庚	28.415	春秋晚期	
莒叔	15509	仲子平鐘辛	28.417	春秋晚期	
莒叔	15510	仲子平鐘壬	28.419	春秋晚期	
莒侯	05149	鄶侯少子簋	11.105	春秋晚期	
莒大叔	12358	孝子平壺	22.259	春秋晚期	
莒小子	05035	筥小子簋	10.414	西周晚期	
莒小子	05036	筥小子簋	10.416	西周晚期	
莒丘子	16782	簷丘子戟	31.254	戰國時期	
莒太史申	02350	簷太史申鼎	5.119	春秋晚期	
荀侯	14419	荀侯盤	25.436	西周中期後段	
荀侯	16749	荀侯戈	31.207	西周晚期	
荀侯稽	14937	荀侯稽匜	26.314	春秋早期	
荀伯大父	05606	笱伯大父盨	12.336	西周晚期	
茲母	14389	畣父盤	25.402	西周早期	畣父的夫人
茲母	14733	畣父盉	26.141	西周中期	
茲佫	15528	僕兒鐘甲	28.459	春秋晚期	僕兒的父親
茲佫	15530	僕兒鐘丙	28.466	春秋晚期	同上
茲氏令吳庶	17182	茲氏令吳庶戈	32.245	戰國時期	

人　名	器　號	器　名	卷數頁碼	時　代	備　注
相侯	05112	夋簋	11.43	西周早期	
相侯	11800	作册折尊	21.274	西周早期後段	
相侯	13542	作册折方彝	24.422	西周早期後段	
相侯	13665	作册折觥	24.506	西周中期後段	
相邦冉	17243	相邦冉戈	32.312	戰國晚期	
相邦冉	17244	相邦冉戈	32.313	戰國晚期	
相邦冉	17245	相邦冉戈	32.314	戰國晚期	
相邦冉	17246	相邦冉戈	32.315	戰國晚期	
相邦冉	17247	相邦冉戈	32.317	戰國晚期	
相邦疾	17242	相邦疾戈	32.310	戰國晚期	
相邦賈	12455	中山王嚳壺	22.449	戰國中期	
相邦義	17262	相邦義戈	32.336	戰國中期	張儀,秦國相邦
相邦瘨	17265	相邦瘨戈	32.340	戰國晚期	
相邦張義	17263	相邦張義戟	32.337	戰國中期	張儀,秦國相邦
相邦趙狐	17264	相邦趙狐戈	32.339	戰國晚期	
相公子矰	17127	相公子矰戈	32.185	戰國時期	
相邦樛斿	17248	相邦樛斿戈	32.319	戰國晚期	
相邦薛君	19908	相邦薛君漆豆	35.486	戰國晚期	
相室趙翼	01979	相室趙翼鼎	4.135	戰國中期	
相邦平國君	18064	相邦平國君鈹	33.448	戰國晚期	
相邦司工馬	18074	司工馬鈹	33.460	戰國晚期	
相邦呂不韋	17683	相邦呂不韋矛	33.119	戰國晚期	
相邦呂不韋	17684	相邦呂不韋矛	33.120	戰國晚期	
相邦呂不韋	17685	相邦呂不韋矛	33.121	戰國晚期	
相邦建信君	18028	相邦建信君鈹	33.405	戰國晚期	
相邦建信君	18029	相邦建信君鈹	33.406	戰國晚期	
相邦建信君	18030	相邦建信君鈹	33.408	戰國晚期	
相邦建信君	18031	相邦建信君鈹	33.409	戰國晚期	
相邦建信君	18032	相邦建信君劍	33.410	戰國晚期	
相邦建信君	18033	相邦建信君劍	33.411	戰國晚期	
相邦建信君	18034	相邦建信君劍	33.412	戰國晚期	
相邦建信君	18035	相邦建信君劍	33.413	戰國晚期	
相邦建信君	18036	相邦建信君鈹	33.414	戰國晚期	

人　名	器　號	器　名	卷數頁碼	時　代	備　注
相邦建信君	18037	相邦建信君劍	33.415	戰國晚期	
相邦建信君	18038	相邦建信君鈹	33.417	戰國晚期	
相邦建信君	18039	相邦建信君鈹	33.418	戰國晚期	
相邦建信君	18040	相邦建信君劍	33.419	戰國晚期	
相邦建信君	18041	相邦建信君鈹	33.420	戰國晚期	
相邦建信君	18042	相邦建信君鈹	33.421	戰國晚期	
相邦春平侯	17680	相邦春平侯矛	33.116	戰國晚期	
相邦春平侯	17681	相邦春平侯矛	33.117	戰國晚期	
相邦春平侯	17682	相邦春平侯矛	33.118	戰國晚期	
相邦春平侯	18043	相邦春平侯鈹	33.423	戰國晚期	
相邦春平侯	18044	相邦春平侯鈹	33.425	戰國晚期	
相邦春平侯	18045	相邦春平侯鈹	33.426	戰國晚期	
相邦春平侯	18046	相邦春平侯鈹	33.427	戰國晚期	
相邦春平侯	18047	相邦春平侯鈹	33.429	戰國晚期	
相邦春平侯	18048	相邦春平侯劍	33.431	戰國晚期	
相邦春平侯	18049	相邦春平侯劍	33.432	戰國晚期	
相邦春平侯	18050	相邦春平侯劍	33.433	戰國晚期	
相邦春平侯	18051	相邦春平侯劍	33.434	戰國晚期	
相邦春平侯	18052	相邦春平侯劍	33.435	戰國晚期	
相邦春平侯	18053	相邦春平侯鈹	33.436	戰國晚期	
相邦春平侯	18054	相邦春平侯鈹	33.437	戰國晚期	
相邦春平侯	18055	相邦春平侯鈹	33.438	戰國晚期	
相邦春平侯	18056	相邦春平侯劍	33.439	戰國晚期	
相邦春平侯	18057	相邦春平侯劍	33.440	戰國晚期	
相邦春平侯	18058	相邦春平侯劍	33.440	戰國晚期	
相邦春平侯	18059	相邦春平侯鈹	33.441	戰國晚期	
相邦春平侯	18060	相邦春平侯鈹	33.443	戰國晚期	
相邦春平侯	18061	相邦春平侯鈹	33.444	戰國晚期	
相邦春平侯	18062	相邦春平侯鈹	33.445	戰國晚期	
相邦春平侯	18063	相邦春平侯劍	33.447	戰國晚期	
相邦陽安君	18065	相邦陽安君鈹	33.449	戰國晚期	
柞	15318	史柞鐘	27.378	西周晚期	即史柞
柞	15343	柞鐘甲	27.459	西周晚期	

人　名	器　號	器　名	卷數頁碼	時　代	備　注
柞	15344	柞鐘乙	27.461	西周晚期	
柞	15345	柞鐘丙	27.464	西周晚期	
柞	15346	柞鐘丁	27.466	西周晚期	
柞	15347	柞鐘戊	27.468	西周晚期	
柞	15348	柞鐘己	27.469	西周晚期	
柞伯	02488	柞伯鼎	5.365	西周中期	
柞伯	05301	柞伯簋	11.447	西周中期前段	
柏	15787	季子康鎛甲	29.262	春秋中期	鍾離公
柏	15788	季子康鎛乙	29.265	春秋中期	同上
柏	15789	季子康鎛丙	29.268	春秋中期	同上
柏	15790	季子康鎛丁	29.271	春秋中期	
柏	15791	季子康鎛戊	29.274	春秋中期	
柏姞	03335	叔釗父甗	7.213	西周晚期	叔釗父的夫人
柏令孫苟	17225	柏令孫苟戈	32.291	春秋晚期	
柠	04274	柠簋	9.44	西周早期	
柳	02463	南宮柳鼎	5.316	西周晚期	
郚王薈	17856	郚王薈劍	33.200	春秋晚期	
剌	01546	剌鼎	3.222	西周中期前段	
剌	01929	剌鼎	4.88	西周早期	
剌	01986	剌鼎	4.146	西周早期	
剌	02428	剌鼎	5.251	西周中期前段	
剌	02879	剌鬲	6.273	西周晚期	
剌	02880	剌鬲	6.275	西周晚期	
剌	02881	剌鬲	6.276	西周晚期	
剌	12230	剌壺	22.104	商代晚期	
剌	14095	鄭莊公之孫缶	25.265	春秋晚期	鄭莊公之子
剌	14096	鄭莊公之孫缶	25.267	春秋晚期	同上
剌公	04956	伯喜簋甲	10.290	西周中期後段	伯喜的父親
剌公	04957	伯喜簋乙	10.292	西周中期後段	同上
剌公	04958	伯喜簋丙	10.294	西周中期後段	同上
剌公	04959	伯喜簋丁	10.296	西周中期後段	同上
剌公	05085	伯桄盧簋	11.3	西周晚期	伯桄盧的父親
剌公	05086	伯桄盧簋	11.5	西周晚期	同上

人 名	器 號	器 名	卷數頁碼	時 代	備 注
剌公	05087	伯梂盧簋	11.6	西周晚期	伯梂盧的父親
剌公	05088	伯梂盧簋	11.7	西周晚期	同上
剌仲	02476	師奎父鼎	5.342	西周中期	師奎父的長輩
剌伯	05344	大簋	12.77	西周晚期	大的父親
剌伯	05345	大簋蓋	12.79	西周晚期	同上
剌侯	14501	晉侯喜父盤	25.528	西周中期	晉屬侯,喜父的父親
剌疢	02408	鄭莊公之孫盧鼎	5.215	春秋晚期	
剌疢	02409	鄭莊公之孫盧鼎	5.218	春秋晚期	
勒	01808	勒鼎	3.471	西周早期	
胡	02450	大夫始鼎	5.290	西周中期後段	
胡	05372	猷簋	12.143	西周晚期	周屬王胡
胡	15583	五祀猷鐘	29.3	西周晚期	周屬王
胡侯	02412	榮仲鼎	5.225	西周早期後段	
胡侯	02413	榮仲鼎	5.226	西周早期後段	
胡侯	03359	遇甗	7.243	西周中期前段	
逗公	04532	仲姜簋	9.283	春秋早期	即桓公
逗公	04533	仲姜簋	9.284	春秋早期	同上
逗公	04534	仲姜簋	9.285	春秋早期	同上
逗公	04535	仲姜簋	9.286	春秋早期	同上
逗公	12247	仲姜壺	22.121	春秋早期	同上
逗公	12248	仲姜壺	22.122	春秋早期	同上
柬人守父	04572	柬人守父簋	9.319	西周早期	
咸	01714	咸鼎	3.377	西周早期後段	
咸	04422	咸簋	9.176	西周中期前段	
咸妌子	01778	咸妌子鼎	3.445	商代晚期	
咸井(邢)叔	10659	趩觶	19.475	西周中期前段	
豖師	19343	晉侯銅人	35.119	西周晚期	淮夷首領
豖叔多父	14532	叔多父盤	25.581	西周晚期	
豖叔多父	14533	叔多父盤	25.583	西周晚期	
厚子	01139	工師厚子鼎	3.41	戰國早期	
厚趞	02352	厚趞鼎	5.122	西周早期	
厚氏元	06154	厚氏元鋪	13.406	春秋中期	魯國大司徒
厚氏元	06155	厚氏元鋪	13.409	春秋中期	同上

人 名	器 號	器 名	卷數頁碼	時 代	備 注
厚氏元	06156	厚氏元鋪	13.412	春秋中期	魯國大司徒
扆氏	12369	扆氏扁壺	22.273	戰國晚期	
厗向	17200	司寇書戈	32.267	戰國晚期	
南公	02230	南公有司𣪘鼎	4.448	西周中期後段	
南公	02514	大盂鼎	5.443	西周早期	
南公	15495	南宮乎鐘	28.383	西周晚期	
南伯	05293	裘衛簋	11.429	西周中期前段	
南季	02432	南季鼎	5.258	西周中期	
南姑	03355	南姑甗	7.238	西周中期前段	
南旁	04802	妦㚤母簋	10.89	西周晚期	妦㚤母的親屬
南宮	01787	叔黽鼎	3.451	西周早期	
南宮	03363	敔甗	7.250	西周早期後段	
南宮	05301	柞伯簋	11.447	西周中期前段	
南宮	10658	中觶	19.474	西周早期	
南姬	08527	南姬爵	17.78	西周早期	
南姬	08528	南姬爵	17.80	西周早期	
南姬	14685	南姬盉	26.96	西周早期	
南㣇	06992	南㣇爵	14.446	商代晚期	
南㣇	06993	南㣇爵	14.447	商代晚期	
南㣇	06994	南㣇爵	14.448	商代晚期	
南㣇	06995	南㣇爵	14.449	商代晚期	
南㣇	13753	南㣇罍	25.47	商代晚期	
南夷屮	02436	應侯見工鼎	5.264	西周中期後段	
南宮乎	02490	善夫山鼎	5.369	西周晚期	
南宮乎	15495	南宮乎鐘	28.383	西周晚期	周王朝司徒
南宮柳	02463	南宮柳鼎	5.316	西周晚期	
南宮姬	01698	南宮姬鼎	3.361	西周早期	
南宮姬	01699	南宮姬鼎	3.362	西周早期	
南宮姬	04464	倗季簋乙	9.212	西周中期前段	
南方追孝	02073	南方追孝鼎	4.251	西周中期前段	
南君䢿鄡	17051	南君䢿鄡戈	32.91	春秋晚期	
南君䢿鄡	17052	南君䢿鄡戈	32.94	春秋晚期	
南仲邦父	05675	駒父盨蓋	12.451	西周晚期	

人 名	器 號	器 名	卷數頁碼	時 代	備 注
南宮史叔	02187	吴王姬鼎	4.385	西周晚期	
南宮倗姬	04603	南宮倗姬簋	9.349	西周中期前段	
南矕厥辭	05199	仲爯父簋	11.218	西周晚期	仲爯父的太宰
南矕厥辭	05200	仲爯父簋	11.221	西周晚期	同上
南公有司詧	02230	南公有司詧鼎	4.448	西周中期後段	
南行唐令瞿卯	18014	南行唐令瞿卯劍	33.383	戰國晚期	
南行唐令瞿卯	18015	南行唐令瞿卯鈹	33.384	戰國晚期	
南行唐令瞿卯	18016	南行唐令瞿卯鈹	33.385	戰國晚期	
南行唐令瞿卯	18017	南行唐令瞿卯劍	33.386	戰國晚期	
刔	03408	刔簋	7.263	商代晚期	
奎父	06230	永盂	13.459	西周中期	
鄁令垠	17155	鄁令垠戈	32.216	戰國晚期	
彧	01412	彧鼎	3.108	西周中期前段	
彧	02448	彧鼎	5.286	西周中期前段	
彧	02489	彧鼎	5.367	西周中期前段	
彧	03203	彧甗	7.91	西周中期前段	
彧	04113	彧簋	8.378	西周中期前段	
彧	04815	彧簋	10.106	西周中期	
彧	05379	彧簋	12.159	西周中期前段	
彧	11803	录彧尊	21.279	西周中期前段	
彧	13331	录彧卣	24.288	西周中期前段	
彧	13332	录彧卣	24.290	西周中期前段	
思	17231	龏令思戈	32.297	戰國時期	龏縣縣令
思	17232	龏令思戈	32.297	戰國時期	同上
匽公	14918	燕公匜	26.294	春秋時期	即燕公
匽氏	17129	匽氏戟	32.187	戰國中期	
匽氏	17290	上郡守匽氏戈	32.368	戰國晚期	秦上郡守
匽侯	02019	圉鼎	4.184	西周早期前段	
匽侯	02290	堇鼎	5.33	西周早期前段	
匽侯	02908	伯矩鬲	6.314	西周早期前段	
匽侯	04440	燕侯簋	9.191	西周早期	即燕侯
匽侯	06207	燕侯盂	13.433	西周早期	
匽侯	06208	燕侯盂	13.434	西周早期	

人　名	器　號	器　名	卷數頁碼	時　代	備　注
匽侯	06209	燕侯盂	13.435	西周早期	
匽侯	11770	復尊	21.237	西周早期前段	即燕侯
匽侯	14763	亞盉	26.170	西周早期	同上
匽侯	16389	燕侯戈	30.354	西周早期	同上
匽侯	16595	燕侯戟	31.37	西周早期	同上
匽侯	16596	燕侯戟	31.38	西周早期	同上
匽侯	16597	燕侯戟	31.39	西周早期	同上
匽侯	18482	燕侯泡	34.71	西周早期	同上
匽侯	18483	燕侯舞泡	34.72	西周早期	同上
匽侯	18484	燕侯舞錫泡	34.73	西周早期	同上
匽侯	18485	燕侯舞錫泡	34.75	西周早期	同上
匽侯	18486	燕侯舞錫泡	34.77	西周早期	同上
匽侯	18487	燕侯舞錫泡	34.78	西周早期	同上
匽侯	18488	燕侯舞錫泡	34.80	西周早期	同上
匽伯聖	14885	燕伯聖匜	26.264	西周晚期	即燕伯聖
匽侯旨	01716	燕侯旨鼎	3.379	西周早期	
叞父	01397	叞父鼎	3.93	西周早期	
抑君	16628	抑君戈	31.71	戰國早期	原隸作"郱"
姑女（如）	14415	攻吳大叔盤	25.429	春秋晚期	攻吳大叔
姑女（如）㝅	17138	工㿻大叔戈	32.198	春秋晚期	同上
㑨	04670	㑨簋	9.415	西周中期	即何
㑨	04671	㑨簋蓋	9.416	西周中期	同上
㑨	05136	㑨簋	11.82	西周早期前段	
㑨	05137	㑨簋	11.84	西周早期前段	
㑨	05227	㑨簋	11.267	西周晚期	
塠	05841	鄩子塠簠	13.97	春秋晚期	即邊子塠
柴（背）	17995	徐王義楚元子柴劍	33.363	春秋晚期	徐王義楚之子
柴（背）	19267	徐王元子柴爐	35.53	春秋晚期	同上
貞	01081	貞鼎	2.329	西周中期	
貞	14542	散氏盤	25.602	西周晚期	矢人有司,豆人
省	12374	小子省壺	22.280	商代晚期	即小子省
省史南	02483	矞比鼎	5.355	西周晚期	
省史趞	11734	省史趞尊	21.204	西周早期	

人　名	器　號	器　名	卷數頁碼	時　代	備　注
是婁	04773	是婁簋	10.51	西周中期後段	
是婁	04774	是婁簋	10.53	西周中期後段	
是鄱	16423	是鄱戈	30.386	春秋晚期	
是駍	04872	是駍簋	10.183	西周中期	
易	01723	易鼎	3.384	西周早期	
易	02272	易鼎	5.9	西周中期前段	
易伯	04954	覎公簋	10.288	西周早期前段	即唐伯
易叔	05575	易叔盨	12.298	西周晚期	
易兒	01344	易兒鼎	3.47	戰國晚期	
易姚	02294	廬叔樊鼎	5.38	西周晚期	廬叔樊的夫人
易旁	05009	易旁簋	10.370	西周中期前段	
易旁	05010	易旁簋	10.371	西周中期前段	
易旁	05011	易旁簋	10.372	西周中期前段	
易焔	17691	鄭令韓半矛	33.127	戰國晚期	
昊生	15287	昊生殘鐘一	27.325	西周晚期	
昊生	15288	昊生殘鐘一	27.326	西周晚期	
党	01982	何刁君党鼎	4.140	春秋晚期	
恒	02515	曶鼎	5.447	西周中期後段	五個奴隸之一
恒	05218	恒簋蓋	11.248	西周中期後段	
恒	05219	恒簋蓋	11.250	西周中期後段	
恒	12167	恒壺	22.36	西周早期	
恒父	04201	恒父簋	8.451	西周早期後段	
恒父	04202	恒父簋	8.452	西周早期後段	
悍	18588	悍距末甲	34.167	戰國晚期	
悍	18590	悍距末	34.169	戰國晚期	
悍	18591	悍距末	34.170	戰國晚期	
眂事狣	02163	虒令周奴鼎	4.356	戰國中期	
眂事狣	14779	虒令周奴盉	26.191	戰國中期	即視事狣
眂事欥	02421	信安君鼎	5.237	戰國晚期	
眂事舸	02066	卅年虒令癰鼎	4.243	戰國中期	
眂事餧	02162	平陰鼎蓋	4.355	戰國中期	
旲	08543	旲爵	17.94	西周早期	
冒王	17150	冒王之子戈	32.211	春秋早期	

人　名	器　號	器　名	卷數頁碼	時　代	備　注
則	08278	則爵	16.392	西周中期	
昭	19300	昭器蓋	35.85	春秋中期	
昭王	02428	剌鼎	5.251	西周中期前段	
昭王	05188	鮮簋	11.190	西周中期前段	周昭王
昭王	14541	史牆盤	25.599	西周中期前段	同上
昭王	14543	逨盤	25.605	西周晚期	同上
昭王	15633	㝬鐘	29.142	西周晚期	同上
昭陽	19178	鄂君啟車節	34.552	戰國晚期	楚國大司馬
昭陽	19179	鄂君啟車節	34.555	戰國晚期	同上
昭陽	19180	鄂君啟車節	34.557	戰國晚期	同上
昭陽	19181	鄂君啟舟節	34.559	戰國晚期	同上
昭陽	19182	鄂君啟舟節	34.561	戰國晚期	同上
昭愄	17127	相公子矰戈	32.185	戰國時期	
昭嗇	17310	徐莫敖昭嗇戈	32.395	戰國晚期	
昭者果	18815	大市量	34.267	戰國中期	
昭之膌夫	17057	昭之膌夫戈	32.101	春秋晚期	
昭王之諻	01748	卲王之諻鼎	3.406	春秋晚期	
昭王之諻	04471	卲王之諻簋	9.219	春秋晚期	昭王之母
昭王之諻	04472	卲王之諻簋	9.220	春秋晚期	同上
昭伯日庚	02445	伯姜鼎	5.280	西周中期前段	伯姜的親屬
峕伯	02797	峕伯鬲	6.179	西周晚期	
峕伯	02798	峕伯鬲	6.180	西周晚期	
峕伯	02799	峕伯鬲	6.181	西周晚期	
咠相伯	03311	咠相伯甗	7.187	西周晚期	
盅	01842	盅鼎	3.498	春秋中期	
盅子㦱	01751	盅子㦱鼎蓋	3.411	春秋晚期	
胄	05846	胄簋	13.102	春秋早期	
叟疾	18001	安平守變疾鈹	33.369	戰國早期	即變疾
眈	05386	眈簋	12.176	西周中期後段	
歕	01724	歕鼎	3.385	西周早期	
歕	04516	歕簋	9.271	西周早期	
歕	04517	歕簋	9.272	西周早期	
歕	04518	歕簋	9.272	西周早期	

人　名	器　號	器　名	卷數頁碼	時　代	備　注
猷	11668	猷尊	21.146	西周早期	
猷	13220	猷卣	24.134	西周早期	
姝	05796	慶孫之子姝簠	13.51	春秋晚期	
遣	04731	微簋	10.3	西周早期	即微
祝	04431	祝簋	9.182	西周中期前段	
矩	02204	矩鼎	4.409	西周早期後段	
矩	02496	九年衛鼎	5.383	西周中期前段	
矩	11566	矩尊	21.61	西周早期	
矩	14371	矩盤	25.384	西周早期	
矩叔	12344	矩叔壺	22.239	西周晚期	
矩叔	12345	矩叔壺	22.240	西周晚期	
矩爵	04291	矩爵簋	9.61	西周早期	
矩伯庶人	14800	裘衛盉	26.231	西周中期前段	
析	05149	鄦侯少子簋	11.105	春秋晚期	即析
重	03450	重簋	7.298	商代晚期	
重棠	17353	洱陽令張疋戟	32.445	戰國晚期	
郘姒	02944	繁伯武君鬲	6.362	春秋早期	繁伯武君的女兒或姊妹
郘史碩父	02233	郘史碩父鼎	4.451	西周晚期	
笣禮	17272	上郡守疾戈	32.347	戰國中期	
笣禮	17273	上郡守疾戈	32.348	戰國中期	
笣禮	17274	上郡守疾戈	32.349	戰國中期	
段	05234	段簋	11.284	西周中期後段	
段金歸	04372	段金歸簋	9.128	西周中期前段	
段金歸	04373	段金歸簋	9.129	西周中期前段	
段金歸	11585	段金歸尊	21.78	西周中期前段	
牧姬	14528	奐盤	25.572	西周中期前段	奐的母親
㝬	04950	㝬簋	10.283	西周早期	
郱陵君	06160	郱陵君豆	13.418	戰國晚期	
郱陵君	06161	郱陵君豆	13.421	戰國晚期	
屌行還	16574	淵行還戈	31.11	戰國晚期	即淵行還
修武使君	03238	修武使君甗	7.122	戰國晚期	
保	11801	保尊	21.276	西周早期	
保	13324	保卣	24.272	西周早期前段	

人　名	器　號	器　名	卷數頁碼	時　代	備　注
保父	07411	保父爵	15.238	商代晚期	
保永	17107	保永戈	32.162	戰國早期	
保束	07432	保束爵	15.255	商代晚期	
保員	05202	保員簋	11.225	西周早期後段	
保子達	04725	保子達簋	9.478	西周晚期	
保侒母	04658	保侒母簋	9.404	西周早期	
保侃母	04624	保侃母簋蓋	9.370	西周早期	
保侃母	04625	保侃母簋	9.371	西周早期	
保侃母	12300	保侃母壺	22.176	西周早期	
俗父	02432	南季鼎	5.258	西周中期	
信母	07410	信母爵	15.237	商代晚期	
信安	02134	信安鼎	4.319	戰國晚期	
信姬	02407	猷叔信姬鼎	5.213	西周晚期	
信平君	18066	守相信平君鈹	33.451	戰國晚期	
信平君	18067	守相信平君鈹	33.452	戰國晚期	
信安君	02135	信安君鼎	4.323	戰國晚期	
信安君	02421	信安君鼎	5.237	戰國晚期	
信陰君	16689	信陰君戈	31.138	戰國時期	
侯仲嬎子	18324	佗仲嬎子削	33.551	春秋早期	即佗仲嬎子
侯父	03334	侯父甗	7.212	西周晚期	鄭國的太師小子
侯父	12323	侯母壺	22.208	春秋早期	
侯氏	02854	侯氏鬲	6.240	西周中期後段	
侯氏	02855	侯氏鬲	6.241	西周中期後段	
侯氏	02856	侯氏鬲	6.242	西周中期後段	
侯氏	02857	侯氏鬲	6.243	西周中期後段	
侯氏	04656	侯氏簋	9.402	西周晚期	
侯氏	15828	鑄鎛	29.392	春秋中期	
侯母	12323	侯母壺	22.208	春秋早期	
侯興	18860	侯興權	34.323	戰國時期	
皇	01232	皇鼎	2.445	西周早期前段	
皇乙	16397	皇乙戟	30.363	西周早期	
皇母	04284	州簋甲	9.54	西周中期前段	州的母親
皇母	04285	州簋乙	9.55	西周中期前段	即皇母

人　名	器　號	器　名	卷數頁碼	時　代	備　注
皇酉	17225	柏令孫苟戈	32.291	春秋晚期	
皇隹	17339	鄭令趙距戈	32.430	戰國晚期	
皇姬	02106	皇姬鼎	4.290	西周晚期	
皇臦	17345	鄭令幽恒戈	32.437	戰國晚期	
皇與	14933	皇與匜	26.310	春秋早期	
皇氏孟姬	14457	齊侯盤	25.478	春秋時期	齊侯的夫人
皇陽令強獃	17171	皇陽令強獃戈	32.233	戰國時期	
皇陽令強獃	17172	皇陽令強獃戈	32.234	戰國時期	
泉母	02401	史顥鼎	5.199	西周晚期	史顥的母親
泉母	02424	史伯碩父鼎	5.243	西周晚期	史伯碩父的母親
鬼	12217	鬼壺	22.89	西周中期前段	
鬼乙	04446	叔龟簋	9.197	西周早期	叔龟的親屬
鬼薪工臣	17276	上郡守閈戈	32.351	戰國晚期	
帥	02406	帥鼎	5.212	西周中期前段	
追	05251	追簋	11.328	西周中期	
追	05252	追簋	11.331	西周中期	
追	05253	追簋	11.333	西周中期	
追	05254	追簋	11.335	西周中期	
追	05255	追簋	11.337	西周中期	
追	05256	追簋蓋	11.339	西周中期	
追夷	05222	追夷簋	11.257	西周晚期	
追夷	05223	追夷簋	11.260	西周晚期	
追叔父	05564	追叔父盨	12.286	西周晚期	
禹	02498	禹鼎	5.387	西周晚期	
禹	02499	禹鼎	5.389	西周晚期	
禹	05273	叔向父禹簋	11.382	西周晚期	即叔向父
禹	05677	燢公盨	12.456	西周中期前段	
禹	14516	禹盤	25.551	西周中期	
禹	15556	叔夷鐘五	28.536	春秋晚期	
禹	15563	叔夷鐘十二	28.547	春秋晚期	
禹	15829	叔夷鎛	29.395	春秋晚期	
衍耳	04344	衍耳簋	9.105	西周早期	
衍耳	11586	衍耳尊	21.79	西周早期	

人　名	器　號	器　名	卷數頁碼	時　代	備　注
後生	16535	後生戈	30.488	春秋時期	
後仲	12440	伯克壺	22.393	西周中期後段	伯克的父親
後男鼃	05366	師寰簋	12.125	西周晚期	師寰的親屬
後男鼃	05367	師寰簋	12.128	西周晚期	同上
俞	02344	師艅鼎	5.111	西周早期後段	即師俞
俞	05330	師艅簋蓋	12.41	西周中期	同上
俞	19763	艅玉戈	35.372	商代晚期	
俞伯	03277	俞伯甗	7.155	西周早期	
俞伯	04299	俞伯簋	9.68	西周早期	
俞伯	11597	艅伯尊	21.87	西周早期	
俞伯	13093	艅伯卣	24.6	西周早期	
郐王	02325	庚兒鼎	5.86	春秋中期	即徐王
郐王	02326	庚兒鼎	5.88	春秋中期	同上
郐王	15289	徐王之孫鐘	27.327	春秋晚期	同上
郐王	17105	徐王之子叚戈	32.160	春秋晚期	同上
郐鍾	18363	徐鍾矢	34.10	戰國時期	即徐鍾
郐鍾	18364	徐鍾矢	34.11	戰國時期	同上
郐王庚	15819	沇兒鎛	29.358	春秋晚期	即徐王庚
郐王糧	02309	徐王糧鼎	5.59	春秋早期	即徐王糧
郐頯君	14093	次尸祭缶	25.260	春秋晚期前段	
郐諮尹	15988	徐諮尹鉦鍼	29.513	春秋早期	即徐諮尹
郐王子旃	15532	徐王子旃鐘	28.472	春秋晚期	即徐王子旃
郐王朿又	10650	徐王朿又鍴	19.465	春秋晚期	即徐王朿又
郐王旨後	15360	徐王之孫鐘	27.497	戰國早期	即徐王旨後
郐王季糧	06227	宜桐盂	13.454	春秋中期	
郐王義楚	10657	徐王義楚鍴	19.472	春秋晚期	即徐王義楚
郐王義楚	14423	徐王義楚盤	25.441	春秋晚期	同上
郐王義楚	17839	徐王義楚劍	33.183	春秋晚期	同上
郐王義楚	17995	徐王義楚之 元子柴劍	33.363	春秋晚期	同上
郐瞰尹礜	02402	郐瞰尹礜鼎	5.201	戰國早期	即徐瞰尹礜
郐太子伯辰	02216	伯辰鼎	4.427	春秋早期	即徐太子伯辰
郐季嫋朔母	03358	楚王領甗	7.241	春秋早期	即徐季芊朔母

人　名	器　號	器　名	卷數頁碼	時　代	備　注
郐莫敖昭齌	17310	徐莫敖昭齌戈	32.395	戰國晚期	即徐莫敖昭齌
食仲走父	05616	食仲走父盨	12.348	西周晚期	
食生走馬谷	05063	食生走馬谷簋	10.458	西周晚期	
爰子它	01671	爰子它鼎	3.334	戰國早期	
冉	01971	榮有司冉鼎	4.127	西周晚期	即榮有司冉
冉	02671	冉鬲	6.59	西周早期後段	同上
冉	04869	冉簋	10.180	西周中期	
冉	04870	冉簋	10.181	西周中期	
冉	05208	倗伯冉簋	11.234	西周中期前段	即倗伯冉
冉	05213	冉簋	11.241	西周中期	
冉	05214	冉簋	11.243	西周中期	
冉	05233	冉簋	11.281	西周中期前段	
冉	05666	趞伯盨	12.433	西周晚期	
冉	08519	冉爵	17.72	西周早期	
冉	13812	冉罍	25.99	西周早期	
盉母	09303	盉母瓺	18.70	商代晚期	
盉母	10191	盉母觶	19.109	商代晚期	
鄂令夜脂	17198	鄂令夜脂戈	32.264	戰國晚期	
郙平君	18066	守相信平君鈹	33.451	戰國晚期	即信平君
郙平君	18067	守相信平君鈹	33.452	戰國晚期	同上
胙嬭（曹）	02938	邾友父鬲	6.352	春秋早期	
胙嬭（曹）	02939	邾友父鬲	6.354	春秋早期	
胙嬭（曹）	02940	邾友父鬲	6.356	春秋早期	
胙嬭（曹）	02941	邾友父鬲	6.357	春秋早期	
胙嬭（曹）	02942	邾友父鬲	6.359	春秋早期	
胙嬭（曹）	02943	邾友父鬲	6.361	春秋早期	
朏	02496	九年衛鼎	5.383	西周中期前段	
朏	02515	曶鼎	5.447	西周中期後段	匡的臣僕
匍	14791	匍盉	26.211	西周中期	
負黍令韓譙	17178	負黍令韓譙戈	32.242	戰國晚期	
負黍令韓譙	17179	負黍令韓譙戈	32.243	戰國晚期	
負黍令韓譙	17180	負黍令韓譙戈	32.244	戰國晚期	
奐	17237	丞相奐殳戈	32.303	戰國晚期	秦國丞相

人　名	器　號	器　名	卷數頁碼	時　代	備　注
欻戔	17876	越王之子勾踐劍	33.221	戰國早期	即勾踐
欻醋	17875	越王之子勾踐劍	33.220	戰國早期	同上
訢父	05295	斳簋	11.434	西周中期前段	斳的父親
訇	05378	訇簋	12.157	西周中期後段	即詢
訇	05402	師訇簋	12.213	西周中期後段	即師詢
訇辛	04626	敔寏敊簋	9.372	西周早期	即詢辛
胤伯	05074	遱簋	10.475	西周晚期	遱的父親
胤伯	05075	遱簋	10.476	西周晚期	同上
訏	08275	訏爵	16.389	西周早期	
哀	02311	哀鼎	5.62	春秋早期	
哀公	15189	都公孜人鐘	27.141	春秋早期	都哀公
哀成叔	02435	哀成叔鼎	5.262	春秋晚期	
哀成叔	06116	哀成叔豆	13.365	春秋晚期	
哀成叔	19235	哀成叔卮	35.17	春秋晚期	
廓季	14484	伯歸塦盤	25.507	春秋早期	
屛令趙軐	17157	屛令趙軐戈	32.218	戰國晚期	
斉	02022	斉鼎	4.187	西周早期	
亲釴（姒）	02104	尸鼎	4.288	西周中期前段	
亲姬縂人	04775	中伯簋	10.55	西周晚期	即辛姬樂人
亲姬縂人	04903	中伯簋	10.225	西周晚期	同上
帝后	11791	商尊	21.265	西周早期前段	周王妃
帝后	13313	商卣	24.251	西周早期前段	同上
帝夋（俊）	19921	楚繒書	35.510	戰國晚期	
斿	01809	斿鼎	3.472	西周早期後段	
斿	01810	斿鼎	3.473	西周早期後段	
美	08557	美爵	17.106	西周早期	
美	08558	美爵	17.107	西周早期	
姜	05352	作册夨令簋	12.96	西周早期	指王姜
姜	05353	作册夨令簋	12.98	西周早期	同上
姜	13296	息伯卣	24.227	西周早期	
姜	13297	息伯卣蓋	24.228	西周早期	
姜	14436	堯盤	25.456	西周中期前段	堯的夫人
姜	14724	魯侯盉蓋	26.134	西周早期	魯侯的夫人

人　名	器　號	器　名	卷數頁碼	時　代	備　注
姜	14760	堯盉	26.167	西周中期前段	叔堯的夫人
姜氏	02776	燮王鬲	6.157	西周晚期	幽王的夫人
姜氏	02777	燮王鬲	6.158	西周晚期	同上
姜氏	02874	伯上父鬲	6.268	西周晚期	伯上父的夫人
姜氏	04289	王簋	9.59	西周中期後段	
姜氏	04290	王簋	9.60	西周中期後段	
姜氏	05129	方簋蓋	11.72	西周早期	楷侯的夫人
姜氏	05398	蔡簋	12.202	西周中期	
姜母	05154	采隻簋甲	11.116	西周中期	采隻的夫人
姜母	05155	采隻簋乙	11.118	西周中期	同上
姜虎	02778	許姬鬲	6.159	西周晚期	許姬的親屬
姜啟	03014	徵先父鬲	6.450	西周晚期	徵先父的夫人
姜首	14526	公衰盤	25.568	春秋中期	公衰的姊妹或女兒
姜弜	04207	姜弜簋	8.455	西周早期	
姜乘	14918	燕公匜	26.294	春秋時期	燕公的夫人
姜無	14407	曩伯寏父盤	25.421	春秋早期	曩伯寏父的女兒
姜無	14896	曩伯寏父匜	26.273	春秋早期	同上
姜澳	05627	遅盨	12.362	西周晚期	遅的夫人
姜縈	04673	己侯簋	9.418	西周中期	紀侯的親屬
姜休母	06119	姜休母鋪甲	13.368	西周晚期	
姜休母	06120	姜休母鋪乙	13.369	西周晚期	
姜林母	04376	姜林母簋	9.132	西周晚期	
姜懿母	01828	穆父鼎	3.485	西周中期	穆父的夫人
姜懿母	01829	穆父鼎	3.486	西周中期	同上
差徐	17362	越王差徐戈	32.456	戰國早期	越王
羌	11657	羌尊	21.135	西周中期前段	
羌臡向	09841	羌臡向觚	18.491	商代晚期	
首乇	14766	首乇盉	26.174	商代晚期	
首垣令不室	17159	首垣令不室戈	32.220	戰國晚期	
前	08575	前爵	17.124	西周早期	
逆	04411	逆簋	9.165	西周早期	
逆	05066	陳逆簋	10.465	戰國早期	即陳逆
逆	11651	逆尊	21.131	西周早期	

人　名	器　號	器　名	卷數頁碼	時　代	備　注
逆	15190	逆鐘甲	27.143	西周晚期	
逆	15191	逆鐘乙	27.145	西周晚期	
逆	15193	逆鐘丁	27.149	西周晚期	
逆	19178	鄂君啟車節	34.552	戰國晚期	楚織尹
逆	19179	鄂君啟車節	34.555	戰國晚期	同上
逆	19180	鄂君啟車節	34.557	戰國晚期	同上
逆	19181	鄂君啟舟節	34.559	戰國晚期	同上
逆	19182	鄂君啟舟節	34.561	戰國晚期	同上
逆父	10267	逆父觶	19.168	西周早期	
洱陽令張疋	17353	洱陽令張疋戟	32.445	戰國晚期	
洹	04719	伯喜父簋	9.472	西周晚期	即宣
洹	04720	伯喜父簋	9.473	西周晚期	同上
洹	04721	伯喜父簋	9.474	西周晚期	同上
洹秦	04735	洹秦簋	10.7	西周中期前段	
洹子	12449	洹子孟姜壺甲	22.423	戰國早期	即宣子
洹子	12450	洹子孟姜壺乙	22.425	戰國早期	同上
宣	04719	伯喜父簋	9.472	西周晚期	伯喜父的親屬
宣	04720	伯喜父簋	9.473	西周晚期	同上
宣	04721	伯喜父簋	9.474	西周晚期	同上
宣	17260	相邦呂不韋戟	32.333	戰國晚期	秦國蜀郡郡守
宣子	12449	洹子孟姜壺甲	22.423	戰國早期	齊大夫陳宣子其夷
宣子	12450	洹子孟姜壺乙	22.425	戰國早期	同上
宣王	15002	東姬匜	26.390	春秋中期	
戓伯晨生	12269	戓伯晨生壺蓋	22.144	西周晚期	
室叔	05207	室叔簋	11.233	西周晚期	
窑登	02122	寶登鼎	4.306	春秋早期	
宧	03587	宧簋	7.414	西周晚期	
宧	03588	宧簋	7.415	西周晚期	
宧	03589	宧簋	7.416	西周晚期	
宎	13260	宎卣	24.181	商代晚期	
宎車父	12237	宎車父壺甲	22.111	西周晚期	
宎車父	12238	宎車父壺乙	22.112	西周晚期	
祝公	05905	鑄公簋蓋	13.183	春秋早期	

人　名	器　號	器　名	卷數頁碼	時　代	備　注
祝叔	02095	鑄叔鼎	4.277	春秋時期	
祝叔	05883	鑄叔簠	13.147	春秋早期	
祝叔	14456	鑄叔盤	25.477	春秋早期	
祝姬	02825	鼄姬鬲	6.209	春秋早期	
祝鄝	05342	鄝簋	12.68	西周晚期	
祝鄝	05343	鄝簋蓋	12.74	西周晚期	
祝韄（融）	19921	楚繒書	35.510	戰國晚期	
祝大郘	12209	鑄大郘壺	22.80	戰國早期	
祝司寇厷	02063	鑄司寇厷鼎	4.239	春秋早期	
祝叔皮父	05126	鑄叔皮父簋	11.69	春秋早期	
祝子叔黑臣	02979	鑄子叔黑臣鬲	6.408	春秋早期	
祝子叔黑臣	05607	鑄子叔黑臣盨	12.337	春秋早期	
祝子叔黑臣	05608	鑄子叔黑臣盨	12.338	春秋早期	
祝子叔黑臣	05881	鑄子叔黑臣簠	13.141	春秋早期	
祝子叔黑臣	05882	鑄子叔黑臣簠	13.144	春秋早期	
祖乙	01727	鬵鼎	3.387	西周早期	鬵的祖父
祖乙	02021	睘鼎	4.186	西周早期	睘的祖父
祖乙	02399	我鼎	5.195	西周早期後段	我的祖父
祖乙	04212	祖乙簋	8.460	西周早期	
祖乙	04502	小臣夌簋	9.258	西周早期	小臣夌的祖父
祖乙	04602	告田祖乙簋	9.348	西周早期	
祖乙	04735	洹秦簋	10.7	西周中期前段	洹秦的祖父
祖乙	05136	砢簋	11.82	西周早期前段	砢的祖父
祖乙	05137	砢簋	11.84	西周早期前段	同上
祖乙	07700	冉祖乙爵	15.465	商晚或周早	
祖乙	07701	冉祖乙爵	15.466	商晚或周早	
祖乙	07702	豕祖乙爵	15.467	商晚或周早	
祖乙	07703	糸祖乙爵	15.467	商代晚期	
祖乙	07704	馬祖乙爵	15.468	商代晚期	
祖乙	07705	心祖乙爵	15.468	商代晚期	
祖乙	07706	盉祖乙爵	15.469	商代晚期	
祖乙	07707	𠂤祖乙爵	15.469	商代晚期	
祖乙	07708	𠂤祖乙爵	15.470	商代晚期	

人　名	器　號	器　名	卷數頁碼	時　代	備　注
祖乙	07709	∨祖乙爵	15.470	商代晚期	
祖乙	07710	𝇄祖乙爵	15.471	西周早期	
祖乙	08072	堯祖乙爵	16.226	西周早期	
祖乙	08283	唐子祖乙爵	16.396	商代晚期	
祖乙	08284	唐子祖乙爵	16.396	商代晚期	
祖乙	08285	唐子祖乙爵	16.397	商代晚期	
祖乙	08482	目爵	17.44	西周早期	目的祖父
祖乙	08511	剀爵	17.65	西周早期	剀的祖父
祖乙	08512	剀爵	17.65	西周早期	同上
祖乙	08579	舟輪臾爵	17.128	西周早期	舟輪臾的祖父
祖乙	08752	丁祖乙角	17.189	商代晚期	
祖乙	08784	弖册角	17.221	商代晚期	
祖乙	09539	黽祖乙觚	18.250	商代晚期	
祖乙	09540	家祖乙觚	18.251	商代晚期	
祖乙	09541	匜祖乙觚	18.251	商代晚期	
祖乙	09725	亞獸祖乙觚	18.396	商代晚期	
祖乙	09805	兴觚	18.463	西周早期	兴的祖父
祖乙	10291	封祖乙觶	19.186	商晚或周早	
祖乙	10292	史祖乙觶	19.187	商代晚期	
祖乙	10492	唐子祖乙觶	19.342	商代晚期	
祖乙	11294	己祖乙尊	20.329	商代晚期	
祖乙	11295	己祖乙尊	20.329	商代晚期	
祖乙	11429	天黽祖乙尊	20.441	商代晚期	
祖乙	11666	魁尊	21.144	西周早期後段	魁的祖父
祖乙	12748	光祖乙卣	23.196	商代晚期	
祖乙	12749	㷠祖乙卣	23.197	商代晚期	
祖乙	12894	戈葡祖乙卣	23.325	商代晚期	
祖乙	13036	臣辰祖乙卣	23.460	西周早期前段	
祖乙	13075	亞凸祖乙卣	23.498	商代晚期	
祖乙	13176	初卣	24.88	西周早期	初的祖父
祖乙	13177	遺卣	24.89	西周中期前段	遺的祖父
祖乙	13179	逦卣	24.91	西周中期前段	逦的祖父
祖乙	13221	交卣	24.134	西周早期	交的祖父

人　名	器　號	器　名	卷數頁碼	時　代	備　注
祖乙	13284	小臣逨卣	24.210	商代晚期	小臣逨的祖父
祖乙	13285	小臣逨卣	24.212	商代晚期	同上
祖乙	14529	守宮盤	25.574	西周早期後段	守宮的祖父
祖乙	19299	米祖乙器蓋	35.84	西周早期	
祖丁	00743	倗祖丁鼎	2.62	商晚或周早	
祖丁	01108	月壐祖丁鼎	2.354	商代晚期	
祖丁	01109	巫行祖丁鼎	2.355	商代晚期	
祖丁	01110	羿鼎	2.355	商晚或周早	羿的祖父
祖丁	01525	瓞鼎	3.205	西周早期	瓞的祖父
祖丁	01813	逿鼎	3.475	西周早期	逿的祖父
祖丁	02390	作册大鼎	5.183	西周早期前段	作册大的祖父
祖丁	02391	作册大鼎	5.184	西周早期前段	同上
祖丁	02392	作册大鼎	5.185	西周早期前段	同上
祖丁	02393	作册大鼎	5.186	西周早期前段	同上
祖丁	03162	旅祖丁瓤	7.57	商代晚期	
祖丁	03163	冉祖丁瓤	7.58	西周早期	
祖丁	03306	者夫瓤	7.183	西周早期	者夫的祖父
祖丁	03745	門祖丁簋	8.64	商代晚期	
祖丁	03746	竹祖丁簋	8.65	商代晚期	
祖丁	03747	冈祖丁簋	8.66	商代晚期	
祖丁	03748	倗祖丁簋	8.67	西周早期前段	
祖丁	03749	冉祖丁簋	8.68	西周早期	
祖丁	03750	旅祖丁簋	8.69	西周早期	
祖丁	04413	乏簋	9.167	西周早期	乏的祖父
祖丁	04812	夒懤簋	10.102	商代晚期	夒懤的祖父
祖丁	07716	亞祖丁爵	15.475	商晚或周早	
祖丁	07717	車祖丁爵	15.476	商晚或周早	
祖丁	07718	臤祖丁爵	15.476	商晚或周早	
祖丁	07719	寽祖丁爵	15.477	商晚或周早	
祖丁	08074	戈祖丁爵	16.228	西周早期前段	
祖丁	08075	旅祖丁爵	16.229	西周早期	
祖丁	08076	穴祖丁爵	16.230	西周早期	
祖丁	08077	山祖丁爵	16.231	西周早期	

人　名	器　號	器　名	卷數頁碼	時　代	備　注
祖丁	08362	冚爵	16.453	商晚或春早	
祖丁	08453	冚祖丁父乙爵	17.23	商代晚期	
祖丁	08455	爵珥佣祖丁爵	17.24	商代晚期	
祖丁	08513	贏爵	17.66	西周早期	贏的祖父
祖丁	08577	尗爵	17.126	西周早期	尗的祖父
祖丁	08733	册祖丁角	17.170	商代晚期	
祖丁	08753	女嬻祖丁角	17.190	商代晚期	
祖丁	09543	卯祖丁觚	18.253	商代晚期	
祖丁	09544	戈祖丁觚	18.254	商代晚期	
祖丁	09795	天黽獻祖丁觚	18.455	商代晚期	
祖丁	10294	我祖丁觶	19.188	商代晚期	
祖丁	10295	舟祖丁觶	19.189	商代晚期	
祖丁	10296	監祖丁觶	19.189	商代晚期	
祖丁	10396	子祖丁觶	19.264	西周早期	
祖丁	10397	冉祖丁觶	19.265	西周早期	
祖丁	10528	徙觶	19.365	商代晚期	
祖丁	11000	爻祖丁罍	20.105	商代晚期	
祖丁	11001	飄祖丁罍	20.106	商代晚期	
祖丁	11296	冉祖丁尊	20.330	商代晚期	
祖丁	11352	婥祖丁尊	20.375	西周早期	
祖丁	11353	i祖丁尊	20.376	西周早期	
祖丁	11430	齒受祖丁尊	20.442	商晚或周早	
祖丁	11468	枞尊	20.475	商代晚期	枞的祖父
祖丁	11620	婦姦尊	21.106	商代晚期	婦姦的祖父
祖丁	11637	耳尊	21.118	西周早期前段	耳的祖父
祖丁	11734	省史趄尊	21.204	西周早期	省史趄的祖父
祖丁	11778	啟尊	21.245	西周早期	啟的祖父
祖丁	12750	未祖丁卣	23.199	商代晚期	
祖丁	12751	子祖丁卣蓋	23.200	商代晚期	
祖丁	12895	戮册祖丁卣	23.326	商代晚期	
祖丁	12896	戮册祖丁卣	23.327	商代晚期	
祖丁	13144	盤卣	24.54	商代晚期	
祖丁	13178	趄卣	24.90	西周早期	趄的祖父

人 名	器 號	器 名	卷數頁碼	時 代	備 注
祖丁	13283	孝卣	24.209	商代晚期	孝的祖父
祖丁	13305	散卣	24.239	西周早期	散的祖父
祖丁	13321	啟卣	24.266	西周早期	啟的祖父
祖丁	13811	祖丁父癸罍	25.99	商代晚期	
祖己	00745	戈祖己鼎	2.63	商代晚期	
祖己	01113	祖己父癸鼎	2.358	商晚或周早	
祖己	01690	曆鼎	3.354	商晚或周早	曆的祖父
祖己	01856	盏婦鼎	4.14	西周早期前段	
祖己	01924	乃孫鼎	4.81	商代晚期	乃孫的祖父
祖己	02399	我鼎	5.195	西周早期後段	我的祖父
祖己	03281	作祖己甗	7.159	西周早期	
祖己	03282	作祖己甗	7.160	西周中期	
祖己	03751	戈祖己簋	8.70	商代晚期	
祖己	03752	佣祖己簋	8.70	西周早期	
祖己	04139	受祖己父辛簋	8.399	商晚或周早	
祖己	04140	角單器祖己簋	8.400	商代晚期	
祖己	07722	襄祖己爵	15.479	商晚或周早	
祖己	07723	襄祖己爵	15.479	商晚或周早	
祖己	07724	奴祖己爵	15.480	商晚或周早	
祖己	07725	穴祖己爵	15.481	商晚或周早	
祖己	08080	羊祖己爵	16.234	西周早期	
祖己	08081	戈祖己爵	16.235	西周早期	
祖己	08082	接祖己爵	16.236	西周早期	
祖己	08083	接祖己爵	16.237	西周早期	
祖己	08287	弓衛祖己爵	16.399	商代晚期	
祖己	08288	亞櫐祖己爵	16.400	商代晚期	
祖己	08289	冊偶祖己爵	16.401	商代晚期	
祖己	08541	盤爵	17.93	西周早期	盤的祖父
祖己	08734	嬰祖己角	17.171	商代晚期	
祖己	09545	壽祖己觚	18.255	商代晚期	
祖己	09546	襄祖己觚	18.256	商代晚期	
祖己	09688	魚祖己觚	18.369	西周早期	
祖己	09727	大中祖己觚	18.398	商代晚期	

人　名	器　號	器　名	卷數頁碼	時　代	備　注
祖己	09836	吷觚	18.486	西周早期	吷的祖父
祖己	10298	戈祖己觶	19.190	商晚或周早	
祖己	10299	子祖己觶	19.191	商代晚期	
祖己	10300	子祖己觶	19.192	商代晚期	
祖己	10398	史祖己觶	19.265	西周早期前段	
祖己	10399	歠祖己觶	19.266	西周早期	
祖己	10493	口슙祖己觶	19.342	商代晚期	
祖己	10628	其史觶	19.446	西周早期	其史的祖父
祖己	11003	襄祖己斝	20.107	商代晚期	
祖己	11354	戈祖己尊	20.377	西周早期	
祖己	11355	羍祖己尊	20.378	西周早期	
祖己	11623	冄尊	21.109	西周早期	
祖己	12753	子祖己卣	23.201	商代晚期	
祖己	12897	畾爽祖己卣	23.328	商代晚期	
祖己	12898	∪○祖己卣	23.329	商代晚期	
祖己	12899	坱刀祖己卣	23.330	商代晚期	
祖己	13257	族卣	24.177	西周早期後段	族的祖父
祖己	13822	繁罍	25.111	西周中期前段	繁的祖父
祖壬	01860	歸鼎	4.18	西周早期	歸的祖父
祖壬	07733	日祖壬爵	15.485	商代晚期	
祖壬	07734	山祖壬爵	15.486	商晚或周早	
祖壬	08089	奴祖壬爵	16.242	西周早期	
祖壬	08090	瞤祖壬爵	16.243	西周早期	
祖壬	09729	斗刀祖壬觚	18.400	商代晚期	
祖壬	10301	子祖壬觶	19.192	商代晚期	
祖壬	12055	子祖壬壺	21.413	西周早期	
祖甲	01107	犬王祖甲鼎	2.353	西周早期	
祖甲	02295	商鼎	5.40	商代晚期	商的祖父
祖甲	04272	箈簋	9.42	西周早期	箈的祖父
祖甲	04541	豐簋	9.292	西周早期	豐的祖父
祖甲	04542	豐簋	9.293	西周早期	同上
祖甲	09537	天祖甲觚	18.249	商代晚期	
祖甲	09538	羊祖甲觚	18.250	商代晚期	

人名	器號	器名	卷數頁碼	時代	備注
祖甲	10290	[illegible]祖甲觶	19.186	商代晚期	
祖甲	12747	鳥祖甲卣	23.195	商代晚期	
祖甲	13253	豐卣	24.171	西周早期前段	豐的祖父
祖甲	13658	豐觥	24.496	西周早期前段	同上
祖甲	13823	乃孫[illegible]罍	25.112	商代晚期	[illegible]的祖父
祖丙	07711	冉祖丙爵	15.472	商晚或周早	
祖丙	07712	[illegible]祖丙爵	15.472	商代晚期	
祖丙	07713	知祖丙爵	15.473	商代晚期	
祖丙	07714	知祖丙爵	15.474	商代晚期	
祖丙	07715	知祖丙爵	15.474	商代晚期	
祖丙	08073	[illegible]祖丙爵	16.227	西周早期	
祖丙	09542	爽祖丙觚	18.252	商代晚期	
祖丙	10293	[illegible]祖丙觶	19.188	商代晚期	
祖丙	10395	[illegible]祖丙觶	19.263	西周早期	
祖丙	11351	爵祖丙尊	20.374	西周早期	
祖戊	00744	得祖戊鼎	2.63	商代晚期	
祖戊	01112	[illegible]鼎	2.357	西周早期	[illegible]的祖父
祖戊	04377	戠作祖戊簋	9.133	西周早期	
祖戊	04378	戠作祖戊簋	9.134	西周早期	
祖戊	04549	劀函簋	9.299	西周早期	劀函的祖父
祖戊	05150	繁簋	11.107	西周早期	繁的祖父
祖戊	07720	戈祖戊爵	15.477	商代晚期	
祖戊	07721	叙祖戊爵	15.478	商代晚期	
祖戊	08078	戠祖戊爵	16.232	西周早期	
祖戊	08079	戠祖戊爵	16.233	西周早期	
祖戊	08286	◇采祖戊爵	16.398	商晚或春早	
祖戊	08540	效爵	17.92	西周早期	效的祖父
祖戊	09726	木戉祖戊觚	18.397	商代晚期	
祖戊	09840	戍宁無壽觚	18.490	商代中期	無壽的祖父
祖戊	10297	襄祖戊觶	19.190	商代晚期	
祖戊	10530	氺觶	19.366	商代晚期	
祖戊	10602	末于友厚祖戊觶	19.424	西周早期	
祖戊	12752	豿祖戊卣	23.201	商代晚期	

人　名	器　號	器　名	卷數頁碼	時　代	備　注
祖戊	12754	龠祖戊卣	23.202	商代晚期	
祖辛	00746	戈祖辛鼎	2.64	商代晚期	
祖辛	00747	弔祖辛鼎	2.65	西周早期前段	
祖辛	00748	象祖辛鼎	2.66	商代晚期	
祖辛	01355	盉祖辛父丙鼎	3.57	商代晚期	
祖辛	01497	糞禹祖辛鼎	3.179	商代晚期	
祖辛	01498	糞禹祖辛鼎	3.180	商代晚期	
祖辛	01499	犬祖辛祖癸鼎	3.181	商代晚期	
祖辛	01500	祖辛父乙鼎	3.182	西周早期	
祖辛	01501	祖辛父乙鼎	3.183	西周早期	
祖辛	01852	父庚祖辛鼎	4.11	商晚或周早	
祖辛	01853	父庚祖辛鼎	4.12	商晚或周早	
祖辛	02643	旱祖辛鬲	6.37	西周早期	
祖辛	02728	祖辛父甲鬲	6.110	商代晚期	
祖辛	03297	尹伯甗	7.174	西周早期	尹伯的祖父
祖辛	03753	象祖辛簋	8.71	商代晚期	
祖辛	03754	⌣祖辛簋	8.72	商代晚期	
祖辛	04503	史楺蚘簋	9.259	西周早期	史楺蚘的祖父
祖辛	04574	亞艅祖辛簋	9.321	西周早期	
祖辛	04814	龕簋	10.105	西周中期前段	龕的祖父
祖辛	05137	柯簋	11.84	西周早期前段	柯的祖父
祖辛	07727	子祖辛爵	15.482	商代晚期	
祖辛	07728	戈祖辛爵	15.482	商晚或周早	
祖辛	07729	皀祖辛爵	15.483	商代晚期	
祖辛	07730	休祖辛爵	15.483	商代晚期	
祖辛	07731	冄祖辛爵	15.484	商代晚期	
祖辛	07732	朁祖辛爵	15.485	商代晚期	
祖辛	08084	齊祖辛爵	16.238	西周早期	
祖辛	08085	木祖辛爵	16.239	西周早期	
祖辛	08086	柲祖辛爵	16.240	西周早期	
祖辛	08087	柲祖辛爵	16.241	西周早期	
祖辛	08088	冎祖辛爵	16.242	西周早期	
祖辛	08364	掌爵	16.454	商晚或春早	

人　名	器　號	器　名	卷數頁碼	時　代	備　注
祖辛	08497	𢦏丩冊祖辛爵	17.55	西周早期	
祖辛	08514	盨爵	17.67	西周早期	盨的祖父
祖辛	08525	襄庚爵	17.76	西周早期	襄庚的祖父
祖辛	09548	子祖辛觚	18.257	商代晚期	
祖辛	09549	戈祖辛觚	18.257	商代晚期	
祖辛	09728	戊刞祖辛觚	18.399	商代晚期	
祖辛	10400	戈祖辛觶	19.267	西周早期	
祖辛	10532	亞卯祖辛觶蓋	19.368	西周早期	
祖辛	10599	邑祖辛父辛觶	19.421	商代晚期	
祖辛	10630	糲夒觶	19.448	西周早期	糲夒的祖父
祖辛	10643	齊史遬觶	19.459	西周早期	齊史遬的祖父
祖辛	10644	齊史遬觶	19.460	西周早期	同上
祖辛	11358	象祖辛尊	20.380	西周早期	
祖辛	11359	冉祖辛尊	20.381	西周早期	
祖辛	11360	冂祖辛尊	20.382	西周早期	
祖辛	11431	子步祖辛尊	20.443	商代晚期	
祖辛	11469	阢冊祖辛尊	20.476	西周早期	
祖辛	11671	瞀尊	21.149	西周中期前段	瞀的祖父
祖辛	11720	盠司土幽尊	21.193	西周早期後段	司土幽的祖父
祖辛	11722	效尊	21.195	西周早期	效的祖父
祖辛	12035	鳶祖辛壺	21.394	商代晚期	
祖辛	12841	竟祖辛卣	23.277	西周早期	
祖辛	12842	象祖辛卣	23.278	西周早期	
祖辛	13076	冀禹祖辛卣	23.499	商代晚期	
祖辛	13077	冀禹祖辛卣	23.501	商代晚期	
祖辛	13195	㸔卣	24.106	西周早期	㸔的祖父
祖辛	13225	盠司土幽卣	24.138	西周早期	盠司土幽的祖父
祖辛	13522	旅祖辛方彝	24.397	商代晚期	
祖辛	13798	冀禹祖辛罍	25.87	商代晚期	
祖辛	14541	史牆盤	25.599	西周中期前段	史牆的祖父
祖辛	14648	子祖辛盉	26.65	西周早期	
祖庚	01354	簠祖庚父辛鼎	3.56	商代晚期	
祖庚	04423	郪簋	9.177	西周中期前段	郪的祖父

人　名	器　號	器　名	卷數頁碼	時　代	備　注
祖庚	04815	戜簋	10.106	西周中期	戜的祖父
祖庚	07726	屮祖庚爵	15.481	商晚或周早	
祖庚	08748	冉祖庚角	17.186	西周早期	
祖庚	09547	山祖庚觚	18.256	商代晚期	
祖庚	12840	史祖庚卣蓋	23.276	西周早期	
祖庚	14735	愳盉	26.143	西周早期	愳的祖父
祖癸	00749	戈祖癸鼎	2.67	西周早期前段	
祖癸	00750	戈祖癸鼎	2.67	西周早期	
祖癸	01115	朋亞祖癸鼎	2.359	商代晚期	
祖癸	01499	犬祖辛祖癸鼎	3.181	商代晚期	
祖癸	01958	中鼎	4.115	西周早期	中的祖父
祖癸	02642	享祖癸鬲	6.36	商代晚期	
祖癸	02672	鳥宁祖癸鬲	6.60	商代晚期	
祖癸	03164	趣祖癸甗	7.59	商代晚期	
祖癸	03239	卪甗	7.123	商代晚期	
祖癸	04016	祖癸父丁簋	8.296	西周早期	
祖癸	04401	偶缶簋	9.156	商代晚期	偶缶的祖父
祖癸	04521	敦簋	9.275	西周早期	敦的祖父
祖癸	04579	鳳簋	9.326	商代晚期	鳳的祖父
祖癸	04864	寢敄簋	10.173	商代晚期	寢敄的祖父
祖癸	07735	堯祖癸爵	15.486	商代晚期	
祖癸	07736	鳥祖癸爵	15.487	商代晚期	
祖癸	07737	羊祖癸爵	15.488	商晚或周早	
祖癸	07738	堯祖癸爵	15.488	商晚或周早	
祖癸	07739	㠯祖癸爵	15.489	商代晚期	
祖癸	07740	宀祖癸爵	15.489	商晚或周早	
祖癸	07741	闪祖癸爵	15.490	商晚或周早	
祖癸	08091	祈祖癸爵	16.244	西周早期	
祖癸	08092	凸祖癸爵	16.245	西周早期	
祖癸	08093	▲祖癸爵	16.246	西周早期	
祖癸	08735	趣祖癸角	17.172	商代晚期	
祖癸	08736	趣祖癸角	17.172	商代晚期	
祖癸	08781	赫册竹祖癸角	17.218	西周早期	

人 名	器 號	器 名	卷數頁碼	時 代	備 注
祖癸	09550	冉祖癸觚	18.258	商代晚期	
祖癸	09551	子祖癸觚	18.259	商代晚期	
祖癸	09552	戈祖癸觚	18.260	商代晚期	
祖癸	09730	弔黽祖癸觚	18.401	商代晚期	
祖癸	09816	祖癸觚	18.470	商代晚期	
祖癸	09843	帆戊觚	18.493	西周早期	帆戊的祖父
祖癸	10302	刀祖癸觶	19.193	商代晚期	
祖癸	11297	夰祖癸尊	20.330	商晚或周早	
祖癸	11298	糞祖癸尊	20.331	商晚或周早	
祖癸	11472	乩伯祖癸尊	20.478	西周早期	乩伯的祖父
祖癸	11636	竟尊	21.117	西周早期	竟的祖父
祖癸	12755	糞祖癸卣	23.203	商代晚期	
祖癸	12756	夰祖癸卣	23.203	商代晚期	
祖癸	13218	髟卣	24.132	西周早期	髟的祖父
祖癸	13312	作册堅卣	24.249	商代晚期	作册堅的祖父
祖癸	13525	册㮼方彝	24.400	商代晚期	
祖南蘿	10574	祖南蘿觶	19.401	西周早期	
昶戊	14003	昶戊鎛	25.170	西周晚期	
昶戊	14004	昶戊鎛	25.171	西周晚期	
昶仲	14953	昶仲匜	26.331	春秋早期	
昶伯業	02215	昶伯業鼎	4.426	春秋早期	
昶伯墉	13991	昶伯墉鎛	25.151	西周晚期	
昶伯墉	14460	昶伯墉盤	25.481	春秋早期	
昶伯㒸	14947	昶伯㒸匜	26.325	西周晚期	
昶仲無龍	02928	昶仲無龍鬲	6.339	春秋早期	
昶仲無龍	02977	昶仲無龍鬲	6.406	春秋早期	
昶仲無龍	06306	昶仲無龍匕	13.502	春秋時期	
昶仲無龍	14960	昶仲無龍匜	26.338	春秋早期	
昶伯㝬父	04893	昶伯㝬父簋甲	10.210	春秋早期	
昶伯㝬父	04894	昶伯㝬父簋乙	10.213	春秋早期	
昶伯㝬父	13826	昶伯㝬父罍	25.116	春秋早期	
叚	03364	中甗	7.253	西周早期後段	
叚	17105	徐王之子叚戈	32.160	春秋晚期	徐王之子

人 名	器 號	器 名	卷數頁碼	時 代	備 注
叚	18072	武陰令司馬闌鈹	33.458	戰國晚期	
弭仲	05975	弭仲簠	13.297	西周晚期	
弭伯	05291	弭叔師察簋	11.425	西周中期後段	弭叔師察之兄
弭伯	05292	弭叔師察簋	11.427	西周中期後段	同上
弭伯	05294	弭伯師耤簋	11.432	西周中期	
弭伯	14913	弭伯匜	26.289	西周中期	
弭叔	02772	弭叔鬲甲	6.153	西周中期後段	
弭叔	02773	弭叔鬲乙	6.154	西周中期後段	
弭叔	02774	弭叔鬲丙	6.155	西周中期後段	
弭叔	02775	弭叔鬲丁	6.156	西周中期後段	
弭叔	05549	弭叔盨	12.270	西周晚期	
弭叔	05628	弭叔盨蓋	12.363	西周晚期	
弭叔師察	05291	弭叔師察簋	11.425	西周中期後段	
弭叔師察	05292	弭叔師察簋	11.427	西周中期後段	
癸	03428	癸簋	7.278	商代晚期	
癸	03429	癸簋	7.279	商代晚期	
盅父	01932	□盅父鼎	4.91	西周中期前段	
屐	04286	屐簋蓋	9.56	西周中期	州的母親
皆	12115	皆壺	21.466	西周中期	
陞令殷思	17314	邢令殷思戟	32.401	戰國晚期	即邢令殷思
陷	02515	曶鼎	5.447	西周中期後段	五個奴隸之一
降蕭贊母	02821	王鬲	6.204	春秋早期	即序蕭贊母
韋	01533	韋鼎	3.213	西周早期後段	
姞	02779	伯帬父鬲	6.160	西周晚期	伯帬父的夫人
姞	04152	姞簋	8.411	西周早期	
姞	13311	遣卣	24.247	西周早期	遣的夫人
姞氏	02929	叔牙父鬲	6.340	春秋早期	叔牙父的夫人
姞氏	04696	乎簋	9.443	西周中期	乎的夫人
姞氏	04873	姞氏簋	10.185	西周晚期	
姞氏	12280	伯庶父壺	22.155	西周晚期	伯庶父的夫人
姞氏	12404	散車父壺	22.325	西周中期後段	散車父的夫人
姞仮父	04368	姞仮父簋	9.125	西周早期	
姞亘母	10584	姞亘母觶	19.409	西周早期	

人　名	器　號	器　名	卷數頁碼	時　代	備　注
姞召母	01795	姞召母鼎	3.458	西周早期	
姞𩰲母	14862	姞𩰲母匜	26.244	西周晚期	
姚	01415	姚鼎	3.111	西周中期	
䣄駒	12261	䣄駒壺	22.136	戰國晚期	
癸	04698	癸簋蓋	9.445	西周晚期	
癸父	07660	癸父爵	15.432	西周早期	
癸公	02484	此鼎甲	5.357	西周晚期	此的父親
癸公	02485	此鼎乙	5.359	西周晚期	同上
癸公	02486	此鼎丙	5.361	西周晚期	同上
癸公	05354	此簋甲	12.100	西周晚期	同上
癸公	05355	此簋乙	12.103	西周晚期	同上
癸公	05356	此簋丙	12.106	西周晚期	同上
癸公	05359	此簋己	12.112	西周晚期	同上
癸公	05360	此簋庚	12.114	西周晚期	同上
癸公	05361	此簋辛	12.116	西周晚期	同上
癸旻	08486	癸旻爵	17.48	西周早期	
癸父甲	04982	蘇公子癸父甲簋	10.330	春秋早期	蘇國公子
癸父甲	04983	蘇公子癸父甲簋	10.331	春秋早期	
敄	10612	敄觶	19.433	西周早期	
敄人	05201	上䣄公敄人簋蓋	11.224	春秋早期	上䣄公
敄曶	14693	敄曶盉	26.105	西周早期	
勇叔買	05134	勇叔買簋	11.80	西周晚期	
象長承	18585	大將李牧弩機	34.161	戰國晚期	
紀侯	02892	己侯鬲	6.290	西周晚期	
紀侯	04673	己侯簋	9.418	西周中期	
紀侯	12293	己侯壺	22.169	春秋早期	
紀姜	04917	己侯貉子簋蓋	10.243	西周中期前段	紀侯貉子的親屬
紀夫人	14973	異甫人匜	26.351	春秋早期	
紀侯虩	15124	紀侯虩鐘	27.29	西周晚期	
紀華父	01967	己華父鼎	4.123	西周晚期	
紀伯父丁	02828	叔鼏鬲	6.212	西周早期	叔鼏的父親
紀伯寏父	14407	異伯寏父盤	25.421	春秋早期	
紀伯寏父	14896	異伯寏父匜	26.273	春秋早期	

人　名	器　號	器　名	卷數頁碼	時　代	備　注
紀侯貉子	04917	己侯貉子簋蓋	10.243	西周中期前段	
幽公	05299	引簋甲	11.444	西周中期	引的長輩
幽公	05300	引簋乙	11.446	西周中期	同上
幽公	14528	㝬盤	25.572	西周中期前段	㝬的父親
幽尹	13287	寓卣	24.214	西周中期前段	
幽仲	04820	伯瞢簋	10.112	西周中期	伯瞢的父親
幽仲	05376	宰獸簋	12.152	西周中期後段	宰獸的祖父
幽仲	05377	宰獸簋	12.154	西周中期後段	同上
幽伯	05341	六年琱生簋	12.66	西周晚期	
幽伯	05362	覾簋	12.118	西周中期前段	覾的祖父
幽叔	02488	柞伯鼎	5.365	西周中期	
幽叔	05290	即簋	11.423	西周中期後段	即的父親
幽叔	05386	旽簋	12.176	西周中期後段	旽的父親
幽叔	15350	師丞鐘	27.471	西周晚期	
幽恒	17345	鄭令幽恒戈	32.437	戰國晚期	韓國鄭縣縣令
幽姜	05341	六年琱生簋	12.66	西周晚期	
幽大叔	02498	禹鼎	5.387	西周晚期	禹的祖父
幽大叔	02499	禹鼎	5.389	西周晚期	同上
幽大叔	05273	叔向父禹簋	11.382	西周晚期	同上

十　畫

人　名	器　號	器　名	卷數頁碼	時　代	備　注
馬	08432	馬爵	17.6	西周早期	
馬	13538	馬方彝	24.415	西周中期	
馬永	11997	馬永壺	21.361	商代晚期	
馬危	00480	馬危鼎	1.372	商代晚期	
馬危	00481	馬危鼎	1.373	商代晚期	
馬危	00482	馬危鼎	1.374	商代晚期	
馬危	00483	馬危鼎	1.375	商代晚期	
馬危	00484	馬危鼎	1.376	商代晚期	
馬危	00485	馬危鼎	1.377	商代晚期	
馬危	00486	馬危鼎	1.378	商代晚期	

人　名	器　號	器　名	卷數頁碼	時　代	備　注
馬危	00487	馬危鼎	1.379	商代晚期	
馬危	03150	馬危甗	7.47	商代晚期	
馬危	03603	馬危簋	7.430	商代晚期	
馬危	09415	馬危觚	18.160	商代晚期	
馬危	09416	馬危觚	18.161	商代晚期	
馬危	09417	馬危觚	18.162	商代晚期	
馬危	09418	馬危觚	18.163	商代晚期	
馬危	10219	馬危觶	19.130	商代晚期	
馬危	10963	馬危斝	20.77	商代晚期	
馬危	10964	馬危斝	20.78	商代晚期	
馬危	11236	馬危尊	20.279	商代晚期	
馬危	11998	馬危壺	21.362	商代晚期	
馬危	12702	馬危卣	23.156	商代晚期	
馬危	13757	馬危罍	25.51	商代晚期	
馬危	15895	馬危鐃甲	29.451	商代晚期	
馬危	15896	馬危鐃乙	29.452	商代晚期	
馬危	15897	馬危鐃丙	29.453	商代晚期	
馬歂	19156	齊節大夫馬節	34.529	戰國時期	
馬慗	18068	邦司寇馬慗劍	33.454	戰國晚期	
馬重(童)丹	17312	主父戈	32.398	戰國晚期	
馬師闇	18018	武信令馬師闇鈹	33.387	戰國時期	武信縣令
馬雍令事吳	17142	馬雍令事吳戈	32.202	戰國時期	
馬雍令事吳	17329	馬雍令事吳戈	32.420	戰國時期	
秦子	05172	秦子簋蓋	11.155	春秋早期	秦文公的太子,未即位 而亡,謚靜公
秦子	15231	秦子鐘	27.214	春秋早期	同上
秦子	15771	秦子鎛	29.199	春秋早期	同上
秦子	16626	秦子戈	31.69	春秋早期	同上
秦子	17208	秦子戈	32.275	春秋早期	同上
秦子	17209	秦子戈	32.276	春秋早期	同上
秦子	17210	秦子戈	32.277	春秋早期	同上
秦子	17211	秦子戈	32.278	春秋早期	同上
秦子	17212	秦子戈	32.279	春秋早期	同上

人　名	器　號	器　名	卷數頁碼	時　代	備　注
秦子	17670	秦子矛	33.102	春秋早期	秦文公的太子,未即位 而亡,謚靜公
秦公	01555	秦公鼎甲	3.230	春秋早期	
秦公	01556	秦公鼎乙	3.231	春秋早期	
秦公	01557	秦公鼎丙	3.232	春秋早期	
秦公	01558	秦公鼎丁	3.233	春秋早期	
秦公	01559	秦公鼎戊	3.234	春秋早期	
秦公	01560	秦公鼎A	3.235	春秋早期	
秦公	01561	秦公鼎B	3.236	春秋早期	
秦公	01562	秦公鼎	3.237	春秋早期	
秦公	01563	秦公鼎	3.238	春秋早期	
秦公	04250	秦公簋A	9.24	春秋早期	
秦公	04251	秦公簋B	9.25	春秋早期	
秦公	04252	秦公簋	9.26	春秋早期	
秦公	04387	秦公簋甲	9.141	春秋早期	
秦公	04388	秦公簋乙	9.142	春秋早期	
秦公	04389	秦公簋	9.143	春秋早期	
秦公	04390	秦公簋	9.144	春秋早期	
秦公	05370	秦公簋	12.137	春秋早期	
秦公	12182	秦公壺	22.51	春秋早期	
秦公	12183	秦公壺	22.52	春秋早期	
秦公	12184	秦公壺	22.54	春秋早期	
秦公	12185	秦公壺	22.55	春秋早期	
秦公	12186	秦公壺	22.56	春秋早期	
秦公	15565	秦公鐘甲	28.549	春秋早期	
秦公	15566	秦公鐘乙	28.551	春秋早期	
秦公	15567	秦公鐘丙	28.553	春秋早期	
秦公	15759	秦公鎛	29.180	春秋早期	
秦公	15824	秦公鎛甲	29.377	春秋早期	
秦公	15825	秦公鎛乙	29.381	春秋早期	
秦公	15826	秦公鎛丙	29.385	春秋早期	
秦公	15827	秦公鎛	29.389	春秋早期	
秦忑	02359	楚王酓忑鼎	5.133	戰國晚期	
秦忑	06314	冶盤野匕	13.512	戰國晚期	

人　名	器　號	器　名	卷數頁碼	時　代	備　注
秦妊	01947	兒慶鼎	4.104	春秋早期	郳慶（邿慶）的夫人
秦妊	01948	兒慶鼎	4.105	春秋早期	同上
秦妊	02782	邿慶鬲	6.163	春秋早期	同上
秦妊	02866	兒慶鬲	6.256	春秋早期	同上
秦妊	02867	兒慶鬲	6.258	春秋早期	同上
秦妊	02868	兒慶鬲	6.260	春秋早期	同上
秦妊	05878	邿慶簋	13.138	春秋早期	同上
秦妊	05879	邿慶簋	13.139	春秋早期	同上
秦妊	12333	邿君慶壺	22.222	春秋早期	同上
秦妊	12334	邿君慶壺	22.225	春秋早期	同上
秦妊	12335	邿君慶壺	22.227	春秋早期	同上
秦妊	12336	邿君慶壺	22.228	春秋早期	同上
秦妊	12337	邿君慶壺	22.229	春秋早期	同上
秦妊	12352	邿慶壺	22.249	春秋早期	同上
秦妊	14905	邿慶匜	26.281	春秋早期	同上
秦妊	14955	邿慶匜	26.333	春秋時期	同上
秦嬴	05962	許子疢簠蓋	13.271	春秋晚期	許子疢（原釋爲“妝”）女兒的媵女
秦政伯喪	17356	秦政伯喪戈	32.449	春秋早期	
秦政伯喪	17357	秦政伯喪戈	32.450	春秋早期	
敖童	19920	宗邑瓦書	35.508	戰國晚期	
敖赶	16821	敖赶戈	31.305	戰國時期	
敖叔微	05135	敖叔微簋蓋	11.81	西周晚期	
菁	11053	菁斝	20.148	西周早期	
班	05401	班簋	12.209	西周中期	
𣲳	11468	𣲳尊	20.475	商代晚期	
夆	14766	首毛盂	26.174	商代晚期	
柰拊	17309	中□令柰拊戈	32.394	戰國中期	
毁	03424	毁簋	7.274	商代晚期	
毁	03425	毁簋	7.275	商代晚期	
起	17288	上郡守起戈	32.366	戰國晚期	秦上郡守
起	17289	上郡守起戈	32.367	戰國晚期	同上
耶子敄鼓	18248	取子敄鼓鉦	33.520	西周早期	

人　名	器　號	器　名	卷數頁碼	時　代	備　注
華母	12297	華母壺	22.173	春秋早期	
華季嗌	02118	華季嗌鼎	4.302	西周晚期	
華季嗌	05596	華季嗌盨	12.324	西周晚期	
菫	04768	菫簋	10.44	西周中期	
莆興	17131	莆興戈	32.190	戰國晚期	
莫	11512	莫尊	21.14	西周早期	
莫父	14926	莫父匜	26.302	春秋早期	
莊王	16910	莊王之媵戟	31.455	戰國早期	
莊公	12453	庚壺	22.433	春秋晚期	
莓伯	04591	莓伯簋	9.338	西周晚期	
葡榮	00611	葡榮鼎	1.478	商代晚期	
葡亞矞	08793	葡亞矞角	17.230	商代晚期	
郜公	05895	郜公簠蓋	13.165	春秋早期	
郜公誠	05942	郜公誠簠	13.236	春秋早期	
郜公誠	02397	郜公誠鼎	5.191	春秋早期	
郜公敄人	15189	郜公敄人鐘	27.141	春秋早期	
郜于子瓶	05791	郜于子瓶簠	13.44	春秋早期	
郜于子瓶	05839	郜于子瓶簠	13.96	春秋早期	
郜公平侯	02417	郜公平侯鼎	5.232	春秋早期	
郜公平侯	02418	郜公平侯鼎	5.233	春秋早期	
鄐嬰	02280	宗婦鄐嬰鼎	5.20	春秋早期	
鄐嬰	02281	宗婦鄐嬰鼎	5.21	春秋早期	
鄐嬰	02282	宗婦鄐嬰鼎	5.22	春秋早期	
鄐嬰	02283	宗婦鄐嬰鼎	5.23	春秋早期	
鄐嬰	02284	宗婦鄐嬰鼎	5.24	春秋早期	
鄐嬰	02285	宗婦鄐嬰鼎	5.25	春秋早期	
鄐嬰	02286	宗婦鄐嬰鼎	5.26	春秋早期	
鄐嬰	05037	宗婦鄐嬰簋	10.417	春秋早期	
鄐嬰	05038	宗婦鄐嬰簋	10.419	春秋早期	
鄐嬰	05039	宗婦鄐嬰簋	10.421	春秋早期	
鄐嬰	05040	宗婦鄐嬰簋	10.423	春秋早期	
鄐嬰	05041	宗婦鄐嬰簋	10.425	春秋早期	
鄐嬰	05042	宗婦鄐嬰簋	10.426	春秋早期	

人　名	器　號	器　名	卷數頁碼	時　代	備　注
䣄嫛	05043	宗婦䣄嫛簋	10.427	春秋早期	
䣄嫛	05044	宗婦䣄嫛簋	10.427	春秋早期	
䣄嫛	05045	宗婦䣄嫛簋蓋	10.428	春秋早期	
䣄嫛	05046	宗婦䣄嫛簋蓋	10.429	春秋早期	
䣄嫛	05047	宗婦䣄嫛簋蓋	10.430	春秋早期	
䣄嫛	05048	宗婦䣄嫛簋蓋	10.431	春秋早期	
䣄嫛	12398	宗婦䣄嫛壺	22.316	春秋早期	
䣄嫛	12399	宗婦䣄嫛壺	22.317	春秋早期	
䣄嫛	14497	宗婦䣄嫛盤	25.524	春秋早期	
恭王	02513	大克鼎	5.440	西周中期後段	周恭王
恭王	05386	盶簋	12.176	西周中期後段	同上
恭王	14543	逨盤	25.605	西周晚期	同上
恭公	15815	郘公鈲父鎛	29.336	春秋晚期	郘公鈲父的祖父
恭公	15816	郘公鈲父鎛	29.341	春秋晚期	同上
恭公	15817	郘公鈲父鎛	29.348	春秋晚期	同上
恭公	15818	郘公鈲父鎛	29.355	春秋晚期	同上
恭母	03601	葊母簋	7.428	商代晚期	
恭伯	05151	奡簋	11.108	西周晚期	奡的父親
恭伯	05342	鄿簋	12.68	西周晚期	同上
恭伯	05343	鄿簋蓋	12.74	西周晚期	同上
恭妊	03256	恭妊甒	7.136	西周中期前段	
恭叔	02492	頌鼎	5.373	西周晚期	頌的父親
恭叔	02493	頌鼎	5.376	西周晚期	同上
恭叔	02494	頌鼎	5.378	西周晚期	同上
恭叔	02503	卌三年逨鼎甲	5.401	西周晚期	吳逨的父親
恭叔	02504	卌三年逨鼎乙	5.405	西周晚期	同上
恭叔	02505	卌三年逨鼎丙	5.409	西周晚期	同上
恭叔	02506	卌三年逨鼎丁	5.414	西周晚期	同上
恭叔	02507	卌三年逨鼎戊	5.418	西周晚期	同上
恭叔	02508	卌三年逨鼎己	5.422	西周晚期	同上
恭叔	02509	卌三年逨鼎庚	5.426	西周晚期	同上
恭叔	02510	卌三年逨鼎辛	5.430	西周晚期	同上
恭叔	02512	卌三年逨鼎癸	5.437	西周晚期	同上

人　名	器　號	器　名	卷數頁碼	時　代	備　注
恭叔	05390	頌簋	12.184	西周晚期	頌的父親
恭叔	05391	頌簋	12.187	西周晚期	同上
恭叔	05392	頌簋	12.190	西周晚期	同上
恭叔	05393	頌簋	12.192	西周晚期	同上
恭叔	05394	頌簋蓋	12.194	西周晚期	同上
恭叔	05395	頌簋	12.196	西周晚期	同上
恭叔	05396	頌簋蓋	12.198	西周晚期	同上
恭叔	05397	頌簋	12.200	西周晚期	同上
恭叔	12451	頌壺甲	22.427	西周晚期	同上
恭叔	12452	頌壺乙	22.430	西周晚期	同上
恭叔	14543	逨盤	25.605	西周晚期	同上
恭叔	15634	逨鐘二	29.146	西周晚期	同上
恭叔	15635	逨鐘三	29.150	西周晚期	同上
恭叔	15636	逨鐘四	29.154	西周晚期	同上
恭姒	02492	頌鼎	5.373	西周晚期	同上
恭姒	02493	頌鼎	5.376	西周晚期	同上
恭姒	02494	頌鼎	5.378	西周晚期	同上
恭姒	05390	頌簋	12.184	西周晚期	頌的母親
恭姒	05391	頌簋	12.187	西周晚期	同上
恭姒	05392	頌簋	12.190	西周晚期	同上
恭姒	05393	頌簋	12.192	西周晚期	同上
恭姒	05394	頌簋蓋	12.194	西周晚期	同上
恭姒	05395	頌簋	12.196	西周晚期	同上
恭姒	05396	頌簋蓋	12.198	西周晚期	同上
恭姒	05397	頌簋	12.200	西周晚期	同上
恭姒	12451	頌壺甲	22.427	西周晚期	同上
恭姒	12452	頌壺乙	22.431	西周晚期	同上
馱山	17331	邦府大夫趙閒戈	32.422	戰國晚期	即韓山
馱壬	17700	安陽令韓壬戟刺	33.138	戰國晚期	即韓壬
馱半	17333	鄭令韓半戈	32.424	戰國晚期	即韓半
馱半	17691	鄭令韓半矛	33.127	戰國晚期	同上
馱匡	17702	截雍令韓匡戟刺	33.140	戰國晚期	即韓匡
馱伕	18066	守相信平君鈹	33.451	戰國晚期	即韓伕

人　名	器　號	器　名	卷數頁碼	時　代	備　注
軑佚	18067	守相信平君鈹	33.452	戰國晚期	即韓佚
軑亥	18011	守相廉頗鈹	33.379	戰國晚期	即韓亥
軑亥	18013	守相廉頗鈹	33.382	戰國晚期	同上
軑伯	14365	軑伯盤	25.379	西周早期	即韓伯
軑狄	17350	冢子韓政戈	32.442	戰國晚期	即韓狄
軑烄	17334	鄭令韓烄戈	32.425	戰國晚期	即韓烄
軑沽	17360	襄城令韓沽戈	32.454	戰國晚期	即韓沽
軑春	18008	冢子韓春鈹	33.376	戰國時期	即韓春
軑政	17350	冢子韓政戈	32.442	戰國晚期	即韓政
軑尚	18013	守相廉頗鈹	33.382	戰國晚期	即韓尚
軑尚	18037	相邦建信君劍	33.415	戰國晚期	同上
軑尚	18041	相邦建信君鈹	33.420	戰國晚期	同上
軑尚	18049	相邦春平侯劍	33.432	戰國晚期	同上
軑尚	18053	相邦春平侯鈹	33.436	戰國晚期	同上
軑尚	18055	相邦春平侯鈹	33.438	戰國晚期	同上
軑尚	18056	相邦春平侯劍	33.439	戰國晚期	同上
軑尚	18057	相邦春平侯劍	33.440	戰國晚期	同上
軑尚	18059	相邦春平侯鈹	33.440	戰國晚期	同上
軑尚	18060	相邦春平侯鈹	33.443	戰國晚期	同上
軑尚	18061	相邦春平侯鈹	33.444	戰國晚期	同上
軑尚	18062	相邦春平侯鈹	33.445	戰國晚期	同上
軑尚	18066	守相信平君鈹	33.451	戰國晚期	同上
軑尚	18067	守相信平君鈹	33.452	戰國晚期	同上
軑段	18009	廉相如劍	33.377	戰國時期	即韓段
軑叚	18031	相邦建信君鈹	33.409	戰國晚期	即韓叚
軑恙	17340	鄭令韓恙戈	32.431	戰國晚期	即韓恙
軑畜	18065	相邦陽安君鈹	33.449	戰國晚期	即韓畜
軑繒	17319	冢子韓繒戈	32.406	戰國晚期	即韓繒
軑繒	17320	冢子韓繒戈	32.407	戰國晚期	同上
軑洒庶	19168	韓將庶虎節	34.542	戰國時期	即韓將庶
桐丘令脩	17143	桐丘令脩戈	32.203	戰國晚期	
桓子	19704	桓子石璧	35.306	戰國中期	
桓子	19754	桓子石片	35.360	戰國中期	

人　名	器　號	器　名	卷數頁碼	時　代	備　注
桓王	02517	中山王䇟鼎	5.456	戰國中期	中山國桓王
桓公	01835	仲姜鼎	3.491	春秋早期	芮桓公
桓公	01836	仲姜鼎	3.492	春秋早期	同上
桓公	01837	仲姜鼎	3.493	春秋早期	同上
桓公	01838	仲姜鼎	3.494	春秋早期	同上
桓公	03300	仲姜甗	7.177	春秋早期	同上
桓公	04532	仲姜簋	9.283	春秋早期	同上
桓公	04533	仲姜簋	9.284	春秋早期	同上
桓公	04534	仲姜簋	9.285	春秋早期	同上
桓公	04535	仲姜簋	9.286	春秋早期	同上
桓公	06080	陳侯因𦎟敦	13.347	戰國中期	同上
桓公	12247	仲姜壺	22.121	春秋早期	同上
桓公	12248	仲姜壺	22.122	春秋早期	同上
桓仲	05119	尌仲簋蓋	11.57	西周晚期	尌仲的父親
桓武靈公	15556	叔夷鐘五	28.536	春秋晚期	
㭯伯胮	01963	㭯伯胮鼎	4.119	西周中期	
柚	04269	柚簋	9.41	西周早期	
柚	11616	柚尊	21.103	西周早期	
格氏	17603	俪矛	33.33	戰國時期	
格伯	04923	格伯簋	10.248	西周中期	
格伯	05307	俪生簋	11.461	西周中期	
格伯	05308	俪生簋	11.464	西周中期	
格伯	05309	俪生簋	11.467	西周中期	
格伯	05310	俪生簋	11.469	西周中期	
格氏令韓貴	17183	格氏令韓貴戈	32.246	戰國晚期	
桃繯	17308	頓丘令麇酉戈	32.393	戰國中期	
栩	03413	栩簋	7.265	商代晚期	
索諆	08571	索諆爵	17.120	西周早期	
索魚王	16824	索魚王戈	31.308	春秋晚期	
㠱仲	11598	鄧仲尊	21.88	西周早期後段	即鄧仲
㠱仲	11599	鄧仲尊蓋	21.90	西周早期後段	同上
㠱孟	12304	鄧孟壺	22.182	西周晚期	即鄧孟
㠱公牧	04391	鄧公牧簋	9.145	春秋早期	即鄧公牧

人　名	器　號	器　名	卷數頁碼	時　代	備　注
眔公牧	04392	鄧公牧簋	9.146	春秋早期	即鄧公牧
鬲	11745	鬲尊	21.214	西周中期前段	
鬲叔興父	05589	鬲叔興父盨	12.316	西周晚期	
連迁	01466	連迁鼎	3.148	春秋中期	
連迁	01467	連迁鼎	3.149	春秋中期	
連迁	01468	連迁鼎	3.150	春秋中期	
連迁	01469	連迁鼎	3.151	春秋中期	
逋	02103	小臣逋鼎	4.287	西周中期前段	
逋	06228	逋盂	13.455	西周晚期	
或伯	01231	或伯鼎	2.444	西周早期	
或者	02248	或者鼎	4.472	西周中期前段	
或者	04483	或者簋	9.240	西周早期前段	
酊夒	12202	龔酊夒壺	22.73	西周早期	
酓	11663	酓尊	21.142	商代晚期	
配兒	15984	配兒句鑃甲	29.502	春秋晚期	
配兒	15985	配兒句鑃乙	29.506	春秋晚期	
夏戹	19637	十三年銀泡	35.297	戰國中期	
厝	10652	厝觶	19.467	西周早期	
厝	17286	上郡守厝戈	32.364	戰國晚期	即錯,秦上郡守
厝	17287	上郡守厝戈	32.365	戰國晚期	同上
原氏仲	05947	原氏仲簠甲	13.242	春秋早期	
原氏仲	05948	原氏仲簠乙	13.244	春秋早期	
原氏仲	05949	原氏仲簠丙	13.245	春秋早期	
原人虞芍	14542	散氏盤	25.603	西周晚期	矢人有司
夾	08545	夾爵	17.95	西周早期	
鼒（鼒）	05123	大師小子鼒簋	11.64	西周晚期	即太師小子鼒
鼒（鼒）	05124	大師小子鼒簋	11.66	西周晚期	同上
鼒（鼒）	05125	大師小子鼒簋	11.68	西周晚期	同上
振	02480	晨鼎	5.350	西周早期	
振	04063	晨簋	8.336	西周早期	
振	04064	晨簋	8.337	西周早期	
振	14437	晨盤	25.457	西周中期後段	
晉公	06274	晉公盆	13.493	春秋晚期	

人 名	器 號	器 名	卷數頁碼	時 代	備 注
晉公	15200	子犯鐘A甲	27.157	春秋中期	
晉公	15201	子犯鐘A乙	27.159	春秋中期	
晉公	15202	子犯鐘A丙	27.161	春秋中期	
晉公	15208	子犯鐘B甲	27.169	春秋中期	
晉公	15209	子犯鐘B乙	27.171	春秋中期	
晉公	15210	子犯鐘B丙	27.173	春秋中期	
晉公	15425	驫羌鐘甲	28.18	戰國早期	
晉公	15426	驫羌鐘乙	28.20	戰國早期	
晉公	15427	驫羌鐘丙	28.22	戰國早期	
晉公	15428	驫羌鐘丁	28.24	戰國早期	
晉公	15429	驫羌鐘戊	28.26	戰國早期	
晉公	17327	晉公戈	32.416	春秋早期	
晉公	19013	晉公車軎甲	34.452	春秋時期	
晉公	19014	晉公車軎乙	34.453	春秋時期	
晉改	14404	蘇公盤	25.418	西周晚期	蘇公的姊妹或女兒
晉改	14893	蘇公匜	26.269	西周晚期	同上
晉伯	13279	晉伯卣	24.204	西周中期前段	
晉侯	01429	晉侯鼎	3.119	西周中期	
晉侯	02395	昌鼎	5.188	西周中期	
晉侯	02736	晉侯鬲	6.117	西周晚期	
晉侯	02737	晉侯鬲	6.118	西周晚期	
晉侯	04489	晉侯簋	9.246	西周中期前段	
晉侯	04712	晉侯簋	9.463	春秋早期	
晉侯	04713	晉侯簋	9.464	春秋早期	
晉侯	04736	晉侯簋甲	10.8	西周中期	
晉侯	04737	晉侯簋乙	10.9	西周中期	
晉侯	11610	晉侯尊	21.98	西周早期	
晉侯	11713	晉侯尊	21.186	西周早期	
晉侯	15241	戎生鐘丙	27.232	春秋早期	
晉侯	16623	晉侯戈	31.66	春秋早期	
晉侯	16624	晉侯戈	31.67	春秋早期	
晉侯	16625	晉侯戈	31.68	春秋早期	
晉侯	19343	晉侯銅人	35.119	西周晚期	

人　名	器　號	器　名	卷數頁碼	時　代	備　注
晉姞	14461	晉姞盤	25.482	春秋早期	
晉姞	14954	晉姞匜	26.332	春秋早期	
晉姜	02491	晉姜鼎	5.371	春秋早期	
晉姜	04233	晉姜簋	9.9	西周中期前段	
晉姬	04923	格伯簋	10.248	西周中期	格伯的夫人
晉侯斷	05051	晉侯斷簋	10.434	西周中期	
晉侯斷	05052	晉侯斷簋	10.435	西周中期	
晉侯斷	05053	晉侯斷簋	10.437	西周中期	
晉侯斷	12396	晉侯斷壺	22.314	西周中期	
晉侯斷	12397	晉侯斷壺	22.315	西周中期	
晉侯對	02232	晉侯對鼎	4.450	西周晚期	
晉侯對	02332	晉侯對鼎	5.95	西周晚期	
晉侯對	05630	晉侯對盨	12.366	西周晚期	
晉侯對	05647	晉侯對盨甲	12.399	西周晚期	
晉侯對	05648	晉侯對盨乙	12.400	西周晚期	
晉侯對	05649	晉侯對盨丙	12.401	西周晚期	
晉侯對	05650	晉侯對盨丁	12.402	西周晚期	
晉侯對	06153	晉侯對鋪	13.403	西周晚期	
晉侯對	14965	晉侯對匜	26.343	西周晚期	
晉侯蘇	01989	晉侯蘇鼎	4.149	西周晚期	
晉侯蘇	01990	晉侯蘇鼎	4.150	西周晚期	
晉侯蘇	01991	晉侯蘇鼎	4.151	西周晚期	
晉侯蘇	01992	晉侯蘇鼎	4.152	西周晚期	
晉侯蘇	01993	晉侯蘇鼎	4.153	西周晚期	
晉侯蘇	15299	晉侯蘇鐘A乙	27.349	西周晚期	
晉侯蘇	15300	晉侯蘇鐘A丙	27.351	西周晚期	
晉侯蘇	15301	晉侯蘇鐘A丁	27.353	西周晚期	
晉侯蘇	15303	晉侯蘇鐘A己	27.356	西周晚期	
晉侯蘇	15306	晉侯蘇鐘B甲	27.359	西周晚期	
晉侯蘇	15307	晉侯蘇鐘B乙	27.361	西周晚期	
晉侯蘇	15308	晉侯蘇鐘B丙	27.363	西周晚期	
晉韋父	14434	晉韋父盤	25.454	西周中期前段	
晉人事寓	04669	晉人事寓簋	9.414	西周中期前段	

人　名	器　號	器　名	卷數頁碼	時　代	備　注
晉仲韋父	14755	晉仲韋父盉	26.162	西周早期後段	
晉伯睦父	03339	晉伯睦父甗	7.217	西周晚期	
晉侯邦父	02075	晉侯邦父鼎	4.253	西周晚期	
晉侯喜父	14501	晉侯喜父盤	25.528	西周中期	
晉侯喜父	14784	晉侯喜父盉	26.199	西周中期	
晉侯僰馬	12276	晉侯僰馬壺	22.151	西周中期	
晉侯僰馬	12277	晉侯僰馬壺	22.152	西周中期	
晉侯僰馬	12430	晉侯僰馬壺甲	22.375	西周中期	
晉侯僰馬	12431	晉侯僰馬壺乙	22.376	西周中期	
晉叔家父	12356	晉叔家父壺甲	22.256	西周晚期	
晉叔家父	12357	晉叔家父壺乙	22.258	西周晚期	
晉司徒伯鄰父	02143	晉司徒伯鄰父鼎	4.334	西周晚期	
晉陽令趙去疾	17354	晉陽令趙去疾戈	32.446	戰國晚期	
虔	17126	芒陽守令虔戈	32.185	戰國晚期	芒陽守令
眀	01730	眀鼎	3.388	西周早期	
眀卯	18014	南行唐令瞿卯劍	33.383	戰國晚期	即瞿卯
眀卯	18015	南行唐令瞿卯鈹	33.384	戰國晚期	同上
眀卯	18016	南行唐令瞿卯鈹	33.385	戰國晚期	同上
眀卯	18017	南行唐令瞿卯劍	33.386	戰國晚期	同上
圉	05587	圉盨	12.314	西周晚期	
圉	05588	圉盨	12.315	西周晚期	
圉公	02121	圉公鼎	4.305	春秋早期	
畢公	02273	畢伯克鼎	5.10	西周晚期	
畢公	04986	史瑴簋	10.335	西周早期後段	史瑴的上司
畢公	04987	史瑴簋	10.337	西周早期後段	同上
畢公	05221	獻簋	11.255	西周早期	
畢公	15570	邵黛鐘一	28.558	春秋晚期	
畢公	15571	邵黛鐘二	28.561	春秋晚期	
畢公	15572	邵黛鐘三	28.564	春秋晚期	
畢公	15573	邵黛鐘四	28.567	春秋晚期	
畢公	15574	邵黛鐘五	28.569	春秋晚期	
畢公	15575	邵黛鐘六	28.571	春秋晚期	
畢公	15576	邵黛鐘七	28.573	春秋晚期	

人　名	器　號	器　名	卷數頁碼	時　代	備　注
畢公	15577	邵黛鐘八	28.575	春秋晚期	
畢公	15578	邵黛鐘九	28.577	春秋晚期	
畢公	15579	邵黛鐘十	28.579	春秋晚期	
畢公	15580	邵黛鐘十一	28.581	春秋晚期	
畢公	15581	邵黛鐘十二	28.583	春秋晚期	
畢公	15582	邵黛鐘十三	28.585	春秋晚期	
畢公	19759	畢公左御玉戈	35.365	西周早期	
畢仲	05234	段簋	11.284	西周中期後段	段的祖父
畢叔	05302	七年師兌簋蓋	11.449	西周晚期	
畢姬	01821	倗伯鼎	3.480	西周中期前段	倗伯的夫人
畢姬	02170	伯夏父鼎	4.367	西周晚期	伯夏父的夫人
畢姬	02995	伯夏父鬲	6.431	西周晚期	同上
畢姬	02996	伯夏父鬲	6.432	西周晚期	同上
畢姬	02997	伯夏父鬲	6.433	西周晚期	同上
畢姬	02998	伯夏父鬲	6.434	西周晚期	同上
畢姬	02999	伯夏父鬲	6.435	西周晚期	同上
畢姬	03000	伯夏父鬲	6.436	西周晚期	同上
畢姬	03001	伯夏父鬲	6.437	西周晚期	同上
畢姬	03002	伯夏父鬲	6.438	西周晚期	同上
畢姬	03003	伯夏父鬲	6.439	西周晚期	同上
畢姬	03004	伯夏父鬲	6.440	西周晚期	同上
畢姬	04499	倗伯簋	9.255	西周中期前段	
畢姬	14001	伯夏父罍	25.167	西周晚期	伯夏父的夫人
畢姬	14002	伯夏父罍	25.169	西周晚期	同上
畢鮮	05050	畢鮮簋	10.433	西周晚期	
畢媿	01961	倗仲鼎	4.118	西周中期前段	倗仲的夫人
畢仲弁	05912	畢仲弁簠	13.193	春秋早期	
畢伯克	02273	畢伯克鼎	5.10	西周晚期	
畢季嫣	02975	陳侯鬲	6.404	春秋早期	陳侯的女兒
畢季嫣	02976	陳侯鬲	6.405	春秋早期	同上
畢淌侯	17996	大良造庶長鞅鈹	33.364	戰國中期	
旻母	01390	旻母鼎	3.86	商代晚期	
員	01309	員鼎	3.21	西周早期前段	

人　名	器　號	器　名	卷數頁碼	時　代	備　注
員	01310	員鼎	3.22	西周早期	
員	02293	員鼎	5.37	西周早期後段	
員	04160	員簋	8.419	西周中期前段	
員	08279	員爵	16.393	西周中期	
員	08280	員爵	16.394	西周中期	
員	10567	員觶	19.395	西周中期前段	
員	10568	員觶	19.396	西周中期前段	
員	11426	員尊	20.439	西周中期前段	
員	11756	員尊	21.224	西周中期前段	
員	12113	員壺	21.464	西周中期前段	
員	12890	員卣	23.321	西周早期	
員	13292	員卣	24.221	西周早期	
員	13791	作員從彝罍	25.82	西周早期	
員	13792	作員從彝罍	25.82	西周早期	
員	14665	員盉	26.79	西周早期	
員父	04341	員父簋	9.104	西周中期前段	
員父	11612	員父尊	21.100	西周早期	
遉	17950	吳季子之子遉劍	33.310	春秋晚期	
啤君	12125	啤君壺	21.475	戰國晚期	
啤孝子	12126	啤孝子壺	21.476	戰國晚期	
哦	04414	哦簋	9.168	西周早期	
蚋	02405	蚩鼎	5.211	西周中期	
蚔生	17323	蠡生戈	32.412	戰國早期	
剛	08479	剛爵	17.41	西周早期	
犀伯諆	13280	牐伯諆卣	24.206	商晚或周早	即牐伯諆
峠	04429	峠簋	9.181	西周早期	
散	14542	散氏盤	25.602	西周晚期	即微
散父	04339	微父簋	9.102	西周早期	
散父	14542	散氏盤	25.602	西周晚期	即微父
皿師	16598	皿師寢戈	31.40	西周早期	
昔	02515	召鼎	5.447	西周中期後段	五個奴隸之一
昔	09791	昔觚	18.452	西周早期	
昔	12374	小子省壺	22.280	商代晚期	即小子省

人 名	器 號	器 名	卷數頁碼	時 代	備 注
眚仲	05110	眚仲之孫簋	11.40	春秋早期	
眚史南	02483	鬲比鼎	5.355	西周晚期	
乘兒	15528	僕兒鐘甲	28.459	春秋晚期	僕兒之子
乘兒	15529	僕兒鐘乙	28.463	春秋晚期	同上
乘父士杉	05629	乘父士杉盨	12.364	西周晚期	
牧孄	02061	杞伯每刃鼎	4.234	春秋早期	即朱曹
牧孄	02062	杞伯每刃鼎	4.237	春秋早期	同上
殺嬴	08474	妊爵	17.38	西周早期	即邾嬴
殺嬴	08475	妊爵	17.38	西周早期	同上
毚	13007	巍卣	23.432	西周早期	即巍
毚公	00721	毚公鼎	2.43	戰國時期	即巍公
毚戲	17234	□陽令魏戲戈	32.300	戰國晚期	即巍戲
脩	17143	桐丘令脩戈	32.203	戰國晚期	桐丘縣令
息母	09298	息母瓶	18.67	商代晚期	
息伯	13296	息伯卣	24.227	西周早期	
息伯	13297	息伯卣蓋	24.228	西周早期	
鄦郭公子	17050	鄦郭公子戈	32.90	春秋早期	
倗	01331	倗鼎	3.35	春秋晚期前段	
倗	01332	倗鼎	3.36	春秋晚期前段	
倗	01333	倗鼎	3.37	春秋晚期前段	
倗	01334	倗鼎	3.37	春秋晚期前段	
倗	01335	倗鼎	3.38	春秋晚期前段	
倗	01336	倗鼎	3.39	春秋晚期前段	
倗	01337	倗鼎	3.39	春秋晚期前段	
倗	01843	楚叔之孫倗鼎	3.499	春秋晚期前段	
倗	01844	楚叔之孫倗鼎	3.500	春秋晚期前段	
倗	01845	楚叔之孫倗鼎	3.502	春秋晚期前段	
倗	02221	楚叔之孫倗鼎	4.436	春秋晚期前段	
倗	02468	王子午鼎甲	5.326	春秋晚期前段	
倗	02469	王子午鼎乙	5.329	春秋晚期前段	
倗	02471	王子午鼎丁	5.332	春秋晚期前段	
倗	02472	王子午鼎戊	5.334	春秋晚期前段	
倗	02473	王子午鼎己	5.336	春秋晚期前段	

人　名	器　號	器　名	卷數頁碼	時　代	備　注
烏氏	19902	烏氏漆耳杯	35.476	戰國晚期	
射	03217	射甗	7.104	西周早期	
射	12443	射壺甲	22.399	西周晚期	
射	12444	射壺乙	22.403	西周晚期	
射	16504	射戈	30.458	春秋晚期	
射	16505	射戟	30.459	春秋晚期	
射女（母）	00727	射女鼎	2.47	商代晚期	
射女（母）	00728	射女鼎	2.48	商代晚期	
射女（母）	00729	射女鼎	2.49	商代晚期	
射女（母）	14343	射女𤔥盤	25.357	商代晚期	
射母	09653	𤔥射母觚	18.341	商代晚期	
射南	05763	射南簋蓋	13.12	西周晚期	
射南	05764	射南簋	13.13	西周晚期	
師	01111	師鼎	2.356	西周早期	
師	01711	師鼎	3.374	西周早期	
師	01712	師鼎	3.375	西周早期	
師公	01342	師公鼎	3.44	戰國晚期	
師氏	06230	永盂	13.459	西周中期	
師田	05679	鬲比盨	12.464	西周晚期	
師永	06230	永盂	13.459	西周中期	
師同	02430	師同鼎	5.254	西周中期後段	
師同	06230	永盂	13.459	西周中期	
師丞	15350	師丞鐘	27.471	西周晚期	
師孝	02439	窘鼎	5.269	西周晚期	
師克	05680	師克盨	12.466	西周晚期	
師克	05681	師克盨	12.469	西周晚期	
師克	05682	師克盨蓋	12.472	西周晚期	
師酉	02475	師酉鼎	5.340	西周中期	
師酉	05346	師酉簋	12.81	西周中期	
師酉	05347	師酉簋	12.84	西周中期	
師酉	05348	師酉簋	12.87	西周中期	
師酉	05349	師酉簋	12.90	西周中期	
師昌	02141	師昌鼎	4.331	西周中期	

人　名	器　號	器　名	卷數頁碼	時　代	備　注
師牟	02439	훨鼎	5.269	西周晚期	
師兌	05302	七年師兌簋蓋	11.449	西周晚期	
師兌	05324	元年師兌簋	12.27	西周晚期	
師兌	05325	元年師兌簋	12.30	西周晚期	
師兌	05374	三年師兌簋	12.147	西周晚期	
師兌	05375	三年師兌簋	12.150	西周晚期	
師虎	05371	師虎簋	12.141	西周中期後段	
師录	05330	師艅簋蓋	12.41	西周中期	
師录	05336	諫簋	12.55	西周中期	
師录	05671	癲盨甲	12.444	西周中期後段	
師录	05672	癲盨乙	12.446	西周中期後段	
師俗	02481	師櫜鼎	5.352	西周中期	
師俗	05327	史密簋	12.35	西周中期後段	
師訇	05402	師訇簋	12.213	西周中期後段	
師眉	02315	師眉鼎	5.69	西周中期前段	
師眉	05089	師眉簋	11.8	西周中期前段	
師秦	02368	師秦宮鼎	5.148	西周中期	
師隻	04195	師隻簋	8.445	西周早期	
師隻	12134	師隻壺蓋	22.8	西周早期	
師朕	05236	師遽簋蓋	11.288	西周中期	
師高	04332	師高簋	9.95	西周早期	
師旂	02462	師旂鼎	5.314	西周中期前段	
師害	05108	師害簋	11.36	西周晚期	
師害	05109	師害簋	11.38	西周晚期	
師姬	14959	叔㢉父匜	26.337	西周晚期	叔㢉父的夫人
師彪	02439	훨鼎	5.269	西周晚期	
師妻	02439	훨鼎	5.269	西周晚期	
師旋	05248	五年師旋簋甲	11.320	西周晚期	
師旋	05249	五年師旋簋乙	11.323	西周晚期	
師旋	05250	五年師旋簋丙	11.326	西周晚期	
師旋	05331	元年師旋簋甲	12.43	西周晚期	
師旋	05332	元年師旋簋乙	12.46	西周晚期	
師旋	05333	元年師旋簋丙	12.49	西周晚期	

人 名	器 號	器 名	卷數頁碼	時 代	備 注
師旋	05334	元年師旋簋丁	12.52	西周晚期	
師宓	15266	師宓鐘	27.281	西周晚期	
師望	02477	師望鼎	5.344	西周中期	
師望	04560	師望簋	9.308	西周晚期	太師小子
師望	05515	師望盨	12.233	西周晚期	
師望	12360	師望壺	22.261	西周中期	
師紿	18489	師紿泡	34.81	戰國晚期	
師黃	05205	芮簋	11.230	西周中期	吳姬的丈夫
師量	05674	大師盧盨	12.449	西周中期後段	
師廔	11812	盠尊	21.296	西周早期後段	
師道	05328	師道簋	12.37	西周中期	
師㲴	05381	師㲴簋	12.164	西周晚期	
師㲴	05382	師㲴簋	12.167	西周晚期	
師毄	05295	斬簋	11.434	西周中期前段	
師發	18817	陳純釜	34.270	戰國早期	
師楷	02321	旟鼎	5.79	西周早期	
師艅（俞）	02344	師艅鼎	5.111	西周早期後段	
師艅（俞）	05330	師艅簋蓋	12.41	西周中期	
師艅（俞）	11794	師艅尊	21.268	西周早期後段	
師袁	05366	師袁簋	12.125	西周晚期	
師袁	05367	師袁簋	12.128	西周晚期	
師閡	01739	師閡鼎	3.396	西周中期	
師耤	05294	弭伯師耤簋	11.432	西周中期	即弭伯
師壽	12441	三年㿝壺甲	22.395	西周中期後段	
師壽	12442	三年㿝壺乙	22.397	西周中期後段	
師僕	02439	寽鼎	5.269	西周晚期	
師察	05291	弭叔師察簋	11.425	西周中期後段	即弭叔師察
師察	05292	弭叔師察簋	11.427	西周中期後段	同上
師趛	02317	師趛鼎	5.71	西周中期	
師趛	03025	師趛鬲	6.467	西周中期	
師趛	05622	師趛盨	12.355	西周中期	
師翻	02495	師翻鼎	5.381	西周中期前段	
師㿝	05338	師㿝簋蓋	12.60	西周中期前段	

人　名	器　號	器　名	卷數頁碼	時　代	備　注
師衛	02185	師衛鼎	4.383	西周早期	
師衛	02378	師衛鼎	5.163	西周早期	
師衛	04937	師衛簋	10.265	西周早期	
師衛	05142	師衛簋	11.93	西周早期	
師衛	05143	師衛簋	11.94	西周早期	
師衛	11786	師衛尊	21.257	西周早期前段	
師衛	12402	師衛壺甲	22.322	西周早期前段	
師衛	12403	師衛壺乙	22.324	西周早期前段	
師邊	05236	師邊簋蓋	11.288	西周中期	
師邊	13544	師邊方彝	24.427	西周中期前段	
師趣	03273	師趣甗	7.151	西周早期後段	
師𣪘	05363	師𣪘簋	12.120	西周晚期	
師襄	02439	𥁑鼎	5.269	西周晚期	
師戲	05326	豆閉簋	12.33	西周中期	
師戲	05399	虎簋蓋甲	12.205	西周中期	
師戲	05400	虎簋蓋乙	12.207	西周中期	
師轉	14712	師轉鋬	26.122	西周中期	
師穎	05364	師穎簋	12.122	西周晚期	
師𡭊	02481	師𡭊鼎	5.352	西周中期	
師𡭊	05280	大師𧊒簋甲	11.396	西周中期後段	
師𡭊	05281	大師𧊒簋乙	11.399	西周中期後段	
師𡭊	05282	大師𧊒簋丙	11.402	西周中期後段	
師𡭊	05283	大師𧊒簋丁	11.405	西周中期後段	
師𡭊	05674	大師𧊒盨	12.449	西周中期後段	
師蘬	04333	師蘬簋	9.96	西周早期	
師毛父	05212	師毛父簋	11.240	西周中期	
師氏姞	04712	晉侯簋	9.463	春秋早期	晉侯的夫人
師氏姞	04713	晉侯簋	9.464	春秋早期	同上
師田父	05226	小臣傳簋	11.266	西周早期	
師多父	11810	聞尊	21.291	西周中期前段	
師汧父	05403	牧簋	12.215	西周中期	
師奎父	02476	師奎父鼎	5.342	西周中期	
師俗父	06230	永盂	13.459	西周中期	

人　名	器　號	器　名	卷數頁碼	時　代	備　注
師冄父	14531	獄盤	25.579	西周中期前段	
師冄父	14799	獄盉	26.229	西周中期前段	
師華父	02513	大克鼎	5.440	西周中期後段	
師晉父	01651	師晉父鼎	3.316	西周中期前段	
師湯父	02025	師湯父鼎	4.189	西周中期後段	
師湯父	02431	師湯父鼎	5.256	西周中期後段	
師湯父	03026	仲枏父鬲	6.469	西周中期後段	
師湯父	03027	仲枏父鬲	6.471	西周中期後段	
師湯父	03028	仲枏父鬲	6.473	西周中期後段	
師湯父	03029	仲枏父鬲	6.475	西周中期後段	
師湯父	03030	仲枏父鬲	6.477	西周中期後段	
師湯父	03031	仲枏父鬲	6.479	西周中期後段	
師湯父	03032	仲枏父鬲	6.481	西周中期後段	
師湯父	03033	仲枏父鬲	6.483	西周中期後段	
師湯父	03034	仲枏父鬲	6.485	西周中期後段	
師湯父	05156	仲枏父簋	11.120	西周中期後段	
師湯父	05157	仲枏父簋	11.122	西周中期後段	
師㝬父	01833	師㝬父鼎	3.489	西周中期	
師㝬父	04570	師㝬父簋	9.317	西周晚期	
師㝬父	04571	師㝬父簋	9.318	西周晚期	
師㝬父	05510	師㝬父盨	12.229	西周晚期	
師㝬父	05511	師㝬父盨	12.230	西周晚期	
師㝬父	14459	師㝬父盤	25.480	西周晚期	
師㝬父	14704	師㝬父鎣	26.115	西周晚期	
師雍父	02340	竅鼎	5.107	西周中期	
師雍父	03359	遹甗	7.243	西周中期前段	
師雍父	11807	臤尊	21.285	西周中期前段	
師雍父	11808	臤尊	21.287	西周中期前段	
師雍父	13322	稽卣	24.268	西周中期前段	
師器父	02355	師器父鼎	5.125	西周中期	
師嘼父	05301	柞伯簋	11.447	西周中期前段	
師膡父	02140	師膡父鼎	4.330	西周中期前段	
師穌父	05324	元年師兌簋	12.27	西周晚期	

人　名	器　號	器　名	卷數頁碼	時　代	備　注
師穌父	05325	元年師兌簋	12.30	西周晚期	
師穌父	05374	三年師兌簋	12.147	西周晚期	
師穌父	05375	三年師兌簋	12.150	西周晚期	
師穌父	05381	師嫠簋	12.164	西周晚期	
師穌父	05382	師嫠簋	12.167	西周晚期	
師趛父	05000	叔多父簋	10.358	西周晚期	叔多父的祖父
師趛父	05001	叔多父簋	10.360	西周晚期	同上
師趛父	05002	叔多父簋	10.361	西周晚期	同上
師氏右眚	14542	散氏盤	25.602	西周晚期	矢人有司
師麻孝叔	02132	師麻孝叔鼎	4.317	春秋時期	
師麻孝叔	05870	師麻孝叔簠	13.130	西周晚期	
郳慶	01947	兒慶鼎	4.104	春秋早期	
郳慶	01948	兒慶鼎	4.105	春秋早期	
郳慶	02866	兒慶鬲	6.256	春秋早期	
郳慶	02867	兒慶鬲	6.258	春秋早期	
郳慶	02868	兒慶鬲	6.260	春秋早期	
郳慶	14414	兒慶盤	25.428	春秋早期	
郳公鈹父	15815	郳公鈹父鎛	29.336	春秋晚期	
郳公鈹父	15816	郳公鈹父鎛	29.341	春秋晚期	
郳公鈹父	15817	郳公鈹父鎛	29.348	春秋晚期	
郳公鈹父	15818	郳公鈹父鎛	29.355	春秋晚期	
郳姤逤母	02813	郳姤逤母鬲	6.197	春秋早期	
徒帀	17278	上郡守高戈	32.354	戰國晚期	
徐王	02325	庚兒鼎	5.86	春秋中期	
徐王	02326	庚兒鼎	5.88	春秋中期	
徐王	15520	𨤲郘鐘三	28.442	春秋晚期	其六的祖父
徐王	15521	𨤲郘鐘六	28.444	春秋晚期	同上
徐王	15794	𨤲郘鎛甲	29.281	春秋晚期	
徐王	15795	𨤲郘鎛丙	29.285	春秋晚期	
徐王	15796	𨤲郘鎛丁	29.287	春秋晚期	
徐王	17105	徐王之子叚戈	32.160	春秋晚期	
徐鍾	18363	徐鍾矢	34.10	戰國時期	
徐鍾	18364	徐鍾矢	34.11	戰國時期	

人　名	器　號	器　名	卷數頁碼	時　代	備　注
徐子氽	01883	余子氽鼎	4.40	春秋中期	
徐王庚	15819	沇兒鎛	29.358	春秋晚期	
徐王糧	02309	徐王糧鼎	5.59	春秋早期	
徐王䟆	14973	㠱甫人匜	26.351	春秋早期	
徐頯君	14093	次尸祭缶	25.260	春秋晚期前段	
徐韶尹	15988	徐韶尹鉦鋮	29.513	春秋早期	
徐王子旃	15532	徐王子旃鐘	28.472	春秋晚期	
徐王宋又	10650	徐王宋又鍴	19.465	春秋晚期	
徐王旨後	15360	徐王之孫鐘	27.497	戰國早期	之乘辱的祖父
徐王季糧	06227	宜桐盂	13.454	春秋中期	
徐王義楚	10657	徐王義楚鍴	19.472	春秋晚期	
徐王義楚	14423	徐王義楚盤	25.441	春秋晚期	
徐王義楚	17839	徐王義楚劍	33.183	春秋晚期	
徐王義楚	17995	徐王義楚之 元子柴劍	33.363	春秋晚期	
徐䑐尹䇓	02402	邻䑐尹䇓鼎	5.201	戰國早期	
徐王元子柴	19267	徐王元子柴爐	35.53	春秋晚期	
徐季芊朔母	03358	楚王領鬲	7.241	春秋早期	楚王領的小女
徐莫敖昭齊	17310	徐莫敖昭齊戈	32.395	戰國晚期	
虖令癰	02066	卅年虖令癰鼎	4.243	戰國中期	
虖令周奴	02163	卅五年虖令周奴鼎	4.356	戰國中期	
虖令周奴	14779	虖令周奴盉	26.191	戰國中期	
殷	04056	殷簋	8.329	西周早期	
殷	05305	殷簋	11.455	西周中期	
殷	05306	殷簋	11.458	西周中期	
殷思	17314	邢令殷思戟	32.401	戰國晚期	趙國邢縣縣令
殷敄	14469	殷敄盤	25.490	西周中期	
殷敄	14470	殷敄盤	25.491	西周中期	
般	01517	般鼎	3.197	商代晚期	
般	13660	𪇼亐函觥	24.499	西周早期	
般仲柔	14487	般仲柔盤	25.510	春秋時期	
般仲㝬	05769	般仲㝬簋	13.18	西周晚期	
般甿孫宋	01658	甿孫宋鼎	3.322	春秋晚期	

人　名	器　號	器　名	卷數頁碼	時　代	備　注
酓王	15520	邁邟鐘三	28.442	春秋晚期	即徐王
酓王	15521	邁邟鐘六	28.444	春秋晚期	同上
酓王	15794	邁邟鎛甲	29.281	春秋晚期	同上
酓王	15795	邁邟鎛丙	29.285	春秋晚期	同上
酓王	15796	邁邟鎛丁	29.287	春秋晚期	同上
倉慶	17692	鄭令公先豐矛	33.128	戰國晚期	
郘信	19348	嗇夫郘信銅牛	35.127	戰國中期	
郘信	19349	嗇夫郘信銅犀	35.128	戰國中期	
郘信	19350	嗇夫郘信銅虎	35.129	戰國中期	
郎害	02387	鄥得鼎	5.179	戰國時期	
途	14746	途盂	26.153	春秋晚期	楚叔之孫
爺	13069	爺卣	23.492	西周早期	
絲氏劑	04915	絲氏劑簋甲	10.238	西周晚期	
絲氏劑	04916	絲氏劑簋乙	10.240	西周晚期	
絲氏劑	04917	絲氏劑簋蓋	10.242	西周晚期	
殺	01404	殺鼎	3.100	西周早期	
衺	17166	鄴令衺戈	32.227	戰國中期	鄴縣縣令
衺伐	02016	四年昌國鼎	4.179	戰國晚期	
郊子宿車	06267	郊子宿車盆	13.483	春秋早期	
郊季寬車	12326	郊季寬車壺	22.213	春秋早期	
郊季寬車	14445	郊季寬車盤	25.465	春秋早期	
郊季寬車	14925	郊季寬車匜	26.301	春秋早期	
遥鬲	17575	遥鬲矛	33.7	戰國時期	
朕	10613	朕觶	19.434	西周早期前段	
朕	10614	朕觶	19.435	西周早期前段	
朕	15129	朕鐘	27.39	西周晚期	
朕母	09299	朕母觚	18.68	商代晚期	
朕母	09300	朕母觚	18.69	商代晚期	
卿	04265	卿簋	9.38	西周早期	
卿	08435	卿爵	17.8	西周早期	
卿	08466	卿爵	17.31	商代晚期	
卿	08517	卿爵	17.70	西周早期	
卿	09833	卿觚	18.483	西周早期	

人　名	器　號	器　名	卷數頁碼	時　代	備　注
卿	11646	卿尊	21.127	西周早期	
卿	13121	卿卣	24.32	西周中期前段	
卿	13122	卿卣	24.33	西周中期前段	
卿	14432	卿盤	25.452	西周早期前段	
卿	14729	卿盉	26.139	西周早期	
卿事司	02426	𨐲伯豐鼎	5.247	西周早期	周王朝卿士，名不詳
狽	11057	狽斝	20.151	西周早期	
狽	11658	狽尊	21.136	西周中期前段	
狽	13072	狽卣蓋	23.494	西周早期	
盆公	11780	能匋尊	21.247	西周早期	
留	15758	留鎛	29.179	戰國時期	
𨺅	04641	𨺅簋	9.387	西周中期	
夆	14600	夆盉	26.21	西周早期後段	
夆伯	02954	夆伯鬲	6.374	西周中期	
夆季	12275	夆季壺蓋	22.150	西周中期前段	
夆叔	14522	夆叔盤	25.560	春秋早期	即逢叔
夆叔	15001	夆叔匜	26.388	春秋晚期	同上
逄子選	05890	夆子選簠甲	13.155	春秋早期	
逄子選	05891	夆子選簠乙	13.158	春秋早期	
逄伯命	03276	夆伯命甗	7.154	西周早期	
逄莫父	13086	夆莫父卣	23.510	西周中期前段	
高	10593	高觶	19.416	西周早期	
高	13345	高卣蓋	24.318	西周早期	
高子	16509	高子戈	30.463	春秋早期	
高父	05675	駒父盨蓋	12.451	西周晚期	
高姑	04435	陸婦簋	9.186	西周早期前段	陸婦的婆母
高雁	17228	芒令司馬伐戈	32.294	戰國晚期	
高愻	17304	上皋落戈	32.388	戰國晚期	
高陽	19781	秦景公石磬	35.387	春秋晚期	
高陵君	02180	高陵君鼎	4.377	戰國晚期	
高陵君	18581	高陵君弩機	34.157	戰國晚期	
高都令陳鶹	17173	高都令陳鶹戈	32.235	戰國晚期	
高都令陳鶹	17174	高都令陳鶹戈	32.236	戰國晚期	

人名	器號	器名	卷數頁碼	時代	備注
高都令陳鴝	17967	高都令陳鴝劍	33.325	戰國晚期	
高都令陳鴝	17968	高都令陳鴝劍	33.326	戰國晚期	
亳	01811	亳鼎	3.473	西周早期	
亳	02226	亳鼎	4.444	西周早期	
郭佗	12308	稾佗壺	22.189	戰國晚期	
郭季	02495	師訊鼎	5.381	西周中期前段	即虢季
郭唐	17994	欒令梠唐鈹	33.362	戰國時期	欒縣縣令
郭婑	01979	相室郭嫛鼎	4.135	戰國中期	
郭涌	17342	鄭令梠涌戈	32.433	戰國晚期	韓國鄭縣縣令
郭涌	17343	鄭令梠涌戈	32.434	戰國晚期	同上
郭涌	17344	鄭令梠涌戈	32.436	戰國晚期	同上
郭涌	17687	鄭令梠涌矛	33.123	戰國晚期	同上
郭涌	17688	鄭令梠涌矛	33.124	戰國晚期	同上
郭涌	17689	鄭令梠涌矛	33.125	戰國晚期	同上
郭涌	17690	鄭令梠涌矛	33.126	戰國晚期	同上
郭涌	17701	鄭令槨涌戟刺	33.139	戰國晚期	同上
郭涌	18071	鄭令槨涌鈹	33.457	戰國晚期	
效	08540	效爵	17.92	西周早期	
效	11722	效尊	21.195	西周早期	
效	11809	效尊	21.289	西周早期後段	
效	13346	效卣	24.319	西周早期後段	
效父	02515	曶鼎	5.447	西周中期後段	
效父	04699	效父簋	9.446	西周早期前段	
效父	04700	效父簋	9.447	西周早期前段	
效㲻父	14542	散氏盤	25.602	西周晚期	散氏有司
衺	02311	衺鼎	5.62	戰國中期	
竝己	00441	竝己鼎	1.340	商代晚期	
竝己	00442	竝己鼎	1.341	商代晚期	
竝己	00443	竝己鼎	1.342	商代晚期	
庫入	17189	穆容戈	32.253	戰國晚期	
庫係	17153	臨汾守曋戈	32.214	戰國晚期	
庫脽	17239	丞相啟狀戈	32.306	戰國晚期	
庫齊	18739	莒陽斧	34.229	戰國晚期	名齊，管庫之官

人　名	器　號	器　名	卷數頁碼	時　代	備　注
庫吏安	17320	冢子韓贈戈	32.407	戰國晚期	
庫吏祛	17332	冢子魋諻戈	32.423	戰國晚期	
庫吏高	17677	冢子矛	33.110	戰國晚期	
庫嗇夫趙不爯	02167	十一年庫嗇夫鼎	4.364	戰國晚期	
唐子	08283	唐子祖乙爵	16.396	商代晚期	
唐子	08284	唐子祖乙爵	16.396	商代晚期	
唐子	08285	唐子祖乙爵	16.397	商代晚期	
唐父	02449	伯唐父鼎	5.289	西周早期後段	
唐公	06274	晉公盆	13.493	春秋晚期	晉之先祖
唐仲	01452	觴仲鼎	3.137	西周晚期	
唐仲	13050	陽仲卣	23.474	西周早期前段	漢陽諸姬之一
唐伯	04954	覬公簋	10.288	西周早期前段	晉之先祖
唐子斯	16766	煬子斯戈	31.236	春秋晚期	
唐子仲瀕兒	14975	唐子仲瀕兒匜	26.353	春秋晚期	
麿智	17192	藺相如戈	32.256	戰國晚期	
疾	17271	上郡疾戈	32.346	戰國中期	樗里疾,上郡守
疾	17272	上郡守疾戈	32.347	戰國中期	同上
疾	17273	上郡守疾戈	32.348	戰國晚期	同上
疾	17274	上郡守疾戈	32.349	戰國中期	同上
疾	17275	上郡守疾戈	32.350	戰國晚期	同上
旄叔	05236	師邊簋蓋	11.288	西周中期	師邊的父親
旂	02069	旂鼎	4.247	西周早期	
旂	02258	旂鼎	4.487	西周早期	
旂	02462	師旂鼎	5.314	西周中期前段	
旂	04066	旂簋	8.338	西周早期	
旂	04639	旂簋蓋	9.385	西周中期	
旂	04640	旂簋蓋	9.386	西周中期	
旂父	01649	旂父鼎	3.314	西周早期	
旂伯	05147	旂伯簋	11.101	西周中期前段	
旂伯	05148	旂伯簋	11.103	西周中期前段	
旂姬	02716	旂姬鬲	6.98	西周中期	
旅	02353	旅鼎	5.123	西周早期後段	
旅	04540	旅簋	9.291	西周中期前段	

人 名	器 號	器 名	卷數頁碼	時 代	備 注
旅仲	04832	旅仲簋	10.127	西周晚期	
旅莫	11695	旅莫尊	21.170	商代晚期	
旅女（母）	03739	鳶旅女簋	8.60	商代晚期	
旁	01411	旁鼎	3.107	西周中期前段	
旁	11709	旁尊	21.182	西周中期前段	
畜	14094	欒書缶	25.262	戰國中期	欒書的祖父
差	01082	差鼎	2.330	西周中期	
敄氏	19738	敄氏玉佩	35.344	商代晚期	
益公	05050	畢鮮簋	10.433	西周晚期	畢鮮的祖父
益公	05151	㝙簋	11.108	西周晚期	㝙的曾祖父
益公	05208	倗伯再簋	11.234	西周中期前段	
益公	05312	申簋蓋	11.473	西周中期前段	
益公	05313	王臣簋	12.3	西周中期後段	
益公	05328	師道簋	12.37	西周中期	
益公	05378	訇簋	12.157	西周中期後段	
益公	05385	乖伯簋	12.174	西周中期後段	
益公	06230	永盂	13.459	西周中期	
益公	11814	盠尊	21.299	西周早期後段	盠的祖父
益公	13546	盠方彝	24.432	西周早期後段	同上
益公	13547	盠方彝	24.435	西周早期後段	同上
益公	14534	走馬休盤	25.584	西周中期	
益公	15125	益公鐘	27.31	西周晚期	
益仲	05331	元年師旋簋甲	12.43	西周晚期	師旋祖父
益仲	05332	元年師旋簋乙	12.46	西周晚期	同上
益仲	05333	元年師旋簋丙	12.49	西周晚期	同上
益仲	05334	元年師旋簋丁	12.52	西周晚期	同上
益伯	05403	牧簋	12.215	西周中期	牧的父親
益余	06072	益余敦	13.333	春秋時期	邵鸎公之孫
益叔	05104	有司簡簋蓋	11.31	西周晚期	有司簡的父親
益姜	05376	宰獸簋	12.152	西周中期後段	宰獸的祖母
益姜	05377	宰獸簋	12.154	西周中期後段	同上
益姬	05402	師訇簋	12.213	西周中期後段	師訇的祖母
欨	04605	欨簋	9.351	西周早期	

人　名	器　號	器　名	卷數頁碼	時　代	備　注
涇伯	11596	涇伯尊	21.86	西周早期	
涇伯	13096	涇伯卣	24.9	西周早期	
涇伯	13097	涇伯卣	24.10	西周早期	
涉	01544	涉鼎	3.221	西周中期前段	
㴲伯	02178	㴲伯鼎	4.375	春秋早期	
浮公	14992	公父宅匜	26.376	春秋時期	公父宅的祖父
浸嬴	02933	成伯孫父鬲	6.344	西周晚期	成伯孫父的夫人
害	05296	害簋	11.436	西周中期前段	
害	05297	害簋	11.439	西周中期前段	
害	05298	害簋	11.442	西周中期前段	
害叔	04747	害叔簋	10.20	西周晚期	
害叔	04748	害叔簋	10.22	西周晚期	
家父	08430	家父爵	17.5	西周早期	
家父	14427	家父盤	25.447	西周早期後段	
宵	04070	宵簋	8.340	西周早期	
宴	05116	宴簋	11.51	西周晚期	
宴	05117	宴簋	11.53	西周晚期	
宮公	11786	師衛尊	21.257	西周早期前段	
宮公	12402	師衛壺甲	22.322	西周早期前段	
宮公	12403	師衛壺乙	22.324	西周早期前段	
宮仲	04985	燮簋	10.334	西周中期	燮的親屬
宮伯	01789	季盨鼎	3.452	西周早期後段	季盨的長輩
宮伯	02248	或者鼎	4.472	西周中期前段	或者的父親
宮伯	04483	或者簋	9.240	西周早期前段	或者的長輩
宮叔	02229	伯陶鼎	4.447	西周中期	
宮叔	04960	仲獎簋	10.298	西周中期後段	仲獎的父親
宮氏白子元	17060	宮氏白子元戈	32.104	春秋早期	
宮氏白子元	17061	宮氏白子元戈	32.105	春秋早期	
䆳婦	08464	䆳婦爵	17.30	西周早期	
䆳婦	08465	䆳婦爵	17.30	西周早期	
宰女（母）	00971	宰女彞鼎	2.242	商代晚期	
宰引	02492	頌鼎	5.373	西周晚期	
宰引	02493	頌鼎	5.376	西周晚期	

人　名	器　號	器　名	卷數頁碼	時　代	備　注
宰引	02494	頌鼎	5.378	西周晚期	
宰引	05390	頌簋	12.184	西周晚期	
宰引	05391	頌簋	12.187	西周晚期	
宰引	05392	頌簋	12.190	西周晚期	
宰引	05393	頌簋	12.192	西周晚期	
宰引	05394	頌簋蓋	12.194	西周晚期	
宰引	05395	頌簋	12.196	西周晚期	
宰引	05396	頌簋蓋	12.198	西周晚期	
宰引	05397	頌簋	12.200	西周晚期	
宰引	12451	頌壺甲	22.427	西周晚期	
宰引	12452	頌壺乙	22.430	西周晚期	
宰引	14540	頌盤	25.597	西周晚期	
宰甫	13303	宰甫卣	24.236	商代晚期	
宰利	05206	穆公簋蓋	11.232	西周中期前段	
宰利	13544	師遽方彝	24.427	西周中期前段	
宰茀	11811	季姬尊	21.294	西周中期前段	
宰智	05280	大師虘簋甲	11.396	西周中期	
宰智	05281	大師虘簋乙	11.399	西周中期	
宰智	05282	大師虘簋丙	11.402	西周中期	
宰智	05283	大師虘簋丁	11.405	西周中期	
宰智	05398	蔡簋	12.202	西周中期	
宰智	05674	大師虘盨	12.449	西周中期後段	
宰朏	13545	作册吳方彝蓋	24.429	西周中期前段	
宰秦	06304	宰秦匕	13.501	戰國時期	
宰訊	02479	趞鼎	5.348	西周晚期	
宰梡	08794	宰梡角	17.231	商代晚期	
宰頵	02482	袁鼎	5.354	西周晚期	
宰頵	14537	袁盤	25.591	西周晚期	
宰應	02431	師湯父鼎	5.256	西周中期後段	
宰獸	05376	宰獸簋	12.152	西周中期後段	
宰獸	05377	宰獸簋	12.154	西周中期後段	
宰佣父	05319	朢簋	12.18	西周中期前段	
宰屖父	05296	害簋	11.436	西周中期前段	

人　名	器　號	器　名	卷數頁碼	時　代	備　注
宰屖父	05297	害簋	11.439	西周中期前段	
宰屖父	05298	害簋	11.442	西周中期前段	
宰琱生	05381	師㝥簋	12.164	西周晚期	
宰琱生	05382	師㝥簋	12.167	西周晚期	
宰德父	14542	散氏盤	25.602	西周晚期	散氏的宰
迋史	02426	鞁伯豐鼎	5.247	西周早期	即御史
㳄气	04331	㳄气簋	9.95	西周早期	
剮	01407	剮鼎	3.103	西周早期	
冢子疾	02136	十三年上官鼎	4.325	戰國晚期	
冢子得	02018	二年寧冢子得鼎	4.183	戰國晚期	
冢子龇諻	17332	冢子龇諻戈	32.423	戰國晚期	
冢子韓政	17350	冢子韓政戈	32.442	戰國晚期	
冢子韓春	18008	冢子韓春鈹	33.376	戰國時期	
書	14094	欒書缶	25.262	戰國中期	即欒書
屖	03322	屖甗	7.199	西周晚期	
屖	11732	屖尊	21.203	西周中期前段	
屖伯	02249	伯頵父鼎	4.473	西周晚期	
郿衚	17344	鄭令楂潅戈	32.436	戰國晚期	
殷	02427	殷鼎	5.249	西周中期	
叐	03288	叐甗	7.165	西周早期	
叐	03957	叐簋	8.248	西周早期前段	
敔	13184	敔卣	24.95	西周早期	
㴊戎	05537	㴊戎盨	12.258	西周晚期	
陸	11781	陸尊	21.249	西周早期	
陸婦	04435	陸婦簋	9.186	西周早期前段	
陸韏(融)	15275	邾公鈺鐘	27.296	春秋晚期	
陵	01526	陵鼎	3.206	西周早期	
陵	11619	陵尊	21.105	西周中期前段	
陵	13817	陵罍	25.106	西周早期	
陵叔	01599	陵叔鼎	3.272	西周中期	
陳子	14994	陳子匜	26.379	春秋早期	
陳子	16646	陳子戈	31.90	戰國時期	
陳不	16798	陳不戈	31.280	春秋晚期	

人　名	器　號	器　名	卷數頁碼	時　代	備　注
陳卯	16637	陳卯戈	31.81	春秋晚期	
陳尔	16512	陳尔戈	30.466	春秋晚期	
陳共	02360	楚王酓忎鼎	5.135	戰國晚期	
陳共	06315	冶紹坓匕	13.513	戰國晚期	
陳共	06316	冶紹坓匕	13.514	戰國晚期	
陳共	06317	冶紹坓匕	13.515	戰國晚期	
陳共	14508	楚王酓忎盤	25.539	戰國晚期	
陳共	19035	冶紹車飾	34.473	戰國晚期	
陳仲	05187	陳昉簋蓋	11.188	戰國早期	
陳貝	16636	陳貝戈	31.80	戰國時期	
陳余	16638	陳余戈	31.82	戰國時期	
陳弟	01432	陳弟鼎	3.122	西周中期前段	
陳坪	17338	鄭令趙距戈	32.429	戰國晚期	
陳旺	17069	陳旺戟	32.113	戰國晚期	
陳圭	16459	陳圭戈	30.417	戰國時期	
陳侯	02212	陳侯鼎	4.421	春秋早期	
陳侯	02975	陳侯鬲	6.404	春秋早期	
陳侯	02976	陳侯鬲	6.405	春秋早期	
陳侯	04674	陳侯簋	9.419	西周晚期	
陳侯	04827	陳侯簋	10.120	西周晚期	
陳侯	05937	陳侯簠	13.226	春秋早期	
陳侯	05938	陳侯簠	13.228	春秋早期	
陳侯	05939	陳侯簠	13.230	春秋早期	
陳侯	05940	陳侯簠	13.232	春秋早期	
陳侯	12294	陳侯壺甲	22.170	春秋早期	
陳侯	12295	陳侯壺乙	22.171	春秋早期	
陳侯	14507	陳侯盤	25.537	春秋早期	
陳侯	14991	陳侯匜	26.375	春秋中期	
陳胎	16816	陳胎戈	31.299	戰國時期	
陳逆	05066	陳逆簋	10.465	戰國早期	陳純的後裔
陳逆	05977	陳逆簠	13.301	戰國早期	
陳逆	05978	陳逆簠	13.303	戰國早期	
陳冢	16513	陳冢戈	30.467	春秋晚期	

人　名	器　號	器　名	卷數頁碼	時　代	備　注
陳夏	18816	鄩客問量	34.268	戰國晚期	
陳純	05066	陳逆簋	10.465	戰國早期	
陳純	18817	陳純釜	34.270	戰國早期	
陳授	18005	邦司寇陳授鈹	33.372	戰國晚期	
陳曼	05923	陳曼簠	13.207	戰國早期	
陳防	05187	陳防簋蓋	11.188	戰國早期	陳仲之孫
陳得	18818	子禾子釜	34.272	戰國早期	
陳得	12410	陳璋壺	22.332	戰國中期	
陳得	12411	陳璋壺	22.334	戰國中期	
陳喜	12400	陳喜壺	22.318	春秋晚期	
陳散	16511	陳散戈	30.465	春秋晚期	
陳戠	16514	陳戠戟	30.468	戰國晚期	
陳發	16640	陳發戈	31.84	戰國晚期	
陳盉	16641	陳盉戈	31.85	戰國早期	
陳竘	15180	公孫潮子鐘五	27.129	戰國早期	
陳竘	15181	公孫潮子鐘六	27.130	戰國早期	
陳竘	15182	公孫潮子鐘七	27.131	戰國早期	
陳竘	15183	公孫潮子鐘八	27.132	戰國早期	
陳竘	15761	公孫潮子鎛丁	29.184	戰國早期	
陳竘	15762	公孫潮子鎛庚	29.185	戰國早期	
陳猷	18817	陳純釜	34.270	戰國早期	
陳鄩	16639	陳鄩戈	31.83	戰國早期	
陳璋	12410	陳璋壺	22.332	戰國中期	
陳璋	12411	陳璋壺	22.334	戰國中期	
陳窑	16643	陳窑散戈	31.87	戰國時期	
陳窑	16644	陳窑散戈	31.88	戰國時期	
陳窑	16645	陳窑散戈	31.89	戰國時期	
陳窑	17825	陳窑散劍	33.168	戰國時期	
陳窑	19022	陳窑散車轄乙	34.461	戰國時期	
陳豫	16642	陳豫戈	31.86	戰國時期	
陳䳀	17173	高都令陳䳀戈	32.235	戰國晚期	高都縣令
陳䳀	17174	高都令陳䳀戈	32.236	戰國晚期	同上
陳䳀	17967	高都令陳䳀劍	33.325	戰國晚期	同上

人　名	器　號	器　名	卷數頁碼	時　代	備　注
陳鷖	17968	高都令陳鷖劍	33.326	戰國晚期	高都縣令
陳子山	16774	陳子山戈	31.245	春秋晚期	
陳子皮	16857	陳子皮戈	31.352	戰國時期	
陳子翼	16775	陳子翼戈	31.246	戰國時期	
陳子翼	16776	陳子翼戈	31.247	戰國時期	
陳生崔	01970	陳生崔鼎	4.126	西周晚期	
陳伯鷎	14967	陳伯元匜	26.345	春秋時期	
陳丽子	16773	陳丽子戈	31.244	戰國時期	
陳侯午	05141	陳侯午簋	11.91	戰國中期	
陳侯午	06077	十四年陳侯午敦	13.344	戰國中期	
陳侯午	06078	十四年陳侯午敦	13.345	戰國中期	
陳侯午	06079	十年陳侯午敦	13.346	戰國中期	
陳桓公	05166	有兒簋	11.145	春秋早期	
陳御寇	16777	陳御寇戈	31.248	戰國時期	
陳趄子	05977	陳逆簠	13.301	戰國早期	
陳趄子	05978	陳逆簠	13.303	戰國早期	
陳侯因脊	06080	陳侯因脊敦	13.347	戰國中期	
陳侯因脊	16887	陳侯因脊戈	31.413	戰國中期	
陳侯因脊	16888	陳侯因脊戈	31.414	戰國中期	
陳侯因脊	16889	陳侯因脊戈	31.415	戰國中期	
陳侯因脊	16890	陳侯因脊戈	31.415	戰國中期	
陳卿聖孟	16911	陳卿聖孟戈	31.458	戰國時期	
陳樂君歈	03343	陳樂君歈甗	7.221	春秋晚期	
陳姬小公子	05554	陳姬小公子盨	12.275	春秋時期	
陬子書厷	02349	陬子書厷鼎	5.117	春秋晚期	
陘亘	19638	十三年鑲金銀泡	35.298	戰國中期	
陶子	14433	陶子盤	25.453	西周早期	
眞	14435	真盤	25.455	西周中期前段	
迻	01540	疑鼎	3.219	西周早期	即疑
迻	01541	疑鼎	3.220	西周早期	同上
迻	14398	疑盤	25.411	西周早期	同上
迻	14745	迻盉	26.152	西周早期	同上
姬	01803	姬鼎	3.466	西周早期	

人　名	器　號	器　名	卷數頁碼	時　代	備　注
姬	02303	姬鼎	5.51	西周晚期	
姬	04297	亢伯簋	9.67	西周早期	
姬	04298	亢伯簋	9.68	西周早期	
姬	05172	秦子簋蓋	11.155	春秋早期	秦子的夫人
姬氏	02854	侯氏鬲	6.240	西周中期後段	侯氏的夫人
姬氏	02855	侯氏鬲	6.241	西周中期後段	同上
姬氏	02856	侯氏鬲	6.242	西周中期後段	同上
姬氏	02857	侯氏鬲	6.243	西周中期後段	同上
姬氏	05585	仲宮父盨	12.309	西周晚期	
姬氏	05586	仲宮父盨	12.311	西周晚期	
姬屏	04440	燕侯簋	9.191	西周早期	燕侯的親屬
姬仁	05860	魯伯俞父簠	13.121	春秋早期	
姬仁	05861	魯伯俞父簠	13.122	春秋早期	
姬仁	05862	魯伯俞父簠	13.123	春秋早期	
姬安	14075	蔡公子缶	25.229	戰國時期	
姬妊	02692	姬妊旅鬲	6.75	西周中期	
姬羖	01824	公太史鼎	3.482	西周早期	
姬羖	01825	公太史鼎	3.483	西周早期	
姬羖	01826	公太史鼎	3.483	西周早期	
姬淪	14444	伯馭父盤	25.464	春秋早期	伯馭父的女兒
姬嫪	02059	魯侯鼎	4.232	春秋早期	魯侯的女兒
姬嫪	05852	魯侯簠	13.109	春秋早期	同上
姬單	14874	蔡侯匜	26.254	西周晚期	蔡侯的姊妹或女兒
姬娣	14723	夑王盉	26.133	西周中期	夑王的親屬
姬糜	04943	伯偈父簋	10.275	西周晚期	伯偈父的夫人
姬雕	02927	魯宰馴父鬲	6.337	春秋早期	魯宰馴父的女兒
姬獻	04751	孳父簋	10.25	西周晚期	叔旦的女兒
姬大母	02983	虢伯鬲	6.415	西周晚期	虢伯的親屬
姬芳母	02761	姬芳母鬲	6.141	西周晚期	
姬西母	05017	辛王姬簋	10.378	西周晚期	辛王姬的女兒
姬西母	05018	辛王姬簋	10.380	西周晚期	同上
姬尚母	03325	仲伐父甗	7.202	西周中期	
姬寏母	06159	姬寏母豆	13.417	西周晚期	

人 名	器 號	器 名	卷數頁碼	時 代	備 注
姬奠（狄）母	02891	王鬲	6.289	西周晚期	
姬齊姜	15297	遅父鐘	27.345	西周晚期	遅父的夫人
姬趄母	02841	姬趄母鬲	6.226	西周晚期	
姬趄母	02842	姬趄母鬲	6.227	西周晚期	
姬遣母	04711	應侯簋	9.461	西周晚期	應侯女兒或姊妹
姬遣母	05311	應侯簋	11.471	西周中期後段	
婷妠	04792	叔向父簋	10.77	西周晚期	叔向父的夫人
婷妠	04793	叔向父簋	10.78	西周晚期	同上
婷妠	04794	叔向父簋	10.79	西周晚期	同上
婷妠	04795	叔向父簋	10.80	西周晚期	同上
婷妠	04796	叔向父簋	10.81	西周晚期	同上
婷妠	04797	叔向父簋	10.82	西周晚期	同上
婷妠	04798	叔向父簋	10.84	西周晚期	同上
婷妠	04799	叔向父簋	10.85	西周晚期	同上
姽子	08578	呂仲僕爵	17.127	西周早期	即毓子
姽子	11730	呂仲僕尊	21.201	西周早期後段	同上
郊丘	17361	安陽令敬章戈	32.455	戰國晚期	
能	08522	能爵	17.74	西周早期	
能匋	11780	能匋尊	21.247	西周早期	
能奚	12155	能奚壺	22.26	西周中期	
通	17999	姑發者反之子通劍	33.367	春秋晚期	諸樊之子
孫屯	17994	欒令槍唐鈹	33.362	戰國時期	
孫疋	18007	邦司寇趙春鈹	33.374	戰國晚期	
孫斦	18004	邢疫令邦乙劍	33.372	戰國晚期	
孫苟	17225	柏令孫苟戈	32.291	春秋晚期	柏縣縣令
孫固	19351	嗇夫孫固神獸	35.130	戰國中期	
孫固	19352	嗇夫孫固神獸	35.131	戰國中期	
孫固	19415	左使車帳桿接扣	35.194	戰國中期	
孫固	19416	左使車帳桿接扣	35.195	戰國中期	
孫固	19417	左使車帳桿接扣	35.196	戰國中期	
孫固	19418	左使車帳桿接扣	35.197	戰國中期	
孫固	19419	左使車帳桿接扣	35.198	戰國中期	
孫固	19420	左使車帳桿接扣	35.199	戰國中期	

人　名	器　號	器　名	卷數頁碼	時　代	備　注
孫固	19421	左使車帳桿接扣	35.200	戰國中期	
孫固	19422	左使車帳桿接扣	35.201	戰國中期	
孫固	19423	左使車帳桿接扣	35.202	戰國中期	
孫固	19424	左使車帳桿接扣	35.203	戰國中期	
孫固	19425	左使車帳桿接扣	35.204	戰國中期	
孫固	19426	左使車帳桿接扣	35.205	戰國中期	
孫固	19427	左使車帳桿接扣	35.206	戰國中期	
孫固	19428	左使車帳桿接扣	35.207	戰國中期	
孫固	19429	左使車帳桿接扣	35.208	戰國中期	
孫固	19430	左使車帳桿接扣	35.209	戰國中期	
孫固	19431	左使車帳桿接扣	35.210	戰國中期	
孫固	19432	左使車帳桿接扣	35.211	戰國中期	
孫固	19433	左使車帳桿接扣	35.212	戰國中期	
孫固	19434	左使車帳桿接扣	35.213	戰國中期	
孫弅	17974	邢趙下庫劍	33.334	戰國晚期	
孫長善	17221	藺令孫長善戈	32.287	戰國晚期	藺縣縣令
孫叔左	05964	孫叔左簋蓋	13.275	戰國早期	
敔始（姒）	12432	事季良父壺蓋	22.377	西周晚期	事季良父的夫人
敔始（姒）	14774	季良父盉	26.183	西周晚期	季良父的夫人
娑子效	11809	效尊	21.289	西周早期後段	即世子效
邕子良人	03353	邕子良人甗	7.234	春秋早期	

十　一　畫

人　名	器　號	器　名	卷數頁碼	時　代	備　注
瑒王	05188	鮮簋	11.190	西周中期前段	即周昭王
規伯矩	14390	伯矩盤	25.403	西周早期前段	
執其	04824	執其簋	10.117	西周中期後段	
執	08469	執爵	17.33	西周早期	
執	11776	執尊	21.243	西周早期	
執	13295	執卣	24.226	西周早期	
剅	08511	剅爵	17.65	西周早期	
剅	08512	剅爵	17.65	西周早期	

人　名	器　號	器　名	卷數頁碼	時　代	備　注
堆叔	02169	諆鼎	4.366	西周早期後段	即鴻叔、諆
堆叔	04866	諆簋	10.175	西周早期後段	同上
堆叔	04867	諆簋	10.177	西周早期後段	同上
萊伯	05327	史密簋	12.35	西周中期後段	
堇	02290	堇鼎	5.33	西周早期前段	
堇生	14969	堇生匜	26.347	西周晚期	
堇伯	01594	堇伯鼎	3.267	西周早期	
堇伯	01595	堇伯鼎	3.268	西周早期	
堇伯	04555	堇伯簋	9.305	西周早期	
堇臨	01790	堇臨鼎	3.453	西周早期	
堇臨	04484	堇臨簋	9.241	西周早期	
堇臨	04485	堇臨簋蓋	9.242	西周早期	
莫中守趩	17218	漢中守運戈	32.284	戰國晚期	即漢中守運
茜	05205	茜簋	11.230	西周中期	
曹	02434	十五年趞曹鼎	5.260	西周中期	即趞曹
曹公	05929	曹公簋	13.213	春秋晚期	
曹公	14486	曹公盤	25.509	春秋早期	
曹氏	01938	伯氏鼎	4.97	春秋早期	伯氏的夫人
曹氏	01939	伯氏鼎	4.98	春秋早期	同上
曹氏	01940	伯氏鼎	4.99	春秋早期	同上
曹氏	01941	伯氏鼎	4.99	春秋早期	同上
曹氏	01942	伯氏鼎	4.100	春秋早期	同上
曹伯	14394	曹伯盤	25.407	春秋早期	
曹伯	14876	曹伯匜	26.256	春秋早期	
曹伯狄	04977	曹伯狄簋蓋	10.321	春秋時期	
曹公子沱	17049	曹公子沱戈	32.88	春秋早期	
曹鐖众尋員	18000	姑發邖之子曹鐖尋員劍	33.368	春秋晚期	諸樊之子
壴	02714	踊鬲	6.96	西周早期後段	
造	17285	上郡守錯戈	32.363	戰國晚期	即錯,秦上郡守
迷	02501	卅二年迷鼎甲	5.395	西周晚期	
迷	02502	卅二年迷鼎乙	5.398	西周晚期	
迷	02503	卅三年迷鼎甲	5.401	西周晚期	

人 名	器 號	器 名	卷數頁碼	時 代	備 注
逨	02504	卌三年逨鼎乙	5.405	西周晚期	
逨	02505	卌三年逨鼎丙	5.409	西周晚期	
逨	02506	卌三年逨鼎丁	5.414	西周晚期	
逨	02507	卌三年逨鼎戊	5.418	西周晚期	
逨	02508	卌三年逨鼎己	5.422	西周晚期	
逨	02509	卌三年逨鼎庚	5.426	西周晚期	
逨	02510	卌三年逨鼎辛	5.430	西周晚期	
逨	02511	卌三年逨鼎壬	5.434	西周晚期	
逨	10564	逨觶	19.393	西周早期	
逨	14543	逨盤	25.605	西周晚期	
逨	14777	逨盂	26.188	西周晚期	
逨	15634	逨鐘二	29.146	西周晚期	
逨	15635	逨鐘三	29.150	西周晚期	
逨	15636	逨鐘四	29.154	西周晚期	
逨	15638	逨鐘八	29.160	西周晚期	
麥	02323	麥鼎	5.82	西周早期	
麥	02661	麥鬲	6.51	西周早期前段	
麥	11820	麥尊	21.313	西周早期	即作冊麥
麥	13541	麥方彝	24.420	西周早期	
麥	14785	麥盂	26.201	西周早期	
麥夹	14421	麥夹盤	25.438	西周晚期	
專	03430	專簋	7.280	商代晚期	
專車季	02035	專車季鼎	4.199	春秋早期	
犾父	01650	犾父鼎	3.315	西周早期	
犾馭	04895	犾馭簋	10.216	西周早期後段	
犾馭弟史	13661	犾馭觥蓋	24.500	西周早期	
剌王	02446	吳虎鼎	5.282	西周晚期	即周厲王
剌王	14543	逨盤	25.605	西周晚期	同上
剌侯	14784	晉侯喜父盂	26.199	西周中期	即厲侯
斬孚	04424	伯簋	9.178	西周中期前段	
軝侯	13341	叔趞父卣	24.308	西周中期前段	
軝侯	13342	叔趞父卣	24.311	西周中期前段	
戜	03444	戜簋	7.292	商代晚期	

人　名	器　號	器　名	卷數頁碼	時　代	備　注
羣氏膚	19243	羣氏膚鑰	35.28	西周晚期	
悳君	19703	德君玉璧	35.305	戰國中期	即德君
敆	02301	公鼎	5.49	西周中期後段	
敆	02302	公鼎	5.50	西周中期後段	
敆	04694	敆簋	9.441	西周早期	
敆	05072	公簋	10.473	西周中期	
敆	05073	公簋	10.474	西周中期	
敆	05171	敆簋	11.153	西周中期前段	
敆	05182	敆簋蓋	11.178	西周中期	
敆	05380	敆簋	12.162	西周晚期	
敆	16607	敆戟	31.49	戰國早期	
敆仲	04306	敆仲簋	9.75	西周中期	
奢	05049	奢簋	10.432	西周早期	
厥父	05116	宴簋	11.51	西周晚期	宴的上司
厥父	05117	宴簋	11.53	西周晚期	同上
厝	02518	毛公鼎	5.471	西周晚期	毛公之名
厝季	04509	鄂侯弟厝季簋	9.264	西周早期後段	鄂侯之弟
戚	10490	戚觶	19.341	西周早期	
戚	10491	戚觶	19.341	西周早期	
戚姬	04328	戚姬簋	9.93	西周中期	
盛氏	01094	盛氏官鼎	2.342	戰國晚期	
盛季	12191	盛季壺	22.62	戰國晚期	
盛君縈	05780	盛君縈簠	13.30	戰國中期	
迵令樂痏	17224	迵令樂痏戈	32.290	戰國時期	
雯人守	02712	雯人守鬲	6.95	西周早期	
曹	11591	亞醜曹尊	21.82	商代晚期	
頂	13293	頋卣	24.223	西周早期	
頂	13294	頋卣	24.224	西周早期	
歋	11655	咏尊	21.134	西周早期	咏的親屬
殹妊	05307	倗生簋	11.461	西周中期	格伯的夫人
殹妊	05308	倗生簋	11.464	西周中期	同上
殹妊	05309	倗生簋	11.467	西周中期	同上
殹妊	05310	倗生簋	11.469	西周中期	同上

人　名	器　號	器　名	卷數頁碼	時　代	備　注
郾王	16489	燕王戈	30.444	戰國時期	即燕王
郾王	16786	燕王右庫戈	31.258	戰國時期	同上
郾王	17624	燕王右矛	33.56	戰國晚期	同上
郾侯	16705	燕侯右宮戈	31.154	戰國早期	即燕侯
郾王喜	17027	燕王喜戈	32.66	戰國晚期	即燕王喜
郾王喜	17028	燕王喜戈	32.67	戰國晚期	同上
郾王喜	17029	燕王喜戈	32.68	戰國晚期	同上
郾王喜	17030	燕王喜戈	32.69	戰國晚期	同上
郾王喜	17031	燕王喜戈	32.70	戰國晚期	同上
郾王喜	17032	燕王喜戈	32.71	戰國晚期	同上
郾王喜	17033	燕王喜戈	32.72	戰國晚期	同上
郾王喜	17034	燕王喜戈	32.73	戰國晚期	同上
郾王喜	17035	燕王喜戈	32.74	戰國晚期	同上
郾王喜	17036	燕王喜戈	32.76	戰國晚期	同上
郾王喜	17037	燕王喜戈	32.77	戰國晚期	同上
郾王喜	17640	燕王喜矛	33.70	戰國晚期	同上
郾王喜	17641	燕王喜矛	33.71	戰國晚期	同上
郾王喜	17642	燕王喜矛	33.72	戰國晚期	同上
郾王喜	17643	燕王喜矛	33.73	戰國晚期	同上
郾王喜	17644	燕王喜矛	33.74	戰國晚期	同上
郾王喜	17645	燕王喜矛	33.75	戰國晚期	同上
郾王喜	17646	燕王喜矛	33.76	戰國晚期	同上
郾王喜	17840	燕王喜鈹	33.184	戰國晚期	同上
郾王喜	17841	燕王喜劍	33.185	戰國晚期	同上
郾王喜	17842	燕王喜劍	33.186	戰國晚期	同上
郾王喜	17843	燕王喜劍	33.187	戰國晚期	同上
郾王喜	17844	燕王喜劍	33.188	戰國晚期	同上
郾王喜	17845	燕王喜劍	33.189	戰國晚期	同上
郾王喜	17846	燕王喜劍	33.190	戰國晚期	同上
郾王喜	17847	燕王喜劍	33.191	戰國晚期	同上
郾王喜	17848	燕王喜劍	33.192	戰國晚期	同上
郾王喜	17849	燕王喜劍	33.193	戰國晚期	同上
郾王喜	17850	燕王喜劍	33.194	戰國晚期	同上

人　名	器　號	器　名	卷數頁碼	時　代	備　注
郾王喜	17851	燕王喜劍	33.195	戰國晚期	即燕王喜
郾王喜	18017	南行唐令瞿卯劍	33.386	戰國晚期	同上
郾王詈	17015	燕王詈戈	32.55	戰國晚期	即燕王詈
郾王詈	17016	燕王詈戈	32.56	戰國晚期	同上
郾王詈	17017	燕王詈戈	32.57	戰國晚期	同上
郾王詈	17018	燕王詈戈	32.58	戰國晚期	同上
郾王詈	17019	燕王詈戈	32.59	戰國晚期	同上
郾王詈	17020	燕王詈戈	32.60	戰國晚期	同上
郾王詈	17021	燕王詈戈	32.61	戰國晚期	同上
郾王詈	17022	燕王詈戈	32.62	戰國晚期	同上
郾王詈	17023	燕王詈戈	32.63	戰國晚期	同上
郾王詈	17024	燕王詈戈	32.64	戰國晚期	同上
郾王詈	17025	燕王詈戈	32.65	戰國晚期	同上
郾王詈	17026	燕王詈戈	32.65	戰國晚期	同上
郾王詈	17647	燕王詈矛	33.77	戰國晚期	同上
郾王詈	17648	燕王詈矛	33.78	戰國晚期	同上
郾王詈	17649	燕王詈矛	33.79	戰國晚期	同上
郾王詈	17650	燕王詈矛	33.80	戰國晚期	同上
郾王逾(噲)	17038	燕王噲戈	32.78	戰國晚期	即燕王噲
郾王職	12406	燕王職壺	22.327	戰國晚期	即燕王職
郾王職	16991	燕王職戈	32.34	戰國晚期	同上
郾王職	16992	燕王職戈	32.35	戰國晚期	同上
郾王職	16993	燕王職戈	32.36	戰國晚期	同上
郾王職	16994	燕王職戈	32.37	戰國晚期	同上
郾王職	16995	燕王職戈	32.38	戰國晚期	同上
郾王職	16996	燕王職戈	32.39	戰國晚期	同上
郾王職	16997	燕王職戈	32.40	戰國晚期	同上
郾王職	16998	燕王職戈	32.41	戰國晚期	同上
郾王職	16999	燕王職戈	32.41	戰國晚期	同上
郾王職	17000	燕王職戈	32.42	戰國晚期	同上
郾王職	17001	燕王職戈	32.43	戰國晚期	同上
郾王職	17002	燕王職戈	32.44	戰國晚期	同上
郾王職	17003	燕王職戈	32.45	戰國晚期	同上

人　名	器　號	器　名	卷數頁碼	時　代	備　注
郾王職	17004	燕王職戈	32.45	戰國晚期	即燕王職
郾王職	17005	燕王職戈	32.46	戰國晚期	同上
郾王職	17006	燕王職戈	32.47	戰國晚期	同上
郾王職	17007	燕王職戈	32.48	戰國晚期	同上
郾王職	17008	燕王職戈	32.49	戰國晚期	同上
郾王職	17009	燕王職戈	32.50	戰國晚期	同上
郾王職	17010	燕王職戈	32.51	戰國晚期	同上
郾王職	17011	燕王職戈	32.52	戰國晚期	同上
郾王職	17012	燕王職戈	32.52	戰國晚期	同上
郾王職	17013	燕王職戈	32.53	戰國晚期	同上
郾王職	17014	燕王職戈	32.54	戰國晚期	同上
郾王職	17627	燕王職矛	33.58	戰國晚期	同上
郾王職	17628	燕王職矛	33.59	戰國晚期	同上
郾王職	17629	燕王職矛	33.60	戰國晚期	同上
郾王職	17630	燕王職矛	33.61	戰國晚期	同上
郾王職	17631	燕王職矛	33.62	戰國晚期	同上
郾王職	17632	燕王職矛	33.62	戰國晚期	同上
郾王職	17633	燕王職矛	33.63	戰國晚期	同上
郾王職	17634	燕王職矛	33.64	戰國晚期	同上
郾王職	17635	燕王職矛	33.65	戰國晚期	同上
郾王職	17636	燕王職矛	33.66	戰國晚期	同上
郾王職	17637	燕王職矛	33.67	戰國晚期	同上
郾王職	17638	燕王職矛	33.68	戰國晚期	同上
郾王職	17639	燕王職矛	33.69	戰國晚期	同上
郾王職	17922	燕王職劍	33.272	戰國晚期	同上
郾王職	17923	燕王職劍	33.273	戰國晚期	同上
郾王職	17924	燕王職劍	33.274	戰國晚期	同上
郾侯脮	16979	燕侯脮戈	32.26	戰國晚期	即燕侯脮
郾侯脮	16980	燕侯脮戈	32.27	戰國晚期	同上
郾侯載	05127	燕侯載簋	11.70	戰國時期	即燕侯載
郾侯載	16981	燕侯載戈	32.27	戰國晚期	同上
郾侯載	16982	燕侯載戈	32.28	戰國晚期	同上
郾侯載	16983	燕侯載戈	32.28	戰國晚期	同上

三、《銘圖》人名

人　名	器　號	器　名	卷數頁碼	時　代	備　注
郾侯載	16984	燕侯載戈	32.29	戰國晚期	即燕侯載
郾侯載	16985	燕侯載戈	32.30	戰國晚期	同上
郾侯載	16986	燕侯載戈	32.31	戰國晚期	同上
郾侯載	17323	盃生戈	32.412	戰國早期	同上
郾侯載	17625	燕侯載矛	33.57	戰國晚期	同上
郾侯職	16987	燕侯職戈	32.31	戰國晚期	即燕侯職
郾侯職	16988	燕侯職戈	32.32	戰國晚期	同上
郾侯職	16989	燕侯職戈	32.33	戰國晚期	同上
郾侯職	16990	燕侯職戈	32.34	戰國晚期	同上
郾侯職	17626	燕侯職矛	33.58	戰國晚期	同上
郾王戎人	17039	燕王戎人戈	32.79	戰國晚期	即燕王戎人
郾王戎人	17040	燕王戎人戈	32.80	戰國晚期	同上
郾王戎人	17041	燕王戎人戈	32.81	戰國晚期	同上
郾王戎人	17042	燕王戎人戈	32.82	戰國晚期	同上
郾王戎人	17043	燕王戎人戈	32.83	戰國晚期	同上
郾王戎人	17044	燕王戎人戈	32.84	戰國晚期	同上
郾王戎人	17045	燕王戎人戈	32.85	戰國晚期	同上
郾王戎人	17046	燕王戎人戈	32.86	戰國晚期	同上
郾王戎人	17047	燕王戎人戈	32.87	戰國晚期	同上
郾王戎人	17651	燕王戎人矛	33.81	戰國晚期	同上
郾王戎人	17652	燕王戎人矛	33.82	戰國晚期	同上
郾王戎人	17653	燕王戎人矛	33.82	戰國晚期	同上
郾王戎人	17654	燕王戎人矛	33.83	戰國晚期	同上
郾王戎人	17655	燕王戎人矛	33.84	戰國晚期	同上
郾王戎人	17656	燕王戎人矛	33.85	戰國晚期	同上
郾王戎人	17657	燕王戎人矛	33.86	戰國晚期	同上
郾王戎人	17658	燕王戎人矛	33.87	戰國晚期	同上
郾君子噲	02517	中山王嚳鼎	5.456	戰國中期	即燕王噲
掃片昶狊	02130	掃片昶狊鼎	4.315	春秋時期	
掃片昶狊	02131	掃片昶狊鼎	4.316	春秋時期	
救	05278	救簋蓋	11.393	西周中期	
救姜	14914	周毚匜	26.290	西周中期	
菲	01549	菲鼎	3.224	西周中期	

人　名	器　號	器　名	卷數頁碼	時　代	備　注
虘	04281	虘簋	9.51	西周早期	
虘	05280	大師虘簋甲	11.396	西周中期	即太師虘
虘	05281	大師虘簋乙	11.399	西周中期	同上
虘	05282	大師虘簋丙	11.402	西周中期	同上
虘	05283	大師虘簋丁	11.405	西周中期	同上
虘	05674	大師虘盨	12.449	西周中期後段	同上
虘	08438	虘爵	17.11	西周早期	
虘	15269	虘鐘	27.285	西周中期後段	
虘	15270	虘鐘	27.287	西周中期後段	
虘	15272	虘鐘	27.291	西周中期後段	
虘	15273	虘鐘	27.293	西周中期後段	
虘	15274	虘鐘	27.295	西周中期後段	
虘姃此邠	17947	攻吳王虘姃此邠劍	33.305	春秋晚期	
虜北	01465	虜北鼎	3.147	西周中期	
虜訇丘堂	14880	虜訇丘堂匜	26.260	春秋時期	
虜台丘子俟	17063	虜台丘子俟戈	32.107	戰國晚期	
彫氏孟姬	14489	毛叔盤	25.512	春秋早期	
雀釐	08562	雀釐爵	17.112	西周早期	
悼公	15767	司馬楸鎛甲	29.194	戰國早期	司馬楸的祖父
悼䊞	19178	鄂君啟車節	34.552	戰國晚期	楚集尹
悼䊞	19179	鄂君啟車節	34.555	戰國晚期	同上
悼䊞	19180	鄂君啟車節	34.557	戰國晚期	同上
悼䊞	19181	鄂君啟舟節	34.559	戰國晚期	同上
悼䊞	19182	鄂君啟舟節	34.561	戰國晚期	同上
圍	02019	圍鼎	4.184	西周早期前段	
圍	03331	圍甗	7.209	西周早期	
圍	04692	圍簋	9.439	西周早期後段	
圍	04693	圍簋	9.440	西周早期後段	
圍	12299	圍壺	22.175	西周早期前段	
國子	00701	國子鼎	2.27	春秋晚期	
國子	00702	國子鼎	2.28	春秋晚期	
國子	00703	國子鼎	2.29	春秋晚期	
國子	00704	國子鼎	2.30	春秋晚期	

人名	器號	器名	卷數頁碼	時代	備注
國子	00705	國子鼎	2.31	春秋晚期	
國差	19256	國差罎	35.40	春秋中期	
國楚	16740	國楚戈	31.195	戰國早期	
國子山	12270	國子山壺	22.145	春秋早期	齊國的大司徒
國子碩父	03023	國子碩父鬲	6.465	春秋早期	
國子碩父	03024	國子碩父鬲	6.466	春秋早期	
圔君	02009	圔君鼎	4.171	春秋早期	
圔君	14768	媿霝鎣	26.176	春秋早期	即昆君
圔君婦媿霝	12353	圔君婦媿霝壺	22.251	春秋早期	
庾公	11819	何尊	21.311	西周早期前段	即庾公
異	13274	異卣蓋	24.199	西周中期前段	
孥	01857	孥鼎	4.15	西周早期前段	
曼龏父	05624	曼龏父盨	12.358	西周晚期	
曼龏父	05625	曼龏父盨	12.359	西周晚期	
曼龏父	05626	曼龏父盨	12.360	西周晚期	
婁君伯甗	06226	婁君盂	13.453	春秋晚期	
唬皆君	01673	唬皆君鼎	3.336	戰國早期	
晲公	18417	晲公鏃	34.43	戰國時期	
虢	04546	虢簋	9.296	西周中期	
虢	04547	虢簋	9.297	西周中期	
咼豐父	14542	散氏盤	25.602	西周晚期	矢人有司
鄁公湯	02333	鄁公湯鼎	5.96	春秋早期	
鄁公伯韭	04980	鄁公伯韭簋	10.326	春秋早期	
鄁公伯韭	04981	鄁公伯韭簋	10.328	春秋早期	
鄗旻	02387	鄗得鼎	5.179	戰國時期	即葛得
鄗旻	18073	春平相邦葛得劍	33.459	戰國晚期	同上
鄂仲	01596	鄂仲鼎	3.269	西周早期	
鄂叔	04305	鄂叔簋	9.74	西周早期	
鄂侯	01565	鄂侯鼎	3.239	西周早期前段	
鄂侯	01566	鄂侯鼎	3.240	西周早期前段	
鄂侯	04828	鄂侯簋	10.121	西周晚期	
鄂侯	04829	鄂侯簋	10.123	西周晚期	
鄂侯	04830	鄂侯簋	10.125	西周晚期	

人　名	器　號	器　名	卷數頁碼	時　代	備　注
鄂侯	04831	鄂侯簋	10.126	西周晚期	
鄂侯	11688	厤季尊	21.164	西周早期後段	
鄂侯	13046	鄂侯卣	23.470	西周早期	
鄂侯	13156	鄂侯卣	24.65	西周早期	
鄂侯	13202	厤季卣	24.113	西周早期	
鄂侯	13803	鄂侯罍	25.91	西周早期	
鄂侯	13804	鄂侯罍	25.92	西周早期	
鄂侯	14364	鄂侯盤	25.378	西周早期	
鄂監	04441	鄂監簋	9.192	西周早期	
鄂史茊	04880	鄂史茊簋	10.196	西周晚期	
鄂君啟	19178	鄂君啟車節	34.552	戰國晚期	
鄂君啟	19179	鄂君啟車節	34.555	戰國晚期	
鄂君啟	19180	鄂君啟車節	34.557	戰國晚期	
鄂君啟	19181	鄂君啟舟節	34.559	戰國晚期	
鄂君啟	19182	鄂君啟舟節	34.561	戰國晚期	
鄂叔父	13157	鄂叔父卣	24.66	西周早期	
鄂叔厈	11600	鄂叔厈尊	21.91	西周早期	
鄂季奮父	04510	鄂季奮父簋	9.265	西周早期後段	
鄂侯馭方	02464	鄂侯馭方鼎	5.318	西周晚期	
鄂侯馭方	02498	禹鼎	5.387	西周晚期	
鄂侯馭方	02499	禹鼎	5.389	西周晚期	
鄂侯弟厤季	04509	鄂侯弟厤季簋	9.264	西周早期後段	名厤季,鄂侯之弟
過文	03637	過文簋	7.454	商代晚期	
過伯	04771	過伯簋	10.49	西周早期	
過伯	08429	過伯爵	17.4	西周早期	
蛇乎	05152	黿乎簋	11.110	西周晚期	
蛇乎	05153	黿乎簋	11.113	西周晚期	
崔子	12453	庚壺	22.433	春秋晚期	
遄	01813	遄鼎	3.475	西周早期	
舁	02437	舁鼎	5.266	西周中期前段	
舁	04991	毛舁簋	10.344	西周晚期	即毛舁
舁	16717	舁戈	31.166	春秋早期	
舁仲雩父	03295	舁仲雩父甗	7.172	西周晚期	即邢姬

人　名	器　號	器　名	卷數頁碼	時　代	備　注
秢	04619	秢簋	9.365	西周中期前段	
卲	04538	卲簋	9.289	西周早期前段	原誤釋爲"都"
卲	04539	卲簋	9.290	西周早期前段	同上
卲	11706	卲尊	21.179	西周早期後段	同上
卲	13235	卲卣	24.151	西周早期後段	同上
箒傳	14795	箒傳盉	26.220	西周中期	
夆公	10625	征觶	19.444	西周早期	征的親屬
苾禹	18074	司工馬鈹	33.460	戰國晚期	
苾醓	18049	相邦春平侯劍	33.432	戰國晚期	即苾醓
苾醓	18060	相邦春平侯鈹	33.443	戰國晚期	同上
苾醓	18061	相邦春平侯鈹	33.444	戰國晚期	同上
苾醓	18062	相邦春平侯鈹	33.445	戰國晚期	同上
鳥卯	07434	鳥卯爵	15.257	商代晚期	
鳥癒	04006	鳥癒簋	8.287	商代晚期	
鳥母癒	01227	鳥母癒鼎	2.442	商代晚期	
偲	17145	偲戈	32.205	戰國時期	
偶缶	04401	偶缶簋	9.156	商代晚期	
偤余令韓譙	17178	負黍令韓譙戈	32.242	戰國晚期	即負黍令韓譙
偤余令韓譙	17179	負黍令韓譙戈	32.243	戰國晚期	同上
偤余令韓譙	17180	負黍令韓譙戈	32.244	戰國晚期	同上
悆	10279	悆觶	19.178	西周早期	
悆戒	02279	悆戒鼎	5.19	西周晚期	
悆從霝	14542	散氏盤	25.603	西周晚期	襄之有司
徥	08516	徥爵	17.69	西周早期	
得	14879	滕太宰得匜	26.259	春秋中期	滕國太宰
得尚	18068	邦司寇馬怒劍	33.454	戰國晚期	
得工戈	17075	得工戈戈	32.119	戰國晚期	
得工仕	18415	得工仕鏃	34.42	戰國時期	
得工赵	18419	得工赵鏃	34.45	戰國時期	
徙	10528	徙觶	19.365	商代晚期	
從	01959	從鼎	4.116	西周中期前段	
從	12893	從卣	23.324	西周中期前段	
畲忎	02360	楚王畲忎鼎	5.135	戰國晚期	即楚王熊悍

人　名	器　號	器　名	卷數頁碼	時　代	備　注
酓志	14508	楚王酓志盤	25.538	戰國晚期	即楚王熊悍
酓志	19027	楚王熊悍衡末飾	34.466	戰國晚期	同上
酓肯	01980	楚王酓肯釶鼎	4.136	戰國晚期	即楚王熊前
酓肯	02165	楚王酓肯鼎	4.360	戰國晚期	同上
酓肯	05842	楚王酓肯簠	13.98	戰國晚期	同上
酓肯	05843	楚王酓肯簠	13.99	戰國晚期	同上
酓肯	05844	楚王酓肯簠	13.100	戰國晚期	同上
酓肯	14425	楚王酓肯盤	25.444	戰國晚期	同上
酓悈	14869	楚王酓悈匜	26.250	春秋晚期	即楚王熊悈
酓章	15267	酓章鐘	27.283	戰國早期	即楚王熊章
酓章	15780	酓章鎛	29.235	戰國早期	即楚王熊璋
酓章	17972	楚王熊章劍	33.332	戰國早期	同上
酓璋	17322	楚王熊璋戈	32.409	戰國早期	同上
酓璋	17973	楚王熊璋劍	33.333	戰國早期	同上
酓審	06056	楚王酓審盞	13.316	春秋晚期	即楚王熊審
酓嶺	11790	楚君酓嶺尊	21.261	戰國晚期	即楚君熊前
念	05656	魯伯念盨	12.413	春秋早期	即魯伯念
貧	02341	公貿鼎	5.108	西周中期	
貧	12197	貧壺	22.68	西周早期	
敥	16719	敥戟	31.169	戰國中期	
鄰試	19435	十四年帳橛	35.214	戰國中期	即粹試
鄰試	19437	十四年帳橛	35.217	戰國中期	同上
救愶	17167	令韓訷戈	32.228	戰國晚期	
豚	13278	豚卣	24.203	西周中期前段	
匋公	01424	匋公鼎	3.114	西周早期	
鄒公鼺	04889	鄒公鼺簋	10.206	西周晚期	
魚	04164	魚簋	8.422	西周早期	
魚	11560	魚尊	21.56	西周早期	
魚	11561	魚尊	21.57	西周早期	
魚	11642	魚尊	21.123	西周早期	
魚母	04255	子簋	9.28	西周早期	
魚母	09304	魚母觚	18.71	商代晚期	
魚母	09305	魚母觚	18.72	商代晚期	

人　名	器　號	器　名	卷數頁碼	時　代	備　注
魚母	12710	魚母卣	23.164	商代晚期	
魚羌	00670	魚羌鼎	2.5	商晚或周早	
魚從	00669	魚從鼎	2.5	西周早期	
魚從	09535	魚從觚	18.247	西周早期	
魚從	11281	魚從尊	20.318	西周早期	
魚從	12730	魚從卣	23.181	西周早期	
魚從	14333	魚從盤	25.348	西周早期	
魚從	14334	邊從盤	25.349	西周早期	
魚伯彭	11622	魚伯彭尊	21.108	西周早期	
魚伯彭	13159	魚伯彭卣	24.69	西周早期	
雅子畁	12157	雅子畁壺	22.28	戰國早期	
猰	11510	猰尊	21.12	西周早期	
猰	13010	猰卣	23.435	西周早期	
許	16654	許子戈	31.98	戰國早期	
許	16655	許子戈	31.101	戰國早期	
許公	16649	許公戈	31.93	春秋晚期	
許公	16650	許公戈	31.94	春秋晚期	
許公	16651	許公戈	31.95	春秋晚期	
許公	16652	許公戈	31.96	春秋晚期	
許男	02076	許男鼎	4.254	西周晚期	
許更	02478	無更鼎	5.346	西周晚期	
許季	01433	許季鼎	3.123	西周中期	
許姬	02778	許姬鬲	6.159	西周晚期	
許子疨	05962	許子疨簠蓋	13.271	春秋晚期	徐國國君，名疨（原誤釋 爲“妝”）
許公買	05965	許公買簠	13.277	春秋晚期	
許公買	05966	許公買簠	13.279	春秋晚期	
許公窟	16653	許公窟戈	31.97	春秋晚期	
許仲㦸	11740	許仲㦸尊	21.209	西周早期	
許仲㦸	13267	許仲㦸卣	24.191	西周早期	
許伯彪	16841	無伯彪戈	31.334	春秋晚期	
許季姜	04724	許季姜簋	9.477	西周晚期	
許諸俞	15987	喬君鉦鋮	29.511	春秋晚期	

人　名	器　號	器　名	卷數頁碼	時　代	備　注
許子𪉷自	15792	許子𪉷自鎛甲	29.277	春秋時期	
許子𪉷自	15793	許子𪉷自鎛乙	29.279	春秋時期	
許麥魯生	02127	鄦麥魯生鼎	4.312	春秋早期	
許叔姬可母	02372	蔡大師腆鼎	5.154	春秋晚期	蔡大師腆的女兒
庶	06217	庶盂	13.443	西周中期	
庶	10653	庶觶	19.468	西周早期	
庶	19168	韓將庶虎節	34.542	戰國時期	
庶長鞅鞅	18551	庶長鞅殳鐓	34.130	戰國中期	
庚公	11819	何尊	21.311	西周早期前段	何的長輩
盦父	02245	盦父鼎	4.469	西周早期	
盦父	02259	盦父鼎	4.489	西周早期	
庸公	06159	姬㝬母豆	13.417	西周晚期	
庸公	15266	師𡒮鐘	27.281	西周晚期	
庸伯	01445	庸伯鼎蓋	3.132	西周早期後段	
庸伯叔	05203	鄣伯叔簋	11.226	西周早期後段	
康	02440	康鼎	5.270	西周中期	
康	13540	康方彝	24.418	商代晚期	
康丁	04005	康丁簋	8.287	商代晚期	
康王	14541	史牆盤	25.599	西周中期前段	周康王
康王	14543	逨盤	25.605	西周晚期	同上
康公	05215	卻智簋	11.244	西周晚期	
康公	05386	㝬簋	12.176	西周中期後段	
康公	06214	微盂	13.440	西周早期	
康公	11061	微罍	20.154	西周早期	
康生	06139	康生豆	13.389	西周早期	
康母	03722	康母簋	8.44	西周早期	
康伯	04589	康伯簋蓋	9.336	西周中期前段	
康伯	04590	康伯簋	9.337	西周中期前段	
康伯	12145	康伯壺蓋	22.18	西周中期前段	
康季	01718	王鼎	3.381	西周早期	
康侯	02023	作册睘鼎	4.187	西周早期	
康侯	02623	康侯鬲	6.20	西周早期	
康侯	05020	濬司土迭簋	10.384	西周早期	

人　名	器　號	器　名	卷數頁碼	時　代	備　注
康侯	07673	康侯爵	15.445	西周早期	
康侯	10268	康侯觶	19.169	西周早期	
康侯	17555	康侯矛	32.515	西周早期	
康侯	18322	康侯刀	33.549	西周早期	
康侯	18727	康侯斧	34.217	西周早期	
康侯	18728	康侯斧	34.218	西周早期	
康侯	19043	康侯鑾鈴	34.480	西周早期	
康侯丰	01575	康侯丰鼎	3.250	西周早期	
疕君	19268	諸稽耕爐	35.54	春秋晚期	
旋	05248	五年師旋簋甲	11.320	西周晚期	即師旋
旋	05249	五年師旋簋乙	11.323	西周晚期	同上
旋	05250	五年師旋簋丙	11.326	西周晚期	同上
旋	05331	元年師旋簋甲	12.43	西周晚期	同上
旋	05332	元年師旋簋乙	12.46	西周晚期	同上
旋	05333	元年師旋簋丙	12.49	西周晚期	同上
旋	05334	元年師旋簋丁	12.52	西周晚期	同上
族	13257	族卣	24.177	西周早期後段	
章	05679	鄗比盨	12.464	西周晚期	
章子鄩	17137	章子鄩戈	32.197	春秋中期	
章叔將	05007	章叔將簋	10.368	西周晚期	
竟	01406	竟鼎	3.102	西周早期	
竟	02683	竟鬲	6.69	西周早期	
竟	02684	竟鬲	6.70	西周早期	
竟	03411	竟簋	7.264	商代晚期	
竟	11618	竟尊	21.104	西周早期	
竟	11636	竟尊	21.117	西周早期	
竟	12105	竟壺	21.456	西周早期	
竟	13133	竟卣	24.43	西周早期	
竟	13149	竟卣蓋	24.58	商代晚期	
竟	13794	竟罍	25.83	西周早期	
竟	14667	竟盉	26.81	西周早期	
商	11617	商尊蓋	21.104	西周早期	
商	11791	商尊	21.265	西周早期前段	

人　名	器　號	器　名	卷數頁碼	時　代	備　注
商	13313	商卣	24.251	西周早期前段	
商婦	03241	商婦甗	7.124	商代晚期	
商戲	05097	魯士商戲簋	11.17	西周晚期	即魯士商戲
商丘叔	05872	商丘叔簠	13.132	春秋早期	
商丘叔	05873	商丘叔簠	13.133	春秋早期	
商丘叔	05874	商丘叔簠	13.134	春秋早期	
商丘叔	05875	商丘叔簠	13.135	春秋早期	
戕	04060	戕簋	8.333	西周早期	
戕	04061	戕簋	8.334	西周早期	
妠盗	12454	妠盗壺	22.437	戰國中期	
羕史	11552	羕史尊	21.49	西周早期	
羕陵公伺之畏	17217	羕陵公戈	32.283	戰國晚期	
矜	05258	矜簋	11.344	西周中期前段	
悆言	03364	中甗	7.253	西周早期後段	
栅	01399	栅鼎	3.95	商代晚期	
望	02477	師望鼎	5.344	西周中期	即師望
望	05319	望簋	12.18	西周中期前段	
望	08576	望爵	17.125	西周早期	
望子	04530	伯簋	9.281	西周中期	
望仲	05279	三兒簋	11.395	春秋時期	
淮伯	02316	淮伯鼎	5.70	西周中期	
淮南夷屮	05311	應侯簋	11.471	西周中期後段	
淮司工虎孛	14542	散氏盤	25.602	西周晚期	矢人有司
淪仲嬀家母	05947	原氏仲簠甲	13.242	春秋早期	
淪仲嬀家母	05948	原氏仲簠乙	13.244	春秋早期	
淪仲嬀家母	05949	原氏仲簠丙	13.245	春秋早期	
淳于公	16850	淳于公戈	31.344	春秋早期	
淳于公	16851	淳于公戈	31.345	春秋早期	
淳于公	16852	淳于公戈	31.346	春秋早期	
淳于大夫	03326	淳于大夫釜甑	7.203	戰國晚期	
洺御事	13827	洺御事罍	25.118	西周中期	
洺御事	13828	洺御事罍	25.119	西周中期	
梁其	02414	梁其鼎	5.227	西周晚期	

人　名	器　號	器　名	卷數頁碼	時　代	備　注
梁其	02415	梁其鼎	5.229	西周晚期	
梁其	02416	梁其鼎	5.231	西周晚期	
梁其	12420	梁其壺甲	22.350	西周中期	
梁其	12421	梁其壺乙	22.353	西周中期	
梁其	15522	梁其鐘甲	28.445	西周晚期	
梁其	15523	梁其鐘乙	28.447	西周晚期	
梁其	15524	梁其鐘丙	28.450	西周晚期	
梁其	15525	梁其鐘丁	28.453	西周晚期	
梁其	15526	梁其鐘戊	28.456	西周晚期	
梁其	15527	梁其鐘己	28.458	西周晚期	
梁伯	17186	梁伯戈	32.249	春秋早期	
梁姬	19231	梁姬罐	35.12	春秋早期	
梁令張猷	17703	梁令張猷戟刺	33.141	戰國晚期	
梁伯敧	04628	梁伯敧簋	9.374	西周中期	
梁伯可忌	06152	梁伯可忌豆	13.402	戰國時期	
盠父	04645	盠父簋	9.391	西周中期前段	
寅	01316	寅鼎	3.25	西周中期	
寅	03446	寅簋	7.294	商代晚期	
寏乃	04732	猷簋	10.4	西周中期前段	猷的親屬
寏公	02477	師望鼎	5.344	西周中期	師望的父親
寏公	15350	師丞鐘	27.471	西周晚期	
寏仲	03013	珦生鬻	6.449	西周中期後段	珦生的父親
寏仲	05222	追夷簋	11.257	西周晚期	追夷的祖父
寏仲	05223	追夷簋	11.260	西周晚期	同上
寏姜	01548	羌鼎	3.223	西周中期	羌的親屬
寏姬	02475	師酉鼎	5.340	西周中期	師酉的母親
寏嬀日辛	01986	剌鼎	4.146	西周早期	剌的親屬
窨伯	13185	閟卣	24.96	西周中期前段	閟的長輩
窨伯	13186	閟卣蓋	24.96	西周中期前段	同上
窨公	01706	竉鼎	3.369	西周早期	竉的父親
宿父	11689	宿父尊	21.165	西周中期前段	
宿兒	14091	寬兒缶甲	25.256	春秋晚期	蘇公之孫
宿兒	14092	寬兒缶乙	25.258	春秋晚期	同上

人 名	器 號	器 名	卷數頁碼	時 代	備 注
崩弃生	02036	崩弃生鼎	4.201	春秋早期	
密	04278	密簋	9.48	西周早期	
密姒	05837	密姒簠	13.94	西周晚期	
密叔	02441	鬵鼎	5.272	西周中期	
密叔	05304	趞簋	11.453	西周中期	
密叔	05399	虎簋蓋甲	12.205	西周中期	
密叔	05400	虎簋蓋乙	12.207	西周中期	
宷尳	19344	作册般黿	35.121	商代晚期	即寢尳
宷㣇	19741	寢㣇玉笄	35.348	商代晚期	即寢㣇
啟	03445	啟簋	7.293	商代晚期	
啟	11751	啟尊	21.219	商代晚期	
啟	11778	啟尊	21.245	西周早期	
啟	13321	啟卣	24.266	西周早期	
啟	17238	丞相啟顛戈	32.305	戰國晚期	秦國丞相
啟	17239	丞相啟狀戈	32.306	戰國晚期	同上
啟我	17191	韓少夫戟	32.255	戰國晚期	
啟宎	17202	少曲令㐌文戈	32.269	戰國晚期	
啟封令癕	17197	啟封令癕戈	32.262	戰國時期	
斈父	04751	斈父簋	10.25	西周晚期	
祦叔	05064	召生簋甲	10.459	西周晚期	召生的女婿
祦叔	05065	召生簋乙	10.462	西周晚期	同上
祦嬰	05064	召生簋甲	10.459	西周晚期	召生的女兒
祦嬰	05065	召生簋乙	10.462	西周晚期	同上
視事狘	02162	十七年平陰鼎蓋	4.355	戰國中期	
視事狘	14779	虒令周奴盉	26.191	戰國中期	
視事砍	02421	信安君鼎	5.237	戰國中期	
視事嗣	02066	卅年虒令癕鼎	4.243	戰國中期	
視事鐙	02163	卅五年虒令周奴鼎	4.356	戰國中期	
祔俽父	01831	祔俽父鼎	3.488	西周中期	
閉	05326	豆閉簋	12.33	西周中期	即豆閉
昊父	05110	眚仲之孫簋	11.40	春秋早期	爲尋之子
昊公	12407	昊公壺	22.329	春秋早期	
昊母	01620	昊母鼎	3.289	西周早期後段	

人　名	器　號	器　名	卷數頁碼	時　代	備　注
曩仲	10863	曩仲飲壺	19.490	西周中期前段	
曩汚	13659	仲子曩汚觥	24.497	商晚或周早	
曩伯	02341	公貿鼎	5.108	西周中期	
曩伯	05150	繁簋	11.107	西周早期	
曩侯	02231	弟叟鼎	4.449	西周晚期	
曩侯	04939	曩侯簋蓋	10.270	西周晚期	
曩甫人	14973	曩甫人匜	26.351	春秋早期	即紀夫人
曩晏生(甥)	02311	哀鼎	5.62	春秋早期	
曩孟姜	14929	曩孟姜匜	26.305	西周晚期	
曩伯寍父	14407	曩伯寍父盤	25.421	春秋早期	即紀伯寍父
曩伯寍父	14896	曩伯寍父匜	26.273	春秋早期	同上
曩伯子寍父	05631	曩伯子寍父盨甲	12.368	春秋早期	
曩伯子寍父	05632	曩伯子寍父盨乙	12.371	春秋早期	
曩伯子寍父	05633	曩伯子寍父盨丙	12.374	春秋早期	
曩伯子寍父	05634	曩伯子寍父盨丁	12.377	春秋早期	
曩邢姜妢母	04939	曩侯簋蓋	10.270	西周晚期	曩侯之女
屄敖	05235	屄敖簋蓋	11.286	西周中期	
觅	15003	觅匜	26.391	春秋晚期	蔡叔季之孫
張卟	17213	酈諝戈	32.280	戰國晚期	
張定	17353	洱陽令張定戟	32.445	戰國晚期	洱陽縣令
張朱	17691	鄭令韓半矛	33.127	戰國晚期	
張缶	18004	邢疫令邦乙劍	33.372	戰國晚期	
張阪	17340	鄭令韓恙戈	32.431	戰國晚期	
張足	16907	敓令張足戈	31.449	戰國時期	敓縣縣令
張身	18046	相邦春平侯鈹	33.427	戰國晚期	
張身	18047	相邦春平侯鈹	33.429	戰國晚期	
張承	18585	大將李牧弩機	34.161	戰國晚期	
張武	17182	茲氏令吳庶戈	32.245	戰國時期	
張埔	17214	酈諝戈	32.281	戰國晚期	
張埔	17215	酈諝戈	32.282	戰國晚期	
張乘	18592	廿年距末	34.171	戰國晚期	
張騎	17270	上郡守戈	32.345	戰國晚期	
張騎	17279	上郡守壽戈	32.355	戰國晚期	

人　名	器　號	器　名	卷數頁碼	時　代	備　注
張猗	17280	上郡守壽戈	32.356	戰國晚期	
張畫	16742	張畫戈	31.197	戰國晚期	
張畫	16743	張畫戈	31.199	戰國晚期	
張義	17263	相邦張義戟	32.337	戰國中期	張儀，秦國相邦
張義	18005	邦司寇陳授鈹	33.372	戰國晚期	
張鳳	17681	相邦春平侯矛	33.117	戰國晚期	
張鳳	17682	相邦春平侯矛	33.118	戰國晚期	
張鳳	18050	相邦春平侯劍	33.433	戰國晚期	
張鳳	18051	相邦春平侯劍	33.434	戰國晚期	
張鳳	18052	相邦春平侯劍	33.435	戰國晚期	
張鳳	18053	相邦春平侯鈹	33.436	戰國晚期	
張鳳	18054	相邦春平侯鈹	33.437	戰國晚期	
張鳳	18055	相邦春平侯鈹	33.438	戰國晚期	
張鳳	18056	相邦春平侯劍	33.439	戰國晚期	
張鳳	18057	相邦春平侯劍	33.440	戰國晚期	
張鳳	18058	相邦春平侯劍	33.440	戰國晚期	
張鳳	18059	相邦春平侯鈹	33.441	戰國晚期	
張猷	17703	梁令張猷戟刺	33.141	戰國晚期	截雍縣縣令
張猷	17704	陽翟令愆戟刺	33.142	戰國晚期	魏國大梁縣令
張二月	17160	將軍張二月戈	32.221	戰國晚期	
張二月	17161	將軍張二月戈	32.222	戰國晚期	
張五鹿	17992	代相樂宊鈹	33.360	戰國晚期	
張史盧	17231	龔令思戈	32.297	戰國時期	
張史盧	17232	龔令思戈	32.297	戰國時期	
隋仲嬭加	02318	楚王鼎	5.73	春秋中期	
陝仲僕	14410	陝仲僕盤	25.425	西周早期	
陽	01913	陽鼎	4.72	西周晚期	
陽	16606	陽戈	31.48	戰國早期	
陽	17085	業邧令陽戈	32.138	戰國早期	業邧縣縣令
陽尹	04343	陽尹簋	9.105	西周早期	
陽仲	13050	陽仲卣	23.474	西周早期前段	即唐仲
陽芈	02319	揚鼎	5.76	春秋晚期	
陽伯	01878	叔姬鼎	4.35	西周晚期	叔姬的夫君

人　名	器　號	器　名	卷數頁碼	時　代	備　注
陽姚	02294	旟叔樊鼎	5.38	西周晚期	旟叔樊的夫人
陽安君	18065	相邦陽安君鈹	33.449	戰國晚期	
陽飤生	04947	陽飤生簋蓋	10.280	西周晚期	
陽飤生	04948	陽飤生簋蓋	10.281	西周晚期	
陽飤生	14915	陽飤生匜	26.291	西周晚期	
陽釆（翟）令悊	17704	陽翟令悊戟刺	33.142	戰國晚期	
陽城令邦成	17347	陽城令戈	32.439	戰國晚期	
陽城令事壯	17346	陽城令事壯戈	32.438	戰國晚期	
陽城令韓季	17144	陽城令韓季戈	32.204	戰國晚期	
陲隋	17222	藺令陲隋戈	32.288	戰國晚期	藺縣縣令
隁王	11684	隁王尊	21.160	西周早期前段	
隁伯	01592	隁伯鼎	3.266	西周早期	
隁伯	01593	隁伯鼎	3.267	西周早期	
隁伯	04300	隁伯簋	9.69	西周早期	
隁伯	04301	隁伯簋	9.70	西周早期	
隁伯	11595	隁伯尊	21.85	西周早期	
隁伯	13094	隁伯卣	24.7	西周早期	
隁伯	13095	隁伯卣	24.8	西周早期	
隁伯	14725	隁伯盉	26.135	西周早期	
將軍張二月	17160	將軍張二月戈	32.221	戰國晚期	
將軍張二月	17161	將軍張二月戈	32.222	戰國晚期	
姍	15909	亞仈姍鐃甲	29.465	商代晚期	
姍	15910	亞仈姍鐃乙	29.466	商代晚期	
姍	15911	亞仈姍鐃丙	29.467	商代晚期	
婦	08881	婦觚	17.258	商代晚期	指婦好
婦	08882	婦觚	17.259	商代晚期	同上
婦	08883	婦觚	17.260	商代晚期	同上
婦	08884	婦觚	17.261	商代晚期	同上
婦	13601	婦觥	24.443	商代晚期	同上
婦己	04254	汝母簋	9.27	商代晚期	
婦氏	05340	五年琱生簋	12.64	西周晚期	
婦氏	11816	琱生尊	21.304	西周晚期	
婦氏	11817	琱生尊	21.306	西周晚期	

人　名	器　號	器　名	卷數頁碼	時　代	備　注
婦妃	13769	婦妃罍	25.63	西周早期後段	
婦未	01389	婦未鼎	3.85	商代晚期	
婦田	09297	婦田瓠	18.66	商代晚期	
婦冬	10182	婦冬觶	19.102	商代晚期	
婦竹	07121	婦竹爵	15.39	商代晚期	
婦聿	12942	婦聿卣	23.373	商代晚期	
婦好	00488	婦好鼎	1.380	商代晚期	商王武丁的后妃
婦好	00489	婦好鼎	1.381	商代晚期	同上
婦好	00490	婦好鼎	1.382	商代晚期	同上
婦好	00491	婦好鼎	1.383	商代晚期	
婦好	00492	婦好鼎	1.384	商代晚期	
婦好	00493	婦好鼎	1.385	商代晚期	
婦好	00494	婦好鼎	1.386	商代晚期	
婦好	00495	婦好鼎	1.387	商代晚期	
婦好	00496	婦好鼎	1.388	商代晚期	
婦好	00497	婦好鼎	1.389	商代晚期	
婦好	00498	婦好鼎	1.390	商代晚期	
婦好	00499	婦好鼎	1.391	商代晚期	
婦好	00500	婦好鼎	1.392	商代晚期	
婦好	00501	婦好鼎	1.393	商代晚期	
婦好	00502	婦好鼎	1.394	商代晚期	
婦好	00503	婦好鼎	1.395	商代晚期	
婦好	00504	婦好鼎	1.396	商代晚期	
婦好	00505	婦好鼎	1.397	商代晚期	
婦好	00506	婦好鼎	1.398	商代晚期	
婦好	00507	婦好鼎	1.399	商代晚期	
婦好	00508	婦好鼎	1.400	商代晚期	
婦好	03138	婦好甗	7.36	商代晚期	
婦好	03139	婦好甗	7.37	商代晚期	
婦好	03140	婦好三聯甗	7.38	商代晚期	
婦好	03597	婦好簋	7.424	商代晚期	
婦好	07111	婦好爵	15.31	商代晚期	
婦好	07112	婦好爵	15.32	商代晚期	

人 名	器 號	器 名	卷數頁碼	時 代	備 注
婦好	07113	婦好爵	15.33	商代晚期	
婦好	07114	婦好爵	15.34	商代晚期	
婦好	07115	婦好爵	15.35	商代晚期	
婦好	07116	婦好爵	15.36	商代晚期	
婦好	07117	婦好爵	15.37	商代晚期	
婦好	07118	婦好爵	15.37	商代晚期	
婦好	07119	婦好爵	15.38	商代晚期	
婦好	07120	婦好爵	15.38	商代晚期	
婦好	09273	婦好觚	18.47	商代晚期	
婦好	09274	婦好觚	18.48	商代晚期	
婦好	09275	婦好觚	18.49	商代晚期	
婦好	09276	婦好觚	18.50	商代晚期	
婦好	09277	婦好觚	18.51	商代晚期	
婦好	09278	婦好觚	18.52	商代晚期	
婦好	09279	婦好觚	18.53	商代晚期	
婦好	09280	婦好觚	18.54	商代晚期	
婦好	09281	婦好觚	18.55	商代晚期	
婦好	09282	婦好觚	18.56	商代晚期	
婦好	09283	婦好觚	18.57	商代晚期	
婦好	09284	婦好觚	18.58	商代晚期	
婦好	09285	婦好觚	18.59	商代晚期	
婦好	09286	婦好觚	18.60	商代晚期	
婦好	09287	婦好觚	18.61	商代晚期	
婦好	09288	婦好觚	18.62	商代晚期	
婦好	09289	婦好觚	18.62	商代晚期	
婦好	09290	婦好觚	18.63	商代晚期	
婦好	10181	婦好觶	19.102	商代晚期	
婦好	10956	婦好斝	20.70	商代晚期	
婦好	10957	婦好斝	20.71	商代晚期	
婦好	10958	婦好斝	20.72	商代晚期	
婦好	10959	婦好斝	20.73	商代晚期	
婦好	11201	婦好尊	20.249	商代晚期	
婦好	11202	婦好尊	20.250	商代晚期	

人　名	器　號	器　名	卷數頁碼	時　代	備　注
婦好	11203	婦好尊	20.251	商代晚期	
婦好	11999	婦好壺	21.363	商代晚期	
婦好	12000	婦好壺	21.364	商代晚期	
婦好	12030	婦好正壺	21.389	商代晚期	
婦好	13493	婦好方彝	24.369	商代晚期	
婦好	13494	婦好方彝	24.370	商代晚期	
婦好	13495	婦好方彝	24.371	商代晚期	
婦好	13496	婦好方彝	24.372	商代晚期	
婦好	13608	婦好觥	24.450	商代晚期	
婦好	13609	婦好觥	24.451	商代晚期	
婦好	13760	婦好罍	25.54	商代晚期	
婦好	13761	婦好罍	25.55	商代晚期	
婦好	13960	婦好瓿	25.135	商代晚期	
婦好	13961	婦好瓿	25.136	商代晚期	
婦好	14162	婦好勺	25.281	商代晚期	
婦好	14163	婦好勺	25.282	商代晚期	
婦好	14164	婦好勺	25.283	商代晚期	
婦好	14165	婦好勺	25.284	商代晚期	
婦好	14166	婦好勺	25.285	商代晚期	
婦好	14167	婦好勺	25.286	商代晚期	
婦好	14168	婦好勺	25.287	商代晚期	
婦好	14169	婦好勺	25.288	商代晚期	
婦好	14327	婦好盤	25.342	商代晚期	
婦好	14611	婦好盉	26.31	商代晚期	
婦好	14612	婦好盉	26.32	商代晚期	
婦好	14613	婦好盉	26.33	商代晚期	
婦好	18226	婦好鉞	33.496	商代晚期	
婦好	18227	婦好鉞	33.497	商代晚期	
婦好	19227	婦好罐	35.8	商代晚期	
婦好	19271	婦好箕	35.58	商代晚期	
婦改	14906	召樂父匜	26.282	西周晚期	召樂父的夫人
婦妌	03598	婦妌簋	7.425	商代晚期	
婦㦰	00508	婦好鼎	1.399	商代晚期	

人　名	器　號	器　名	卷數頁碼	時　代	備　注
婦姑	01691	天黽鼎	3.355	商代晚期	
婦姑	01692	天黽鼎	3.355	商代晚期	
婦姑	03284	天黽甗	7.161	商代晚期	
婦姑	11059	天黽斝	20.152	商代晚期	
婦姃	00968	婦姃鼎	2.239	商代晚期	
婦姃	01605	婦𢦏鼎	3.277	商代晚期	
婦姦	10185	婦姦觶	19.105	商代晚期	
婦姦	11620	婦姦尊	21.106	商代晚期	
婦㫃	11204	婦㫃尊	20.252	商代晚期	
婦娸	04256	文父乙簋	9.29	商代晚期	
婦娳	13281	子卣	24.207	商代晚期	子的夫人
婦鳥	09296	婦鳥觚	18.66	商代晚期	
婦旋	00513	婦旋鼎	1.402	商代晚期	
婦旋	03599	婦旋簋	7.426	商代晚期	
婦旋	10184	婦旋觶	19.104	商代晚期	
婦婭	13820	婦婭罍	25.109	商代晚期	
婦婗	03737	咸婦婗簋	8.58	商代晚期	
婦嫡	10183	婦嫡觶	19.103	商代晚期	
婦嬑	09656	婦嬑Ｃ觚	18.344	商代晚期	
婦嬑	09657	婦嬑Ｃ觚	18.345	商代晚期	
婦妺	10527	婦妺觶	19.364	商代晚期	
婦鴆	09814	婦鴆觚	18.468	商代晚期	
婦闌	01895	婦闌鼎	4.57	商代晚期	
婦闌	03314	婦闌甗	7.190	商代晚期	
婦闌	08572	婦闌爵	17.121	商代晚期	
婦闌	08573	婦闌爵	17.122	商代晚期	
婦闌	08574	婦闌爵	17.123	商代晚期	
婦闌	11063	婦闌斝	20.157	商代晚期	
婦闌	11064	婦闌斝	20.158	商代晚期	
婦闌	13245	婦闌卣	24.161	商代晚期	
婦闌	13246	婦闌卣	24.162	商代晚期	
婦闌	13819	婦闌罍	25.108	商代晚期	
婦𠙹	07122	婦𠙹爵	15.40	商代晚期	

人　名	器　號	器　名	卷數頁碼	時　代	備　注
婦𡟥	04002	聑賓婦𡟥簋	8.284	商代晚期	
婦𡟥	08355	聑賓婦𡟥爵	16.446	商代晚期	
婦𡟥	08356	聑賓婦𡟥爵	16.447	商代晚期	
婦𡟥	08357	聑賓婦𡟥爵	16.448	商代晚期	
婦𡟥	08769	聑賓婦𡟥角	17.205	商代晚期	
婦𡟥	11467	聑賓婦𡟥尊	20.474	商代晚期	
婦𡟥	12938	聑賓婦𡟥卣	23.368	商代晚期	
婦𡠗	00509	婦𡠗鼎	1.400	商代晚期	
婦𡠗	00510	婦𡠗鼎	1.401	商代晚期	
婦𡠗	00511	婦𡠗鼎	1.401	商代晚期	
婦𡠗	00512	婦𡠗鼎	1.401	商代晚期	
婦𡠗	01217	聑賓婦𡠗鼎	2.434	商代晚期	
婦𡟥	01222	婦𡟥鼎	2.437	商代晚期	
婦𡠗	02619	婦𡠗鬲	6.16	商代晚期	
婦𡠗	09291	婦𡠗觚	18.63	商代晚期	
婦𡠗	09292	婦𡠗觚	18.64	商代晚期	
婦𡠗	09293	婦𡠗觚	18.64	商代晚期	
婦𡠗	09294	婦𡠗觚	18.65	商代晚期	
婦𡠗	12719	婦𡠗卣	23.170	商代晚期	
婦𡠗	13614	婦𡠗舟瓜	24.454	商代晚期	
婦𡠗	19740	婦𡠗玉箍形器	35.347	商代晚期	
婦𠬝	11491	婦𠬝兄癸尊	20.496	西周早期前段	
婦十未	00969	婦十未鼎	2.240	商代晚期	
婦十未	03160	婦十未甗	7.56	商代晚期	
婦十未	03736	婦十未簋	8.57	商代晚期	
婦十未	07696	婦十未爵	15.463	商代晚期	
婦十未	09655	婦十未觚	18.343	商代晚期	
婦十未	11021	婦十未斝	20.122	商代晚期	
婦十未	13970	婦十未瓿	25.144	商代晚期	
順	13539	順方彝	24.416	西周早期後段	
悆𥼀	19178	鄂君啟車節	34.552	戰國晚期	即悼𥼀
悆𥼀	19179	鄂君啟車節	34.555	戰國晚期	同上
悆𥼀	19180	鄂君啟車節	34.557	戰國晚期	同上

人　名	器　號	器　名	卷數頁碼	時　代	備　注
悳糈	19181	鄂君啟舟節	34.559	戰國晚期	即悼糈
悳糈	19182	鄂君啟舟節	34.561	戰國晚期	同上
惠公	17094	惠公戈	32.149	春秋早期	
翏生	05667	翏生盨	12.435	西周晚期	
翏生	05668	翏生盨	12.438	西周晚期	
翏生	05669	翏生盨	12.440	西周晚期	
翌子	03720	翌子簋	8.43	西周早期	
翌正	07433	翌正爵	15.256	商代晚期	
絃侯	01951	絃侯鼎	4.108	西周早期前段	
紳	02441	驪鼎	5.272	西周中期	
絵	15828	黐鎛	29.392	春秋中期	
紹全	06316	冶紹全匕	13.514	戰國晚期	
紹全	06317	冶紹全匕	13.515	戰國晚期	

十　二　畫

人　名	器　號	器　名	卷數頁碼	時　代	備　注
馭	05243	馭簋	11.307	西周晚期	
馭	13286	馭卣	24.213	商代晚期	
馭方	02464	鄂侯馭方鼎	5.318	西周晚期	鄂侯
馭方	02498	禹鼎	5.387	西周晚期	同上
馭方	02499	禹鼎	5.389	西周晚期	同上
耒	02515	曶鼎	5.447	西周中期後段	五個奴隸之一
斌	02266	德鼎	5.3	西周早期	周武王
斌王	02382	中鼎	5.170	西周早期	同上
斌王	02383	中鼎	5.172	西周早期	同上
斌王	02384	中鼎	5.174	西周早期	同上
斌王	02514	大盂鼎	5.443	西周早期	同上
斌王	05373	宜侯夨簋	12.145	西周早期	同上
斌王	11819	何尊	21.311	西周早期前段	同上
斌帝日丁	02105	應公鼎	4.289	西周晚期	
琱生	03013	琱生鬲	6.449	西周中期後段	
琱生	05340	五年琱生簋	12.64	西周晚期	

人 名	器 號	器 名	卷數頁碼	時 代	備 注
琱生	05341	六年琱生簋	12.66	西周晚期	
琱生	11816	琱生尊	21.304	西周晚期	即周生
琱生	11817	琱生尊	21.306	西周晚期	同上
琱娟（妘）	02111	函皇父鼎	4.295	西周晚期	
琱娟（妘）	02380	函皇父鼎	5.166	西周晚期	
琱娟（妘）	05144	函皇父簋	11.95	西周晚期	即周妘
琱娟（妘）	05145	函皇父簋	11.98	西周晚期	同上
琱娟（妘）	05146	函皇父簋	11.100	西周晚期	同上
琱娟（妘）	14523	函皇父盤	25.562	西周晚期	同上
琱我父	05032	周我父簋	10.408	西周晚期	即周我父
琱我父	05033	周我父簋	10.410	西周晚期	同上
琱我父	05034	周我父簋	10.412	西周晚期	同上
梓	01814	梓作父癸鼎	3.475	西周早期	
堯	12090	堯壺	21.444	西周中期前段	
堯	14436	堯盤	25.456	西周中期前段	
堯	14760	堯盉	26.167	西周中期前段	即叔堯
堯氏	16395	堯氏戈	30.361	西周早期	
壻	15556	叔夷鐘五	28.536	春秋晚期	即禹
壻	15563	叔夷鐘十二	28.547	春秋晚期	同上
壻	15829	叔夷鎛	29.395	春秋晚期	同上
喜夵	18072	武陰令司馬闌鈹	33.458	戰國晚期	
喜令韓鮯	17305	喜令韓鮯戈	32.389	戰國晚期	
煮正	19636	十三年鑲金銀泡	35.296	戰國中期	
煮正	19637	十三年鑲金銀泡	35.297	戰國中期	
煮正	19638	十三年鑲金銀泡	35.298	戰國中期	
越王	16414	越王戈	30.378	春秋時期	
越王	17592	越王矛	33.22	春秋晚期	
越王	17867	越王鈹	33.211	春晚或戰早	
越王	17868	越王劍	33.212	春秋晚期	
越王	17869	越王劍	33.213	春晚或戰早	
越王	17870	越王劍	33.214	戰國早期	
越王	19766	越王石矛	35.376	戰國早期	
越王	19770	越王石劍格	35.380	戰國時期	

人　名	器　號	器　名	卷數頁碼	時　代	備　注
越王	19771	越王石劍格	35.380	戰國時期	
越州句	17890	越州句劍格	33.236	戰國早期	
越州句	17891	越州句劍格	33.237	戰國早期	
越嗣王	19767	越嗣王石矛	35.377	戰國早期	
越嗣王	19768	越嗣王石矛	35.378	戰國早期	
越王不光	17955	越王不光劍	33.314	戰國中期	
越王不光	17956	越王不光劍	33.314	戰國中期	
越王不光	17957	越王不光劍	33.315	戰國中期	
越王不光	17958	越王不光劍	33.316	戰國中期	
越王不光	17959	越王不光劍	33.317	戰國中期	
越王不光	17960	越王不光劍	33.318	戰國中期	
越王不光	17961	越王不光劍	33.319	戰國中期	
越王不光	17962	越王不光劍	33.320	戰國中期	
越王不光	17963	越王不光劍	33.321	戰國中期	
越王不光	17964	越王不光劍	33.322	戰國中期	
越王不光	17965	越王不光劍	33.323	戰國中期	
越王不光	19769	越王不光石矛	35.379	戰國晚期	
越王勾踐	17874	越王勾踐劍	33.218	戰國早期	
越王旨医	17873	越王旨医劍	33.217	戰國早期	
越王州句	17667	越王州句矛	33.98	戰國早期	
越王伯侯	17872	越王伯侯劍	33.216	戰國早期	
越王州句	17892	越王州句劍	33.238	戰國早期	
越王州句	17893	越王州句劍	33.240	戰國早期	
越王州句	17894	越王州句劍	33.241	戰國早期	
越王州句	17895	越王州句劍	33.242	戰國早期	
越王州句	17896	越王州句劍	33.243	戰國早期	
越王州句	17897	越王州句劍	33.244	戰國早期	
越王州句	17898	越王州句劍	33.245	戰國早期	
越王州句	17899	越王州句劍	33.246	戰國早期	
越王州句	17900	越王州句劍	33.247	戰國早期	
越王州句	17901	越王州句劍	33.248	戰國早期	
越王州句	17902	越王州句劍	33.249	戰國早期	
越王州句	17903	越王州句劍	33.250	戰國早期	

人　名	器　號	器　名	卷數頁碼	時　代	備　注
越王州句	17904	越王州句劍	33.251	戰國早期	
越王州句	17905	越王州句劍	33.252	戰國早期	
越王州句	17906	越王州句劍	33.253	戰國早期	
越王州句	17907	越王州句劍	33.254	戰國早期	
越王州句	17908	越王州句劍	33.255	戰國早期	
越王州句	17909	越王州句劍	33.256	戰國早期	
越王州句	17910	越王州句劍	33.257	戰國早期	
越王州句	17911	越王州句劍	33.258	戰國早期	
越王州句	17912	越王州句劍	33.259	戰國早期	
越王州句	17913	越王州句劍	33.261	戰國早期	
越王州句	17914	越王州句劍	33.262	戰國早期	
越王差徐	17363	越王差徐戟	32.459	戰國早期	
越王諸稽	17623	越王諸稽矛	33.55	戰國早期	
越王丌北古	18025	越王丌北古劍	33.400	戰國早期	
越王丌北古	18026	越王丌北古劍	33.402	戰國早期	
越王丌北古	18027	越王丌北古劍	33.404	戰國早期	
越王之子勾踐	17875	越王之子勾踐劍	33.220	戰國早期	
越王之子勾踐	17876	越王之子勾踐劍	33.221	戰國早期	
越王嗣旨不光	17951	越王嗣旨不光劍	33.311	戰國中期	
越王嗣旨不光	17952	越王嗣旨不光劍	33.312	戰國中期	
越王嗣旨不光	17953	越王嗣旨不光劍	33.313	戰國中期	
越王諸稽不光	17954	越王諸稽不光劍	33.313	戰國中期	
越王諸稽於睗	15417	越王者旨於睗鐘一	28.7	戰國早期	
越王諸稽於睗	15418	越王者旨於睗鐘二	28.8	戰國早期	
越王諸稽於睗	15419	越王者旨於睗鐘三	28.9	戰國早期	
越王諸稽於睗	15420	越王者旨於睗鐘四	28.10	戰國早期	
越王諸稽於睗	16932	越王諸稽於睗戈	31.485	戰國早期	
越王諸稽於睗	16933	越王諸稽於睗戈	31.486	戰國早期	
越王諸稽於睗	16934	越王諸稽於睗戈	31.491	戰國早期	
越王諸稽於睗	17619	越王諸稽於睗矛	33.49	戰國早期	
越王諸稽於睗	17620	越王諸稽於睗矛	33.51	戰國早期	
越王諸稽於睗	17621	越王諸稽於睗矛	33.53	戰國早期	
越王諸稽於睗	17622	越王諸稽於睗矛	33.54	戰國早期	

人 名	器 號	器 名	卷數頁碼	時 代	備 注
越王諸稽於睗	17877	越王諸稽於睗劍	33.222	戰國早期	
越王諸稽於睗	17878	越王諸稽於睗劍	33.224	戰國早期	
越王諸稽於睗	17879	越王諸稽於睗劍	33.225	戰國早期	
越王諸稽於睗	17880	越王諸稽於睗劍	33.226	戰國早期	
越王諸稽於睗	17881	越王諸稽於睗劍	33.227	戰國早期	
越王諸稽於睗	17882	越王諸稽於睗劍	33.228	戰國早期	
越王諸稽於睗	17883	越王諸稽於睗劍	33.229	戰國早期	
越王諸稽於睗	17884	越王諸稽於睗劍	33.230	戰國早期	
越王諸稽於睗	17885	越王諸稽於睗劍	33.231	戰國早期	
越王諸稽於睗	17886	越王諸稽於睗劍	33.232	戰國早期	
越王諸稽於睗	17887	越王諸稽於睗劍	33.233	戰國早期	
越王諸稽於睗	17888	越王諸稽於睗劍	33.234	戰國早期	
越王諸稽於睗	17889	越王諸稽於睗劍	33.235	戰國早期	
尌仲	03337	尌仲甗	7.215	春秋早期	
尌仲	05119	尌仲簋蓋	11.57	西周晚期	
尌仲	14361	尌仲盤	25.375	春秋早期	
彭	11738	彭尊	21.208	商代晚期	
彭公	05906	無所簠	13.185	春秋晚期	
彭生	01956	彭生鼎	4.114	西周早期	
彭史	11551	彭史尊	21.48	西周早期	
彭母	01228	彭母鼎	2.443	西周早期	
彭母	03204	彭母甗	7.92	商代晚期	
彭母	04004	彭母簋	8.286	商代晚期	
彭母	10486	彭母觶	19.337	西周早期	
彭母	12095	彭母壺	21.448	商代晚期	
彭伯	12321	彭伯壺	22.204	春秋早期	
彭伯	12322	彭伯壺	22.206	春秋早期	
彭射	14057	彭射缶甲	25.203	春秋晚期	
彭射	14058	彭射缶乙	25.204	春秋晚期	
彭婦	10611	彭婦觶蓋	19.432	西周中期前段	
彭子仲	06271	彭子仲盆蓋	13.489	春秋早期	
彭子射	01666	彭子射鼎	3.330	春秋晚期	
彭子射	01667	彭子射鼎	3.331	春秋晚期	

人 名	器 號	器 名	卷數頁碼	時 代	備 注
彭子射	14388	彭子射盤	25.401	春秋晚期	
彭子射	14878	彭子射匜	26.258	春秋早期	
彭子射兒	02264	彭子射兒鼎	4.496	春秋晚期	
彭子射兒	05884	彭子射兒簋	13.149	春秋晚期	
達	04642	達簋	9.388	西周中期	
達	05366	師袁簋	12.125	西周晚期	淮夷酋長之一
達	05367	師袁簋	12.128	西周晚期	同上
達	05661	達盨蓋甲	12.426	西周中期	
達	05662	達盨蓋乙	12.428	西周中期	
達	05663	達盨蓋丙	12.429	西周中期	
達	08562	達爵	17.111	西周早期	
敔	04521	敔簋	9.275	西周早期	
敔氏	00613	敔氏鼎	1.480	商代晚期	
敔象	00612	敔象鼎	1.479	商代晚期	
敓	04267	敓簋	9.39	西周早期	
耴	04170	耴簋	8.425	西周早期	
聅子	10590	聅子觶	19.414	西周早期	
喪史賓	14039	喪史賓瓶	25.194	戰國時期	
莫	12274	莫壺	22.149	西周早期	
莫大	08565	莫大爵	17.114	西周早期	
葛得	02387	鄢得鼎	5.179	戰國時期	
葛得	18073	春平相邦葛得劍	33.459	戰國晚期	
萬	10865	萬杯	19.493	西周中期前段	
萬爲	17233	邯陰令萬爲戈	32.298	戰國晚期	邯陰縣令
敬	13181	敬卣	24.93	西周早期	
鄭仲鹽	14087	鄭仲鹽缶	25.249	春秋早期	
敬章	17361	安陽令敬章戈	32.455	戰國晚期	安陽縣令
黃	04519	黃簋	9.273	西周早期	
黃	11767	黃尊	21.234	西周中期前段	
黃子	02038	黃子鼎	4.204	春秋早期	
黃子	02087	黃子鼎	4.266	春秋早期	
黃子	02844	黃子鬲	6.229	春秋早期	
黃子	02945	黃子鬲	6.364	春秋早期	

人　名	器　號	器　名	卷數頁碼	時　代	備　注
黃子	06148	黃子豆	13.398	春秋早期	
黃子	12338	黃子壺	22.230	春秋早期	
黃子	12339	黃子壺	22.231	春秋早期	
黃子	13997	黃子罐	25.160	春秋早期	
黃子	13998	黃子罐	25.162	春秋早期	
黃子	14455	黃子盤	25.476	春秋早期	
黃子	14769	黃子盂	26.177	春秋早期	
黃子	14942	黃子匜	26.320	春秋早期	
黃子	19232	黃子罐	35.13	春秋早期	
黃子	19302	黃子器座	35.87	春秋早期	
黃公	02428	剌鼎	5.251	西周中期前段	剌的長輩
黃仲	14903	黃仲匜	26.280	西周晚期	
黃君	05013	黃君簋蓋	10.374	西周晚期	
黃季	01974	黃季鼎	4.130	春秋早期	
黃季	02088	黃季鼎	4.267	春秋早期	
黃季	19239	伯遊父卮	35.22	春秋中期	
黃父(夫)人	12338	黃子壺	22.230	春秋早期	
黃父(夫)人	12339	黃子壺	22.231	春秋早期	
黃朱祗	02818	黃朱祗鬲	6.201	西周晚期	
黃朱祗	02819	黃朱祗鬲	6.202	西周晚期	
黃仲酉	01884	黃仲酉鼎	4.42	春秋晚期	曾國少宰
黃仲酉	03313	黃仲酉甗	7.189	春秋晚期	同上
黃仲酉	05802	黃仲酉簠	13.58	春秋晚期	同上
黃仲酉	12249	黃仲酉壺	22.123	春秋晚期	同上
黃仲酉	14409	黃仲酉盤	25.424	春秋晚期	同上
黃仲酉	14902	黃仲酉匜	26.279	春秋晚期	同上
黃甫(夫)人	02087	黃子鼎	4.266	春秋早期	
黃甫(夫)人	02945	黃子鬲	6.364	春秋早期	
黃甫(夫)人	06148	黃子豆	13.398	春秋早期	
黃甫(夫)人	14769	黃子盂	26.177	春秋早期	
黃君孟	02003	黃君孟鼎	4.164	春秋早期	
黃君孟	02004	黃君孟鼎	4.166	春秋早期	
黃君孟	06146	黃君孟豆	13.396	春秋早期	

人 名	器 號	器 名	卷數頁碼	時 代	備 注
黃君孟	12324	黃君孟壺	22.211	春秋早期	
黃君孟	13996	黃君孟鑪	25.159	春秋早期	
黃君孟	14440	黃君孟盤	25.460	春秋早期	
黃君孟	14917	黃君孟匜	26.293	春秋早期	
黃君孟	16973	黃君孟戈	32.15	春秋早期	
黃孟姬	14455	黃子盤	25.476	春秋早期	黃子的夫人
黃孟姬	14942	黃子匜	26.320	春秋早期	
黃孟姬	19232	黃子罐	35.13	春秋早期	
黃子魯天	11757	黃子魯天尊	21.225	西周中期前段	
黃季佗父	16898	黃季佗父戈	31.441	春秋早期	
黃韋俞父	14490	黃韋俞父盤	25.513	春秋時期	
黃甫人孟姬	19302	黃子器座	35.87	春秋早期	
散氏	14542	散氏盤	25.602	西周晚期	
散伯	04652	散伯簋甲	9.398	西周晚期	
散伯	04653	散伯簋乙	9.399	西周晚期	
散伯	04654	散伯簋丙	9.400	西周晚期	
散伯	04655	散伯簋丁	9.401	西周晚期	
散伯	13161	散伯卣	24.71	西周中期前段	
散伯	13162	散伯卣	24.72	西周中期前段	
散伯	13163	散伯卣蓋	24.73	西周中期前段	
散伯	14875	散伯匜	26.255	西周晚期	
散季	05120	散季簋	11.58	西周晚期	
散姬	01440	散姬鼎	3.129	西周中期	
散車父	04838	散車父簋甲	10.133	西周中期後段	
散車父	04839	散車父簋乙	10.134	西周中期後段	
散車父	04840	散車父簋丙	10.135	西周中期後段	
散車父	04841	散車父簋丁	10.137	西周中期後段	
散車父	04842	散車父簋蓋	10.138	西周中期後段	
散車父	12404	散車父壺	22.325	西周中期後段	
散氏車父	12359	散氏車父壺	22.260	西周中期後段	
散伯車父	02297	散伯車父鼎甲	5.42	西周中期後段	
散伯車父	02298	散伯車父鼎乙	5.44	西周中期後段	
散伯車父	02299	散伯車父鼎丙	5.46	西周中期後段	

人　名	器　號	器　名	卷數頁碼	時　代	備　注
散伯車父	02300	散伯車父鼎丁	5.48	西周中期後段	
斯	18835	兩詔橢量	34.292	秦代	李斯
斯	18836	兩詔橢量	34.294	秦代	同上
斯	18837	兩詔橢量	34.297	秦代	同上
斯	18838	兩詔橢量	34.299	秦代	同上
斯	18839	兩詔橢量	34.302	秦代	同上
斯	18840	兩詔橢量	34.304	秦代	同上
斯	18841	北私府橢量	34.306	秦代	同上
斯	18862	高奴禾石權	34.325	戰國晚期	同上
斯	18919	兩詔權	34.389	秦代	同上
斯	18920	兩詔權	34.391	秦代	同上
斯	18921	兩詔權	34.392	秦代	同上
斯	18922	兩詔權	34.394	秦代	同上
斯	18923	兩詔權	34.395	秦代	同上
斯	18924	兩詔權	34.398	秦代	同上
斯	18925	兩詔權	34.401	秦代	同上
斯	18926	右大廄石權	34.402	秦代	同上
斯	18927	美陽權	34.405	秦代	同上
斯	18928	平陽權	34.407	秦代	同上
斯	18929	大騩權	34.408	秦代	同上
斯	18930	旬邑權	34.410	秦代	同上
斯	18942	二世詔版	34.424	秦代	同上
斯	18943	二世詔版	34.425	秦代	同上
斯	18945	二世詔版	34.427	秦代	同上
斯	18946	二世詔版	34.428	秦代	同上
斯	18947	二世詔版	34.429	秦代	同上
斯	18948	二世詔版	34.430	秦代	同上
斯	18949	二世詔版	34.430	秦代	同上
斯	18950	二世詔版	34.431	秦代	同上
斯	18951	二世詔版	34.432	秦代	同上
斯	18952	二世詔版	34.433	秦代	同上
斯	18953	二世詔版	34.434	秦代	同上
斯	18954	二世詔版	34.434	秦代	同上

人 名	器 號	器 名	卷數頁碼	時 代	備 注
斯	18955	兩詔詔版	34.435	秦代	李斯
靳	11783	靳尊	21.252	西周中期前段	即靳
惠公	05335	鬲比簋蓋	12.54	西周晚期	鬲比的父親
惠公	05679	鬲比盨	12.464	西周晚期	同上
惠公	15815	郘公䰧父鎛	29.336	春秋晚期	郘公䰧父的父親
惠公	15816	郘公䰧父鎛	29.341	春秋晚期	同上
惠公	15817	郘公䰧父鎛	29.348	春秋晚期	同上
惠公	15818	郘公䰧父鎛	29.355	春秋晚期	同上
惠仲	05161	善夫梁其簋	11.132	西周晚期	善夫梁其的父親
惠仲	05162	善夫梁其簋	11.135	西周晚期	同上
惠仲	05163	善夫梁其簋	11.138	西周晚期	同上
惠仲	05164	善夫梁其簋	11.141	西周晚期	同上
惠仲	05165	善夫梁其簋	11.143	西周晚期	同上
惠仲	05198	虢姜簋蓋	11.217	西周晚期	虢姜的父親
惠仲	05322	同簋	12.24	西周中期	同的父親
惠仲	05323	同簋蓋	12.26	西周中期	同上
惠妘	05161	善夫梁其簋	11.132	西周晚期	善夫梁其的母親
惠妘	05162	善夫梁其簋	11.135	西周晚期	同上
惠妘	05163	善夫梁其簋	11.138	西周晚期	同上
惠妘	05164	善夫梁其簋	11.141	西周晚期	同上
惠妘	05165	善夫梁其簋	11.143	西周晚期	同上
惠伯	05336	諫簋	12.55	西周中期	諫的父親
惠叔	15584	虢叔旅鐘甲	29.6	西周晚期	虢叔旅的父親
惠叔	15585	虢叔旅鐘乙	29.9	西周晚期	同上
惠叔	15586	虢叔旅鐘丙	29.12	西周晚期	同上
惠叔	15587	虢叔旅鐘丁	29.15	西周晚期	同上
惠叔	15590	虢叔旅鐘庚	29.21	西周晚期	同上
惠叔	15828	黐鎛	29.392	春秋中期	
惠孟	14800	裘衛盉	26.231	西周中期前段	裘衛的父親
惠姜	15828	黐鎛	29.392	春秋中期	
惠姬	04505	伯嘉父簋	9.261	西周晚期	伯嘉父的夫人
惠姬	04506	伯嘉父簋	9.262	西周晚期	同上
惠姬	05216	蔡姞簋	11.246	西周晚期	尹叔的母親

人　名	器　號	器　名	卷數頁碼	時　代	備　注
惠仲螽父	14543	逨盤	25.605	西周晚期	
酕	11667	酕尊	21.145	西周早期	
棘余子	17664	不降矛	33.94	戰國時期	
㢜	18063	相邦春平侯鈹	33.447	戰國晚期	
厥子	11681	厥子尊	21.157	西周早期後段	
厝季	11688	厝季尊	21.164	西周早期後段	鄂侯之弟
厝季	13202	厝季卣	24.113	西周早期	同上
猗	17293	上郡守猗戈	32.373	戰國晚期	秦上郡太守
鄧姞	04838	散車父簋甲	10.133	西周中期後段	散車父的夫人
鄧姞	04839	散車父簋乙	10.134	西周中期後段	同上
鄧姞	04840	散車父簋丙	10.135	西周中期後段	同上
鄧姞	04841	散車父簋丁	10.137	西周中期後段	同上
鄧姞	04842	散車父簋蓋	10.138	西周中期後段	同上
瓊好	05014	公豐父簋	10.375	西周早期	即瓊妣好
瓊伯	02497	五祀衛鼎	5.385	西周中期前段	
瓊伯	14800	裘衛盉	26.231	西周中期前段	
瓊妣好	05014	公豐父簋	10.375	西周早期	公豐父的夫人
揚	02183	玙鼎	4.380	西周早期	
揚	02184	玙鼎	4.382	西周早期	
揚	02319	揚鼎	5.76	春秋晚期	
揚	05350	揚簋	12.92	西周中期	
揚	05351	揚簋	12.94	西周中期	
掾張承	18585	大將李牧弩機	34.161	戰國晚期	
軏仲	15153	軏仲鐘	27.79	西周中期	
敊	08473	敊爵	17.37	西周早期	
斳	05295	斳簋	11.434	西周中期前段	
斱	16494	斱戈	30.449	西周早期後段	
斱	16495	斱戟	30.450	西周早期後段	
斱族矛	12201	斱族矛壺	22.72	西周早期	
量侯戫	04837	量侯戫簋	10.132	西周早期	
量伯丞父	08555	量伯丞父爵	17.104	西周中期前段	
景之	18815	大市量	34.267	戰國中期	
景之	18816	鄲客問量	34.268	戰國晚期	

人　名	器　號	器　名	卷數頁碼	時　代	備　注
景畏	17695	競敗矛	33.131	戰國早期	
景脽	17140	襄城公景脽戟	32.200	戰國早期	
景鯉	18586	二十九年弩機	34.164	戰國晚期	
景之定	03015	競之定鬲甲	6.452	春秋晚期	名定，楚平王的後裔
景之定	03016	競之定鬲乙	6.453	春秋晚期	同上
景之定	03017	競之定鬲丙	6.455	春秋晚期	同上
景之定	03018	競之定鬲丁	6.457	春秋晚期	同上
景之定	03019	競之定鬲戊	6.459	春秋晚期	同上
景之定	03020	競之定鬲己	6.461	春秋晚期	同上
景之定	03021	競之定鬲庚	6.462	春秋晚期	同上
景之定	03022	競之定鬲辛	6.464	春秋晚期	同上
景之定	04978	競之定簠甲	10.322	春秋晚期	同上
景之定	04979	競之定簠乙	10.324	春秋晚期	同上
景之定	06150	競之定豆甲	13.400	春秋晚期	同上
景之定	06151	競之定豆乙	13.401	春秋晚期	同上
景孫不服	12381	競孫不服壺	22.289	春秋晚期	名不服，楚平王後裔
景孫旗	03036	競孫旗鬲	6.489	春秋早期	名旗，楚平王後裔
景平王之定	15154	景平王鐘	27.80	春秋晚期	名定，楚平王後裔
鼎	01722	鼎鼎	3.384	春秋晚期	
鼎	03259	鼎甗	7.139	西周早期前段	
鼎	03439	鼎簋	7.288	商代晚期	
匩軨徒	18073	春平相邦葛得劍	33.459	戰國晚期	
買	05134	勇叔買簋	11.80	西周晚期	即勇叔買
買車	10975	買車斝	20.87	商代晚期	
買車	11244	買車尊	20.284	商代晚期	
買車	12700	買車卣	23.154	商代晚期	
買王罙	09810	買王罙瓿	18.466	西周早期	
買王罙	09811	買王罙瓿	18.467	西周早期	
買王罙	13090	買王罙卣	23.514	西周早期	
𨚓	05350	揚簋	12.92	西周中期	即揚
𨚓	05351	揚簋	12.94	西周中期	同上
畯	05386	沈簋	12.176	西周中期後段	
單	01804	單鼎	3.467	西周早期	

人　名	器　號	器　名	卷數頁碼	時　代	備　注
單	04613	單簋	9.360	西周中期	
單	04614	單簋	9.361	西周中期	
單公	01717	叔鼎	3.380	西周早期後段	
單公	14543	逨盤	25.605	西周晚期	逨的祖先
單公	14777	逨盉	26.188	西周晚期	同上
單光	01425	單光鼎	3.115	西周早期	
單光	01426	單光鼎	3.116	西周早期	
單光	04197	單光簋	8.447	西周早期	
單伯	14800	裘衛盉	26.231	西周中期前段	
單叔	02957	單叔鬲甲	6.379	西周晚期	
單叔	02958	單叔鬲乙	6.380	西周晚期	
單叔	02959	單叔鬲丙	6.381	西周晚期	
單叔	02960	單叔鬲丁	6.382	西周晚期	
單叔	02961	單叔鬲戊	6.383	西周晚期	
單叔	02962	單叔鬲己	6.384	西周晚期	
單叔	02963	單叔鬲庚	6.385	西周晚期	
單叔	02964	單叔鬲辛	6.386	西周晚期	
單叔	02965	單叔鬲壬	6.387	西周晚期	
單姬	05311	應侯簋	11.471	西周中期後段	應侯見工姑母
單㬎	11677	單㬎尊	21.154	西周早期	
單子白	05612	單子白盨	12.342	西周晚期	
單子白	14384	單子白盤	25.397	西周晚期	
單五父	12349	單五父壺甲	22.244	西周晚期	
單五父	12350	單五父壺乙	22.245	西周晚期	
單昊生	06129	單昊生豆	13.378	西周晚期	
單踖討	17074	單踖討戈	32.118	戰國早期	
單伯昊生	15265	單伯昊生鐘	27.279	西周中期	
單伯原父	03007	單伯原父鬲	6.443	西周晚期	
琴	03414	琴簋	7.266	商代晚期	
紫子丙車	02154	紫子丙車鼎	4.345	春秋早期	
紫子丙車	02155	紫子丙車鼎	4.347	春秋早期	
歈	04266	歈簋	9.38	西周早期	
蛕	05228	曾仲大父蛕簋	11.268	西周晚期	即曾仲大父蛕

人　名	器　號	器　名	卷數頁碼	時　代	備　注
蛕	05229	曾仲大父蛕簋	11.271	西周晚期	即曾仲大父蛕
嵋拱	12319	嵋拱壺	22.202	西周中期	
毳	04764	毳簋	10.38	西周中期	
毳	04765	毳簋	10.39	西周中期	
毳	04766	毳簋	10.40	西周中期	
毳	04767	毳簋	10.42	西周中期	
毳	14452	毳盤	25.473	西周晚期	
毳	14767	毳盉	26.175	西周中期	
毳	14934	毳匜	26.311	西周晚期	
智君子	15052	智君子鑑	26.399	春秋晚期	
智君子	15053	智君子鑑	26.400	春秋晚期	
牁刧	11763	牁刧尊	21.231	西周早期	
牁伯諆	13280	牁伯諆卣	24.206	商晚或周早	
無土	01847	吳王孫無土鼎	4.4	春秋晚期	
無叀	02478	無叀鼎	5.346	西周晚期	
無咎	16706	臧之無咎戈	31.154	春秋晚期	
無臭	01486	無臭鼎	3.170	戰國晚期	
無臭	01487	無臭鼎	3.172	戰國晚期	
無所	02158	彭公之孫無所鼎	4.351	春秋晚期	
無所	05906	無所簠	13.185	春秋晚期	彭公之孫
無敄	01927	無敄鼎	4.85	西周早期	
無敄	03347	作册般黿	7.227	商代晚期	人方首領
無敄	04496	無敄簋	9.252	西周中期前段	
無昌（壽）	03285	亞無昌甗	7.162	商代晚期	
無昌（壽）	09840	戍宁無壽觚	18.490	商代中期	
無㠱	05244	無㠱簋	11.310	西周晚期	
無㠱	05245	無㠱簋	11.313	西周晚期	
無㠱	05246	無㠱簋蓋	11.316	西周晚期	
無㠱	05247	無㠱簋蓋	11.318	西周晚期	
無憂	13203	無憂卣	24.114	西周早期	
無伯彪	16841	無伯彪戈	31.334	春秋晚期	即許伯彪
無者俞	15987	喬君鉦鍼	29.511	春秋晚期	即許者俞
喬夫人	01742	喬夫人鼎	3.398	春秋早期	

人　名	器　號	器　名	卷數頁碼	時　代	備　注
喬君㳂盧	15987	喬君鉦鋮	29.511	春秋晚期	
筥小子	05035	筥小子簋	10.414	西周晚期	即莒小子
筥小子	05036	筥小子簋	10.416	西周晚期	同上
筍伯大父	05606	筍伯大父盨	12.336	西周晚期	即荀伯大父
敩伯	01448	敩伯鼎	3.134	西周早期	
集	13127	集卣	24.38	西周早期	
集尹陳夏	18816	鄅客問量	34.268	戰國晚期	
集尹悼糈	19178	鄂君啟車節	34.552	戰國晚期	
集尹悼糈	19179	鄂君啟車節	34.555	戰國晚期	
集尹悼糈	19180	鄂君啟車節	34.557	戰國晚期	
集尹悼糈	19181	鄂君啟舟節	34.559	戰國晚期	
集尹悼糈	19182	鄂君啟舟節	34.561	戰國晚期	
焦宎	18069	邦司寇趙春鈹	33.455	戰國晚期	
𣪘句	12376	𣪘句壺	22.282	西周中期	
脽	19178	鄂君啟車節	34.552	戰國晚期	
脽	19179	鄂君啟車節	34.555	戰國晚期	
脽	19180	鄂君啟車節	34.557	戰國晚期	
脽	19181	鄂君啟舟節	34.559	戰國晚期	
脽	19182	鄂君啟舟節	34.561	戰國晚期	
遇	03359	遇甗	7.243	西周中期前段	
鄏子行	06262	鄏子行盆	13.476	春秋早期	即息子行
泉造	04643	泉造簋	9.389	西周中期前段	
泉造	04644	泉造簋	9.390	西周中期前段	
眰伯	05505	眰伯盨	12.225	西周晚期	
眰叔	06124	眰叔鋪	13.373	西周晚期	
眰公蘇	16976	眰公蘇戈	32.22	春秋晚期	
備	04800	叔向父簋	10.86	西周晚期	叔向父的親屬
備	11656	備尊	21.134	西周早期後段	
備仲	14530	呂服余盤	25.577	西周中期	
備君畐	16739	備君畐戈	31.193	戰國時期	
健	02994	卿鬲	6.430	商代晚期	
健	04921	卿簋	10.246	商代晚期	
復	02046	復鼎	4.217	西周早期	

人名	器號	器名	卷數頁碼	時代	備注
復	05679	尌比盨	12.464	西周晚期	
復	11770	復尊	21.237	西周早期前段	
復丰(封)	12447	復封壺甲	22.412	春秋早期	齊太王的後代
復丰(封)	12448	復封壺乙	22.419	春秋早期	同上
復公仲	05105	復公仲簋蓋	11.33	春秋晚期	
復公仲	12371	復公仲壺	22.277	春秋晚期	
復公子伯舍	04932	復公子伯舍簋	10.259	西周晚期	
復公子伯舍	04933	復公子伯舍簋	10.261	西周晚期	
復公子伯舍	04934	復公子伯舍簋	10.262	西周晚期	
御	04148	御簋	8.406	西周早期前段	
御史	02426	執伯豐鼎	5.247	西周早期	周王朝御史,名不詳
御正良	08584	御正良爵	17.133	西周早期	
御正衛	04994	御正衛簋	10.347	西周早期	
御史競	05121	御史競簋	11.61	西周中期前段	
御史競	05122	御史競簋	11.63	西周中期前段	
御史臧是	02387	郾得鼎	5.179	戰國時期	
禦侯	16963	禦侯戈	32.5	春秋早期	
徭	01832	徭鼎	3.488	西周中期	
徙	03412	徙簋	7.265	商代晚期	
須盂生	01675	須盂生鼎蓋	3.338	戰國時期	
触	04156	触簋	8.415	西周早期	
番	12378	番壺	22.285	西周晚期	
番生	05383	番生簋蓋	12.170	西周中期	
番仲	17070	番仲戈	32.114	戰國晚期	
番改	02870	王鬲	6.263	西周晚期	王的妻妾
番君	14970	番君匜	26.348	西周晚期	
番叔	12289	番叔壺	22.165	春秋早期	
番叔	14467	伯雝盤	25.487	春秋早期	
番仲㚇	14963	番仲㚇匜	26.341	春秋時期	
番伯酓	14952	番伯酓匜	26.330	春秋早期	
番君召	05914	番君召簠	13.195	春秋晚期	
番君召	05915	番君召簠	13.196	春秋晚期	
番君召	05916	番君召簠	13.197	春秋晚期	

人　名	器　號	器　名	卷數頁碼	時　代	備　注
番君召	05917	番君召簠	13. 198	春秋晚期	
番君召	05918	番君召簠蓋	13. 199	春秋晚期	
番君召	05919	番君召簠	13. 200	春秋晚期	
番匊生	12416	番匊生壺	22. 342	西周中期後段	
番昶伯	14439	番昶伯盤	25. 459	春秋早期	
番伯官曾	14006	番伯官曾鑐	25. 173	春秋早期	
番君伯歔	14473	番君伯歔盤	25. 494	春秋早期	
番君酏伯	02990	番君酏伯鬲	6. 424	春秋早期	
番君酏伯	02991	番君酏伯鬲	6. 426	春秋早期	
番君酏伯	02992	番君酏伯鬲	6. 428	春秋早期	
番伯乛孫自	02843	番伯乛孫自鬲	6. 228	春秋早期	
番昶伯者君	02175	番昶伯者君鼎	4. 372	春秋早期	
番昶伯者君	02176	番昶伯者君鼎	4. 373	春秋早期	
番昶伯者君	14480	番昶伯者君盤	25. 502	春秋早期	
番昶伯者君	14481	番昶伯者君盤	25. 503	春秋早期	
番昶伯者君	14971	番昶伯者君匜	26. 349	春秋早期	
番昶伯者君	14972	番昶伯者君匜	26. 350	春秋早期	
爲尋	05110	眚仲之孫簠	11. 40	春秋早期	眚仲之孫
禽	01904	禽鼎	4. 65	西周中期前段	
禽	02047	禽鼎	4. 218	西周中期前段	
禽	04984	禽簋	10. 332	西周早期前段	伯禽，周公長子
錢孔	12410	陳璋壺	22. 332	戰國中期	
錢孔	12411	陳璋壺	22. 334	戰國中期	
鈖陶令富反	17306	鈖陶令富反戈	32. 390	戰國時期	
舒憙	17303	枭落戈	32. 387	戰國晚期	
鈇	13143	鈇卣	24. 53	商代晚期	
師子于匹	14756	師子于匹盂	26. 163	西周中期	
飲止	11283	歙止尊	20. 320	西周中期前段	
猲	01068	猲鼎	2. 320	西周早期	
箅	01087	箅鼎	2. 335	西周晚期	
舩	13651	舩觥	24. 486	商代晚期	
詠	01414	詠鼎	3. 110	西周中期	
詁	04769	詁簋	10. 45	西周晚期	

人　名	器　號	器　名	卷數頁碼	時　代	備　注
詀	04770	詀簋	10.47	西周晚期	
說	09848	說觚	18.497	商代晚期	
詔事宕	17136	詔事宕戈	32.196	戰國晚期	
詔事成	17238	丞相啟顚戈	32.305	戰國晚期	
詔事圖	17253	相邦呂不韋戈	32.324	戰國晚期	
詔事圖	17255	相邦呂不韋戈	32.326	戰國晚期	
詔事圖	17259	相邦呂不韋戈	32.332	戰國晚期	
就覞	03360	就覞甗	7.245	西周中期前段	
麝孟嫚嫛女	14994	陳子匜	26.379	春秋早期	陳子的女兒
瘃	16718	瘃戈	31.168	春秋時期	
瘖斂	17171	皇陽令强豠戈	32.233	戰國時期	
瘖斂	17172	皇陽令强豠戈	32.234	戰國時期	
瘏	02133	瘏鼎	4.318	春秋時期	
旐	04527	旐簋	9.279	西周中期前段	
遊父	01918	曾侯仲子遊父鼎	4.76	春秋早期	
遊父	01919	曾侯仲子遊父鼎	4.77	春秋早期	
遊公子	16856	遊公子戈	31.351	戰國早期	
童麀公叙	19305	鍾離公叙鼓座	35.90	春秋晚期	即鍾離公叙
童麗君柏	05898	童麗君柏簋	13.170	春秋時期	即鍾離君柏
童麗君柏	15186	鍾離君柏鐘一	27.137	春秋中期	同上
童麗君柏	15187	鍾離君柏鐘八	27.139	春秋中期	同上
童麗公柏	15787	季子康鎛甲	29.262	春秋中期	同上
童麗公柏	15788	季子康鎛乙	29.265	春秋中期	同上
童麗公柏	15789	季子康鎛丙	29.268	春秋中期	同上
童麗公柏	15790	季子康鎛丁	29.271	春秋中期	同上
童麗公柏	15791	季子康鎛戊	29.274	春秋中期	同上
童麗公柏	17055	童麗公柏戈	32.98	春秋中期	同上
菁	02496	九年衛鼎	5.383	西周中期前段	
菁	04587	菁簋	9.334	西周中期	
菁與	04739	湋伯簋	10.11	西周晚期	即意與
戠武	05307	佣生簋	11.461	西周中期	
戠武	05308	佣生簋	11.464	西周中期	
戠武	05309	佣生簋	11.467	西周中期	

人 名	器 號	器 名	卷數頁碼	時 代	備 注
戠武	05310	佣生簋	11.469	西周中期	
竝	11724	竝尊	21.197	西周早期	
竝	13656	竝觥	24.494	西周早期	
粘試	19435	十四年帳橛	35.214	戰國中期	
粘試	19436	十四年帳橛	35.216	戰國中期	
粘試	19437	十四年帳橛	35.217	戰國中期	
善	02487	善鼎	5.363	西周中期	
善夫	15307	晉侯蘇鐘 B 乙	27.361	西周晚期	即膳夫
善夫山	02490	善夫山鼎	5.369	西周晚期	即膳夫山
善夫克	02454	小克鼎	5.298	西周晚期	即膳夫克
善夫克	02455	小克鼎	5.300	西周晚期	同上
善夫克	02456	小克鼎	5.302	西周晚期	同上
善夫克	02457	小克鼎	5.304	西周晚期	同上
善夫克	02458	小克鼎	5.306	西周晚期	同上
善夫克	02459	小克鼎	5.308	西周晚期	同上
善夫克	02460	小克鼎	5.310	西周晚期	同上
善夫克	02513	大克鼎	5.440	西周晚期	同上
善夫克	05678	善夫克盨	12.459	西周晚期	同上
善夫克	05679	鬲比盨	12.464	西周晚期	同上
善夫豕	05344	大簋	12.77	西周晚期	即膳夫豕
善夫豕	05345	大簋蓋	12.79	西周晚期	同上
善夫騤	02465	大鼎	5.320	西周晚期	即膳夫騤
善夫騤	02466	大鼎	5.322	西周晚期	同上
善夫吉父	02078	善夫吉父鼎	4.257	西周晚期	即膳夫吉父
善夫吉父	02966	善夫吉父鬲	6.388	西周晚期	同上
善夫吉父	02967	善夫吉父鬲	6.390	西周晚期	同上
善夫吉父	02968	善夫吉父鬲	6.392	西周晚期	同上
善夫吉父	02969	善夫吉父鬲	6.394	西周晚期	同上
善夫吉父	02970	善夫吉父鬲	6.396	西周晚期	同上
善夫吉父	02971	善夫吉父鬲	6.398	西周晚期	同上
善夫吉父	02972	善夫吉父鬲	6.400	西周晚期	同上
善夫吉父	02973	善夫吉父鬲	6.402	西周晚期	同上
善夫吉父	02974	善夫吉父鬲	6.403	西周晚期	同上

人　名	器　號	器　名	卷數頁碼	時　代	備　注
善夫吉父	05823	善夫吉父簠	13.79	西周晚期	
善夫吉父	06223	善夫吉父盂	13.449	西周晚期	
善夫吉父	13994	善夫吉父罐	25.155	西周晚期	即膳夫吉父
善夫吉父	13995	善夫吉父罐	25.157	西周晚期	同上
善夫旅伯	02210	善夫旅伯鼎	4.418	西周晚期	即膳夫旅伯
善夫梁其	05161	善夫梁其簋	11.132	西周晚期	即膳夫梁其
善夫梁其	05162	善夫梁其簋	11.135	西周晚期	同上
善夫梁其	05163	善夫梁其簋	11.138	西周晚期	同上
善夫梁其	05164	善夫梁其簋	11.141	西周晚期	同上
善夫梁其	05165	善夫梁其簋	11.143	西周晚期	同上
善夫豐生	02446	吳虎鼎	5.282	西周晚期	即膳夫豐生
善夫伯辛父	02077	善夫伯辛父鼎	4.256	西周晚期	即膳夫伯辛父
曾仲	14430	曾仲盤	25.450	西周晚期	
曾仲	17078	曾仲之孫戈	32.122	春秋早期	
曾伯	02861	曾伯鬲	6.248	春秋早期	
曾侯	01571	曾侯鼎	3.245	西周早期	
曾侯	01572	曾侯鼎	3.246	西周早期	
曾侯	05936	曾侯簋	13.225	春秋早期	
曾侯	12132	曾侯壺	22.6	西周早期	
曾姬	14395	曾姬盤	25.408	春秋晚期	
曾子軙	02388	曾子軙鼎	5.180	春秋早期	
曾子屖	05826	曾子屖簠	13.82	春秋晚期	
曾子屖	05827	曾子屖簠	13.83	春秋晚期	
曾子單	02845	曾子單鬲	6.230	春秋早期	
曾子遊	05778	曾子遊簠	13.28	春秋晚期	
曾子遊	05779	曾子遊簠	13.29	春秋晚期	
曾子遊	14067	曾子遊缶	25.218	春秋晚期	
曾夫人	14964	曾夫人匜	26.342	春秋晚期	
曾太保	04963	曾大保簋	10.302	西周晚期	
曾亘嫚	02005	曾亘嫚鼎	4.167	春秋早期	
曾亘嫚	02006	曾亘嫚鼎	4.168	春秋早期	
曾仲塱	02254	曾仲塱鼎	4.481	春秋晚期	
曾仲塱	02862	曾仲塱鬲	6.250	春秋晚期	

人 名	器 號	器 名	卷數頁碼	時 代	備 注
曾仲嚔	05029	曾仲嚔簠甲	10.399	春秋晚期	
曾仲嚔	05030	曾仲嚔簠乙	10.402	春秋晚期	
曾仲嚔	05031	曾仲嚔簠丙	10.405	春秋晚期	
曾仲嚔	05930	曾仲嚔簠甲	13.214	春秋晚期	
曾仲嚔	05931	曾仲嚔簠乙	13.217	春秋晚期	
曾仲姬	12190	曾仲姬壺	22.61	春秋晚期	
曾鹵臣	14871	曾鹵臣匜	26.252	戰國早期	
曾伯文	05025	曾伯文簠	10.393	西周晚期	
曾伯文	05026	曾伯文簠	10.395	西周晚期	
曾伯文	05027	曾伯文簠	10.397	西周晚期	
曾伯文	05028	曾伯文簠	10.398	西周晚期	
曾伯文	13993	曾伯文罐	25.153	西周晚期	
曾伯陭	12427	曾伯陭壺	22.366	春秋早期	
曾伯陭	18250	曾伯陭鉞	33.523	春秋早期	
曾伯霖	05979	曾伯霖簠蓋	13.304	春秋早期	
曾伯霖	05980	曾伯霖簠	13.306	春秋早期	
曾侯乙	01752	曾侯乙鼎	3.412	戰國早期	
曾侯乙	01753	曾侯乙鼎	3.414	戰國早期	
曾侯乙	01754	曾侯乙鼎	3.415	戰國早期	
曾侯乙	01755	曾侯乙鼎	3.416	戰國早期	
曾侯乙	01756	曾侯乙鼎	3.417	戰國早期	
曾侯乙	01757	曾侯乙鼎	3.418	戰國早期	
曾侯乙	01758	曾侯乙鼎	3.420	戰國早期	
曾侯乙	01759	曾侯乙鼎	3.422	戰國早期	
曾侯乙	01760	曾侯乙鼎	3.424	戰國早期	
曾侯乙	02784	曾侯乙鬲	6.166	戰國早期	
曾侯乙	02785	曾侯乙鬲	6.168	戰國早期	
曾侯乙	04473	曾侯乙簋	9.221	戰國早期	
曾侯乙	04474	曾侯乙簋	9.224	戰國早期	
曾侯乙	04475	曾侯乙簋	9.226	戰國早期	
曾侯乙	04476	曾侯乙簋	9.228	戰國早期	
曾侯乙	04477	曾侯乙簋	9.230	戰國早期	
曾侯乙	04478	曾侯乙簋	9.232	戰國早期	

人　名	器　號	器　名	卷數頁碼	時　代	備　注
曾侯乙	04479	曾侯乙簋	9.234	戰國早期	
曾侯乙	04480	曾侯乙簋	9.236	戰國早期	
曾侯乙	05784	曾侯乙簠	13.36	戰國早期	
曾侯乙	05785	曾侯乙簠	13.38	戰國早期	
曾侯乙	05786	曾侯乙簠	13.39	戰國早期	
曾侯乙	05787	曾侯乙簠	13.40	戰國早期	
曾侯乙	06125	曾侯乙豆	13.374	戰國早期	
曾侯乙	06126	曾侯乙豆	13.375	戰國早期	
曾侯乙	06127	曾侯乙豆	13.376	戰國早期	
曾侯乙	06311	曾侯乙匕	13.509	戰國早期	
曾侯乙	06312	曾侯乙匕	13.510	戰國早期	
曾侯乙	06313	曾侯乙匕	13.511	戰國早期	
曾侯乙	11659	曾侯乙尊	21.137	戰國早期	
曾侯乙	12206	曾侯乙壺	22.77	戰國早期	
曾侯乙	12207	曾侯乙壺	22.78	戰國早期	
曾侯乙	12208	曾侯乙壺	22.79	戰國早期	
曾侯乙	14071	曾侯乙缶	25.223	戰國早期	
曾侯乙	14072	曾侯乙缶	25.224	戰國早期	
曾侯乙	14073	曾侯乙缶	25.226	戰國早期	
曾侯乙	14184	曾侯乙斗	25.302	戰國早期	
曾侯乙	14185	曾侯乙斗	25.303	戰國早期	
曾侯乙	14186	曾侯乙勺	25.304	戰國早期	
曾侯乙	14396	曾侯乙盤	25.409	戰國早期	
曾侯乙	14397	曾侯乙盤	25.410	戰國早期	
曾侯乙	14882	曾侯乙匜	26.261	戰國早期	
曾侯乙	14883	曾侯乙匜	26.262	戰國早期	
曾侯乙	15056	曾侯乙鑑	26.405	戰國早期	
曾侯乙	15267	畬章鐘	27.283	戰國早期	
曾侯乙	15268	畬章鐘	27.284	戰國早期	
曾侯乙	15431	曾侯乙鐘一	28.29	戰國早期	
曾侯乙	15432	曾侯乙鐘二	28.39	戰國早期	
曾侯乙	15433	曾侯乙鐘三	28.49	戰國早期	
曾侯乙	15434	曾侯乙鐘四	28.59	戰國早期	

人　名	器　號	器　名	卷數頁碼	時　代	備　注
曾侯乙	15435	曾侯乙鐘五	28.68	戰國早期	
曾侯乙	15436	曾侯乙鐘六	28.78	戰國早期	
曾侯乙	15437	曾侯乙鐘七	28.88	戰國早期	
曾侯乙	15438	曾侯乙鐘八	28.98	戰國早期	
曾侯乙	15439	曾侯乙鐘九	28.108	戰國早期	
曾侯乙	15440	曾侯乙鐘十	28.118	戰國早期	
曾侯乙	15441	曾侯乙鐘十一	28.128	戰國早期	
曾侯乙	15442	曾侯乙鐘十二	28.138	戰國早期	
曾侯乙	15443	曾侯乙鐘十三	28.148	戰國早期	
曾侯乙	15444	曾侯乙鐘十四	28.152	戰國早期	
曾侯乙	15445	曾侯乙鐘十五	28.156	戰國早期	
曾侯乙	15446	曾侯乙鐘十六	28.163	戰國早期	
曾侯乙	15447	曾侯乙鐘十七	28.169	戰國早期	
曾侯乙	15448	曾侯乙鐘十八	28.175	戰國早期	
曾侯乙	15449	曾侯乙鐘十九	28.181	戰國早期	
曾侯乙	15450	曾侯乙鐘二十	28.187	戰國早期	
曾侯乙	15451	曾侯乙鐘二十一	28.194	戰國早期	
曾侯乙	15452	曾侯乙鐘二十二	28.200	戰國早期	
曾侯乙	15453	曾侯乙鐘二十三	28.206	戰國早期	
曾侯乙	15454	曾侯乙鐘二十四	28.213	戰國早期	
曾侯乙	15455	曾侯乙鐘二十五	28.216	戰國早期	
曾侯乙	15456	曾侯乙鐘二十六	28.222	戰國早期	
曾侯乙	15457	曾侯乙鐘二十七	28.228	戰國早期	
曾侯乙	15458	曾侯乙鐘二十八	28.234	戰國早期	
曾侯乙	15459	曾侯乙鐘二十九	28.240	戰國早期	
曾侯乙	15460	曾侯乙鐘三十	28.246	戰國早期	
曾侯乙	15461	曾侯乙鐘三十一	28.252	戰國早期	
曾侯乙	15462	曾侯乙鐘三十二	28.259	戰國早期	
曾侯乙	15463	曾侯乙鐘三十三	28.266	戰國早期	
曾侯乙	15464	曾侯乙鐘三十四	28.272	戰國早期	
曾侯乙	15465	曾侯乙鐘三十五	28.280	戰國早期	
曾侯乙	15466	曾侯乙鐘三十六	28.288	戰國早期	
曾侯乙	15467	曾侯乙鐘三十七	28.294	戰國早期	

人　名	器　號	器　名	卷數頁碼	時　代	備　注
曾侯乙	15468	曾侯乙鐘三十八	28.301	戰國早期	
曾侯乙	15469	曾侯乙鐘三十九	28.307	戰國早期	
曾侯乙	15470	曾侯乙鐘四十	28.314	戰國早期	
曾侯乙	15471	曾侯乙鐘四十一	28.321	戰國早期	
曾侯乙	15472	曾侯乙鐘四十二	28.327	戰國早期	
曾侯乙	15473	曾侯乙鐘四十三	28.334	戰國早期	
曾侯乙	15474	曾侯乙鐘四十四	28.341	戰國早期	
曾侯乙	15475	曾侯乙鐘四十五	28.350	戰國早期	
曾侯乙	15780	龠章鎛	29.235	戰國早期	
曾侯乙	16866	曾侯乙戈	31.365	戰國早期	
曾侯乙	16867	曾侯乙戈	31.366	戰國早期	
曾侯乙	16868	曾侯乙戈	31.368	戰國早期	
曾侯乙	16869	曾侯乙戈	31.369	戰國早期	
曾侯乙	16870	曾侯乙戈	31.370	戰國早期	
曾侯乙	16871	曾侯乙戈	31.371	戰國早期	
曾侯乙	16872	曾侯乙戈	31.372	戰國早期	
曾侯乙	16873	曾侯乙戈	31.374	戰國早期	
曾侯乙	16874	曾侯乙戟	31.376	戰國早期	
曾侯乙	16875	曾侯乙戟	31.380	戰國早期	
曾侯乙	19245	曾侯乙過濾器	35.30	戰國早期	
曾侯乙	19262	曾侯乙爐	35.48	戰國早期	
曾侯乙	19279	曾侯乙箕	35.65	戰國早期	
曾侯乙	19280	曾侯乙漏鏟	35.68	戰國早期	
曾侯乙	19303	曾侯乙磬座	35.88	戰國早期	
曾侯乙	19304	曾侯乙鼓座	35.89	戰國早期	
曾侯乙	19347	曾侯乙銅鶴	35.126	戰國早期	
曾侯乙	19362	曾侯乙鼎鈎	35.140	戰國早期	
曾侯乙	19363	曾侯乙鼎鈎	35.141	戰國早期	
曾侯乙	19364	曾侯乙鼎鈎	35.142	戰國早期	
曾侯乙	19368	曾侯乙鈎形器	35.145	戰國早期	
曾侯子	15141	曾侯子鐘甲	27.56	春秋早期	
曾侯子	15142	曾侯子鐘乙	27.58	春秋早期	
曾侯子	15143	曾侯子鐘丙	27.60	春秋早期	

人　名	器　號	器　名	卷數頁碼	時　代	備　注
曾侯子	15144	曾侯子鐘丁	27.62	春秋早期	
曾侯子	15145	曾侯子鐘戊	27.64	春秋早期	
曾侯子	15146	曾侯子鐘己	27.66	春秋早期	
曾侯子	15147	曾侯子鐘庚	27.68	春秋早期	
曾侯子	15148	曾侯子鐘辛	27.70	春秋早期	
曾侯子	15149	曾侯子鐘壬	27.71	春秋早期	
曾侯子	15763	曾侯子鎛甲	29.186	戰國早期	
曾侯子	15764	曾侯子鎛乙	29.188	戰國早期	
曾侯子	15765	曾侯子鎛丙	29.190	戰國早期	
曾侯子	15766	曾侯子鎛丁	29.192	戰國早期	
曾侯邲	01577	曾侯邲鼎	3.252	戰國早期	
曾侯邲	05760	曾侯邲簠	13.9	戰國早期	
曾侯邲	16757	曾侯邲戈	31.218	戰國早期	
曾侯邲	16758	曾侯邲戈	31.220	戰國早期	
曾侯邲	16759	曾侯邲戈	31.222	戰國早期	
曾侯邲	16760	曾侯邲戟	31.223	戰國早期	
曾侯邲	16761	曾侯邲戟	31.226	戰國早期	
曾侯邲	16762	曾侯邲戟	31.229	戰國早期	
曾侯邲	16876	曾侯邲戈	31.384	戰國早期	
曾侯邲	16877	曾侯邲戟	31.385	戰國早期	
曾侯邲	16878	曾侯邲戟	31.388	戰國早期	
曾侯邲	16879	曾侯邲戟	31.391	戰國早期	
曾侯邲	17697	曾侯邲殳	33.134	戰國早期	
曾侯吳	16755	曾侯吳戈	31.215	戰國早期	
曾侯吳	16756	曾侯吳戈	31.216	戰國早期	
曾侯寶	02219	曾侯寶鼎	4.432	春秋早期	
曾侯寶	02220	曾侯寶鼎	4.434	春秋早期	
曾侯寶	04975	曾侯寶簋	10.317	春秋早期	
曾侯寶	04976	曾侯寶簋	10.319	春秋早期	
曾侯寶	12390	曾侯寶壺	22.303	春秋早期	
曾侯遖	16880	曾侯遖戟	31.394	戰國早期	
曾侯遖	16881	曾侯遖戟	31.397	戰國早期	
曾侯遖	16882	曾侯遖戟	31.400	戰國早期	

人名	器號	器名	卷數頁碼	時代	備注
曾侯遡	16883	曾侯遡戟	31.404	戰國早期	
曾侯諫	01567	曾侯諫鼎	3.241	西周早期前段	
曾侯諫	01568	曾侯諫鼎	3.242	西周早期前段	
曾侯諫	01569	曾侯諫鼎	3.243	西周早期前段	
曾侯諫	01570	曾侯諫鼎	3.244	西周早期前段	
曾侯諫	03292	曾侯諫甗	7.169	西周早期	
曾侯諫	04351	曾侯諫簋	9.111	西周早期	
曾侯諫	04352	曾侯諫簋	9.112	西周早期	
曾孫定	01657	曾孫定鼎	3.321	春秋晚期	
曾子仲宣	02371	曾子仲宣鼎	5.153	春秋早期	
曾子仲謱	02214	曾子仲謱鼎	4.425	春秋早期	
曾子仲謱	03352	曾子仲謱甗	7.233	春秋早期	
曾子伯窞	14505	曾子伯窞盤	25.534	春秋早期	
曾子伯窞	14897	曾子白窞匜	26.275	春秋早期	
曾子伯誩	01944	曾子伯誩鼎	4.101	春秋早期	
曾子原彝	05892	曾子原彝簠	13.159	春秋晚期	
曾子義行	05854	曾子義行簠	13.111	春秋晚期	
曾大扉尹	12225	曾大扉尹壺甲	22.99	春秋晚期	
曾大扉尹	12226	曾大扉尹壺乙	22.100	春秋晚期	
曾太保慶	06256	曾太保慶盆	13.468	春秋早期	
曾太師奠	01750	曾大師奠鼎	3.410	春秋晚期	
曾仲子敔	02090	曾仲子敔鼎	4.271	春秋早期	
曾仲斿父	06130	曾仲斿父鋪	13.379	春秋早期	
曾仲斿父	06131	曾仲斿父鋪	13.380	春秋早期	
曾仲斿父	12285	曾仲斿父壺甲	22.159	春秋早期	
曾仲斿父	12286	曾仲斿父壺乙	22.161	春秋早期	
曾伯宮父	02910	曾伯宮父穆鬲	6.318	西周晚期	
曾伯從寵	02060	曾伯從寵鼎	4.233	春秋早期	
曾侯䳒伯	16865	曾侯䳒伯戈	31.363	春秋早期	
曾者子䥶	02123	曾者子䥶鼎	4.307	春秋早期	
曾季𠭯臣	14496	曾季𠭯臣盤	25.523	戰國早期	
曾孟嬴削	05834	曾孟嬴削簠	13.90	春秋早期	
曾孟嫞諫	06264	曾孟嫞諫盆	13.478	春秋時期	

人 名	器 號	器 名	卷數頁碼	時 代	備 注
曾都尹定	05784	曾都尹定簠	13.35	戰國早期	
曾師季䛀	14475	曾師季䛀盤	25.496	春秋早期	
曾姬無卹	12424	曾姬無卹壺甲	22.361	戰國中期	曾桓公的夫人
曾姬無卹	12425	曾姬無卹壺乙	22.363	戰國中期	
曾孫史夷	05921	曾孫史夷簠	13.203	春秋晚期	
曾孫無期	02157	曾孫無期鼎	4.350	春秋晚期	
曾子季关臣	05797	曾子季关臣簠甲	13.52	戰國早期	
曾子季关臣	05798	曾子季关臣簠乙	13.53	戰國早期	
曾仲大父蛕	05228	曾仲大父蛕簋	11.268	西周晚期	
曾仲大父蛕	05229	曾仲大父蛕簋	11.271	西周晚期	
曾孟嬭朱姬	05803	曾孟嬭朱姬簠	13.59	春秋晚期	
曾太師賓樂與	01840	曾大師賓樂與鼎	3.496	春秋早期	
曾侯仲子遊父	01918	曾侯仲子遊父鼎	4.76	春秋早期	
曾侯仲子遊父	01919	曾侯仲子遊父鼎	4.77	春秋早期	
尊父	02096	尊父鼎	4.278	春秋晚期	
奠	01750	曾大師奠鼎	3.410	春秋晚期	曾國的太師
奠	02515	曶鼎	5.447	西周中期後段	匡的臣僕
道	05328	師道簋	12.37	西周中期	即師道
遂	01861	遂鼎	4.18	西周早期	
沔伯遆	01822	沔伯遆鼎	3.481	西周早期	即沫伯疑
沔伯遆	11735	沔伯遆尊	21.205	西周早期	同上
沔伯遆	12262	沔伯疑壺	22.137	西周早期	同上
沔伯遆	12263	沔伯疑壺	22.138	西周早期	同上
沔司土遆	05020	沔司土遆簋	10.384	西周早期	即沫司土疑
游	19920	宗邑瓦書	35.508	戰國晚期	
溯伯	02452	利鼎	5.293	西周中期後段	利的父親
淵行還	16574	淵行還戈	31.11	戰國晚期	
湯伯	12172	湯伯壺	22.41	西周中期	
湯叔	14506	湯叔盤	25.535	西周晚期	
滑孝子	01495	滑孝子鼎	3.177	戰國晚期	
滋	04697	滋簋	9.444	西周中期	
漳伯	04739	漳伯簋	10.11	西周中期	
宧伯	05350	揚簋	12.92	西周中期	即憲伯

人　名	器　號	器　名	卷數頁碼	時　代	備　注
寏伯	05351	揚簋	12.94	西周中期	即憲伯
寏伯	06159	姬寏母豆	13.417	西周晚期	同上
寒戉	14904	寒戉匜	26.280	西周晚期	
寒妁好	02188	小子㲬鼎	4.387	西周晚期	
富子	06149	上官豆	13.399	戰國時期	
富反	17306	鈖陶令富反戈	32.390	戰國時期	鈖陶縣令
富無	17674	邦司寇富無矛	33.106	戰國中期	
富奠	17823	富奠劍	33.166	戰國時期	
寗	13247	寗卣	24.163	商代晚期	
寓	02327	寓鼎	5.90	西周早期前段	
寓	02394	寓鼎	5.187	西周中期前段	
寓	13287	寓卣	24.214	西周中期前段	
寽長	01306	寽長鼎	3.20	西周早期	
寽叔	02260	羌鼎	4.490	西周早期	羌的父親
寽史矧	03271	寽史矧甗	7.149	西周早期	
寽邑司	01621	寽邑司鼎	3.290	西周早期前段	
寽邑司	01930	寽邑司鼎	4.89	西周早期前段	
寽男	01897	寽男鼎	4.58	西周早期前段	
寽男嚣	01898	寽男嚣鼎	4.59	西周早期前段	
寏	14528	寏盤	25.572	西周中期前段	
寂	02686	寂鬲	6.71	西周早期	
窎	02365	窎鼎	5.145	西周早期	
窎	02366	窎鼎	5.146	西周早期	
叡年伯	04686	叡年伯簋	9.432	西周晚期	
運	17218	漢中守運戈	32.284	戰國晚期	秦漢中太守
尋仲	14978	尋仲匜	26.357	春秋早期	
尋伯	14910	尋伯匜	26.286	西周晚期	
尋楚獣	15520	遱郘鐘三	28.442	春秋晚期	甚六的父親
尋楚獣	15521	遱郘鐘六	28.444	春秋晚期	同上
尋楚獣	15794	遱郘鎛甲	29.281	春秋晚期	同上
尋楚獣	15795	遱郘鎛丙	29.285	春秋晚期	同上
尋楚獣	15796	遱郘鎛丁	29.287	春秋晚期	同上
閈	17276	上郡守閈戈	32.351	戰國晚期	秦上郡太守

人　名	器　號	器　名	卷數頁碼	時　代	備　注
閒	17277	上郡守閒戈	32.352	戰國晚期	秦上郡太守
閔相女	17192	藺相如戈	32.256	戰國晚期	即藺相如
閔令陣隮	17222	藺令陣隮戈	32.288	戰國晚期	即藺令陣隮
閔令趙狽	17693	藺令趙狽矛	33.129	戰國晚期	即藺令趙狽
閔令孫長善	17221	藺令孫長善戈	32.287	戰國晚期	即藺令孫長善
屬	04512	屬簋	9.267	西周早期	
屬	04513	屬簋	9.268	西周早期	
屬	04514	屬簋	9.269	西周早期	
屬	04515	屬簋	9.270	西周早期	
屬	11698	屬尊	21.173	西周早期	
屬	11699	屬尊	21.174	西周早期	
屬	11700	屬尊	21.174	西周早期	
屬	13237	屬卣	24.153	西周早期	
犀仲	05895	都公簠蓋	13.165	春秋早期	
犀妊	02772	弭叔鬲甲	6.153	西周中期後段	弭叔的夫人
犀妊	02773	弭叔鬲乙	6.154	西周中期後段	同上
犀妊	02774	弭叔鬲丙	6.155	西周中期後段	同上
犀妊	02775	弭叔鬲丁	6.156	西周中期後段	同上
犀孀（妘）	14775	王仲皇父盉	26.185	西周晚期	王仲皇父的夫人
犀伯魚父	02107	犀伯魚父鼎	4.291	西周晚期	
費奴父	02126	弗奴父鼎	4.311	春秋早期	
強狨	17171	皇陽令強狨戈	32.233	戰國時期	皇陽縣令
強狨	17172	皇陽令強狨戈	32.234	戰國時期	同上
彈	11754	彈尊	21.222	西周中期前段	
彈	13534	彈方彝	24.409	西周早期	
隔登	17325	宅陽令隔登戟	32.414	戰國晚期	宅陽縣令
隔鐙	17675	宅陽令隔鐙矛	33.107	戰國時期	同上
陣父	01949	吳買鼎	4.105	春秋早期	
陘孟姬	02954	夆伯鬲	6.374	西周中期	夆伯的夫人
媭	03410	媭簋	7.264	商代晚期	
媭	12591	媭卣	23.68	商代晚期	
媭	12592	媭卣	23.68	商代晚期	
媓	08886	媓觚	17.263	商代晚期	

人　名	器　號	器　名	卷數頁碼	時　代	備　注
媿	03292	曾侯諫甗	7.169	西周早期	曾侯諫的夫人
媿氏	04556	伯�簋蓋	9.306	西周中期	伯燘的夫人
媿氏	04557	伯燘簋蓋	9.306	西周中期	同上
媿氏	04764	毳簋	10.38	西周中期	毳的母親
媿氏	04765	毳簋	10.39	西周中期	同上
媿氏	04766	毳簋	10.40	西周中期	同上
媿氏	04767	毳簋	10.42	西周中期	同上
媿氏	14452	毳盤	25.473	西周晚期	同上
媿氏	14767	毳盉	26.175	西周中期	同上
媿氏	14934	毳匜	26.311	西周晚期	同上
媿靁	02009	圜君鼎	4.171	春秋早期	
媿靁	12353	圜君婦媿靁壺	22.251	春秋早期	
媿靁	14768	媿靁鑑	26.176	春秋早期	昆君的夫人
歓	11775	歓尊	21.242	西周中期	
登	04346	芇侯簋	9.106	西周晚期	芇侯的親屬
登	09793	登觚	18.454	西周早期	
登	11047	登斝	20.142	西周早期	
登	11507	登尊	21.9	西周早期	
登	13008	登卣	23.433	西周早期	
登屰	13752	登屰罍	25.46	商代晚期	
發孫虜	02239	發孫虜鼎	4.458	春秋晚期	
發孫虜	05922	發孫虜簠	13.205	春秋晚期	
翟絮	17313	趙令邯鄲㦷戈	32.399	戰國晚期	
幾	12196	幾壺	22.67	西周早期	
幾父	12438	幾父壺甲	22.389	西周晚期	
幾父	12439	幾父壺甲	22.391	西周晚期	
綧君叔單	02251	叔單鼎	4.477	春秋早期	
絲駒父	01874	絲駒父鼎	4.32	西周晚期	
㿻令艇膚	17330	㿻令艇膚戈	32.421	戰國晚期	

十 三 畫

人　名	器　號	器　名	卷數頁碼	時　代	備　注
舄陶	01899	舄陶鼎	4.60	西周早期	
犀	01737	犀鼎	3.394	西周中期	
頊燹	05595	頊燹盨	12.323	西周晚期	
燹	05381	師燹簋	12.164	西周晚期	即師燹
燹	05382	師燹簋	12.167	西周晚期	同上
燹	13305	燹卣	24.239	西周早期	
聖公	02317	師趛鼎	5.71	西周中期後段	師趛的父親
聖公	03025	師趛鬲	6.467	西周中期後段	同上
聖伯	14521	良夫盤	25.559	春秋早期	良夫的父親
聖伯	15000	良夫匜	26.387	春秋早期	同上
聖叔	15828	綸鎛	29.392	春秋中期	
聖孟	16911	陳卿聖孟戈	31.458	戰國時期	
聖姜	15828	綸鎛	29.392	春秋中期	
聖姬	02317	師趛鼎	5.71	西周中期後段	師趛的母親
聖姬	03025	師趛鬲	6.467	西周中期後段	同上
塚旛	18029	相邦建信君鈹	33.406	戰國晚期	
鼓罘	04988	鼓罘簋	10.338	西周早期後段	
鼓寢	14329	鼓寢盤	25.344	商代晚期	
鼓韋	10642	鼓韋觶	19.458	西周早期	
毂	00693	毂鼎	2.22	西周早期	
毂	11760	毂尊	21.228	西周中期前段	
毂父	03336	毂父甗	7.214	西周晚期	
戠	05289	戠簋蓋	11.421	西周中期	
蓋侯	04984	禽簋	10.332	西周早期前段	
鄬哲	17264	相邦趙狐戈	32.339	戰國晚期	
莽姜	02446	吳虎鼎	5.282	西周晚期	師趛的母親
莽瓶	10607	莽瓶觶	19.428	西周早期後段	
莽瓶	10608	莽瓶觶	19.429	西周早期後段	
蒲阪令籥	17169	蒲阪令籥戈	32.230	戰國晚期	
蓍	05179	蓍簋	11.170	西周中期前段	

人　名	器　號	器　名	卷數頁碼	時　代	備　注
巷叚	18035	相邦建信君劍	33.413	戰國晚期	即巷叚
巷叚	18036	相邦建信君鈹	33.414	戰國晚期	同上
巷叚	18037	相邦建信君劍	33.415	戰國晚期	同上
巷叚	18038	相邦建信君鈹	33.417	戰國晚期	同上
巷叚	18039	相邦建信君鈹	33.418	戰國晚期	同上
巷叚	18040	相邦建信君劍	33.419	戰國晚期	同上
斳	11783	斳尊	21.252	西周中期前段	
甀侯伯晨	02480	伯晨鼎	5.350	西周中期後段	師趛的母親
趄	13178	趄卣	24.90	西周早期	
趄子	19704	桓子石璧	35.306	戰國中期	即桓子
趄子	19754	桓子石片	35.360	戰國中期	同上
趄王	02517	中山王嚳鼎	5.456	戰國中期	中山國桓王
趄公	01835	仲姜鼎	3.491	春秋早期	即芮桓公
趄公	01836	仲姜鼎	3.492	春秋早期	同上
趄公	01837	仲姜鼎	3.493	春秋早期	同上
趄公	01838	仲姜鼎	3.494	春秋早期	同上
趄公	03300	仲姜甗	7.177	春秋早期	即桓公,芮桓公
趄公	06080	陳侯因𣄪敦	13.347	戰國中期	即齊桓公
趄仲	05119	尌仲簋蓋	11.57	西周晚期	即桓仲
趯君啓妾	12127	趯君啓妾壺	21.477	戰國時期	
楚	05284	楚簋甲	11.408	西周中期後段	
楚	05285	楚簋乙	11.411	西周中期後段	
楚	05286	楚簋丙	11.414	西周中期後段	
楚	05287	楚簋丁	11.417	西周中期後段	
楚王	02318	楚王鼎	5.73	春秋中期	
楚王	14476	中子化盤	25.497	春秋時期	
楚王	15247	楚王鐘	27.241	春秋早期	
楚王	15511	楚大師登鐘甲	28.421	春秋早期	
楚王	15512	楚大師登鐘乙	28.424	春秋早期	
楚王	15513	楚大師登鐘丙	28.427	春秋早期	
楚王	15514	楚大師登鐘丁	28.430	春秋早期	
楚王	15516	楚大師登鐘己	28.434	春秋早期	
楚王	15518	楚大師登鐘辛	28.438	春秋早期	

人　名	器　號	器　名	卷數頁碼	時　代	備　注
楚王	15820	蔡侯▓鎛甲	29.363	春秋晚期	
楚王	15821	蔡侯▓鎛乙	29.366	春秋晚期	
楚王	15822	蔡侯▓鎛丙	29.369	春秋晚期	
楚王	15823	蔡侯▓鎛丁	29.372	春秋晚期	
楚王	17328	楚屈叔沱戈	32.417	春秋早期	
楚王	19282	楚王燈	35.70	戰國時期	
楚氏	15125	益公鐘	27.31	西周晚期	
楚叔	02288	以鄧鼎	5.28	春秋中期	
楚叔	14079	鄅子佣缶	25.235	春秋晚期前段	鄅子佣的祖父
楚叔	14080	鄅子佣缶	25.237	春秋晚期前段	同上
楚叔	14990	以鄧匜	26.374	春秋中期	以鄧的祖父
楚固	16725	楚固戈	31.176	春秋時期	
楚尚	19010	楚尚車軎	34.449	戰國晚期	
楚高	14060	楚高缶	25.207	戰國時期	
楚高	14061	楚高缶	25.208	戰國時期	
楚旐	01470	楚旐鼎	3.152	春秋晚期	
楚嬴	14493	楚嬴盤	25.517	春秋早期	
楚嬴	14979	楚嬴匜	26.359	春秋早期	
楚子哀	01669	楚子哀鼎	3.333	戰國早期	
楚子超	01668	楚子哀鼎	3.332	春秋晚期	
楚子暖	05899	楚子暖簠	13.172	戰國早期	
楚子暖	05900	楚子暖簠	13.173	戰國早期	
楚子暖	05901	楚子暖簠	13.174	戰國早期	
楚王領	03358	楚王領甗	7.241	春秋早期	
楚王領	15184	楚王領鐘	27.133	春秋晚期	
楚公逆	15500	楚公逆鐘	28.399	西周晚期	
楚公逆	15501	楚公逆鐘	28.402	西周晚期	
楚公逆	15782	楚公逆鎛	29.245	西周晚期	
楚公豪	15170	楚公豪鐘一	27.111	西周晚期	
楚公豪	15171	楚公豪鐘二	27.113	西周晚期	
楚公豪	15172	楚公豪鐘三	27.115	西周晚期	
楚公豪	15173	楚公豪鐘四	27.117	西周晚期	
楚公豪	15174	楚公豪鐘五	27.118	西周晚期	

人　名	器　號	器　名	卷數頁碼	時　代	備　注
楚公豪	16715	楚公豪戈	31.164	西周晚期	
楚成王	15354	瞂鐘丁	27.483	春秋時期	
楚成王	15357	瞂鐘庚	27.492	春秋時期	
楚成王	15797	瞂鎛甲	29.289	春秋晚期後段	
楚成王	15798	瞂鎛乙	29.292	春秋晚期後段	
楚成王	15799	瞂鎛丙	29.295	春秋晚期後段	
楚成王	15801	瞂鎛戊	29.301	春秋晚期後段	
楚成王	15803	瞂鎛庚	29.307	春秋晚期後段	
楚季嘩	14465	楚季嘩盤	25.485	春秋早期	
楚屖悤	01761	楚屖悤鼎	3.425	戰國早期	
楚大師登	15511	楚大師登鐘甲	28.421	春秋早期	
楚大師登	15512	楚大師登鐘乙	28.424	春秋早期	
楚大師登	15513	楚大師登鐘丙	28.427	春秋早期	
楚大師登	15514	楚大師登鐘丁	28.430	春秋早期	
楚大師登	15516	楚大師登鐘己	28.434	春秋早期	
楚大師登	15517	楚大師登鐘庚	28.437	春秋早期	
楚大師登	15518	楚大師登鐘辛	28.438	春秋早期	
楚大師登	15519	楚大師登鐘壬	28.440	春秋早期	
楚子㤟鄴	06062	楚子㤟鄴敦	13.323	春秋晚期	
楚子戠咎	02242	楚子戠咎鼎	4.464	戰國晚期	
楚子棄疾	05835	楚子棄疾簠	13.91	春秋晚期	
楚王孫漁	16908	楚王孫漁戟	31.450	春秋晚期	
楚王孫漁	16909	楚王孫漁戟	31.452	春秋晚期	
楚王孫漁	17618	楚王孫漁矛	33.47	春秋晚期	
楚王畬忎	02359	楚王畬忎鼎	5.133	戰國晚期	即楚王熊悍
楚王畬忎	02360	楚王畬忎鼎	5.136	戰國晚期	同上
楚王畬忎	14508	楚王畬忎盤	25.538	戰國晚期	同上
楚王畬忎	19027	楚王熊悍衡末飾	34.466	戰國晚期	同上
楚王畬肯	01980	楚王畬肯鈲鼎	4.136	戰國晚期	即楚王熊前
楚王畬肯	02165	楚王畬肯鼎	4.360	戰國晚期	同上
楚王畬肯	05842	楚王畬肯簠	13.98	戰國晚期	同上
楚王畬肯	05843	楚王畬肯簠	13.99	戰國晚期	同上
楚王畬肯	05844	楚王畬肯簠	13.100	戰國晚期	同上

人　名	器　號	器　名	卷數頁碼	時　代	備　注
楚王酓肯	14425	楚王酓肯盤	25.444	戰國晚期	即楚王熊前
楚王酓悆	14869	楚王酓悆匜	26.250	春秋晚期	即楚王熊悆
楚王酓章	15267	酓章鐘	27.283	戰國早期	即楚王熊章
楚王酓章	15780	酓章鎛	29.235	戰國早期	即楚王熊璋
楚王酓章	17972	楚王熊璋劍	33.332	戰國早期	同上
楚王酓璋	17322	楚王熊璋戈	32.409	戰國早期	同上
楚王酓璋	17973	楚王熊璋劍	33.333	戰國早期	同上
楚王酓審	06056	楚王酓審盞	13.316	春秋晚期	即楚王熊審
楚君酓嶲	11790	楚君酓嶲尊	21.261	戰國晚期	即楚君熊前
楚屈叔佗	17048	楚屈叔佗戈	32.87	春秋中期	
楚屈叔沱	17328	楚屈叔沱戈	32.417	春秋早期	
楚叔之孫俉	01843	楚叔之孫俉鼎	3.499	春秋晚期前段	
楚叔之孫俉	01844	楚叔之孫俉鼎	3.500	春秋晚期前段	
楚叔之孫俉	01845	楚叔之孫俉鼎	3.502	春秋晚期前段	
楚叔之孫俉	02221	楚叔之孫俉鼎	4.436	春秋晚期前段	
楚叔妊樂姬	02356	夒伯鼎	5.127	春秋早期	
楚叔妊樂姬	02357	夒伯鼎	5.129	春秋早期	
荃侯	04984	禽簋	10.332	西周早期前段	
楊姞	12239	楊姞壺甲	22.113	西周晚期	
楊姞	12240	楊姞壺乙	22.114	西周晚期	
楊户匋	02067	右嗣鼎	4.244	戰國晚期	
楷	11711	楷尊	21.184	西周中期前段	
楷公	10633	叔䍙觶	19.450	西周早期	
楷仲	01450	楷仲鼎	3.135	西周早期	
楷仲	01451	楷仲鼎	3.136	西周早期	
楷仲	02345	歔鱳鼎	5.112	西周早期後段	
楷仲	04129	楷仲簋	8.390	西周中期前段	
楷仲	05179	蓍簋	11.170	西周中期前段	蓍的父親
楷伯	05221	獻簋	11.255	西周早期	
楷妊	01523	吹鼎	3.203	西周早期	
楷妊	05129	方簋蓋	11.72	西周早期	方的母親
楷侯	05129	方簋蓋	11.72	西周早期	
楷侯	05179	蓍簋	11.170	西周中期前段	

人　名	器　號	器　名	卷數頁碼	時　代	備　注
楷侯	12148	楷侯壺	22.20	西周中期前段	
楷姬	05622	師趛盨	12.355	西周中期	師趛的夫人
楷嬬(妘)	14464	周籱生盤	25.484	西周中期	周籱生的女兒
楷侯貞	05568	楷侯貞盨	12.289	西周晚期	
楷叔奴父	02742	楷叔奴父鬲	6.123	西周早期	
楷侯微逆	05820	楷侯微逆簋	13.77	春秋早期	
楷侯宰嬰	12241	楷侯宰嬰壺	22.115	西周晚期	
棺唐	17994	樂令棺唐鈹	33.362	戰國時期	即郭唐
棺潘	17342	鄭令棺潘戈	32.433	戰國晚期	即郭潘
棺潘	17343	鄭令棺潘戈	32.434	戰國晚期	同上
棺潘	17344	鄭令棺潘戈	32.436	戰國晚期	同上
棺潘	17687	鄭令棺潘矛	33.123	戰國晚期	同上
棺潘	17688	鄭令棺潘矛	33.124	戰國晚期	同上
棺潘	17689	鄭令棺潘矛	33.125	戰國晚期	同上
棺潘	17690	鄭令棺潘矛	33.126	戰國晚期	同上
棺潘	17701	鄭令棺潘戟刺	33.139	戰國晚期	同上
棺潘	18071	鄭令棺潘鈹	33.457	戰國晚期	同上
楸	15769	司馬楸鎛丙	29.197	戰國早期	滕國司馬
楸姬	14463	齊侯盤	25.483	春秋中期	齊侯的夫人
楸姬	14944	齊侯匜	26.322	春秋中期	
輅庶	17196	邢令輅庶戈	32.261	戰國晚期	邢縣縣令
桱	04638	桱簋蓋	9.384	西周中期	
嗇夫宋	14780	右使車盉	26.193	戰國中期	
嗇夫宋	14781	右使車盉	26.195	戰國中期	
嗇夫冰	17100	嗇夫冰戈	32.154	戰國晚期	
嗇夫担	17311	湅鄲嗇夫担戈	32.396	戰國晚期	湅鄲縣嗇夫
嗇夫庶	02376	亡智鼎	5.160	戰國中期	
嗇夫雩	17311	湅鄲嗇夫担戈	32.396	戰國晚期	
嗇夫慮	17226	安邑司寇狄戈	32.292	戰國中期	
嗇夫維	17184	陽春嗇夫維戈	32.247	戰國晚期	陽春縣嗇夫
嗇夫入領	17350	冢子韓政戈	32.442	戰國晚期	
嗇夫吳羔	12384	十年左使車壺	22.293	戰國中期	
嗇夫事進	17332	冢子鵾諻戈	32.423	戰國晚期	

人　名	器　號	器　名	卷數頁碼	時　代	備　注
嗇夫事繯	12383	九年左使車壺	22.292	戰國中期	
嗇夫事繯	19241	嗇夫事繯盒	35.26	戰國中期	
嗇夫事繯	19286	嗇夫事繯燈	35.73	戰國中期	
嗇夫事歜	17317	武城令戈	32.404	戰國晚期	
嗇夫亮疽	12340	十四年壺	22.232	戰國中期	
嗇夫亮疽	12341	十四年壺	22.234	戰國中期	
嗇夫殷重	12368	十年壺	22.272	戰國中期	
嗇夫殷重	14945	冶匀匜	26.323	战國中期	
嗇夫郤信	19348	嗇夫郤信銅牛	35.127	戰國中期	
嗇夫郤信	19349	嗇夫郤信銅犀	35.128	戰國中期	
嗇夫郤信	19350	嗇夫郤信銅虎	35.129	戰國中期	
嗇夫孫固	12382	三年左使車壺	22.290	戰國中期	
嗇夫孫固	12386	十二年左使車壺	22.297	戰國中期	
嗇夫孫固	12387	十三年左使車壺	22.299	戰國中期	
嗇夫孫固	12388	十三年左使車壺	22.300	戰國中期	
嗇夫孫固	12454	好盗壺	22.437	戰國中期	
嗇夫孫固	19351	嗇夫孫固神獸	35.130	戰國中期	
嗇夫孫固	19352	嗇夫孫固神獸	35.131	戰國中期	
嗇夫孫固	19415	左使車帳桿接扣	35.194	戰國中期	
嗇夫孫固	19416	左使車帳桿接扣	35.195	戰國中期	
嗇夫孫固	19417	左使車帳桿接扣	35.196	戰國中期	
嗇夫孫固	19418	左使車帳桿接扣	35.197	戰國中期	
嗇夫孫固	19419	左使車帳桿接扣	35.198	戰國中期	
嗇夫孫固	19420	左使車帳桿接扣	35.199	戰國中期	
嗇夫孫固	19421	左使車帳桿接扣	35.200	戰國中期	
嗇夫孫固	19422	左使車帳桿接扣	35.201	戰國中期	
嗇夫孫固	19423	左使車帳桿接扣	35.202	戰國中期	
嗇夫孫固	19424	左使車帳桿接扣	35.203	戰國中期	
嗇夫孫固	19425	左使車帳桿接扣	35.204	戰國中期	
嗇夫孫固	19426	左使車帳桿接扣	35.205	戰國中期	
嗇夫孫固	19427	左使車帳桿接扣	35.206	戰國中期	
嗇夫孫固	19428	左使車帳桿接扣	35.207	戰國中期	
嗇夫孫固	19429	左使車帳桿接扣	35.208	戰國中期	

人　名	器　號	器　名	卷數頁碼	時　代	備　注
嗇夫孫固	19430	左使車帳桿接扣	35.209	戰國中期	
嗇夫孫固	19431	左使車帳桿接扣	35.210	戰國中期	
嗇夫孫固	19432	左使車帳桿接扣	35.211	戰國中期	
嗇夫孫固	19433	左使車帳桿接扣	35.212	戰國中期	
嗇夫孫固	19434	左使車帳桿接扣	35.213	戰國中期	
嗇夫孫芯	06260	八年烏柱盆	13.474	戰國中期	
嗇夫煮正	19017	十四年車軎甲	34.456	戰國晚期	
嗇夫煮正	19018	十四年車軎乙	34.457	戰國晚期	
嗇夫煮正	19025	十四年衡飾	34.464	戰國中期	
嗇夫煮正	19026	十四年衡飾	34.465	戰國中期	
嗇夫煮正	19051	十四年蓋杠接管	34.485	戰國中期	
嗇夫煮正	19052	十四年蓋杠接管	34.486	戰國中期	
嗇夫煮正	19053	十四年蓋杠接管	34.487	戰國中期	
嗇夫煮正	19054	十四年蓋杠接管	34.488	戰國中期	
嗇夫煮正	19055	十四年蓋杠接管	34.489	戰國中期	
嗇夫煮正	19056	十四年蓋杠接管	34.490	戰國中期	
嗇夫煮正	19057	十四年蓋杠接管	34.491	戰國中期	
嗇夫煮正	19058	十四年蓋杠接管	34.492	戰國中期	
嗇夫煮正	19636	十三年鑲金銀泡	35.296	戰國中期	
嗇夫煮正	19637	十三年鑲金銀泡	35.297	戰國中期	
嗇夫煮正	19638	十三年鑲金銀泡	35.298	戰國中期	
嗇夫粘試	19435	十四年帳橛	35.214	戰國中期	
嗇夫粘試	19436	十四年帳橛	35.216	戰國中期	
嗇夫粘試	19437	十四年帳橛	35.217	戰國中期	
嗇夫樂瘟	17320	冢子韓矰戈	32.407	戰國晚期	
嗇夫郜疬	02265	工筍鼎	4.498	戰國早期	
嗇夫郜疬	12385	十一年右使車壺	22.295	戰國中期	
嗇夫郜疬	14424	右使車盤	25.443	春秋晚期	
嗇夫郜疬	19242	嗇夫郜疬盒	35.27	戰國中期	
嗇夫郜疬	19246	嗇夫郜疬龍鳳方案	35.31	戰國中期	
嗇夫郜疬	19353	嗇夫郜疬神獸	35.132	戰國中期	
嗇夫郜疬	19354	嗇夫郜疬神獸	35.133	戰國中期	
嗇夫韓似	17350	冢子韓政戈	32.442	戰國晚期	

人　名	器　號	器　名	卷數頁碼	時　代	備　注
嗇夫亣湯	17319	冡子韓贈戈	32.406	戰國晚期	
賈	02517	中山王礜鼎	5.456	戰國中期	中山國相邦
賈	12455	中山王礜壺	22.449	戰國中期	即相邦賈
賈	14512	賈子叔子犀盤	25.543	春秋晚期	叔子犀的父親
賈	19307	兆域圖銅版	35.96	戰國中期	中山國相邦
賈伯	05130	賈伯簋甲	11.73	西周晚期	
賈伯	05131	賈伯簋乙	11.76	西周晚期	
賈伯	05132	賈伯簋丙	11.78	西周晚期	
賈伯	12417	賈伯壺甲	22.344	西周中期後段	
賈伯	12418	賈伯壺乙	22.346	西周中期後段	
賈弩	17318	大陰令賈弩戈	32.405	戰國時期	大陰綫令
賈疾	17194	高奴曹令壯罍戈	32.258	戰國晚期	
賈氏大令	02167	十一年庫嗇夫鼎	4.364	戰國晚期	
賈子己父	14958	賈子己父匜	26.336	西周晚期	
賈子伯昃父	02807	賈子伯昃父鬲甲	6.190	西周晚期	
賈子伯昃父	02808	賈子伯昃父鬲乙	6.192	西周晚期	
雷	03244	雷甗	7.126	西周早期	
雷聿	12449	洹子孟姜壺甲	22.423	戰國早期	齊侯之女,陳宣子夫人
雷聿	12450	洹子孟姜壺乙	22.425	戰國早期	同上
雹戲	19921	楚繒書	35.510	戰國晚期	
零伯	14543	迷盤	25.605	西周晚期	
頓丘令燮	17158	頓丘令燮戈	32.219	戰國中期	
頓丘令麋酉	17308	頓丘令麋酉戈	32.393	戰國中期	
裘衛	02496	九年衛鼎	5.383	西周中期前段	
裘衛	05293	裘衛簋	11.429	西周中期前段	
裘衛	14800	裘衛盉	26.231	西周中期前段	
卹	02994	卹鬲	6.430	商代晚期	即犍
卹	04921	卹簋	10.246	商代晚期	同上
歲婦	01512	作歲婦鼎	3.194	商代晚期	
虘	11570	虘尊	21.65	西周中期前段	
虖	05173	虖簋	11.159	西周中期	
虞	16531	虞之戟	30.484	戰國晚期	
虞丂	14542	散氏盤	25.602	西周晚期	矢人有司

人　名	器　號	器　名	卷數頁碼	時　代	備　注
虞芮	14542	散氏盤	25.602	西周晚期	矢人有司，原人
虞鵑	16788	闌丘虞鵑戈	31.261	春秋晚期	
虞侯矢	05373	宜侯矢簋	12.145	西周早期	即宜侯矢
虞侯政	12391	虞侯政壺	22.305	西周中期	
虞公父丁	05373	宜侯矢簋	12.145	西周早期	宜侯矢的父親
虞司寇伯吹	12394	虞司寇伯吹壺	22.310	西周晚期	
虞司寇伯吹	12395	虞司寇伯吹壺	22.312	西周晚期	
虔公白	17969	虔公白劍	33.327	春秋晚期	
虔公白	17970	虔公白劍	33.330	春秋晚期	
虔公白	17971	虔公白劍	33.331	春秋晚期	
叡	09834	叡觚	18.484	西周早期	
叡	09835	叡觚	18.485	西周早期	
叡	11674	叡尊	21.152	西周中期前段	
叡	12198	叡壺	22.69	西周早期	
叡	15273	盧鐘	27.293	西周中期後段	即盧
叡巢	15783	叡巢鎛	29.247	春秋晚期	
叡霝	13275	叡霝卣	24.200	商代晚期	
叡钺郢	18077	壽夢之子劍	33.466	春秋晚期	
叡香妊	04685	叡香妊簋	9.431	西周晚期	
叡钺此邻	17858	攻吳王叡钺此邻劍	33.202	春秋晚期	吳王
叡狥工吳	17948	攻吳王叡狥工吳劍	33.306	春秋晚期	
業邧令陽	17085	業邧令陽戈	32.138	戰國早期	
慎录	17201	少曲令慎录戈	32.268	戰國時期	少曲縣令
慍兒	06063	慍兒盙	13.324	春秋晚期	
慺	08434	慺爵	17.8	西周早期	
黽	03214	黽作父辛甗	7.101	商代晚期	
黽	12364	黽壺蓋	22.265	西周晚期	
贁于台	06059	贁于台盙	13.319	春秋晚期	
翠	01923	宋左太師翠鼎	4.80	春秋晚期	
景	04529	景簋	9.281	西周中期	
景	13320	作册景卣	24.264	西周早期	即作册景
蜀守武	17267	蜀守武戈	32.342	戰國晚期	
蜀守宣	17260	相邦呂不韋戟	32.333	戰國晚期	

人 名	器 號	器 名	卷數頁碼	時 代	備 注
嫠	01419	嫠鼎	3.113	西周早期	
賦質	18001	安平守變疾鈹	33.369	戰國早期	
豊	01713	豊鼎	3.376	西周早期	
豊	02200	豊鼎	4.405	商代晚期	
豊王竹	19338	豊王竹睘小器	35.115	戰國時期	
農	01410	還鼎	3.106	西周中期前段	
農	04151	農簋	8.409	西周早期	
農	13329	農卣	24.285	西周中期前段	
農父	04204	農父簋	8.453	西周早期	
鄭季姚好	05103	邢南伯簋	11.29	西周中期	邢南伯夫人
盟弘	13116	盟弘卣	24.27	西周早期	
盟商	12010	盟商壺	21.371	商代晚期	
鄋仲	01707	自鼎	3.370	西周早期	
鄋仲	01708	自鼎	3.371	西周早期	
鄋仲	01709	自鼎	3.372	西周早期	
鄋仲	01710	自鼎	3.373	西周早期	
鄋仲孚	04877	隁仲孚簋	10.193	西周中期	
鄋姞	01740	尹叔鼎	3.396	西周早期	尹叔之女或姊妹
虩胐	02496	九年衛鼎	5.383	西周中期前段	裘衛的下屬
蜆	05167	鼂簋	11.146	西周中期	
蜍	12107	黿壺	21.458	西周早期	
郘公	18420	郘公鏃	34.46	戰國時期	
梟	16542	梟之造戈	30.495	戰國晚期	
嗣旨不光	17951	越王嗣旨不光劍	33.311	戰國中期	
嗣旨不光	17952	越王嗣旨不光劍	33.312	戰國中期	
嗣旨不光	17953	越王嗣旨不光劍	33.313	戰國中期	
嘩禾	04194	呉禾簋	8.444	西周早期	
嗌	01292	嗌鼎	3.8	西周中期	
嗌	02515	曶鼎	5.447	西周中期後段	匡的農夫
嗌	13340	作册嗌卣	24.306	西周中期前段	即作册嗌
遣	02354	寰鼎	5.124	西周中期前段	
遣	03349	昔須甗	7.229	西周中期前段	與昔須同去東征
遣	11789	遣尊	21.260	西周早期後段	

人　名	器　號	器　名	卷數頁碼	時　代	備　注
遣	13311	遣卣	24.247	西周早期	
遣	14757	遣盂	26.163	西周中期	
遣氏	02488	柞伯鼎	5.365	西周中期	
遣仲	02398	宎鼎	5.193	西周中期	
遣仲	05174	孟簋甲	11.160	西周中期前段	
遣仲	05175	孟簋乙	11.162	西周中期前段	
遣仲	05176	孟簋丙	11.164	西周中期前段	
遣仲	06230	永盂	13.459	西周中期	
遣伯	05213	冄簋	11.241	西周中期	冄的宗族長
遣伯	05214	冄簋	11.243	西周中期	同上
遣伯	05666	趞伯盨	12.433	西周晚期	
遣妊	07407	遣妊爵	15.235	商代晚期	
遣妊	07408	遣妊爵	15.236	商晚或周早	
遣叔	01598	遣叔鼎	3.271	西周中期	
遣姬	04668	叔駒父簋	9.413	西周晚期	叔駒父的夫人
遣姬	05213	冄簋	11.241	西周中期	遣伯的夫人
遣姬	05214	冄簋	11.243	西周中期	同上
遣姬	05666	趞伯盨	12.433	西周晚期	同上
遣小子觶	04728	遣小子觶簋	9.481	西周晚期	
遣叔吉父	05602	遣叔吉父盨	12.332	西周晚期	
遣叔吉父	05603	遣叔吉父盨	12.333	西周晚期	
遣叔吉父	05604	遣叔吉父盨	12.334	西周晚期	
筸	01303	筸鼎	3.18	西周中期	
筸	01304	筸鼎	3.19	西周中期	
筸	04734	筸簋	10.6	西周中期後段	
篗馬童	19049	篗馬童童蓋弓帽	34.483	戰國時期	
與兵	12445	與兵壺	22.406	春秋晚期	鄭太子之孫
與子具	02289	與子具鼎	5.31	春秋晚期	
遫兒	15528	僕兒鐘甲	28.459	春秋晚期	僕兒之子
遫兒	15529	僕兒鐘乙	28.463	春秋晚期	同上
昜子斯	16766	昜子斯戈	31.236	春秋晚期	即唐子斯
昜子仲瀕兒	14975	唐子仲瀕兒匜	26.353	春秋晚期	即唐子仲瀕兒
傳	11697	傳尊	21.172	西周早期	

人　名	器　號	器　名	卷數頁碼	時　代	備　注
傅臾	11613	傅臾尊	21.101	西周早期	
遳	05074	遳簋	10.475	西周晚期	
遳	05075	遳簋	10.476	西周晚期	
馭史	06230	永盂	13.459	西周中期	
愁父	13113	愁父卣	24.25	西周早期	
鼻生	04869	冄簋	10.180	西周中期	冄的上司
鼻生	04870	冄簋	10.181	西周中期	同上
鼻叔	05609	鼻叔盨	12.339	西周晚期	
鼻叔	14856	鼻叔匜	26.238	西周晚期	
艅	02344	師艅鼎	5.111	西周早期後段	即師艅
艅	05330	師艅簋蓋	12.41	西周中期	同上
艅	19763	艅玉戈	35.372	商代晚期	即俞、小臣俞
艅伯	03277	俞伯甗	7.155	西周早期	即俞伯
艅伯	04299	俞伯簋	9.68	西周早期	
艅伯	11597	艅伯尊	21.87	西周早期	即俞伯
艅伯	13093	艅伯卣	24.6	西周早期	同上
微	04731	微簋	10.3	西周早期	
微	06214	微盂	13.440	西周早期	
微	11061	微斝	20.154	西周早期	
微	11758	微尊	21.226	西周早期	
微	13009	微卣	23.434	西周早期	
微	14542	散氏盤	25.602	西周晚期	矢人有司
微父	04339	微父簋	9.102	西周早期	即微父
微父	14542	散氏盤	25.602	西周晚期	散氏有司
微仲	02707	微仲鼎	6.90	西周早期	
微伯	01988	吏鼎	4.148	西周中期後段	
微伯	02702	微伯鬲甲	6.85	西周中期	
微伯	02703	微伯鬲乙	6.86	西周中期	
微伯	02704	微伯鬲丙	6.87	西周中期	
微伯	02705	微伯鬲丁	6.88	西周中期	
微伯	02706	微伯鬲戊	6.89	西周中期	
微姚	05054	叔猴父簋	10.438	西周晚期	叔猴父的夫人
微姚	05055	叔猴父簋蓋	10.441	西周晚期	同上

人　名	器　號	器　名	卷數頁碼	時　代	備　注
微姚	05056	叔㺇父簋蓋	10.442	西周晚期	叔㺇父的夫人
微乘	05770	微乘簠	13.19	春秋早期	
微繺	02447	微繺鼎	5.284	西周晚期	
微瘨	06252	微瘨盆	13.464	西周中期	
微瘨	06253	微瘨盆	13.465	西周中期	
微伯瘨	06140	微伯瘨鋪	13.390	西周中期	
微伯瘨	06307	微伯瘨匕甲	13.503	西周中期	
微伯瘨	06308	微伯瘨匕乙	13.505	西周中期	
微師耳	11806	耳尊	21.283	西周早期	
㝵	03415	㝵簋	7.266	商代晚期	
㝵王	14543	逑盤	25.605	西周晚期	即夷王
㝵父	12436	十三年瘨壺甲	22.383	西周中期後段	
㝵父	12437	十三年瘨壺乙	22.386	西周中期後段	
㝵伯	04998	伯頵父簋	10.355	西周晚期	伯頵父的父親
㝵叔	05339	伊簋	12.62	西周晚期	伊的父或祖父
會姒	02724	會姒鬲	6.106	西周晚期	
會娊（妘）	02056	會妘鼎	4.229	西周晚期	
僉父	14036	僉父瓶	25.190	春秋早期	霝父君
鈴	05366	師寰簋	12.125	西周晚期	淮夷酋長之一
鈴	05367	師寰簋	12.128	西周晚期	同上
歃姬	12152	歃姬壺	22.23	西周早期	
縠尹逆	19178	鄂君啟車節	34.552	戰國晚期	即織尹逆
縠尹逆	19179	鄂君啟車節	34.555	戰國晚期	同上
縠尹逆	19180	鄂君啟車節	34.557	戰國晚期	同上
縠尹逆	19181	鄂君啟舟節	34.559	戰國晚期	同上
縠尹逆	19182	鄂君啟舟節	34.561	戰國晚期	同上
縠䚂阢	19178	鄂君啟車節	34.552	戰國晚期	
縠䚂阢	19179	鄂君啟車節	34.555	戰國晚期	
縠䚂阢	19180	鄂君啟車節	34.557	戰國晚期	
縠䚂阢	19181	鄂君啟舟節	34.559	戰國晚期	
縠䚂阢	19182	鄂君啟舟節	34.561	戰國晚期	
甾父	14389	甾父盤	25.402	西周早期	
甾父	14733	甾父盉	26.141	西周中期	

人　名	器　號	器　名	卷數頁碼	時　代	備　注
頌	02443	史頌鼎	5.276	西周晚期	即史頌
頌	02444	史頌鼎	5.278	西周晚期	同上
頌	02492	頌鼎	5.373	西周晚期	同上
頌	02493	頌鼎	5.376	西周晚期	同上
頌	02494	頌鼎	5.378	西周晚期	同上
頌	05259	史頌簋	11.347	西周晚期	同上
頌	05260	史頌簋	11.350	西周晚期	同上
頌	05261	史頌簋蓋	11.352	西周晚期	同上
頌	05262	史頌簋蓋	11.354	西周晚期	同上
頌	05263	史頌簋	11.356	西周晚期	同上
頌	05264	史頌簋	11.359	西周晚期	同上
頌	05265	史頌簋	11.361	西周晚期	同上
頌	05266	史頌簋	11.364	西周晚期	同上
頌	05267	史頌簋	11.367	西周晚期	同上
頌	05390	頌簋	12.184	西周晚期	同上
頌	05391	頌簋	12.187	西周晚期	同上
頌	05392	頌簋	12.190	西周晚期	同上
頌	05393	頌簋	12.192	西周晚期	同上
頌	05394	頌簋蓋	12.194	西周晚期	同上
頌	05395	頌簋	12.196	西周晚期	同上
頌	05396	頌簋蓋	12.198	西周晚期	同上
頌	05397	頌簋	12.200	西周晚期	同上
頌	12451	頌壺甲	22.427	西周晚期	
頌	12452	頌壺乙	22.430	西周晚期	
頌	14540	頌盤	25.597	西周晚期	
貉子	13319	貉子卣	24.262	西周早期後段	紀國國君
解子	03243	解子甗	7.126	西周早期	
叔	11759	叔尊	21.227	西周早期後段	
叔	13282	叔卣	24.208	西周早期後段	
遨	13536	遨方彝蓋	24.411	商代晚期	
詩伯	02797	時伯鼎	6.179	西周晚期	
詩伯	02798	時伯鼎	6.180	西周晚期	
詩伯	02799	時伯鼎	6.181	西周晚期	

人 名	器 號	器 名	卷數頁碼	時 代	備 注
詨	15783	叔巢鎛	29.247	春秋晚期	叔巢的父親
詢	05378	訇簋	12.157	西周中期後段	
詢	05402	師訇簋	12.213	西周中期後段	即師詢
詢辛	04626	歔彔缺簋	9.372	西周早期	歔彔缺的親屬
槀佗	12308	槀佗壺	22.189	戰國晚期	即郭佗
槀	17684	相邦呂不韋矛	33.120	戰國晚期	秦上郡代理太守
槀人莽	12354	工師初壺	22.252	戰國晚期	即廩人莽
廉頗	18010	守相廉頗鈹	33.378	戰國晚期	
廉頗	18011	守相廉頗鈹	33.379	戰國晚期	
廉頗	18012	守相廉頗鈹	33.380	戰國晚期	
廉頗	18013	守相廉頗鈹	33.382	戰國晚期	
廉相如	18009	廉相如劍	33.377	戰國時期	
鷹王	05089	師眉簋	11.8	西周中期前段	即薦王
酈伯戝	05203	臺伯戝簋	11.226	西周早期後段	
肻父	14986	肻父匜	26.370	春秋晚期	
痰君	19268	諸稽耕爐	35.54	春秋晚期	即疟君
新𣄴	04198	新𣄴簋	8.448	西周早期	
新𣄴	04199	新𣄴簋	8.449	西周早期	
新室仲	14543	逨盤	25.605	西周晚期	
新城导	17354	晉陽令趙去疾戈	32.446	戰國晚期	
新城大令韓定	17206	新城大令韓定戈	32.273	戰國晚期	
意與	04739	湋伯簋	10.11	西周晚期	湋伯的親屬
旐	03364	中甗	7.253	西周早期後段	
雍	02057	雍鼎	4.230	西周晚期	
雍王	15002	東姬匜	26.390	春秋中期	
雍王	16741	雍王戈	31.196	戰國時期	
雍伯	02045	雍伯鼎	4.216	西周早期	
雍𡜲	04325	雜嬰簋	9.91	西周早期	
雍𡜲	04326	雜嬰簋	9.92	西周早期	
雍毅	02446	吳虎鼎	5.282	西周晚期	
雍伯原	02145	雍伯原鼎	4.336	西周晚期	
義	13126	義卣	24.37	西周早期	
義	14794	義盉蓋	26.218	西周中期前段	

人名	器號	器名	卷數頁碼	時代	備注
義	17262	相邦義戈	32.336	戰國中期	張儀,秦國相邦
義友	05019	官夸父簋	10.383	西周晚期	官夸父的親屬
義公	04445	叔單簋	9.196	西周早期	叔單的長輩
義仲	01785	義仲鼎	3.450	西周早期	
義伯	04456	義伯簋	9.206	西周中期前段	
義妣	04520	倗簋	9.274	西周早期	倗的祖母
義楚	10598	義楚觶	19.420	春秋晚期	徐國國王
義楚	15528	僕兒鐘甲	28.459	春秋晚期	徐王
義丏妣	02786	倗鬲	6.169	西周早期	
義叔昏	04567	義叔昏簋	9.314	西周早期	
𢍰	11816	琱生尊	21.304	西周晚期	
𢍰	11817	琱生尊	21.306	西周晚期	
郳子曰	02310	郳子曰鼎	5.61	春秋晚期	即養子曰
郳伯受	05941	郳伯受簠	13.233	春秋中期	即養伯受
漣伯	02452	利鼎	5.293	西周中期後段	
盜叔	12287	盜叔壺甲	22.163	春秋中期	
盜叔	12288	盜叔壺乙	22.164	春秋中期	
盜叔	16723	盜叔戈	31.173	春秋中期	
塞	05836	塞簠	13.93	西周晚期	
塞公屈顙	16696	塞公屈顙戈	31.145	春秋中期	
塞公孫脂父	14989	塞公孫脂父匜	26.373	春秋早期	
寬闉孟姜	02363	齊侯鼎	5.141	春秋晚期	齊侯的長女
寬⿵門厲孟姜	06076	齊侯敦	13.342	春秋晚期	同上
寬闉孟姜	14518	齊侯盤	25.554	春秋晚期	同上
寬闉孟姜	14997	齊侯匜	26.383	春秋晚期	同上
袁	02482	袁鼎	5.354	西周晚期	
袁	14537	袁盤	25.591	西周晚期	
宴婦陸姞	04456	義伯簋	9.206	西周中期前段	義伯的親屬
⿱宀郎⿰女几	02860	⿱宀郎⿰女几鬲	6.247	西周晚期	
⿱宀𢍰	11513	⿱宀𢍰尊	21.15	西周早期	
⿰⿱羊弓殳	04606	⿰⿱羊弓殳簋	9.352	西周早期前段	
⿱聿貝	04050	⿱聿貝簋	8.323	西周早期	
⿱聿貝	11653	⿱聿貝尊	21.132	西周早期	

人 名	器 號	器 名	卷數頁碼	時 代	備 注
責	11654	責尊	21. 133	西周早期	
責	13193	責卣	24. 104	西周早期	
責	13194	責卣	24. 105	西周早期	
責引	13647	責引觥	24. 482	商代晚期	
責引	14177	責引斗	25. 295	商代晚期	
𦥑	15324	子璋鐘甲	27. 393	春秋晚期	
𦥑	15325	子璋鐘乙	27. 395	春秋晚期	
𦥑	15326	子璋鐘丙	27. 397	春秋晚期	
𦥑	15327	子璋鐘丁	27. 400	春秋晚期	
𦥑	15328	子璋鐘戊	27. 403	春秋晚期	
𦥑	15329	子璋鐘己	27. 405	春秋晚期	
辟	13192	辟卣	24. 102	西周早期	
辟東	11632	辟東尊	21. 114	西周早期	
辟大夫	19169	辟大夫虎節	34. 543	戰國時期	
遲	05627	遲盨	12. 362	西周晚期	
遲王	05199	仲再父簋	11. 218	西周晚期	南龏𣪘辭祖父
遲王	05200	仲再父簋	11. 221	西周晚期	同上
遲父	15297	遲父鐘	27. 345	西周晚期	
遲公	05331	元年師旋簋甲	12. 43	西周晚期	
遲公	05332	元年師旋簋乙	12. 46	西周晚期	
遲公	05333	元年師旋簋丙	12. 49	西周晚期	
遲公	05334	元年師旋簋丁	12. 52	西周晚期	
遲伯	05093	仲敄父簋	11. 13	西周中期	仲敄父的父親
遲伯	05094	仲敄父簋	11. 14	西周中期	同上
遲姬	05093	仲敄父簋	11. 13	西周中期	仲敄父的母親
遲姬	05094	仲敄父簋	11. 14	西周中期	同上
墜不	16798	陳不戈	31. 280	春秋晚期	即陳不
墜尔	16512	陳尔戈	30. 466	春秋晚期	即陳尔
墜共	02360	楚王酓忎鼎	5. 136	戰國晚期	
墜共	06315	冶紹坒匕	13. 513	戰國晚期	即陳共
墜共	06316	冶紹坒匕	13. 514	戰國晚期	同上
墜共	06317	冶紹坒匕	13. 515	戰國晚期	同上
墜共	14508	楚王酓忎盤	25. 539	戰國晚期	同上

人　名	器　號	器　名	卷數頁碼	時　代	備　注
墜共	19035	冶紹車飾	34.473	戰國晚期	即陳共
墜貝	16636	陳貝戈	31.80	戰國時期	即陳貝
墜余	16638	陳余戈	31.82	戰國時期	即陳余
墜坓	16459	陳坓戈	30.417	戰國時期	即陳坓
墜胎	16816	陳胎戈	31.299	戰國時期	即陳胎
墜夏	18816	鄝客問量	34.268	戰國晚期	即陳夏
墜純	18817	陳純釜	34.270	戰國早期	
墜曼	05923	陳曼簠	13.207	戰國早期	即陳曼
墜曼	05924	陳曼簠	13.208	戰國早期	同上
墜旺	17069	陳旺戟	32.113	戰國晚期	即陳旺
墜冢	16513	陳冢戈	30.467	春秋晚期	即陳冢
墜得	12410	陳璋壺	22.332	戰國中期	即陳得
墜得	12411	陳璋壺	22.334	戰國中期	同上
墜得	18818	子禾子釜	34.272	戰國早期	
墜喜	12400	陳喜壺	22.318	春秋晚期	即陳喜
墜戠	16514	陳戠戟	30.468	戰國晚期	即陳戠
墜發	16640	陳發戈	31.84	戰國晚期	即陳發
墜盍	16641	陳盍戈	31.85	戰國早期	即陳盍
墜潹	15180	公孫潮子鐘五	27.129	戰國早期	即陳潹
墜潹	15181	公孫潮子鐘六	27.130	戰國早期	同上
墜潹	15182	公孫潮子鐘七	27.131	戰國早期	同上
墜潹	15183	公孫潮子鐘八	27.132	戰國早期	同上
墜潹	15761	公孫潮子鎛丁	29.184	戰國早期	同上
墜潹	15762	公孫潮子鎛庚	29.185	戰國早期	同上
墜鄸	16639	陳鄸戈	31.83	戰國早期	即陳鄸
墜猒	18817	陳純釜	34.270	戰國早期	
墜璋	12410	陳璋壺	22.332	戰國中期	即陳璋
墜璋	12411	陳璋壺	22.334	戰國中期	同上
墜窒	16643	陳窒散戈	31.87	戰國時期	即陳窒
墜窒	16644	陳窒散戈	31.88	戰國時期	同上
墜窒	16645	陳窒散戈	31.89	戰國時期	同上
墜窒	17825	陳窒散劍	33.168	戰國時期	即陳窒散
墜窒	19021	陳窒散車轄甲	34.460	戰國時期	同上

人 名	器 號	器 名	卷數頁碼	時 代	備 注
墜豫	16642	陳豫戈	31.86	戰國時期	即陳豫
墜子山	16774	陳子山戈	31.245	戰國時期	即陳子山
墜子皮	16857	陳子皮戈	31.352	戰國時期	即陳子皮
墜子翼	16775	陳子翼戈	31.246	戰國時期	即陳子翼
墜子翼	16776	陳子翼戈	31.247	戰國時期	同上
墜丽子	16773	陳丽子戈	31.244	戰國時期	即陳丽子
墜侯午	05141	陳侯午簋	11.91	戰國中期	即陳侯午
墜侯午	06077	十四年陳侯午敦	13.344	戰國中期	同上
墜侯午	06078	十四年陳侯午敦	13.345	戰國中期	同上
墜御寇	16777	陳御寇戈	31.248	戰國時期	即陳御寇
墜侯因脊	06080	陳侯因脊敦	13.347	戰國中期	即陳侯因脊
墜侯因脊	16887	陳侯因脊戈	31.413	戰國中期	同上
墜侯因脊	16888	陳侯因脊戈	31.414	戰國中期	同上
墜侯因脊	16889	陳侯因脊戈	31.415	戰國中期	同上
墜侯因脊	16890	陳侯因脊戈	31.415	戰國中期	同上
墜卿聖孟	16911	陳卿聖孟戈	31.458	戰國時期	即陳卿聖孟
隑仲	01707	自鼎	3.370	西周早期	即鄖仲
隑仲	01708	自鼎	3.371	西周早期	同上
隑仲	01709	自鼎	3.372	西周早期	同上
隑仲	01710	自鼎	3.373	西周早期	同上
隑姞	01740	尹叔鼎	3.396	西周早期	尹叔之女或姊妹
隑仲孛	04877	隑仲孛簋	10.193	西周中期	即鄖仲孛
絮圣	02360	楚王酓忎鼎	5.136	戰國晚期	
戟	03363	戟甗	7.250	西周早期後段	
嫋	15908	亞醜嫋鐃	29.464	商代晚期	
媇仲	04457	媇仲簋	9.206	西周晚期	
鄝子妝	16748	鄝子妝戈	31.206	春秋中期	
翟父	01952	翟父鼎	4.110	西周早期	
翟父	01953	翟父鼎	4.111	西周早期	
翟父	01954	翟父鼎	4.112	西周早期	
毅	03260	毅甗	7.140	西周早期	
毅	04276	毅簋	9.46	西周早期	
毅古	11494	毅古尊	20.499	西周早期	

人　名	器　號	器　名	卷數頁碼	時　代	備　注
絺	05180	絺簋	11.173	西周中期	
絺	05181	絺簋	11.176	西周中期	

十 四 畫

人　名	器　號	器　名	卷數頁碼	時　代	備　注
逋	02103	小臣逋鼎	4.287	西周中期前段	即小臣逋
逋	06228	逋盂	13.455	西周晚期	即逋
嘉	02435	哀成叔鼎	5.262	春秋晚期	
嘉	17239	丞相啟狀戈	32.306	戰國晚期	
嘉母	12738	嘉母卣	23.189	西周早期	
嘉母	12739	嘉母卣蓋	23.189	西周早期	
嘉姬	04827	陳侯簋	10.120	西周晚期	陳侯的夫人
嘉嬭（芉）	06071	王子申盞	13.332	春秋晚期	
嘉仲者比	14776	嘉仲盉	26.187	戰國早期	
嘉子易伯臚	05946	嘉子易伯臚簠	13.240	春秋晚期	蓋銘作"伯易臚"
壽	04270	壽簋	9.41	西周早期	
壽	17279	上郡守壽戈	32.355	戰國晚期	秦上郡太守
壽	17280	上郡守壽戈	32.356	戰國晚期	同上
壽	17281	上郡守壽戈	32.358	戰國晚期	向壽，秦上郡守
壽	17282	上郡守壽戈	32.359	戰國晚期	同上
壽	17283	上郡守壽戈	32.360	戰國晚期	同上
壽元	18730	壽元斧	34.220	西周早期	
壽母	02127	鄒麥魯生鼎	4.312	春秋早期	
壽商	02496	九年衛鼎	5.383	西周中期前段	顏陳之有司
塘	01311	韋鼎	3.22	西周早期	
塘青	00451	塘青鼎	1.349	商代晚期	
趞叔	05009	易旁簋	10.370	西周中期前段	易旁的上司
趞叔	05010	易旁簋	10.371	西周中期前段	同上
趞叔	05011	易旁簋	10.372	西周中期前段	同上
趙世	18003	佽令趙世鈹	33.371	戰國晚期	
趙它	17689	鄭令楋造矛	33.125	戰國晚期	
趙它	17690	鄭令楋造矛	33.126	戰國晚期	

人 名	器 號	器 名	卷數頁碼	時 代	備 注
趙它	18071	鄭令橭溢鈹	33.457	戰國晚期	
趙明(孟)	16724	趙明戈	31.174	春秋中期	
趙狐	17264	相邦趙狐戈	32.339	戰國晚期	
趙春	18007	邦司寇趙春鈹	33.374	戰國晚期	
趙春	18069	邦司寇趙春鈹	33.455	戰國晚期	
趙軏	17157	屏令趙軏戈	32.218	戰國晚期	屏縣縣令
趙狽	17693	藺令趙狽矛	33.129	戰國晚期	藺縣縣令
趙距	17337	鄭令趙距戈	32.428	戰國晚期	韓國鄭縣縣令
趙距	17338	鄭令趙距戈	32.429	戰國晚期	同上
趙距	17339	鄭令趙距戈	32.430	戰國晚期	同上
趙敓	17188	趙敓戈	32.252	戰國晚期	
趙許	19361	中府丞趙許杖首	35.139	戰國時期	
趙悁	17349	安平相邦戈	32.441	戰國晚期	
趙結	17307	房子令趙結戈	32.392	戰國晚期	房子縣令
趙榍	17221	藺令張善戈	32.287	戰國晚期	
趙新	18006	邦司寇趙新鈹	33.373	戰國晚期	
趙瘁	17680	相邦春平侯矛	33.116	戰國晚期	
趙閒	18047	相邦春平侯鈹	33.429	戰國晚期	
趙翠	01979	相室郭翠鼎	4.135	戰國中期	
趙瘠	18043	相邦春平侯鈹	33.423	戰國晚期	
趙瘠	18044	相邦春平侯鈹	33.425	戰國晚期	
趙瘠	18045	相邦春平侯鈹	33.426	戰國晚期	
趙觸	18064	相邦平國君鈹	33.448	戰國晚期	
趙亡智	02160	趙亡智鼎	4.353	戰國中期	
趙亡智	02161	趙亡智鼎	4.354	戰國中期	
趙不爭	02167	十一年庫嗇夫鼎	4.364	戰國晚期	
趙去疾	17354	晉陽令趙去疾戈	32.446	戰國晚期	趙國晉陽縣令
趙孟帍	12365	趙孟帍壺	22.267	春秋晚期	
趙孟帍	12366	趙孟帍壺	22.269	春秋晚期	
趙令邯鄲𢓳	17313	趙令邯鄲𢓳戈	32.399	戰國晚期	
截雍令韓匡	17702	截雍令韓匡戟刺	33.140	戰國晚期	
蔡	05398	蔡簋	12.202	西周中期	
蔡	08271	蔡爵	16.387	西周早期	

人 名	器 號	器 名	卷數頁碼	時 代	備 注
蔡	11766	蔡尊	21.234	西周中期前段	
蔡叔	16392	蔡叔戈	30.358	西周早期	
蔡叔	16810	蔡叔戈	31.293	春秋晚期	
蔡侯	01943	蔡侯鼎	4.100	西周晚期	
蔡侯	02144	蔡侯鼎	4.335	春秋早期	
蔡侯	02488	柞伯鼎	5.365	西周中期	
蔡侯	05933	蔡侯簠甲	13.221	春秋晚期	
蔡侯	05934	蔡侯簠乙	13.223	春秋晚期	
蔡侯	12377	蔡侯壺	22.283	西周晚期	
蔡侯	14519	蔡侯盤	25.556	春秋晚期前段	
蔡侯	14874	蔡侯匜	26.254	西周晚期	
蔡侯	14996	蔡侯匜	26.382	春秋晚期前段	
蔡侯	19901	蔡侯鐵瓶	35.475	春秋晚期	
蔡姑	05216	蔡姑簋	11.246	西周晚期	
蔡倅	14858	苛詌匜	26.240	戰國晚期	
蔡姬	05794	王孫霝簠	13.47	春秋晚期	
蔡姬	11755	伯尊	21.223	西周中期前段	
蔡姬	15269	盧鐘	27.285	西周中期後段	
蔡姬	15270	盧鐘	27.287	西周中期後段	
蔡姬	15272	盧鐘	27.291	西周中期後段	
蔡姬	15273	盧鐘	27.293	西周中期後段	
蔡姬	15274	盧鐘	27.295	西周中期後段	
蔡子佗	14881	蔡子佗匜	26.260	春秋晚期	
蔡子林	01473	蔡子林鼎	3.155	戰國早期	
蔡公子	12408	蔡公子壺	22.330	春秋早期	
蔡公子	14075	蔡公子缶	25.229	戰國時期	
蔡生坑(坑)	02084	蔡生鼎	4.263	西周晚期	
蔡加子	16771	蔡加子戈	31.243	春秋晚期	
蔡叔季	15003	賈匜	26.391	春秋晚期	賈的祖父
蔡侯朱	14062	蔡侯朱缶	25.209	春秋晚期	
蔡侯朔	16834	蔡侯朔戈	31.325	春秋晚期	
蔡侯產	16835	蔡侯產戈	31.326	戰國早期	
蔡侯產	16836	蔡侯產戈	31.327	戰國早期	

人　名	器　號	器　名	卷數頁碼	時　代	備　注
蔡侯產	16837	蔡侯產戈	31.328	戰國早期	
蔡侯產	16838	蔡侯產戈	31.329	戰國早期	
蔡侯產	16839	蔡侯產戟	31.330	戰國早期	
蔡侯產	16840	蔡侯產戟	31.332	戰國早期	
蔡侯產	17832	蔡侯產劍	33.175	戰國早期	
蔡侯產	17833	蔡侯產劍	33.177	戰國早期	
蔡侯產	17834	蔡侯產劍	33.178	戰國早期	
蔡侯產	17835	蔡侯產劍	33.179	戰國早期	
蔡侯產	17836	蔡侯產劍	33.180	戰國早期	
蔡侯□	01578	蔡侯□鼎	3.253	春秋晚期	
蔡侯□	01579	蔡侯□鼎	3.254	春秋晚期	
蔡侯□	01580	蔡侯□鼎	3.255	春秋晚期	
蔡侯□	01581	蔡侯□殘鼎	3.257	春秋晚期	
蔡侯□	01582	蔡侯□殘鼎	3.258	春秋晚期	
蔡侯□	01583	蔡侯□殘鼎	3.259	春秋晚期	
蔡侯□	01584	蔡侯□殘鼎	3.260	春秋晚期	
蔡侯□	01585	蔡侯□殘鼎蓋	3.261	春秋晚期	
蔡侯□	01586	蔡侯□殘鼎蓋	3.261	春秋晚期	
蔡侯□	01587	蔡侯□殘鼎蓋	3.262	春秋晚期	
蔡侯□	01588	蔡侯□殘鼎蓋	3.262	春秋晚期	
蔡侯□	01589	蔡侯□殘鼎	3.263	春秋晚期	
蔡侯□	01590	蔡侯□殘鼎	3.264	春秋晚期	
蔡侯□	04393	蔡侯□簋	9.147	春秋晚期	
蔡侯□	04394	蔡侯□簋	9.149	春秋晚期	
蔡侯□	04395	蔡侯□簋	9.150	春秋晚期	
蔡侯□	04396	蔡侯□簋	9.151	春秋晚期	
蔡侯□	04397	蔡侯□簋	9.152	春秋晚期	
蔡侯□	04398	蔡侯□簋	9.153	春秋晚期	
蔡侯□	04399	蔡侯□簋	9.154	春秋晚期	
蔡侯□	04400	蔡侯□簋	9.155	春秋晚期	
蔡侯□	05771	蔡侯□簠	13.20	春秋晚期	
蔡侯□	05772	蔡侯□簠	13.22	春秋晚期	
蔡侯□	05773	蔡侯□簠	13.23	春秋晚期	

人　名	器　號	器　名	卷數頁碼	時　代	備　注
蔡侯▨	05774	蔡侯▨簠	13.24	春秋晚期	
蔡侯▨	05775	蔡侯▨簠	13.25	春秋晚期	
蔡侯▨	05776	蔡侯▨簠	13.26	春秋晚期	
蔡侯▨	11721	蔡侯▨尊	21.194	春秋時期	
蔡侯▨	11815	蔡侯▨尊	21.301	春秋晚期	
蔡侯▨	12187	蔡侯▨方壺	22.57	春秋晚期	
蔡侯▨	12188	蔡侯▨方壺	22.59	春秋晚期	
蔡侯▨	14031	蔡侯▨瓶	25.185	春秋晚期	
蔡侯▨	14063	蔡侯▨缶	25.211	春秋晚期	
蔡侯▨	14064	蔡侯▨缶	25.214	春秋晚期	
蔡侯▨	14065	蔡侯▨缶	25.216	春秋晚期	
蔡侯▨	14078	蔡侯▨缶	25.233	春秋晚期	
蔡侯▨	14387	蔡侯▨盤	25.400	春秋晚期	
蔡侯▨	14535	蔡侯▨盤	25.586	春秋晚期	
蔡侯▨	14867	蔡侯▨匜	26.248	春秋晚期	
蔡侯▨	15054	蔡侯▨方鑑	26.401	春秋晚期	
蔡侯▨	15533	蔡侯▨歌鐘甲	28.475	春秋晚期	
蔡侯▨	15534	蔡侯▨歌鐘乙	28.480	春秋晚期	
蔡侯▨	15535	蔡侯▨歌鐘丙	28.483	春秋晚期	
蔡侯▨	15536	蔡侯▨歌鐘丁	28.486	春秋晚期	
蔡侯▨	15538	蔡侯▨行鐘甲	28.492	春秋晚期	
蔡侯▨	15539	蔡侯▨行鐘乙	28.494	春秋晚期	
蔡侯▨	15540	蔡侯▨行鐘丙	28.496	春秋晚期	
蔡侯▨	15820	蔡侯▨鎛甲	29.363	春秋晚期	
蔡侯▨	15821	蔡侯▨鎛乙	29.366	春秋晚期	
蔡侯▨	15822	蔡侯▨鎛丙	29.369	春秋晚期	
蔡侯▨	15823	蔡侯▨鎛丁	29.372	春秋晚期	
蔡侯▨	16830	蔡侯▨戈	31.319	春秋晚期	
蔡侯▨	16831	蔡侯▨戈	31.320	春秋晚期	
蔡侯▨	16832	蔡侯▨戈	31.322	春秋晚期	
蔡侯▨	16833	蔡侯▨戈	31.324	春秋晚期	
蔡太師腆	02372	蔡大師腆鼎	5.154	春秋晚期	
蔡公子加	16902	蔡公子加戈	31.445	春秋晚期	

人　名	器　號	器　名	卷數頁碼	時　代	備　注
蔡公子加	16903	蔡公子加戈	31.446	春秋晚期	
蔡公子果	16899	蔡公子果戈	31.442	春秋晚期	
蔡公子果	16900	蔡公子果戈	31.443	春秋晚期	
蔡公子果	16901	蔡公子果戈	31.444	春秋晚期	
蔡公子從	16905	蔡公子從戈	31.448	春秋晚期	
蔡公子從	16906	蔡公子從戈	31.449	春秋晚期	
蔡公子從	17837	蔡公子從劍	33.181	戰國早期	
蔡公子從	17838	蔡公子從劍	33.182	戰國早期	
蔡公子頌	16904	蔡公子頌戈	31.447	春秋晚期	
蔡君子興	12443	射壺甲	22.399	西周晚期	
蔡君子興	12444	射壺乙	22.403	西周晚期	
蔡公子義工	05793	蔡公子義工簠	13.46	春秋晚期	
蔡大善夫趣	05956	蔡大善夫趣簠	13.259	春秋早期	
蔡太史大奏	19238	蔡太史卮	35.21	春秋晚期	
蔡公子壬口	12409	蔡公子壺	22.331	春秋早期	
蓼改	02985	曩士父鬲	6.417	西周晚期	
蓼改	02986	曩士父鬲	6.418	西周晚期	
蓋	02405	蓋鼎	5.211	西周中期	
鞅	11988	鞅壺	21.352	戰國晚期	
鞅	17996	大良造庶長鞅鈹	33.364	戰國中期	商鞅
鞅	18548	庶長鞅戈鐓	34.127	戰國中期	同上
鞅	18549	庶長鞅殳鐓	34.128	戰國中期	同上
鞅	18550	大良造殳鐓	34.129	戰國中期	同上
鞅	18551	庶長鞅殳鐓	34.130	戰國中期	同上
鞅	18819	商鞅方升	34.274	戰國中期	同上
楣	01319	楣鼎	3.27	西周中期	
棓侯	12218	棓侯壺	22.90	西周早期	
棓侯	12219	棓侯壺	22.91	西周早期	
憲	02354	憲鼎	5.124	西周中期前段	
憲	02515	曶鼎	5.447	西周中期後段	匡的臣僕
憲	02846	憲鬲	6.231	西周早期後段	同上
憲	03235	憲甗	7.120	西周中期前段	
憲	04062	憲簋	8.335	西周早期	

人　名	器　號	器　名	卷數頁碼	時　代	備　注
臧孫	15283	臧孫鐘己	27.317	春秋晚期	
臧孫	15284	臧孫鐘庚	27.319	春秋晚期	
臧孫	15285	臧孫鐘辛	27.321	春秋晚期	
臧孫	15286	臧孫鐘壬	27.323	春秋晚期	
臧嘉	18816	鄸客問量	34.268	戰國晚期	
奪	01862	奪鼎	4.19	西周早期	
奪	04117	奪簋	8.381	西周中期	
奪	11703	奪尊	21.176	西周早期後段	
奪	12232	奪壺	22.106	西周早期後段	
奪	12233	奪壺	22.107	西周早期後段	
奪	13233	奪卣	24.149	西周早期後段	
奪	13234	奪卣	24.150	西周早期後段	
叙	04816	叙簋	10.107	西周晚期	
叙	04817	叙簋	10.109	西周晚期	
叙	14446	叙盤	25.466	西周中期	
監伯	05199	仲爯父簋	11.218	西周晚期	南龤厥辭父親
監伯	05200	仲爯父簋	11.221	西周晚期	同上
監姬	02191	叔碩父鼎	4.390	西周晚期	叔碩父的夫人
監曼	12304	鄧孟壺	22.182	西周晚期	鄧孟之女嫁於監國者
歐侯	11462	歐侯母壬尊	20.469	商代晚期	
摶武	15150	摶武鐘	27.72	戰國時期	
鳶	03433	鳶簋	7.283	商代晚期	
榮父	01646	榮父鼎	3.312	西周中期	
祇	03218	祇甗	7.105	西周早期	
甹	05118	妊小簋	11.55	西周晚期	
對	11707	對尊	21.180	西周中期前段	
對	11708	對尊	21.181	西周中期前段	
對	13227	矣對卣	24.140	西周早期前段	
對	13239	對卣	24.155	西周中期前段	
對	13829	對罍	25.120	西周中期	
圉窝	02000	圉窝鼎	4.160	西周晚期	
睽	05344	大簋	12.77	西周晚期	
睽	05345	大簋蓋	12.79	西周晚期	

人 名	器 號	器 名	卷數頁碼	時 代	備 注
暌士父	02985	暌士父鬲	6.417	西周晚期	
暌士父	02986	暌士父鬲	6.418	西周晚期	
鳴士卿	11779	鳴士卿尊	21.246	西周早期	
瞿姒	04675	瞿姒簋甲	9.420	西周晚期	
瞿姒	04676	瞿姒簋乙	9.421	西周晚期	
踊	02714	踊鬲	6.96	西周早期後段	
覞公	04954	覞公簋	10.288	西周早期前段	
覞姛(姒)	01591	公伯鼎	3.265	西周早期前段	
鄆孝子	02098	鄆孝子鼎	4.279	戰國中期	
遷	05380	敔簋	12.162	西周晚期	南淮夷酋長
鄂甘辜	02193	鄂甘辜鼎	4.393	春秋早期	
蛞公諴	05942	都公諴簋	13.236	春秋早期	
遬	01799	疑鼎	3.462	西周早期前段	即疑
遬	09850	遬觚	18.498	西周早期	同上
遬	10615	遬觶	19.436	西周早期	同上
鄦子痠	05962	許子痠簋蓋	13.271	春秋晚期	即許子痠
鄦子佗	06058	許子敦	13.318	春秋晚期	即許子佗
鄦子盙自	15792	許子盙自鎛甲	29.277	春秋時期	即許子盙自
鄦子盙自	15793	許子盙自鎛乙	29.279	春秋時期	同上
鄦多魯生	02127	鄦多魯生鼎	4.312	春秋早期	即許多魯生
稠	13322	稠卣	24.268	西周中期前段	
毓子	08578	呂仲僕爵	17.127	西周早期	呂仲僕的親屬
毓子	11730	呂仲僕尊	21.201	西周早期後段	同上
緐	13343	繁卣	24.313	西周中期前段	即繁
管	12947	管卣	23.377	商代晚期	
管監引	01868	管監引鼎	4.25	西周中期前段	
箄	14936	箄匜	26.313	西周晚期	
晨	02480	伯晨鼎	5.350	西周中期後段	即伯振
晨	04063	晨簋	8.336	西周早期	即振
晨	04064	晨簋	8.337	西周早期	同上
晨	14437	晨盤	25.457	西周中期後段	同上
晨公	15189	都公孜人鐘	27.141	春秋早期	都公孜人的父親
覞	04526	覞簋	9.278	西周中期前段	

人　名	器　號	器　名	卷數頁碼	時　代	備　注
臾	11769	臾尊	21.236	西周早期	
僕	12346	史僕壺	22.241	西周晚期	即史僕
僕	12347	史僕壺蓋	22.242	西周晚期	同上
僕	16591	僕戈	31.34	西周早期	
僕兒	15528	僕兒鐘甲	28.459	春秋晚期	
僕兒	15530	僕兒鐘丙	28.466	春秋晚期	
僕麻	13309	僕麻卣	24.244	西周早期	
僕膚	16747	僕膚戟	31.205	戰國晚期	
徼子	16430	後子戈	30.393	春秋晚期	
徼子	16431	後子戈	30.394	春秋晚期	
徼子	16732	徼子戈	31.185	春秋晚期	
觕伯	04181	觕伯簋	8.434	西周早期	
鍼公	15556	叔夷鐘五	28.536	春秋晚期	即成公
鍼公	15560	叔夷鐘九	28.544	春秋晚期	同上
鍼公	15829	叔夷鎛	29.395	春秋晚期	同上
貍	11675	貍尊	21.153	西周中期前段	
貏父	04340	貏父簋	9.103	西周中期前段	
貏父	14375	貏父盤	25.388	西周早期	
貏父	14714	貏父盉	26.124	西周中期前段	
嗣	02225	司鼎	4.442	西周早期	即司
嗣⿰	14956	作司⿰匜	26.334	春秋時期	即司⿰
嗣工眉	06230	永盂	13.459	西周中期	即司工眉
嗣工散	02501	卅二年逨鼎甲	5.395	西周晚期	即司工散
嗣工散	02502	卅二年逨鼎乙	5.398	西周晚期	同上
嗣工遙	05362	觀簋	12.118	西周中期前段	即司工遙
嗣土幽	11720	錖司土幽尊	21.193	西周早期後段	即司土幽
嗣土澽	12436	十三年㿱壺甲	22.383	西周中期後段	即司土澽
嗣土澽	12437	十三年㿱壺乙	22.386	西周中期後段	同上
嗣史⿰	14791	匋盉	26.211	西周中期	即司史⿰
嗣馬共	02481	師晨鼎	5.352	西周中期	即司馬共
嗣馬共	05330	師㿱簋蓋	12.41	西周中期	同上
嗣馬共	05336	諫簋	12.55	西周中期	同上
嗣馬共	05671	㿱盨甲	12.444	西周中期後段	同上

人　名	器　號	器　名	卷數頁碼	時　代	備　注
嗣馬共	05672	瘋盨乙	12.446	西周中期後段	即司馬共
嗣馬壽	02503	卌三年逨鼎甲	5.401	西周晚期	即司馬壽
嗣馬壽	02504	卌三年逨鼎乙	5.405	西周晚期	同上
嗣馬壽	02505	卌三年逨鼎丙	5.409	西周晚期	同上
嗣馬壽	02506	卌三年逨鼎丁	5.414	西周晚期	同上
嗣馬壽	02507	卌三年逨鼎戊	5.418	西周晚期	同上
嗣馬壽	02508	卌三年逨鼎己	5.422	西周晚期	同上
嗣馬壽	02509	卌三年逨鼎庚	5.426	西周晚期	同上
嗣馬壽	02510	卌三年逨鼎辛	5.430	西周晚期	同上
嗣馬壽	02511	卌三年逨鼎壬	5.434	西周晚期	同上
嗣工附矩	02496	五祀衛鼎	5.383	西周中期前段	即司工附矩
嗣工雍毅	02446	吳虎鼎	5.282	西周晚期	即司工雍毅
嗣土毛叔	02484	此鼎甲	5.357	西周晚期	即司土毛叔
嗣土毛叔	02485	此鼎乙	5.359	西周晚期	同上
嗣土毛叔	02486	此鼎丙	5.361	西周晚期	同上
嗣土毛叔	05354	此簋甲	12.100	西周晚期	同上
嗣土毛叔	05355	此簋乙	12.103	西周晚期	同上
嗣土毛叔	05356	此簋丙	12.106	西周晚期	同上
嗣土毛叔	05357	此簋丁	12.108	西周晚期	同上
嗣土毛叔	05358	此簋戊	12.110	西周晚期	同上
嗣土毛叔	05359	此簋己	12.112	西周晚期	同上
嗣土毛叔	05360	此簋庚	12.114	西周晚期	同上
嗣土毛叔	05361	此簋辛	12.116	西周晚期	同上
嗣土寺奉	02446	吳虎鼎	5.282	西周晚期	即司土寺奉
嗣土敊邑	14800	裘衛盉	26.231	西周中期前段	即司土微邑
嗣馬單旟	14800	裘衛盉	26.231	西周中期前段	即司馬單旟
嗣徒凾父	06230	永盂	13.459	西周中期	即司徒凾父
嗣徒南仲	02478	無叀鼎	5.346	西周晚期	即司徒南仲
嗣工邑人服	14800	裘衛盉	26.231	西周中期前段	即司工邑人服
嗣土邑人趞	02497	五祀衛鼎	5.385	西周中期前段	即司土邑人趞
嗣馬頌人邦	02497	五祀衛鼎	5.385	西周中期前段	即司馬頌人邦
鄱子成周	15255	鄱子成周鐘甲	27.257	春秋晚期	
鄱子成周	15256	鄱子成周鐘乙	27.259	春秋晚期	

人　名	器　號	器　名	卷數頁碼	時　代	備　注
鄟子成周	15257	鄟子成周鐘丙	27.261	春秋晚期	
鄟子成周	15258	鄟子成周鐘丁	27.263	春秋晚期	
鄝子大	05781	鄝子大簠	13.32	春秋晚期	
鄝子吳	01664	鄝子吳鼎	3.328	春秋晚期	
鄝子吳	01665	鄝子吳鼎	3.329	春秋晚期	
鄝子辛	05781	鄝子大簠	13.32	春秋晚期	
鄝子辛	17176	鄝子辛戈	32.238	春秋晚期	
鄝子受	01662	鄝子受鼎	3.326	春秋中期	
鄝子受	01663	鄝子受鼎	3.327	春秋中期	
鄝子受	02764	鄝子受鬲	6.146	春秋中期	
鄝子受	15161	鄝子受鐘甲	27.91	春秋中期	
鄝子受	15162	鄝子受鐘乙	27.94	春秋中期	
鄝子受	15163	鄝子受鐘丙	27.96	春秋中期	
鄝子受	15164	鄝子受鐘丁	27.98	春秋中期	
鄝子受	15165	鄝子受鐘戊	27.100	春秋中期	
鄝子受	15166	鄝子受鐘己	27.101	春秋中期	
鄝子受	15167	鄝子受鐘庚	27.103	春秋中期	
鄝子受	15168	鄝子受鐘辛	27.105	春秋中期	
鄝子受	15169	鄝子受鐘壬	27.108	春秋中期	
鄝子受	15772	鄝子受鎛甲	29.201	春秋中期	
鄝子受	15773	鄝子受鎛乙	29.206	春秋中期	
鄝子受	15774	鄝子受鎛丙	29.211	春秋中期	
鄝子受	15775	鄝子受鎛丁	29.216	春秋中期	
鄝子受	15776	鄝子受鎛戊	29.221	春秋中期	
鄝子受	15779	鄝子受鎛辛	29.232	春秋中期	
鄝子受	16885	鄝子受戟	31.409	春秋中期	
鄝子受	16886	鄝子受戟	31.411	春秋中期	
鄝子佣	04578	鄝子佣簋	9.325	春秋晚期前段	楚叔之孫
鄝子佣	14068	鄝子佣缶	25.219	春秋晚期前段	
鄝子佣	14069	鄝子佣缶	25.221	春秋晚期前段	
鄝子佣	14079	鄝子佣缶	25.235	春秋晚期前段	
鄝子佣	14080	鄝子佣缶	25.237	春秋晚期前段	
鄝君膡	19306	曾仲鄝君膡鎮墓獸座	35.95	春秋中期	

人　名	器　號	器　名	卷數頁碼	時　代	備　注
鄧夫人嬭	02425	鄧夫人嬭鼎	5.245	春秋晚期	
鄧仲姬丹	14519	蔡侯盤	25.556	春秋晚期前段	蔡侯的女兒
鄧仲姬丹	14996	蔡侯匜	26.382	春秋晚期前段	同上
鄧子孟升嬭	01848	鄧子孟升嬭鼎	4.6	春秋晚期	
鄧子孟青嬭	05795	鄧子孟青嬭簠	13.49	春秋晚期	
鄧子孟嬭青	05795	鄧子孟青嬭簠	13.49	春秋晚期	
獄	02329	獄鼎	5.92	西周中期前段	
獄	05275	獄簋	11.386	西周中期前段	
獄	05315	獄簋甲	12.8	西周中期前段	
獄	05316	獄簋乙	12.11	西周中期前段	
獄	05317	獄簋丙	12.14	西周中期前段	
獄	05318	獄簋丁	12.16	西周中期前段	
獄	05676	獄盨	12.453	西周中期前段	
獄	14531	獄盤	25.579	西周中期前段	
獄	14799	獄盉	26.229	西周中期前段	
舙	02515	舀鼎	5.447	西周中期後段	
脧	13269	脧卣	24.193	西周早期	
鳳	04579	鳳簋	9.326	商代晚期	
喬	13326	小子喬卣	24.278	商代晚期	即小子喬
奐伯	02356	奐伯鼎	5.127	春秋早期	
奐伯	02357	奐伯鼎	5.129	春秋早期	
智	04992	向智簋	10.345	西周晚期	即向智
智	04993	向智簋	10.346	西周晚期	同上
魋諻	17332	冢子魋諻戈	32.423	戰國晚期	
魯	03407	魯簋	7.262	商代晚期	
諻吳王	16977	攻吳王戟	32.23	春秋早期	即攻吳王
詩	04832	旅仲簋	10.127	西周晚期	旅仲的親屬
訧公	05207	室叔簋	11.233	西周晚期	
詡安君	02421	信安君鼎	5.237	戰國中期	即信安君
詡陰君	16689	信陰君戈	31.138	戰國時期	即信陰君
童姜	01439	童姜鼎	3.128	西周中期	
齊	12168	齊壺	22.37	西周早期	
齊公	13253	豐卣	24.171	西周早期前段	豐的祖父

人　名	器　號	器　名	卷數頁碼	時　代	備　注
齊公	13658	豐觥	24.496	西周早期前段	豐的祖父
齊仲	04185	齊仲簋	8.438	西周早期	
齊伯	05182	敔簋蓋	11.178	西周中期	
齊侯	02363	齊侯鼎	5.141	春秋晚期	
齊侯	03328	齊侯甗	7.205	西周晚期	
齊侯	05977	陳逆簠	13.301	戰國早期	
齊侯	05978	陳逆簠	13.303	戰國早期	
齊侯	06064	齊侯敦	13.325	春秋晚期	
齊侯	06065	齊侯敦	13.326	春秋晚期	
齊侯	06076	齊侯敦	13.342	春秋晚期	
齊侯	06225	齊侯盂	13.451	春秋晚期	
齊侯	12449	洹子孟姜壺甲	22.423	戰國早期	即齊宣公
齊侯	12450	洹子孟姜壺乙	22.425	戰國早期	同上
齊侯	14457	齊侯盤	25.478	春秋時期	
齊侯	14463	齊侯盤	25.483	春秋中期	
齊侯	14518	齊侯盤	25.554	春秋晚期	
齊侯	14944	齊侯匜	26.322	春秋中期	
齊侯	14982	齊侯匜	26.363	西周晚期	
齊侯	14997	齊侯匜	26.383	春秋晚期	
齊侯	15556	叔夷鐘五	28.536	春秋晚期	
齊侯	15560	叔夷鐘九	28.544	春秋晚期	
齊侯	15829	叔夷鎛	29.395	春秋晚期	
齊皇	12327	齊皇壺	22.215	春秋時期	
齊姜	01615	齊姜鼎	3.284	西周中期前段	
齊婦	02641	齊婦鬲	6.35	西周早期前段	
齊疕	14780	右使車盉	26.193	戰國中期	
齊疕	14781	右使車盉	26.195	戰國中期	
齊疕	19242	嗇夫鄱疕盒	35.27	戰國中期	
齊疕	19246	嗇夫鄱疕龍鳳方案	35.31	戰國中期	
齊疕	19353	嗇夫鄱疕神獸	35.132	戰國中期	
齊疕	19354	嗇夫鄱疕神獸	35.133	戰國中期	
齊不超	02926	齊不超鬲	6.335	西周晚期	
齊太王	12447	復封壺甲	22.412	春秋早期	

人 名	器 號	器 名	卷數頁碼	時 代	備 注
齊太王	12448	復封壺乙	22.419	春秋早期	
齊生魯	13543	齊生魯方彝蓋	24.425	西周中期前段	
齊史逗	04600	齊史逗簋	9.347	西周中期	
齊史遬	10643	齊史遬觶	19.459	西周早期	
齊史遬	10644	齊史遬觶	19.460	西周早期	
齊巫姜	04801	齊巫姜簋	10.87	西周晚期	
齊叔姬	14394	曹伯盤	25.407	春秋早期	曹伯的女兒
齊叔姬	14485	齊叔姬盤	25.508	西周晚期	
齊叔姬	14876	曹伯匜	26.256	春秋早期	
齊京母	08001	齊京母爵	16.170	商代晚期	
齊京母	08002	齊京母爵	16.171	商代晚期	
齊京母	11465	齊京母尊	20.472	商代晚期	
齊趡父	02936	齊趡父鬲	6.348	春秋早期	
齊趡父	02937	齊趡父鬲	6.350	春秋早期	
齊嬭姬	04726	齊嬭姬簋	9.479	西周晚期	
齊弁史喜	02172	齊弁史喜鼎	4.369	西周晚期	
齊伯里父	14966	齊伯里父匜	26.344	春秋早期	
齊侯子行	14939	齊侯子行匜	26.316	春秋早期	
齊縈姬之嬭	14491	齊縈姬盤	25.514	春秋晚期	
廣	04428	廣簋	9.181	西周早期	
廣	04819	廣簋蓋	10.111	西周晚期	
廣平侯昌夫	02043	王太后鼎	4.213	戰國晚期	
瘍	18002	下邑令瘍鈚	33.370	戰國晚期	下邑縣令
旎	04427	旎簋	9.180	西周早期	
旎司土榼	04508	旎司土榼簋	9.263	西周早期	
榮	01604	榮子鼎	3.276	西周早期	
榮	05099	榮簋	11.21	西周早期	周王的叔父
榮	05180	緐簋	11.173	西周中期	
榮	05181	緐簋	11.176	西周中期	
榮	05274	榮簋	11.384	西周早期	
榮	05402	師訇簋	12.213	西周中期後段	
榮子	02516	小盂鼎	5.451	西周早期	
榮子	11611	榮子尊	21.99	西周早期	

人　名	器　號	器　名	卷數頁碼	時　代	備　注
榮子	13526	榮子方彝	24.401	西周早期後段	
榮子	13527	榮子方彝	24.402	西周早期後段	
榮子	14376	榮子盤	25.389	西周早期後段	
榮子	14706	榮子盉	26.117	西周早期後段	
榮子	14707	榮子盉	26.118	西周早期後段	
榮子	16390	榮子戈	30.356	西周早期	
榮仲	02412	榮仲鼎	5.225	西周早期後段	
榮仲	02413	榮仲鼎	5.226	西周早期後段	
榮仲	07695	榮仲爵	15.462	西周中期前段	
榮伯	02440	康鼎	5.270	西周中期	
榮伯	02453	古鼎	5.295	西周中期前段	
榮伯	02848	榮伯鬲	6.233	西周中期	
榮伯	05238	衛簋甲	11.292	西周中期	
榮伯	05239	衛簋乙	11.295	西周中期	
榮伯	05240	衛簋丙	11.298	西周中期	
榮伯	05241	衛簋丁	11.301	西周中期	
榮伯	05294	弭伯師耤簋	11.432	西周中期	
榮伯	05322	同簋	12.24	西周中期	
榮伯	05323	同簋蓋	12.26	西周中期	
榮伯	05337	輔師嫠簋	12.58	西周中期	
榮伯	05380	敔簋	12.162	西周晚期	
榮伯	05389	卯簋蓋	12.182	西周中期	
榮伯	05673	古盨蓋	12.448	西周中期	
榮伯	06230	永盂	13.459	西周中期	
榮伯	14798	古盉	26.227	西周中期前段	
榮伯	14800	裘衛盉	26.231	西周中期前段	
榮伯	15314	應侯見工鐘	27.370	西周中期後段	
榮伯	15315	應侯見工鐘	27.372	西周中期後段	
榮伯	15316	應侯見工鐘	27.374	西周中期後段	
榮兌	02503	卅三年迷鼎甲	5.401	西周晚期	
榮兌	02504	卅三年迷鼎乙	5.405	西周晚期	
榮兌	02505	卅三年迷鼎丙	5.409	西周晚期	
榮兌	02506	卅三年迷鼎丁	5.414	西周晚期	

人　名	器　號	器　名	卷數頁碼	時　代	備　注
榮兌	02507	卅三年逨鼎戊	5.418	西周晚期	
榮兌	02508	卅三年逨鼎己	5.422	西周晚期	
榮兌	02509	卅三年逨鼎庚	5.426	西周晚期	
榮兌	02510	卅三年逨鼎辛	5.430	西周晚期	
榮兌	02511	卅三年逨鼎壬	5.434	西周晚期	
榮兌	14543	逨盤	25.605	西周晚期	
榮季	05389	卯簋蓋	12.182	西周中期	
榮𠬝	17181	侖氏令韓化戈	32.245	戰國時期	
榮子旅	01823	榮子旅鼎	3.481	西周早期後段	
榮子旅	02024	榮子旅鼎	4.188	西周早期後段	
榮子旅	02788	榮子旅鬲	6.171	西周早期後段	
榮子旅	02789	榮子旅鬲	6.171	西周早期後段	
榮子旅	03324	榮子旅甗	7.201	西周早期後段	
榮子旅	04370	榮子旅簋	9.127	西周早期後段	
榮子旅	13091	榮子旅卣	24.3	西周早期	
榮有司再	01971	榮有司再鼎	4.127	西周晚期	
榮有司再	02873	榮有司再鬲	6.267	西周晚期	
養子曰	02310	鄴子曰鼎	5.61	春秋晚期	
養伯受	05941	鄴伯受簋	13.233	春秋中期	
鄭伯	02253	子耳鼎	4.480	春秋早期	
鄭伯	02482	袁鼎	5.354	西周晚期	袁的父親
鄭伯	05896	夾鬲簋	13.166	西周晚期	
鄭伯	05944	召叔山父簋	13.238	春秋早期	
鄭伯	05945	召叔山父簋	13.239	春秋早期	
鄭伯	14431	鄭伯盤	25.451	春秋早期	
鄭伯	14537	袁盤	25.591	西周晚期	袁的父親
鄭伯	14946	鄭伯匜	26.324	西周晚期	
鄭季	05657	叔剌父盨甲	12.416	西周晚期	叔剌父的親屬
鄭季	05658	叔剌父盨乙	12.419	西周晚期	同上
鄭季	05659	叔剌父盨丙	12.422	西周晚期	同上
鄭季	05660	叔剌父盨丁	12.424	西周晚期	同上
鄭易	12410	陳璋壺	22.332	戰國中期	
鄭易	12411	陳璋壺	22.334	戰國中期	

人　名	器　號	器　名	卷數頁碼	時　代	備　注
鄭姜	04823	夨王簋蓋	10.116	西周中期後段	夨王的后妃
鄭悊	17224	䢼令樂痟戈	32.290	戰國時期	
鄭姬	02479	趞鼎	5.348	西周晚期	趞的母親
鄭姬	02482	袞鼎	5.354	西周晚期	袞的母親
鄭姬	14537	袞盤	25.591	西周晚期	同上
鄭子石	01975	鄭子石鼎	4.131	春秋早期	
鄭同媿	01916	鄭同媿鼎	4.74	西周晚期	
鄭邢叔	03320	鄭邢叔甗	7.197	西周晚期	
鄭邢叔	15138	鄭邢叔鐘	27.52	西周晚期	
鄭邢叔	15139	鄭邢叔鐘	27.53	西周晚期	
鄭伯氏	02287	鄭伯氏士叔皇父鼎	5.27	春秋早期	
鄭武公	14521	良夫盤	25.559	春秋早期	
鄭武公	15000	良夫匜	26.387	春秋早期	
鄭羌伯	02871	鄭羌伯鬲	6.264	西周晚期	
鄭羌伯	02872	鄭羌伯鬲	6.266	西周晚期	
鄭姜（羌）伯	02032	鄭姜伯鼎	4.196	西周晚期	
鄭莊公	02409	鄭莊公之孫盧鼎	5.218	春秋晚期	
鄭莊公	14095	鄭莊公之孫缶	25.265	春秋晚期	
鄭莊公	14096	鄭莊公之孫缶	25.267	春秋晚期	
鄭登伯	02108	鄭登伯鼎	4.292	西周晚期	
鄭登伯	02794	鄭登伯鬲	6.176	西周晚期	
鄭登伯	02795	鄭登伯鬲	6.177	西周晚期	
鄭登伯	02796	鄭登伯鬲	6.178	西周晚期	
鄭登伯	05569	鄭登伯盨	12.290	西周晚期	
鄭登叔	05580	鄭登叔盨	12.303	西周晚期	
鄭登叔	05581	鄭登叔盨	12.304	西周晚期	
鄭義伯	05576	鄭義伯盨	12.299	西周晚期	
鄭義伯	14008	鄭義伯罐	25.177	西周晚期	
鄭義伯	14891	鄭義伯匜	26.268	西周晚期	
鄭虢仲	04995	鄭虢仲簋	10.348	西周晚期	
鄭虢仲	04996	鄭虢仲簋	10.351	西周晚期	
鄭虢仲	04997	鄭虢仲簋	10.354	西周晚期	
鄭䵼叔	02122	寶登鼎	4.306	春秋早期	

人　名	器　號	器　名	卷數頁碼	時　代	備　注
鄭丼叔康	05592	鄭丼叔康盨	12.319	西周中期	
鄭丼叔康	05593	鄭丼叔康盨	12.320	西周中期	
鄭令向佃	17686	鄭令向佃矛	33.122	戰國晚期	
鄭令幽恒	17345	鄭令幽恒戈	32.437	戰國晚期	
鄭令棺湉	17342	鄭令棺湉戈	32.433	戰國晚期	
鄭令棺湉	17343	鄭令棺湉戈	32.434	戰國晚期	
鄭令棺湉	17344	鄭令棺湉戈	32.436	戰國晚期	
鄭令棺湉	17687	鄭令槸湉矛	33.123	戰國晚期	
鄭令棺湉	17688	鄭令槸湉矛	33.124	戰國晚期	
鄭令棺湉	17689	鄭令槸湉矛	33.125	戰國晚期	
鄭令棺湉	17690	鄭令槸湉矛	33.126	戰國晚期	
鄭令棺湉	17701	鄭令槸湉戟刺	33.139	戰國晚期	
鄭令棺湉	18071	鄭令槸湉鈹	33.457	戰國晚期	
鄭令趙距	17337	鄭令趙距戈	32.428	戰國晚期	
鄭令趙距	17338	鄭令趙距戈	32.429	戰國晚期	
鄭令趙距	17339	鄭令趙距戈	32.430	戰國晚期	
鄭令韓半	17333	鄭令韓半戈	32.424	戰國晚期	
鄭令韓半	17691	鄭令韓半矛	33.127	戰國晚期	
鄭令韓爻	17334	鄭令韓爻戈	32.425	戰國晚期	
鄭令韓恙	17340	鄭令韓恙戈	32.431	戰國晚期	
鄭令韓熙	17219	鄭令韓熙戈	32.285	戰國晚期	
鄭令韓熙	17220	鄭令韓熙戈	32.286	戰國晚期	
鄭伯筍父	03006	鄭伯筍父鬲	6.442	西周晚期	
鄭伯筍父	03319	鄭伯筍父甗	7.196	西周晚期	
鄭叔觀父	02783	鄭叔觀父鬲	6.165	春秋早期	
鄭牧馬受	04848	鄭牧馬受簋蓋	10.145	西周晚期	
鄭牧馬受	04849	鄭牧馬受簋蓋	10.146	西周晚期	
鄭牧馬受	04850	鄭牧馬受簋蓋	10.147	西周晚期	
鄭戝句父	02085	鄭戝句父鼎	4.264	春秋早期	
鄭師遼父	02978	鄭師遼父鬲	6.407	春秋早期	
鄭義羌父	05581	鄭登叔盨	12.304	西周晚期	
鄭義羌父	05582	鄭義羌父盨	12.306	西周晚期	
鄭義羌父	05583	鄭義羌父盨蓋	12.307	西周晚期	

人 名	器 號	器 名	卷數頁碼	時 代	備 注
鄭饗原父	02008	鄭饗原父鼎	4.170	春秋早期	
鄭鑄友父	02925	鄭鑄友父鬲	6.334	西周晚期	
鄭令公先雪	17335	鄭令公先雪戈	32.426	戰國晚期	
鄭令公先雪	17336	鄭令公先雪戈	32.427	戰國晚期	
鄭令公先雪	17692	鄭令公先雪矛	33.128	戰國晚期	
鄭邢伯弇父	03333	鄭邢伯弇父甗	7.211	西周晚期	
鄭邢叔歡父	02809	鄭邢叔歡父鬲	6.193	春秋早期	
鄭邢叔歡父	02810	鄭邢叔歡父鬲	6.194	春秋早期	
鄭楙叔賓父	12320	鄭楙叔賓父壺	22.203	西周晚期	
鄭虢仲悆賊	02171	鄭虢仲悆賊鼎	4.368	西周晚期	
鄭莊公之孫盧	02408	鄭莊公之孫盧鼎	5.215	春秋晚期	
飢丂窗	13660	飢丂窗觥	24.499	西周早期	
漢中守運	17218	漢中守運戈	32.284	戰國晚期	
漁	03407	鼻簋	7.262	商代晚期	
鴻豕	07435	鴻豕爵	15.258	商代晚期	
賓	11761	賓尊	21.229	商代晚期	
賓母	09301	賓母瓿	18.69	商代晚期	
賓母	09302	賓母瓿	18.70	商代晚期	
寡子	13301	寡子卣	24.233	西周中期前段	
寧	04935	寧簋蓋	10.263	西周早期	
寧	04936	寧簋蓋	10.264	西周早期	
寧	10563	寧觶	19.392	西周早期	
寧	13130	寧卣	24.41	西周早期	
寧	14070	寧缶	25.222	戰國晚期	戰國晚期魏國人
寧史	13291	耳卣	24.219	西周早期	
寧母	01391	寧母鼎	3.87	西周早期	
寧母	02621	寧母鬲	6.18	西周早期	
寧母	10393	旎觶	19.262	商代晚期	
寧遹	04454	寧遹簋	9.205	西周早期	
寧壽令余慶	17324	寧壽令余慶戟	32.413	戰國晚期	
寑	02427	殷鼎	5.249	西周中期	
寑印	06985	寑印爵	14.440	商代晚期	
寑印	06986	寑印爵	14.441	商代晚期	

人名	器號	器名	卷數頁碼	時代	備注
寢印	06987	寢印爵	14.442	商代晚期	
寢印	06988	寢印爵	14.443	商代晚期	
寢玄	06989	寢玄爵	14.444	商代晚期	
寢出	06984	寢出爵	14.439	商代晚期	
寢𡊄	14328	寢𡊄盤	25.343	商代晚期	
寢孜	04864	寢孜簋	10.173	商代晚期	
寢魚	04253	寢魚簋	9.27	商代晚期	
寢魚	04635	寢魚簋	9.381	商代晚期	
寢魚	08582	寢魚爵	17.131	商代晚期	
寢馗	19344	作册般黿	35.121	商代晚期	
寢蔑	02313	寢蔑鼎	5.66	商代晚期	
寢𢕌	19741	寢𢕌玉斧	35.348	商代晚期	
寢鑫商	02295	商鼎	5.40	商代晚期	
𡪞	13215	𡪞卣	24.128	西周早期	
寏𧕫	13258	寏𧕫卣	24.179	商代晚期	
𩵦	01401	𩵦鼎	3.97	西周早期後段	
𩵦	02450	大夫始鼎	5.290	西周中期後段	即胡
𩵦	04732	𩵦簋	10.4	西周中期前段	
𩵦	05372	𩵦簋	12.143	西周晚期	周厲王胡
𩵦	15583	五祀𩵦鐘	29.3	西周晚期	同上
𩵦	15633	𩵦鐘	29.142	西周晚期	同上
𩵦叔	02407	𩵦叔信姬鼎	5.213	西周晚期	
𩵦叔	05057	𩵦叔𩵦姬簋	10.443	西周晚期	𩵦姬的丈夫
𩵦叔	05058	𩵦叔𩵦姬簋	10.446	西周晚期	同上
𩵦叔	05059	𩵦叔𩵦姬簋	10.449	西周晚期	同上
𩵦叔	05060	𩵦叔𩵦姬簋蓋	10.452	西周晚期	同上
𩵦叔	05061	𩵦叔𩵦姬簋蓋	10.454	西周晚期	同上
𩵦叔	05062	𩵦叔𩵦姬簋蓋	10.456	西周晚期	同上
𩵦叔	05858	𩵦叔簠	13.118	西周晚期	即胡叔
𩵦侯	02412	榮仲鼎	5.225	西周早期後段	即胡侯
𩵦侯	02413	榮仲鼎	5.226	西周早期後段	同上
𩵦侯	03359	遹甗	7.243	西周中期前段	同上
𩵦姬	05057	𩵦叔𩵦姬簋	10.443	西周晚期	𩵦叔的夫人

人　名	器　號	器　名	卷數頁碼	時　代	備　注
猷姬	05058	猷叔猷姬簋	10.446	西周晚期	猷叔的夫人
猷姬	05059	猷叔猷姬簋	10.449	西周晚期	同上
猷姬	05060	猷叔猷姬簋蓋	10.452	西周晚期	同上
猷姬	05061	猷叔猷姬簋蓋	10.454	西周晚期	同上
猷姬	05062	猷叔猷姬簋蓋	10.456	西周晚期	同上
猷侯之孫㪻	01745	猷侯之孫㪻鼎	3.403	春秋早期	即胡侯之孫陳
肇	13136	肇卣	24.46	西周中期前段	
鄂仲	14479	鄂仲盤	25.500	春秋早期	
鄂垂	02316	淮伯鼎	5.70	西周中期	
薵喬	04497	薵喬簋	9.253	西周中期前段	
聞	08478	聞爵	17.41	西周早期	
聞	11810	聞尊	21.291	西周中期前段	
閭桓沱	17314	邢令殷思戟	32.401	戰國晚期	
弭	01536	弭鼎	3.216	西周中期前段	
弭伯	01734	弭伯鼎	3.391	西周中期前段	
弭伯	01735	弭伯鼎	3.392	西周中期前段	
弭伯	01736	弭伯鼎	3.393	西周中期前段	
弭伯	02269	弭伯鼎甲	5.6	西周中期前段	
弭伯	02270	弭伯鼎乙	5.7	西周中期前段	
弭伯	02689	弭伯鬲	6.73	西周中期前段	
弭伯	03278	弭伯甗	7.156	西周中期前段	
弭伯	03293	弭伯甗	7.170	西周中期前段	
弭伯	04293	弭伯簋	9.63	西周早期前段	
弭伯	04294	弭伯簋	9.64	西周早期前段	
弭伯	04449	弭伯簋	9.200	西周中期前段	
弭伯	04450	弭伯簋	9.201	西周中期前段	
弭伯	04451	弭伯簋	9.202	西周中期前段	
弭伯	11685	弭伯尊	21.161	西周中期前段	
弭伯	14366	弭伯盤	25.380	西周中期前段	
弭伯	14367	弭伯盤	25.381	西周中期前段	
弭伯	14726	弭伯鑒	26.136	西周中期前段	
弭季	11602	弭季尊	21.92	西周早期後段	
弭季	13101	弭季卣	24.14	西周早期後段	

人　名	器　號	器　名	卷數頁碼	時　代	備　注
䚄伯	02516	小盂鼎	5.451	西周早期	
暨	17291	上郡假守暨戈	32.370	戰國晚期	秦上郡代理太守
暨	17292	上郡守暨戈	32.372	戰國晚期	秦上郡太守
隣	02869	瀕吏鬲	6.262	西周早期前段	瀕吏的親屬
隥	05138	隥簋	11.86	西周晚期	
敶	01745	獣侯之孫敶鼎	3.403	春秋早期	即陳
敶子	14994	陳子匜	26.379	春秋早期	即陳子
敶侯	05937	陳侯簠	13.226	春秋早期	即陳侯
敶侯	05938	陳侯簠	13.228	春秋早期	同上
敶侯	05939	陳侯簠	13.230	春秋早期	同上
敶侯	05940	陳侯簠	13.232	春秋早期	同上
敶侯	12294	陳侯壺甲	22.170	春秋早期	同上
敶侯	12295	陳侯壺乙	22.171	春秋早期	同上
敶侯	14991	陳侯匜	26.375	春秋中期	同上
敶伯鬳	14967	陳伯元匜	26.345	春秋時期	即陳伯鬳
敶洹公	05166	有兒簋	11.145	春秋早期	即陳宣公杵臼
隙	11665	隙尊	21.143	西周早期	
隥嬭	02319	揚鼎	5.76	春秋晚期	
疑	01400	疑鼎	3.96	商代晚期	
疑	01540	疑鼎	3.219	西周早期	
疑	01541	疑鼎	3.220	西周早期	
疑	01799	疑鼎	3.462	西周早期前段	
疑	04168	夨簋	8.424	西周早期	
疑	04379	亞眔夨簋	9.135	西周早期	
疑	04380	亞眔侯夨簋	9.136	西周早期	
疑	04381	亞眔侯夨簋	9.137	西周早期	
疑	04382	亞眔侯夨簋	9.137	西周早期	
疑	09850	逊瓠	18.498	西周早期	
疑	10615	逊觶	19.436	西周早期	
疑	14398	疑盤	25.411	西周早期	
疑	14745	逊盂	26.152	西周早期	
疑父	04337	疑父簋	9.100	西周早期	
嫼	15902	嶨嫼鐃	29.458	商代晚期	

人　名	器　號	器　名	卷數頁碼	時　代	備　注
雖	15903	冀雖鐃	29.459	商代晚期	
嬃奻（安）	03269	嬃奻甗	7.147	西周早期	
熊前	01980	楚王酓肯鈿鼎	4.136	戰國晚期	
熊前	02165	楚王酓肯鼎	4.360	戰國晚期	
熊前	05842	楚王酓肯簠	13.98	戰國晚期	
熊前	05843	楚王酓肯簠	13.99	戰國晚期	
熊前	05844	楚王酓肯簠	13.100	戰國晚期	
熊前	11790	楚君酓蠲尊	21.261	戰國晚期	
熊前	14425	楚王酓肯盤	25.444	戰國晚期	
熊悆	14869	楚王酓悆匜	26.250	春秋晚期	
熊悍	02360	楚王酓忎鼎	5.136	戰國晚期	
熊悍	14508	楚王酓忎盤	25.538	戰國晚期	
熊悍	19027	楚王熊悍衡末飾	34.466	戰國晚期	
熊章	15267	酓章鐘	27.283	戰國早期	
熊章	15780	酓章鎛	29.235	戰國早期	
熊章	17972	楚王熊璋劍	33.332	戰國早期	
熊璋	17322	楚王熊璋戈	32.409	戰國早期	
熊璋	17973	楚王熊璋劍	33.333	戰國早期	
熊審	06056	楚王酓審盞	13.316	春秋晚期	
鄧公	01554	鄧公鼎	3.229	西周中期	
鄧公	04648	鄧公簋 A	9.394	西周中期	
鄧公	04649	鄧公簋 B	9.395	西周中期	
鄧公	04650	鄧公簋 C	9.396	西周中期	
鄧公	04651	鄧公簋 D	9.397	西周中期	
鄧公	04710	鄧公簋	9.460	西周晚期	
鄧公	04990	鄧公簋蓋	10.342	西周晚期	
鄧公	14684	鄧公盂	26.95	西周早期	
鄧公	14919	鄧公匜	26.295	春秋時期	
鄧仲	11598	鄧仲尊	21.88	西周早期後段	
鄧仲	11599	鄧仲尊蓋	21.90	西周早期後段	
鄧伯	05506	鄧伯卣	12.226	西周晚期	
鄧伯	08585	盂爵	17.135	西周早期	
鄧孟	12304	鄧孟壺	22.182	西周晚期	

人　名	器　號	器　名	卷數頁碼	時　代	備　注
鄧鱗	01471	鄧鱗鼎	3.153	春秋中期	
鄧子午	01659	鄧子午鼎	3.323	春秋晚期	
鄧子與	14494	鄧子與盤	25.518	春秋中期	
鄧公牧	04391	鄧公牧簋	9.145	春秋早期	
鄧公牧	04392	鄧公牧簋	9.146	春秋早期	
鄧公乘	02093	鄧公乘鼎	4.274	春秋中期	
鄧尹疾	01661	鄧尹疾鼎	3.325	春秋晚期	
鄧孟媿	04932	復公子伯舍簋	10.259	西周晚期	伯舍的姑母
鄧孟媿	04933	復公子伯舍簋	10.261	西周晚期	同上
鄧孟媿	04934	復公子伯舍簋	10.262	西周晚期	同上
鄧伯吉射	14462	鄧伯吉射盤	25.482	春秋時期	
鄧孫叔姬	02358	鄧孫叔姬鼎	5.131	春秋早期	
鄧築生吉	14919	鄧公匜	26.295	春秋時期	
鄧小仲夒得	02246	鄧小仲鼎	4.470	西周早期後段	
鄧小仲夒得	02247	鄧小仲鼎	4.471	西周早期後段	
鄧子仲無忌	17090	鄧子仲無忌戈	32.143	春秋早期	
鄧子仲無忌	17091	鄧子仲無忌戈	32.144	春秋早期	
鄧子仲無忌	17092	鄧子仲無忌戈	32.145	春秋早期	
鄧公孫無殹	02403	鄧公孫無殹鼎	5.204	春秋早期	
螽	11812	螽尊	21.296	西周早期後段	
螽	11813	螽尊蓋	21.298	西周早期後段	
螽	11814	螽尊	21.299	西周早期後段	
螽	13546	螽方彝	24.432	西周早期後段	
螽	13547	螽方彝	24.435	西周早期後段	
螽冒梯	02496	九年衛鼎	5.383	西周中期前段	
緋	05140	緋簋	11.90	商代晚期	
綏君單	14472	綏君單盤	25.493	春秋早期	
綏君單	14940	綏君單匜	26.318	春秋早期	
綏君叔單	02251	叔單鼎	4.477	春秋早期	
綰	18819	商鞅方升	34.274	戰國中期	王綰,秦國丞相
綰	18820	始皇詔方升	34.276	秦代	同上
綰	18821	始皇詔方升	34.277	秦代	同上
綰	18822	始皇詔方升	34.278	秦代	同上

人　名	器　號	器　名	卷數頁碼	時　代	備　注
綰	18823	始皇詔方升	34.280	秦代	
綰	18824	始皇詔橢量	34.281	秦代	
綰	18825	始皇詔橢量	34.282	秦代	
綰	18826	始皇詔橢量	34.283	秦代	
綰	18827	始皇詔橢量	34.284	秦代	
綰	18828	始皇詔橢量	34.285	秦代	
綰	18829	始皇詔橢量	34.286	秦代	
綰	18830	始皇詔橢量	34.288	秦代	
綰	18831	始皇詔橢量	34.289	秦代	
綰	18832	始皇詔量	34.290	秦代	
綰	18833	始皇詔量	34.290	秦代	王綰,秦國丞相
綰	18834	武城橢量	34.291	秦代	
綰	18835	兩詔橢量	34.292	秦代	
綰	18836	兩詔橢量	34.294	秦代	
綰	18837	兩詔橢量	34.297	秦代	
綰	18838	兩詔橢量	34.299	秦代	
綰	18839	兩詔橢量	34.302	秦代	
綰	18840	兩詔橢量	34.304	秦代	
綰	18841	北私府橢量	34.306	秦代	
綰	18862	高奴禾石權	34.325	戰國晚期	
綰	18864	始皇詔權	34.329	秦代	
綰	18865	始皇詔權	34.330	秦代	
綰	18866	始皇詔權	34.332	秦代	
綰	18867	始皇詔權	34.334	秦代	
綰	18868	始皇詔權	34.335	秦代	
綰	18869	始皇詔權	34.336	秦代	
綰	18870	始皇詔權	34.337	秦代	
綰	18871	始皇詔權	34.338	秦代	
綰	18872	始皇詔權	34.339	秦代	
綰	18873	始皇詔權	34.340	秦代	
綰	18874	始皇詔權	34.341	秦代	
綰	18875	始皇詔權	34.342	秦代	
綰	18876	始皇詔權	34.343	秦代	

人　名	器　號	器　名	卷數頁碼	時　代	備　注
綰	18877	始皇詔權	34.344	秦代	
綰	18878	始皇詔權	34.345	秦代	
綰	18879	始皇詔權	34.346	秦代	
綰	18880	始皇詔權	34.347	秦代	
綰	18881	始皇詔權	34.348	秦代	
綰	18882	始皇詔權	34.348	秦代	
綰	18883	始皇詔權	34.349	秦代	
綰	18884	始皇詔權	34.350	秦代	
綰	18885	始皇詔權	34.351	秦代	
綰	18886	始皇詔權	34.351	秦代	
綰	18887	始皇詔權	34.352	秦代	
綰	18888	始皇詔權	34.353	秦代	
綰	18889	始皇詔權	34.353	秦代	
綰	18890	始皇詔權	34.354	秦代	
綰	18891	始皇詔權	34.354	秦代	
綰	18892	始皇詔權	34.355	秦代	
綰	18893	始皇詔權	34.356	秦代	
綰	18894	始皇詔權	34.357	秦代	
綰	18895	始皇詔權	34.357	秦代	
綰	18896	始皇詔權	34.358	秦代	
綰	18897	始皇詔權	34.358	秦代	
綰	18898	始皇詔權	34.359	秦代	
綰	18899	始皇詔權	34.359	秦代	
綰	18900	始皇詔八斤權	34.360	秦代	
綰	18901	始皇詔八斤權	34.362	秦代	
綰	18902	始皇詔十六斤權	34.364	秦代	
綰	18903	始皇詔十六斤權	34.366	秦代	
綰	18904	始皇詔十六斤權	34.368	秦代	
綰	18905	始皇詔十六斤權	34.370	秦代	
綰	18906	始皇詔廿斤權	34.372	秦代	
綰	18907	始皇詔廿四斤權	34.374	秦代	
綰	18908	始皇詔石權	34.376	秦代	
綰	18909	始皇詔鐵權	34.377	秦代	

人　名	器　號	器　名	卷數頁碼	時　代	備　注
綰	18910	始皇詔鐵權	34.378	秦代	
綰	18911	始皇詔鐵權	34.380	秦代	
綰	18912	始皇詔鐵權	34.381	秦代	
綰	18913	始皇詔鐵權	34.382	秦代	
綰	18914	始皇詔鐵權	34.383	秦代	
綰	18915	始皇詔鐵石權	34.384	秦代	
綰	18916	始皇詔鐵石權	34.386	秦代	
綰	18917	始皇詔鐵石權	34.387	秦代	
綰	18918	始皇詔鐵石權	34.388	秦代	
綰	18919	兩詔權	34.389	秦代	
綰	18920	兩詔權	34.391	秦代	
綰	18921	兩詔權	34.392	秦代	
綰	18922	兩詔權	34.394	秦代	
綰	18923	兩詔權	34.395	秦代	
綰	18924	兩詔權	34.398	秦代	
綰	18925	兩詔權	34.401	秦代	
綰	18926	右大廄石權	34.402	秦代	
綰	18927	美陽權	34.405	秦代	
綰	18928	平陽權	34.407	秦代	
綰	18929	大騩權	34.408	秦代	
綰	18930	旬邑權	34.410	秦代	
綰	18931	左樂兩詔鈞權	34.412	秦代	
綰	18932	始皇詔版	34.414	秦代	
綰	18933	始皇詔版	34.415	秦代	
綰	18934	始皇詔版	34.416	秦代	
綰	18935	始皇詔版	34.417	秦代	
綰	18936	始皇詔版	34.418	秦代	
綰	18937	始皇詔版	34.419	秦代	
綰	18938	始皇詔版	34.421	秦代	
䜌伯	02516	小盂鼎	5.451	西周早期	

十 五 畫

人　名	器　號	器　名	卷數頁碼	時　代	備　注
夒	18863	司馬成公權	34.328	戰國時期	
駒父	05675	駒父盨蓋	12.451	西周晚期	
駢乎	01995	大師人駢乎鼎	4.155	西周晚期	
𪔂姜	12359	散氏車父壺	22.260	西周中期後段	散氏車父的母親
䠤姜	12404	散車父壺	22.325	西周中期後段	散車父的母親
輦	11582	輦尊	21.75	商代晚期	
輦	13070	輦卣	23.492	西周早期	
輦	13146	輦卣	24.56	商代晚期	
載	01812	載鼎	3.474	西周中期後段	
趞	17284	上郡守錯戈	32.362	戰國晚期	即錯，秦上郡守
趞曹	02433	七年趞曹鼎	5.259	西周中期	
趞曹	02434	十五年趞曹鼎	5.260	西周中期	
趞陵夫人	19284	趞陵夫人燈	35.71	戰國晚期	
趞陵夫人	19438	趞陵夫人構件	35.218	戰國晚期	
趞陵夫人	19439	趞陵夫人構件	35.219	戰國晚期	
趞陵夫人	19440	趞陵夫人構件	35.220	戰國晚期	
趞陵夫人	19602	趞陵夫人銀匜	35.262	戰國晚期	
趞	02352	厚趞鼎	5.122	西周早期	
趞	12305	弦伯隹壺	22.183	春秋早期	弦伯隹的親屬
趞	13818	趞罍	25.107	西周早期	
趣女（母）	00655	趣女鼎	1.510	商代晚期	
趣女（母）	00656	趣女鼎	1.511	商代晚期	
絈伯	04818	絈伯簋	10.110	西周晚期	
罬	05090	罬簋	11.10	西周中期	
罬子叔毅	14912	叔毅匜	26.288	春秋早期	
蓐子瓾	06075	蓐子瓾盞	13.338	春秋早期	
殻父	01398	殻父鼎	3.94	西周中期前段	
樛大	14748	太官盉	26.156	戰國晚期	
樛斿	17248	相邦樛斿戈	32.319	戰國晚期	秦國相邦
蔑姬	04193	蔑姬簋	8.444	西周早期	

人 名	器 號	器 名	卷數頁碼	時 代	備 注
樊尹	01830	小臣氏樊尹鼎	3.487	西周中期前段	
樊君	02839	樊君鬲	6.223	春秋早期	
樊君靡	05777	樊君靡簠	13.27	春秋早期	
樊君夔	06261	樊君夔盆	13.475	春秋早期	
樊君夔	14962	樊君夔匜	26.340	春秋早期	
樊夫人龍嬴	01743	樊夫人龍嬴鼎	3.400	春秋早期	
樊夫人龍嬴	02889	樊夫人龍嬴鬲	6.286	春秋早期	
樊夫人龍嬴	02890	樊夫人龍嬴鬲	6.288	春秋早期	
樊夫人龍嬴	12296	樊夫人龍嬴壺	22.172	春秋早期	
樊夫人龍嬴	14408	樊夫人龍嬴盤	25.423	春秋早期	
樊季氏孫仲嚻	02240	樊季氏孫仲嚻鼎	4.460	戰國早期	
敵	02730	大鬲	6.111	西周早期	
軝史屎	12433	軝史屎壺	22.378	西周晚期	
軝仲奠父	04847	軝仲奠父簋	10.144	西周晚期	
奭信	17329	馬雍令事吳戈	32.420	戰國時期	
匜	13529	匜方彝	24.404	西周中期前段	
匜	13530	匜方彝	24.405	西周中期前段	
匜	13652	匜觥	24.487	西周早期	
賢	05067	賢簋	10.466	西周中期	
賢	05068	賢簋	10.468	西周中期	
賢	05069	賢簋	10.469	西周中期	
賢	05070	賢簋	10.470	西周中期	
賢	05071	賢簋蓋	10.472	西周中期	
髮	15151	髮鐘	27.74	西周晚期	
膚虎	05327	史密簋	12.35	西周中期後段	南淮疑首領
鄴令衆	17166	鄴令衆戈	32.227	戰國中期	
孬	02202	小子孬鼎	4.407	商代晚期	即小子孬
鄸子詠臣	17079	鄸子詠臣戈	32.123	春秋中期	
敤	11749	敤尊	21.217	西周早期	
敤肇事丁	12290	敤肇事丁壺	22.166	西周早期	
剄伯	05765	剄伯簋	13.14	西周晚期	
剄叔	05558	剄叔盨	12.279	西周晚期	
暲	17265	相邦痤戈	32.340	戰國晚期	

人　名	器　號	器　名	卷數頁碼	時　代	備　注
賤	17263	相邦張義戟	32.337	戰國中期	
畾	11702	畾尊	21.176	西周早期	
畾	13231	畾卣	24.146	西周早期	
畾姁	01831	祔儀父鼎	3.488	西周中期	
畾叔奐父	05655	畾叔奐父盨	12.411	西周晚期	
鼎	01309	員鼎	3.21	西周早期	即員
鼎	01310	員鼎	3.22	西周早期	同上
鼎	08279	員爵	16.393	西周中期	同上
鼎	08280	員爵	16.394	西周中期	同上
鼎	10567	員觶	19.395	西周中期前段	同上
鼎	10568	員觶	19.396	西周中期前段	同上
鼎	11426	員尊	20.439	西周中期前段	同上
鼎	11756	員尊	21.224	西周中期前段	同上
鼎	12113	員壺	21.464	西周中期前段	同上
鼎	12890	員卣	23.321	西周早期	同上
鼎	13292	員卣	24.221	西周早期	同上
鼎父	11612	員父尊	21.100	西周早期	即員父
盬	08541	盬爵	17.93	西周早期	
遺	13177	遺卣	24.89	西周中期前段	
蠯昃	16812	蠯昃戈	31.295	戰國早期	
瑪戎	01330	瑪戎鼎	3.34	春秋中期	
塦	02364	墅鼎	5.143	西周早期	
塦	02847	塦鬲	6.232	西周中期前段	
塦	05683	塦盨	12.474	西周晚期	即叔邦父
魃	11666	魃尊	21.144	西周早期後段	
斂寐叔	04626	斂寐叔簋	9.372	西周早期	
億	02496	九年衛鼎	5.383	西周中期前段	
雿	11744	雿尊	21.213	西周中期前段	
雿	13273	雿卣	24.198	西周中期前段	
德	01928	德鼎	4.86	西周早期	
德	02266	德鼎	5.3	西周早期	
德	04052	德簋	8.325	西周早期前段	
德	04604	德簋	9.350	西周早期	

人　名	器　號	器　名	卷數頁碼	時　代	備　注
德公	04845	仲義父簋	10.141	西周晚期	仲義父的上司
德尹	05216	蔡姑簋	11.246	西周晚期	尹叔的父親
德克	04938	德克簋	10.268	西周晚期	
德君	19703	德君玉璧	35.305	戰國中期	
德叔	15350	師丞鐘	27.471	西周晚期	師丞的父親
徿	01527	徿鼎	3.207	西周早期後段	
徿	01528	徿鼎	3.208	西周早期後段	
徿	01529	徿鼎	3.209	西周早期後段	
徿	01530	徿鼎	3.210	西周早期後段	
徿	01531	徿鼎	3.211	西周早期後段	
徿	01863	徿鼎	4.20	西周早期後段	
徿	09820	徿觚	18.473	西周早期後段	
衛	02206	衛鼎	4.411	西周中期後段	
衛	02346	衛鼎	5.113	西周中期	
衛	02378	師衛鼎	5.163	西周中期	即師衛
衛	02496	九年衛鼎	5.383	西周中期前段	即裘衛
衛	02497	五祀衛鼎	5.385	西周中期前段	同上
衛	04418	衛簋	9.172	西周早期後段	
衛	05142	師衛簋	11.93	西周早期	即師衛
衛	05143	師衛簋	11.94	西周早期	同上
衛	05238	衛簋甲	11.292	西周中期	
衛	05239	衛簋乙	11.295	西周中期	
衛	05240	衛簋丙	11.298	西周中期	
衛	05241	衛簋丁	11.301	西周中期	
衛	05293	裘衛簋	11.429	西周中期前段	即裘衛
衛	05368	衛簋甲	12.130	西周中期前段	
衛	05369	衛簋乙	12.134	西周中期前段	
衛	11557	衛尊	21.53	西周早期前段	
衛	11669	衛尊	21.147	西周早期	
衛	13222	衛卣	24.135	西周早期後段	
衛父	13112	衛父卣	24.24	西周早期	
衛姒	02802	衛姒鬲	6.184	西周晚期	
衛姒	04772	衛姒簋蓋	10.50	西周中期前段	

人　名	器　號	器　名	卷數頁碼	時　代	備　注
衛姒	06121	衛姒豆	13.370	西周晚期	
衛姒	06122	衛姒豆	13.371	西周晚期	
衛典	00610	衛典鼎	1.477	商代晚期	
衛姬	04808	司寇良父簋	10.95	西周晚期	司寇良父的夫人
衛姬	12331	司寇良父壺	22.220	西周晚期	同上
衛夫人	02863	衛夫人鬲	6.252	春秋早期	衛文君夫人
衛夫人	02864	衛夫人鬲	6.254	春秋早期	同上
衛夫人	02865	衛夫人鬲	6.255	春秋早期	同上
衛伯須	02002	衛伯須鼎	4.162	春秋早期	
衛小子者	02496	九年衛鼎	5.383	西周中期前段	
衛小子家	02497	五祀衛鼎	5.385	西周中期前段	
衛小子鰤	14800	裘衛盉	26.231	西周中期前段	
衛公孫呂	17054	衛公孫呂戈	32.96	春秋早期	
衛子叔旡父	05792	衛子叔旡父簋	13.45	春秋早期	
盤埜	02359	楚王酓忎鼎	5.133	戰國晚期	
盤埜	06314	冶盤野匕	13.512	戰國晚期	
龢伯	13092	龢伯卣	24.4	西周早期	
虢仲	02488	柞伯鼎	5.365	西周中期	
虢仲	02739	虢仲鬲	6.120	西周晚期	
虢仲	02740	虢仲鬲	6.121	西周晚期	
虢仲	02956	虢仲鬲	6.378	西周晚期	
虢仲	03023	國子碩父鬲	6.465	春秋早期	國子碩父的父親
虢仲	03024	國子碩父鬲	6.466	春秋早期	同上
虢仲	05227	砢簋	11.267	西周晚期	
虢仲	05577	虢仲盨	12.300	西周晚期	
虢仲	05578	虢仲盨	12.301	西周晚期	
虢仲	05623	虢仲盨蓋	12.357	西周晚期	
虢仲	05867	虢仲簠	13.128	西周晚期	
虢改	02956	虢仲鬲	6.378	西周晚期	虢仲的夫人
虢伯	02983	虢伯鬲	6.415	西周晚期	
虢伯	03279	虢伯甗	7.157	西周中期	
虢叔	02369	癲鼎	5.150	西周中期後段	
虢叔	02720	虢叔鬲	6.102	西周晚期	

人名	器號	器名	卷數頁碼	時代	備注
虢叔	02721	虢叔鬲	6.103	西周晚期	
虢叔	02800	虢叔鬲	6.182	西周晚期	
虢叔	03959	虢叔簋	8.249	西周中期	
虢叔	05567	虢叔盨	12.288	西周晚期	
虢叔	05789	虢叔簠蓋	13.42	西周晚期	
虢叔	05813	虢叔簠	13.70	西周晚期	
虢叔	05814	虢叔簠	13.71	西周晚期	
虢叔	05815	虢叔簠	13.72	西周晚期	
虢叔	06210	虢叔盂	13.436	西周中期	
虢叔	06211	虢叔盂	13.437	西周中期	
虢叔	11686	虢叔尊	21.162	西周中期前段	
虢叔	12441	三年瘐壺甲	22.395	西周中期後段	
虢叔	12442	三年瘐壺乙	22.397	西周中期後段	
虢季	02146	虢季鼎甲	4.337	春秋早期	
虢季	02147	虢季鼎乙	4.338	春秋早期	
虢季	02148	虢季鼎丙	4.339	春秋早期	
虢季	02149	虢季鼎丁	4.340	春秋早期	
虢季	02150	虢季鼎戊	4.341	春秋早期	
虢季	02151	虢季鼎己	4.342	春秋早期	
虢季	02152	虢季鼎庚	4.343	春秋早期	
虢季	02153	虢季鼎辛	4.344	春秋早期	
虢季	02495	師觀鼎	5.381	西周中期前段	
虢季	02946	虢季鬲甲	6.366	春秋早期	
虢季	02947	虢季鬲乙	6.367	春秋早期	
虢季	02948	虢季鬲丙	6.368	春秋早期	
虢季	02949	虢季鬲丁	6.369	春秋早期	
虢季	02950	虢季鬲戊	6.370	春秋早期	
虢季	02951	虢季鬲己	6.371	春秋早期	
虢季	02952	虢季鬲庚	6.372	春秋早期	
虢季	02953	虢季鬲辛	6.373	春秋早期	
虢季	04465	虢季簋甲	9.213	春秋早期	
虢季	04466	虢季簋乙	9.214	春秋早期	
虢季	04467	虢季簋丙	9.215	春秋早期	

人　名	器　號	器　名	卷數頁碼	時　代	備　注
虢季	04468	虢季簋丁	9.216	春秋早期	
虢季	04469	虢季簋戊	9.217	春秋早期	
虢季	04470	虢季簋己	9.218	春秋早期	
虢季	05520	虢季盨甲	12.238	春秋早期	
虢季	05521	虢季盨乙	12.239	春秋早期	
虢季	05522	虢季盨丙	12.240	春秋早期	
虢季	05523	虢季盨丁	12.241	春秋早期	
虢季	05790	虢季簠	13.43	春秋早期	
虢季	06144	虢季鋪	13.394	春秋早期	
虢季	06145	虢季鋪	13.395	春秋早期	
虢季	12221	虢季壺	22.94	春秋早期	
虢季	12222	虢季壺	22.95	春秋早期	
虢季	14400	虢季盤	25.414	春秋早期	
虢季	14873	虢季匜	26.253	西周中期	
虢季	15350	師丞鐘	27.471	西周晚期	
虢季	15361	虢季鐘甲	27.500	春秋早期	
虢季	15362	虢季鐘乙	27.502	春秋早期	
虢季	15363	虢季鐘丙	27.505	春秋早期	
虢季	15364	虢季鐘丁	27.509	春秋早期	
虢季	15365	虢季鐘戊	27.511	春秋早期	
虢季	15366	虢季鐘己	27.512	春秋早期	
虢季	15367	虢季鐘庚	27.513	春秋早期	
虢季	15368	虢季鐘辛	27.514	春秋早期	
虢姞	02694	虢姞鬲	6.77	西周晚期	
虢姜	01839	虢姜鼎	3.495	春秋早期	
虢姜	01972	虢姜鼎	4.128	西周晚期	
虢姜	03301	虢姜甗	7.178	春秋早期	芮桓公
虢姜	04498	虢姜簋	9.254	西周晚期	
虢姜	04677	虢姜簋	9.422	西周晚期	
虢姜	05198	虢姜簋蓋	11.217	西周晚期	
虢姜	06128	虢姜鋪	13.377	西周晚期	
虢姜	12223	虢姜壺	22.96	春秋早期	
虢旅	02483	訇比鼎	5.355	西周晚期	

人　名	器　號	器　名	卷數頁碼	時　代	備　注
虢旅	05335	訊比簋蓋	12.54	西周晚期	
虢叔旅	15584	虢叔旅鐘甲	29.6	西周晚期	
虢叔旅	15585	虢叔旅鐘乙	29.9	西周晚期	
虢叔旅	15586	虢叔旅鐘丙	29.12	西周晚期	
虢叔旅	15587	虢叔旅鐘丁	29.15	西周晚期	
虢叔旅	15588	虢叔旅鐘戊	29.18	西周晚期	
虢宮父	02822	虢宮父鬲	6.206	春秋早期	
虢宮父	02823	虢宮父鬲	6.207	春秋早期	
虢宮父	14406	虢宮父盤	25.420	春秋早期	
虢宮父	14895	虢宮父匜	26.272	春秋早期	
虢城公	05401	班簋	12.209	西周中期	
虢碩父	05880	虢碩父簠	13.140	春秋早期	
虢嬭改	14422	虢嬭改盤	25.439	春秋早期	
虢太子元	16861	虢太子元戈	31.357	春秋早期	
虢太子元	16862	虢太子元戈	31.358	春秋早期	
虢改魚母	02089	蘇冶妊鼎	4.269	春秋早期	蘇冶妊的女兒
虢改魚母	14454	蘇冶妊盤	25.475	春秋早期	同上
虢叔大父	01996	虢叔大父鼎	4.156	西周晚期	
虢季子白	14538	虢季子白盤	25.593	西周晚期	
虢季子組	13300	虢季子組卣	24.231	西周晚期	
虢文公子㑔	02207	虢文公子㑔鼎	4.412	西周晚期	
虢文公子㑔	02208	虢文公子㑔鼎	4.414	西周晚期	
虢文公子㑔	02209	虢文公子㑔鼎	4.416	西周晚期	
虢文公子㑔	02987	虢文公子㑔鬲	6.419	西周晚期	
虢季氏子㑔	02934	虢季氏子㑔鬲	6.346	西周晚期	
虢季氏子組	02886	虢季氏子組鬲	6.283	西周晚期	
虢季氏子組	02887	虢季氏子組鬲	6.284	西周晚期	
虢季氏子組	02888	虢季氏子組鬲	6.285	西周晚期	
虢季氏子組	04929	虢季氏子組簋	10.255	西周晚期	
虢季氏子組	04930	虢季氏子組簋	10.257	西周晚期	
虢季氏子組	04931	虢季氏子組簋蓋	10.258	西周晚期	
虢季氏子組	12351	虢季氏子組壺	22.247	西周晚期	
虢孟姬良母	14982	齊侯匜	26.363	西周晚期	齊侯的夫人

人　名	器　號	器　名	卷數頁碼	時　代	備　注
虢宣公子白	02308	虢宣公子白鼎	5.57	西周晚期	
滕子	16422	滕子戈	30.385	春秋晚期	
滕公	02766	吾鬲	6.149	西周早期	
滕公	04487	滕侯簋	9.244	西周早期後段	滕侯的先輩
滕公	04488	滕侯簋	9.245	西周早期後段	同上
滕仲	05620	滕侯蘇盨	12.353	周晚或春早	滕侯蘇的父親
滕仲	05621	滕侯蘇盨	12.354	周晚或春早	同上
滕侯	01576	滕侯鼎	3.251	西周早期後段	
滕侯	04487	滕侯簋	9.244	西周早期後段	
滕侯	04488	滕侯簋	9.245	西周早期後段	
滕姬	02086	邿伯御戎鼎	4.265	西周早期	邿伯御戎的夫人
滕虎	04702	滕虎簋	9.449	西周中期前段	
滕虎	04703	滕虎簋	9.451	西周中期前段	
滕虎	04704	滕虎簋	9.453	西周中期前段	
滕虎	04705	滕虎簋	9.454	西周中期前段	
滕司徒	16854	滕司徒戈	31.348	春秋晚期	
滕侯昃（昃）	06057	滕侯昃敦	13.317	春秋晚期	
滕侯昃（昃）	16752	滕侯昃戈	31.211	春秋晚期	
滕侯昃（昃）	16753	滕侯昃戈	31.213	春秋晚期	
滕侯昃（昃）	16754	滕侯昃戈	31.215	春秋晚期	
滕侯耆	16750	滕侯耆戈	31.208	春秋晚期	
滕侯耆	16751	滕侯耆戈	31.209	春秋晚期	
滕侯賕	15757	滕侯賕鎛	29.177	春秋晚期	
滕侯蘇	05620	滕侯蘇盨	12.353	周晚或春早	
滕侯蘇	05621	滕侯蘇盨	12.354	周晚或春早	
滕太宰得	14879	滕太宰得匜	26.259	春秋中期	
滕公昭者果	18815	大市量	34.267	戰國中期	
鵙公圃	17966	鵙公圃劍	33.324	春秋晚期	
魯	13543	齊生魯方彝蓋	24.425	西周中期前段	即齊生魯
魯公	02876	魯侯熙鬲	6.270	西周早期	魯侯熙的父親
魯公	11818	叔尊	21.308	西周中期前段	
魯公	13347	叔卣	24.324	西周早期後段	
魯仲	15266	師宓鐘	27.281	西周晚期	

人　名	器　號	器　名	卷數頁碼	時　代	備　注
魯侯	01427	魯侯鼎	3.117	西周中期前段	
魯侯	01573	魯侯鼎甲	3.247	西周早期前段	
魯侯	01574	魯侯鼎乙	3.248	西周早期前段	
魯侯	02059	魯侯鼎	4.232	春秋早期	
魯侯	02735	魯侯鬲	6.116	西周晚期	
魯侯	04955	魯侯簋	10.289	西周早期	伯禽
魯侯	05321	我簋	12.21	西周中期後段	
魯侯	05852	魯侯簠	13.109	春秋早期	
魯侯	08580	魯侯爵	17.129	西周早期	魯侯伯禽
魯侯	12121	魯侯壺	21.471	春秋早期	
魯侯	12122	魯侯壺	21.472	春秋早期	
魯侯	12205	魯侯壺	22.76	西周晚期	
魯侯	14724	魯侯盂蓋	26.134	西周早期	
魯侯	14923	魯侯匜	26.299	西周晚期	
魯原	15126	魯原鐘	27.33	西周晚期	
魯姬	02801	魯姬鬲	6.183	西周晚期	
魯子仲	06066	歸父敦	13.327	春秋晚期	歸父的父親
魯仲叚	06159	姬窦母豆	13.417	西周晚期	
魯仲齊	02236	魯仲齊鼎	4.454	春秋早期	
魯仲齊	03345	魯仲齊甗	7.225	春秋早期	
魯伯愈	05656	魯伯愈盨	12.413	春秋早期	
魯伯敢	14911	魯伯敢匜	26.287	春秋早期	
魯侯熙	02876	魯侯熙鬲	6.270	西周早期	
魯宰兩	02177	魯宰兩鼎	4.374	春秋早期	
魯宰虢	05902	魯酉子安母簠	13.175	春秋早期	
魯士商厥	05097	魯士商厥簋	11.17	西周晚期	
魯士商厥	05098	魯士商厥簋	11.19	西周晚期	
魯士商厥	14866	魯士商厥匜	26.247	周晚或春早	
魯士浮父	05816	魯士浮父簋	13.73	春秋早期	
魯士浮父	05817	魯士浮父簋	13.74	春秋早期	
魯士浮父	05818	魯士浮父簋	13.75	春秋早期	
魯士浮父	05819	魯士浮父簋	13.76	春秋早期	
魯伯大父	04861	魯伯大父簋	10.167	春秋早期	

人　名	器　號	器　名	卷數頁碼	時　代	備　注
魯伯大父	04862	魯伯大父簋	10.169	春秋早期	魯伯大父的次女
魯伯大父	04863	魯伯大父簋	10.171	春秋早期	
魯伯者父	14416	魯伯者父盤	25.431	春秋早期	
魯伯厚父	14413	魯伯厚父盤	25.427	春秋早期	
魯伯厚父	14417	魯伯厚父盤	25.433	春秋早期	
魯伯愈父	02901	魯伯愈父鬲	6.305	春秋早期	
魯伯愈父	02902	魯伯愈父鬲	6.307	春秋早期	
魯伯愈父	02903	魯伯愈父鬲	6.309	春秋早期	
魯伯愈父	02904	魯伯愈父鬲	6.310	春秋早期	
魯伯愈父	02905	魯伯愈父鬲	6.311	春秋早期	
魯伯愈父	02906	魯伯愈父鬲	6.312	春秋早期	
魯伯愈父	14448	魯伯愈父盤	25.469	西晚或春早	
魯伯愈父	14449	魯伯愈父盤	25.470	西晚或春早	
魯伯愈父	14450	魯伯愈父盤	25.471	西晚或春早	
魯伯愈父	14932	魯伯愈父匜	26.308	春秋早期	
魯伯餘父	05860	魯伯俞父簠	13.121	春秋早期	
魯伯餘父	05861	魯伯俞父簠	13.122	春秋早期	
魯伯餘父	05862	魯伯俞父簠	13.123	春秋早期	
魯宰馭父	02927	魯宰馭父鬲	6.337	春秋早期	
魯大司徒元	06221	魯大司徒元盂	13.446	春秋中期	
魯太宰原父	04919	魯太宰原父簋	10.244	春秋早期	
魯正叔之穷	14466	魯正叔之穷盤	25.486	春秋時期	
魯司徒仲齊	05640	魯司徒仲齊盨甲	12.387	春秋早期	
魯司徒仲齊	05641	魯司徒仲齊盨乙	12.390	春秋早期	
魯司徒仲齊	14988	魯司徒仲齊匜	26.372	春秋早期	
魯司徒伯吳	05594	魯司徒伯吳盨	12.321	西周晚期	
魯酉子安母	05902	魯酉子安母簋	13.175	春秋早期	
魯酉子安母	05903	魯酉子安母簋	13.178	春秋早期	
魯大左司徒元	02129	魯大左司徒元鼎	4.314	春秋中期	
魯大左司徒元	02156	魯大左司徒元鼎	4.349	春秋中期	
艇腨	17330	麄令艇腨戈	32.421	戰國晚期	麄縣縣令
毇子	01820	毇子鼎	3.479	西周早期	
敫	11723	敫尊	21.196	西周早期	

人 名	器 號	器 名	卷數頁碼	時 代	備 注
敎	13254	敎卣	24.172	西周早期	
賫	02515	曶鼎	5.447	西周中期後段	
諸母	13654	者女觥	24.490	商代晚期	
諸母	13655	者女觥	24.492	商代晚期	
諸妣	13815	者婤罍	25.103	商代晚期	
諸妣	13816	者婤罍	25.105	商代晚期	
諸稽耕	19268	諸稽耕爐	35.54	春秋晚期	徐國令尹
諸稽不光	17954	越王諸稽不光劍	33.313	戰國中期	
諸稽於睗	15417	越王者旨於睗鐘一	28.7	戰國早期	
諸稽於睗	15418	越王者旨於睗鐘二	28.8	戰國早期	
諸稽於睗	15419	越王者旨於睗鐘三	28.9	戰國早期	
諸稽於睗	15420	越王者旨於睗鐘四	28.10	戰國早期	
諸稽於睗	16932	越王諸稽於睗戈	31.485	戰國早期	
諸稽於睗	16933	越王諸稽於睗戈	31.486	戰國早期	
諸稽於睗	16934	越王諸稽於睗戈	31.491	戰國早期	
諸稽於睗	17619	越王諸稽於睗矛	33.49	戰國早期	
諸稽於睗	17620	越王諸稽於睗矛	33.51	戰國早期	
諸稽於睗	17621	越王諸稽於睗矛	33.53	戰國早期	
諸稽於睗	17622	越王諸稽於睗矛	33.54	戰國早期	
諸稽於睗	17877	越王諸稽於睗劍	33.222	戰國早期	
諸稽於睗	17878	越王諸稽於睗劍	33.224	戰國早期	
諸稽於睗	17879	越王諸稽於睗劍	33.225	戰國早期	
諸稽於睗	17880	越王諸稽於睗劍	33.226	戰國早期	
諸稽於睗	17881	越王諸稽於睗劍	33.227	戰國早期	
諸稽於睗	17882	越王諸稽於睗劍	33.228	戰國早期	
諸稽於睗	17883	越王諸稽於睗劍	33.229	戰國早期	
諸稽於睗	17884	越王諸稽於睗劍	33.230	戰國早期	
諸稽於睗	17885	越王諸稽於睗劍	33.231	戰國早期	
諸稽於睗	17886	越王諸稽於睗劍	33.232	戰國早期	
諸稽於睗	17887	越王諸稽於睗劍	33.233	戰國早期	
諸稽於睗	17888	越王諸稽於睗劍	33.234	戰國早期	
諸稽於睗	17889	越王諸稽於睗劍	33.235	戰國早期	
諄大人	02394	寓鼎	5.187	西周中期前段	

人　名	器　號	器　名	卷數頁碼	時　代	備　注
諓	02169	諓鼎	4.366	西周早期後段	
諓	04866	諓簋	10.175	西周早期後段	
諓	04867	諓簋	10.177	西周早期後段	
憨	17704	陽翟令憨戟刺	33.142	戰國晚期	陽翟縣令
臺于公	16850	淳于公戈	31.344	春秋早期	即淳于公
臺于公	16851	淳于公戈	31.345	春秋早期	同上
臺于公	16852	淳于公戈	31.346	春秋早期	同上
廟叔	01861	遂鼎	4.18	西周早期	遂的親屬
廟孱	01965	廟孱鼎	4.121	西周晚期	
慶	17296	上郡守慶戈	32.376	戰國晚期	秦上郡守
慶	17297	上郡守慶戈	32.377	戰國晚期	同上
慶	17298	上郡守慶戈	32.378	戰國晚期	同上
慶狂	18010	守相廉頗鈹	33.378	戰國晚期	
慶叔	14998	慶叔匜	26.385	春秋晚期	
慶癸	02497	五祀衛鼎	5.385	西周中期前段	邦君屬的有司
慶孫	05796	慶孫之子㱿簠	13.51	春秋晚期	
慶	05913	伯其父慶簠	13.194	春秋早期	即伯其父
麀父	11716	麀父尊	21.190	西周早期後段	
麀父	13229	麀父卣	24.143	西周早期後段	
瘨	05338	師瘨簋蓋	12.60	西周中期前段	即師瘨
膓	16606	陽戈	31.48	戰國早期	即陽
麻	04573	亞㗊矣麻簋	9.320	西周早期	
盥婦	00598	盥婦鼎	1.469	商代晚期	
盥婦	01856	盥婦鼎	4.14	西周早期前段	
毅	02250	伯吉父鼎	4.475	西周晚期	伯吉父的親屬
毅	04531	毅簋	9.282	西周晚期	
毅	04999	伯吉父簋	10.356	西周晚期	伯吉父的親屬
焠臣	17164	焠臣戈	32.225	春秋早期	
導	02446	吳虎鼎	5.282	西周晚期	
寬兒	02335	寬兒鼎	5.101	春秋晚期	蘇公之孫
寬兒	14091	寬兒缶甲	25.256	春秋晚期	同上
寬兒	14092	寬兒缶乙	25.258	春秋晚期	同上
寮伯⿰刂	03275	寮伯⿰刂甗	7.153	西周早期	

人　名	器　號	器　名	卷數頁碼	時　代	備　注
寔	12264	子寕寔壺	22.139	西周早期後段	
頛	03226	頛甗	7.112	西周早期後段	
潦伯	03252	潦伯甗	7.133	西周早期	
譽叔子	06157	宋公司鋪	13.414	春秋晚期	
齠	01405	齠鼎	3.101	西周早期	
閔	04112	閔簋	8.377	西周中期前段	
閔	13185	閔卣	24.96	西周中期前段	
閔	13186	閔卣蓋	24.96	西周中期前段	
彈	01796	彈鼎	3.459	西周早期前段	
選	15249	選鐘乙	27.245	西周晚期	
甗	04071	甗簋	8.341	西周早期	
甗	04377	甗作祖戊簋	9.133	西周早期	
甗	04378	甗作祖戊簋	9.134	西周早期	
甗	13123	甗卣	24.34	西周早期	
甗	13124	甗卣	24.35	西周早期	
甗	14360	甗盤	25.374	西周早期	
嬟	02101	嬟鼎	4.284	商代晚期	
嫊氏	01938	伯氏鼎	4.97	春秋早期	即曹氏
嫊氏	01939	伯氏鼎	4.98	春秋早期	同上
嫊氏	01940	伯氏鼎	4.99	春秋早期	同上
嫊氏	01941	伯氏鼎	4.99	春秋早期	同上
嫊氏	01942	伯氏鼎	4.100	春秋早期	
嬃氏	14532	叔多父盤	25.581	西周晚期	豕叔多父的夫人
嬃氏	14533	叔多父盤	25.583	西周晚期	同上
嬌	08523	嬌爵	17.75	西周早期	
嫣櫨	12294	陳侯壺甲	22.170	春秋早期	陳侯的女兒
嫣櫨	12295	陳侯壺乙	22.171	春秋早期	同上
嫣四母	02212	陳侯鼎	4.421	春秋早期	陳侯的女兒或姊妹
增	16592	增戈	31.35	西周中期	
嫘	14851	嫘匜	26.235	西周晚期	
韜伯慶	02279	悆戒鼎	5.19	西周晚期	
羍	04346	苹侯簋	9.106	西周晚期	苹侯的親屬
羍公	04990	鄧公簋蓋	10.342	西周晚期	即鄧公

人 名	器 號	器 名	卷數頁碼	時 代	備 注
遹	05237	遹簋	11.290	西周中期前段	
遹邀	04550	遹邀簋	9.300	西周早期	
親	05362	親簋	12.118	西周中期前段	
雒娭	04325	雒娭簋	9.91	西周早期	即雍姒
雒娭	04326	雒娭簋	9.92	西周早期	同上
樂	01321	樂鼎	3.28	西周中期	
樂	01322	樂鼎	3.28	西周中期	
樂	01908	樂鼎	4.68	西周晚期	
樂	03312	樂甗	7.188	西周晚期	
樂休	17199	負陽令戈	32.266	戰國晚期	
樂臤	17704	陽翟令憨戟刺	33.142	戰國晚期	
樂星	18003	佽令趙世鈹	33.371	戰國晚期	
樂疛	17224	疽令樂疛戈	32.290	戰國時期	疽縣縣令
樂參	17315	邢令孟柬慶戈	32.402	戰國晚期	
樂與	01840	曾大師賓樂與鼎	3.496	春秋早期	
樂宭	17992	代相樂宭鈹	33.360	戰國晚期	
樂孝子	14670	樂孝子盉	26.84	戰國時期	
樂子嚷豣	05963	樂子嚷豣簠	13.273	春秋晚期	
鼠季	02142	鼠季鼎	4.332	西周中期	

十 六 畫

人 名	器 號	器 名	卷數頁碼	時 代	備 注
駰	19829	秦駰玉牘甲	35.455	戰國晚期	
駰	19830	秦駰玉牘乙	35.457	戰國晚期	
靜	02461	靜鼎	5.312	西周早期後段	
靜	05320	靜簋	12.19	西周中期前段	
靜	13318	靜卣	24.260	西周中期前段	
靜公	06159	姬寏母豆	13.417	西周晚期	
靜公	15565	秦公鐘甲	28.549	春秋早期	秦文公的太子， 未即位而亡,諡靜公
靜公	15567	秦公鐘丙	28.553	春秋早期	同上
靜公	15824	秦公鎛甲	29.377	春秋早期	同上

人　名	器　號	器　名	卷數頁碼	時　代	備　注
靜公	15825	秦公鎛乙	29.381	春秋早期	秦文公的太子，未即位而亡，諡靜公
靜公	15826	秦公鎛丙	29.385	春秋早期	同上
靜生	03638	靜生簋	7.455	商代晚期	
靜叔	02058	靜叔鼎	4.231	西周晚期	
達	04642	達簋	9.388	西周中期	即達
達	05661	達盨蓋甲	12.426	西周中期	同上
達	05662	達盨蓋乙	12.428	西周中期	同上
趞尃（睽）	05344	大簋	12.77	西周晚期	
趞尃（睽）	05345	大簋蓋	12.79	西周晚期	
斳	05799	西替簠	13.54	戰國時期	西替之妹
斳	06257	西替盆	13.469	戰國時期	
榖其	04824	執其簋	10.117	西周中期後段	即執其
薛	11701	薛尊	21.175	西周早期	
薛比	16811	薛比戈	31.294	春秋早期	
薛君	19908	相邦薛君漆豆	35.486	戰國晚期	
薛侯	12120	薛侯壺	21.470	春秋早期	
薛侯	14477	薛侯盤	25.498	西周晚期	
薛侯	14974	薛侯匜	26.352	春秋時期	
薛侯戚	01865	薛侯戚鼎	4.23	西周早期後段	
薛子仲安	05855	薛子仲安簠	13.114	春秋早期	
薛子仲安	05856	薛子仲安簠	13.116	春秋早期	
薛子仲安	05857	薛子仲安簠	13.117	春秋早期	
薦王	05089	師眉簋	11.8	西周中期前段	
燕王	16489	燕王戈	30.444	戰國時期	
燕王	16786	燕王右庫戈	31.258	戰國時期	
燕王	17624	燕王右矛	33.56	戰國晚期	
燕公	14918	燕公匜	26.294	春秋時期	
燕侯	02019	圍鼎	4.184	西周早期前段	
燕侯	02290	堇鼎	5.33	西周早期前段	
燕侯	02908	伯矩鬲	6.314	西周早期前段	
燕侯	04440	燕侯簋	9.191	西周早期	
燕侯	06207	燕侯盂	13.433	西周早期	

人　名	器　號	器　名	卷數頁碼	時　代	備　注
燕侯	06208	燕侯盂	13.434	西周早期	
燕侯	06209	燕侯盂	13.435	西周早期	
燕侯	11770	復尊	21.237	西周早期前段	
燕侯	14763	亞盉	26.170	西周早期	
燕侯	16389	燕侯戈	30.354	西周早期	
燕侯	16595	燕侯戟	31.37	西周早期	
燕侯	16596	燕侯戟	31.38	西周早期	
燕侯	16597	燕侯戟	31.39	西周早期	
燕侯	16705	燕侯右宮戈	31.154	戰國早期	
燕侯	18482	燕侯泡	34.71	西周早期	
燕侯	18483	燕侯舞泡	34.72	西周早期	
燕侯	18484	燕侯舞錫泡	34.73	西周早期	
燕侯	18485	燕侯舞錫泡	34.75	西周早期	
燕侯	18486	燕侯舞錫泡	34.77	西周早期	
燕侯	18487	燕侯舞錫泡	34.78	西周早期	
燕侯	18488	燕侯舞錫泡	34.80	西周早期	
燕王喜	17027	燕王喜戈	32.66	戰國晚期	
燕王喜	17028	燕王喜戈	32.67	戰國晚期	
燕王喜	17029	燕王喜戈	32.68	戰國晚期	
燕王喜	17030	燕王喜戈	32.69	戰國晚期	
燕王喜	17031	燕王喜戈	32.70	戰國晚期	
燕王喜	17032	燕王喜戈	32.71	戰國晚期	
燕王喜	17033	燕王喜戈	32.72	戰國晚期	
燕王喜	17034	燕王喜戈	32.73	戰國晚期	
燕王喜	17035	燕王喜戈	32.74	戰國晚期	
燕王喜	17036	燕王喜戈	32.76	戰國晚期	
燕王喜	17037	燕王喜戈	32.77	戰國晚期	
燕王喜	17640	燕王喜矛	33.70	戰國晚期	
燕王喜	17641	燕王喜矛	33.71	戰國晚期	
燕王喜	17642	燕王喜矛	33.72	戰國晚期	
燕王喜	17643	燕王喜矛	33.73	戰國晚期	
燕王喜	17644	燕王喜矛	33.74	戰國晚期	
燕王喜	17645	燕王喜矛	33.75	戰國晚期	

人名	器號	器名	卷數頁碼	時代	備注
燕王喜	17646	燕王喜矛	33.76	戰國晚期	
燕王喜	17840	燕王喜鈹	33.184	戰國晚期	
燕王喜	17841	燕王喜劍	33.185	戰國晚期	
燕王喜	17842	燕王喜劍	33.186	戰國晚期	
燕王喜	17843	燕王喜劍	33.187	戰國晚期	
燕王喜	17844	燕王喜劍	33.188	戰國晚期	
燕王喜	17845	燕王喜劍	33.189	戰國晚期	
燕王喜	17846	燕王喜劍	33.190	戰國晚期	
燕王喜	17847	燕王喜劍	33.191	戰國晚期	
燕王喜	17848	燕王喜劍	33.192	戰國晚期	
燕王喜	17849	燕王喜劍	33.193	戰國晚期	
燕王喜	17850	燕王喜劍	33.194	戰國晚期	
燕王喜	17851	燕王喜劍	33.195	戰國晚期	
燕王喜	18017	南行唐令瞿卯劍	33.386	戰國晚期	
燕王詈	17015	燕王詈戈	32.55	戰國晚期	
燕王詈	17016	燕王詈戈	32.56	戰國晚期	
燕王詈	17017	燕王詈戈	32.57	戰國晚期	
燕王詈	17018	燕王詈戈	32.58	戰國晚期	
燕王詈	17019	燕王詈戈	32.59	戰國晚期	
燕王詈	17020	燕王詈戈	32.60	戰國晚期	
燕王詈	17021	燕王詈戈	32.61	戰國晚期	
燕王詈	17022	燕王詈戈	32.62	戰國晚期	
燕王詈	17023	燕王詈戈	32.63	戰國晚期	
燕王詈	17024	燕王詈戈	32.64	戰國晚期	
燕王詈	17025	燕王詈戈	32.65	戰國晚期	
燕王詈	17026	燕王詈戈	32.65	戰國晚期	
燕王詈	17647	燕王詈矛	33.77	戰國晚期	
燕王詈	17648	燕王詈矛	33.78	戰國晚期	
燕王詈	17649	燕王詈矛	33.79	戰國晚期	
燕王詈	17650	燕王詈矛	33.80	戰國晚期	
燕王譮(噲)	17038	燕王噲戈	32.78	戰國晚期	
燕王職	12406	燕王職壺	22.327	戰國晚期	
燕王職	16991	燕王職戈	32.34	戰國晚期	

人　名	器　號	器　名	卷數頁碼	時　代	備　注
燕王職	16992	燕王職戈	32.35	戰國晚期	
燕王職	16993	燕王職戈	32.36	戰國晚期	
燕王職	16994	燕王職戈	32.37	戰國晚期	
燕王職	16995	燕王職戈	32.38	戰國晚期	
燕王職	16996	燕王職戈	32.39	戰國晚期	
燕王職	16997	燕王職戈	32.40	戰國晚期	
燕王職	16998	燕王職戈	32.41	戰國晚期	
燕王職	16999	燕王職戈	32.41	戰國晚期	
燕王職	17000	燕王職戈	32.42	戰國晚期	
燕王職	17001	燕王職戈	32.43	戰國晚期	
燕王職	17002	燕王職戈	32.44	戰國晚期	
燕王職	17003	燕王職戈	32.45	戰國晚期	
燕王職	17004	燕王職戈	32.45	戰國晚期	
燕王職	17005	燕王職戈	32.46	戰國晚期	
燕王職	17006	燕王職戈	32.47	戰國晚期	
燕王職	17007	燕王職戈	32.48	戰國晚期	
燕王職	17008	燕王職戈	32.49	戰國晚期	
燕王職	17009	燕王職戈	32.50	戰國晚期	
燕王職	17010	燕王職戈	32.51	戰國晚期	
燕王職	17011	燕王職戈	32.52	戰國晚期	
燕王職	17012	燕王職戈	32.52	戰國晚期	
燕王職	17013	燕王職戈	32.53	戰國晚期	
燕王職	17014	燕王職戈	32.54	戰國晚期	
燕王職	17627	燕王職矛	33.58	戰國晚期	
燕王職	17628	燕王職矛	33.59	戰國晚期	
燕王職	17629	燕王職矛	33.60	戰國晚期	
燕王職	17630	燕王職矛	33.61	戰國晚期	
燕王職	17631	燕王職矛	33.62	戰國晚期	
燕王職	17632	燕王職矛	33.62	戰國晚期	
燕王職	17633	燕王職矛	33.63	戰國晚期	
燕王職	17634	燕王職矛	33.64	戰國晚期	
燕王職	17635	燕王職矛	33.65	戰國晚期	
燕王職	17636	燕王職矛	33.66	戰國晚期	

人　名	器　號	器　名	卷數頁碼	時　代	備　注
燕王職	17637	燕王職矛	33.67	戰國晚期	
燕王職	17638	燕王職矛	33.68	戰國晚期	
燕王職	17639	燕王職矛	33.69	戰國晚期	
燕王職	17922	燕王職劍	33.272	戰國晚期	
燕王職	17923	燕王職劍	33.273	戰國晚期	
燕王職	17924	燕王職劍	33.274	戰國晚期	
燕伯聖	14885	燕伯聖匜	26.264	西周晚期	
燕侯旨	02203	燕侯旨鼎	4.408	西周早期	
燕侯旨	01716	燕侯旨鼎	3.379	西周早期	
燕侯脮	16979	燕侯脮戈	32.26	戰國晚期	
燕侯脮	16980	燕侯脮戈	32.27	戰國晚期	
燕侯載	05127	燕侯載簋	11.70	戰國時期	
燕侯載	16981	燕侯載戈	32.27	戰國晚期	
燕侯載	16982	燕侯載戈	32.28	戰國晚期	
燕侯載	16983	燕侯載戈	32.28	戰國晚期	
燕侯載	16984	燕侯載戈	32.29	戰國晚期	
燕侯載	16985	燕侯載戈	32.30	戰國晚期	
燕侯載	16986	燕侯載戈	32.31	戰國晚期	
燕侯載	17323	螶生戈	32.412	戰國早期	
燕侯載	17625	燕侯載矛	33.57	戰國晚期	
燕侯職	16987	燕侯職戈	32.31	戰國晚期	
燕侯職	16988	燕侯職戈	32.32	戰國晚期	
燕侯職	16989	燕侯職戈	32.33	戰國晚期	
燕侯職	16990	燕侯職戈	32.34	戰國晚期	
燕侯職	17626	燕侯職矛	33.58	戰國晚期	
燕王戎人	17039	燕王戎人戈	32.79	戰國晚期	
燕王戎人	17040	燕王戎人戈	32.80	戰國晚期	
燕王戎人	17041	燕王戎人戈	32.81	戰國晚期	
燕王戎人	17042	燕王戎人戈	32.82	戰國晚期	
燕王戎人	17043	燕王戎人戈	32.83	戰國晚期	
燕王戎人	17044	燕王戎人戈	32.84	戰國晚期	
燕王戎人	17045	燕王戎人戈	32.85	戰國晚期	
燕王戎人	17046	燕王戎人戈	32.86	戰國晚期	

人　名	器　號	器　名	卷數頁碼	時　代	備　注
燕王戎人	17047	燕王戎人戈	32.87	戰國晚期	
燕王戎人	17651	燕王戎人矛	33.81	戰國晚期	
燕王戎人	17652	燕王戎人矛	33.82	戰國晚期	
燕王戎人	17653	燕王戎人矛	33.82	戰國晚期	
燕王戎人	17654	燕王戎人矛	33.83	戰國晚期	
燕王戎人	17655	燕王戎人矛	33.84	戰國晚期	
燕王戎人	17656	燕王戎人矛	33.85	戰國晚期	
燕王戎人	17657	燕王戎人矛	33.86	戰國晚期	
燕王戎人	17658	燕王戎人矛	33.87	戰國晚期	
燕君子噲	02517	中山王𰯀鼎	5.456	戰國中期	即燕王噲
敔	05083	敔簋	10.486	西周中期	
遱邟	15520	遱邟鐘三	28.442	春秋晚期	即甚六
遱邟	15521	遱邟鐘六	28.444	春秋晚期	同上
遱邟	15794	遱邟鎛甲	29.281	春秋晚期	同上
遱邟	15795	遱邟鎛丙	29.285	春秋晚期	同上
遱邟	15796	遱邟鎛丁	29.287	春秋晚期	同上
噩叔	04305	鄂叔簋	9.74	西周早期	即鄂叔
噩侯	01565	鄂侯鼎	3.239	西周早期前段	即鄂侯
噩侯	01566	鄂侯鼎	3.240	西周早期前段	同上
噩侯	04828	鄂侯簋	10.121	西周晚期	同上
噩侯	04829	鄂侯簋	10.123	西周晚期	同上
噩侯	04830	鄂侯簋	10.125	西周晚期	同上
噩侯	04831	鄂侯簋	10.126	西周晚期	同上
噩侯	11688	曆季尊	21.164	西周早期後段	同上
噩侯	13046	鄂侯卣	23.470	西周早期	同上
噩侯	13156	鄂侯卣	24.65	西周早期	同上
噩侯	13202	曆季卣	24.113	西周早期	同上
噩侯	13803	鄂侯罍	25.91	西周早期	同上
噩侯	13804	鄂侯罍	25.92	西周早期	同上
噩侯	14364	鄂侯盤	25.378	西周早期	同上
噩監	04441	鄂監簋	9.192	西周早期	即鄂監
噩史苬	04880	鄂史苬簋	10.196	西周晚期	即鄂史苬
噩叔㝬	11600	鄂叔㝬尊	21.91	西周早期	即鄂叔㝬

人　名	器　號	器　名	卷數頁碼	時　代	備　注
噩季奞父	04510	鄂季奞父簋	9.265	西周早期後段	即鄂季奞父
噩侯馭方	02464	鄂侯馭方鼎	5.318	西周晚期	即鄂侯馭方
噩侯馭方	02498	禹鼎	5.387	西周晚期	同上
噩侯馭方	02499	禹鼎	5.389	西周晚期	同上
噩侯弟厤季	04509	鄂侯弟厤季簋	9.264	西周早期後段	即鄂侯弟厤季
嬰	02257	嬰鼎	4.485	商代晚期	
頖	13068	頖卣	23.491	西周早期	
蒂子	14935	蒂子匜	26.312	春秋早期	
橐	14542	散氏盤	25.602	西周晚期	襄之有司
融	03448	融簋	7.296	商代晚期	
融	03449	融簋	7.297	商代晚期	
醯祾想	05782	醯祾想簠	13.33	春秋晚期	
醒姜	12359	散氏車父壺	22.260	西周中期	散氏車父的母親
醒姜	12404	散車父壺	22.325	西周中期後段	散車父的母親
奮	02451	令鼎	5.292	西周早期	
厤	01690	厤鼎	3.354	商晚或周早	
厤	02168	厤鼎	4.365	西周早期前段	
厤	04407	厤簋	9.161	西周早期前段	
厤	14370	厤盤	25.384	西周早期	
厲伯	04184	厲伯簋	8.437	西周中期	
臐嬭	02058	靜叔鼎	4.231	西周晚期	靜叔的夫人
蟊	05228	曾仲大父蛕簋	11.268	西周晚期	即曾仲大父蛕
蟊	05229	曾仲大父蛕簋	11.271	西周晚期	同上
霍	01912	霍鼎	4.72	西周晚期	
霍姬	14983	叔男父匜	26.365	西周晚期	叔男父的女兒
臀輅徒	18073	春平相邦葛得劍	33.459	戰國晚期	
敺史	01606	敺史鼎	3.278	西周早期前段	
髭	13218	髭卣	24.132	西周早期	
盧氏令韓闕	17205	盧氏令韓闕戈	32.272	戰國晚期	
邊	01289	邊鼎	3.5	西周中期	
邊	05236	師邊簋蓋	11.288	西周中期	即師邊
邊仲	10640	邊仲觶	19.456	西周早期	
邊從	00680	邊從鼎	2.13	西周早期	

人　名	器　號	器　名	卷數頁碼	時　代	備　注
遽從	00681	遽從鼎	2.14	西周早期	
遽從	00682	遽從鼎	2.14	西周早期	
遽從	00683	遽從鼎	2.15	西周早期	
遽從	00684	遽從鼎	2.15	西周早期	
遽從	03721	遽從簋	8.44	西周早期	
遽從	08731	遽從角	17.168	西周早期	
遽從	08732	遽從角	17.169	西周早期	
遽叔	11288	遽叔尊	20.324	西周中期	
遽伯睘	04714	遽伯睘簋	9.465	西周早期	
畀	05151	畀簋	11.108	西周晚期	
暉	17153	臨汾守暉戈	32.214	戰國晚期	秦臨汾太守
貇	02319	揚鼎	5.76	春秋晚期	
罴	02021	罴鼎	4.186	西周早期	
䢉	13329	農卣	24.285	西周中期前段	即農
頤昃	19637	十三年鑲金銀泡	35.297	戰國中期	即夏昃
靳侯	16358	靳侯戈	30.327	商代晚期	
歟	04049	歟簋	8.323	西周早期	
器較	17330	䯅令艇斸戈	32.421	戰國晚期	
器淖侯	16764	器淖侯戈	31.234	春秋早期	
縣改	05314	縣改簋	12.6	西周中期	縣伯的夫人
縣改	05885	仲義君簠	13.150	戰國時期	仲義君的夫人
縣伯	02437	畁鼎	5.266	西周中期前段	
縣伯	05314	縣改簋	12.6	西周中期	
鴫克	04961	鴫克簋	10.299	西周晚期	
賧	09849	賧觚	18.497	商晚或周早	
賭金氏孫	14442	賭金氏孫盤	25.462	春秋早期	
賭金氏孫	14924	賭金氏孫匜	26.300	西周晚期	
飄	04166	飄簋	8.423	西周早期	
飄	12144	飄壺	22.17	西周早期	
霄	03440	霄簋	7.289	商代晚期	
譽公	16649	許公戈	31.93	春秋晚期	即許公
譽公	16650	許公戈	31.94	春秋晚期	同上
譽公	16651	許公戈	31.95	春秋晚期	同上

人　名	器　號	器　名	卷數頁碼	時　代	備　注
曫公	16652	許公戈	31.96	春秋晚期	即許公
曫公寙	16653	許公寙戈	31.97	春秋晚期	即許公寙
穆	01729	穆鼎	3.388	西周早期	
穆	02910	曾伯宮父穆鬲	6.318	西周晚期	曾伯宮父之名
穆王	02478	無叀鼎	5.346	西周晚期	周穆王
穆王	02495	師䚇鼎	5.381	西周中期前段	同上
穆王	05237	遹簋	11.290	西周中期前段	同上
穆王	14541	史牆盤	25.599	西周中期前段	同上
穆王	14543	逨盤	25.605	西周晚期	同上
穆王	14796	長甶盉	26.222	西周中期前段	同上
穆父	01828	穆父鼎	3.485	西周中期	
穆父	01829	穆父鼎	3.486	西周中期	
穆父	05670	穆父盨	12.442	西周晚期	
穆公	01242	穆公鼎	2.454	西周中期前段	
穆公	02498	禹鼎	5.387	西周晚期	禹的先祖
穆公	02499	禹鼎	5.389	西周晚期	同上
穆公	03039	尹姞鬲	6.492	西周中期前段	尹姞的夫君
穆公	03040	尹姞鬲	6.494	西周中期前段	同上
穆公	05206	穆公簋蓋	11.232	西周中期前段	
穆公	05289	戠簋蓋	11.421	西周中期	
穆公	11814	盠尊	21.299	西周早期後段	
穆公	13546	盠方彝	24.432	西周早期後段	
穆公	13547	盠方彝	24.435	西周早期後段	
穆公	15288	昊生殘鐘二	27.326	西周晚期	
穆公	15290	邢叔采鐘	27.329	西周中期前段	邢叔采的祖父
穆公	15291	邢叔采鐘	27.330	西周中期前段	同上
穆公	15556	叔夷鐘五	28.536	春秋晚期	
穆公	15829	叔夷鎛	29.395	春秋晚期	
穆酉	18816	郾客問量	34.268	戰國晚期	
穆侯	17302	曾大工尹季怡戈	32.386	春秋中期	季怡的父親
穆容	17189	穆容戈	32.253	戰國晚期	
僭	14469	殷敄盤	25.490	西周中期	殷敄的祖父
僭	14470	殷敄盤	25.491	西周中期	同上

人　名	器　號	器　名	卷數頁碼	時　代	備　注
悥	14735	悥盉	26.143	西周早期	
興	01298	興鼎	3.13	西周中期後段	
興	01299	興鼎	3.14	西周中期	
擧子傀	16884	擧子傀戟	31.408	春秋晚期	
學卯公□塦	14985	羅兒匜	26.368	春秋晚期	羅兒的父親
魖膚	11725	引尊	21.197	西周中期前段	引的親屬
腥伯	05374	三年師兌簋	12.147	西周晚期	
腥伯	05375	三年師兌簋	12.150	西周晚期	
磬	13646	磬觥	24.481	西周早期	
鑫	02515	曶鼎	5.447	西周中期後段	五個奴隸之一
錯	17284	上郡守錯戈	32.362	戰國晚期	秦上郡守
錯	17285	上郡守錯戈	32.363	戰國晚期	同上
錯	17286	上郡守錯戈	32.364	戰國晚期	同上
錯	17287	上郡守錯戈	32.365	戰國晚期	同上
覛姬	14950	司馬南叔匜	26.328	西周晚期	司馬南叔的女兒
敚	01327	敚鼎	3.31	春秋時期	
螽生	17323	螽生戈	32.412	戰國早期	即蚯生
翩	12343	蘇翩壺	22.237	西周中期後段	即蘇翩
膳夫	15307	晉侯蘇鐘 B 乙	27.361	西周晚期	
膳夫山	02490	善夫山鼎	5.369	西周晚期	
膳夫克	02454	小克鼎	5.298	西周晚期	
膳夫克	02455	小克鼎	5.300	西周晚期	
膳夫克	02456	小克鼎	5.302	西周晚期	
膳夫克	02457	小克鼎	5.304	西周晚期	
膳夫克	02458	小克鼎	5.306	西周晚期	
膳夫克	02459	小克鼎	5.308	西周晚期	
膳夫克	02460	小克鼎	5.310	西周晚期	
膳夫克	02513	大克鼎	5.440	西周晚期	
膳夫克	05678	善夫克盨	12.459	西周晚期	
膳夫克	05679	尌比盨	12.464	西周晚期	
膳夫豕	05344	大簋	12.77	西周晚期	
膳夫豕	05345	大簋蓋	12.79	西周晚期	
膳夫騩	02465	大鼎	5.320	西周晚期	

人　名	器　號	器　名	卷數頁碼	時　代	備　注
膳夫騥	02466	大鼎	5.322	西周晚期	
膳夫吉父	02078	善夫吉父鼎	4.257	西周晚期	
膳夫吉父	02966	善夫吉父鬲	6.388	西周晚期	
膳夫吉父	02967	善夫吉父鬲	6.390	西周晚期	
膳夫吉父	02968	善夫吉父鬲	6.392	西周晚期	
膳夫吉父	02969	善夫吉父鬲	6.394	西周晚期	
膳夫吉父	02970	善夫吉父鬲	6.396	西周晚期	
膳夫吉父	02971	善夫吉父鬲	6.398	西周晚期	
膳夫吉父	02972	善夫吉父鬲	6.400	西周晚期	
膳夫吉父	02973	善夫吉父鬲	6.402	西周晚期	
膳夫吉父	02974	善夫吉父鬲	6.403	西周晚期	
膳夫吉父	05823	善夫吉父簠	13.79	西周晚期	
膳夫吉父	06223	善夫吉父盂	13.449	西周晚期	
膳夫吉父	13994	善夫吉父鑪	25.155	西周晚期	
膳夫吉父	13995	善夫吉父鑪	25.157	西周晚期	
膳夫旅伯	02210	善夫旅伯鼎	4.418	西周晚期	
膳夫梁其	05161	善夫梁其簋	11.132	西周晚期	
膳夫梁其	05162	善夫梁其簋	11.135	西周晚期	
膳夫梁其	05163	善夫梁其簋	11.138	西周晚期	
膳夫梁其	05164	善夫梁其簋	11.141	西周晚期	
膳夫梁其	05165	善夫梁其簋	11.143	西周晚期	
膳夫豐生	02446	吳虎鼎	5.282	西周晚期	
膳夫伯辛父	02077	善夫伯辛父鼎	4.256	西周晚期	
膴	01774	膴鼎	3.441	戰國晚期	
鮑子	02404	鮑子鼎	5.208	春秋晚期	
鮑氏	15416	鮑氏鐘	28.5	春秋晚期	
鮑叔	15828	鮮鎛	29.392	春秋中期	
醤男	04728	遣小子𩵋簋	9.481	西周晚期	
醤侯	01428	醤侯鼎	3.118	西周中期前段	
龜女（母）	02879	剌鬲	6.273	西周晚期	剌的母親
龜女（母）	02880	剌鬲	6.275	西周晚期	同上
龜女（母）	02881	剌鬲	6.276	西周晚期	同上
諶	02292	諶鼎	5.36	西周晚期	

人　名	器　號	器　名	卷數頁碼	時　代	備　注
諫	04528	諫簋	9.280	西周中期	
諫	05336	諫簋	12.55	西周中期	
諫	05513	諫盨	12.231	西周晚期	
諫	10636	諫觶	19.452	西周早期	
諫	10638	諫觶	19.454	西周早期	
章	01311	章鼎	3.22	西周早期	即墉、庸
章公	06159	姬㝬母豆	13.417	西周晚期	即庸公
章公	15266	師宎鐘	27.281	西周晚期	同上
章季	02495	師觀鼎	5.381	西周中期前段	即虢季
韋伯叔	05203	章伯叔簋	11.226	西周早期後段	即庸伯叔
裛	02065	裛鼎	4.241	戰國早期	
裛兒	15805	裛兒鎛	29.313	春秋時期	
廩人莽	12354	工師初壺	22.252	戰國晚期	
麇侯	15760	麇侯鎛	29.182	戰國早期	
麇婦	08464	麇婦爵	17.30	商代晚期	
麇婦	08465	麇婦爵	17.30	商代晚期	
麇婦	09854	麇婦觚	18.502	商代晚期	
麇生召父	05108	師害簋	11.36	西周晚期	
麇生召父	05109	師害簋	11.38	西周晚期	
瘔	17265	相邦痤戈	32.340	戰國晚期	即相邦瘔
旟	02321	旟鼎	5.79	西周早期	
斿	11621	斿尊	21.107	西周早期	
龍	03224	龍甗	7.110	西周早期	
龍	03434	龍簋	7.284	商代晚期	
龍	03435	龍簋	7.284	商代晚期	
龍母	11547	作龍母尊	21.45	西周早期	
龍嬴	01743	樊夫人龍嬴鼎	3.400	春秋早期	
龍嬴	14408	樊夫人龍嬴盤	25.423	春秋早期	樊君的夫人
龍嬴	14900	龍嬴匜	26.277	春秋早期	同上
龍陽庶子	19285	龍陽庶子燈	35.72	戰國晚期	
郘瘔	19242	嗇夫郘瘔盒	35.27	戰國中期	即齊瘔
郘瘔	19246	嗇夫郘瘔龍鳳方案	35.31	戰國中期	同上
郘瘔	19353	嗇夫郘瘔神獸	35.132	戰國中期	同上

人　名	器　號	器　名	卷數頁碼	時　代	備　注
鄝瘥	19354	嗇夫鄝瘥神獸	35.133	戰國中期	即齊瘥
鄝瘥	14780	右使車盉	26.193	戰國中期	同上
鄝瘥	14781	右使車盉	26.195	戰國中期	同上
辨	04616	辨簋	9.363	西周中期	
辨	04617	辨簋	9.364	西周中期	
辨	04618	辨簋	9.365	西周中期	
嬴	14380	嬴盤	25.393	西周中期前段	
嬴	14764	伯衛父盉	26.172	西周中期前段	伯衛父的夫人
嬴氏	01434	嬴氏鼎	3.124	西周中期	
嬴氏	02095	鑄叔鼎	4.277	春秋時期	鑄叔的夫人
嬴氏	02142	鼠季鼎	4.332	西周中期	鼠季的夫人
嬴氏	05883	鑄叔簠	13.147	春秋早期	
嬴加	01607	嬴加鼎	3.279	西周中期前段	
嬴改	05606	筍伯大父盨	12.336	西周晚期	
嬴季	04307	嬴季簋	9.75	西周早期	
嬴季	11604	嬴季尊	21.94	西周早期	
嬴季	13100	嬴季卣	24.13	西周早期	
嬴尹母	14492	嚚伯盤	25.515	西周晚期	嚚伯的女兒
嬴霝德	01622	嬴霝德鼎	3.291	西周早期	
嬴霝德	04374	嬴霝德簋蓋	9.130	西周中期	
嬴瀧母	01971	榮有司冉鼎	4.127	西周晚期	榮有司冉的女兒
嬴瀧母	02873	榮有司冉鬲	6.267	西周晚期	同上
鴻婦	13784	亞吳鴻婦罍	25.75	商代晚期	
縈伯	04230	縈伯簋	9.6	西周晚期	
縈叔	13290	縈叔卣	24.218	西周中期前段	
濰伯夗	14766	首毛盉	26.174	商代晚期	人方首領
濂公	02225	司鼎	4.443	西周早期	
濂公	02352	厚趠鼎	5.122	西周早期	
濂公	02365	窖鼎	5.145	西周早期	
濂公	02366	窖鼎	5.146	西周早期	
濂仲	02451	令鼎	5.292	西周早期	
濂叔	05258	羚簋	11.344	西周中期前段	
濂季	02665	遝季鬲	6.54	西周早期	

人　名	器　號	器　名	卷數頁碼	時　代	備　注
濂季	10629	太史觶	19.447	西周早期後段	
濂粦	02496	九年衛鼎	5.383	西周中期前段	
濂姬	04900	遧姬簋	10.221	西周中期	
濂姬	08426	遧姬爵	16.504	西周早期	
濂俗父	02031	濂俗父鼎	4.195	西周晚期	
憲	02386	憲鼎	5.178	西周早期後段	
憲公	15239	戎生鐘甲	27.226	春秋早期	戎生的祖父
憲公	15565	秦公鐘甲	28.549	春秋早期	秦憲公,文公之孫
憲公	15567	秦公鐘丙	28.553	春秋早期	同上
憲公	15824	秦公鎛甲	29.377	春秋早期	同上
憲公	15825	秦公鎛乙	29.381	春秋早期	同上
憲公	15826	秦公鎛丙	29.385	春秋早期	同上
憲仲	04303	憲仲簋	9.72	西周中期前段	
憲伯	05350	揚簋	12.92	西周中期	揚的父親
憲伯	05351	揚簋	12.94	西周中期	同上
憲伯	06159	姬窚母豆	13.417	西周晚期	
憲伯	15266	師宴鐘	27.281	西周晚期	
寰圜孟姜	02363	齊侯鼎	5.141	春秋晚期	齊侯的女兒
復	01538	復鼎	3.218	商代晚期	
嶯	01317	嶯鼎	3.26	西周中期前段	
嶯	02340	嶯鼎	5.107	西周中期前段	
闇	04224	闇簋	8.473	西周中期	
緐父	03955	緐父寶簋	8.246	西周早期	
㦰	04832	旅仲簋	10.127	西周晚期	即詩

十　七　畫

人　名	器　號	器　名	卷數頁碼	時　代	備　注
螯司土幽	11720	螯司土幽尊	21.193	西周早期後段	
螯司土幽	13225	螯司土幽卣	24.138	西周早期	
趡	02479	趡鼎	5.348	西周晚期	
遺	01598	遺叔鼎	3.271	西周中期	即遺
遺	02354	虔鼎	5.124	西周中期前段	同上

人　名	器　號	器　名	卷數頁碼	時　代	備　注
趞	03349	昔須甗	7.229	西周中期前段	即遣,與昔須一同東征
趞	11789	遣尊	21.260	西周早期後段	即遣
趞	13311	遣卣	24.247	西周早期	同上
趞氏	02488	柞伯鼎	5.365	西周中期	即遣氏
趞仲	02398	宭鼎	5.193	西周中期	即遣仲
趞伯	05213	冉簋	11.241	西周中期	即遣伯
趞伯	05214	冉簋	11.243	西周中期	同上
趞伯	05666	趞伯盨	12.433	西周晚期	同上
趞姬	05213	冉簋	11.241	西周中期	即遣姬
趞姬	05214	冉簋	11.243	西周中期	同上
趞叔吉父	05602	遣叔吉父盨	12.332	西周晚期	即遣叔吉父
趞叔吉父	05603	遣叔吉父盨	12.333	西周晚期	同上
趞叔吉父	05604	遣叔吉父盨	12.334	西周晚期	同上
趞	05304	趞簋	11.453	西周中期	
盞	08514	盞爵	17.67	西周早期	
趨子僾	04565	趨子僾簋	9.312	西周早期	
戴伯	14951	戴伯匜	26.329	春秋早期	
戴叔朕	02305	戴叔朕鼎	5.54	西周晚期	
戴叔朕	02306	戴叔朕鼎	5.55	西周晚期	
戴叔朕	02307	戴叔朕鼎	5.56	西周晚期	
戴叔慶父	02824	戴叔慶父鬲	6.208	春秋早期	
聯医	02637	作聯医鬲	6.32	西周中期前段	
雚母	10190	雚母觶	19.108	商代晚期	
韓	11664	韓尊	21.142	西周中期前段	
韓山	17331	邦府大夫趙閒戈	32.422	戰國晚期	
韓壬	17700	安陽令韓壬戟刺	33.138	戰國晚期	安陽縣令
韓化	17181	兪氏令韓化戈	32.245	戰國時期	兪氏縣令
韓氏	12250	韓氏私官壺	22.124	戰國時期	
韓半	17333	鄭令韓半戈	32.424	戰國晚期	韓國鄭縣縣令
韓半	17691	鄭令韓半矛	33.127	戰國晚期	同上
韓匡	17702	截雍令韓匡戟刺	33.140	戰國晚期	截雍縣縣令
韓伕	18066	守相信平君鈹	33.451	戰國晚期	
韓伕	18067	守相信平君鈹	33.452	戰國晚期	

人 名	器 號	器 名	卷數頁碼	時 代	備 注
韓亥	18011	守相廉頗鈹	33.379	戰國晚期	
韓亥	18013	守相廉頗鈹	33.382	戰國晚期	
韓伯	02426	鞞伯豐	5.274	西周早期	即韓國族首領
韓伯	14365	韓伯盤	25.379	西周早期	
韓狄	17350	冢子韓政戈	32.442	戰國晚期	
韓夋	17334	鄭令韓夋戈	32.425	戰國晚期	韓國鄭縣縣令
韓季	17144	陽城令韓季戈	32.204	戰國晚期	陽城縣令
韓宗	15425	鳳羌鐘甲	28.18	戰國早期	即韓宗敓
韓宗	15426	鳳羌鐘乙	28.20	戰國早期	同上
韓宗	15427	鳳羌鐘丙	28.22	戰國早期	同上
韓宗	15428	鳳羌鐘丁	28.24	戰國早期	同上
韓宗	15429	鳳羌鐘戊	28.25	戰國早期	同上
韓定	17206	新城大令韓定戈	32.273	戰國晚期	新城縣大令
韓沽	17360	襄城令韓沽戈	32.454	戰國晚期	襄城縣令
韓春	18008	冢子韓春鈹	33.376	戰國時期	
韓政	17350	冢子韓政戈	32.442	戰國晚期	
韓尚	18013	守相廉頗鈹	33.382	戰國晚期	
韓尚	18037	相邦建信君劍	33.415	戰國晚期	
韓尚	18041	相邦建信君鈹	33.420	戰國晚期	
韓尚	18049	相邦建信君劍	33.432	戰國晚期	
韓尚	18053	相邦建信君鈹	33.436	戰國晚期	
韓尚	18055	相邦建信君鈹	33.438	戰國晚期	
韓尚	18056	相邦建信君劍	33.439	戰國晚期	
韓尚	18057	相邦建信君劍	33.440	戰國晚期	
韓尚	18059	相邦建信君鈹	33.441	戰國晚期	
韓尚	18060	相邦建信君鈹	33.443	戰國晚期	
韓尚	18061	相邦建信君鈹	33.444	戰國晚期	
韓尚	18062	相邦建信君鈹	33.445	戰國晚期	
韓尚	18066	守相信平君鈹	33.451	戰國晚期	
韓尚	18067	守相信平君鈹	33.452	戰國晚期	
韓段	18009	廉相如劍	33.377	戰國時期	
韓段	18031	相邦建信君鈹	33.409	戰國晚期	
韓恙	17340	鄭令韓恙戈	32.431	戰國晚期	韓國鄭縣縣令

人 名	器 號	器 名	卷數頁碼	時 代	備 注
韓貴	17183	格氏令韓貴戈	32.246	戰國晚期	格氏縣令
韓訷	17167	令韓訷戈	32.228	戰國晚期	
韓啻	18065	相邦陽安君鈹	33.449	戰國晚期	
韓矰	17319	冢子韓矰戈	32.406	戰國晚期	
韓矰	17320	冢子韓矰戈	32.407	戰國晚期	
韓駋	17305	喜令韓駋戈	32.389	戰國晚期	喜縣縣令
韓熙	17219	鄭令韓熙戈	32.285	戰國晚期	韓國鄭縣縣令
韓熙	17220	鄭令韓熙戈	32.286	戰國晚期	同上
韓媃	01683	韓媃鼎	3.347	戰國晚期	
韓鍾	17821	韓鍾劍	33.164	戰國時期	
韓闕	17205	盧氏令韓闕戈	32.272	戰國晚期	盧氏縣令
韓譙	17178	負黍令韓譙戈	32.242	戰國晚期	負黍縣令
韓譙	17179	負黍令韓譙戈	32.243	戰國晚期	同上
韓譙	17180	負黍令韓譙戈	32.244	戰國晚期	同上
韓少夫	17191	韓少夫戟	32.255	戰國晚期	奄矢縣令
韓伯豐	02426	韕伯豐鼎	5.274	西周早期	名豐,韓國族首領
韓宗敢	15425	驪羌鐘甲	28.18	戰國早期	
韓宗敢	15426	驪羌鐘乙	28.20	戰國早期	
韓宗敢	15427	驪羌鐘丙	28.22	戰國早期	
韓宗敢	15428	驪羌鐘丁	28.24	戰國早期	
韓宗敢	15429	驪羌鐘戊	28.25	戰國早期	
韓將庶	19168	韓將庶虎節	34.542	戰國時期	
檀伯	04295	檀伯簋	9.65	西周早期	
懋	12426	史懋壺蓋	22.365	西周中期	即史懋
懋父	02462	師旂鼎	5.314	西周中期前段	
懋父	04994	御正衛簋	10.347	西周早期	
懋史繇	01324	懋史繇鼎	3.29	西周中期	
饔尠	16417	饔尠戈	30.380	春秋時期	
燹王	02776	燹王鬲	6.157	西周晚期	
燹王	02777	燹王鬲	6.158	西周晚期	
燹公	05677	燹公盨	12.456	西周中期前段	
燹表	02497	五祀衛鼎	5.385	西周中期前段	邦君厲的有司
燹趙	14800	裘衛盉	26.231	西周中期前段	

人　名	器　號	器　名	卷數頁碼	時　代	備　注
𦅫子	04530	伯簋	9.281	西周中期	即望子
需	03416	需簋	7.267	商代晚期	
需	04118	需簋	8.381	西周中期	
臨汾守嘽	17153	臨汾守嘽戈	32.214	戰國晚期	
劊圅	04549	劊圅簋	9.299	西周早期	
鴎	02408	鄭莊公之孫鴎鼎	5.215	春秋晚期	
鴎	02409	鄭莊公之孫鴎鼎	5.218	春秋晚期	
鴎	10591	鴎觶	19.414	西周早期	
鴎伯矤	11592	鴎伯矤尊	21.83	西周早期	
戲	03220	作戲尊彝甗	7.107	西周早期	
戲	12996	作戲卣	23.422	西周早期	
戲伯	01449	戲伯鼎	3.135	西周晚期	
戲伯	02893	戲伯鬲	6.292	西周晚期	
戲伯	02894	戲伯鬲	6.294	西周晚期	
鄥妘	18069	邦司寇趙春鈹	33.455	戰國晚期	即焦妘
憧季邊父	11731	憧季邊父尊	21.202	西周早期後段	
憧季邊父	13248	憧季邊父卣	24.164	西周早期	
憧季邊父	13249	憧季邊父卣	24.166	西周早期	
嵒	01807	嵒鼎	3.470	西周早期	
嬰次	19261	王子嬰次爐	35.47	春秋中期	
歜	19920	宗邑瓦書	35.508	戰國晚期	
還	01410	還鼎	3.106	西周中期前段	
犕藿	16657	犕藿戈	31.103	戰國晚期	
盤男	02076	許男鼎	4.254	西周晚期	即許男
盤季	01433	許季鼎	3.123	西周中期	即許季
盤姬	02778	許姬鬲	6.159	西周晚期	即許姬
盤公買	05965	許公買簠	13.277	春秋晚期	即許公買
盤公買	05966	許公買簠	13.279	春秋晚期	同上
盤仲秌	11740	許仲秌尊	21.209	西周早期	即許仲秌
盤仲秌	13267	許仲秌卣	24.191	西周早期	同上
盤季姜	04724	許季姜簋	9.477	西周晚期	即許季姜
魏公	14033	魏公瓶	25.187	戰國晚期	
魏戲	17235	□陽令魏戲戈	32.300	戰國晚期	

人　名	器　號	器　名	卷數頁碼	時　代	備　注
繁	05150	繁簋	11.107	西周早期	
繁	13343	繁卣	24.313	西周中期前段	
繁伯武君	02944	繁伯武君鬲	6.362	春秋早期	
轝子傀	16884	舉子傀戟	31.408	春秋晚期	即舉子傀
羍名	17694	襄城令羍名矛	33.130	戰國晚期	襄城縣令
毅	05363	師毅簋	12.120	西周晚期	
鄝子塦	05841	鄝子塦簠	13.97	春秋晚期	即邊子塦
鄝子萈塦	02011	鄝子萈塦鼎	4.173	春晚或戰早	即邊子萈塦
鴛	10561	鴛觶	19.391	西周早期	
龠	04522	龠簋	9.275	西周早期	
鍾離君柏	05898	童麗君柏簠	13.170	春秋時期	
鍾離君柏	15186	鍾離君柏鐘一	27.137	春秋中期	
鍾離君柏	15187	鍾離君柏鐘八	27.139	春秋中期	
鍾離公柏	15787	季子康鎛甲	29.262	春秋中期	
鍾離公柏	15788	季子康鎛乙	29.265	春秋中期	
鍾離公柏	15789	季子康鎛丙	29.268	春秋中期	
鍾離公柏	15790	季子康鎛丁	29.271	春秋中期	
鍾離公柏	15791	季子康鎛戊	29.274	春秋中期	
鍾離公柏	17055	童麗公柏戟	32.98	春秋中期	
鍾離公叙	19305	鍾離公叙鼓座	35.90	春秋晚期	
雞	11748	雞尊	21.216	西周早期	
雞	13277	雞卣	24.202	西周早期	
嗣工單	02993	司工單鬲	6.429	春秋早期	即司工單
嗣土濾	15415	鮮鐘	28.3	西周中期	即司徒濾
嗣工液伯	05364	師頪簋	12.122	西周晚期	即司工液伯
嗣工虥父	15308	晉侯蘇鐘B丙	27.363	西周晚期	即司工揚父
嗣工駛君	14542	散氏盤	25.602	西周晚期	即司工駛君
嗣土芇寅	14542	散氏盤	25.602	西周晚期	即司土芇寅
嗣土榮伯	05376	宰獸簋	12.152	西周中期後段	即司土榮伯
嗣土榮伯	05377	宰獸簋	12.154	西周中期後段	同上
嗣馬丼伯	02476	師朢父鼎	5.342	西周中期	即司馬邢伯
嗣馬南叔	14950	司馬南叔匜	26.328	西周晚期	即司馬南叔
嗣馬曇麕	14542	散氏盤	25.602	西周晚期	即司馬曇麕

人　名	器　號	器　名	卷數頁碼	時　代	備　注
嗣徒單伯	05350	揚簋	12.92	西周中期	即司徒單伯
嗣徒單伯	05351	揚簋	12.94	西周中期	同上
嗣寇良父	04808	司寇良父簋	10.95	西周晚期	即司寇良父
嗣寇良父	12331	司寇良父壺	22.220	西周晚期	同上
嗣馬井伯親	05338	師瘨簋蓋	12.60	西周中期前段	即司馬井伯親
鮮	05050	畢鮮簋	10.433	西周晚期	即畢鮮
鮮	05188	鮮簋	11.190	西周中期前段	
鮮	14542	散氏盤	25.602	西周晚期	矢人有司
鮮	15415	鮮鐘	28.3	西周中期	
鮮父	01647	鮮父鼎	3.313	西周早期前段	
襄	01408	襄鼎	3.104	西周早期	
襄公	01775	襄公鼎	3.442	戰國晚期	
襄公	15556	叔夷鐘五	28.536	春秋晚期	
襄公	15560	叔夷鐘九	28.544	春秋晚期	
襄公	15829	叔夷鎛	29.395	春秋晚期	
襄母	03602	襄母簋	7.429	商代晚期	
襄庚	08525	襄庚爵	17.76	西周早期	
襄射	11276	襄射尊	20.313	西周早期	
襄王孫	06068	襄王孫盞	13.329	春秋晚期	
襄安君	12253	襄安君壺	22.128	戰國時期	
襄腫子湯	02039	襄腫子湯鼎	4.206	春秋晚期	
襄平令妸郝	17853	襄平令妸郝劍	33.197	戰國時期	
襄城公景脽	17140	襄城公景脽戟	32.200	戰國早期	
襄城令羍名	17694	襄城令羍名矛	33.130	戰國晚期	
襄城令韓沽	17360	襄城令韓沽戈	32.454	戰國晚期	
應公	01552	應公鼎	3.227	西周早期後段	
應公	01553	應公鼎	3.228	西周早期後段	
應公	02071	應公鼎	4.249	西周早期後段	
應公	02072	應公鼎	4.250	西周早期後段	
應公	02105	應公鼎	4.289	西周晚期	
應公	04210	應公簋	8.458	西周早期後段	
應公	04211	應公簋	8.459	西周早期後段	
應公	10269	應公觶	19.170	西周早期	

人　名	器　號	器　名	卷數頁碼	時　代	備　注
應公	11593	應公尊	21.83	西周早期	
應公	12171	應公壺	22.40	西周早期	
應公	13049	應公卣	23.473	西周早期	
應伯	05538	應伯盨	12.259	西周中期後段	
應伯	12146	應伯壺	22.19	西周中期	
應伯	14411	應伯盤	25.426	西周中期後段	
應叔	01601	應叔鼎	3.274	西周早期	
應侯	01241	應侯鼎	2.453	西周中期前段	
應侯	01430	應侯鼎	3.120	西周早期	
應侯	01909	應侯鼎	4.69	西周晚期	
應侯	02342	應侯鼎	5.109	西周晚期	
應侯	02351	丁兒鼎蓋	5.121	春秋晚期	
應侯	03254	應侯甗	7.135	西周中期前段	
應侯	04711	應侯簋	9.461	西周晚期	
應侯	05024	應侯簋	10.391	西周中期	
應侯	05311	應侯簋	11.471	西周中期	
應侯	05503	應侯盨	12.223	西周晚期	
應侯	05504	應侯盨蓋	12.224	西周晚期	
應侯	05539	應侯盨	12.260	西周晚期	
應侯	12265	應侯壺甲	22.140	西周晚期	
應侯	12266	應侯壺乙	22.141	西周晚期	
應侯	14385	應侯盤	25.398	西周晚期	
應侯	14909	應侯匜	26.285	西周晚期	
應侯	15317	應侯見工鐘	27.376	西周中期後段	應侯見工的祖父
應姚	02882	應姚鬲	6.277	西周晚期	
應姚	05102	應姚簋	11.27	西周晚期	叔誥父的夫人
應姚	14471	應姚盤	25.492	西周晚期	
應事	01431	應事鼎	3.121	西周中期前段	
應事	04235	應事簋	9.11	西周中期前段	
應事	08526	應事爵	17.77	西周中期前段	
應事	10609	應事觶	19.430	西周中期前段	
應監	01240	應監鼎	2.452	西周早期	
應監	03268	應監甗	7.146	西周早期	

人　名	器　號	器　名	卷數頁碼	時　代	備　注
應監	03329	應監甗	7.207	西周晚期	
應叔豖	01600	應叔豖鼎	3.273	西周中期前段	
應侯再	05639	應侯再盨	12.385	西周中期前段	
應嫚妣	04648	鄧公簋 A	9.394	西周中期	鄧公的女兒
應嫚妣	04649	鄧公簋 B	9.395	西周中期	同上
應嫚妣	04650	鄧公簋 C	9.396	西周中期	同上
應嫚妣	04651	鄧公簋 D	9.397	西周中期	同上
應侯見工	02436	應侯見工鼎	5.264	西周中期後段	
應侯見工	05231	應侯見工簋甲	11.275	西周中期後段	
應侯見工	05232	應侯見工簋乙	11.278	西周中期後段	
應侯見工	05311	應侯簋	11.471	西周中期後段	
應侯見工	15314	應侯見工鐘	27.370	西周中期後段	
應侯見工	15315	應侯見工鐘	27.372	西周中期後段	
應侯見工	15316	應侯見工鐘	27.374	西周中期後段	
嬯仲	01917	嬯仲鼎	4.75	西周晚期	
嬯孟延	05610	嬯孟延盨	12.340	西周中期	
嬯孟延	05611	嬯孟延盨	12.341	西周中期	
鴳馀(俞)	05903	魯酉子安母簠	13.178	春秋早期	
簪	04820	伯簪簋	10.112	西周中期	即伯簪
遹仲	15828	鑰鎛	29.392	春秋中期	即蹟仲
莽(裻)	05366	師袁簋	12.125	西周晚期	淮夷酋長之一
莽(裻)	05367	師袁簋	12.128	西周晚期	同上
燮	04985	燮簋	10.334	西周中期	
燮	14511	蔡大司馬燮盤	25.542	春秋晚期	蔡國大司馬
燮	17158	頓丘令燮戈	32.219	戰國中期	頓丘縣令
鴻叔	02169	詠鼎	4.366	西周早期後段	
鴻叔	04866	詠簋	10.175	西周早期後段	
鴻叔	04867	詠簋	10.177	西周早期後段	
濮侯	19764	太保玉戈	35.373	西周早期	
濂公	02225	司鼎	4.443	西周晚期	即濂公
濂公	02352	厚趠鼎	5.122	西周早期	同上
濂公	02365	窘鼎	5.145	西周早期	同上
濂公	02366	窘鼎	5.146	西周早期	同上

人　名	器　號	器　名	卷數頁碼	時　代	備　注
灋仲	02451	令鼎	5.292	西周早期	即濂仲
灋叔	05258	羚簋	11.344	西周中期前段	
灋季	02665	灋季鬲	6.54	西周早期	即濂季
灋季	10629	太史觶	19.447	西周早期後段	同上
灋姬	04900	灋姬簋	10.221	西周中期	即濂姬
灋姬	08426	灋姬爵	16.504	西周早期	
灋粦	02496	九年衛鼎	5.383	西周中期前段	即濂粦
灋俗父	02031	濂俗父鼎	4.195	西周晚期	即濂俗父
餐公	02365	竆鼎	5.145	西周早期	
餐公	02366	竆鼎	5.146	西周早期	
闇尹臌	01660	闇尹臌鼎	3.324	春秋晚期	
牆	08547	牆爵	17.96	西周中期前段	
牆	08548	牆爵	17.97	西周中期前段	
嬭	13602	嬭觥	24.444	商代晚期	
嬟	04843	伯疑父簋蓋	10.139	西周晚期	伯疑父的夫人
雙	02137	雙鼎	4.327	商代晚期	

十 八 畫

人　名	器　號	器　名	卷數頁碼	時　代	備　注
繛	15828	繛鎛	29.392	春秋中期	即絡
豐	02883	右戲仲夏父鬲	6.279	西周晚期	右戲仲夏父的親屬
豐	04120	豐簋	8.382	西周中期	
豐	04122	戈簋	8.384	西周中期	
豐	04541	豐簋	9.292	西周早期	
豐	04542	豐簋	9.293	西周早期	
豐	08559	豐爵	17.108	西周中期前段	
豐	08560	豐爵	17.109	西周中期前段	
豐	08561	豐爵	17.110	西周中期前段	
豐	08570	豐爵	17.119	西周中期前段	
豐	11796	豐尊	21.270	西周中期前段	
豐	12114	豐壺	21.465	西周中期	
豐	13071	豐卣	23.493	西周早期	

人　名	器　號	器　名	卷數頁碼	時　代	備　注
豐	13244	豐卣	24.160	西周中期前段	
豐	13253	豐卣	24.171	西周早期前段	
豐	13316	豐卣	24.256	西周早期	
豐	13658	豐觥	24.496	西周早期前段	
豐人	16498	豐人戈	30.453	西周中期	
豐子	02811	宋虤父鬲	6.195	春秋早期	宋虤父之女
豐父	05014	公豐父簋	10.375	西周早期	即公豐父
豐公	02185	師衛鼎	4.383	西周早期	
豐公	02378	師衛鼎	5.163	西周早期	
豐公	03316	仲邑甗	7.193	西周早期	
豐公	04937	師衛簋	10.265	西周早期	師衛的上司
豐公	05142	師衛簋	11.93	西周早期	同上
豐公	05143	師衛簋	11.94	西周早期	同上
豐生	02446	吳虎鼎	5.282	西周晚期	
豐仲	05258	羚簋	11.344	西周中期前段	羚的祖父
豐伯	02364	皇鼎	5.143	西周早期	
豐伯	16593	豐伯戈	31.36	西周早期	
豐伯	16594	豐伯戈	31.37	西周早期	
豐伯	17806	豐伯劍	33.150	西周早期	
豐伯	17807	豐伯劍	33.151	西周早期	
豐姬	11731	憧季邊父尊	21.202	西周早期後段	憧季邊父的夫人
豐姬	13248	憧季邊父卣	24.164	西周早期	同上
豐姬	13249	憧季邊父卣	24.166	西周早期	同上
豐嬌	04641	訇簋	9.387	西周中期	訇的夫人
豐大母	01714	咸鼎	3.377	西周早期後段	咸的夫人
豐大母	04422	咸簋	9.176	西周中期前段	同上
豐兮夷	04964	豐兮夷簋	10.303	西周晚期	
豐兮夷	04965	豐兮夷簋	10.305	西周晚期	
豐兮夷	04966	豐兮夷簋	10.306	西周晚期	
豐公㺱	01551	豐公㺱鼎	3.226	西周早期	
豐井(邢)叔	04879	豐邢叔簋	10.195	西周晚期	
豐妊單	14762	王盉	26.169	西周晚期	周王后妃
豐叔姬	02396	大祝追鼎	5.190	西周晚期	

人　名	器　號	器　名	卷數頁碼	時　代	備　注
豐孟嬀（妘）	02082	輔伯歷父鼎	4.261	西周晚期	
豐侯母	02840	豐侯母鬲	6.225	西周晚期	
豐姞慈	05207	室叔簋	11.233	西周晚期	室叔的夫人
豐仲次父	05104	有司簡簋蓋	11.31	西周晚期	
豐伯車父	05081	豐伯車父簋	10.483	西周晚期	
豐伯盨父	05845	豐伯盨父簠	13.101	西周晚期	
釐	01422	釐鼎	3.114	西周中期前段	
釐王	05365	录伯𢧁簋蓋	12.123	西周中期前段	
釐公	02342	應侯鼎	5.109	西周晚期	應侯的祖父
釐公	05374	三年師兑簋	12.147	西周晚期	師兑的父親
釐公	05375	三年師兑簋	12.150	西周晚期	同上
釐公	05639	應侯再盨	12.385	春秋早期	應侯再的父親
釐公	12220	芮伯壺	22.92	西周中期後段	芮伯的父親
釐公	12446	曶壺蓋	22.410	西周中期	曶的父親
釐公	15153	蚊仲鐘	27.79	西周中期	蚊仲的父親
釐仲	02401	史顥鼎	5.199	西周晚期	史顥的父親
釐仲	02424	史伯碩父鼎	5.243	西周晚期	史伯碩父的父親
釐仲	14536	士山盤	25.588	西周中期	士山的父親
釐伯	02440	康鼎	5.270	西周中期	康的父親
釐伯	02879	刺鬲	6.273	西周晚期	刺的父親
釐伯	02880	刺鬲	6.275	西周晚期	同上
釐伯	02881	刺鬲	6.276	西周晚期	同上
釐伯	04286	扆簋蓋	9.56	西周中期	
釐伯	05327	史密簋	12.35	西周中期後段	即萊伯
釐伯	11772	叔爽父尊	21.239	西周晚期	叔爽父的父親
釐伯	15273	盧鐘	27.293	西周中期後段	盧的父親
釐叔	02398	窌鼎	5.193	西周中期	窌的父親
釐叔	05187	陳貯簋蓋	11.188	戰國早期	陳貯的父親
釐叔	05326	豆閉簋	12.33	西周中期	豆閉的父親
釐季	02454	小克鼎	5.298	西周晚期	克的祖父
釐季	02455	小克鼎	5.300	西周晚期	同上
釐季	02456	小克鼎	5.302	西周晚期	同上
釐季	02457	小克鼎	5.304	西周晚期	同上

人　名	器　號	器　名	卷數頁碼	時　代	備　注
釐季	02458	小克鼎	5.306	西周晚期	克的祖父
釐季	02459	小克鼎	5.308	西周晚期	同上
釐季	02460	小克鼎	5.310	西周晚期	同上
釐季	05244	無㠱簋	11.310	西周晚期	無㠱的父親
釐季	05245	無㠱簋	11.313	西周晚期	同上
釐季	05246	無㠱簋蓋	11.316	西周晚期	同上
釐季	05247	無㠱簋蓋	11.318	西周晚期	同上
釐姬	14447	伯碩夅盤	25.467	西周中期	伯碩夅的親屬
趰	10659	趰觶	19.475	西周中期前段	
趫	09844	趫觚	18.494	西周早期	
瞳	17062	呂王之孫瞳戈	32.106	春秋時期	呂王之孫
嚳	02230	南公有司嚳鼎	4.448	西周中期後段	
嚳	11671	嚳尊	21.149	西周中期前段	
嚳	13129	嚳卣	24.40	西周早期	
酈君啟	19178	鄂君啟車節	34.552	戰國晚期	即鄂君啟
酈君啟	19179	鄂君啟車節	34.555	戰國晚期	同上
酈君啟	19180	鄂君啟車節	34.557	戰國晚期	同上
酈君啟	19181	鄂君啟舟節	34.559	戰國晚期	同上
酈君啟	19182	鄂君啟舟節	34.561	戰國晚期	同上
燹表	02497	五祀衛鼎	5.385	西周中期前段	即裘表
燹趞	14800	裘衛盉	26.231	西周中期前段	即裘趞
轉	14359	轉盤	25.373	西周早期	
鼂	17299	上郡假守鼂戈	32.380	戰國晚期	秦上郡代理太守
瞿卯	18014	南行唐令瞿卯劍	33.383	戰國晚期	南行唐縣令
瞿卯	18015	南行唐令瞿卯鈹	33.384	戰國晚期	同上
瞿卯	18016	南行唐令瞿卯鈹	33.385	戰國晚期	同上
瞿卯	18017	南行唐令瞿卯劍	33.386	戰國晚期	同上
羿	11781	陸尊	21.249	西周早期	即陸
螺	11804	鼉尊	21.281	西周中期前段	
䫏	19920	宗邑瓦書	35.508	戰國晚期	
雟爯	13304	雟爯卣	24.238	商代晚期	
雟趩	05661	達盨蓋甲	12.426	西周中期	
雟趩	05662	達盨蓋乙	12.428	西周中期	

人　名	器　號	器　名	卷數頁碼	時　代	備　注
犞趯	05663	達盨蓋丙	12.429	西周中期	
雟鐵	04812	雟鐵簋	10.102	商代晚期	
雟偈	14525	作册吴盤	25.566	西周中期前段	
雟偈	14797	作册吴盂	26.224	西周中期前段	
鄦叔姬可母	02372	蔡大師朕鼎	5.154	春秋晚期	即許叔姬可母
嫠	02481	師嫠鼎	5.352	西周中期	
嫠	04636	嫠簋	9.382	西周早期	
嫠	08789	嫠角	17.226	西周早期	
嫠	08790	嫠角	17.227	西周早期	
嫠	09852	嫠觚	18.501	西周早期	
鼬侯	01951	鼓侯鼎	4.108	西周早期前段	
儱公	05202	保員簋	11.225	西周早期後段	保員的上司
羣	13128	羣卣	24.39	西周早期	
邊子塦	05841	鄝子塦簋	13.97	春秋晚期	
邊子莧塦	02011	鄝子莧塦鼎	4.173	春晚或戰早	
歸父	06066	歸父敦	13.327	春秋晚期	
歸父	14495	歸父盤	25.521	春秋晚期	齊國太宰
鍬鍾	17821	韓鍾劍	33.164	戰國時期	即韓鍾
縣	14542	散氏盤	25.602	西周晚期	矢人有司，小門人
嫩	01525	嫩鼎	3.205	西周早期	
彙侯	02487	善鼎	5.363	西周中期	
彙山奢淲	05849	彙山奢淲簋	13.105	春秋早期	
彙山旅虎	05850	彙山旅虎簋	13.107	春秋早期	
彙山旅虎	05851	彙山旅虎簋	13.108	春秋早期	
觭仲	01452	觭仲鼎	3.137	西周晚期	
觭姬	04901	觭姬簋蓋	10.222	西周晚期	
觭仲多	12179	觭仲多壺	22.48	西周晚期	即唐仲多
鮇還	01616	鮇還鼎	3.285	西周中期	
嫠姚	04954	覶公簋	10.288	西周早期前段	覶公的夫人
祟姬	02825	祟姬鬲	6.209	春秋早期	即祝姬
禦司寇獸	01978	禦司寇獸鼎	4.134	春秋早期	
虜大人	02394	寓鼎	5.187	西周中期前段	
虜生召父	05108	師害簋	11.36	西周晚期	

人名	器號	器名	卷數頁碼	時代	備注
麋生曶父	05109	師害簋	11.38	西周晚期	
瘫	17197	啟封令瘫戈	32.262	戰國時期	魏國啟封縣令
鄘公	16522	鄘公戈	30.475	戰國早期	
旛叔樊	02294	旛叔樊鼎	5.38	西周晚期	
旛伯	04738	祈伯簋	10.10	西周中期	即祈伯
顏姒	02496	九年衛鼎	5.383	西周中期前段	
顏陳	02496	九年衛鼎	5.383	西周中期前段	
顏小子具	02496	九年衛鼎	5.383	西周中期前段	
歸	01534	歸鼎	3.214	西周中期前段	
歸	01860	歸鼎	4.18	西周早期	
歸	08476	歸爵	17.39	西周早期	
歸玐	03307	歸玐甗	7.184	西周早期	
歸玐	12256	歸玐壺	22.131	西周早期	
歸玐進	02337	歸玐進鼎	5.104	西周早期	
歸玐進	02338	歸玐進鼎	5.105	西周早期	
歸玐進	02339	歸玐進鼎	5.106	西周早期	
歸玐進	10860	歸玐進飲壺	19.487	西周早期	
歸叔山父	04687	歸叔山父簋	9.433	西周晚期	
歸叔山父	04688	歸叔山父簋	9.435	西周晚期	
歸叔山父	04689	歸叔山父簋	9.436	西周晚期	
歸叔山父	04690	歸叔山父簋蓋	9.437	西周晚期	
歸叔山父	04691	歸叔山父簋蓋	9.438	西周晚期	
竈乎	05152	竈乎簋	11.110	西周晚期	即蛇乎
竈乎	05153	竈乎簋	11.113	西周晚期	同上
䵼父	04206	䵼父簋	8.455	西周早期	
鬬	03222	鬬甗	7.108	西周早期	
𨻰	04155	𨻰簋	8.414	西周早期	
隮侯	19764	太保玉戈	35.373	西周早期	即濮侯
嫞氏	01988	叀鼎	4.148	西周中期後段	即妘氏
織尹逆	19178	鄂君啟車節	34.552	戰國晚期	
織尹逆	19179	鄂君啟車節	34.555	戰國晚期	
織尹逆	19180	鄂君啟車節	34.557	戰國晚期	
織尹逆	19181	鄂君啟舟節	34.559	戰國晚期	

人　名	器　號	器　名	卷數頁碼	時　代	備　注
織尹逆	19182	鄂君啟舟節	34.561	戰國晚期	
織令阤	19178	鄂君啟車節	34.552	戰國晚期	
織令阤	19179	鄂君啟車節	34.555	戰國晚期	
織令阤	19180	鄂君啟車節	34.557	戰國晚期	
織令阤	19181	鄂君啟舟節	34.559	戰國晚期	
織令阤	19182	鄂君啟舟節	34.561	戰國晚期	
鋚	08542	鋚爵	17.93	西周早期	
雖	02367	雖鼎	5.147	西周中期前段	

十 九 畫

人　名	器　號	器　名	卷數頁碼	時　代	備　注
麰伯	02479	趩鼎	5.348	西周晚期	趩的父親
蘇	15309	晉侯蘇鐘 B 丁	27.365	西周晚期	即晉侯蘇
蘇	15311	晉侯蘇鐘 B 己	27.367	西周晚期	同上
蘇公	02335	寬兒鼎	5.101	春秋晚期	
蘇公	04596	蘇公簋	9.343	西周晚期	
蘇公	14091	寬兒缶甲	25.256	春秋晚期	
蘇公	14092	寬兒缶乙	25.258	春秋晚期	
蘇公	14404	蘇公盤	25.418	西周晚期	
蘇公	14892	蘇公也	26.269	西周晚期	
蘇公	14980	蘇公匜	26.361	春秋早期	
蘇貉	06112	蘇貉豆	13.361	春秋時期	
蘇歷（厲）	18586	二十九年弩機	34.164	戰國晚期	
蘇匊	12343	蘇匊壺	22.237	西周中期後段	
蘇夫人	14893	蘇夫人匜	26.270	西周晚期	
蘇甫人	14405	蘇甫人盤	25.419	西周晚期	
蘇冶妊	02089	蘇冶妊鼎	4.269	春秋早期	
蘇冶妊	14454	蘇冶妊盤	25.475	春秋早期	
蘇衛改	01870	蘇衛改鼎	4.26	西周晚期	
蘇衛改	01871	蘇衛改鼎	4.28	西周晚期	
蘇衛改	01872	蘇衛改鼎	4.30	西周晚期	
蘇衛改	01873	蘇衛改鼎	4.31	西周晚期	

人　名	器　號	器　名	卷數頁碼	時　代	備　注
藺相如	17192	藺相如戈	32.256	戰國晚期	
藺令陣隣	17222	藺令陣隣戈	32.288	戰國晚期	
藺令趙狽	17693	藺令趙狽矛	33.129	戰國晚期	
藺令孫長善	17221	藺令張善戈	32.287	戰國晚期	
顛	17238	丞相啟顛戈	32.305	戰國晚期	秦國丞相
欚仲	04304	欚仲簋	9.73	西周中期前段	
壺	04585	壺簋	9.332	西周早期後段	
懷后	19817	懷后石磬	35.422	春秋晚期	
羅兒	14985	羅兒匜	26.368	春秋晚期	
奡	05344	大簋	12.77	西周晚期	即趞奡
奡	05345	大簋蓋	12.79	西周晚期	同上
奡士父	02985	奡士父鬲	6.417	西周晚期	即睽士父
奡士父	02986	奡士父鬲	6.418	西周晚期	同上
獸	01978	犛司寇獸鼎	4.134	春秋早期	
獸	04695	獸簋	9.442	西周中期前段	
獸	05376	宰獸簋	12.152	西周中期後段	即宰獸
獸	05377	宰獸簋	12.154	西周中期後段	同上
獸	08520	獸爵	17.73	西周早期	
獸	08521	獸爵	17.74	西周早期	
獸	11670	獸尊	21.148	西周早期後段	
巇	14731	巇盉	26.140	西周早期	
穭叔吉父	05603	遣叔吉父盨	12.333	西周晚期	即遣叔吉父
黿伯	02909	邿伯鬲	6.316	西周晚期	即邿伯
黿君	15175	邿君鐘	27.119	春秋晚期	即邿君
黿叔	15319	邿叔之伯鐘	27.380	春秋時期	即邿叔
黿慶	02782	邿慶鬲	6.163	春秋早期	即邿慶
黿慶	05878	邿慶簋	13.138	春秋早期	同上
黿慶	05879	邿慶簋	13.139	春秋早期	同上
黿慶	12352	邿慶壺	22.249	春秋早期	同上
黿慶	14905	邿慶匜	26.281	春秋早期	同上
黿慶	14955	邿慶匜	26.333	春秋早期	同上
黿嫼	02213	杞伯每刃鼎	4.423	春秋早期	同上
黿嫼	04854	杞伯每刃簋	10.152	春秋早期	同上

人　名	器　號	器　名	卷數頁碼	時　代	備　注
黿嬬	04855	杞伯每刃簋	10.155	春秋早期	即邿慶
黿嬬	04856	杞伯每刃簋	10.158	春秋早期	同上
黿嬬	04857	杞伯每刃簋	10.160	春秋早期	同上
黿嬬	04858	杞伯每刃簋蓋	10.162	春秋早期	同上
黿嬬	04859	杞伯每刃簋蓋	10.164	春秋早期	同上
黿嬬	04860	杞伯每刃簋	10.165	春秋早期	同上
黿嬬	06265	杞伯每刃盆	13.480	春秋早期	同上
黿嬬	12379	杞伯每刃壺	22.286	春秋早期	同上
黿嬬	12380	杞伯每刃壺蓋	22.288	春秋早期	同上
黿嬬	14943	杞伯每刃匜	26.321	春秋早期	同上
黿公牼	15421	邿公牼鐘甲	28.11	春秋晚期	即邿公牼
黿公牼	15422	邿公牼鐘乙	28.13	春秋晚期	同上
黿公牼	15423	邿公牼鐘丙	28.15	春秋晚期	同上
黿公牼	15424	邿公牼鐘丁	28.17	春秋晚期	同上
黿公華	15591	邿公華鐘	29.23	春秋晚期	即邿公華
黿君慶	12333	邿君慶壺	22.222	春秋早期	即邿君慶
黿君慶	12334	邿君慶壺	22.225	春秋早期	同上
黿君慶	12335	邿君慶壺	22.227	春秋早期	同上
黿君慶	12336	邿君慶壺	22.228	春秋早期	同上
黿君慶	12337	邿君慶壺	22.229	春秋早期	同上
黿畧父	02938	邿友父鬲	6.352	春秋早期	即邿友父
黿畧父	02939	邿友父鬲	6.354	春秋早期	同上
黿畧父	02940	邿友父鬲	6.356	春秋早期	同上
黿畧父	02941	邿友父鬲	6.357	春秋早期	同上
黿畧父	02942	邿友父鬲	6.359	春秋早期	同上
黿畧父	02943	邿友父鬲	6.361	春秋早期	同上
黿來隹	02885	邿來隹鬲	6.282	春秋早期	即邿來隹
黿秦妊	02763	邿秦妊鬲	6.144	春秋早期	即邿秦妊
黿姬孕	02901	魯伯愈父鬲	6.305	春秋早期	即邿魯伯愈父
黿姬孕	02902	魯伯愈父鬲	6.307	春秋早期	同上
黿姬孕	02903	魯伯愈父鬲	6.309	春秋早期	同上
黿姬孕	02904	魯伯愈父鬲	6.310	春秋早期	同上
黿姬孕	02905	魯伯愈父鬲	6.311	春秋早期	同上

人　名	器　號	器　名	卷數頁碼	時　代	備　注
鼄姬孨	02906	魯伯愈父鬲	6.312	春秋早期	即邾魯伯愈父
鼄姬孨	14448	魯伯愈父盤	25.469	西晚或春早	即邾姬仁
鼄姬孨	14449	魯伯愈父盤	25.470	西晚或春早	同上
鼄姬孨	14450	魯伯愈父盤	25.471	西晚或春早	同上
鼄姬孨	14932	魯伯愈父匜	26.308	春秋早期	同上
鼄鼄白	02237	邾鼄白鼎	4.456	春秋早期	即邾鼄白
鼄鼄白	02238	邾鼄白鼎	4.457	春秋早期	同上
鼄公子害	05907	邾公子害簠	13.186	春秋早期	即邾公子害
鼄公子害	05908	邾公子害簠	13.188	春秋早期	同上
鼄公孫班	15784	邾公孫班鎛	29.248	春秋晚期	即邾公孫班
鼄伯御戎	02086	邾伯御戎鼎	4.265	春秋早期	即邾伯御戎
犢共卑氏	16800	犢共卑氏戟	31.282	戰國晚期	
駱鷹	17177	鄭令韓□戈	32.241	戰國晚期	
儥	15004	儥匜	26.392	西周中期後段	
徸子敔	15276	徸子敔鐘	27.298	春秋早期	邾國太宰
遹	13179	遹卣	24.91	西周中期前段	
盧姞	04809	尹氏士吉射簋甲	10.96	西周中期	尹氏士吉射的女兒
盧姞	04810	尹氏士吉射簋乙	10.98	西周中期	同上
旟	08433	旟爵	17.7	西周早期	
旟	13653	旟觥	24.489	西周早期	
瀕公	02480	伯晨鼎	5.350	西周中期後段	伯晨的父親
瀕吏	02869	瀕吏鬲	6.262	西周早期前段	同上
龏	01413	龏鼎	3.109	西周中期前段	
龏	02907	龏鬲	6.313	西周早期	
龏子	09332	龏子觚	18.92	商代晚期	
龏子	09333	龏子觚	18.93	商代晚期	
龏子	11991	龏子壺	21.355	商代晚期	
龏子	11992	龏子壺	21.356	商代晚期	
龏子	14175	龏子勺	25.294	商代晚期	
龏子	18240	龏子鉞	33.512	商代晚期	
龏王	02513	大克鼎	5.440	西周中期後段	即周恭王
龏王	05386	旽簋	12.176	西周中期後段	同上
龏王	14543	逨盤	25.605	西周晚期	即恭王

人　名	器　號	器　名	卷數頁碼	時　代	備　注
龏母	03601	龏母簋	7.428	商代晚期	即恭母
龏伯	05151	嬰簋	11.108	西周晚期	即恭伯
龏妊	03256	恭妊甗	7.136	西周中期前段	即恭妊
龏姒	01925	龏姒鼎	4.83	西周早期	
龏姒	01926	龏姒鼎	4.84	西周早期	
龏姒	02492	頌鼎	5.373	西周晚期	即恭姒，頌的母親
龏姒	02493	頌鼎	5.376	西周晚期	同上
龏姒	02494	頌鼎	5.378	西周晚期	同上
龏姒	05390	頌簋	12.184	西周晚期	同上
龏姒	05391	頌簋	12.187	西周晚期	同上
龏姒	05392	頌簋	12.190	西周晚期	同上
龏姒	05393	頌簋	12.192	西周晚期	同上
龏姒	05394	頌簋蓋	12.194	西周晚期	同上
龏姒	05395	頌簋	12.196	西周晚期	同上
龏姒	05396	頌簋蓋	12.198	西周晚期	同上
龏姒	05397	頌簋	12.200	西周晚期	同上
龏姒	09852	龏姒瓠	18.500	西周早期前段	同上
龏姒	12451	頌壺甲	22.427	西周晚期	同上
龏姒	12452	頌壺乙	22.430	西周晚期	同上
龏姒	14540	頌盤	25.597	西周晚期	同上
龏妑	05234	段簋	11.284	西周中期後段	
龏叔	02492	頌鼎	5.373	西周晚期	即恭叔，頌的父親
龏叔	02493	頌鼎	5.376	西周晚期	同上
龏叔	02494	頌鼎	5.378	西周晚期	同上
龏叔	02503	卌三年逨鼎甲	5.401	西周晚期	同上
龏叔	02504	卌三年逨鼎乙	5.405	西周晚期	同上
龏叔	02505	卌三年逨鼎丙	5.409	西周晚期	同上
龏叔	02506	卌三年逨鼎丁	5.414	西周晚期	同上
龏叔	02507	卌三年逨鼎戊	5.418	西周晚期	同上
龏叔	02508	卌三年逨鼎己	5.422	西周晚期	同上
龏叔	02509	卌三年逨鼎庚	5.426	西周晚期	同上
龏叔	02510	卌三年逨鼎辛	5.430	西周晚期	同上
龏叔	02512	卌三年逨鼎癸	5.437	西周晚期	同上

人　名	器　號	器　名	卷數頁碼	時　代	備　注
龏叔	05390	頌簋	12.184	西周晚期	即恭叔,頌的父親
龏叔	05391	頌簋	12.187	西周晚期	同上
龏叔	05392	頌簋	12.190	西周晚期	同上
龏叔	05393	頌簋	12.192	西周晚期	同上
龏叔	05394	頌簋蓋	12.194	西周晚期	同上
龏叔	05395	頌簋	12.196	西周晚期	同上
龏叔	05396	頌簋蓋	12.198	西周晚期	同上
龏叔	05397	頌簋	12.200	西周晚期	同上
龏叔	12451	頌壺甲	22.427	西周晚期	同上
龏叔	12452	頌壺乙	22.430	西周晚期	同上
龏叔	14540	頌盤	25.597	西周晚期	同上
龏叔	14543	迷盤	25.605	西周晚期	同上
龏叔	15634	迷鐘二	29.146	西周晚期	同上
龏叔	15635	迷鐘三	29.150	西周晚期	同上
龏叔	15636	迷鐘四	29.154	西周晚期	同上
龏賜	18816	鄖客問量	34.268	戰國晚期	
龏女子	10577	龏女子觶	19.404	商代晚期	
龏令思	17231	龏令思戈	32.297	戰國時期	即龏令思
龏令思	17232	龏令思戈	32.297	戰國時期	同上
闢伯	01446	闢伯鼎	3.133	西周早期後段	
闢伯	01447	闢伯鼎	3.134	西周早期後段	
闢伯	04182	闢伯簋	8.435	西周早期後段	
鞏子	02404	鞏子簋	5.208	春秋晚期	即鮑子
鞏氏	15416	鮑氏鐘	28.5	春秋晚期	即鮑氏
鞏叔	15828	鎛	29.392	春秋中期	即鮑叔
隋侯	10658	中觶	19.474	西周早期	即屬侯
隘公胄	06067	隘公胄敦	13.328	春秋晚期	
瞀	01727	瞀鼎	3.387	西周早期	
戀	02447	微戀簋	5.284	西周晚期	即微戀
戀	18028	相邦建信君鈹	33.405	戰國晚期	
戀	18070	守相武襄君鈹	33.456	戰國晚期	
戀書	14094	欒書缶	25.262	戰國中期	即欒書

人　名	器　號	器　名	卷數頁碼	時　代	備　注
鷟	02373	鷟鼎	5.155	西周早期前段	
鷟	05106	鷟簋	11.34	西周早期前段	
鷟	09838	鷟觚	18.488	西周早期	
藞兒	14088	藞兒缶	25.250	春秋晚期	即若兒
蠚公諴	02397	郜公諴鼎	5.191	春秋早期	
繄	13822	繄罍	25.111	西周中期前段	
趨	04419	趨簋甲	9.173	西周中期前段	
趨	04420	趨簋乙	9.174	西周中期前段	
獻	01320	獻鼎	3.27	西周中期	
釀京	01859	釀京鼎	4.17	西周早期	
霝虘	19921	楚繒書	35.510	戰國晚期	即黿戲、庖犧
獻	05221	獻簋	11.255	西周早期	楷伯之臣
獻叔	05923	陳曼簠	13.207	戰國早期	陳曼的父親
獻叔	05924	陳曼簠	13.208	戰國早期	同上
獻侯	02181	獻侯鼎	4.378	西周早期	
獻侯	02182	獻侯鼎	4.379	西周早期	
巍	13007	魏卣	23.432	西周早期	
巍公	00721	毐公鼎	2.43	戰國時期	
蟲	05167	蟲簋	11.146	西周中期	即蜺
戀	04409	戀簋	9.163	西周早期	
戀	11652	戀尊	21.132	西周早期	
戀	13259	戀卣	24.180	商代晚期	
徵先父	03014	徵先父鬲	6.450	西周晚期	
蟲	02713	蟲鬲	6.96	西周早期	
孅姜	05867	虢仲簠	13.128	西周晚期	即丑姜
龜	12107	龜壺	21.458	西周早期	即蜍
鐘伯侵	02263	鐘伯侵鼎	4.494	春秋時期	
觸	17240	丞相觸戈	32.308	戰國晚期	壽燭，秦國丞相
叛	02377	坂鼎	5.162	商代晚期	
軏	08792	天黽軏角	17.229	商代晚期	

人 名	器 號	器 名	卷數頁碼	時 代	備 注
虧	13264	虧卣	24.186	西周早期	即坒
麕酉	17308	頓丘令麕酉戈	32.393	戰國中期	頓丘縣令
盧公	05111	利簋	11.41	西周早期	右史利的長輩
競	05121	御史競簋	11.61	西周中期前段	
競	05122	御史競簋	11.63	西周中期前段	
競	11568	競尊	21.63	西周中期前段	
競	13073	競卣	23.495	西周中期前段	
競	13336	競卣	24.297	西周中期前段	
競之	18815	大市量	34.267	戰國中期	即景之
競之	18816	郾客問量	34.268	戰國晚期	同上
競父	11807	攸尊	21.285	西周中期前段	即仲競父
競父	11808	攸尊	21.287	西周中期前段	同上
競脽	17140	襄城公景脽戟	32.200	戰國早期	即景脽
競敗	17695	競敗矛	33.131	戰國早期	即景畏
競之定	03015	競之定鬲甲	6.452	春秋晚期	即景之定
競之定	03016	競之定鬲乙	6.453	春秋晚期	同上
競之定	03017	競之定鬲丙	6.455	春秋晚期	同上
競之定	03018	競之定鬲丁	6.457	春秋晚期	同上
競之定	03019	競之定鬲戊	6.459	春秋晚期	同上
競之定	03020	競之定鬲己	6.461	春秋晚期	同上
競之定	03021	競之定鬲庚	6.462	春秋晚期	同上
競之定	03022	競之定鬲辛	6.464	春秋晚期	同上
競之定	04978	競之定簋甲	10.322	春秋晚期	同上
競之定	04979	競之定簋乙	10.324	春秋晚期	同上
競之定	06150	競之定豆甲	13.400	春秋晚期	同上
競之定	06151	競之定豆乙	13.401	春秋晚期	同上
競孫不服	12381	競孫不服壺	22.289	春秋晚期	即景孫不服
競孫旆	03036	競孫旆鬲	6.489	春秋早期	即景孫旆
競平王之定	15154	景平王鐘	27.80	春秋晚期	即景平王之定
齂姞	02723	齂姞鬲	6.105	西周晚期	
齂王姬粦	02790	王鬲	6.172	西周晚期	
齂王姬粦	02791	王鬲	6.173	西周晚期	
鐅母	02638	亞鐅母鬲	6.33	商代晚期	

人　名	器　號	器　名	卷數頁碼	時　代	備　注
寶登	02122	寶登鼎	4.306	春秋早期	
竇侯	05876	竇侯簠	13.136	春秋早期	
竇侯	05877	竇侯簠	13.137	春秋早期	
闞	13213	闞卣	24.126	西周早期	
彊伯	01736	彊伯鼎	3.393	西周中期前段	即強伯
彊伯	02689	彊伯鬲	6.73	西周中期前段	同上
彊季	13101	彊季卣	24.14	西周早期後段	即強季
隩	11781	陸尊	21.249	西周早期	即陸
齹	13214	齹卣	24.127	西周早期	
燹王	02776	燹王鬲	6.157	西周晚期	即幽王
燹王	02777	燹王鬲	6.158	西周晚期	同上
瀫	01738	瀫鼎	3.395	西周中期	
瀫	04405	瀫簋	9.159	西周早期前段	
瀫	04406	瀫簋	9.160	西周早期前段	
瀫	11643	瀫尊	21.124	西周早期	
瀫	13189	瀫卣	24.99	西周早期後段	
瀫	13190	瀫卣	24.100	西周早期後段	
瀫伯	02738	瀫伯鬲	6.119	西周早期	
繼伯	02516	小盂鼎	5.451	西周早期	

二 十 一 畫

人　名	器　號	器　名	卷數頁碼	時　代	備　注
蓺君鳳	16734	蓺君戈	31.187	戰國早期	
鼄	01293	鼄鼎	3.9	西周中期前段	
霸	01603	霸姞鼎	3.275	西周早期	
酈詩	17213	酈詩戈	32.280	戰國晚期	
酈詩	17214	酈詩戈	32.281	戰國晚期	
酈詩	17215	酈詩戈	32.282	戰國晚期	
鷁妟父	01652	鷁妟父鼎	3.317	西周中期	
矞	12947	管卣	23.377	商代晚期	
覲	13219	覲卣	24.133	西周早期	
霸	04609	霸簋	9.355	西周中期前段	

人　名	器　號	器　名	卷數頁碼	時　代	備　注
霸	04610	霸簋	9.356	西周中期前段	
霸伯	04296	霸伯簋	9.66	西周早期	
霸伯	05220	霸伯簋	11.252	西周中期	
霸伯	06229	霸伯盂	13.457	西周中期	
霸伯	13806	霸伯罍	25.94	西周中期	
霸姞	04329	霸姞簋	9.93	西周早期	
醫子奠伯	03011	醫子奠伯鬲	6.447	春秋早期	
鼄	11804	鼄尊	21.281	西周中期前段	即螺
竇夫	05679	鬴比盨	12.464	西周晚期	
蹟仲	15828	齋鎛	29.392	春秋中期	齋的父親
嚣仲	17348	伯刺戈	32.440	春秋早期	
嚣伯	14492	嚣伯盤	25.515	西周晚期	
嚣伯歌夷	14976	嚣伯歌夷匜	26.354	西周晚期	
盩淠侯	16764	器淠侯戈	31.234	春秋早期	即器淠侯
顡	13293	顡卣	24.223	西周早期	即頂
顡	13294	顡卣	24.224	西周早期	同上
簹叔	15502	仲子平鐘甲	28.403	春秋晚期	即莒
簹叔	15503	仲子平鐘乙	28.405	春秋晚期	同上
簹叔	15504	仲子平鐘丙	28.407	春秋晚期	同上
簹叔	15505	仲子平鐘丁	28.409	春秋晚期	同上
簹叔	15506	仲子平鐘戊	28.411	春秋晚期	同上
簹叔	15507	仲子平鐘己	28.413	春秋晚期	同上
簹叔	15508	仲子平鐘庚	28.415	春秋晚期	同上
簹叔	15509	仲子平鐘辛	28.417	春秋晚期	同上
簹叔	15510	仲子平鐘壬	28.419	春秋晚期	同上
簹丘子	16782	簹丘子戟	31.254	戰國時期	即莒丘子
簹太史申	02350	簹太史申鼎	5.119	春秋晚期	即莒太史申
鞹罻	17574	鞹罻矛	33.6	戰國時期	
鐀頃	16533	鐀頃戈	30.486	戰國晚期	
嗇	02439	嗇鼎	5.269	西周晚期	
鬲監引	01868	管監引鼎	4.25	西周中期前段	
瘋	02369	瘋鼎	5.150	西周中期後段	禹的父親
瘋	05189	瘋簋甲	11.192	西周中期後段	

人　名	器　號	器　名	卷數頁碼	時　代	備　注
瘝	05190	瘝簋乙	11.195	西周中期後段	
瘝	05191	瘝簋丙	11.198	西周中期後段	
瘝	05192	瘝簋丁	11.201	西周中期後段	
瘝	05193	瘝簋戊	11.204	西周中期後段	
瘝	05194	瘝簋己	11.207	西周中期後段	
瘝	05195	瘝簋庚	11.210	西周中期後段	
瘝	05196	瘝簋辛	11.213	西周中期後段	
瘝	05671	瘝盨甲	12.444	西周中期後段	
瘝	05672	瘝盨乙	12.446	西周中期後段	
瘝	08449	瘝爵	17.19	西周中期後段	
瘝	08450	瘝爵	17.20	西周中期後段	
瘝	08451	瘝爵	17.21	西周中期後段	
瘝	12436	十三年瘝壺甲	22.383	西周中期後段	
瘝	12437	十三年瘝壺甲	22.386	西周中期後段	
瘝	12441	三年瘝壺甲	22.395	西周中期後段	
瘝	12442	三年瘝壺乙	22.397	西周中期後段	
瘝	15592	瘝鐘（1式）	29.25	西周中期後段	
瘝	15593	瘝鐘（2式）甲	29.27	西周中期後段	
瘝	15594	瘝鐘（2式）乙	29.29	西周中期後段	
瘝	15595	瘝鐘（2式）丙	29.31	西周中期後段	
瘝	15596	瘝鐘（2式）丁	29.33	西周中期後段	
瘝	15598	瘝鐘（3式）乙	29.37	西周中期後段	
瘝	15599	瘝鐘（3式）丙	29.39	西周中期後段	
瘝	15600	瘝鐘（3式）丁	29.40	西周中期後段	
瘝	15602	瘝鐘（3式）己	29.42	西周中期後段	
瘝	15603	瘝鐘（4式）甲	29.43	西周中期後段	
瘝	15604	瘝鐘（4式）乙	29.44	西周中期後段	
瘝	15605	瘝鐘（4式）丙	29.45	西周中期後段	
闖	11056	闖斝	20.150	西周早期	
隥令棝唐	17994	欒令棝唐鈹	33.362	戰國時期	即欒令郭唐
豫	08785	豫角	17.222	西周早期前段	

二 十 二 畫

人 名	器 號	器 名	卷數頁碼	時 代	備 注
懿王	13335	匡卣	24.295	西周中期後段	周懿王
懿王	14543	逨盤	25.605	西周晚期	同上
懿仲	14543	逨盤	25.605	西周晚期	
懿伯	12378	番壺	22.285	西周晚期	番的父親
懿叔	02498	禹鼎	5.387	西周晚期	禹的父親
懿叔	02499	禹鼎	5.389	西周晚期	同上
懿叔	15768	司馬楙鎛乙	29.196	戰國早期	司馬楙的父親
懿斝孟姬	04811	禾簋	10.100	戰國早期	禾的母親
贄	02515	曶鼎	5.447	西周中期後段	
歔䞣	02345	歔䞣鼎	5.112	西周早期後段	
襪	04548	襪簋	9.298	西周中期	
欁子聑	05971	邾太宰欁子聑簠蓋	13.290	春秋晚期	邾國太宰
欁子聑	05972	邾太宰欁子聑簠蓋	13.292	春秋晚期	
聽	04920	聽簋	10.245	商代晚期	
聽	06215	聽盂	13.441	春秋晚期	
玃	13066	玃卣	23.489	西周早期	
玃	13135	玃卣	24.45	西周早期	
疊姬	04687	歸叔山父簋	9.433	西周晚期	歸叔山父的夫人
疊姬	04688	歸叔山父簋	9.435	西周晚期	同上
疊姬	04689	歸叔山父簋	9.436	西周晚期	同上
疊姬	04690	歸叔山父簋蓋	9.437	西周晚期	同上
疊姬	04691	歸叔山父簋蓋	9.438	西周晚期	同上
囂孃吴	02192	伯氏始氏鼎	4.391	周晚或春早	伯氏姒氏的親屬
酆仲	13201	召仲卣	24.112	西周早期	即召仲
酆公	15542	者減鐘一	28.500	春秋中期	即召公
酆公	15543	者減鐘二	28.502	春秋中期	同上
酆公	15544	者減鐘三	28.504	春秋中期	同上
酆公	15545	者減鐘四	28.506	春秋中期	同上
酆公	15546	者減鐘五	28.508	春秋中期	同上
酆公	15547	者減鐘六	28.513	春秋中期	同上

人　名	器　號	器　名	卷數頁碼	時　代	備　注
鑄公	05905	鑄公簠蓋	13.183	春秋早期	
鑄公	14968	叔良父匜	26.346	西周晚期	
鑄叔	01767	鑄客鼎	3.431	春秋時期	
鑄叔	05883	鑄叔簠	13.147	春秋早期	
鑄叔	14456	鑄叔盤	25.477	春秋早期	即祝
鑄客	02095	鑄叔鼎	4.277	戰國晚期	即祝叔
鑄客	01768	鑄客鼎	3.433	戰國晚期	
鑄客	01769	鑄客鼎	3.435	戰國晚期	
鑄客	01770	鑄客鼎	3.437	戰國晚期	
鑄客	01771	鑄客鼎	3.438	戰國晚期	
鑄客	01772	鑄客鼎	3.439	戰國晚期	
鑄客	01886	鑄客爲王后鼎	4.45	戰國晚期	
鑄客	01887	鑄客爲王后鼎	4.47	戰國晚期	
鑄客	01888	鑄客爲王后鼎	4.48	戰國晚期	
鑄客	01981	鑄客鼎	4.138	戰國晚期	
鑄客	03257	鑄客瓵	7.137	戰國晚期	
鑄客	03303	鑄客瓵	7.180	戰國晚期	
鑄客	03304	鑄客瓵	7.181	戰國晚期	
鑄客	05804	鑄客簠	13.60	戰國晚期	
鑄客	05805	鑄客簠	13.61	戰國晚期	
鑄客	05806	鑄客簠	13.62	戰國晚期	
鑄客	05807	鑄客簠	13.63	戰國晚期	
鑄客	05808	鑄客簠	13.65	戰國晚期	
鑄客	05809	鑄客簠	13.66	戰國晚期	
鑄客	05810	鑄客簠	13.67	戰國晚期	
鑄客	05811	鑄客簠	13.68	戰國晚期	
鑄客	05812	鑄客簠	13.69	戰國晚期	
鑄客	06133	鑄客豆	13.383	戰國晚期	
鑄客	06134	鑄客豆	13.384	戰國晚期	
鑄客	06135	鑄客豆	13.385	戰國晚期	
鑄客	06136	鑄客豆	13.386	戰國晚期	
鑄客	06137	鑄客豆	13.387	戰國晚期	
鑄客	06138	鑄客豆	13.388	戰國晚期	

人　名	器　號	器　名	卷數頁碼	時　代	備　注
鑄客	14076	鑄客缶	25.231	戰國晚期	
鑄客	14077	鑄客缶	25.232	戰國晚期	
鑄客	14739	鑄客盉	26.146	戰國晚期	
鑄客	14884	鑄客匜	26.263	戰國晚期	
鑄客	15057	鑄客鎬	26.407	戰國晚期	
鑄客	15058	鑄客鎬	26.408	戰國晚期	
鑄客	19263	鑄客爐	35.49	戰國晚期	
鑄客	19264	鑄客爐	35.50	戰國晚期	
鑄客	19265	鑄客爐	35.51	戰國晚期	
鑄客	19266	鑄客爐	35.52	戰國晚期	
鑄章	17337	鄭令趙距戈	32.428	戰國晚期	
鑄章	17686	鄭令向佃矛	33.122	戰國晚期	
鑄大郘	12209	鑄大郘壺	22.80	戰國早期	即祝大郘
鑄子獻	14899	鑄子獻匜	26.276	春秋早期	
鑄侯求	15178	鑄侯求鐘	27.126	春秋早期	即祝侯求
鑄器客	03302	鑄器客甗	7.179	戰國晚期	
鑄司寇厷	02063	鑄司寇厷鼎	4.239	春秋早期	即祝司寇厷
鑄叔皮父	05126	鑄叔皮父簋	11.69	春秋早期	即祝叔皮父
鑄子叔黑臣	02128	鑄子叔黑臣鼎	4.313	春秋早期	即祝子叔黑臣
鑄子叔黑臣	02979	鑄子叔黑臣鬲	6.408	春秋早期	同上
鑄子叔黑臣	04853	鑄子叔黑臣簋	10.151	春秋早期	同上
鑄子叔黑臣	05607	鑄子叔黑臣盨	12.337	春秋早期	同上
鑄子叔黑臣	05608	鑄子叔黑臣盨	12.338	春秋早期	同上
鑄子叔黑臣	05881	鑄子叔黑臣簠	13.141	春秋早期	
鑄子叔黑臣	05882	鑄子叔黑臣簠	13.144	春秋早期	
蘇	08569	蘇爵	17.118	西周早期	
蘇	10566	蘇觶	19.394	西周早期	
蘇父	15321	妄鐘	27.385	西周晚期	妄的父親
蘇父	15323	妄鐘	27.390	西周晚期	同上
譟季獻	05597	譟季獻盨	12.325	西周晚期	
鼉	01688	鼉鼎	3.352	商代晚期	
鼉	08536	鼉爵	17.88	商代晚期	
鼉	09826	鼉觚	18.478	商代晚期	

人 名	器 號	器 名	卷數頁碼	時 代	備 注
疊	09827	疊觚	18.478	商代晚期	
疊	11060	疊斝	20.153	商代晚期	
疊	11623	疊尊	21.109	商代晚期	
疊	13147	疊卣	24.57	商代晚期	
旓公	04434	芮公簋蓋	9.185	西周早期後段	即祈公
旓公	04500	芮伯簋	9.256	西周早期後段	同上
嬴	08513	嬴爵	17.66	西周早期	
竈姬	02140	師膌父鼎	4.330	西周中期前段	即幽姬,師膌父夫人
竈	02731	竈鬲	6.112	西周早期	
聾	01296	聾鼎	3.11	西周中期	
龔令思	17231	龔令思戈	32.297	戰國時期	
龔令思	17232	龔令思戈	32.297	戰國時期	
嬾姞	04753	伯梁父簋甲	10.28	西周晚期	伯梁父的夫人
嬾姞	04754	伯梁父簋乙	10.29	西周晚期	同上
嬾姞	04755	伯梁父簋丙	10.30	西周晚期	同上
嬾姞	04756	伯梁父簋丁	10.31	西周晚期	同上
嬲妊	12149	嬲妊壺	22.21	西周早期	
嬲妊	12150	嬲妊壺	22.22	西周早期	
嬲妊	19019	嬲妊車軎	34.458	春秋時期	
嬲改襄	14405	蘇夫人盤	25.419	西周晚期	蘇夫人的女兒
嬲改襄	14893	蘇夫人匜	26.270	西周晚期	同上
孌痰	17358	屯留令邢丘篁戟	32.451	戰國晚期	

二十三畫

人 名	器 號	器 名	卷數頁碼	時 代	備 注
趞仲	05174	孟簋甲	11.160	西周中期前段	
趞仲	05175	孟簋乙	11.162	西周中期前段	
趞仲	05176	孟簋丙	11.164	西周中期前段	
趞小子觲	04728	遣小子觲簋	9.481	西周晚期	即遣小子觲
䜌	10595	䜌觶	19.418	西周早期	
髓	11696	髓尊	21.171	商代晚期	
髓	05242	髓簋	11.304	西周晚期	

人 名	器 號	器 名	卷數頁碼	時 代	備 注
䗬嫣	12151	䗬嫣壺	22.22	西周中期前段	
鄦	16654	許子戈	31.98	戰國早期	即許
鄦	16655	許子戈	31.101	戰國早期	同上
䣄	15351	䣄鐘甲	27.474	春秋時期	
䣄	15352	䣄鐘乙	27.477	春秋時期	
䣄	15355	䣄鐘戊	27.486	春秋時期	
䣄	15797	䣄鎛甲	29.289	春秋晚期後段	
䣄	15798	䣄鎛乙	29.292	春秋晚期後段	
䣄	15799	䣄鎛丙	29.295	春秋晚期後段	
䣄	15800	䣄鎛丁	29.298	春秋晚期後段	
䣄	15802	䣄鎛己	29.304	春秋晚期後段	
䣄	15804	䣄鎛辛	29.310	春秋晚期後段	
籥	17169	蒲阪令籥戈	32.230	戰國晚期	蒲阪縣令
鄑公	16415	鄑公戈	30.379	春秋中期	即莒公
鄑侯	05149	鄑侯少子簋	11.105	春秋晚期	即莒侯
鄑大叔	12358	孝子平壺	22.259	春秋晚期	即莒大叔
鑪仲	14441	鑪仲盤	25.461	春秋早期	
癰	17170	甾丘令癰戈	32.231	戰國中期	甾丘縣令
旟	02321	旟鼎	5.79	西周早期	
嬴	03436	嬴簋	7.285	商代晚期	
竉	00275	竉鼎	1.212	西周早期	
竉	00276	竉鼎	1.213	西周早期	
竉	01706	竉鼎	3.369	西周早期	
鷫	11673	鷫尊	21.151	西周中期前段	
鷫子	08265	鷫子寶爵	16.382	西周早期	
鷫子	08266	鷫子寶爵	16.383	西周早期	
鷫女(母)	04559	庚姬簋	9.307	西周早期	庚姬的女兒
鷫休	05012	鷫休簋	10.373	西周晚期	
鷫兌	05177	鷫兌簋	11.166	西周晚期	
鷫益	12170	鷫益壺	22.39	西周早期	
欒伯	14527	欒伯盤	25.570	西周中期後段	
欒書	14094	欒書缶	25.262	戰國中期	
欒令郭唐	17994	欒令棺唐劍	33.362	戰國時期	

人　名	器　號	器　名	卷數頁碼	時　代	備　注
變疾	18001	安平守變疾鈹	33.369	戰國早期	
斅	11644	斅尊	21.125	西周早期	
斅	13191	斅卣	24.101	西周早期後段	

二 十 四 畫

人　名	器　號	器　名	卷數頁碼	時　代	備　注
觀	01420	觀鼎	3.113	西周早期	
矗	04154	矗簋	8.413	西周早期	
醫生	05064	召生簋甲	10.459	西周晚期	即召生
醫生	05065	召生簋乙	10.462	西周晚期	同上
爨	13261	爨卣	24.182	商代晚期	即㸐
爨	13262	爨卣	24.184	商代晚期	同上
爨	13263	爨卣	24.185	商代晚期	同上
爨	13821	爨罍	25.110	商代晚期	
靈公	12453	庚壺	22.433	春秋晚期	
靈公	15556	叔夷鐘五	28.536	春秋晚期	
霍	01912	霍鼎	4.72	西周晚期	即霍
齰	01418	齰鼎	3.112	西周早期	
齰	08436	齰爵	17.9	西周早期	
齰	08437	齰爵	17.10	西周早期	
歔隱馬	02138	歔隱馬鼎	4.328	商代晚期	
鹽公	02378	師衛鼎	5.163	西周早期	即召公
鹽公	05142	師衛簋	11.93	西周早期	同上
鹽公	05143	師衛簋	11.94	西周早期	同上
黐茲	01877	黐茲鼎	4.35	西周晚期	
龏公	15815	郳公鈹父鎛	29.336	春秋晚期	即恭公
龏公	15816	郳公鈹父鎛	29.341	春秋晚期	同上
龏公	15817	郳公鈹父鎛	29.348	春秋晚期	同上
龏公	15818	郳公鈹父鎛	29.355	春秋晚期	同上
龏伯	05342	鄲簋	12.68	西周晚期	即恭伯
龏伯	05343	鄲簋蓋	12.74	西周晚期	同上
龏王	14723	龏王盉	26.133	西周中期	

二 十 五 畫

人　名	器　號	器　名	卷數頁碼	時　代	備　注
觲婦	03600	觲婦簋	7.427	商代晚期	
觲婦	10187	觲婦觶	19.106	商代晚期	
觲婦	10188	觲婦觶	19.106	商代晚期	
鬷	13323	二祀𠨵其卣	24.270	商代晚期	
䜌	02241	䜌鼎	5.272	西周中期	即紳
䜌王	05897	叔姜簋	13.168	春秋晚期	即申王
䜌公	02264	彭子射兒鼎	4.496	春秋晚期	即申公
䜌季	02497	五祀衛鼎	5.385	西周中期前段	即申季
䜌季	02513	大克鼎	5.440	西周中期前段	同上
䜌季	05339	伊簋	12.62	西周晚期	同上
䜌姜	02438	伯碩父鼎	5.267	西周晚期	即申姜
䜌文王	05943	申文王之孫州萮簋	13.237	春秋晚期	即申文王
䜌公彭宇	05958	申公彭宇簋	13.264	春秋早期	即申公彭宇
䜌公彭宇	05959	申公彭宇簋	13.266	春秋早期	同上
䜌伯膚多	12189	䜌伯膚多壺	22.60	春秋晚期	即申伯膚多
䜌五氏孫矩	03354	申五氏孫矩甗	7.236	春秋早期	即申五氏孫矩
瀟嬰	04834	瀟嬰簋蓋	10.129	西周晚期	
瀟嬰	04835	瀟嬰簋蓋	10.130	西周晚期	
瀟嬰	04836	瀟嬰簋蓋	10.131	西周晚期	
瀟嬰	04901	觴姬簋蓋	10.222	西周晚期	觴姬的女兒
覾爾	11765	覾爾尊	21.233	西周早期後段	
覾爾	13535	覾爾方彝	24.410	西周早期後段	
覾爾	13662	覾爾觥	24.501	西周早期後段	
戁	01536	戁鼎	3.216	西周中期前段	即戁
戁伯	01734	戁伯鼎	3.391	西周中期前段	即戁伯
戁伯	02269	戁伯鼎甲	5.6	西周中期前段	同上
戁伯	02270	戁伯鼎乙	5.7	西周中期前段	同上
戁伯	03293	戁伯甗	7.170	西周中期前段	同上

二 十 六 畫

人 名	器 號	器 名	卷數頁碼	時 代	備 注
醤伯虎	05518	召伯虎盨	12.236	西周晚期	即召伯虎
韓	11664	韓尊	21.142	西周中期前段	即韓
韓伯	02426	韓伯豐	5.274	西周早期	即韓伯
韓伯豐	02426	韓伯豐	5.274	西周早期	即韓伯豐

二 十 七 畫

人 名	器 號	器 名	卷數頁碼	時 代	備 注
鸛侯弔	04602	告田祖乙簋	9.348	西周早期	
醤	19255	召圜器	35.38	西周早期	即召
醤公	19255	召圜器	35.38	西周早期	即召公
醤伯父辛	14752	伯憲盉	26.159	西周早期後段	即召伯父辛
遹仲	06230	永盂	13.459	西周中期	即遣仲
遹姬	04668	叔駒父簋	9.413	西周晚期	即遣姬

二 十 八 畫

人 名	器 號	器 名	卷數頁碼	時 代	備 注
糵燮	10630	糵燮觶	19.448	西周早期	
酈公	06274	晉公盆	13.493	春秋晚期	即唐公

二 十 九 畫

人 名	器 號	器 名	卷數頁碼	時 代	備 注
醤	05230	召簋	11.273	西周中期前段	即召
醤	08788	召角	17.225	西周早期	同上
醤公	03305	太史耆甗	7.182	西周早期	即召公
醤公	05341	六年琱生簋	12.66	西周晚期	同上
醤公	11816	琱生尊	21.304	西周晚期	
醤公	11817	琱生尊	21.306	西周晚期	

人　名	器　號	器　名	卷數頁碼	時　代	備　注
釁伯	05076	生史簋	10.477	西周中期前段	即召伯
釁伯	05077	生史簋	10.478	西周中期前段	同上
釁姜	11816	琱生尊	21.304	西周晚期	即召姜
釁姜	11817	琱生尊	21.306	西周晚期	同上
釁伯毛	02793	召伯毛鬲	6.175	西周中期	即召伯毛
釁伯虎	05340	五年琱生簋	12.64	西周晚期	即召伯虎
釁伯虎	05341	六年琱生簋	12.66	西周晚期	同上

三十畫以上

人　名	器　號	器　名	卷數頁碼	時　代	備　注
鼺銅（姒）	02734	鼺銅鬲	6.115	西周中期	
鼺銅（姒）	04324	鼺姒簋	9.90	西周早期	
酈	11058	酈斝	20.152	西周早期	
鸞姬	05003	叔噩父簋	10.362	西周中期	叔噩父的夫人
鸞姬	05004	叔噩父簋	10.364	西周中期	同上
鸞姬	05005	叔噩父簋	10.366	西周中期	同上
鸞姬	05006	叔噩父簋	10.367	西周中期	同上
鼝	11802	召尊	21.277	西周早期後段	即召
鼝	13325	召卣	24.275	西周早期後段	同上
鼝公	11736	叔造尊	21.206	西周早期後段	即召公
鼝伯父辛	08569	穌爵	17.118	西周早期	穌的父親
酈叔亟	06268	曾太保酈叔亟盆	13.485	春秋早期	曾國太保
鼝伯父辛	02386	憲鼎	5.178	西周早期後段	即召伯父辛
鸁氏	15111	鸁氏鐘甲	27.15	戰國早期	
鸁氏	15112	鸁氏鐘乙	27.16	戰國早期	
鸁氏	15113	鸁氏鐘丙	27.17	戰國早期	
鸁氏	15114	鸁氏鐘丁	27.18	戰國早期	
鸁氏	15115	鸁氏鐘戊	27.19	戰國早期	
鸁氏	15116	鸁氏鐘己	27.20	戰國早期	
鸁氏	15117	鸁氏鐘庚	27.21	戰國早期	
鸁氏	15118	鸁氏鐘辛	27.22	戰國早期	
鸁氏	15119	鸁氏鐘壬	27.23	戰國早期	

人　名	器　號	器　名	卷數頁碼	時　代	備　注
鷹羌	15425	鷹羌鐘甲	28.18	戰國早期	
鷹羌	15426	鷹羌鐘乙	28.20	戰國早期	
鷹羌	15427	鷹羌鐘丙	28.22	戰國早期	
鷹羌	15428	鷹羌鐘丁	28.24	戰國早期	
鷹羌	15429	鷹羌鐘戊	28.25	戰國早期	
鱻	13339	鱻卣	24.304	西周中期前段	

不能隸定者

人　名	器　號	器　名	卷數頁碼	時　代	備　注
𣏟	01112	𣏟鼎	2.357	西周早期	
𣏟	12892	𣏟卣	23.323	西周中期前段	
𢼄	01294	𢼄鼎	3.10	西周中期	
田	01313	田鼎	3.23	西周早期	
𣩏	01421	𣩏鼎	3.113	西周早期	
𢓊	01545	𢓊鼎	3.222	西周中期前段	
𣲲	02119	𣲲鼎	4.303	西周晚期	
𣲲	02120	𣲲鼎	4.304	西周晚期	
屮	02436	應侯見工鼎	5.264	西周中期後段	南夷首領
𠙹	03338	𠙹甗	7.216	西周晚期	
𩰚	03356	𩰚甗	7.239	西周晚期	
𣎆	04157	𣎆簋	8.416	西周早期	
𢆶	04169	𢆶簋	8.425	西周早期	
𩵋	04272	𩵋簋	9.42	西周早期	
𢼸	04413	𢼸簋	9.167	西周早期	
𠙹	04417	𠙹簋	9.171	西周早期	
𢀛	04525	𢀛簋	9.277	西周早期	
𡥄	04580	𡥄簋	9.327	商代晚期	
𣪊	04581	𣪊簋	9.328	商代晚期	
𩵋	04607	𩵋簋	9.353	西周早期	
𢻫	04608	𢻫簋	9.354	西周早期	
𣎆	05758	𣎆簠	13.8	春秋晚期	
𢀛	08273	𢀛爵	16.388	西周早期	

人　名	器　號	器　名	卷數頁碼	時　代	備　注
🔣	08363	🔣爵	16.454	商代晚期	
🔣	08364	🔣爵	16.454	商晚或春早	
🔣	08482	🔣爵	17.44	西周早期	
🔣	09836	🔣觚	18.486	西周早期	
🔣	10616	🔣觶	19.437	西周早期	
🔣	10647	🔣觶	19.462	西周中期前段	
🔣	10651	🔣觶	19.466	西周早期	
🔣	11516	🔣尊	21.17	西周早期	
🔣	11795	由伯尊	21.269	西周早期	
🔣	12116	🔣壺	21.467	西周中期	
🔣	12234	🔣壺	22.108	西周早期	
🔣	13137	🔣卣	24.47	西周早期	
🔣	13195	🔣卣	24.106	西周早期	
🔣	13196	🔣卣	24.107	西周早期	
🔣	13197	🔣卣	24.108	西周早期	
🔣	13238	🔣卣	24.154	西周早期	
🔣	13272	🔣卣蓋	24.197	西周早期	
🔣	13660	🔣万卣觚	24.499	西周早期	即🔣万卣
🔣	13823	乃孫🔣罍	25.112	商代晚期	
🔣	14751	🔣盂	26.158	西周早期	
🔣	15416	鮑氏鐘	28.5	春秋晚期	
🔣子	16733	🔣子戈	31.186	春秋晚期	
🔣矢	11634	🔣矢尊	21.116	西周早期	
🔣尸	02104	尸鼎	4.288	西周中期前段	
🔣父	19504	🔣父器	35.255	西周早期前段	
🔣公	04317	伯🔣簋	9.84	西周中期前段	
🔣公	06143	🔣公鋪	13.393	西周晚期	
🔣公	08529	🔣公爵	17.82	西周早期	
🔣右	14500	🔣右盤	25.527	春秋時期	
🔣母	12721	🔣母卣	23.173	商代晚期	
🔣赤	11555	🔣赤尊	21.51	西周早期	
🔣伯	02516	小盂鼎	5.451	西周早期	
🔣伯	12147	🔣伯壺蓋	22.19	西周早期	

人　名	器　號	器　名	卷數頁碼	時　代	備　注
🔣奴	13053	🔣奴卣	23.477	西周早期	
🔣季	01794	🔣季鼎	3.457	西周早期	
🔣季	11775	欰尊	21.242	西周中期	
🔣律	01436	🔣律鼎	3.126	西周中期	
🔣高	13208	🔣高卣	24.120	西周早期	
🔣姬	14887	🔣姬匜	26.265	西周晚期	
🔣婦	10189	🔣婦觶	19.107	商代晚期	
🔣婦	04554	🔣婦簋	9.305	西周早期前段	
🔣戲	17078	曾仲之孫戈	32.122	春秋早期	曾仲之孫
🔣黽	04209	🔣黽簋	8.457	西周早期	
🔣丁父	12203	🔣丁父壺	22.74	西周早期	
🔣金父	02083	金父鼎	4.262	西周晚期	
逛生𦤙	04803	逛生𦤙簋	10.90	西周晚期	
🔣叔𤔲	03286	🔣叔𤔲瓶	7.163	西周早期前段	
🔣者君	05617	叔休盨甲	12.350	周晚或春早	
🔣者君	05618	叔休盨乙	12.351	周晚或春早	
🔣者君	05619	叔休盨丙	12.352	周晚或春早	
🔣者君	14482	叔休盤	25.504	周晚或春早	
🔣者君	14778	叔休盂	26.189	周晚或春早	
🔣君中妃	05149	鄦侯少子簋	11.105	春秋晚期	析的祖母
🔣鈃	13052	🔣鈃卣蓋	23.476	西周早期	
🔣夨	04292	🔣夨簋	9.62	西周早期	